भारत
और उसके
विरोधाभास

भारत
और उसके
विरोधाभास

ज्यां द्रेज़ | अमर्त्य सेन

अनुवाद
अशोक कुमार

राजकमल प्रकाशन

मूल कृति *An Uncertain Glory : India and Its Contradictions* का अनुवाद

ISBN : 978-93-87462-22-9

मूल्य : ₹ 1295

पहला संस्करण : 2018
दूसरा संस्करण : 2022

प्रकाशक : राजकमल प्रकाशन प्रा.लि.
1-बी, नेताजी सुभाष मार्ग, दरियागंज
नई दिल्ली-110 002

शाखाएँ : अशोक राजपथ, साइंस कॉलेज के सामने, पटना-800 006
पहली मंज़िल, दरबारी बिल्डिंग, महात्मा गांधी मार्ग, प्रयागराज-211 001
36 ए, शेक्सपियर सरणी, कोलकाता-700 017

वेबसाइट : www.rajkamalprakashan.com
ई-मेल : info@rajkamalprakashan.com

मुद्रक : बी.के. ऑफ़सेट
नवीन शाहदरा, दिल्ली-110 032

BHARAT AUR USKE VIRODHABHAS
by Jean Drèze and Amartya Sen
Translated by Ashok Kumar

हिन्दी संस्करण की भूमिका

हमें बहुत खुशी है कि भारत के बारे में हम दोनों की पुस्तक अन्ततः राजकमल प्रकाशन प्रकाशित कर रहा है। इस सहयोग के लिए हम राजकमल प्रकाशन को धन्यवाद देते हैं, और हम अशोक कुमार के विशेष तौर पर आभारी हैं कि उन्होंने पुस्तक का बहुत अच्छा अनुवाद किया है। उपयुक्त सम्पादकीय सुझावों के लिए हम आरुषि कालरा तथा उर्मिला गुप्ता के प्रति कृतज्ञता प्रकट करते हैं।

मूल अंग्रेजी पुस्तक 'ऐन अनसर्टेन ग्लोरी : इंडिया एंड इट्स कंट्राडिक्शंस' का प्रकाशन 2013 में हुआ था। इस पुस्तक ने भारतीय अर्थव्यवस्था तथा समाज की जिन बुनियादी कमजोरियों की पहचान की थी, उन्हें दूर करने की कोशिश किए जाने की अगर तब कोई उम्मीद की गई थी तो वह निश्चित ही अभी पूरी नहीं हुई है। सकल घरेलू उत्पाद (जीडीपी) की वृद्धि दर बेशक ऊँची रही है, लेकिन अर्थव्यवस्था की बुनियादी खामियों की उपेक्षा ही होती रही है। प्रशासनिक फैसलों पर लालफीताशाही की जकड़ भले थोड़ी ढीली हुई है, लेकिन कोई मूलभूत परिवर्तन नहीं हुआ है। और, सबसे अहम बात यह है कि स्कूली शिक्षा तथा प्राथमिक स्वास्थ्य सेवा जैसी सार्वजनिक सेवाओं के प्रति उपेक्षा जैसी बड़ी खामियों को दूर करने की कोशिश नहीं की गई है। वास्तव में, ये समस्याएँ घटने की जगह और बढ़ी ही हैं क्योंकि नई सरकार ने भारतीय अर्थव्यवस्था तथा समाज में व्याप्त विषमताओं तथा खामियों की तरफ से आँखें फेर रखी हैं। पर्यावरण की तो पहले से ही घोर उपेक्षा हो रही थी, अब वह उपेक्षा और गम्भीर रूप ले चुकी है।

इस पुस्तक में हमने जैसी कि चर्चा भी की है, स्कूली शिक्षा तथा सार्वजनिक स्वास्थ्य सेवा की निर्लज्ज उपेक्षा दर्शाती है कि भारतीय

समाज वर्गों, जातियों, समुदायों आदि में किस कदर बँटा हुआ है। हाल के दिनों में शासन जिस तरह पहचान-केन्द्रित राजनीति को बढ़ावा देता रहा है उसके चलते इन विभाजनों को और मजबूती ही मिली है। इसका नतीजा यह हुआ है कि बुनियादी कमजोरियों को दूर करना आसान होने की बजाय और कठिन हो गया है। भारत के गरीबों की तुलना चीन के गरीबों से करें तो पाएँगे कि चीन के गरीबों को जिस तरह के बेहतर स्कूल, सक्षम बुनियादी स्वास्थ्य सेवा, पर्याप्त पोषण प्राप्त है वैसी सुविधाएँ भारत के गरीबों को उपलब्ध नहीं हैं। परिणामस्वरूप भारतीय गरीबों का न केवल जीवन स्तर बहुत नीचा है बल्कि उनकी उत्पादकता भी काफी नीची है; और चीन में सहभागितापूर्ण आर्थिक विकास के कारण जो क्षमता विकसित हुई है उसका भी भारी अभाव है।

गरीबों, दलितों और उन समुदायों के मानवाधिकारों के उल्लंघन में उल्लेखनीय वृद्धि हुई है, जिन्हें बहुसंख्यक हिन्दुत्ववादी राजनीति के चश्मे से देखा जाता है। जैसा कि 25 अगस्त 2017 के अपने फैसले में सुप्रीम कोर्ट ने कहा है, राजनीतिक तथा नागरिक अधिकारों के उल्लंघन के कारण अन्ततः वंचित तबकों के आर्थिक तथा सामाजिक सुधार के प्रयासों को ही धक्का पहुँचता है, क्योंकि वंचितों की जरूरतों तथा अधिकारों की ओर लोगों का ध्यान खींचने के लिए विरोध एवं बहस की आवाजें बहुत अहमियत रखती हैं।

उदाहरण के लिए, गरीबों के लिए बेहद मददगार कदम यही हो सकता है कि बेरोजगारों को रोजगार दिया जाए, मगर यह कदम उठाने की जगह सरकार ने अचानक नोटबंदी कर दी और 86 प्रतिशत नकदी को गैरकानूनी घोषित कर दिया। इससे गरीबों को ही सबसे ज्यादा चोट पहुँची क्योंकि वे पैसे का इलेक्ट्रॉनिक लेनदेन करने में अक्षम हैं। जाहिर है, यह एक गलत कदम था। इसके अलावा, सामाजिक नीति के प्रति पिछली सरकार की प्रतिबद्धता तो बहुत मजबूत नहीं ही थी, पिछले कुछ वर्षों में इस उपेक्षा ने और भी गम्भीर रूप ले लिया है। मसलन, 2015-16 के केन्द्रीय बजट में सामाजिक कार्यक्रमों पर होने वाले खर्चों में अभूतपूर्व कटौतियाँ की गईं। साथ ही, समेकित बाल विकास सेवा सरीखे कार्यक्रमों के मद में 50 प्रतिशत से ज्यादा तक की कटौती की गई। इनके लिए तर्क यह दिया गया कि करों के साझा पूल से राज्य सरकारों को ज्यादा (32 की जगह 42 प्रतिशत) हिस्सा मिलेगा। लेकिन ये कटौतियाँ जितनी गहरी हैं और ये जिस मनमाने ढंग से की गईं उनके कारण कई

राज्यों को भारी झटका लगा। असामान्य बात यह है कि वित्तीय कटौती की भारी कुल्हाड़ी बच्चों पर चलाई गई।

सामाजिक नीति के मामले में आर्थिक भेदभाव तथा गहरी उलझन के अलावा भारत के लिए बौद्धिक तथा नैतिक पिछड़ेपन की ओर लौटने का खतरा पैदा हो गया है। उदाहरण के लिए विवेक, विज्ञानसम्मत भावना, असहमति के अधिकार पर हमले बढ़ते जा रहे हैं। सरकार किताबों पर प्रतिबन्ध लगाने, फिल्मों को सेंसर करने, असहमत स्वयंसेवी संगठनों का पंजीकरण रद्द करने, सोशल मीडिया पर प्रतिकूल टिप्पणियाँ करने वालों को गिरफ्तार करने, युवकों–युवतियों के मेलजोल पर पुलिसिया निगरानी रखने और रसूख वाले पदों पर हिन्दुत्ववादी विचारकों को बैठाने में असाधारण उत्साह दिखा रही है। स्वयंभु पहरुओं की शह पर फैल रही असहिष्णुता की लहर पूरे समाज को अपनी चपेट में ले रही है, जिसके कारण अपनी मर्जी से खाने–पीने, विवाह करने की हमारी आजादी प्रभावित हो रही है। विकास का अर्थ अगर मानवीय स्वाधीनताओं का विस्तार है, तो बौद्धिक तथा सांस्कृतिक क्षेत्रों में पतन के साथ–साथ आर्थिक तथा सामाजिक मामलों में समस्याओं के गम्भीर रूप लेने के साफ संकेत उभर रहे हैं।

इस पुस्तक का अधिकांश भाग आर्थिक तथा सामाजिक नीतियों पर विचार–विमर्श को समर्पित है। इसके साथ ही इसमें सार्वजनिक नीति को लोकतांत्रिक प्रक्रिया के व्यापक सन्दर्भ में देखने की कोशिश की गई है। हमारी दुनिया केवल सार्वजनिक नीतियों की बदौलत नहीं बदलती, तमाम तरह के व्यक्तिगत तथा सामूहिक अभिक्रम भी इस बदलाव में योगदान देते हैं। वैसे, सार्वजनिक नीतियाँ अपने आपमें उन लोकतांत्रिक प्रक्रियाओं से ही उभरती हैं जिनमें सरकार के अलावा विभिन्न गैर–सरकारी संस्थाओं की भागीदारी होती है। लेकिन इन दिनों देश में जो कुछ चल रहा है उसके कारण इस मामले को लेकर चिन्ता करने की वजहें स्पष्ट हैं। लोकतंत्र तो कई तरह से जीवित है लेकिन भारतीय लोकतंत्र के कारोबार में निरंकुशवादी प्रवृत्तियाँ मजबूती से दाखिल कर दी गई हैं।

भारत में जो नाइंसाफियाँ जारी हैं उनके बारे में तमाम तरह की जो चिन्ताएँ और विश्लेषण इस पुस्तक में शामिल किए गए हैं, वे आज कुछ साल पहले के मुकाबले और ज्यादा महत्त्वपूर्ण हो गए हैं। उदाहरण के लिए, भारत में आम जनता के लिए स्वास्थ्य सेवाओं की व्यवस्था की बदहाली में कोई फर्क नहीं आया है बल्कि यह और व्यापक हो गई

है। जरूरी सुधार करने के लिए भारतीय लोगों की वास्तविक हालत पर सुविज्ञ तथा सुचिन्तित विचार-विमर्श (काल्पनिक उपलब्धियों के महिमागान से मुक्त) बेहद आवश्यक है। यह पुस्तक विवेक तथा न्याय के हित में किए जाने वाले संघर्ष में भागीदारी के लिए ही लिखी गई है और हमें उम्मीद है कि इसका हिन्दी संस्करण भी इस उद्देश्य को पूरा करेगा। सफर लम्बा है लेकिन उसे तुरन्त शुरू किया जाए, यह बेहद जरूरी है।

शान्तिनिकेतन **—ज्यां द्रेज़ एवं अमर्त्य सेन**

अगस्त, 2017

शुरुआत से पहले

यह पुस्तक ऐसे समय में प्रकाशित हो रही है जब भारतीय समाज तथा राजनीति में काफी उथल-पुथल मची है। देश की नीतिगत प्राथमिकताएँ क्या हों, इस पर बहस-विवाद जारी हैं, जिनमें तमाम तरह की विचारधाराओं के लोग जुटे हुए हैं। भ्रष्टाचार, प्रशासनिक नाकामियों, फाँसी की सजा, महिलाओं के खिलाफ हिंसा, लोकतांत्रिक सुधारों आदि तमाम तरह के लम्बे समय से उपेक्षित मुद्दों को लेकर जोरदार बहसें और आन्दोलन भी चल रहे हैं। भारत की आर्थिक उपलब्धियों तथा विफलताओं को लेकर भी खूब तीखे तर्क-वितर्क चल रहे हैं।

इन बहसों और सवालों को सजग मीडिया और मजबूत लोकतांत्रिक संस्थाओं से सहारा मिलता रहा है। इनसे देश को जबरदस्त ताकत मिलती है। लेकिन ये बहसें कमजोर तब पड़ती हैं जब इनका मुख्य जोर विशाल आम आबादी की जगह अपेक्षाकृत विशेषाधिकारप्राप्त लोगों के सरोकारों पर केंद्रित हो जाता है। इनमें न केवल बहुत विशेषाधिकारों से लैस लोग हैं बल्कि वे भी हैं जो एकदम शीर्ष पर भले न हों मगर सम्पदा, शिक्षा, स्वास्थ्य, सांस्कृतिक अवसरों तथा सामाजिक हैसियत के लिहाज से विशेष अधिकारों से जरूर लैस हैं। हाशिये पर डाल दिए गए लोगों के जीवन और अस्तित्व तक को प्रभावित करने वाले मुद्दों पर कम ध्यान दिया जाता है।

सकारात्मक बात यह हुई है कि महिलाओं के खिलाफ हिंसा भारत में अन्ततः एक बड़ा राजनीतिक मुद्दा बन गई है। दिसम्बर 2012 में दिल्ली में सामूहिक बलात्कार की एक बर्बर वारदात के बाद इस मुद्दे पर शुरू हुई बहस ने महिलाओं के साथ भेदभाव के विभिन्न पहलुओं (जिनमें यौन हिंसा की शिकायतों के प्रति पुलिस का संवेदनहीन रवैया भी शामिल है) की ओर ध्यान खींचा है। यह मुद्दा लम्बे समय से एकदम

उपेक्षित रहा है। लेकिन गौर करने वाली बात यह है कि इसका विरोध, जो कि लम्बे समय से अपेक्षित था और जो काफी मुखर हो गया, उस वारदात के कारण फूट पड़ा जिसकी शिकार एक मेडिकल छात्रा हुई और भारत के मध्यवर्ग ने उसके साथ तुरंत अपनी पहचान जोड़ ली। आर्थिक तथा सामाजिक रूप से दबी-कुचली दलित महिलाएँ वर्षों से इस तरह की बर्बरता का शिकार होती रही हैं लेकिन उन पर न तो मुख्यधारा के मीडिया ने ध्यान दिया है और न जनता की ओर से विरोध की कोई मजबूत आवाज ही कभी उठी।

हम दूसरा उदाहरण (जिस पर हम बाद में विस्तार से चर्चा करेंगे) भी ले सकते हैं। 30-31 जुलाई 2012 को लगभग आधा देश अप्रत्याशित रूप से बिजली संकट से गुजरा, 60 करोड़ लोग बिना बिजली के रहे। देश इस घोर प्रशासनिक विफलता और अकर्मण्यता पर उबल उठा। जिम्मेदारी तथा जवाबदेही के पालन में निश्चित ही भारी चूक हुई थी। इस समस्या का फौरन क्या समाधान हो और इसे कैसे निबटाया जाए, यह सवाल उठाना लाजिमी था। वैसे, इस बात पर ज्यादा चर्चा नहीं हुई कि जिन 60 करोड़ लोगों को उस दौरान बिजली नहीं मिली उनमें से 20 करोड़ तो ऐसे थे जिन्हें बिजली कभी नसीब ही नहीं हुई थी। इस उदासीनता की वजह यह थी कि ये बदनसीब लोग कभी सत्ता से जुड़े ही नहीं।

भारत में आर्थिक विकास के मुद्दों को लोकतंत्र तथा सामाजिक न्याय की माँगों के व्यापक सन्दर्भों में ही देखना होगा। पिछले करीब 20 वर्षों के दौरान भारतीय अर्थव्यवस्था ने सकल घरेलू उत्पाद (जीडीपी) में वृद्धि के लिहाज से अच्छी प्रगति की है। नब्बे के दशक में इसकी वृद्धि दर 6 प्रतिशत के आसपास रही, तो पिछले दशक में यह 7 प्रतिशत से ऊपर रही। पिछले दो दशकों में भारत दुनिया में चीन के बाद सबसे ज्यादा तेजी से वृद्धि करने वाली अर्थव्यवस्था बना। उपनिवेशवादी शासन तले जो देश सदियों तक एक निम्न नीची आय अर्थव्यवस्था के रूप में गतिरोध का शिकार बना रहा और आजादी के बाद भी कई दशकों तक बेहद धीमी रफ्तार से आगे बढ़ा, उसके लिए यह निश्चित ही एक बड़ी उपलब्धि थी। जैसी कि इस पुस्तक में चर्चा की गई है, इस तेज वृद्धि के साथ-साथ पर्यावरण को जो नुकसान होता रहा है, उस पर ज्यादा ध्यान देने की जरूरत है। बहरहाल, भारत की नई आर्थिक गतिशीलता में इस बात की गुंजाइश है कि समुचित ऊँची वृद्धि दर के साथ-साथ ज्यादा जिम्मेदार पर्यावरण नीतियों का भी पालन किया जाए।

ऊँची और टिकाऊ वृद्धि दर को हासिल करने में सफलता अन्ततः इस बात से ही आँकी जाएगी कि इस आर्थिक वृद्धि का लोगों के जीवन तथा उनकी स्वाधीनताओं पर क्या प्रभाव पड़ा है। तेज आर्थिक वृद्धि के इस दौर में कुछ लोगों, खासकर विशेषाधिकारप्राप्त तबकों ने तो काफी तरक्की की है लेकिन अनेक लोग अभी भी अभाव तथा गरीबी का जीवन जी रहे हैं। ऐसा नहीं है कि उनके जीवन स्तर में कोई सुधार हुआ ही नहीं, लेकिन अधिकांश लोगों के लिए सुधार की रफ्तार बहुत धीमी है और कुछ लोगों के जीवन में तो कोई फर्क पड़ा ही नहीं है। भारत आर्थिक वृद्धि दर की सीढ़ियाँ तेजी से तो चढ़ता गया है लेकिन जीवन स्तर के सामाजिक संकेतकों के पैमाने पर वह पिछड़ गया है—यहाँ तक कि उन देशों के मुकाबले भी जिनसे वह आर्थिक वृद्धि के मामले में आगे बढ़ा है। उदाहरण के लिए, पिछले दो दशक के औसत आय के मामले में उसने बांग्लादेश को काफी पीछे छोड़ दिया है (प्रति व्यक्ति आय के मामले में वह बांग्लादेश से दोगुना अमीर हो गया है)। फिर भी, जीवन स्तर के कई संकेतकों (प्रति व्यक्ति आय को छोड़कर) के मामले में बांग्लादेश भारत से काफी आगे है। यही नहीं, दो दशक पहले भारत जिन संकेतकों के मामले में उससे काफी आगे था, उनके मामले में भी वह आज उससे पिछड़ गया है। दुनिया में आर्थिक वृद्धि के इतिहास में ऐसे कुछ ही उदाहरण मिलते हैं कि कोई देश इतने लम्बे समय तक तेज आर्थिक वृद्धि करता रहा हो और मानव विकास के मामले में उसकी उपलब्धियाँ इतनी सीमित रही हों।

हाल के दिनों में भारतीय मीडिया में मुर्दनी जैसी छायी रही, जिसका ताल्लुक इस बात से है कि इधर कुछ वर्षों में भारत की जीडीपी वृद्धि दर में कुछ गिरावट दर्ज की गई है। इसमें शक नहीं कि इस गिरावट पर गम्भीरता से ध्यान देने की जरूरत है। हालाँकि इसी अवधि में चीन, ब्राजील, दक्षिण कोरिया समेत दुनिया के तमाम देशों में भी इसी तरह की गिरावट दर्ज की गई है। इसलिए भारत की मौजूदा 5–6 प्रतिशत की सालाना जीडीपी वृद्धि दर भी उसे दुनिया की सबसे तेजी से वृद्धि कर रहीं अर्थव्यवस्थाओं में शुमार करती है। बहरहाल, इस गिरावट को लेकर चिन्ता महत्त्व रखती है, क्योंकि आर्थिक वृद्धि लोगों के जीवन को सुधारने में मदद करती है। इससे न केवल प्रति व्यक्ति आय में वृद्धि होती है बल्कि सार्वजनिक राजस्व में भी इजाफा होता है, जिसका उपयोग सामाजिक विकास में होता है। यह चिन्ता इसलिए भी महत्त्व रखती है कि भारत में आर्थिक वृद्धि और सामाजिक प्रगति के बीच जो सम्बन्ध है उसका गहरा

विश्लेषण लम्बे अरसे से अपेक्षित है। उल्लेखनीय वृद्धि दरों में मीडिया की दिलचस्पी नहीं बल्कि यह है कि वह इस तथ्य पर लगभग चुप्पी साधे हुए है कि वृद्धि की प्रक्रिया इतनी पक्षपातपूर्ण है कि उसने भारत को उप-सहारा अफ्रीकी सागर में कैलिफोर्निया के द्वीप की तरह बना दिया है।

पिछली पुस्तकों में हमने तर्क रखा था कि विकास को लोगों की बुनियादी स्वाधीनताओं या क्षमताओं के विस्तार के सन्दर्भ में ही सबसे अच्छी तरह आँका जा सकता है। इस नजरिये से, हमें आर्थिक वृद्धि और मानव-क्षमता में विस्तार के बीच के अन्योन्याश्रित सम्बन्ध के महत्त्व को स्वीकार करते हुए इस बुनियादी समझ पर भी ध्यान देना होगा कि लोगों की स्वाधीनता तथा मानव क्षमताओं का विस्तार ही वह लक्ष्य है जिसे हासिल करने में अन्य कारकों के अलावा जीडीपी वृद्धि दर भी महत्त्वपूर्ण भूमिका निभाती है। वृद्धि से संसाधनों में इजाफा होता है, जिसके सहारे निजी तथा सार्वजनिक प्रयासों को व्यवस्थित तरीके से आगे बढ़ाया जा सकता है ताकि शिक्षा, स्वास्थ्य सेवा, पोषण, सामाजिक सुविधाओं के अलावा सभी के परिपूर्ण तथा स्वतंत्र जीवन की दूसरी आवश्यकताएँ पूरी की जा सकें। मानव-क्षमताओं के विकास से संसाधनों का तेजी से विस्तार होता है तथा उत्पादन में वृद्धि होती है, जिस पर आर्थिक विकास निर्भर होता है।

यह पारस्परिक सम्बन्ध तथाकथित 'एशियाई आर्थिक विकास' का केंद्रीय तत्व रहा है। जो जापान में मेजी पुनरुद्धार से शुरू होकर दक्षिण कोरिया, ताइवान, थाइलैंड और दूसरी जगहों पर पहुँचा और अन्ततः इसने चीन को आर्थिक वृद्धि तथा मानव क्षमताओं के विकास के मामले में दुनिया में सबसे आगे ला खड़ा किया। जो लोग यह सपना देख रहे हैं कि कुपोषण के शिकार बच्चों की विशाल संख्या, व्यवस्थित स्वास्थ्य सेवाओं के अभाव, लचर स्कूली शिक्षा व्यवस्था, देश के आधे से ज्यादा घरों में शौचालय न होने (और इसके कारण खुले में शौच करने की मजबूरी) के बावजूद भारत एक आर्थिक सुपरपावर बन सकता है, उन्हें न केवल आर्थिक वृद्धि और विकास के पारस्परिक सम्बन्ध के बारे में अपनी समझ पर पुनर्विचार की जरूरत है बल्कि सामाजिक न्याय की, जो मानव स्वाधीनताओं के विस्तार के साथ गहराई से जुड़ा है, शर्तों की अपनी समझ पर भी गौर करना होगा।

यह पुस्तक काफी हद तक यह बताती है कि इन पारस्परिक सम्बन्धों के बारे में समझदारी का प्रभावी उपयोग किस तरह किया जा सकता है।

इसी पर लोगों के जीवन-स्तर में सुधार तथा उनकी बेहतरी की दिशा में प्रगति और अन्ततः आर्थिक वृद्धि भी निर्भर है। यह अनुभवसिद्ध समीकरण ही, जो भारत में सामाजिक न्याय पर निर्णायक असर डालता है, हमारे विश्लेषण को दिशा देता है और वही इस पुस्तक को लिखने की केंद्रीय प्रेरणा है। अभाव और अन्याय से काफी हद तक मुक्त भारत के निर्माण के लिए आर्थिक वृद्धि से भी ज्यादा कुछ की जरूरत है। हमने विभिन्न 'सामाजिक समीकरणों' तथा आर्थिक समीकरणों पर भी विस्तार से विचार किया है। उदाहरण के लिए, इस बात के पर्याप्त प्रमाण उपलब्ध हैं कि बांग्लादेश में लोगों के जीवन स्तर में तीव्र सुधार के पीछे महिलाओं की पहल का बड़ा हाथ रहा है, खासकर इस बात का कि भारत की तुलना में वहाँ लड़कियों में शिक्षा का प्रसार ज्यादा तेजी से हुआ और बुनियादी शिक्षा, स्वास्थ्य सेवा, परिवार नियोजन, अन्य सार्वजनिक सेवाओं के विस्तार में महिलाओं की भागीदारी बढ़ाई गई और औद्योगिक मजदूरी में भी उनकी भूमिका प्रमुख हो गई। दूसरे देशों के साथ-साथ खुद भारत के कई खास क्षेत्रों से मिले अनुभव भी यही सबक सिखाते हैं। भारत में स्त्री-पुरुष असमानता की खाई जितनी चौड़ी और गहरी है तथा उसका जो स्वरूप है, उसके मद्देनजर न केवल इस बात पर अविलंब ध्यान देने की जरूरत है कि भारतीय महिलाओं के लिए क्या कुछ किया जाए (यह तो महत्त्वपूर्ण है ही) बल्कि इस पर भी ध्यान देना होगा कि भारतीय महिलाएँ अपने देश के लिए, उसे एक भिन्न देश बनाने के लिए क्या कुछ कर सकती हैं।

सहभागितापूर्ण वृद्धि हो और इस वृद्धि के चलते लोगों के जीवनयापन की स्थितियों में तेजी से सुधार हो, इसके लिए शिक्षा तथा स्वास्थ्य जैसे क्षेत्रों में खासतौर से (लेकिन केवल इन्हीं क्षेत्रों में नहीं) सुचारु ढंग से काम करने वाली सार्वजनिक सेवाओं की जरूरत है। केरल, हिमाचल प्रदेश और तमिलनाडु जैसे कुछ राज्यों ने इस मामले में काफी अच्छा काम किया है और उन्होंने जो बोया उसकी फसल वे काट भी रहे हैं। हाल के दिनों में कुछ दूसरे राज्यों में भी आंशिक ही सही, सकारात्मक पहल हुई है। फिर भी, भारत में सार्वजनिक सेवाओं का हाल बहुत अच्छा नहीं है और देश की शिक्षा तथा स्वास्थ्य व्यवस्थाएँ खासतौर से बदहाल हैं। विशेषाधिकारों से लैस लोग तो निजी सेवाओं (जो महँगी होती हैं) का लाभ ले लेते हैं मगर शेष लोगों को उन आवश्यक सेवाओं का लाभ नहीं मिल पाता, जो उन्हें उनके अधिकार के नाते मिलना चाहिए। भारत में

शिक्षा तथा स्वास्थ्य सेवाओं के अति निजीकरण तथा वर्गीकरण (जिसके चलते विभिन्न सामाजिक समूहों को अलग-अलग तरह के अवसर उपलब्ध हो पाते हैं) के कारण देश में न केवल सहभागितापूर्ण वृद्धि तथा व्यापक आधार वाले विकास की सम्भावनाएँ सीमित होती हैं बल्कि सामाजिक विषमताएँ घटने की बजाय और बढ़ जाती हैं, जबकि सामाजिक समर्थन मुहैया कराने वाली स्वास्थ्य तथा शिक्षा सम्बन्धी व्यवस्थाएँ दुनिया-भर में इसके विपरीत परिणाम देती रही हैं। भारत स्वास्थ्य तथा शिक्षा के महत्त्वपूर्ण तथा विशिष्ट मामलों से इतर, संपूर्ण सार्वजनिक क्षेत्र में जवाबदेही से संबंधित बड़े मसलों का सामना कर रहा है। देश का भविष्य इन महती मसलों के लोकतांत्रिक तरीके से समाधान पर निर्भर है।

इस पुस्तक की एक अहम विषयवस्तु यह है कि सार्वजनिक विमर्शों, नीति-निर्धारण तथा लोकतांत्रिक राजनीति में वंचित लोगों के जीवन, उनके अधिकारों और मांगों पर अधिक ध्यान दिया जाए। भारत में सामाजिक असमानता का जो स्वरूप है और यह जितना व्यापक है, उसने लोकतंत्र को बेहद कमजोर कर दिया है, खासकर इसलिए कि लोकतंत्र का अर्थ केवल चुनावी राजनीति और नागरिक स्वाधीनताएँ नहीं है सत्ता का समतामूलक बंटवारा भी है। हाल के दिनों में भारत में सामाजिक असमानता के कुछ पहलू जरूर कमजोर हुए हैं लेकिन कुछ नए असंतुलन पैदा हो गए हैं जिनमें आर्थिक विषमता और कॉरपोरेट ताकत में बढ़ोतरी शामिल हैं। फिर भी, यह सोचना गलत होगा कि विशेषाधिकारप्राप्त लोगों के हित सत्ता के अधिक समतामूलक बंटवारे की कोशिशों पर हावी होकर उन्हें परास्त कर देंगे।

वास्तव में, इस कमजोर हालत में भी भारतीय लोकतंत्र जनांदोलनों की मजबूती, सत्ता के केंद्रीकरण तथा वंचितों के हितों की उपेक्षा के प्रतिरोध के अहम मौके उपलब्ध कराता है। हमने सार्वजनिक विमर्श की पहुंच को व्यापक बनाने (विचार-विमर्श के साथ-साथ आंदोलन के जरिये) और अभावग्रस्त लोगों की जरूरतों को जल्दी से जल्दी पूरा करने के तरीकों तथा साधनों पर भी विचार किया है। इसलिए यह पुस्तक आशावादी भी है, यद्यपि भारत जो कुछ हासिल करने में विफल रहा है उसकी पड़ताल को दूरदर्शितापूर्ण दृष्टिकोण का अभिन्न हिस्सा बनाया ही जाना चाहिए।

इस पुस्तक में जिस अनुभवसिद्ध सामग्री का उपयोग किया गया है उसे अलग-अलग अध्यायों में उद्धृत किया गया है। इसे सांख्यिकीय

परिशिष्ट में भी अलग से दिया गया है, जहाँ भारत के समग्र विकास और उसके प्रमुख राज्यों के बारे में काफी विस्तृत सूचनाएँ पाई जा सकती हैं। हमें उम्मीद है कि इस परिशिष्ट में जो व्यापक आँकड़े दिए गए हैं वे उन उद्देश्यों से इतर भी उपयोगी होंगे जिनके लिए हमने उनका यहाँ उपयोग किया है।

पुस्तक के प्रारम्भिक प्रारूपों पर विस्तृत टिप्पणियाँ देने के लिए हम सबीना अलकीरे, अरुद्र बर्रा, आशीष गुप्ता, रीतिका खेरा और एम्मा रॉथ्सचाइल्ड के बेहद कृतज्ञ हैं। पुस्तक को तैयार करने में इन लोगों की उपयोगी सलाहों, टिप्पणियों तथा सुझावों से काफी लाभ पहुँचा है—अंकिता अग्रवाल, इशर आहलूवालिया, मोंटेक सिंह आहलूवालिया, मंजूर अहमद, सुधीर आनंद, पी. आरोक्यसामी, इजेट पेंगो बागोलीन, पुलाप्रे बालकृष्णन, जे. बालसुब्रह्मण्यम, निर्मला बनर्जी, प्रणव वर्धन, फ्रांसेस्का बस्ताग्ली, कौशिक बसु, आकांक्षा बर्ता, बेला भाटिया, रॉबर्ट कैस्सेन, हा–जून चांग, लिंकन चेन, दीप्ता चोपड़ा, मुश्ताक आर. चौधरी, डाएने कोफ्फे, फ्लावियो कोमिम, गुरचरण दास, मोनिका दासगुप्त, गौरव दत्त, हरीश्वर दयाल, अनुराधा डे, अर्जन डे हान, एंगस डीटन, मेघनाद देसाई, सोनाल्दे देसाई, स्वाति धींगड़ा, अल्बिना ब्वाइस्त्राउव्रे, जेसस फेलिपे, फ्रांसिस्को फरेरा, पेड्रो एच.जी. फरेरा डिसूजा, राघव गैहा, सुभाष गाताड़े, हैरिस गजदार, जयति घोष, कावेरी गिल, श्रीनिवास गोली, एम. गोविंद राव, रामचंद्र गुहा, परंजय गुहा ठाकुरता, स्टीफेन होवेस, अर्जिमांद हुसैन, क्लीमेंट इम्बर्ट, रौनक जहाँ, अनुरोध ललित जैन, देवकी जैन, मोनिका जैन, राजी जयरामन, रवि कानबर, सौम्या किडंबी, गीता गांधी किंग्डन, स्टीफन क्लेजेन, अतुल कोहली, आशीष कोठारी, अशोक कोतवाल, गैब्रिएल क्रक्स–विज्नर, संजय कुमार, उत्सव कुमार, रॉबर्ट लीवाइन, इयान मैकॉस्लान, गुरु प्रसाद मदन, अजय महल, सिमीन महमूद, वहीदुद्दीन महमूद, मानवी मजूमदार, हर्ष मन्दर, सिल्विया मांगाट्टेर, कार्तिक मुरलीधरन, रिंकू मुरगइ, करुणा मुथिया, पूनम मुर्तेजा, दीपा नारायण, सुधा नारायणन, क्रिश्चियन ओल्डीजेज, एस.आर. उस्मानी, फेलिक्स पडेल, ब्रजेश पांडे, जॉन पैप, लांट प्रिटशेट, विनोद रैना, जयराम रमेश, अनिता रामपाल, कुमार राणा, भास्कर राव, मार्टिन रावालियन, राममनोहर रेड्डी, विवेक एस., मीरा सैमसन, के.एम. सूर्यनारायण, गीता सेन, मीतू सेनगुप्त, ए.के. शिवकुमार, रुक्मिणी श्रीनिवासन, अभय शुक्ल, बेन सीगेल, ए.के. सिंह, प्रेरणा सिंह, शेखर सिंह, अमरजीत सिन्हा, दीपा सिन्हा, एफ वी. सोअर्स,

रहमान सोभन, डीन स्पिअर्स, निकोलस स्टर्न, अया टेक्टॉमी, विटो तांजी, डेनिस ताओ, यांग, अलेसांद्रो तारोज्जी, योशीफूमी उसामी, फैबियो वेरास, विनोद व्यासुलु, माइकल वाल्टन, यान्यान जियोंग और योगेंद्र यादव।

पेंगुइन बुक्स के स्टुअर्ट प्रॉटफिट् के कई संपादकीय सुझावों से भी हमें काफी मदद मिली। उनके सुझाव हमारे तर्कों तथा प्रमाणों को प्रस्तुत करने में बेहद महत्त्वपूर्ण साबित हुए। रिचर्ड मैसन ने जितनी सावधानी से हमारी बेतरतीब-सी पांडुलिपि का संपादन किया, उसके लिए हम उनका आभार प्रकट करना चाहते हैं। प्रेस से इस पुस्तक के प्रकाशन की देख-रेख के लिए हम रिचर्ड डुगुइड का भी धन्यवाद करना चाहते हैं।

इलाहाबाद विश्वविद्यालय का अर्थशास्त्र विभाग और कैम्ब्रिज के मैग्डेलीन कॉलेज का इतिहास व अर्थशास्त्र केंद्र इस पुस्तक के लिए काफी मजबूत आधार रहा। कैम्ब्रिज सेंटर फॉर हिस्टरी एंड इकोनॉमिक्स ने शोध तथा प्रशासनिक मामलों के लिए जो व्यवस्थाएँ उपलब्ध करवाईं उन्हें फोर्ड फाउंडेशन के उदार अनुदान का काफी सहारा मिला। आशीष गुप्ता तथा आदित्य बालसुब्रह्मण्यम ने शोध में जो शानदार सहायता की और मेघना ब्रह्मचारी, कर्स्टी वाकर तथा नीशा हरमन ने इसमें जो सहयोग किया उसके लिए हम इन सबके बहुत आभारी हैं। सेंटर से मिली प्रशासनिक सहायता को प्रभावी रूप से लागू करने में इंगा हुल्ड मार्कन और मेरी-रोज चीड्ल ने अहम भूमिका निभाई। हम इन सबके प्रति कृतज्ञ हैं।

अन्तिम मगर महत्त्वपूर्ण बात यह कि मानवी मजूमदार तथा कुमार राणा के नेतृत्व में प्रतीचि ट्रस्ट की अनुसन्धान टीम के साथ मिलकर शोध किया गया उसकी सामग्री का इस पुस्तक के कुछ हिस्सों में उपयोग किया गया। इस टीम से हमने बहुत कुछ सीखा।

—ज्यां द्रेज़ एवं अमर्त्य सेन

शान्तिनिकेतन
15 फरवरी, 2013

अनुक्रम

अध्याय : एक

एक नया भारत ?

'ओह! यह प्यार का वसन्त कैसा है / अप्रैल के एक दिन की डगमग महिमा जैसा', 'द टू जेंटलमेन ऑफ वेरोना' में प्रोटियस का यह संवाद आज के भारत के लिए काफी उपयुक्त जान पड़ता है। आधुनिक, लोकतांत्रिक भारत की हालिया उपलब्धियों को गैर-महत्त्वपूर्ण नहीं कहा जा सकता; पिछले एक से ज्यादा दशकों से इन उपलब्धियों को पूरी दुनिया में व्यापक मान्यता मिली है। गैर-पश्चिमी देशों में शुमार भारत ने लोकतांत्रिक शासन के मामले में अग्रणी रहने का जो रेकॉर्ड स्थापित किया है उसकी सर्वत्र जितनी प्रशंसा हुई है, उतनी ही प्रशंसा इस बात की भी हुई है कि वह एक धर्मनिरपेक्ष राज्य बने रहने में बुनियादी तौर पर सफल रहा है, बावजूद इसके कि कई-कई धर्मों-सम्प्रदायों वाली इसकी आबादी से इसे चुनौतियाँ मिलती रही हैं और इसका निकट अतीत अंग्रेजी राज के अन्तिम दिनों में हुई साम्प्रदायिक हिंसा से त्रस्त रहा है। इसी के साथ पिछले दशक में तेज आर्थिक प्रगति की उपलब्धियों को जोड़ा जा सकता है, जब भारत दुनिया की दूसरी सबसे तेजी से विकास कर रही अर्थव्यवस्था बन गया था।

इन महान उपलब्धियों के बावजूद आज के भारत की बहुचर्चित चमक बिलकुल डगमग लगती है, तो इसकी वजह यह नहीं है कि अचानक होनेवाली बारिश चमकती धूप वाले दिन को खराब कर सकती है, जिसका डर वेरोना के प्रोटियस को था। यह अनिश्चितता तो इस वजह से है कि चमकती धूप के साथ आसमान पर काली घटाएँ भी घिरी हुई हैं और बारिश की बौछारें शुरू भी हो गई हैं। बेहद अहम और जरूरी चीज यह है कि हम आज के भारत की पहचान मानी जानेवाली उपलब्धियों और विफलताओं, दोनों का आंकलन करने की कोशिश करें। भारत की पुरानी समस्याओं को किस हद तक दूर किया जा सका है? क्या किया जाना बाकी रह गया है? और, क्या नई समस्याएँ उभरी हैं, जिन्हें भारत को दूर करना है?

ऐतिहासिक परिप्रेक्ष्य से देखें तो उपलब्धियाँ बेशक बड़ी हैं, खासकर अगर इस लिहाज से देखें कि 1947 में आजादी के समय देश किस हाल में था। भारत हठी साम्राज्यवादी शासकों के दमनकारी शासन से मुक्त हुआ था; जब तक अंग्रेज चले

नहीं गए, तब तक वास्तविक सत्ता का हस्तान्तरण कम ही हुआ था। उस समय यह सन्देह स्वाभाविक था कि भारत में एक गतिशील लोकतंत्र को चलाने की क्षमता है भी या नहीं। दूसरी चुनौती अराजकता और संघर्ष के खतरे से, या देश के हिंसक विभाजन तक से बचने की थी। पूरे भारत की सांस्कृतिक साम्यता के हजारों वर्षों के इतिहास और स्वतंत्रता संघर्ष ने जन एकता की भावना को तो जरूर मजबूत किया था लेकिन देश के भीतर की भाषायी, धार्मिक एवं जातीय विविधताओं तथा विभाजनों ने संशयवादियों को यह चिन्ता करने के पर्याप्त कारण दे दिये थे कि अधिनायकवादी शासन के बिना यह देश टूट सकता है। और तो और, स्वतंत्रता-पूर्व के भारत का जिस अराजक तरीके से दो देशों—भारत और पाकिस्तान—में विभाजन हुआ, उसने इस चिन्ता के लिए जायज वजह जुटाई कि देश के और हिंसक टुकड़े तो नहीं होंगे।

इन तमाम चिन्ताओं को पुष्ट, और कुछ हद तक फीका करनेवाली सचाई थी भारत की गरीबी, जो शायद इस देश की सबसे सर्वज्ञात बात थी। इतनी कि यूरोप और अमेरिका में माता-पिता अपने बच्चों को हिदायत देते थे कि "भूखों मर रहे भारतीयों" के प्रति नैतिक जिम्मेदारी की खातिर वे अपनी प्लेट में जूठन न छोड़ें। और सचमुच, औपनिवेशिक शासन की समाप्ति से चार साल पहले, 1943 में भारत में ऐसा भयंकर अकाल पड़ा था कि 20 से 30 लाख लोगों की मौत हो गई।

वैसे, भारत हमेशा गरीबी और भूख का प्रतीक नहीं रहा है। वास्तविकता इसके उलट है, जिसकी चर्चा हम अगले अध्याय में करेंगे कि देश इतना गरीब क्यों हो गया। इसमें शक नहीं है कि ब्रिटिशकालीन भारत की अर्थव्यवस्था काफी निष्क्रिय थी, और आजादी के समय देश की आबादी के बड़े हिस्से का जीवन-स्तर दारुण स्थिति में था, और ऐसा केवल अकाल वाले वर्षों में नहीं था।*

उपलब्धियाँ और अवसर

नए-नए आजाद हुए भारत ने निराशाजनक शुरुआत के बावजूद एक के बाद एक, कई महत्त्वपूर्ण राजनीतिक तथा आर्थिक सफलताएँ हासिल कीं। सदियों

* हाल में तैयार वैश्विक स्वास्थ्य एवं मानवमिति आँकड़ों से स्पष्ट होता है कि 1947 में औपनिवेशिक शासन की समाप्ति के समय भारत में लोगों की पोषण तथा शारीरिक स्थितियाँ कितनी दारुण थीं। एंगस डीटन की पुस्तक 'द ग्रेट स्केप एंड द ओरिजिन्स ऑफ इनक्वालिटी' के अध्याय 4 में कहा गया है—'यह सम्भव है कि सदी के मध्य के आसपास जन्मे भारतीयों का बचपन उतना ही अभावग्रस्त रहा हो, जितना इतिहास के नवप्रस्तर काल और उससे भी पहले आखेटकों के काल में, बड़े समूहों के बच्चों का था।'

के औपनिवेशिक शासन के बाद उसने एक संकल्पवान लोकतांत्रिक सरकार को अपनाने का जो अविलम्ब निर्णय किया, वह ठोस तथा व्यावहारिक साबित हुआ। दुनिया के अन्य लोकतांत्रिक देशों की तरह भारत में भी 'जनता की, जनता के द्वारा और जनता के लिए' वाली परिभाषा को पूरी तरह साकार करता लोकतंत्र स्थापित नहीं हो पाया है और भारतीय लोकतंत्र में कई खामियाँ रह गई हैं, जिन्हें दूर करना बाकी है।[1] बहरहाल, कुल मिलाकर सफल माने गए लोकतांत्रिक शासन के साठ से ज्यादा सालों के बाद भारत ने अपनी प्रतिष्ठा एक अग्रणी लोकतंत्र के रूप में स्थापित कर ली है। दुनिया के, खासकर दक्षिण एशिया के नवस्वतंत्र देशों की तरह यहाँ सेना ने नागरिक राजकाज को अपने कब्जे में नहीं लिया। देश ने सशक्त तरीके से यह भी साबित कर दिया है कि भाषा, धर्म, और जातीय पहचानों की बहुलता के बावजूद लोकतंत्र किस तरह फल-फूल सकता है। यह बात काबिले-गौर है कि लोकतांत्रिक मानकों से कुछ सीमित भटकाव भी हुए हैं। उदाहरण के लिए, सीमावर्ती क्षेत्रों में असन्तोष को दबाने के लिए सैनिक शक्ति के प्रयोग (जिसकी विस्तृत चर्चा आगे करेंगे)। ऐसे प्रयोग केवल इन्हीं क्षेत्रों में नहीं हुए हैं। इस मामले में परिवर्तन की जरूरत है। लेकिन यह मान लेने के पर्याप्त कारण हैं कि भारत ने धर्मनिरपेक्ष लोकतंत्र को व्यापक तौर पर कामयाब बनाने में बड़ी उपलब्धि हासिल की है। इसके अलावा, देश में लोकतांत्रिक संस्थाओं की कुल मिलाकर अपेक्षाकृत मजबूत स्थिति ऐसे अहम अवसर उपलब्ध कराती है कि अनसुलझी समस्याओं के तार्किक समाधान किए जा सकें और लोकतांत्रिक प्रक्रियाओं को ज्यादा विस्तार दिया जा सके, उन्हें स्तरीय बनाया जा सके।

आर्थिक मोर्चे पर, आजादी के बाद कई दशकों तक भारतीय अर्थव्यवस्था की वृद्धि-दर हालाँकि खासी सुस्त थी—सालाना करीब 3.5 प्रतिशत—फिर भी औपनिवेशिक दौर की करीब शून्य (और कभी-कभी तो ऋणात्मक) दर की तुलना में तो यह एक बड़ी छलाँग थी। यह लम्बा आर्थिक ठहराव आजादी मिलने के बाद खत्म हो गया। फिर भी, शून्य वृद्धि दर को पलटना शायद ही पर्याप्त माना जा सकता है। इसलिए, आजादी के बाद जिन बातों ने भारत को दशकों तक जकड़े रखा, उनकी वास्तविक तथा काल्पनिक वजहों पर विचार करने की काफी जरूरत है। खुशी की बात है कि हाल के दशकों में इस मामले में चीजें बदली हैं और भारत ने दुनिया में सबसे तेजी से विकास कर रही अर्थव्यवस्थाओं में शुमार होकर अपनी एक नई हैसियत बनाई है। तालिका 1.1 औपनिवेशिक दौर से लेकर अब तक सकल घरेलू उत्पाद (जीडीपी) में वृद्धि का एक चित्र प्रस्तुत करती है—

तालिका 1.1

स्थिर कीमतों पर भारत के जीडीपी की वृद्धि दर (प्रतिशत प्रति वर्ष)

	जीडीपी	प्रति व्यक्ति जीडीपी
औपनिवेशिक दौर		
1900 से 1946-47	0.9	0.1
आजादी के बाद के प्रारम्भिक वर्ष		
1950-51 से 1960-61	3.7	1.8
1960-61 से 1970-71	3.4	1.2
1970-71 से 1980-81	3.4	1.2
हाल के दशक		
1980-81 से 1990-91	5.2	3.0
1990-91 से 2000-01	5.9	4.0
2000-01 से 2010-11	7.6	6.0

स्रोत : सिवसुब्रह्मण्यम (2000) और भारत सरकार (2012[a]); विस्तृत आँकड़ों के लिए देखें अध्याय 2, तालिका 2.1।

बिलकुल हाल में भारतीय अर्थव्यवस्था की वृद्धि दर में कुछ सुस्ती आई है। इसकी एक वजह तो वैश्विक मन्दी है (चीन में भी ऐसी सुस्ती आई है, हालाँकि वहाँ का आधार ऊँचा है)। भारत की वृद्धि दर सालाना 6 प्रतिशत से भी नीचे भले चली गई हो, उसे अभी भी दुनिया की सबसे तेजी से विकास कर रही अर्थव्यवस्थाओं में गिना जा रहा है। हालाँकि वास्तविकता की जाँच उपयोगी है, इस बात पर विचार करना भी महत्त्व रखता है कि वे कौन-से नीतिगत परिवर्तन हो सकते हैं जो भारत के विकास को तेजी प्रदान कर सकते हैं। देश के विकास की सम्भावनाएँ काफी मजबूत बनी हुई हैं और यह भारत की ताकत का बड़ा स्रोत बन सकता है, खासकर तब जब आर्थिक विकास की उपलब्धियों का भरपूर उपयोग मानव जीवन की प्रगति और मनुष्य की स्वतंत्रता तथा क्षमताओं का विकास करने में किया जाए (इस विषय पर इस पुस्तक में आगे बहुत कुछ कहने के अवसर आएँगे)। अगले अध्याय में हम 'भारत के विकास की कहानी' विस्तार से बयान करेंगे।

दो सौ साल के औपनिवेशिक दमन और आर्थिक ठहराव के बाद अर्थव्यवस्था देश की कुख्यात तथा बदनुमा गरीबी का इलाज करने की ओर अग्रसर दिखती है।

दुनिया के सबसे गरीब देशों में शुमार इस देश ने इसके साथ ही लोकतंत्र को कायम रखने और मजबूत करने का जो काम किया है, वह इसकी उपलब्धियों को खासतौर से उल्लेखनीय बनाता है। भारत ने विश्व अर्थव्यवस्था में महत्त्वपूर्ण ढंग से कुछ अलग हट कर काम करने के प्रयोगधर्मी केन्द्र के रूप में भी अपनी पहचान बनाई है—न केवल सूचना प्रौद्योगिकी तथा सम्बन्धित गतिविधियों के मामले में बल्कि दुनिया के गरीब लोगों को विश्वसनीय आधुनिक दवाएँ कम कीमतों पर उपलब्ध कराने वाले बड़े सप्लायर के तौर पर भी। हाल में 'न्यूयॉर्क टाइम्स' ने अपने एक सम्पादकीय में लिखा कि चूँकि 'भारत दुनिया में जेनरिक दवाओं का सबसे बड़ा सप्लायर है', इसलिए दवा के मामले में 'उसकी नीतियाँ पूरी दुनिया के अरबों लोगों को प्रभावित करती हैं।'[2]

आर्थिक प्रगति के साथ ही महत्त्वपूर्ण सामाजिक परिवर्तन भी हुए हैं। भारत में जीवन-प्रत्याशा आज करीब 66 वर्ष है, जो कि 1951 में मात्र 32 वर्ष थी; शिशु मृत्यु-दर में इस अवधि में एक चौथाई की कमी आई है (1951 में प्रति 1000 नवजात शिशुओं में से करीब 180 की मृत्यु हो जाती थी, आज यह संख्या करीब 44 है); महिला साक्षरता 9 प्रतिशत से बढ़कर 65 प्रतिशत हो गई है। आजादी के समय सामाजिक संकेतक जिस बदहाली में थे उससे काफी उबर चुके हैं (देखें तालिका 1.2)।[3] यह सब पचास और साठ के दशकों में भारत के बारे में पतन, निराशा और अकाल की जो भविष्यवाणियाँ की जाती थीं, उनके बिलकुल उलट है। यह भी एक महत्त्वूर्ण राजनीतिक उपलब्धि है कि लोकतांत्रिक राजनीति के कई नेता उपेक्षित समूहों—महिलाओं, अल्पसंख्यकों और वंचित जातियों—में से उभरे हैं। जैसी कि हम आगे चर्चा करेंगे, भारी असमानताएँ बनी हुई हैं और कई तरह के भेदभाव जरा भी कम नहीं हुए हैं, लेकिन पदानुक्रम के राजनीतिक क्षेत्र में कुछ महत्त्वपूर्ण बदलाव हुए हैं और यह तथ्य यह मान लेने के कारण जुटाता है कि और भी कुछ, बहुत कुछ किया जाना सम्भव है। सामाजिक तथा आर्थिक भेदभाव झेलने वालों के मसीहा बी.आर. अम्बेडकर ने (जिन्होंने भारतीय राष्ट्रीय नेताओं को 'आर्थिक तथा सामाजिक लोकतंत्र' की फिक्र न करने के लिए चुनौती देने से परहेज नहीं किया था) इस बात पर जोर दिया था कि हम लोगों को "शिक्षित, आन्दोलित तथा संगठित करने"[4] की ताकत में भरोसा न खोएँ बल्कि उसका इस्तेमाल करें। चूँकि भारत का राजनीतिक लोकतंत्र इसके लिए काफी गुंजाइश बनाता है, इसके अभाव या इसको लेकर भीरुता के लिए 'व्यवस्था' द्वारा आरोपित किसी प्रतिबन्ध को दोषी नहीं ठहराया जा सकता।

तालिका 1.2

भारत : तब और अब	1951	2011
स्थिर कीमतों पर सकल घरेलू उत्पाद (जीडीपी) (1951=100)	100	1766
स्थिर कीमतों पर प्रति व्यक्ति शुद्ध राष्ट्रीय उत्पाद 1950–51=100	100	511
जन्म के समय अनुमानित जीवन-प्रत्याशा, (वर्षों में)	32	66
अनुमानित शिशु मृत्यु-दर (प्रति 1000 जीवित नवजात शिशु पर)	≈ 180	44
कुल प्रजनन दर (प्रति महिला बच्चों का औसत)	5.9	2.4
साक्षरता दर[a] (प्रतिशत)		
महिला	9	65
पुरुष	27	82
गरीबी रेखा के नीचे आबादी का अनुमानित प्रतिशत[b]		
ग्रामीण	47	22[c]
शहरी	35	20[c]
प्रतिशत परिवार जिनके पास हैं—		
साइकिल	≈ 0.4	46[d]
रेडियो	≈ 0.9	27[d]
सिलाई मशीन	≈ 0.1	19[d]

a : 1951 के लिए उम्र 5 वर्ष और अधिक, 2011 के लिए 7 वर्ष और अधिक

b : तेंदुलकर कमेटी की रिपोर्ट से पहले लागू राष्ट्रीय गरीबी रेखा के आधार पर (ग्रामीण क्षेत्र के लिए 1973-74 की कीमतों के मुताबिक प्रति माह प्रति व्यक्ति 49 रु. और शहरी क्षेत्र के लिए 57 रु. की आय)

c : 2004–05

d : 2007–08

स्रोत : देखें सांख्यिकीय परिशिष्ट, तालिका ए-5; 1951 (वास्तविक रूप से 1950-55) के लिए प्रजनन दर का अनुमान संयुक्त राष्ट्र जनसंख्या डिवीजन (2011) से प्राप्त किया गया है। अन्तिम कतार में 2007-08 के आँकड़े इन्टरनेशनल इंस्टीट्यूट फॉर पॉपुलेशन साइंसेज (2010[a]), तालिका 2.8 से हैं और 1951 के आँकड़ों का अनुमान वैद्यनाथन (1983), तालिका 13.3 में प्रस्तुत जनगणना के आँकड़ों से लगाया गया है।

इस सन्दर्भ में हमारे लिए खुश होने की बात यह है कि आजादी के बाद स्वतंत्र मीडिया का भारी विस्तार हुआ है। पुस्तक में आगे हम बताएँगे कि इस विस्तार के बावजूद भारतीय मीडिया काफी विफल भी रहा है, लेकिन उसकी सीमाएँ न तो सरकारी सेंसरशिप के कारण पैदा हुई हैं और न प्रिन्ट या मौखिक या दृश्य पत्रकारिता के पर्याप्त रूप से व्यापक नेटवर्क के अभाव के कारण। भारत अपने यहाँ अखबारों के जबरदस्त प्रसार (दुनिया में अधिकतम) पर ही नहीं बल्कि रेडियो तथा टीवी के विशाल तथा जीवन्त कवरेज पर भी गर्व कर सकता है, जो चौबीसों घंटे अन्य खबरों के अलावा समकालीन राजनीति के विश्लेषण प्रस्तुत करते रहते हैं। एक स्तर पर यह निश्चित ही लोकतांत्रिक अवसर की विजय के जैसा है, जो स्वतंत्र तथा बहुदलीय चुनाव प्रक्रिया समेत अन्य लोकतांत्रिक संस्थाओं को और ताकत प्रदान करती है।

मीडिया की कमजोरियाँ, जिन पर हम यहाँ चर्चा करेंगे, इस मोर्चे पर यह हैं कि वह लोगों के आर्थिक तथा सामाजिक जीवन से जुड़ीं अहम नाइन्साफियों और कमजोरियों की पहचान करने में गम्भीरता से नहीं जुटा है। कुछ सम्माननीय अपवादों को छोड़ दें, तो देश के अधिकांश लोगों के अभावग्रस्त तथा वंचित जीवन को बेहतर बनानेवाली उच्चस्तरीय पत्रकारिता का अभाव है, जबकि मीडिया विशेषाधिकार प्राप्त तथा कामयाब व्यक्तियों की चमकती छवि पेश करने में जुटा है। यहाँ निस्सन्देह राजनीतिक तथा सामाजिक बदलाव की जरूरत है, जिसकी हम आगे चर्चा करेंगे (खासकर अध्याय 7–9 में)। खबरों की प्रस्तुति तथा विश्लेषण को उत्कृष्ट बनाकर भारतीय मीडिया को निश्चित ही लोकतांत्रिक भारत में न्याय, समता और कार्यकुशलता स्थापित करने के प्रयासों का एक बड़ा हथियार बनाया जा सकता है।

अधूरा एजेंडा

भारत की उपलब्धियों के रेकॉर्ड को आसानी से खारिज नहीं किया जा सकता है, लेकिन क्या कहानी बस इतनी ही है? न्याय के साथ विकास के रास्ते पर तेजी से अग्रसर देश की स्वीकार्य तस्वीर निश्चित रूप से वह नहीं हो सकती, जो वास्तविक रूप से घट रही घटनाओं को मिलाकर बनाई गई एक विस्तृत और सन्तुलित तस्वीर के रूप में उभरती है। बल्कि वास्तव में यह तस्वीर एकदम अलग है। कई कमियाँ और कई विफलताएँ हैं, जिनमें से कुछ तो विशालकाय हैं, हालाँकि विशेषाधिकार-प्राप्त समूह और खासकर उत्सवप्रेमी मीडिया उनकी अनदेखी करता रहा है। हमें यह भी साफतौर पर मानना होगा कि सार्वजनिक विमर्श में इन समस्याओं की उपेक्षा या उन्हें कमतर बताना बहुत महँगा पड़ रहा है, क्योंकि लोकतांत्रिक सुधार इस बात पर निर्भर करते हैं कि जिन समस्याओं को दूर किया जाना है, उनके बारे में जनता की समझ कितनी है और उन पर कितना व्यापक विचार-विमर्श किया गया है।

भारत के तीव्र विकास के ताजा रेकॉर्ड का अक्सर महिमामंडन किया जाता है, जिसका आधार भी है, लेकिन इस तथ्य को रेखांकित करना भी बेहद महत्त्वपूर्ण है कि भारत की आर्थिक प्रगति का सामाजिक विस्तार उल्लेखनीय रूप से सीमित रहा है। बात सिर्फ इतनी नहीं है कि हाल के वर्षों में आय के वितरण में विषमता बढ़ी है (इस मामले में भारत और चीन की दशा एक ही जैसी है), बल्कि यह भी है कि चीन में वास्तविक मजदूरी में जितनी तेजी से वृद्धि हुई है और कामगारों को भारी फायदा पहुँचा है, उसके बरअक्स भारत में वास्तविक मजदूरी अपेक्षाकृत स्थिर रही है। यह तथ्य भी कम महत्त्वपूर्ण नहीं है कि तीव्र आर्थिक वृद्धि से हासिल सार्वजनिक राजस्व का संकल्पपूर्वक तथा नियोजित ढंग से उपयोग सामाजिक तथा भौतिक बुनियादी संरचना के विस्तार में नहीं किया गया (इस मामले में भारत चीन से काफी पीछे रह गया है)। आबादी का बड़ा हिस्सा बुनियादी सामाजिक सेवाओं (स्कूली शिक्षा से लेकर स्वास्थ्य सेवाओं और सुरक्षित पानी से लेकर सफाई तक) से निरन्तर वंचित रहा है। फिलहाल हम इस बात पर विचार करेंगे कि भारत ने वास्तविक आय के मामले में दूसरे देशों को बेशक पीछे छोड़ा है लेकिन सामाजिक संकेतकों के मामले में इनमें से कई देशों ने, जिनमें खुद दक्षिण एशिया के देश भी शामिल हैं, भारत को पीछे छोड़ दिया है (इस सवाल पर हमने अध्याय 3 में विस्तार से विचार किया है)।

केवल एक विरोधाभास को रेखांकित करें, तो कहना होगा कि हालाँकि जीडीपी वृद्धि के मामले में भारत ने चीन की काफी कुछ बराबरी कर ली है लेकिन जीवन-प्रत्याशा, साक्षरता, बाल कुपोषण, मातृ मृत्यु-दर जैसे संकेतकों के मामले में भारत की प्रगति चीन के मुकाबले काफी धीमी रही है। दक्षिण एशिया में ही देखें, तो बांग्लादेश जैसे कहीं ज्यादा गरीब देश ने कई सामाजिक संकेतकों (जीवन-प्रत्याशा, बच्चों के टीकाकरण, शिशु मृत्यु-दर, बाल कुपोषण, लड़कियों की स्कूली शिक्षा आदि) के मामले में भारत की बराबरी ही नहीं की बल्कि उसे पीछे भी छोड़ दिया है। यहाँ तक कि नेपाल भी भारत की बराबरी पर आ रहा है और उसके कई सामाजिक संकेतक भारत के संकेतकों के बराबर हो गए हैं, हालाँकि प्रति व्यक्ति जीडीपी के मामले में उसके आँकड़े भारत के आँकड़े की तिहाई के बराबर हैं। बीस साल पहले दक्षिण एशिया के छह देशों (भारत, पाकिस्तान, बांग्लादेश, श्रीलंका, नेपाल, भूटान) के बीच भारत के सामाजिक संकेतक ऊपर से दूसरे नम्बर पर थे जबकि आज नीचे से दूसरे नम्बर पर हैं (केवल समस्याग्रस्त पाकिस्तान से बेहतर)। प्रति व्यक्ति आय के मामले में तो भारत सीढ़ियाँ चढ़ता रहा है लेकिन सामाजिक संकेतकों के मामले में वह नीचे फिसलता गया है।

स्वतंत्रता संघर्ष के दौर में भारत विकास और समानता के जिन लक्ष्यों का नारा बुलन्द करता था, उनके मामले में वह बिना शक बुरी तरह विफल रहा है।

केवल ऐसा नहीं है कि आर्थिक विकास से हासिल आय के वितरण में काफी असमानता रही है, बल्कि जो नए संसाधन पैदा किए गए उनका भी समाज के पिछड़ों को भारी सामाजिक वंचनाओं से मुक्त करने में पूरी तरह उपयोग नहीं किया गया। आगे के अध्यायों में हम देखेंगे कि लोकतांत्रिक दबावों का उपयोग आज के भारत की पहचान बने बड़े अन्यायों को दूर करने की बजाय दूसरी दिशाओं में हुआ है। अभी काफी कुछ करने की जरूरत है ताकि आर्थिक विकास की उपलब्धियों का भरपूर उपयोग लोगों के जीवन-स्तर को ऊपर उठाने में और भारतीय अर्थव्यवस्था व समाज की पहचान बनीं घोर असमानताओं को कम करने में किया जा सके। आर्थिक विकास की गति बनाए रखने—और सम्भव हो तो बढ़ाने—को व्यापक और बड़ी प्रतिबद्धता का एक हिस्सा ही माना जा सकता है।

बिजली और बुनियादी ढाँचा

अगर अलग-अलग पृष्ठभूमि वाले भारतीयों के जीवन में कायम भारी विषमताएँ एक ऐसी बड़ी समस्या है जिस पर ज्यादा सार्वजनिक बहस और राजनीतिक उपक्रम की जरूरत है, तो शासकीय संगठन की व्यापक विफलता निश्चित ही दूसरी बड़ी समस्या है। भारतीय लोग इस समस्या का किसी-न-किसी रूप में सामना हर दिन करते हैं, भले ही इस व्यवस्थागत विफलता के बारे में दुनिया को गाहे-ब-गाहे जानकारी होती रहती है। जैसे 30-31 जुलाई 2012 को हुई थी, जब लगभग आधा देश बिजली गुल होने के कारण अँधेरे में डूब गया था और करीब 60 करोड़ लोगों के जीवन में उथल-पुथल मच गई थी। असहनीय सांगठनिक अराजकता और भयावह असमानता का मेल हो गया। वैसे भी इन 60 करोड़ में से एक तिहाई लोगों को कभी बिजली नसीब नहीं होती (यह आधुनिक भारत में व्याप्त विषमता का एक उदाहरण है), जबकि दो तिहाई लोगों को बिना किसी पूर्व-सूचना के बिजली से वंचित होना पड़ा (यह देश में व्याप्त अव्यवस्था का एक उदाहरण है)।

भारत में ऊर्जा क्षेत्र के संचालन में भारी कमियाँ हैं और बिजली गुल होने की उपरोक्त घटना इसका एक प्रकट लक्षण है। निरन्तर बिजली संकट (जिसे 'लोड शेडिंग' नाम विफलताओं को दूर करने की जगह उसे 'व्यवस्थागत' रूप देने के लिए दिया गया है) देश-भर में कई जगहों पर रोज-ब-रोज होता रहता है, जिन पर भुक्तभोगियों के समुदाय के बाहर किसी का ध्यान नहीं जाता। भुक्तभोगियों के लिए यह 2012 के भारी ब्लैकआउट से कम महत्त्व नहीं रखता, जिस पर पूरी दुनिया का ध्यान गया था। और, जैसा कि बताया गया है, भारत की एक तिहाई आबादी को बिजली नसीब ही नहीं है, जबकि चीन में ऐसी आबादी केवल 1 फीसदी है।[5]

ऊर्जा क्षेत्र की बदहाली भारत में बेहतर भौतिक बुनियादी सुविधाओं की जरूरत को पूरा करने में गम्भीर विफलता का केवल एक हिस्सा है। इस तरह की कमियाँ जल आपूर्ति, जल निकासी, कचरा प्रबन्धन, सार्वजनिक परिवहन और कई अन्य क्षेत्रों में भी देखी जा सकती हैं। देश की भौतिक तथा सामाजिक बुनियादी सुविधाएँ सामान्यत: बदहाल ही हैं और ऐसा नहीं लगता कि इनका कोई महती समाधान किया जाने वाला है (इस मसले पर हम चौथे अध्याय में विस्तार से चर्चा करेंगे)। इस मामले में चीन से विरोधाभास और ज्यादा तीखा नहीं हो सकता। इन दिनों भारत में यह आह्वान गूँजता रहता है कि वह चीन के रास्ते पर चले और खराब बुनियादी ढाँचे से जुड़ी समस्याओं से मुक्ति पाए, कि चीन से कितना कुछ सीखा जा सकता है। जबकि चारों ओर गूँजती यह सलाह देनेवाले लोग अक्सर ऐसे चीन का चित्र प्रस्तुत करते हैं, जो वास्तविकता से दूर है। उदाहरण के लिए, प्राय: कहा जाता है कि भारत में सरकार को कथित तौर पर चीन की तरह ऊर्जा क्षेत्र से पूरी तरह हाथ खींच लेने चाहिए, और भारत भी उसकी तरह निजीकरण करके तरक्की कर सकता है। वास्तव में निजी क्षेत्र बिजली उत्पादन, प्रेषण और वितरण में उपयोगी भूमिका निभा सकता है (खासकर तब जब प्रतियोगिता की स्थिति हो), लेकिन इसके लिए सरकार द्वारा समन्वय और भागीदारी जरूरी है, क्योंकि ऊर्जा क्षेत्र को ऐसे भी काम करने हैं (उदाहरण के लिए दूर-दराज के क्षेत्रों में भारी लागत पर बिजली पहुँचाने के) जिनमें पैसे की कमाई कम या शून्य हो सकती है।

ज्यादा अहम बात तो यह है कि चीन में ऊर्जा क्षेत्र को वास्तव में निजी क्षेत्र के हाथ में नहीं छोड़ दिया गया है। चीन और भारत, दोनों देशों में ऊर्जा क्षेत्र सरकार के नियंत्रण में है और दोनों देशों में इस क्षेत्र के कुछ काम करवाने के लिए निजी क्षेत्र का इस्तेमाल किया जाता है। अन्तर किसी और मामले में है, कि सरकारी उपक्रम और नियोजन चीन में किस तरह काम करते हैं, और इस बात में है कि चीन ऊर्जा क्षेत्र में भारत के मुकाबले लम्बे समय से कहीं ज्यादा निवेश करता रहा है, चाहे यह सम्पूर्णता में हो या जीडीपी के प्रतिशत (दोगुने से ज्यादा) के रूप में हो। यही बात बुनियादी ढाँचे के दूसरे क्षेत्रों के लिए भी लागू है। चीन और भारत में मुख्य अन्तर निजीकरण के विस्तार से ज्यादा सार्वजनिक प्रबन्धन की प्रभावशीलता और जवाबदेही के मामले में है।

अति सरलीकरण का जोखिम उठाते हुए कहा जा सकता है कि 'राजनीतिक, आर्थिक और सामाजिक लोकतंत्र' (जिस पर भारत के स्वतंत्र होते ही बहुत जोर दिया गया था) का एजेंडा इन दो क्षेत्रों में अधूरा पड़ा है—(1) विशेषाधिकार प्राप्त लोगों और बाकी लोगों के जीवन-स्तर में कायम असमानता के मामले में; और (2) भारतीय अर्थव्यवस्था और समाज के व्यवस्थापन में स्थायी बन चुकी अकुशलता और गैरजवाबदेही के मामले में। हमारी पूर्ण राजनीतिक दृष्टि जैसी होगी उसी के

मुताबिक हमारी चिन्ता के और भी विषय हो सकते हैं और हम यह सोच सकते हैं कि आज और भविष्य में काफी कुछ किया जा सकता है।[+] लेकिन टीकाकार की राजनीतिक दृष्टि को चाहे जिस तरह परिभाषित किया जाए, इस बात से इनकार नहीं किया जा सकता कि भारी असमानताओं और कमियों को तुरन्त दूर करने की जरूरत है।[++] अगले अध्यायों में हम उन कमियों के बारे में ज्यादा चर्चा करेंगे, जिन्हें पहचान लिया गया है।

लोकतांत्रिक प्रक्रिया

भारत और चीन के बीच तुलना खासतौर से यह अध्ययन करने के लिए महत्त्वपूर्ण है कि चीन ने विकास के कई केन्द्रीय क्षेत्रों में भारत से बढ़त कैसे ली और इसलिए भी कि उसने एक ऐसा बुनियादी सामाजिक और भौतिक ढाँचा तैयार करने में कहीं ज्यादा सफलता कैसे हासिल की, जो आर्थिक तथा सामाजिक विकास में भारी योगदान देता है। चीन में जो कुछ हो रहा है उसमें बेशक बहुत कुछ ऐसा है जिसमें भारतीयों की दिलचस्पी हो सकती है। वास्तव में, अन्तर्राष्ट्रीय तुलनाओं में जिन मानक सामाजिक संकेतकों की व्यापक तुलना की जाती है, मसलन संयुक्त राष्ट्र की 'मानव विकास रिपोर्टों' या सहस्राब्दी विकास लक्ष्यों की सूची में जो तुलनाएँ की जाती हैं वे भारत की बजाय लगभग पूरी तरह चीन के पक्ष में होती हैं। और यह विरोधाभास—केवल यही नहीं कि प्रति व्यक्ति जीडीपी की वृद्धि में चीन ने भारत को पीछे छोड़ दिया है—भारत में विकास के उपक्रमों को लेकर हमें कुछ उल्लेखनीय बातें बताता है।

लेकिन, यहाँ कुछ सावधानी बरतने की जरूरत है, क्योंकि भारतीय लोगों—और चीन के लोगों की भी—जो कई चिन्ताएँ हैं उन्हें सामाजिक संकेतकों या वृद्धि दरों की तुलनात्मक तालिकाओं में शामिल नहीं किया जाता। ऐसा लगता है कि अधिकतर भारतीय अपने देश के लोकतांत्रिक ढाँचे को महत्त्व देते हैं, उसकी

\+ 'लक्ष्यों' और 'दृष्टि' के बीच सम्बन्धों पर विमर्श के लिए देखें नोम चोम्स्की (1999), अध्याय 4।

++ एक व्यावहारिक प्रक्रिया के रूप में न्याय की प्राप्ति और सम्पूर्ण रूप से न्यायोचित दुनिया की अविलम्ब स्थापना में अन्तर करना जरूरी है (इस मसले पर देखें सेन की पुस्तक 'द आइडिया ऑफ जस्टिस', 2009)। 'दासता के उन्मूलन' की जरूरत पर समझौते अठारहवीं सदी के उत्तरार्द्ध और उन्नीसवीं सदी के पूर्वार्द्ध में उभरे। ये समझौते कोंडोर्सेट, एडम स्मिथ, मेरी वोल्स्टोनक्राफ्ट एवं अन्य लोगों के तर्कों के आधार पर थे, हालाँकि सभी पैरोकारों ने माना कि उस बड़े कदम के बाद भी दुनिया आदर्श रूप में न्यायपूर्ण नहीं होगी। न्याय को बढ़ाते दिखने वाले कुछ बदलावों की सम्भाव्यता इन बदलावों को लागू करने के पक्ष में तर्क को मजबूत करती है; वह भी उन बदलावों पर रोक लगाए बिना, जो बड़े न्याय के लिए जरूरी हैं और जो निकट भविष्य में या अन्ततः सम्भव हो सकते हैं। इसके अलावा, हम कुछ बदलावों को न्याय बढ़ाने वाला मान सकते हैं, भले ही एक आदर्श न्यायपूर्ण समाज के बारे में अलग-अलग लोगों के अलग-अलग दृष्टिकोण हो सकते हैं।

बहुदलीय राजनीति, व्यवस्थित स्वतंत्र चुनावों, काफी हद तक सेंसरमुक्त मीडिया, स्वतंत्र अभिव्यक्ति की पर्याप्त गारंटी, और न्यायपालिका की स्वतंत्र सत्ता को, जो एक जीवन्त लोकतंत्र की विशेषताएँ हैं।[6] जो लोग भारत की लोकतांत्रिक संस्थाओं के कामकाज को लेकर अभी भी आलोचनात्मक रुख रखते हैं (और हम लोग बेशक ऐसे ही लोगों में शामिल हैं) वे इस बात से इनकार नहीं कर सकते कि लोकतांत्रिक प्रक्रिया के मामले में अब तक भारत जो कुछ हासिल करने में सफल हुआ है और चीन समेत दूसरे देशों ने जो कुछ हासिल कर लिया है, उनमें भारी फर्क है।

भारत में न केवल इन्टरनेट और सेंसरमुक्त विश्व जनमत तक अप्रतिबन्धित पहुँच है बल्कि मीडिया का विशाल नेटवर्क भिन्न-भिन्न मतों को प्रस्तुत कर रहा है, जो कि प्रायः सरकार के प्रति काफी आलोचनात्मक होते हैं।[7] जैसा कि कहा जा चुका है, भारतीय अखबार भी बेहद विरोधाभासी राजनीतिक नजरिया प्रस्तुत करते रहते हैं, भले ही उनमें कई कमियाँ हैं जिन्हें दूर किए जाने की जरूरत है। आर्थिक विकास ने पूरे देश में गाँवों से लेकर शहरों तक में जनसंचार के साधनों (रेडियो, टेलीविजन, इन्टरनेट समेत) तक लोगों की पहुँच बढ़ाने में मदद की है, जो अप्रतिबन्धित खबरों और आलोचनात्मक विचार-विमर्श की कमी की भरपाई करते हैं।

अभिव्यक्ति की स्वतंत्रता का अपना मूल्य है। यह ऐसी चीज है जिसे अधिकतर लोग पसन्द करते हैं। लेकिन यह लोकतांत्रिक राजनीति का एक महत्त्वपूर्ण हथियार भी है, जो लोगों की क्षमता और वास्तविक भागीदारी को मजबूत करता है। राजनीतिक तथा सामाजिक भागीदारी में दिलचस्पी अब भारतीय आबादी के निर्धनतम क्षेत्रों तक भी फैल गई है।[8] भारत और चीन के बीच राजनीतिक और कानूनी मामलों में अन्तर को लेकर दूसरे मसले भी हैं, मसलन सुनवाई और सजा—फाँसी की सजा समेत—की प्रक्रिया का पालन, जिसे कानूनी मान्यता हासिल है। चीन में प्रायः एक सप्ताह में इतने लोगों को फाँसी दे दी जाती है, जितने लोगों को भारत में उसकी आजादी से लेकर अब तक नहीं दी गई।[9] अगर हमारा जोर भारत और चीन में जीवन-स्तर के बीच विस्तृत तुलना पर है, तो हमें पारम्परिक सामाजिक संकेतकों से इतर भी देखना पड़ेगा और तब इस बात के पर्याप्त कारण मिल जाते हैं कि भारत जो कुछ हासिल करने में सफल रहा है उसकी तारीफ करने की जरूरत है, चाहे हम इस देश में लोकतांत्रिक प्रक्रिया से और भी ज्यादा की माँग क्यों न करते हों।

वैसे, हमें इस बात पर भी विचार करना चाहिए कि भारत क्या कुछ हासिल नहीं कर पाया है, और क्या लोकतांत्रिक स्वतंत्रता उपलब्धियों के तालमेल में है कि उन कमियों को पूरा किया जा सके। उदाहरण के लिए, हाल के दिनों में भारत में व्याप्त भ्रष्टाचार को लेकर काफी बहस और आन्दोलन हुए हैं। निश्चित ही यह बड़ी विफलता है, लेकिन इसके लिए लोकतंत्र को दोषी ठहराना मूर्खता होगी। वास्तव

में, चीन समेत कई अलोकतांत्रिक देशों में भारी भ्रष्टाचार व्याप्त है। इस समस्या को फटाफट न्याय (मसलन भ्रष्टाचारियों को हड़बड़ी में कड़ी सजा देने) जैसे अलोकतांत्रिक उपायों से खत्म नहीं किया जा सकता, हालाँकि ऐसे उपायों की प्राय: माँग की जाती है। अधिकांश भारतीय लोग माँग करते हैं कि भ्रष्टाचार करनेवालों की ज्यादा विस्तृत तरीके से लोकतांत्रिक जवाबदेही तय की जाए, लेकिन इस माँग को पूरा करने के लिए उचित प्रक्रियाओं के पालन को तिलांजलि देने की जरूरत नहीं है (इस मसले पर विस्तृत चर्चा अध्याय 4 में करेंगे)।

हाल तक तो यही होता रहा है कि मीडिया नियमों और मानदंडों के उल्लंघन की अनदेखी करता रहा है (दूर-दराज या अचर्चित मामलों में ऐसा प्राय: अभी भी होता है) लेकिन अगर वह लोगों की जायज शिकायतों को उजागर करने में मदद करे तो इस महत्त्वपूर्ण चुनौती से लड़ने में भारी योगदान दे सकता है। एक महत्त्वपूर्ण मसला प्रशासन की उन खास व्यवस्थाओं के आसानी से भ्रष्ट हो जाने का है, जिनके तहत सरकारी अधिकारी और व्यवसाय जगत के कर्ताधर्ता अनुग्रहों के एवज में लाभ दे सकते हैं और गलत काम के लिए बेपर्दा अथवा दंडित होने से बचे भी रह सकते हैं। इस मामले में तथाकथित 'लाइसेंस राज' भ्रष्टाचार की संस्कृति को बढ़ावा देने में सबसे अव्वल था। इनमें से कई समस्याओं को संस्थागत सुधारों के द्वारा रोका जा सकता है लेकिन भ्रष्टाचार को खुद या दूसरों के लिए स्वीकार्य बनाने से रोकने के लिए आचरण सम्बन्धी मानदंडों में परिवर्तन की भी जरूरत है। इस मामले में भी सामाजिक रूप से जागरूक मीडिया भूमिका निभा सकता है। इस मसले पर हम इस पुस्तक में आगे चर्चा करेंगे। लेकिन मुद्दा यह है कि भ्रष्टाचार की समस्या की ओर ध्यान आकृष्ट किया जाए, जो सार्वजनिक सेवाओं की उपलब्धता और बाजार के कामकाज—और बेशक लोकतांत्रिक अधिकारों के पालन—को जरूरत से ज्यादा कमजोर करती है।

भारत और चीन के बीच तुलना एक और प्रश्न खड़ा करती है, जिसके ऊपर भी हमें इस भूमिकापरक अध्याय को समाप्त करने से पहले संक्षिप्त टिप्पणी करनी चाहिए। चूँकि चीन ने सार्वजनिक सेवाओं तथा सामाजिक ढाँचे को आगे बढ़ाने में आर्थिक प्रगति के लाभों का उपयोग भारत से कहीं बेहतर तरीके से किया है, तब यह सवाल उठाया जा सकता है कि क्या भारतीय लोकतांत्रिक व्यवस्था स्वास्थ्य सेवाओं, शिक्षा और 'सामाजिक विकास' के अन्य क्षेत्रों में आर्थिक प्रगति के लाभों का उपयोग करने में सचमुच एक बाधा है? इस सवाल का जवाब देते हुए पुरानी बातों को याद करने के मोह से बचना मुश्किल है। अस्सी के दशक तक, जब भारत की आर्थिक विकास दर काफी नीची थी, लोकतंत्र के आलोचकों का आम तर्क यही होता था कि लोकतंत्र तीव्र आर्थिक विकास का दुश्मन है। इन आलोचकों को यह समझा पाना मुश्किल था कि तीव्र आर्थिक विकास राजनीतिक व्यवस्थाओं की

उग्रता से ज्यादा आर्थिक माहौल से मिलने वाले समर्थन पर निर्भर करता है। आर्थिक विकास बनाम लोकतंत्र की वह बहस अब थम चुकी है (इसमें लोकतांत्रिक भारत की ऊँची विकास दरों का कम ही योगदान है) लेकिन यह सवाल कायम है कि लोकतंत्र और सामाजिक विकास के लिए आर्थिक प्रगति के लाभों के उपयोग के बीच के कथित द्वन्द्व का आंकलन हम किस तरह करें?

किसी लोकतांत्रिक व्यवस्था की उपलब्धियाँ मुख्यतः इस बात पर निर्भर करती हैं कि राजनीतिक सक्रियताओं में किन मसलों को शामिल किया जाता है। कुछ मसलों का तो बहुत आसानी से राजनीतिकरण किया जा सकता है। जैसे अकाल (जिसकी पुनरावृत्ति क्रियाशील लोकतंत्र की स्थापना के साथ अचानक बन्द हो जाती है), जबकि दूसरे कम बड़े और तात्कालिक मसले ज्यादा कठिन चुनौतियाँ पेश करते हैं। कम गम्भीर कुपोषण या स्थायी लिंगभेद और जातिभेद या सबके लिए नियमित स्वास्थ्य सेवा के अभाव जैसे मसलों के समाधान के लिए लोकतांत्रिक उपायों का इस्तेमाल कहीं ज्यादा कठिन है और इसमें सफलता या विफलता लोकतांत्रिक प्रक्रिया की विविधता और मजबूती पर निर्भर करती है।[10] वैसे, इनमें से कुछ मसलों से निबटने में काफी प्रगति हुई है। जैसे, हाल के वर्षों में बेहतर लोकतांत्रिक प्रक्रिया के जरिए लिंगभेद के कुछ पहलुओं से निबटने में प्रगति हुई है। लेकिन कई भारतीय जिन सामाजिक प्रतिकूलताओं और नाइन्साफियों से निरन्तर जूझते रहते हैं, उन सबसे निबटने में अभी वक्त लगनेवाला है।

चीन में निर्णय-प्रक्रिया मुख्यतः शीर्ष राजनीतिक नेताओं पर निर्भर है और नीचे के स्तर पर लोकतांत्रिक दबावों की गुंजाइश अपेक्षाकृत कम ही होती है। लोकतंत्र और स्वाधीनता के मूल्यों में अविश्वास के बावजूद चीनी नेता भूख और अशिक्षा के उन्मूलन को लेकर जितनी मजबूती से प्रतिबद्ध थे, उसने चीन की आर्थिक तथा सामाजिक प्रगति में निश्चित ही मदद की। लेकिन इस प्रक्रिया में एक गम्भीर खामी है, क्योंकि अगर सरकारी नेतागण अपनी प्राथमिकताओं को प्रतिगामी दिशा में मोड़ दें तो उसे रोकने का भी कोई उपाय नहीं है। इस खतरे की वास्तविकता तब उजागर हुई थी जब 1959-62 के अकाल में 3 करोड़ से ज्यादा लोग मर गए थे, सरकार स्थिति की गम्भीरता को समझने में विफल रही थी और उसकी नीतियों के खिलाफ कोई जन दबाव नहीं था, जो कि सक्रिय लोकतंत्र में उभर सकता था। अकाल के इन तीन वर्षों तक नीतिगत गलतियाँ जारी रहीं। यह खामी फिर से तब उजागर हुई जब 1979 में आर्थिक सुधार किए गए, जिनके चलते चीन के कृषि तथा उद्योग क्षेत्रों में जबरदस्त सुधार हुआ लेकिन सबको, खासकर ग्रामीण क्षेत्रों में स्वास्थ्य सेवाएँ उपलब्ध कराने से हाथ खींच लिया गया था। चूँकि 'ग्रामीण सहकारी स्वास्थ्य व्यवस्था' में कटौती की गई, निःशुल्क स्वास्थ्य सेवाओं का लाभ पाने वाली ग्रामीण आबादी का अनुपात कुछ ही वर्षों के भीतर सिकुड़कर 10 प्रतिशत रह गया।

अधिनायकवादी व्यवस्था में इस तरह की कमजोरियाँ छूट नहीं सकतीं, जिसमें संरक्षणवादी और जनसमर्थक नीतियाँ शिखर पर सत्ता की राजनीति के मुताबिक अचानक बदल सकती हैं। किसी क्रियाशील लोकतंत्र में स्वास्थ्य सेवा के अधिकार को इतनी आसानी और इतनी तेजी से वापस नहीं लिया जा सकता। सबको स्वास्थ्य सेवा का अधिकार चीन में वापस ले लिया गया तो वहाँ जीवन-प्रत्याशा में वृद्धि की दर तेजी से घट गई और चीन ने इस मामले में भारत से जो बढ़त ली थी, वह दो दशकों के भीतर गँवा दी। पहले जहाँ चीन में जीवन-प्रत्याशा भारत के मुकाबले 14 वर्ष ज्यादा थी, वह घटकर सात वर्ष रह गई। बहरहाल, चीनी अधिकारियों को अहसास हो गया कि उन्होंने कितनी मूल्यवान चीज खो दी है, और उन्होंने 2004 के आसपास सामाजिक स्वास्थ्य बीमा बड़े पैमाने पर फिर से लागू किया (नई व्यवस्था के तहत, साथ ही 'नई सहकारी मेडिकल स्कीम' भी)।[11] चीन में अब गारंटीशुदा स्वास्थ्य सेवा के दायरे में भारत से ज्यादा (90 प्रतिशत से ज्यादा) लोग आ गए हैं। जीवन-प्रत्याशा के मामले में जो अन्तर आ गया था वह भी चीन के पक्ष में तेजी से कम हो रहा है। इस मामले में स्वास्थ्य सेवा के विस्तार ने यह फर्क पैदा किया है।

अपनी राजनीतिक व्यवस्था के कारण भारत को सार्वभौमिक स्वास्थ्य सेवा की माँग करने और इस स्थायी उपेक्षा को दूर करने के लिए लोकतांत्रिक पहल करनी पड़ेगी। इसका अर्थ है तत्कालीन सरकार पर दबाव डालना और इन प्राथमिकताओं को विपक्ष की माँगों में शामिल करना, क्योंकि सरकारों—खासकर दिल्ली की वर्तमान सरकार* की तरह गठबन्धन वाली सरकारों—को राजनीतिक दबावों और जनता की माँगों से तय होनेवाली प्राथमिकताओं पर काम करना पड़ता है। ये दबाव तरह-तरह के स्वरूप ले सकते हैं और सरकार की पहल तथा संसाधनों पर दावा करने में होड़ लगा सकते हैं। लोकतांत्रिक प्रक्रिया को आगे बढ़ाना चन्द राजनीतिक नेताओं को नीतिगत परिवर्तन के लिए राजी करने से ज्यादा कठिन काम है। दूसरी ओर, इस तरह का मानदंड अगर लोकतांत्रिक तरीके से स्थापित हो जाता है तो वह उतना कमजोर नहीं होगा, जितना सभी तरह के अधिनायकवादी निर्णय होते हैं। स्वास्थ्य सेवा के विस्तार के मामले में चीन की बराबरी करने और संकल्प के मामले में उससे आगे बढ़ने के लिए भारत को लोकतांत्रिक व्यवस्था का और ज्यादा उपयोग करना पड़ेगा। सभी के लिए शिक्षा को प्राथमिकता देने के मामले में भी यही कहा जा सकता है।

भारत की असंख्य समस्याओं से निबटने में भारत उस लोकतंत्र के प्रति प्रतिबद्धता को कम करने या पूरी तरह त्याग देने का लालच कर सकता है (हालाँकि इसकी कोई गम्भीर वजह नहीं है) जिस लोकतंत्र के लिए कई लोगों

* वर्ष 2013

ने संघर्ष किए और जिससे देश को कई अच्छी उपलब्धियाँ प्राप्त हो चुकी हैं। अफसोस की बात यह है कि राजनीतिक लोकतंत्र और मुक्त समाज ने जो अवसर जुटाए हैं उनका अधिकतम लाभ उन समस्याओं का समाधान करने में नहीं उठाया गया, जिनका कई भारतीय निरन्तर सामना कर रहे हैं। समझने वाली अहम बात यह है कि लोकतंत्र की सफलता अन्ततः इस पर निर्भर करती है कि उसे कितनी ताकत से लागू किया जाता है। यह बात उन मुख्य मुद्दों में शामिल है, जिन पर इस पुस्तक में विचार किया जाएगा।

अम्बेडकर ने 'शिक्षण, आन्दोलन और संगठन' का जो आह्वान किया था (जिसका हम पहले भी उल्लेख कर चुके हैं) वह एक लोकतंत्र में जिस तरह सम्भव है, उस तरह लोकतंत्र के बिना सम्भव नहीं है। लेकिन जैसा कि अम्बेडकर ने कहा, संगठन और आन्दोलन तार्किक आधार पर होने चाहिएँ। सबसे पहले उन्होंने 'शिक्षण' की बात की है, और यह सबसे महत्त्वपूर्ण है। इस पुस्तक में जैसे-जैसे हम आगे बढ़ेंगे, यह स्पष्ट होता जाएगा कि हम तार्किक तथा ज्ञानप्रद सार्वजनिक सक्रियता के अम्बेडकर के दृष्टिकोण से प्रेरित हैं। महत्त्वपूर्ण काम 'नए भारत' की खोज करने से ज्यादा उसका निर्माण करना है।

अध्याय : दो

वृद्धि और विकास का एकीकरण

जून 2012 की बात है, दो पत्रकारों ने हम दोनों में से किसी एक से आग्रह किया कि वह दुनिया के दो हिस्सों में आर्थिक वृद्धि पर टिप्पणी करे। उनमें से एक पत्रकार पेरिस का था, उसने इस 'चमत्कारी खबर' पर प्रतिक्रिया चाही थी कि 2012 की पहली तिमाही में यूरो जोन की आर्थिक वृद्धि दर शून्य पर पहुँच गई है (इससे पिछली तिमाही में इसमें हो रही गिरावट रुक गई थी)। दूसरा पत्रकार दिल्ली का था, उसने भारत के लिए पिछले वर्ष की तुलना में 'निराशाजनक' वृद्धि दर, 'मात्र 6.2 प्रतिशत' पर टिप्पणी करने को कहा। यूरो जोन में 'शून्य वृद्धि दर' की तो पूरे यूरोप में प्रशंसा हो रही थी, लेकिन भारतीय मीडिया भारत की आर्थिक वृद्धि दर में आई 'खतरनाक' सुस्ती को लेकर चिन्ता में डूबा था, जिसमें सालाना 8-9 प्रतिशत की पिछली दरों के मुकाबले कुछ प्रतिशत अंकों की गिरावट आ गई थी। जाहिर है, 'निराशाजनक' के पैमाने अलग-अलग होते हैं।

अगर हम इसे आर्थिक वृद्धि में नरमी का नाम दें, तो यह निकट अतीत में विश्व अर्थव्यवस्था की एक उल्लेखनीय विशेषता रही है। और भारत भी इससे अछूता नहीं रहा, जिसके कारण देश की आन्तरिक समस्याओं में बढ़ोतरी हुई है और इसने भी मन्दी में योगदान दिया है। 2011-12 के दौरान (जब हम यह पुस्तक पूरी कर रहे हैं तब यही अन्तिम पूर्ण वित्त वर्ष है), दुनिया में सबसे तेजी से आर्थिक वृद्धि कर रही बड़ी अर्थव्यवस्थाओं में भारत दूसरे नम्बर पर था (इंडोनेशिया उसकी लगभग बराबरी कर रहा था)। तब भारत सबसे आगे चल रहे चीन से थोड़ा ही पीछे था, हालाँकि चीन की वृद्धि दर में गिरावट आई थी। वृद्धि दर्ज कर रहे इस समूह में भारत और इंडोनेशिया के बाद जापान, मेक्सिको, रूस, दक्षिण कोरिया का नम्बर था, जिन्हें दुनिया की बड़ी अर्थव्यवस्थाओं में गिना जा सकता है। आश्चर्य नहीं कि यूरोप इस पैमाने के दूसरे छोर पर था और अमेरिका उससे थोड़ा ऊपर था। एक समय आर्थिक क्षेत्र में (और हाल के दिनों में दूसरे क्षेत्रों में, जिसके बारे में अगले अध्याय में चर्चा करेंगे) सितारा माने जा रहे ब्राजील की वृद्धि दर अब 0.8 प्रतिशत पर पहुँच गई है।[1]

फिर भी, भारत की आर्थिक वृद्धि दर में गिरावट चिन्ता की पर्याप्त वजह है। इस गिरावट को 'निराशाजनक' बताना शायद ही उसका सही वर्णन हो सकता है। इस पर नई दृष्टि से सोचना ही ठीक होगा कि तुलनात्मक रूप से यह जो सुस्ती आई है, उसे दूर कैसे किया जा सकता है। आर्थिक वृद्धि अपने आप में ही नहीं बल्कि वास्तव में इसलिए भी महत्त्व रखती है कि यह देश को इस बात की सुविधा प्रदान करती है कि इसके कारण पैदा होनेवाले संसाधनों का उपयोग निजी आय बढ़ाने में और सार्वजनिक राजस्व का इस्तेमाल सामाजिक प्रतिबद्धताओं को पूरा करने में हो सके। अगर यूरोपीय देश मन्दी के चरम पर असमय मितव्ययिता की जगह वृद्धि को प्राथमिकता देते तो इससे प्राप्त होनेवाला सार्वजनिक राजस्व उन्हें उनके सार्वजनिक वित्त को व्यवस्थित करने में मदद करता। और उन्हें आवश्यक सार्वजनिक सेवाएँ मुहैया कराने की महती यूरोपीय प्रतिबद्धता के मामले में भारी समझौता भी नहीं करना पड़ता, जो कि दुनिया के दूसरे हिस्सों—सिंगापुर से लेकर ब्राजील तक—के लिए एक प्रेरणा रही हैं। यूरोप की तरह भारत भी काफी वित्तीय घाटा तो रखता है लेकिन उसने तुरन्त मितव्ययिता बरतने की फौरी माँग का संकल्पपूर्वक प्रतिकार किया—जो कि हमारे मुताबिक ठीक ही था—और इस तरह अपनी अर्थव्यवस्था की तेजी कायम रखी तथा अपनी वित्तीय स्थिति को अपेक्षाकृत ऊँचा बनाए रखा।[2] अलबत्ता भारत की सार्वजनिक वित्तीय व्यवस्था को अन्ततः दुरुस्त करना ही होगा। और ऐसा वह ऊँची वृद्धि दर से हुए लाभों से हासिल वित्तीय स्वतंत्रता के बल पर कर भी लेगा। लेकिन समझनेवाली महत्त्वपूर्ण बात यह है कि भारत में सार्वजनिक सेवाओं का भारी विस्तार करना जरूरी है, और गरीबों की व्यक्तिगत आय बढ़ाना भी बेहद महत्त्वपूर्ण है।

दोनों परिप्रेक्ष्य में देखें तो अर्थव्यवस्था की तेजी को बनाए रखना और साथ ही इससे हासिल सार्वजनिक राजस्व के सदुपयोग की व्यवस्था करना एक महत्त्वपूर्ण लक्ष्य है। वृद्धि की प्रक्रिया के स्वरूप के साथ ही समानता और टिकाऊपन पर नजर रखना भी जरूरी है। इस पर हम जल्द ही विचार करेंगे।

तीव्र वृद्धि का संक्षिप्त इतिहास

भारत की अर्थव्यवस्था में तेजी का इतिहास कितना लम्बा है? वास्तव में, भारत इस दौड़ में शामिल होनेवाला नया प्रतियोगी है। पाब्लो पिकासो ने कभी कहा था, "जवानी साठ साल की उम्र से शुरू होती है।" हाल के वर्षों में लगता है, भारतीय अर्थव्यवस्था के साथ ऐसा ही कुछ हो रहा है। यह प्राचीन भूमि 1947 में जब राजनीतिक रूप से स्वतंत्र हुई थी तब के मुकाबले आज इसकी अर्थव्यवस्था में जीवन्तता के कहीं ज्यादा लक्षण दिखाई दे रहे हैं। आजादी के बाद लगभग तीन दशकों तक भारतीय अर्थव्यवस्था सालाना 3.5 प्रतिशत की स्थायी सुस्त दर से बढ़ रही थी। इसे कुछ लोग 'हिन्दू दर' कहते थे, हालाँकि इसका हिन्दू धर्म से कोई

सम्बन्ध नहीं था, सार्वजनिक नीति का जरूर था।* नवस्थापित गणतंत्र की आर्थिक गति की सुस्ती देश में हो रहे राजनीतिक बदलाव की तीव्र गति के एकदम उलट थी। भारत रातोरात एक लोकतंत्र बन गया था, जो स्वतंत्रता संघर्ष का लक्ष्य था। यह दुनिया का पहला गरीब देश था, जिसने लोकतंत्र का वरण किया था। शीघ्र ही यह वास्तविक तौर पर क्रियाशील लोकतंत्र के रूप में उभर आया।

जैसा कि पिछले अध्याय में कहा जा चुका है, चूँकि आजादी के पहले भारत की जीडीपी मुख्यत: स्थिरता या गिरावट की ओर रहती थी, आजादी के तुरन्त बाद के दशक में इसमें सालाना 3.5 प्रतिशत की वृद्धि भी वास्तव में एक ऊँची छलाँग थी। लेकिन हकीकत यह है कि यह वार्षिक दर उस समय प्रति व्यक्ति के हिसाब से लगभग 1.5 प्रतिशत की वार्षिक दर बनती थी। यह दर तेज विकास और गरीबी उन्मूलन के लिए दर्दनाक रूप से धीमी थी। पचास से लेकर सत्तर के दशक तक जारी रही भारतीय अर्थव्यवस्था की सुस्ती अस्सी के दशक में टूटी और इसकी वार्षिक वृद्धि दर 5 प्रतिशत पर पहुँच गई। और फिर, नब्बे के दशक में तत्कालीन वित्त मंत्री मनमोहन सिंह के नेतृत्व में आर्थिक सुधारों के बाद अर्थव्यवस्था ने तेज रफ्तार पकड़ ली। उसने तेज वृद्धि के नए मानदंड स्थापित किए और विश्व समुदाय में शिखर के करीब पहुँच गई। भारत में उच्च वृद्धि दर की मजबूती का सम्बन्ध निश्चित ही नब्बे के दशक के आर्थिक सुधारों से है। 5–6 प्रतिशत के बीच झूलते रहने के बाद वृद्धि दर ने 7 प्रतिशत तक की छलाँग लगाई और फिर कई वर्षों तक (2005 से 2008 तक) 9 प्रतिशत के आँकड़े को भी पार किया। आय के मामले में भारत की लम्बी गरीबी को तीव्र आर्थिक वृद्धि की निश्चित ही बहुत जरूरत थी। और हाल की गिरावट के (जिसके बावजूद भारत दुनिया में सबसे तेजी से वृद्धि कर रही बड़ी अर्थव्यवस्थाओं में दूसरे नम्बर पर है) बावजूद भारत ने इस मामले में स्पष्ट तौर पर बड़ी प्रगति की है।

तीव्र वृद्धि की जरूरत अभी खत्म नहीं हुई है, क्योंकि तेज वृद्धि के दो दशकों के बाद भारत अभी भी दुनिया के निर्धनतम देशों में शामिल है। वास्तव में, जैसा कि अगले अध्याय में विचार किया जाएगा, भारत में प्रति व्यक्ति आय अभी भी उप-सहारा अफ्रीका के अधिकतर देशों की प्रति व्यक्ति आय से कम है। अगर हम भारतीय आबादी के अभावग्रस्त तबकों के जीवन-स्तर पर गौर करें तो तस्वीर और भी खराब नजर आएगी। इन तबकों के करोड़ों लोग अभी भी सन्तोषप्रद जीवन की बुनियादी जरूरतों—पोषणयुक्त भोजन से लेकर स्वास्थ्य सेवा, रोजगार की बेहतर स्थितियों, जाड़े में गरम कपड़ों तक—से वंचित हैं। केवल आर्थिक

---

* उक्त तीन दशकों के दौरान, विकास दर (लगभग 3.5 प्रतिशत सालाना) की प्रत्यक्ष स्थिरता तभी लागू होती है जब विकास दर को दशक के आधार पर आँका जाए। प्रतिवर्ष के आधार पर देखा जाए तो इसमें पर्याप्त विविधता थी और उक्त तीन दशकों में भी पूर्वार्ध में उत्तरार्ध की अपेक्षा थोड़ी तेजी थी। खासकर विकास दर को प्रतिव्यक्ति आय के सन्दर्भ में देखने पर (देखें तालिका 2.1)।

वृद्धि से इन समस्याओं के खत्म होने की सम्भावना नहीं है, कम-से-कम उचित समयसीमा में तो नहीं ही। लेकिन वृद्धि कर रही अर्थव्यवस्था में ऐसी समस्याओं को हल करना निश्चित ही ज्यादा आसान हो सकता है। उच्च आर्थिक वृद्धि करने की भारत की क्षमता निश्चित ही देश के विकास के लिए एक बड़ी थाती है। इसलिए इस क्षमता को बढ़ाने के प्रयासों को निश्चित ही प्राथमिकता मिलनी चाहिए। साथ ही यह भी व्यवस्था करनी चाहिए कि वृद्धि का उपयोग लोगों के जीवन-स्तर को ऊपर उठाने में हो।

अतीत और वर्तमान

भारत इतना गरीब आखिर क्यों हो गया, वह दुनिया के निर्धनतम देशों में क्यों शामिल हो गया? विडम्बना यह है कि भारत अधिकतर दूसरे देशों के मुकाबले गरीब नहीं था, और यह सिर्फ कहने-भर की बात नहीं थी और यह देखने के लिए काल्पनिक अतीत के किसी पौराणिक काल में जाने की जरूरत नहीं है। दरअसल, सच इसके बहुत करीब है। एडम स्मिथ का मानना था कि भारत, खासकर बंगाल दुनिया के समृद्धतम क्षेत्रों में था। उन्होंने अपनी पुस्तक 'द वेल्थ ऑफ नेशंस' (1776) में यह व्याख्या करने में भी कुछ समय लगाया है कि भारत की तुलनात्मक समृद्धि की क्या वजहें थीं। उन्होंने इसका श्रेय फलते-फूलते व्यापार तंत्र को दिया है, जिसमें नदियों का उपयोग किया जाता था। वास्तव में, देश के भीतर और विदेशों तक करीब 2000 वर्ष पुराने सुस्थापित व्यापारिक सम्बन्ध फैले हुए थे। इस क्षेत्र की व्यापार-आधारित समृद्धि के रोचक वर्णन अन्य विवरणों के अलावा, दूसरी शताब्दी के अग्रणी भूगोलशास्त्री क्लॉडियस टॉलेमी के लेखन में भी मिलते हैं। टॉलेमी ने भारतीय अर्थव्यवस्था के अवयवों के बारे में कुछ विस्तार से लिखा है और ऐसे कई शहरों की पहचान की है, जो देश के भीतर ही नहीं बल्कि दूसरे देशों के साथ भी अच्छा-खासा व्यापार कर रहे थे। प्लीनी ने भी इस क्षेत्र की खुली तथा फलती-फूलती अर्थव्यवस्था का वर्णन किया है।[3]

ईस्ट इंडिया कम्पनी ने 1757 में पलासी के युद्ध के साथ जब अपनी शुरुआत की, जो धीरे-धीरे विशाल भारतीय साम्राज्य में बदल गई, उस समय यह क्षेत्र अपने औद्योगिक निर्यातों, खासकर विभिन्न किस्म के कपड़ों के निर्यात के लिए विख्यात था। एडम स्मिथ ने लिखा कि हालाँकि बंगाल "हिन्दुस्तान का एक सूबा है, जो भारी मात्रा में चावल का निर्यात करता है", लेकिन वह हमेशा "अनाजों से ज्यादा तरह-तरह के अन्य उत्पादों के निर्यात के लिए जाना जाता रहा है।"[4] ईस्ट इंडिया कम्पनी के दूसरे व्यापारिक केन्द्र गंगा के किनारे बसे थे, जहाँ पुर्तगाल, नीदरलैंड, फ्रान्स, डेनमार्क, प्रुशिया और अन्य यूरोपीय देशों के व्यापारी अन्य वाणिज्यिक चैनलों के साथ-साथ भारतीय सामान को यूरोप तथा दूसरे देशों को निर्यात कर रहे थे।

भारतीय निर्यातों की गुणवत्ता और कीमत यूरोप के देसी उत्पादकों के लिए चिन्ता की वजह थी। खासकर ब्रिटेन में—भारत में ब्रिटिश राज स्थापित होने के पहले-संसद ने कई कानून बनाकर भारतीय कपड़ों को पहनने पर प्रतिबन्ध लगाया था।

लेकिन क्या औद्योगिक प्रतिष्ठानों में काम करनेवाले भारतीय कामगार ऐसा जीवन-स्तर जी रहे थे, जो भारत की 'सर्वोत्तम निर्यातक' वाली चमकती छवि से तालमेल खाता हो ? आँकड़ों की कमी और जीवन-स्तरों के बीच तुलना की जटिलताओं के कारण इस तरह के सवाल का निबटारा मुश्किल है। लेकिन मजदूरी की दरों और कीमतों के बीच तुलना से संकेत मिलता है कि आर्थिक रूप से सक्रिय क्षेत्रों में भारतीय श्रमिक की वास्तविक मजदूरी—और बेशक कुशल कारीगरों की मजदूरी—यूरोप में समान श्रमिक समूह की मजदूरी से कम नहीं थी बल्कि कहीं-कहीं तो ज्यादा थी। उदाहरण के लिए, प्रसन्नन पार्थसारथि ने 18वीं सदी के मध्य में वास्तविक मजदूरियों की तुलना अनाज के हिसाब से की है, जो बताती है कि बुनकरों की मजदूरी ब्रिटेन में प्रति सप्ताह 40 से लेकर 140 पाउन्ड अनाज के बीच थी, जबकि भारत में बंगाल के बुनकरों की मजदूरी प्रति सप्ताह 55 से 135 पाउन्ड अनाज थी और दक्षिण भारत में यह प्रति सप्ताह 65 से 160 पाउन्ड के बीच तक थी।[5]

उपनिवेश बनने से पहले के भारत की तुलनात्मक समृद्धि के सच को स्वीकार करने के लिए जिस तरह किसी काल्पनिक स्वर्णयुग का आविष्कार करना अनावश्यक है, उसी तरह ब्रिटिश राज में भारतीय अर्थव्यवस्था के तेजी से हुए पतन को याद करने के लिए भी किसी को उग्र राष्ट्रवादी होने की जरूरत नहीं है। भारत में ब्रिटिश शासन के दौरान आर्थिक गिरावट के लिए एडम स्मिथ ने ''ईस्ट इडिया कम्पनी के नौकरों द्वारा थोपे गए कुछ अन्यायपूर्ण प्रतिबन्धों'' को जिम्मेदार ठहराया है। 1770 के बंगाल के अकाल के लिए भी उन्होंने इन्हीं प्रतिबन्धों को दोषी बताया है।[6] यह गिरावट पूरी उन्नीसवीं सदी में जारी रही। इसके अलावा कई और चीजें भी ब्रिटिश भारत में होती रहीं, जिनमें कुछ तो काफी सकारात्मक चीजें थीं, मसलन आधुनिक प्रेस का विकास, यूरोपीय नवजागरण से हासिल हुए नए वैज्ञानिक ज्ञान की साझीदारी। आर्थिक अवनति का दौर ठीक 20वीं सदी के पूर्वार्द्ध तक चलता रहा।

वास्तव में, युगान्तरकारी ब्रिटिश राज के दौरान भारत में प्रति व्यक्ति वास्तविक आय सचमुच गिर गई थी। आर्थिक वृद्धि हुई भी तो इतनी कम कि दूसरे देशों से पिछड़ना कोई बड़ी बात नहीं थी। 'बीसवीं सदी में भारत की राष्ट्रीय आय' पर एस. सिवसुब्रह्मण्यम के विस्तृत अध्ययन के मुताबिक 1900-01 से लेकर 1946-47 के बीच भारत की प्रति व्यक्ति आय की वार्षिक वृद्धि दर करीब 0.1 प्रतिशत थी। इस दौरान वृद्धि धनात्मक थी (बेशक नगण्य) क्योंकि जीडीपी की 0.9 प्रतिशत की सचमुच 'निराशाजनक' वृद्धि दर को आबादी की भिन्न वृद्धि दर (0.8 प्रतिशत) बेमानी कर देती थी। आबादी की यह वृद्धि दर ऊँची मृत्यु-दर को उजागर करती

थी, जो ब्रिटिश भारत की खासियत थी।[7] और यह सब उन सदियों में हो रहा था जब औद्योगिक क्रान्ति के कारण हो रहे परिवर्तन यूरोप, अमेरिका और एशिया तथा लातीन अमेरिका के कुछ भागों में वास्तविक आय में इजाफा कर रहे थे और जीवन-स्तर में बदलाव ला रहे थे।

स्वतंत्रता के बाद से आर्थिक वृद्धि

इस इतिहास के मद्देनजर यह समझना कठिन नहीं है कि स्वतंत्रता के बाद लगभग 3.5 प्रतिशत की जो वार्षिक वृद्धि दर थी, वह एक सकारात्मक परिवर्तन क्यों थी (देखें तालिका 2.1)। फिर भी, स्वतंत्रता-बाद की आर्थिक नीतियाँ न तो वृद्धि दर को तेज करने में सफल हुईं और न लोगों के जीवन-स्तर में कोई बड़ा बदलाव ला सकीं। वास्तव में, उपलब्ध तथ्य बताते हैं कि भारत में 1951 में प्रथम पंचवर्षीय योजना[8] शुरू किए जाने के बाद लगभग तीन दशकों तक गरीबी, खासकर गाँवों की गरीबी में कोई कमी नहीं आई।

तालिका 2.1

अलग-अलग क्षेत्रों में स्थिर कीमतों पर जीडीपी वृद्धि दर

	प्राथमिक क्षेत्र	द्वितीयक क्षेत्र	तृतीयक क्षेत्र	जीडीपी[a]
1900-01 से 1946-47	0.4	1.5	1.7	0.9 (0.1)
1950-51 से 1960-61	2.8	6.1	4.1	3.7 (1.8)
1960-61 से 1970-71	2.1	5.4	4.4	3.4 (1.2)
1970-71 से 1980-81	2.0	4.2	4.5	3.4 (1.2)
1980-81 से 1990-91	3.5	5.5	6.6	5.2 (3.0)
1990-91 से 2000-01	3.3	6.2	7.5	5.9 (4.0)
2000-01 से 2010-11	3.2	8.5	8.9	7.6 (6.0)

a कोष्ठकों में प्रति व्यक्ति जीडीपी वृद्धि दर दी गई है, जिसकी गणना जनसंख्या वृद्धि दर को जीडीपी वृद्धि दर से घटा कर की गई है।

स्रोत : सिवसुब्रह्मण्यम (2000), तालिका 7.3, स्वतंत्रता-पूर्व की अवधि के लिए। स्वतंत्रता-बाद के लिए वृद्धि दर की गणना (सेमी-लॉग रिग्रेशन द्वारा) भारत सरकार (2012[a]) की तालिका ए-3 तथा ए-5 में प्रस्तुत जीडीपी (2004-05 की स्थिर कीमतों पर) के आँकड़ों से की गई है। सिवसुब्रह्मण्यम (2000), तालिका 9.3, में स्वतंत्रता-बाद की प्रारम्भिक अवधि के लिए 1948-49 की स्थिर कीमतों पर पहले की जीडीपी सीरीज पर आधारित आँकड़े प्रस्तुत किए गए हैं।

यह निश्चित ही एक बड़ी विफलता थी, और हमें यह सोचना होगा कि स्वतंत्रता-बाद की प्रारम्भिक अवधि में भारतीय नियोजन में दरअसल गलती क्या हुई।[9] प्रायः कहा यह जाता है कि भारत की समस्याएँ 'समाजवादी' नियोजन के कारण पैदा हुईं। समाजवाद की बेशक कई तरह की व्याख्याएँ की जा सकती हैं, लेकिन अगर समस्याओं की पहचान से यह निष्कर्ष निकलता हो कि भारत सोवियत संघ तथा अन्य साम्यवादी देशों के योजना मॉडल की नकल कर रहा था, तो इससे भारी उलझन पैदा होगी। सोवियत संघ से लेकर सुधार-पूर्व चीन और वियतनाम तथा क्यूबा तक तमाम साम्यवादी देश अपनी तमाम राजनीतिक सैद्धान्तिकताओं तथा आग्रहों के बावजूद एक चीज हासिल करने को प्रतिबद्ध थे, और वह चीज थी सबके लिए अविलम्ब स्कूली शिक्षा। वास्तव में, 1930 में रवीन्द्रनाथ ठाकुर सोवियत संघ गए थे तो उन्होंने पाया था कि "सुदूर" सोवियत एशिया में भी आबादी को स्कूली शिक्षा देने की दिशा में तेजी से प्रगति हो रही थी। "रूस की जमीन पर कदम रखते ही सबसे पहले मेरी नजर जिस चीज पर पड़ी, वह ये थी कि इन कुछ वर्षों में ही किसानों और कामगारों ने शिक्षा के मामले में इतनी भारी प्रगति की है कि पिछले डेढ़ सौ सालों में हमारे सबसे ऊँचे तबकों ने भी इसकी तुलना में ऐसा कुछ नहीं किया है।"* क्या 'समाजवादी' भारत इस रास्ते पर चला? जवाब है, उसने ऐसा कुछ भी नहीं किया। तीन दशकों की योजना से भारतीय बच्चों के लिए स्कूली शिक्षा के अवसरों में काफी कम प्रगति हुई।

वास्तव में, 1951 में शुरू की गई प्रथम पंचवर्षीय योजना में हालाँकि विश्वविद्यालीय शिक्षा की जरूरत का जोरदार समर्थन किया गया लेकिन प्रारम्भिक स्तर पर नियमित स्कूली शिक्षण का नहीं बल्कि उस तथाकथित 'बुनियादी शिक्षा' का पक्ष लिया गया, जो इस बेहद रोमानी और कुछ सनकी किस्म के विचार पर आधारित थी कि बच्चों को स्वावलम्बी हुनर** के जरिए शिक्षा दी जाए। इसमें यहाँ तक कहा गया कि 'नए प्राथमिक स्कूलों को खोलने की प्रवृत्ति को प्रोत्साहित न किया जाए और संसाधनों का यथासम्भव उपयोग बुनियादी शिक्षा और मौजूदा प्राथमिक स्कूलों को बुनियादी स्कूलों के रूप में ढालने में किया जाए।"[10] आश्चर्य

* रवीन्द्रनाथ ठाकुर, 'लेटर्स फ्रॉम रशिया' (1931; अंग्रेजी अनुवाद, 1960), पेज 108। ठाकुर के पत्रों के अंग्रेजी अनुवाद पर इसके प्रकाशन के बाद ही ब्रिटिश सरकार ने प्रतिबन्ध लगा दिया था, जिसे भारत की आजादी के बाद ही खत्म किया गया।

** बुनियादी शिक्षा की प्रेरणा महात्मा गांधी के शिक्षा सम्बन्धी विचारों से मिली थी। उनके शब्द थे : "मेरे सुझाव का मूल तत्व यह है कि लोगों को हस्तशिल्प केवल उत्पादक कामों के लिए ही नहीं बल्कि ज्ञान बढ़ाने के लिए भी सिखाया जाना चाहिए।" उनका कहना था कि बच्चों को हस्तशिल्प सिखाने से पहले लिखना-पढ़ना सिखाने से उनकी बुद्धि के विकास में बाधा पड़ती है। देखें गांधी (1937[a], 1937[b])

नहीं कि समुचित स्कूली शिक्षा की जगह तथाकथित 'बुनियादी शिक्षा' लागू करने का विचार जनसमर्थन हासिल करने में विफल रहा। लेकिन इसके बावजूद 1956 में शुरू हुई दूसरी पंचवर्षीय योजना में फिर इस बात पर जोर दिया गया कि "पूरी प्राथमिक शिक्षा को बुनियादी शिक्षा की लाइन में ढाला जाना चाहिए।" कालान्तर में सरकार को समुचित स्कूली शिक्षा-व्यवस्था के लिए जनता की माँग के आगे झुकना पड़ा। लेकिन स्कूल क्या करें, इस पर जारी अवधारणात्मक उलझन ने देश को अक्षर तथा अंक ज्ञान देने पर सार्वजनिक खर्च को नीचे रखने का दबाव और बढ़ाया।

इस मामले में भारतीय योजनाकार तमाम साम्यवादी देशों के योजनाकारों से एकदम उलटी दिशा में थे, चाहे वे मॉस्को और चीन (सुधार-पूर्व के दौर के भी) के योजनाकार हों या हवाना या हो ची मिन्ह शहर के।* वे सब सबके लिए मानक स्कूली शिक्षा को महत्त्व देते थे, जिसे मूलभूत समाजवादी प्रतिबद्धता के तौर पर देखा जाता था (जिसे साम्यवादी घोषणापत्र में साफ-साफ कहा गया है)। और किसी ने भी बड़ी संख्या में बच्चों को दशकों तक स्कूल से बाहर रहने नहीं दिया (भले ही उन्होंने आर्थिक नीति के दूसरे क्षेत्रों में समाजवाद के नाम पर घालमेल किए, नागरिक तथा राजनीतिक स्वाधीनताओं को उन्होंने जिस तरह दबाया उसकी बात तो अलग ही है)। उस दौर में भारत की योजना में स्कूली शिक्षा की घोर उपेक्षा को 'समाजवादी' नियोजन का परिणाम मानना इस भारतीय मूर्खता के देसीपन को नजरंदाज करना होगा। यह वाकई देसी मूर्खता थी, जो बहुत हद तक यह दर्शाती थी कि उच्च वर्ग तथा उच्च जातियाँ जनता की शिक्षा के प्रति किस कदर पूर्वाग्रहग्रस्त थीं।

इसी सिलसिले में यह भी गौरतलब है कि भारत की आजादी के प्रारम्भिक वर्षों में भारत का आर्थिक नियोजन कोई 'समाजवादी' नहीं था, न ही वह सोवियत शैली का था, जैसा कि प्रायः कहा जाता है। भारत राज्यतंत्र द्वारा निर्देशित विकास रणनीति को लागू करने की कोशिश कर रहा था, जिसे उस समय कई अन्य देश भी लागू कर रहे थे और उन्हें अलग-अलग नतीजे हासिल हो रहे थे। कई यूरोपीय देशों ने भी पहले इसे लागू किया था। अधिकांश अर्थव्यवस्था (रेलवे, बिजली, पानी जैसी 'आवश्यक सेवाओं' को छोड़कर) निजी क्षेत्र के हाथ में थी, और हालाँकि सरकार कई तरह से हस्तक्षेप करती थी मगर बड़े भूमि सुधार तो दूर, उद्योगों का एकमुश्त राष्ट्रीयकरण भी नहीं हो पा रहा था।[11] इसका मतलब यह नहीं

* दिलचस्प बात यह है कि वे लोग मिल्टन फ्रीडमैन सरीखे एकदम अलग तरह के अर्थशास्त्रियों की सलाह की भी अनदेखी कर रहे थे, जिन्होंने 1955 में भारत सरकार को एक ज्ञानप्रद ज्ञापन सौंपा था जिसमें जोर देकर कहा था कि भारतीय योजनाकार 'भौतिक पूँजी' को बहुत ज्यादा महत्त्व दे रहे हैं और 'मानव पूँजी' की पूरी उपेक्षा कर रहे हैं। (फ्रीडमैन, 1955)

है कि उस दौर में नियोजन सफल था—यह कतई सफल नहीं था। लेकिन जो मूर्खता या सनक थी, उसकी सरल-सी व्याख्या करते हुए उसे 'समाजवादी' कहा जा सकता है।

प्रारम्भिक आर्थिक नियोजन प्राथमिक तथा द्वितीयक उत्पादनों के क्षेत्र से ज्यादा तृतीयक उद्योगों और सामाजिक बुनियादी ढाँचे के मामले में अधिक विफल साबित हुआ। वास्तव में, प्राथमिक तथा द्वितीयक क्षेत्रों (मुख्यत: क्रमश: कृषि तथा निर्माण) की वृद्धि दर 1991 में आर्थिक सुधारों[12] की शुरुआत के बाद के 15 वर्षों में जितनी थी, उससे कुछ ज्यादा तो 1951 में प्रथम पंचवर्षीय योजना शुरू करने के बाद के 15 वर्षों में थी। पहले दौर में तृतीयक क्षेत्र की वृद्धि दर जीडीपी की वृद्धि दर की तरह ही सुस्त थी, लेकिन उस प्रारम्भिक दौर में जीडीपी की करीब 4 प्रतिशत की वृद्धि दर कुछ वास्तविक प्रगति को प्रतिबिम्बित करती है, खासकर उस क्षेत्र में प्रगति को, जिसे शास्त्रीय किस्म के अर्थशास्त्री 'भौतिक उत्पादन' कहते हैं। अधिक समझदारी भरी आर्थिक रणनीति अपनाने पर वृद्धि बेशक ज्यादा तेज हो सकती थी, जैसा कि उदाहरण के लिए उस समय पूर्वी अफ्रीका में हुआ था। लेकिन जिस तरह इस मान्यता की पुष्टि करना आसान नहीं है कि नेहरू एक तरह की 'समाजवादी' आर्थिक नीति लागू कर रहे थे, उसी तरह इस आम धारणा की पुष्टि आसान नहीं है कि नियोजन ने भारतीय अर्थव्यवस्था में ठहराव ला दिया था।

सतत् मामूली वृद्धि का दौर साठ के दशक के मध्य (1965-67) में अचानक खत्म हो गया, जब भारत को 1965 के महँगे पाकिस्तान युद्ध के तुरन्त बाद बीसवीं सदी के दो लगातार सबसे भीषण अकालों को झेलना पड़ा। कृषि उत्पादन चरमरा गया, जीडीपी में वृद्धि ऋणात्मक हो गई, जैसा कि उस समय अकाल के दौरान हो ही जाया करता था। ऊपर से और विपदाएँ भी पीछे न रहीं। 1971 में पाकिस्तान से फिर युद्ध लड़ना पड़ा, 1971-73 में फिर भीषण अकाल पड़ा। इस विपदाग्रस्त दशक (1965-71) में प्रति व्यक्ति जीडीपी स्थिर हो गई और प्रति व्यक्ति कृषि उत्पादन भी घट गया।

यह आर्थिक नीति की राजनीति में महत्त्वपूर्ण परिवर्तन का भी दौर था। नेहरू 17 वर्षों तक लगभग बिना किसी चुनौती के प्रधानमंत्री पद पर रहते हुए मई 1964 में हमेशा के लिए विदा हो गए। कांग्रेस में उनका कोई प्रतिद्वन्द्वी नहीं था, न ही वे किसी के लिए प्रतिद्वन्द्वी थे। लेकिन उनकी बेटी इन्दिरा गांधी (प्रधानमंत्री के रूप में पहले कार्यकाल में 1966 से 1997 तक पद पर रहीं) को पार्टी के भीतर और बाहर, दोनों मोर्चों पर जबरदस्त राजनीतिक संघर्ष करना पड़ा। इन संघर्षों में आर्थिक नीतियों ने ज्यादा से ज्यादा निर्णायक भूमिका निभाई।[13] उदाहरण के लिए, 1969 में बैंकों के राष्ट्रीयकरण का फैसला पूरी तरह राजनीतिक कारणों से लिया गया था (चाहे उसे दूसरे कारणों से उचित ठहराया जा सकता हो या नहीं), लेकिन

उसने संरक्षण प्रदान करने का एक बड़ा साधन सरकार के हाथ में थमा दिया। इसी तरह आयात कोटा और औद्योगिक लाइसेंस का इस्तेमाल 'समर्थकों को पुरस्कृत करने, विरोधियों को दंडित करने और अनिश्चितों को बहलाने' के लिए किया जाता था।[14] हालत यहाँ तक पहुँची कि विमल जालान के शब्दों में, "बेहद महत्त्वहीन आर्थिक काम के लिए भी सरकारी मंजूरी जरूरी हो गई।*" इसके खतरनाक नतीजे होते थे, आर्थिक उपक्रम तो बाधित होता ही था, भ्रष्टाचार और सत्ता के दुरुपयोग को भी बढ़ावा मिलता था। अब यह तय करने का विषय है कि क्या यह सब नेहरू के समय में जो नियंत्रित ढाँचा बनाया गया था, उसका स्वाभाविक व तार्किक प्रतिफल था या नेहरूवादी नीतियों के कारण पैदा हुए अवांछित भ्रष्टाचार का, जो पहले काफी प्रभावी थीं (बावजूद इसके कि स्कूली शिक्षा की ओर से आँख मूँद ली गई थी), तथ्य यह है कि अर्थव्यवस्था और लोगों को इस बदलाव की भारी कीमत चुकानी पड़ी।

हालात अस्सी के दशक में सुधरे, जब भारत ने आर्थिक वृद्धि में तेजी के दूसरे दौर का अनुभव किया, जो कृषि क्षेत्र की हालत में बड़े सुधार का नतीजा थी। वृद्धि की तथाकथित 'हिन्दू दर' (चाहे इसका जो भी अर्थ रहा हो) अतीत की बात हो गई, क्योंकि इस दशक में जीडीपी की वार्षिक वृद्धि दर करीब 5 प्रतिशत हो गई। इस दौर में वृद्धि अपेक्षाकृत सन्तुलित तथा समतामूलक भी रही। 1965-67 के अकाल के बाद विदेशी सहायता पर निर्भरता को कम करने के लिए जो हरित क्रान्ति शुरू की गई उसमें सत्तर के दशक के शुरू में अकाल पड़ने के कारण देरी हुई लेकिन उसने नतीजे दिखाने शुरू किए। अस्सी के दशक में पैदावार में 30 प्रतिशत की वृद्धि हुई, जबकि सत्तर के दशक में इसमें केवल 10 प्रतिशत की वृद्धि हुई थी। कृषि क्षेत्र में रेकॉर्ड 3 प्रतिशत प्रति वर्ष की दर से बढ़ोतरी हुई। इसी के साथ, गरीबी उन्मूलन की दिशा में उल्लेखनीय बात यह हुई कि कृषि मजदूरी में वास्तविक अर्थों में सालाना करीब 5 प्रतिशत की दर से वृद्धि हुई।[15] कई दशकों में पहली बार गरीबी में निरन्तर गिरावट आई, चाहे वह शहरी क्षेत्र की हो या ग्रामीण क्षेत्र की।[16]

लेकिन अस्सी का दशक वित्तीय घाटे, व्यापारिक घाटे और विदेशी कर्ज में भी वृद्धि का दशक रहा। इस असन्तुलन के कारण नब्बे के दशक में भारी संकट पैदा हो गया। इसमें कुछ हाथ तेल की बढ़ती कीमतों का और फारस की खाड़ी से आनेवाले पैसे में व्यवधान का था। भारत के विदेशी मुद्रा भंडार में इतनी कमी आ गई कि उसे अपने कर्ज सम्बन्धी भुगतानों के लिए अपना सोना बैंक ऑफ इंग्लैंड में गिरवी रखना पड़ा। इसके बाद संरचनात्मक समायोजन कार्यक्रम शुरू किया

* विमल जालान (2012), पेज 282। लेखक के मुताबिक, इस दौर में "मुख्य रूप से राजनीति ही इन्दिरा गांधी की आर्थिक नीति को चला रही थी।"

गया—शुरू में तो 1991-93 में अन्तर्राष्ट्रीय मुद्रा कोष (आईएमएफ) के दबाव में और फिर भारत सरकार की अपनी ही शर्तों पर। एक अपेक्षित ऋण लेने से इनकार कर दिया गया क्योंकि महसूस किया गया कि "आईएमएफ जिस वित्तीय संयम की शर्तें थोपना चाहता था, उन्हें पूरा करने में भारत असमर्थ था।"[17]

आईएमएफ को किनारे करने के बाद सख्त उपचार (मसलन सामाजिक क्षेत्र सहित सार्वजनिक खर्चों में कटौती) की जगह और अधिक आर्थिक सुधार किए गए। आर्थिक वृद्धि के लिहाज से नतीजे निश्चित ही काफी प्रभावशाली रहे। हालाँकि जीडीपी में वृद्धि की दर अस्सी के दशक में जितनी थी, उसके मुकाबले नब्बे के दशक में बहुत ऊँची नहीं रही (देखें तालिका 2.1), लेकिन आर्थिक स्थिरता के दौर (1993 में खत्म) के बाद इसमें तेजी आने लगी और इसके बाद के वर्षों में यह खासी बढ़ गई। इन वर्षों में सुधारों के कारण आर्थिक वृद्धि पर जो प्रभाव पड़ा, वह निश्चित ही एक महत्त्वपूर्ण उपलब्धि थी।

आर्थिक सुधार की प्रक्रिया काफी धीमी रही है। कुछ सुधार अपेक्षाकृत जल्दी हो गए, मसलन अन्तर्राष्ट्रीय व्यापार में ज्यादा खुलापन और आन्तरिक नियंत्रणों में ढील। दूसरे सुधार काफी बाद में हुए। और कुछ सुधारों पर तो अभी भी बहस जारी है, जिनमें खास-खास सार्वजनिक उपक्रमों के निजीकरण, गहन श्रम सुधारों, खास क्षेत्रों में प्रत्यक्ष विदेशी निवेश की अनुमति आदि के मामले गिनाए जा सकते हैं। आर्थिक सुधारों के पैरोकार इस धीमी चाल से चिढ़ते हैं। लेकिन लोकतांत्रिक व्यवस्था में इसी की उम्मीद की जाती है। इनमें से कई सुधार भले ही उचित हों मगर उन पर सोची-समझी सार्वजनिक बहस जरूरी होती है। दुर्भाग्य से यह बहस प्रायः टीकाकारों की 'बाजार समर्थक' और 'बाजार विरोधी' आम मान्यताओं के दायरे में चलती है, जबकि किसी खास नीतिगत मसले के समाधान के लिए पक्ष-विपक्ष के तर्कों के आधार पर हरेक मसले के अलग से आंकलन की जरूरत होती है। सबसे महत्त्वपूर्ण बात यह है कि विशिष्ट सुधारों की जरूरत का आंकलन अन्ततः इस आधार पर न किया जाए कि उनका आर्थिक वृद्धि पर क्या प्रभाव पड़ेगा बल्कि मुख्यतः इस आधार पर किया जाए कि वास्तव में उनका लोगों के जीवन पर क्या प्रभाव पड़ेगा। हम कह सकते हैं कि नब्बे के दशक में जो आर्थिक सुधार किए गए उनके साथ समस्या यह नहीं थी कि उन्होंने क्या हासिल करने की कोशिश की जितनी यह कि उन्होंने क्या हासिल करने की कोशिश तक नहीं की और इस तरह सुधार-पूर्व के कुछ गहरे पूर्वाग्रहों को और गहरा कर दिया।

हाल के वर्षों में अलग तरह के व्यापक सुधारों की जरूरत और भी ज्यादा महसूस की जा रही है जिनका लक्ष्य—उदाहरण के लिए—भ्रष्टाचार मिटाना, सार्वजनिक क्षेत्र में जवाबदेही बढ़ाना, सामाजिक समता स्थापित करना, प्रशासनिक-न्यायिक-विधायी प्रक्रियाओं की प्रभावशीलता बढ़ाना हो। इन व्यापक कार्यक्रमों

को प्रायः आर्थिक सुधारों से गहरे तौर पर जुड़ा नहीं माना जाता, लेकिन अन्ततः ये दोनों ही तो देश की आर्थिक तथा सामाजिक संस्थाओं को मजबूत करने और उन्हें लोगों के जीवन में सुधार लाने में सक्षम बनाने के प्रयासों का हिस्सा ही हैं। इन चिन्ताओं और उनसे जुड़ीं समस्याओं तथा उनसे उभरने वाले अवसरों पर अगले अध्यायों में चर्चा की जाएगी।

वृद्धि हो, मगर किस चीज की?

हाल के दशकों, खासकर पिछले दशक में तीव्र आर्थिक वृद्धि के रेकॉर्ड ने एक जोश पैदा किया है, जिसे समझा भी जा सकता है। 'मध्य वर्ग' (आबादी का ऊपरी 20 प्रतिशत हिस्सा, आय के हिसाब से) के जीवन-स्तर में पिछले दशकों में उम्मीद से ज्यादा या अनुमान से ज्यादा सुधार हुआ है। लेकिन रिक्शाचालकों, घरेलू नौकर-नौकरानियों, ईंट-भट्ठा मजदूरों सरीखे अन्य तबकों के लिए हालात ज्यादा जटिल हुए हैं। सुधारों के ये वर्ष उनके और अन्य वंचित तबकों के लिए इतने उत्साहवर्द्धक नहीं रहे हैं। ऐसा नहीं है कि उनके जीवन में कोई सुधार हुआ ही नहीं है, लेकिन वह इतनी धीमी गति से हुआ है कि उनके रहन-सहन की दारुण स्थितियाँ शायद ही बदली हों।

इसे स्पष्ट करने के लिए राष्ट्रीय नमूना सर्वेक्षण के आँकड़े देखे जा सकते हैं, जिनके मुताबिक 1993-94 से 2009-10 के बीच ग्रामीण क्षेत्र में प्रति व्यक्ति औसत खर्च बेहद मामूली, 1 प्रतिशत सालाना की दर से बढ़ा, और शहरी क्षेत्र में भी यह महज 2 प्रतिशत सालाना रहा।[18] दोनों क्षेत्रों में गरीब घरों में प्रति व्यक्ति खर्च की वृद्धि दरें और भी नीची रही होंगी क्योंकि इस अवधि में प्रति व्यक्ति असमानता बढ़ रही थी।[19] इसी तरह, सुधारों के बाद के दौर में वास्तविक कृषि मजदूरी की वृद्धि दर में भारी गिरावट आई है। अस्सी के दशक में यह दर 5 प्रतिशत सालाना थी, तो नब्बे के दशक में घटकर 2 प्रतिशत सालाना रह गई और 2000 वाले दशक में शून्य पर पहुँच गई (देखें तालिका 2.2)। 2006 में जब राष्ट्रीय ग्रामीण रोजगार गारंटी कानून (नरेगा) लागू किया गया, उसके बाद ही जाकर इसमें वृद्धि शुरू हुई, खासकर महिलाओं के मामले में।[20]

अर्थव्यवस्था के दूसरे क्षेत्रों में वास्तविक मजदूरी में वृद्धि भी अपेक्षाकृत धीमी रही है, खासकर अस्थायी या तथाकथित 'अकुशल' कामगारों की मजदूरी में। इस मामले में चीन से हमारी स्थिति एकदम उलट है। अन्तर्राष्ट्रीय श्रम संगठन के तुलनात्मक आँकड़ों के मुताबिक चीन में मैनुफैक्चरिंग क्षेत्र में वास्तविक मजदूरी में इस सदी के पहले दशक में चमत्कारी 12 प्रतिशत प्रति वर्ष की दर से वृद्धि हुई, जबकि भारत में यह दर मात्र 2.5 प्रतिशत प्रति वर्ष रही।[21] चीनी सरकारी आँकड़ों में कुछ अतिशयोक्ति की सम्भावना हो सकती है लेकिन कई

स्वतंत्र अध्ययनों ने इस तथ्य की पुष्टि की है कि चीन में वास्तविक मजदूरी पिछले 20–30 साल में तेजी से बढ़ी है (देखें चित्र 2.1)।[22] इसके उलट भारत में वास्तविक मजदूरी की वृद्धि दर इसी अवधि में प्रति व्यक्ति जीडीपी की वृद्धि दर से काफी कम रही है। इसी के साथ मूल्य संवर्द्धन में मजदूरी के योगदान में तेजी से गिरावट आई है (देखें चित्र 2.2)।[23]

तालिका 2.2

वास्तविक कृषि मजदूरी की वृद्धि दर के अनुमान

सन्दर्भ अवधि	वास्तविक कृषि मजदूरी की वृद्धि दर के अनुमान	
	पुरुष	महिला
1983–84 से 1987–88	5.1	–
1987–88 से 1993–94	2.7	–
1993–94 से 1999–2000	1.3	–
2000–01 से 2005–06	0.1	–0.05
2005–06 से 2010–11	2.7	3.7

स्रोत : 2000 से पहले के आँकड़े हिमांशु (2005) से हैं, जो 'एग्रीकल्चरल वेजेज इन इंडिया' सीरीज में प्रस्तुत आँकड़ों पर आधारित हैं (द्रेज़ और सेन, 2002, तालिका ए–5 भी देखें; 2000 के बाद के आँकड़े उसामि (2012) से मिले हैं, जो इसके बाद की 'वेज रेट्स इन रूरल इंडिया' सीरीज पर अधारित हैं (अधिक विस्तार के लिए सांख्यिकीय परिशिष्ट में व्याख्यात्मक टिप्पणी देखें)। राष्ट्रीय नमूना सर्वे के आँकड़ों पर आधारित ऐसे ही पैटर्न के लिए देखें हिमांशु (1995), हिमांशु एवं अन्य (2011) और राष्ट्रीय नमूना सर्वे कार्यालय (2011[a])।

गरीब लोगों की हालत में सुधार का आंकलन करने के लिए गरीबी के सरकारी अनुमानों पर नजर रखने के आदी लोगों को ये तथ्य चौंका सकते हैं। उदाहरण के लिए, योजना आयोग के मुताबिक ग्रामीण गरीबी (गरीबी रेखा के नीचे रहनेवाली ग्रामीण आबादी का अनुपात) का 'संख्यात्मक अनुपात' 1993–94 में 50 प्रतिशत से 2009–10 में घटकर 34 प्रतिशत हो गया।[24] यह सुधार बड़ा दिखता है लेकिन यह इस सवाल का जवाब नहीं देता कि प्रति व्यक्ति खर्च में वृद्धि की दर इतनी नीची क्यों है? इसका जवाब तथाकथित 'सघनता प्रभाव' में मिल सकता है, इस तथ्य में कि कई लोग सरकारी गरीबी रेखा के थोड़ा ही नीचे हैं और प्रति व्यक्ति खर्च में थोड़ी–सी वृद्धि ही उन्हें इस रेखा से ऊपर उठा देगी। और 'सघनता प्रभाव' इस तथ्य को दर्शाता है कि सरकारी गरीबी रेखा बेहद नीची है (इस पर हम अध्याय 7 में चर्चा करेंगे)।

निर्माण क्षेत्र में कामगारों की मासिक आय का सूचकांक (1981=100)

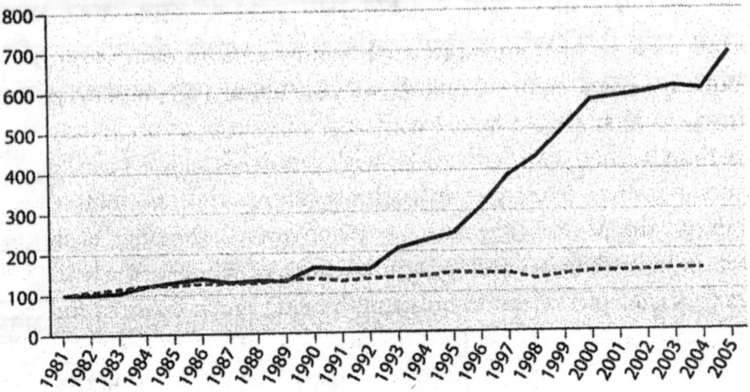

—चीन...भारत

चित्र : 2.1 चीन और भारत में वास्तविक मजदूरी (1981–2005)

स्रोत : ताओ यांग एवं अन्य (2010) से ली गई गणना, चित्र 5(ए)

निर्माण क्षेत्र में संवर्द्धित मूल्य में वास्तविक मजदूरी और मजदूरियों का हिस्सा

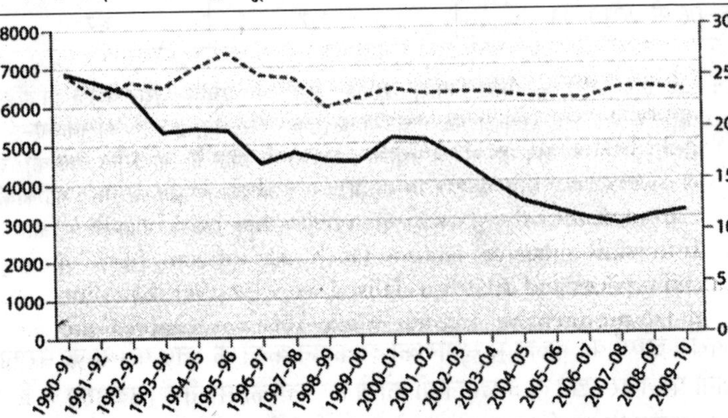

...2009–10 की कीमतों पर प्रति कामगार मजदूरी (रु. प्रति माह) —मूल्य संवर्द्धित में मजदूरी का हिस्सा (प्रतिशत में)

चित्र : 2.2 भारतीय निर्माण क्षेत्र में वास्तविक मजदूरी (1990–2010)

स्रोत : 'हैंडबुक ऑफ स्टैटिस्टिक्स ऑन द इंडियन इकोनॉमी', तालिका 33 और 40 (भारतीय रिजर्व बैंक, 2012)। औद्योगिक कामगारों के लिए एक ही स्रोत से उपभोक्ता मूल्य सूचकांक का उपयोग करके पैसे में मजदूरी की अपस्फीति की गई है, बाईं ओर का उर्ध्व अक्ष वास्तविक मजदूरी बताता है, दाईं ओर का उर्ध्व अक्ष मूल्य संवर्द्धित में मजदूरियों का हिस्सा बताता है।

इस बात को अशोक कोतवाल, भरत रामस्वामी और विलिमा वाधवा के हाल के एक शोधपत्र में प्रस्तुत गणना ने अच्छी तरह स्पष्ट कर दिया है। यह गणना 1983 और 2004-05 के राष्ट्रीय नमूना सर्वे के आँकड़ों पर आधारित है।[25] उस अवधि में संख्यात्मक अनुपात (ग्रामीण तथा शहरी, दोनों क्षेत्रों को मिलाकर) उस समय लागू सरकारी गरीबी रेखा के मुताबिक 45 प्रतिशत से घटकर 28 प्रतिशत हो गया।[26] लेखकों ने यह दिखाया है कि अगर गरीबी रेखा को दोगुना कर दिया जाए (यद्यपि कटऑफ बिन्दु काफी नीचे हो) तो ये आँकड़े 1983 में 86 प्रतिशत और 2004-05 में 80 प्रतिशत होंगे। यह बीस वर्षों में काफी मामूली सुधार दर्शाता है, अगर इसकी तुलना सरकारी गरीबी रेखा पर आधारित तेज गिरावट से की जाए तो। ताजा अध्ययन भी बताते हैं कि गरीबी रेखा चाहे जहाँ पर खींची जाए, पिछले करीब 20 वर्षों में भारत में तीव्र आर्थिक वृद्धि के बावजूद गरीबी में गिरावट की दर दूसरे विकासशील देशों के मुकाबले सुस्त ही रही है।

भारत में आर्थिक वृद्धि की इस असन्तुलित प्रवृत्ति और इससे जुड़े पहलुओं पर हम इस पुस्तक में आगे चर्चा करेंगे। फिलहाल ध्यान देने की बात यह है कि भारत में आर्थिक प्रगति के स्वरूप और विस्तार के सवालों का तकाजा यह है कि उन पर फिलहाल जितना ध्यान दिया जा रहा है उससे ज्यादा ध्यान देने की जरूरत है। इन सवालों में से एक सवाल यह है कि भारत में आर्थिक प्रगति के बावजूद आबादी के गरीब तबकों की मजदूरी और आमदनी में इतनी कम वृद्धि क्यों हुई है? यह समझ पाना मुश्किल नहीं है कि इसका सम्बन्ध रोजगार के पर्याप्त अवसर पैदा करने में विफलता से है, जिसे प्राय: थोड़ा सरलीकरण करते हुए 'रोजगार विहीन' वृद्धि नाम दिया जाता है।[27] यह चीन से एकदम उलट है, जहाँ सुधारों के बाद आर्थिक बहार सबसे पहले कृषि क्षेत्र में और फिर मैनुफैक्चरिंग क्षेत्र में आई। भारत में पिछले 20 वर्षों के दौरान आर्थिक वृद्धि को मुख्यत: सेवा क्षेत्र ने तेजी प्रदान की। यह काफी विविधता वाला क्षेत्र है लेकिन इस बात के प्रमाण बढ़ रहे हैं कि सेवा क्षेत्र में अधिकतम वृद्धि कौशल-आधारित क्षेत्रों (मसलन सॉफ्टवेयर विकास, वित्तीय सेवाओं तथा अन्य विशिष्ट कार्य) तक सीमित रही है, न कि पारम्परिक श्रम आधारित क्षेत्रों में। इसने श्रमिकों में ज्यादा शिक्षित वर्ग को अधिक मजदूरी और वेतन कमाने में सक्षम बनाया जबकि अधिकांश श्रमिक कृषि और अन्य क्षेत्रों ('अनौपचारिक' क्षेत्र को मिलाकर, जिसमें भारत की 90 प्रतिशत श्रमशक्ति को काम मिला हुआ है) में फँसे हैं, जहाँ मजदूरी और उत्पादकता काफी कम है, और ऐसी ही रहती है।* भारत की आर्थिक वृद्धि की प्रक्रिया का चरित्र

* इस समस्या से सम्बन्धित एक खास पहलू पर हमने 1995 में प्रकाशित अपनी पहली पुस्तक में विचार किया है, जिसमें भारत के विकास पर विचार किया गया है—'भारत ने दुनिया के सॉफ्ट-वेयर उद्योग का अधिकतम भाग भी अगर अपने हाथ में ले लिया, तब भी उसकी (आगे देखें)

अगर सहभागिता वाला नहीं बन पाया है, तो इसके कई कारण हैं, लेकिन यह कारण सबसे महत्त्वपूर्ण नजर आता है।[28]

इस समस्या को हल करने के अलावा यह जाँचने की भी भारी जरूरत है कि सार्वजनिक सेवाओं की उपलब्धता और गुणवत्ता का क्या हो रहा है। दरअसल ये दोनों समस्याएँ एक-दूसरे से जुड़ी हो सकती हैं क्योंकि शिक्षा और स्वास्थ्य के मामले में प्रगति न होने से लोगों में वह क्षमता नहीं पैदा हो पाती कि वे मैनुफैक्चरिंग के क्षेत्र में प्रवेश कर सकें और प्रगति कर सकें। इन सूत्रों की और जाँच करने की जरूरत है। लेकिन यह समझना भी महत्त्वपूर्ण है कि सार्वजनिक सेवाओं में प्रगति की कमी लोगों के जीवन-स्तर को सुधारने में बड़ी बाधा बनती है। वास्तव में, प्रति व्यक्ति वास्तविक खर्च में सुस्त बढ़ोतरी ही पिछले करीब 20 वर्षों में लोगों के रहन-सहन के हालात में निराशाजनक सुधार की एक वजह है। जैसा कि हम तीसरे अध्याय में विचार करेंगे, एक ओर आय के लिहाज से भारत के प्रदर्शन और दूसरी ओर जीवन-प्रत्याशा, स्वास्थ्य सुरक्षा, साक्षरता, शिक्षा के अवसर, बाल कुपोषण, सामाजिक हैसियत आदि के सन्दर्भ में जीवन-स्तर में सुधार के बीच गहरी खाई है।

सिर्फ एक उदाहरण देना हो तो कहा जा सकता है कि पिछले करीब 20 वर्षों में भारत में पोषण के सूचकांक में बहुत ही मामूली सुधार हुआ है। पोषक तत्त्वों (कैलरी, प्रोटीन, माइक्रोन्यूट्रिएंट्स—वसा को छोड़ लगभग कुछ भी) के ग्रहण में कमी आई है, जिसकी वजह स्पष्ट नहीं है मगर उसको लेकर चिन्ता छोड़ी नहीं जा सकती।[29] मानवमिति सूचकांकों में बहुत धीमी गति से सुधार हुआ है। सबसे ताजा राष्ट्रीय पारिवारिक स्वास्थ्य सर्वे के मुताबिक 1998-99 से 2005-06 के बीच शिशुओं के औसत वजन में लगभग कोई सुधार नहीं हुआ, और इस बीच उनमें रक्ताल्पता के मामले बढ़े हैं। कुपोषण को मापने के विभिन्न तरीकों पर बहस की गुंजाइश तो है लेकिन इस बात में कोई सन्देह नहीं है कि भारत में 30 साल के तीव्र आर्थिक विकास के बावजूद यहाँ कुपोषण के शिकार बच्चों का अनुपात इतना ऊँचा है जितना दुनिया के किसी भी देश में नहीं है। कई देशों ने अपनी आर्थिक वृद्धि की नीची दर के बावजूद बहुत कम समय में अपनी आबादी के स्वास्थ्य तथा पोषण के स्तर में बड़ा सुधार करने में सफलता हासिल की है। इस मसले पर हम अगले अध्यायों में ज्यादा कुछ कह पाएँगे।

गरीब, अशिक्षित जनता कुल मिलाकर अछूती ही रह जाएगी। साधारण चाकू और विश्वसनीय अलार्म घड़ी बनाना अत्याधुनिक कम्प्यूटर प्रोग्राम बनाने से भले ही कम ग्लैमर वाला लगे, लेकिन चीन में यही काम गरीबों के लिए आमदनी का जितना बड़ा स्रोत है उतना भारत में गरीबों के लिए कम्प्यूटर प्रोग्राम नहीं है, कम-से-कम प्रत्यक्ष तौर पर तो नहीं ही है।' (द्रेज़ और सेन, 1995, पेज 39)।

विकास, संस्थाएँ और मानव क्षमता

वृद्धि और विकास के बीच का सम्बन्ध, उनके बीच के भेद और पूरक तत्व इस पुस्तक की केन्द्रीय विषयवस्तु हैं। उनके बीच अन्तर से सम्बन्धित सामग्री तो सीमित है (हालाँकि महबूब उल हक़ एवं अन्य विद्वानों ने 'मानव विकास' को लेकर जो नजरिया अपनाया है उसने दोनों के बीच सम्भावित असंगति की ओर ध्यान आकृष्ट किया है), लेकिन वृद्धि या वृद्धि व विकास के कार्य-कारण सम्बन्ध को लेकर जानकारियाँ तेजी से सामने आ रही हैं। इनमें से कुछ लेखन दुनिया के अलग-अलग देशों में हुए तुलनात्मक अनुभवों पर गहन प्रयोगाश्रित अनुसंधान पर आधारित है, और हमारे अध्ययन के लिए प्रासंगिक है।

एक निष्कर्ष जिसका काफी समर्थन किया गया है, वह संस्थाओं के महत्त्व से सम्बन्धित है, जो आर्थिक अभिक्रमों और कार्यों को सुरक्षित तथा प्रोत्साहित करता है।[30] वृद्धि को बढ़ावा देनेवाली संस्थाओं को सामाजिक प्रतिबन्ध और शासन शैली बाधा पहुँचा सकती है। डैरन एसमोगलू और जेम्स रॉबिन्सन ने अपनी पुस्तक 'व्हाइ नेशंस फेल' में सक्षेप में यह बताया है कि उपनिवेश बनने से पहले और खासकर औपनिवेशिक राज के अन्तर्गत भारत को किन दो तरह की असमर्थताओं ने फलने-फूलने नहीं दिया—

> *"भारत में संस्थागत विचलन ने अलग तरह से काम किया और उसने अपनी विशिष्ट जड़ता वाली आनुवंशिक जाति व्यवस्था का विकास किया। इस जाति व्यवस्था ने बाजार के कामकाज को सीमित कर दिया और विभिन्न पेशों के बीच श्रम का विभाजन इतनी सख्ती से किया, जो मध्यकालीन यूरोप की सामन्ती व्यवस्था से भी सख्त था... हालाँकि भारतीय व्यापारी पूरे हिन्द महासागर क्षेत्र में व्यापार कर रहे थे और कपड़ा उद्योग काफी विकसित हो गया था लेकिन जाति व्यवस्था और मुगल सर्वसत्तावाद भारत में समावेशी आर्थिक संस्थाओं के विकास में गम्भीर बाधा बन गया। 19वीं सदी तक आते-आते औद्योगीकरण के लिए हालात और भी प्रतिकूल हो गए क्योंकि भारत अंग्रेजों के दोहन का उपनिवेश बन गया।"*[31]

वास्तव में, जाति ने भारत में श्रम के अनुत्पादक बँटवारे के रूप में ही नहीं बल्कि—जैसा कि डॉ. अम्बेडकर ने ज्यादा स्पष्टता के साथ कहा—लोगों को लोहे के खाँचों में बाँट कर सामाजिक प्रगति के रास्ते में बड़ा रोड़ा बनने का काम भी किया।* एशिया तथा अफ्रीका के कई देशों के साथ भारत ने भी उपनिवेशवाद को

---

* खासतौर से देखें 'द एनिहिलेशन ऑफ कास्ट' (अम्बेडकर, 1936)। जाति व्यवस्था के दुष्प्रभावों पर इसके घोर विरोधी राममनोहर लोहिया ने भी अपने विचार रखे हैं—"जाति अवसरों को बाधित करती है। अवसरों के बाधित होने से क्षमता बाधित होती है। क्षमता बाधित होने से अवसर और ज्यादा सीमित होते हैं। जहाँ जाति हावी होती है, वहाँ अवसर और क्षमता चन्द लोगों के दायरे में सीमित हो जाते हैं।" अग्रवाल (2008), पेज 212 में उद्धृत।

एक बाधा के रूप में झेला। जापान अपने खोल में घुस गया और उसने खुद को इस दुर्भाग्य से बचा लिया। उपनिवेशवाद ने भारत, चीन, मलेशिया, इंडोनेशिया तथा अन्य देशों में जिस तरह व्यापार के जरिए अपना पैर जमाया, उसे जापान ने अपने यहाँ इस तरह नहीं घुसने दिया। 1868 में मेजी पुनरुद्धार के बाद जापानी नेतृत्व ने स्वतंत्र कार्रवाई करने की अपनी आजादी के साथ आर्थिक विकास की सोची-समझी पहल की। जैसा कि एसमोगलू और रॉबिन्सन ने कहा है, औपनिवेशिक शासन से मुक्त जापान को "अधिक समावेशी राजनीतिक संस्थाओं और उससे भी ज्यादा समावेशी आर्थिक संस्थाओं"[32] के विकास का बेहतर लाभ मिला।

शिक्षा और ज्ञान तथा हुनर के विकास को आर्थिक-सामाजिक विकास में खासतौर से एक केन्द्रीय भूमिका निभानी होती है। जोएल मोकीर ने अपनी पुस्तक 'द गिफ्ट्स ऑफ एथेना' में इस बात का उल्लेखनीय विश्लेषण किया है कि ज्ञान संचय ने पश्चिमी देशों की आधुनिकता-पूर्व अर्थव्यवस्था को आधुनिक बनाने में कितनी निर्णायक भूमिका निभाई थी। इसी तरह, एल्हानन हेल्पमैन ने अपनी पुस्तक 'द मिस्ट्री ऑफ इकोनॉमिक ग्रोथ' में बताया है कि संस्थागत परिवर्तन ज्ञान संचय में कैसी भूमिका निभाता है। इस पुस्तक में अन्य बातों के अलावा यह भी बताया गया है कि शिक्षा और ज्ञान के प्रसार की मदद से कुल उत्पादकता बढ़ाकर आर्थिक वृद्धि हासिल करना कोई रहस्य की बात नहीं है।[33]

अध्याय 5 में हम इस महत्त्वपूर्ण विषय पर चर्चा करेंगे और इस पर भी कि जापान ने उपनिवेशवाद से मुक्त होने की अपनी आजादी का उपयोग आर्थिक विकास का कार्यक्रम चलाने में किस तरह किया और इस राष्ट्रवादी कार्यक्रम में शिक्षा को केन्द्रीय भूमिका सौंपी। मेजी पुनरुद्धार के चार साल बाद 1872 में जारी 'शिक्षा की मूलभूत संहिता' में यह पक्की व्यवस्था करने की सार्वजनिक प्रतिबद्धता व्यक्त की गई कि "किसी भी समुदाय में कोई परिवार अशिक्षित नहीं रहेगा और किसी भी परिवार में कोई भी व्यक्ति अशिक्षित नहीं रहेगा।" जापान में सुधारों के अगुआ कीडो ताकायोशी ने अपने बुनियादी विचार को इस तरह स्पष्ट किया था : "हमारे लोग आज के अमेरिकी या यूरोपीय लोगों से अलग नहीं हैं। फर्क सिर्फ शिक्षित होने या शिक्षित न होने का है।"

मानव क्षमता के विस्तार में शिक्षा और अन्य उपायों की बुनियादी भूमिका विकास सम्बन्धी चिन्तन में एक ठोस सूत्र है और इस पुस्तक की केन्द्रीय विषयवस्तु भी है। अलबत्ता यह एक अर्थव्यवस्था के लिए उपयुक्त संस्थागत ढाँचे की जरूरत को कमतर नहीं बनाती। जैसा कि ग्लेजेर, ला पोर्टा, लोपेज-डि-सिलेन्स और श्लीफर ने अपने शोधपत्र 'डू इंस्टीट्यूशंस कॉज ग्रोथ ?' में तर्क दिया है, मानव पूँजी का विकास—चाहे उसका संरचनात्मक आधार जो भी हो—कुछ पूर्व-निर्धारित 'आवश्यक' संस्थाओं की स्थापना से ज्यादा उपयोगी उपक्रम होगा।[34] संस्थाओं की

निर्णायक भूमिका की पहचान को ऐसी महत्त्वपूर्ण संस्थाओं के प्रति किसी फॉर्मूलाबद्ध लगाव से अलग रखना होगा, जिन्हें ऐतिहासिक अध्ययनों ने भविष्य के ब्लूप्रिन्ट के तौर पर रेखांकित किया है। बुद्धिमत्तापूर्ण और जानकारियों से परिपूर्ण नीति विश्लेषण ऐसा होना चाहिए, जो विशेष परिस्थितियों के लिए उपयुक्त अच्छे संस्थान की माँग को पूरा करता हो और साथ ही आर्थिक वृद्धि और शिक्षा व मानव पूँजी के विस्तार के बीच के अन्तर्निहित सम्बन्ध को ध्यान में रखता हो।

संस्थानों के महत्त्व से इनकार नहीं किया जा सकता लेकिन संस्थागत सुधार की प्रक्रिया को 'आवश्यक' संस्थानों की 'चेकलिस्ट' में दर्ज माँगों को पूरा करने भर में सीमित नहीं किया जा सकता। अनुभवजन्य सामग्री की गहन समीक्षा के बाद ट्रेबिलकॉक और प्राडो ने उचित टिप्पणी की है—"कुल मिलाकर अधिकतर अनुभवजन्य प्रमाण इस विचार का समर्थन करते हैं कि विकास के लिए संस्थाओं का बड़ा महत्त्व है। हमें इस बात की बहुत कम जानकारी है कि विकास के लिए कौन-से संस्थान महत्त्व रखते हैं और संस्थानों के विभिन्न वर्गों में कौन-सी संस्थागत विशेषताएँ महत्त्व रखती हैं।"[35] हम चेकलिस्ट के मुताबिक काम नही करेंगे लेकिन इसका मतलब यह नहीं है कि जिसे व्यापक नजरिए से 'संस्थागत परिप्रेक्ष्य' कहा जाता है, उसकी अनदेखी की जाएगी। बल्कि प्रयोगाश्रित कार्य के कारण बनने वाले सूत्रों की व्यापकता इस जरूरत को रेखांकित करती है कि विशेष परिस्थितियों में पैदा होनेवाली संस्थागत जरूरतों का आंकलन तथा परीक्षण किया जाए। पुस्तक में आगे हम भारत के लिए विभिन्न तरह की संस्थाओं की महत्ता पर विस्तार से चर्चा करेंगे। हमें इन दोनों बातों पर विचार करना है—(1) वृद्धि तथा विकास के लिए महत्त्वपूर्ण संस्थानों को एक साथ देखना होगा (जैसा कि अभी समीक्षित सामग्री के मामले में किया गया है); (2) वृद्धि के मामले में जो उपलब्धियाँ हैं उन्हें विकास और मनुष्य की बेहतरी के व्यापकतर परिप्रेक्ष्य में परिवर्तित करने की विशिष्ट संस्थागत जरूरत को भी समझना होगा। लोगों के जीवन-स्तर को ऊँचा उठाने के लिए तीव्र आर्थिक वृद्धि की संस्थागत जरूरतों को विशिष्ट उपायों तथा संगठनों के द्वारा पूरा करना होगा।

वृद्धि और विकास का पारस्परिक सहारा

आर्थिक वृद्धि लोगों के जीवन पर किस तरह का प्रभाव डालती है, यह कुछ तो इस पर निर्भर करता है कि आय का किस तरह वितरण हो रहा है, और इस पर और भी ज्यादा है कि आर्थिक विस्तार से पैदा हुए सार्वजनिक राजस्व का किस तरह उपयोग किया जाता है। उदाहरण के लिए, चीन अपनी जीडीपी के 2.7 प्रतिशत हिस्से को सरकारी स्वास्थ्य सेवा पर खर्च करता है, जबकि भारत का तुलनात्मक रूप से बहुत मामूली 1.2 प्रतिशत है। यही वजह है कि चीन ने स्वास्थ्य सेवा के मामले में भारत

के मुकाबले ज्यादा उपलब्धियाँ हासिल की हैं। उदाहरण के लिए चीन में जीवन-प्रत्याशा भारत से आठ वर्ष ज्यादा है।

भारत में सार्वजनिक स्वास्थ्य सेवा के लिए अपेक्षाकृत कम आवंटन का एक परिणाम यह है कि देश-भर में गरीब लोगों की निर्भरता निजी डॉक्टरों पर बढ़ी है, जिनमें से कई को या तो मामूली या नगण्य मेडिकल प्रशिक्षण हासिल होता है। स्वास्थ्य भी 'विषमतापूर्ण जानकारी' का ठेठ उदाहरण है। जब मरीजों को बीमारी और उसके लिए दी जा रही दवाइयों के बारे में जानकारी कम ही होती है, तो वैकल्पिक सार्वजनिक स्वास्थ्य सेवा के, जहाँ वे सहायता और सलाह* के लिए जा सकें, अभाव में मरीजों के परिवारों से धोखाधड़ी की सम्भावना बहुत बढ़ जाती है। भारत में स्वास्थ्य और स्वास्थ्य सेवा सम्बन्धी समस्याओं पर अध्याय 6 में चर्चा करेंगे।

भारत बुनियादी सार्वजनिक स्वास्थ्य सेवा-सुविधाओं का ठोस आधार तैयार किए बिना ही निजी स्वास्थ्य सेवा पर निर्भरता की ओर बढ़ गया है। वास्तविकता यह है कि ब्रिटेन से लेकर जापान, चीन से लेकर ब्राजील, दक्षिण कोरिया से लेकर कोस्टा रिका तक दुनिया के इतिहास में जहाँ भी स्वास्थ्य सेवा में परिवर्तन को सफलता से लागू किया गया है वहाँ सार्वजनिक स्वास्थ्य सेवा ही उसका आधार रही है। यहाँ तक कि भारत में भी खा़सकर दक्षिण-पश्चिम स्थित केरल में निजी स्वास्थ्य सेवा के व्यापक उत्कर्ष से पहले सार्वजनिक स्वास्थ्य सेवाओं के बड़े विस्तार का उदाहरण मिलता है। निजी स्वास्थ्य सेवा पर निर्भरता की वकालत करनेवाले लोग प्रायः सार्वजनिक क्षेत्र की प्रभावशीलता की अनदेखी कर देते हैं। ये लोग केरल में आज दवा के क्षेत्र में निजी क्षेत्र की व्यापक मौजूदगी की बात करते हैं। केरल में स्वास्थ्य के क्षेत्र में शुरुआती परिवर्तन राज्यतंत्र द्वारा सबके लिए उपलब्ध कराई गई स्वास्थ्य सेवा के ठोस आधार पर आगे बढ़ा और बाद में जाकर ही निजी स्वास्थ्य सेवा ने तेजी से पैर फैलाया, वह भी खासकर नवधनाढ्य लोगों के लिए। केरल में लोगों की आमदनी में तेजी से वृद्धि हुई, जो मानव क्षमता के विकास से असम्बद्ध नहीं है (इसके बारे में ज्यादा चर्चा अगले अध्याय में)। इसने निजी स्वास्थ्य सेवाओं को सहारा दिया। दरअसल, केरल में जो हुआ और खासकर उत्तर भारत के कुछ राज्यों में जो हुआ उसमें भारी अन्तर है। केरल में काफी हद तक सुचारु रूप से चल रही सरकारी स्वास्थ्य सेवा को और बेहतर बनाने के लिए निजी क्षेत्र में सहायक सेवाओं को इजाजत दी गई, बल्कि उन्हें प्रोत्साहन दिया गया। इसके उलट उत्तर भारत के राज्यों में सरकार स्वास्थ्य सेवा

* कई अनुभवजन्य अध्ययनों ने गरीब मरीजों की अज्ञानता के कारण उनके भारी शोषण के मामले उजागर किए हैं, जब उन्हें इलाज के लिए अपनी जमा पूँजी तक गँवानी पड़ी है और उनका इलाज भी नहीं हुआ।

सुविधाएँ उपलब्ध कराने में पिछड़ गई और स्वास्थ्य सेवा निजी क्षेत्र पर ही निर्भर हो गई। इस खाई को पाटने के लिए निजी स्वास्थ्य सेवा या निजी स्वास्थ्य बीमा को सब्सिडी देने की कोशिश के बारे में विषम सूचना को लेकर पेशेवर आर्थिक साहित्य में एक चेतावनी दी गई है। इसकी वजह यह है कि स्वास्थ्य सम्बन्धी स्थितियों की विषम जानकारी के साथ मुनाफाखोरी वाली बाजारू लेन-देन की समस्या केवल आर्थिक गरीबी का मामला नहीं है।* इसी तरह की समस्याएँ भारतीय शिक्षा योजना, खासकर स्कूली शिक्षा योजना के मामले में भी उभरती हैं (इसकी चर्चा अध्याय 5 में)।

यहाँ ध्यान देनेवाली मुख्य बात यह है, जिस पर जोर भी दिया गया है कि आर्थिक वृद्धि जीवन-स्तर को सुधारने का एक महत्त्वपूर्ण साधन तो है, लेकिन इसका विस्तार और प्रभाव इस बात पर निर्भर करता है कि वृद्धि की उपलब्धियों का क्या किया जाता है। आर्थिक वृद्धि और जीवन-स्तर में सुधार के बीच सम्बन्ध कई कारकों पर निर्भर करता है, जिनमें सामान्यत: आर्थिक तथा सामाजिक असमानता के अलावा यह भी शामिल है कि सरकार आर्थिक वृद्धि से हासिल सार्वजनिक राजस्व का क्या करती है। आर्थिक वृद्धि के महत्त्व को केवल इसी सन्दर्भ में पर्याप्त तौर पर समझा जा सकता है। यह समझना होगा कि लोगों के जीवन और उनकी स्वाधीनताओं को बेहतर बनाने में आर्थिक वृद्धि की क्या भूमिका है। लेकिन इस सन्दर्भ में यह भी स्वीकार करना होगा कि किसी देश की आर्थिक वृद्धि की सम्भावनाएँ लोगों की क्षमता बढ़ाने (शिक्षा, स्वास्थ्य सेवा और अन्य सुविधाओं की मदद से) पर निर्भर करती हैं, जिसमें राज्यतंत्र काफी रचनात्मक भूमिका निभा सकता है।[36]

भारत ने नब्बे के दशक में आर्थिक सुधारों के कार्यक्रम को जब निरन्तर लागू करना शुरू किया, उस समय वह आर्थिक शासन के मामले में दो भारी असफलताओं का सामना कर रहा था। पहली असफलता बाजार की रचनात्मक भूमिका का उपयोग करने से सम्बन्धित है—खासतौर से अभिक्रम को बढ़ावा देने, कार्यकुशलता को बढ़ाने, जटिल आर्थिक कार्यों में समन्वय स्थापित करने से है। तथाकथित 'लाइसेंस राज' ने—जिसके कारण किसी भी निजी उपक्रम के लिए सरकारी मंजूरी जरूरी होती थी—आर्थिक उपक्रम को बेहद कठिन बना दिया था और उसे नौकरशाहों (छोटे-बड़े) की अनुकम्पा का मोहताज बना दिया था और इस तरह अभिक्रम का गला बुरी तरह घोंट दिया था, जबकि भ्रष्टाचार को भरपूर पोषण मिल रहा था। सुधारों के बाद के दौर में इस विफलता की कुछ भरपाई हुई है। मनमाने नियंत्रणों

* शिक्षा और स्वास्थ्य सेवा में निजी प्रावधान की 'सार्वजनिक हित' वाली विशेषता और बाजार की अर्थव्यवस्था में सूचना की विषमता के कारण इसकी सीमाओं को लेकर आर्थिक सिद्धान्त में दो उत्कृष्ट दस्तावेज हैं—पॉल सैमुएल्सन (1954) का और केनिथ एरो (1963) का।

के खात्मे और अन्तर्राष्ट्रीय व्यापार में खुलेपन ने भारत को ऊँची आर्थिक वृद्धि दर हासिल करने का ठोस आधार मुहैया कराया है। बहुत कुछ किया जाना बाकी है। मसलन अनुत्पादक नियमों-कानूनों को सरल बनाना या खत्म करना बाकी है, क्योंकि मनमाने प्रतिबन्ध और नौकरशाही अधिकार अभी भी भारतीय आर्थिक विस्तार को बाधित कर रहे हैं। यह व्यवस्था भी करनी है कि नियम-कानून (जो कि आधुनिक अर्थव्यवस्था के आवश्यक पहलू हैं) अच्छे मकसद के लिए हों, प्रभावी और पारदर्शी हों, भ्रष्टाचार को प्रश्रय देनेवाले न हों।

बहरहाल, एक और विफलता को तुरन्त सुधारने की अविलम्ब जरूरत है। यह विफलता वृद्धि तथा विकास के लिए राज्यतंत्र की रचनात्मक भूमिका का उपयोग करने से सम्बद्ध है। सुधारों से पहले के दौर में तो खूब सरकारी हस्तक्षेप हुए लेकिन ये मुख्यत: नकारात्मक या प्रतिबन्धात्मक किस्म के थे, जिन्होंने उन रचनात्मक सार्वजनिक उपक्रमों की उपेक्षा की जिनके कारण बहुत कुछ हासिल किया जा सकता था। भारत के आश्चर्यजनक रूप से अविकसित सामाजिक बुनियादी ढाँचे को दुरुस्त करने और सार्वजनिक सेवाओं के लिए जवाबदेही तथा सहयोग की क्रियाशील व्यवस्था बनाने की अनिवार्यता को पूरा करने में काफी सुस्ती बरती गई। इसके साथ ही, बिजली, पानी, सड़क, रेल आदि भौतिक सुविधाओं की उपेक्षा की गई, जिनमें सरकारी तथा निजी पहल की जरूरत होती है। अर्थशास्त्री लोग जिन्हें 'सार्वजनिक हित' कहते हैं उनकी व्यापक उपेक्षा होती रही।

नब्बे के दशक में हुए बुनियादी परिवर्तनों ने इन विफलताओं को सुधारने में बहुत कम योगदान दिया। अगर यहाँ भी हालात बदलने लगे हैं (धीरे-धीरे ही सही) तो इसका कुछ श्रेय भारत की लोकतांत्रिक राजनीति को जाता है। लोगों की अधूरी बुनियादी जरूरतों (स्कूलों, स्वास्थ्य सेवा, जल आपूर्ति और जवाबदेह प्रशासन आदि को लेकर) के चुनावी महत्त्व की स्वीकार्यता बढ़ी है। तमाम तरह के सामाजिक आन्दोलन और मीडिया के कुछ तबके भी बुनियादी मानव अधिकारों और भ्रष्टाचार से मुक्ति की ओर ध्यान खींचने में सफल हुए हैं।

तो, इन सबके बाद भारत आज कहाँ खड़ा है? आर्थिक वृद्धि दर बेशक ऊँची है (2005-06 के बाद से छह में से पाँच वर्षों तक यह 8 प्रतिशत के करीब रहने के बाद आज भले ही नीची हो गई हो) लेकिन उसके लाभों का वितरण अभी भी उल्लेखनीय रूप से असमानतापूर्ण है। गरीबी कम हुई है लेकिन उसके घटने की दर उस दर के करीब नहीं है, जो वितरण के पक्ष (आवश्यक सेवाओं के प्रावधान समेत) पर ज्यादा ध्यान देने से हासिल हो सकती थी। कुछ भारी विफलताएँ रही हैं। उदाहरण के लिए, आम लोगों में और बच्चों में खासतौर पर व्याप्त कुपोषण। भारत इस मामले में दुनिया में सबसे फिसड्डी है (उन देशों के मुकाबले भी, जो प्रति व्यक्ति वास्तविक जीडीपी के मामले में पिछड़े हैं)। दूसरी बड़ी विफलता

अधिकांश आबादी को स्वास्थ्य सेवाएँ देने के मामले में है। दूसरा घोटाला जो जारी है, वह यह है कि जिस देश ने विशिष्ट प्रशिक्षण तथा व्यवहार के साथ शिक्षा में इतनी अत्याधुनिक उपलब्धियाँ हासिल की हैं, वहाँ एक चौथाई आबादी (लगभग 50 फीसदी महिलाओं के साथ) पूरी तरह निरक्षर है। कोई भी लोकतांत्रिक देश आधा कैलिफोर्निया और आधा उप-सहारा अफ्रीका शायद ही बनना चाहेगा।

आगे की सोचें तो भारतीय अर्थव्यवस्था के सामने ये दो बड़ी समस्याएँ नजर आती हैं—(1) कुल आर्थिक वृद्धि तथा विस्तार को बढ़ावा देते हुए उन गहरी विषमताओं को दूर करना, जो देश को दो वर्गों में बाँटती हैं—एक, विशेषाधिकार प्राप्त वर्ग और दूसरा, शेष आबादी; (2) अर्थव्यवस्था को चलाने, खासकर सार्वजनिक सेवाएँ देने और सार्वजनिक क्षेत्र के कामकाज में ज्यादा जवाबदेही तय करना। अगले अध्याय में हम तुलनात्मक रूप से आंकलन करेंगे कि भारी विषमताएँ भारत की आर्थिक तथा सामाजिक प्रगति को कितना नुकसान पहुँचा रही हैं। अध्याय 4 में हम उन संस्थागत समस्याओं की चर्चा करेंगे, जो भारत में आर्थिक तथा सामाजिक बदलावों को बाधित करती हैं। इन समस्याओं में जवाबदेही सम्बन्धी समस्या भी शामिल है, जिसके कारण भ्रष्टाचार व्यापक फैल रहा है। ये दोनों ही भारत में आज वृद्धि तथा विकास के अधूरे एजेंडा के महत्त्वपूर्ण अंग हैं।

टिकाऊ विकास

भारत के आर्थिक विकास के लिए एक और विचारनीय मुद्दा इस प्रक्रिया को टिकाऊ बनाने का है। टिकाऊपन कोई नया मसला नहीं है। माना जाता रहा है कि मनुष्य के जीवन की सुरक्षा हमेशा कुछ हद तक उस प्राकृतिक दुनिया की आन्तरिक क्षमता तथा मजबूती पर निर्भर करती है, जिसमें हम रहते हैं। बहरहाल, तथाकथित 'मानवीय दुविधा' हमारी नैतिकता और कमजोरी की व्यक्तिगत त्रासदी है—एक ऐसी स्थिति जो एक सामूहिक सत्ता के तौर पर मानवता की मजबूती और स्थायित्व के विपरीत है। दरअसल, इतिहास बताता है कि लोगों ने हमेशा से मान रखा है कि प्रकृति तो शक्तिसम्पन्न है और इसमें उनके लिए स्थान सुरक्षित है। व्यक्ति के जीवन की नश्वरता (और उसके अन्त) को एक निजी दुविधा के रूप में देखा जाता है, जो सामान्यत: पूरी मानव जाति के लिए लागू नहीं होती। हाल के दशकों में पूरी दुनिया में इस तरह की धारणाओं में नाटकीय परिवर्तन आया है और वास्तव में ऐसा कोई विषय ढूँढ़ना मुश्किल है, जो विचारकों में इतनी चिन्ता पैदा करता हो जितना हमारे पर्यावरण को हो रहा गम्भीर खतरा पैदा करता है। लोगों में गहरी फिक्र इस बात की है कि अगर हमारे पर्यावरण को हो रहा नुकसान इसी तरह जारी रहा तो मानव जीवन समृद्ध होना तो दूर, अपने वर्तमान स्वरूप में बना भी रह पाएगा या नहीं।

भारत में बढ़ते प्रदूषण के कारण पर्यावरण का जिस तरह विनाश हो रहा है, और इस सबके प्रति हमारा जो रवैया है तथा इस सबका लोगों के जीवन पर जो असर पड़ रहा है, उसके मद्देनजर चिन्तित होने की ठोस वजहें हैं। दरअसल, हाल के दशकों में आर्थिक वृद्धि में तेजी के साथ ही पर्यावरण को अभूतपूर्व नुकसान भी पहुँचा है। भूजल का मनमाना दोहन किया गया है, जिसके कारण कई क्षेत्रों में भूजल के स्तर में भारी गिरावट आई है। भरी-पूरी नदियाँ कचरे के नालों में तब्दील हो गई हैं। खनन (प्राय: अवैध) बेरोकटोक किया गया है, जिसके कारण वनों का विनाश हुआ है और समुदायों का विस्थापन हुआ है। वायु प्रदूषण इतना बढ़ गया है कि 132 देशों (जिनके आँकड़े उपलब्ध हैं)[37] में भारत को सबसे ज्यादा प्रदूषित देश घोषित कर दिया गया है। 1990 से 2008 के बीच भारत की 'प्राकृतिक सम्पदा' में मूल्य के हिसाब से करीब 6 प्रतिशत की (प्रति व्यक्ति के हिसाब से 30 प्रतिशत की) कमी आई है।[38] यह सब संकेत देता है कि भविष्य में क्या हो सकता है। पर्यावरण को कई तरह के नुकसान उस भविष्य को नजदीक ला सकते हैं। मसलन, गंगा और उसकी सहायक नदियों पर सैकड़ों बाँध बनाने की योजनाएँ।[39]

जीडीपी की मौजूदा वृद्धि दर को बनाए रखने की धुन में पर्यावरण को टिकाऊ बनाए रखने की चुनौती की अनदेखी कर दी गई है। मीडिया में और यहाँ तक कि नीति सम्बन्धी विचार-विमर्शों में भी ज्यादा ध्यान सिर्फ इसी बात पर रहता है कि भारत की वृद्धि तथा विकास की गति को कैसे आगे बढ़ाया जाए। पर्यावरण के प्रति यह उपेक्षा हाल के वर्षों में तेजी से बढ़ी है। रामचन्द्र गुहा कहते हैं—

> *''आर्थिक उदारीकरण के बाद, पर्यावरण की सुरक्षा के उपायों को व्यवस्थित तरीके से खत्म किया गया है। गलती करनेवाले उद्योगों को कभी दंडित नहीं किया जाता। हालाँकि कानून कहता है कि किसी भी नई परियोजना के कारण पर्यावरण पर पड़नेवाले प्रभावों का आंकलन (ईआईए) जरूरी है लेकिन जैसा कि मार्च 2011 में तत्कालीन पर्यावरण मंत्री जयराम रमेश ने कहा था, यह 'मजाक' बनकर रह गया है क्योंकि 'आज जो व्यवस्था लागू है उसके तहत इस आंकलन की रिपोर्ट वही शख्स लिख रहा है, जो परियोजना लागू कर रहा है।'''*[40]

इस बरबादी को प्राय: 'पर्यावरण' और 'विकास' के बीच टकराव के लक्षण के रूप में देखा जाता है। लेकिन यह व्याख्या पूरी तरह भ्रामक है। विकास का अर्थ अगर मनुष्य की स्वाधीनताओं को बढ़ाना और जीवन-स्तर को ऊपर उठाना है—इस महत्त्वपूर्ण समझदारी के लिए हम आग्रह करते रहे हैं—तो हम जिस चीज को संरक्षित करना और आगे बढ़ाना चाहते हैं उसमें पर्यावरण की गुणवत्ता भी शामिल होगी। वास्तव में, विकास का यह व्यापक नजरिया न केवल पर्यावरण तथा विकास सम्बन्धी चिन्ताओं को समायोजित करने में मदद करेगा बल्कि

मनुष्य के जीवन की स्वाधीनताओं तथा गुणवत्ता के सन्दर्भ में पर्यावरण सम्बन्धी चुनौतियों के बारे में हमारी समझ को आज के लिए और भविष्य के लिए भी, बेहतर बनाएगा।[41]

इस बात को समझना जरूरी है कि पर्यावरण का खयाल रखने से विकास और गरीबी तथा अभाव को दूर करने के प्रति हमारी प्रतिबद्धता किसी तरह कमजोर नहीं होती है। विकास को वास्तविक मानव स्वाधीनता को बढ़ावा देने, गरीबी से लड़ने के व्यापक परिप्रेक्ष्य में देखने और पर्यावरण के प्रति जिम्मेदार होना एक-दूसरे से जुड़ी हुई बाते हैं और कुछ नहीं। विकास का अर्थ सिर्फ सुविधा के निर्जीव तत्त्वों—मसलन जीडीपी (या व्यक्तिगत आय) में बढ़ोतरी—में वृद्धि नहीं है। न ही इसका अर्थ हमारे इर्द-गिर्द की दुनिया में सामान्य परिवर्तन है, मसलन, औद्योगीकरण या तकनीकी प्रगति या सामाजिक आधुनिकीकरण। विकास अन्ततः मानव स्वाधीनता की प्रगति है और ऐसा जीवन जी पाने की क्षमता हासिल करना है, जिसे हम मूल्यवान मान सकें।

अगर हम दुनिया को इस व्यापक परिप्रेक्ष्य में देखने की जरूरत को स्वीकार करते हैं तो यह तुरन्त स्पष्ट हो जाता है कि विकास को पारिस्थितिकी और पर्यावरण की चिन्ताओं से अलग नहीं किया जा सकता। उदाहरण के लिए, चूँकि हम प्रदूषणमुक्त जीवन जीने की स्वतंत्रता को महत्त्व देते हैं, तो प्रदूषणमुक्त वातावरण का संरक्षण विकास के लक्ष्यों में निश्चित तौर पर शामिल होना चाहिए। खासतौर से जो अपने दैनिक जीवन का अधिकांश समय खुले में बिताते हैं या सड़कों पर सोने को मजबूर हैं, उन गरीब लोगों के लिए स्वच्छ हवा उनके जीवन के अभावों के स्तर को निर्णायक रूप से प्रभावित करती है। इसी तरह, भारत का एक खासा बड़ा भाग—मालदीव या बांग्लादेश का बड़ा हिस्सा—अगर समुद्र के बढ़ते स्तर के कारण डूब में आता है (धरती का तापमान जिस तरह बढ़ता जा रहा है उसके कारण यह आशंका बेवजह नहीं है) तो प्रभावित क्षेत्रों में सबसे ज्यादा परेशानी गरीबों को झेलनी पड़ेगी क्योंकि सक्षम आर्थिक तथा सामाजिक जीवन के वैकल्पिक अवसरों तक उनकी पहुँच न के बराबर होती है। वास्तव में, जैसा कि निकोलस स्टर्न ने कहा है, जलवायु परिवर्तन के खतरे पूरी दुनिया में लोगों के जीवन को कई तरह से प्रभावित कर सकते हैं और अनियंत्रित जलवायु परिवर्तनों के फलस्वरूप असमानता में जो तीव्रता आ रही है वह चिन्ता का एक प्रमुख विषय बन सकती है।[42]

अगर विकास का अर्थ स्वाधीनता का विस्तार है, तो इसमें गरीबी उन्मूलन के साथ-साथ पारिस्थितिकी पर ध्यान देना भी समग्र चिन्ता के विषय के रूप में शामिल होगा, जिसका अन्तिम लक्ष्य मानव स्वाधीनता की सुरक्षा तथा उसे बढ़ावा देना है। वास्तव में, मानव स्वाधीनताओं के महत्त्वपूर्ण पहलू और हमारे जीवन-

स्तर के अहम तत्व पर्यावरण की अखंडता पर बहुत ज्यादा निर्भर हैं, जिनमें वह हवा भी शामिल है जिसे हम साँस में भरते हैं, वह पानी शामिल है जिसे हम पीते हैं और महामारी वाला वह परिवेश शामिल है जिसमें हम रहते हैं। लोग जिस तरह के जीवन को मूल्यवान मानते हैं—जिसकी वजह भी है—वह अन्य बातों के अलावा प्रकृति पर और पर्यावरण की ताकत पर भी निर्भर करता है। इस दृष्टि से विकास को पर्यावरण-केन्द्रित होना ही होगा। और यह धारणा कि विकास और पर्यावरण एक-दूसरे के विरोधी हैं, इस मान्यता से मेल नहीं खाती कि दोनों एक-दूसरे पर प्रकट तौर पर निर्भर हैं और एक-दूसरे के पूरक हैं।

अध्याय : तीन

भारत : तुलनात्मक परिप्रेक्ष्य में

अपनी शानदार पुस्तक 'इंडिया कॉलिंग' में आनन्द गिरिधरदास ने लिखा है— "भारत के बारे में जो पहली चीज मैंने जानी, वह यह थी कि मेरे माता-पिता ने इसे छोड़ने का फैसला किया था... सत्तर के दशक में उन्होंने तब भारत छोड़ा, जब पश्चिम में सम्भावनाओं के द्वार खुले नजर आ रहे थे और भारत में गड्ढे ही गड्ढे... मेरे पिता तब छात्र के तौर पर अमेरिका पहुँच गए। अब जबकि इस बात को करीब एक चौथाई सदी बीत चुकी है, मैं उस धरती पर एक नई शुरुआत करने के लिए पूरब की ओर उड़ान भर रहा हूँ।"[1] तेजी से बदलते विश्व मंच पर खुद को पुनर्स्थापित करते भारत की यह तस्वीर आकर्षक भी है और उत्तेजक भी। प्राचीन, खस्ताहाल और युवाओं के लिए पारम्परिक तौर से अवसरहीन रही यह धरती न केवल नई तथा उत्साहवर्द्धक व्यापारिक तथा पेशेवराना गतिविधियों से गुलजार हो रही है बल्कि साहित्य, संगीत, सिनेमा, विज्ञान, इंजीनियरिंग, बौद्धिक तथा कला सरीखे रचनात्मक क्षेत्रों में भी नई ऊर्जा से भर गई है। भारत निस्सन्देह लुभा रहा है और कई तरह के प्रलोभन दे रहा है।

तेजी से नया रूप लेते भारत में जीवन वाकई उत्तेजना से भरा हो सकता है। नए और नाटकीय रूप से परिवर्तित भारत की तस्वीर सटीक भी है और महत्त्वपूर्ण भी। फिर भी, जैसा कि हम पिछले अध्यायों में चर्चा कर चुके हैं, अधिकतर भारतीय लोग जीवन-स्तर में सुधार से वंचित रह गए हैं। कई नई स्वाधीनताओं और नए अवसरों का लाभ कुछ ही भारतीय उठा पाते हैं। उनकी संख्या बड़ी है फिर भी वे हैं अल्पसंख्यक ही। बाकी दुनिया की तुलना में देखें कि भारत क्या कर रहा है, तो पता चलेगा कि इस आंकलन के नतीजे इस बात पर निर्भर करते हैं कि हम आबादी के किस तबके की बात कर रहे हैं।

अक्सर भारत की तुलना दूसरे देशों के साथ की जाती है ताकि अन्दाजा लगाया जा सके कि अन्तर्राष्ट्रीय समुदाय में भारत किस पायदान पर है। प्रायः जोर इस बात पर रहता है कि भारत का 'रैंक' क्या है (उदाहरण के लिए, प्रति व्यक्ति जीडीपी

के मामले में)। इसमें गलत कुछ भी नहीं है। दुनिया में अपने देश के रैंक को लेकर भारतीयों का जुनून एक नई शुरुआत करने के लिए अच्छी चीज है। लेकिन बहुत कुछ इस पर निर्भर करता है कि रैंक तय करने के पैमाने क्या हैं। प्रति व्यक्ति जीडीपी या जीएनपी की वृद्धि दर के ऊँचे दावों से यह स्पष्ट है कि इस मामले में भारत अच्छा प्रदर्शन कर रहा है। लेकिन इस ऊँची उपलब्धि की कहानी जीवन-स्तर में प्रगति के, जो सामाजिक संकेतकों में प्रतिबिम्बित होती है, मामले में भारत के साधारण प्रदर्शन से मेल नहीं खाती।

भारत में अच्छी-खासी समृद्धि हासिल कर रहे अल्पसंख्यक लोगों की संख्या अपने आप में खासी बड़ी है। हालाँकि इस अल्संख्यक तबके के आकार को लेकर कई तरह के अनुमान लगाए जा रहे हैं, फिर भी उसकी आबादी 10 करोड़ के आसपास तो होगी ही। यह संख्या भी दुनिया के अधिकतर देशों की आबादी के लिहाज से काफी बड़ी है। लेकिन भारत की कुल करीब 1.2 अरब आबादी के आँकड़े के लिहाज से यह भाग्यशाली तबका अधिकतर सामाजिक संकेतकों के मामले में पूरी भारतीय आबादी के औसत आँकड़ों में फर्क पैदा नहीं कर सकता। तो अहम भारतीय औसत की तुलना दूसरे देशों के औसत से करेंगे लेकिन हमें यह ध्यान में रखना होगा कि भारतीय आँकड़ों में जो निम्न औसत प्रतिबिम्बित होते हैं, वे भारत में विशेषाधिकार से वंचित तबकों को हासिल सुविधाओं की बढ़ी-चढ़ी तस्वीर प्रस्तुत करते हैं। ऐसा दूसरे देशों के मामलों में भी होता होगा लेकिन भारतीय समाज में व्याप्त भारी वर्गगत, जातिगत और लैंगिक असमानताओं के कारण भारत के लिए यह खासतौर से प्रासंगिक है। इस मसले पर हम अध्याय 8 और 9 में विचार करेंगे।

गैर-अफ्रीकी गरीबों के साथ तुलना

एक पिछली पुस्तक में हमने लिखा है कि दक्षिण एशिया और उप-सहारा अफ्रीका, दुनिया के दो ऐसे क्षेत्र हैं जहाँ वंचित तथा अभावग्रस्त मनुष्य सबसे ज्यादा रहते हैं।[2] यह तथ्य दशकों से एक हकीकत के रूप में कायम है। उदाहरण के लिए, निम्न 'मानव विकास सूचकांक' वाले अधिकतर देश दक्षिण एशिया या उप-सहारा अफ्रीका में हैं। घोर गरीबी से ग्रस्त कम्बोडिया, हाइती, पापुआ न्यू गिनी और यमन जैसे कुछ देश अपवाद हैं, जो इन दोनों से अलग क्षेत्र में हैं।

हालाँकि दक्षिण एशिया और उप-सहारा अफ्रीका घोर विपन्नता की समस्या से समान रूप से ग्रस्त हैं लेकिन हर मामले में दोनों की स्थिति एक जैसी नहीं है। रहन-सहन के स्तर के कई मामलों में दक्षिण एशिया (भारत समेत) की स्थिति उप-सहारा अफ्रीका से काफी बेहतर है, जो पिछले 20 वर्षों में हुए तीव्र सुधार को प्रतिबिम्बित करती है। उदाहरण के लिए, उप-सहारा अफ्रीका के मुकाबले दक्षिण

एशिया में प्रति व्यक्ति आय 50 प्रतिशत ऊँची है, जबकि 1990 में दोनों की स्थिति लगभग एक जैसी थी। ज्यादा महत्त्वपूर्ण बात यह है कि उप-सहारा अफ्रीका के मुकाबले दक्षिण एशिया में जीवन-प्रत्याशा 10 साल ज्यादा है और बाल मृत्यु-दर लगभग आधी है।*

काबिलेगौर बात यह है कि रहन-सहन के स्तर के मामले में उप-सहारा अफ्रीका पर दक्षिण एशिया की बढ़त किसी भी तरह एक समान नहीं है। वास्तव में दक्षिण एशिया में कुछ सामाजिक संकेतक उप-सहारा अफ्रीका में इन संकेतकों से बहुत अच्छे नहीं हैं। उदाहरण के लिए, महिला साक्षरता दर दोनों क्षेत्रों में लगभग समान है, न केवल बालिग महिलाओं में (क्रमश: 50 और 55 प्रतिशत) बल्कि कम उम्र महिलाओं में भी (उदाहरण के लिए, 15-24 आयुवर्ग में क्रमश: 72 और 67 प्रतिशत)।[3] हाल के वर्षों में कुछ प्रगति के बावजूद दोनों क्षेत्रों में व्यापक निरक्षरता और स्कूली शिक्षा की कमी है, खासकर महिलाओं में। यह बात उन्हें दुनिया के प्रमुख क्षेत्रों से अलग करती है। इसके अलावा पोषण, और खासकर बच्चों के पोषण के मामले में दक्षिण एशिया की स्थिति उप-सहारा अफ्रीका के मुकाबले खराब है। दक्षिण एशिया के 40 प्रतिशत से ज्यादा बच्चे (तुलनात्मक रूप से कहीं ज्यादा भारतीय बच्चे) विश्व स्वास्थ्य संगठन (डब्लूएचओ) के मानदंडों के मुताबिक वजन की कमी से पीड़ित हैं। इसकी तुलना में उप-सहारा अफ्रीका में यह आँकड़ा 25 प्रतिशत है। दुनिया के बाकी हिस्सों में यह आँकड़ा 12 प्रतिशत का है।[4]

उप-सहारा अफ्रीका को भूल भी जाएँ तो भारत रहन-सहन के स्तर के मामले में अन्तर्राष्ट्रीय तुलनाओं में बेहतर स्थिति में नहीं है। निरन्तर जो दावे किए जा रहे हैं कि भारत आर्थिक 'महाशक्ति' बनने की राह पर है उसके विपरीत, प्रति व्यक्ति आय तक के मामले में असली तस्वीर कुछ और ही है। हाल के वर्षों में आर्थिक विस्तार के बावजूद भारत उप-सहारा अफ्रीका के बाहर के निर्धनतम देशों में शामिल है। विश्व बैंक के मुताबिक, उप-सहारा अफ्रीका के बाहर केवल 15 देश ऐसे हैं जिनकी प्रति व्यक्ति सकल आय 2011 में भारत से कम थी—अफगानिस्तान, बांग्लादेश, बर्मा, कम्बोडिया, हाइती, किर्गिस्तान लाओस, मोल्दोवा, नेपाल, पाकिस्तान, पापुआ न्यू गिनी, ताजिकिस्तान, उज्बेकिस्तान, वियतनाम और यमन। जैसा कि पिछले अध्याय में बताया गया है, रहन-सहन के स्तर के मामले में भारत को एक

* इस खंड में उद्धृत आँकड़े विश्व बैंक के 'वर्ल्ड डेवलपमेंट इंडीकेटर्स' (ऑनलाइन, 1 जनवरी, 2013) के हैं। विकास सम्बन्धी संकेतकों की अन्तर्राष्ट्रीय तुलना के लिए पूरी पुस्तक में इसे ही स्रोत के तौर पर इस्तेमाल किया गया है। भारत के आँकड़ों के लिए हम अन्तर्राष्ट्रीय तुलना की खातिर डब्लूडीआई और अन्यथा राष्ट्रीय अंकेक्षण सूत्रों का उपयोग कर रहे हैं। विशेष विचार के लिए अंकेक्षण परिशिष्ट देखें।

बड़ी खाई को पाटना है। अतीत के मद्देनजर परेशान करनेवाली बात यह नहीं है कि उप-सहारा अफ्रीका के बाहर के देशों में प्रति व्यक्ति आय के मामले में भारत की स्थिति तुलनात्मक रूप से नीचे हैं, बल्कि यह है कि निर्धनतम गैर-अफ्रीकी देशों के समूह के भीतर भी रहन-सहन के स्तर के आय से इतर कारकों के मामले में भारत कितना पिछड़ा है। यह तालिका 3.1 से स्पष्ट है।

हमने जो कटऑफ बिन्दु चुना है, उसके मुताबिक भारत इस समूह में प्रति व्यक्ति सबसे ऊँची जीडीपी के साथ इन 16 देशों में पहले नम्बर पर है। जैसा कि अन्तिम कॉलम के संकेतकों से स्पष्ट है, प्रति व्यक्ति जीडीपी को छोड़ दें तो भारत 16 गरीब देशों में 10वें नम्बर पर है और बाकी अधिकतर मामलों में और भी खराब स्थिति में है। यहाँ जो सामाजिक संकेतक प्रस्तुत किए गए हैं (कुल प्रजनन दर और पुरुष साक्षरता दर को छोड़कर) उनमें बाकी 15 देशों का जो औसत है उसकी तुलना में भी भारत के आँकड़े न केवल बदतर हैं बल्कि बाल मृत्यु-दर के मामले में यह 10वें नम्बर पर, महिला साक्षरता दर तथा स्कूली शिक्षा के औसत वर्ष के मामले में 11वें नम्बर पर और बेहतर सफाई तथा डीपीटी टीकाकरण के मामले में 13वें नम्बर पर है। कम वजन वाले बच्चों के अनुपात के मामले में तो यह यमन के साथ सबसे बुरी स्थिति में है।*

पिछले अध्याय में हमने कहा था कि भारत की मौजूदा 6 प्रतिशत की वार्षिक आर्थिक वृद्धि दर को आमतौर पर जिस तरह 'निराशाजनक' बता दिया जाता है, उसे उचित ठहराना मुश्किल है क्योंकि कम होने के बावजूद यह दर दुनिया की सबसे तेज दरों में शुमार है (और तब भी रहेगी, भले ही कुछ एजेंसियों की यह भविष्यवाणी सच हो जाए कि वृद्धि दर 5 प्रतिशत पर पहुँच सकती है)। लेकिन जैसा कि तालिका 3.1 से स्पष्ट है, रहन-सहन के स्तर के तुलनात्मक चित्र के लिए 'निराशाजनक' विशेषण उपयुक्त लगता है।

तालिका 3.2 में वह विस्तृत सूचना दर्ज है जिसके आधार पर तालिका 3.1 में संक्षिप्त निष्कर्ष प्रस्तुत किए गए हैं। इनमें से कुछ तुलनाएँ काफी सूचनाप्रद हैं। उदाहरण के लिए, वियतनाम भारत के मुकाबले गरीब होने के बावजूद इन सभी संकेतकों के मामले में उससे बेहतर स्थिति में है। संयोग से निकारागुआ भी इसी स्थिति में है और उसकी तथा भारत की प्रति व्यक्ति जीडीपी लगभग समान है (भारत की जीडीपी उससे थोड़ी ऊँची है इसलिए निकारागुआ को तालिका 3.2 में शामिल नहीं किया गया है। उज्बेकिस्तान भी कई मामलों में भारत से आगे है— उदाहरण के लिए, कम आयुवर्ग में सार्वभौमिक साक्षरता, सार्वभौमिक स्वच्छता

* इसी तरह, 'बहुआयामी गरीबी सूचकांक' (एमपीआई) के, जिसकी चर्चा इस अध्याय में आगे की गई है, मुताबिक भारत उन 14 देशों में 11वें नम्बर पर है जिनके लिए इस समूह में अनुमान उपलब्ध हैं।

और बच्चों के सार्वभौमिक टीकाकरण के मामलों में। भारत इन सभी लक्ष्यों को पूरा करने से बहुत दूर है। दूसरा उल्लेखनीय विरोधाभास भारत और नेपाल के मामले में है। सामाजिक संकेतकों के मामले में दोनों देश समान हैं, हालाँकि नेपाल में प्रति व्यक्ति आय का आँकड़ा भारत के इस आँकड़े के एक तिहाई के बराबर है और इस वजह से नेपाल अफगानिस्तान और हाइती के साथ गैर-अफ्रीकी श्रेणी के निर्धनतम देशों में शामिल है।

तालिका 3.1

उप-सहारा अफ्रीका के बाहर दुनिया के निर्धनतम 16 देशों के लिए चुनिन्दा संकेतक

	भारत	अन्य निर्धनतम देशों के लिए औसत[a]	16 निर्धनतम देशों में भारत का दर्जा[b]
प्रति व्यक्ति जीडीपी, 2011 (पीपीपी, नियत 2005 अन्तर्राष्ट्रीय डॉलर)	3,203	2,112	1
जन्म के समय जीवन-प्रत्याशा, 2011 (वर्ष)	65	67	9
शिशु मृत्यु-दर, 2011 (प्रति 1000 जन्म पर)	47	45	10
5 वर्ष से कम के बच्चों की मृत्यु-दर, 2011 (प्रति 1000 जन्म पर)	61	56	10
कुल प्रजनन दर, 2011 (प्रति महिला बच्चे की संख्या)	2.6	2.9	7
बेहतर स्वच्छता तक पहुँच, 2010 (प्रतिशत में)	34	57	13
स्कूली पढ़ाई के औसत वर्ष, 25 उम्र, 2011	4.4	5.0	11
साक्षरता दर, 15-24 आयुवर्ग, 2010 (प्रतिशत में)			
महिला	74[c]	79	11
पुरुष	88[c]	85	9
5 वर्ष से कम के कुपोषित बच्चों का अनुपात, 2006-10[d] (प्रतिशत में)			
वजन में कमी	43	30	15
रुद्ध विकास	48	41	13
बाल टीकाकरण दरें, 2011 (प्रतिशत में)			
डीपीटी	72	88	13
खसरा	74	87	11

a : हरेक देश के अपने विशेष संकेतकों का आबादी के हिसाब से औसत। एक खास देश के दो मामलों में अनुपलब्ध आँकड़ों (मसलन, अफगानिस्तान की साक्षरता दरों) के लिए बाकी देशों का औसत लिया गया।

b : 'सर्वोत्तम' से लेकर 'सबसे खराब' के रैंक पर आधारित। 'बराबरी' के मामले में भारत को पहला रैंक दिया गया।

c : 2006

d : सबसे ताजा आँकड़े 2006-10 के लिए उपलब्ध थे।

स्रोत : देखें तालिका 3.2 यह तालिका उप-सहारा अफ्रीका के बाहर के उन 16 देशों के आँकड़े प्रस्तुत करती है जिनकी प्रति व्यक्ति जीडीपी भारत की प्रति व्यक्ति जीडीपी के बराबर या कम है। ये देश हैं—अफगानिस्तान, बांग्लादेश, बर्मा, कम्बोडिया, हाइती, भारत, किर्गिस्तान, लाओस, मोल्दोवा, पाकिस्तान, नेपाल, पापुआ न्यू गिनी, ताजिकिस्तान, उज्बेकिस्तान, वियतनाम, और यमन।

कहा जा सकता है कि भारत से यह उम्मीद नहीं की जा सकती कि वह समान प्रति व्यक्ति आय वाले दूसरे देशों की तरह प्रगति करे, क्योंकि उसकी आर्थिक वृद्धि दर काफी तेज है और ऊँची प्रति व्यक्ति आय को—बेहतर सामाजिक संकेतकों में परिवर्तित होने में समय लगता है। प्रति व्यक्ति के हिसाब से 7 प्रतिशत की वार्षिक आर्थिक वृद्धि दर वाले देश में प्रति व्यक्ति आय 10 साल में दोगुनी हो जाती है। लेकिन जो देश पहले कभी दोगुना अमीर थे उनसे सामाजिक संकेतकों के स्तर के मामले में बराबरी करने में बड़े प्रयासों के बावजूद ज्यादा समय लग सकता है। यह गौर करनेवाली बात है। इसलिए जीने की परिस्थितियों में बदलाव के लिए (जिस पर हम मुख्यत: जोर दे रहे हैं) केवल आय में वृद्धि पर ही निर्भर न करने के पर्याप्त कारण हैं। यह बुनियादी चिन्ता बनी रहती है कि चाहे जो भी वजह हो, भारत कई मामलों में दुनिया के कुछ निर्धनतम देशों के मुकाबले भी बेहतर नहीं कर पा रहा है। यह भारत की उपलब्धियों को कमतर बताना नहीं है बल्कि उन्हें उपयुक्त परिप्रेक्ष्य में रखना है और भारत को सबसे ज्यादा परेशान कर रहीं उन कमजोरियों पर जोर देना है जिन्हें दूर करने की जरूरत है।

दक्षिण एशिया में भारत की अवनति

भारत के 'विकास पथ' में कुछ गड़बड़ है, इसका एक संकेत इस तथ्य से उभरता है कि भारत हालाँकि प्रति व्यक्ति आय में वृद्धि के मामले में दक्षिण एशिया के देशों से नाटकीय तौर पर कहीं ज्यादा बेहतर कर रहा है, लेकिन कई सामाजिक संकेतकों के मामले में वह इस क्षेत्र के तमाम देशों (पाकिस्तान को छोड़कर) से पिछड़ रहा है। तुलनात्मक तस्वीर तालिका 3.3 में प्रस्तुत की गई है।

भारत और बांग्लादेश की तुलना से शुरुआत अच्छी हो सकती है। पिछले करीब 20 वर्षों में भारत बांग्लादेश के मुकाबले काफी अमीर हुआ है—1990 में

प्रति व्यक्ति आय का उसका आँकड़ा बांग्लादेश के आँकड़े से 60 प्रतिशत ज्यादा था और अनुमान है कि 2011 में यह दोगुने के करीब पहुँच गया। लेकिन इसी अवधि में बांग्लादेश जीवन-प्रत्याशा, शिशु मृत्यु-दर, टीकाकरण दरों में बढ़ोतरी, प्रजनन दरों में गिरावट, यहाँ तक कि स्कूली शिक्षा के कुछ पहलुओं आदि कई तरह के बुनियादी सामाजिक संकेतकों के मामलों में भारत से आगे निकल गया है। उदाहरण के लिए, 1990 में दोनों देशों में जीवन-प्रत्याशा के आँकड़े लगभग समान थे लेकिन 2010 में बांग्लादेश का यह आँकड़ा भारत के आँकड़े से चार साल ज्यादा हो गया (क्रमशः 69 और 65 वर्ष)। इसी तरह, 1990 में शिशु मृत्यु-दर का आँकड़ा भारत के आकड़े से 20 प्रतिशत अधिक था, लेकिन 2011 में यह भारत के आँकड़े से 25 प्रतिशत कम हो गया। बांग्लादेश के अधिकतर सामाजिक संकेतक भारत के सामाजिक संकेतकों से बेहतर दिखते हैं, बावजूद इसके कि बांग्लादेश में प्रति व्यक्ति आय का आँकड़ा भारत के इस आँकड़े से 50 फीसदी से भी नीचे है।

तालिका 3.2

उप-सहारा अफ्रीका के बाहर दुनिया के निर्धनतम देश (खंड 1)

	भारत	वियतनाम	मोल्दोवा	उज्बेकिस्तान	लाओस
प्रति व्यक्ति जीडीपी (पीपीपी), 2011	3,203	3,013	2,975	2,903	2,464
जन्म के समय जीवन-प्रत्याशा, 2011 (वर्ष)	65	75[d]	69	68[d]	67
शिशु मृत्यु-दर, 2011	47	17	14	42	34
5 वर्ष से कम के बच्चों की मृत्यु-दर, 2011	61	22	16	49	42
कुल प्रजनन दर, 2011	2.6	1.8[d]	1.5	2.5[d]	2.7
बेहतर स्वच्छता तक पहुँच, 2010 (प्रतिशत में)	34	76	85	100	63
स्कूली पढ़ाई के औसत वर्ष, 25+ उम्र, 2011	4.4	5.5	9.7	10	4.6
साक्षरता दर, 15-24 आयुवर्ग, 2010 (प्रतिशत में)					
महिला	74[a]	96	100	100	79[b]
पुरुष	88[a]	97	99	100	89[b]
5 वर्ष से कम के कुपोषित बच्चों का अनुपात, 2006-10[e] (प्रतिशत में)					
वजन में कमी	43	20	n/a	4	31
रुद्ध विकास	48	31	n/a	19	48
बाल टीकाकरण दरें, 2011 (प्रतिशत में)					
डीपीटी	72	95	93	99	78
खसरा	74	96	91	99	69

तालिका 3.2

उप-सहारा अफ्रीका के बाहर दुनिया के निर्धनतम देश (खंड 2)

	पाकिस्तान	पापुआ एनजी	किर्गिस्तान	कम्बोडिया	यमन	ताजिकिस्तान
प्रति व्यक्ति जीडीपी (पीपीपी), 2011	2,424	2,363	2,119	2,083	2,060	2,052
जन्म के समय जीवन-प्रत्याशा, 2011(वर्ष)	65[d]	63	69[d]	63	65	68
शिशु मृत्यु-दर, 2011	59	45	27	36	57	53
5 वर्ष से कम के बच्चों की मृत्यु-दर, 2011	72	58	31	43	77	63
कुल प्रजनन दर, 2011	3.4[d]	3.9	2.9[d]	2.5	5.1	3.2
बेहतर स्वच्छता तक पहुँच, 2010 (प्रतिशत में)	48	45	93	31	53	94
स्कूली पढ़ाई के औसत वर्ष, 25 + उम्र, 2011	4.9	3.9	9.3	5.8	2.5	9.8
साक्षरता दर, 15-24 आयुवर्ग, 2010 (प्रतिशत में)						
महिला	61[c]	72	100[c]	86[c]	74	100
पुरुष	79[c]	65	100[c]	88[c]	96	100
5 वर्ष से कम के कुपोषित बच्चों का अनुपात, 2006-10[d] (प्रतिशत में)						
वजन में कमी	31	18	2	28	43	15
रुद्ध विकास	42	43	18	40	58	39
बाल टीकाकरण दरें, 2011 (प्रतिशत में)						
डीपीटी	80	61	96	94	81	96
खसरा	80	60	97	93	71	98

तालिका 3.2

उप-सहारा अफ्रीका के बाहर दुनिया के निर्धनतम देश (खंड 3)

	बर्मा	बांग्लादेश	नेपाल	हाइती	अफगानिस्तान
प्रति व्यक्ति जीडीपी (पीपीपी), 2011	n/a	1,569	1,106	1,034	1,006
जन्म के समय जीवन-प्रत्याशा, 2011(वर्ष)	65	69	69	62	48[d]
शिशु मृत्यु-दर, 2011	48	37	39	53	73
5 वर्ष से कम के बच्चों की मृत्यु-दर, 2011	62	46	48	70	101
कुल प्रजनन दर, 2011	2.0	2.2	2.7	3.3	6.3
बेहतर स्वच्छता तक पहुँच, 2010 (प्रतिशत में)	76	56	31	17	37
स्कूली पढ़ाई के औसत वर्ष, 25 + उम्र, 2011	3.9	4.8	3.2	4.9	3.1
साक्षरता दर, 15-24 आयुवर्ग, 2010 (प्रतिशत में)					
महिला	96	78	78	70[a]	n/a
पुरुष	96	75	88	74[a]	n/a
5 वर्ष से कम के कुपोषित बच्चों का अनुपात, 2006-10[e] (प्रतिशत में)					
वजन में कमी	23	41	39	18	33
रुद्ध विकास	35	43	49	29	59
बाल टीकाकरण दरें, 2011 (प्रतिशत में)					
डीपीटी	99	96	92	59	66
खसरा	99	96	88	59	62

a. 2006 **b.** 2005 **c.** 2009 **d.** 2010 **e.** वर्ष 2006-10 के बीच उपलब्ध नवीनतम वर्ष का डाटा।

स्रोत : 'विश्व विकास संकेतक' (ऑनलाइन, 1 जनवरी, 2013)। स्कूली शिक्षा के औसत वर्ष के आँकड़े 'मानव विकास रिपोर्ट 2013' से हैं और बाल कुपोषण के आँकड़े यूनिसेफ (2012) के हैं। तालिका में दर्ज देश (भारत के सिवाय) वे हैं जिनकी प्रति व्यक्ति जीडीपी 2011 में भारत की प्रति व्यक्ति जीडीपी से कम थी। उन्हें जीडीपी के घटते आँकड़े के क्रम में रखा गया है। बर्मा (जिसे उसके फौजी शासक म्यांमार कहते हैं) के ताजा आँकड़े न होने के कारण उसे उसी नम्बर पर रखा गया है, जिस नम्बर पर वह 'वर्ल्ड डेवलपमेट इंडीकेटर्स' 2011 में जीडीपी के आँकड़े के मुताबिक दिखता है।

तालिका 3.3

दक्षिण एशिया : चुनिन्दा आँकड़े (1990 के और सबसे ताजा)

		दक्षिण एशिया						चीन
		भारत	बांग्लादेश	भूटान	नेपाल	पाकिस्तान	श्रीलंका	
प्रति व्यक्ति जीडीपी, पीपीपी,	1990*	1193	741	1678	716	1624	2017	1121
(नियत 2005 अन्तर्राष्ट्रीय डॉलर)	2011	3203	1569	5162	1106	2424	4929	7418
जन्म के समय जीवन-प्रत्याशा:	1990*	58	59	53	54	61	70	69
(वर्ष)	2011	65	69	67	69	65[f]	75[f]	73[f]
शिशु मृत्यु-दर	1990*	81	97	96	94	95	24	39
(प्रति 1000 जीवित प्रसव पर)	2011	47	37	42	39	59	11	13
5 वर्ष से कम के बच्चों की मृत्यु-दर	1990*	114	139	138	135	122	29	49
(प्रति 1000 जीवित प्रसव पर)	2011	61	46	54	48	72	12	15
प्रसव के कारण महिला मृत्यु-दर	1990*	600	800	1000	770	490	85	120
(प्रति 1 लाख जीवित प्रसव पर)	2010	200	240	180	170	260	35	37
कुल प्रजनन दर,	1990*	3.9	4.5	5.7	5.2	6.0	2.5	2.3
(प्रति महिला, शिशु संख्या)	2011	2.6	2.2	2.3	2.7	3.4[f]	2.3[f]	1.6[f]
बेहतर स्वच्छता तक पहुँच, (प्रतिशत)	1990	18	39	–	10	27	70	24
	2010	34	56	44	31	48	92	64
बाल टीकाकरण (डीपीटी) (प्रतिशत में)	1990*	59	64	88	44	48	86	95
	2011	72	96	95	92	80	99	99
बाल टीकाकरण (खसरा) (प्रतिशत में)	1990*	47	62	87	57	50	78	95
	2011	74	96	95	88	80	99	99
स्कूली पढ़ाई के औसत वर्ष, 25 + उम्र	1990	3.0	2.9	–	2.0	2.3	6.9	4.9
	2011	4.4	4.8	2.3[e]	3.2	4.9	9.3	7.5
महिला साक्षरता दर,	1991[a]	49	38	–	33	–	93	91
15-24 आयुवर्ग, 2010 (प्रतिशत में)	2010[b]	74	78	68	78	61	99	99
वजन की कमी	1990[c]	59.5	61.5	34	–	39	29	13
से ग्रस्त बच्चे (प्रतिशत)	2006-10[d]	43	41	13	39	31	21	4

* : तीन साल का औसत—सन्दर्भ वर्ष पर केन्द्रित (उदाहरण के लिए, सन्दर्भ वर्ष 1990 हो तो औसत होगा 1989-91)।

a : चीन के लिए 1990; श्रीलंका का आँकड़ा 1981 और 2001 के आँकड़ों का अन्तर्वेशन है।

b : भारत के लिए 2006, भूटान के लिए 2005, पाकिस्तान के लिए 2009।

c : भूटान के लिए 1988, पाकिस्तान के लिए 1991, श्रीलंका के लिए 1987।
d : इस अवधि के भीतर सबसे ताजा वर्ष जिसके लिए आँकड़े उपलब्ध हैं।
e : 2002–2012
f : 2010
स्रोत : स्कूली पढ़ाइ के औसत वर्ष के आँकड़े 'मानव विकास रिपोर्ट 2013' ऑनलाइन से; दूसरे संकेतक 'विश्व विकास संकेतक', ऑनलाइन (1 जनवरी 2013) से। 1990 के लिए अलग–अलग देश से जुड़े कुछ आँकड़ों में भूल–चूक की बड़ी गुंजाइश रखी गई है। जोर सटीक आँकड़ों से ज्यादा व्यापक रुझान पर है।

नेपाल का मामला भी कम रहस्यपूर्ण नहीं है। राजनीति तथा शासन की तमाम समस्याओं के बावजूद यह तेजी से भारत की बराबरी पर आ रहा है, बल्कि कुछ क्षेत्रों में तो आगे भी निकल रहा है। 1990 के आसपास नेपाल विकास के लगभग सभी संकेतकों में भारत से बहुत पीछे था। आज, जैसा कि तालिका 3.3 से स्पष्ट है, दोनों देशों के सामाजिक संकेतक ज्यादा समान हैं (कुछ संकेतक भारत के थोड़े बेहतर हैं, तो कुछ नेपाल के), बावजूद इसके कि भारत में प्रति व्यक्ति आय नेपाल में प्रति व्यक्ति आय से तीन गुना ज्यादा है।[5]

पाकिस्तान से भारत की तुलना हालाँकि भारत के लिए मुफीद है, फिर भी यह पूरी तरह उसे नहीं सुहाएगी। 1990 से 2011 के बीच नियत कीमतों पर वास्तविक प्रति व्यक्ति आय पाकिस्तान में 50 प्रतिशत बढ़ी, तो भारत में 170 प्रतिशत बढ़ी (देखें तालिका 3.3)। लेकिन अधिकांश सामाजिक संकेतकों के मामले में अन्तर (जो शुरू में कुछ मामलों में भारत के पक्ष में था और कुछ मामलों में पाकिस्तान के) में बुनियादी फेरबदल नहीं हुआ है। कुछ मामलों, मसलन टीकाकरण दरों के मामले में हालात भारत से ज्यादा पाकिस्तान में बेहतर हुए हैं।

एक ही मसले को दूसरे कोण से देखने के लिए तालिका 3.4 क्रमश; वर्ष 1990 के आसपास और आज (जबकि हम यह पुस्तक लिख रहे हैं और जिसके लिए तुलनात्मक अन्तर्राष्ट्रीय आँकड़े उपलब्ध हैं) दक्षिण एशिया के छह बड़े देशों के मुकाबले भारत के दर्जे को दर्शाती है। अपेक्षा के अनुरूप, प्रति व्यक्ति आय के सम्पूर्ण स्तर के सन्दर्भ में भारत का दर्जा बेहतर हुआ है—चौथे नम्बर (भूटान, पाकिस्तान, और श्रीलंका से नीचे) से तीसरे नम्बर (भूटान और श्रीलंका के बाद) पर पहुँच गया है। प्रति व्यक्ति आय में वृद्धि की दर के मामले में भारत अब इस समूह में सबसे ऊपर है (जैसा कि वह दुनिया के देशों के अधिकांश समूहों में भी— सबसे ऊपर है)। लेकिन अधिकांश दूसरे मामलों में भारत का दर्जा घटा है, कई मामलों में तो काफी तेजी से। कुल मिलाकर दक्षिण एशिया में केवल एक देश (श्रीलंका) में 1990 में सामाजिक संकेतक भारत के संकेतकों से बेहतर थे, लेकिन आज भारत सबसे बदतर देशों में दूसरे नम्बर पर है, और केवल उथल–पुथल से त्रस्त पाकिस्तान से ऊपर है।

तालिका 3.4

दक्षिण एशिया में भारत का दर्जा

संकेतक	दक्षिण एशिया के छह देशों में भारत का दर्जा (अव्वल - 1, सबसे नीचे - 6)	
	1990 में	2011 के करीब
प्रति व्यक्ति जीडीपी	4	3
जीवन-प्रत्याशा:	4	5
शिशु मृत्यु-दर	2	5
5 वर्ष से कम के बच्चों की मृत्यु-दर	2	5
प्रसव के कारण महिला मृत्यु-दर	3	4
कुल प्रजनन दर	2	4
बेहतर स्वच्छता तक पहुँच	4–5[a]	5
बाल टीकाकरण (डीपीटी)	4	6
बाल टीकाकरण (खसरा)	6	6
स्कूली पढ़ाई के औसत वर्ष, 25 आयुवर्ग	2–3[a]	4
महिला साक्षरता दर, 15–24 आयुवर्ग	2–3[a]	4
वजन की कमी से ग्रस्त बच्चे	4–5[a]	6

a : भूटान (या नेपाल, वजन की कमी से ग्रस्त बच्चों के मामले में) के लिए अनुपलब्ध आँकड़े के कारण दर्जा भ्रामक।

स्रोत : देखें तालिका 3.3 यहाँ इन छह देशों को चुना गया है—बांग्लादेश, भूटान, भारत, नेपाल, पाकिस्तान, श्रीलंका।

विकास सम्बन्धी अध्ययनों में, खासकर भारत के, दक्षिण एशिया के तुलनात्मक परिदृश्य की प्रायः अनदेखी कर दी जाती है। फिर भी, दक्षिण एशिया के भीतर अपने आसपास नजर दौड़ा कर काफी कुछ सीखा जा सकता है। उदाहरण के लिए, भारत में कई विशेषज्ञ स्कूली शिक्षा के लिए निजी क्षेत्र के उपयोग के प्रति बहुत झुकाव रखते हैं लेकिन उन्हें यह जानने में भी शायद दिलचस्पी होगी कि सामाजिक संकेतकों और खासकर स्कूली शिक्षा तथा साक्षरता के मामले में भारत से कहीं ज्यादा बढ़त ले चुके श्रीलंका में निजी स्कूल लगभग शून्य हैं, बल्कि साठ के दशक से उन पर वहाँ प्रतिबन्ध लगा है। दिलचस्प बात यह भी है कि श्रीलंका में 'कम ही लोग ऐसे हैं, जो स्वास्थ्य केन्द्र से 1.4 किमी से ज्यादा दूर रहते होंगे।'[6] भारतीय

योजनाकारों और आम जनता को भी पड़ोसी देशों की अन्य नीतियों तथा उपलब्धियों पर ध्यान देना चाहिए। अपने पड़ोसियों से आकार में बहुत बड़े होने और तीव्र आर्थिक विकास के बावजूद भारत उनसे बहुत कुछ सीख सकता है।

बांग्लादेश की प्रगति और महिलाओं की भूमिका

पिछले चार दशकों में बांग्लादेश काफी आगे निकल आया है। सत्तर के दशक के पूर्वार्द्ध में इस देश को भयंकर तूफान ने तबाह कर दिया था (1970 के इस तूफान में करीब पाँच लाख लोग मारे गए थे); जनविद्रोह और 'मुक्ति संग्राम' के बाद 1971 में यह स्वतंत्र हुआ; 1974 में इसे व्यापक अकाल का सामना करना पड़ा जिसमें इसकी करीब 6 प्रतिशत आबादी को लंगर में मुफ्त भोजन खाकर जान बचानी पड़ी। ऐसे में यह अगले कुछ दशकों तक तेजी से सामाजिक विकास कर सकेगा, इसकी उम्मीद शायद ही किसी को थी। वास्तव में, 1974 का अकाल कयामत की भविष्यवाणी करनेवालों को सच्चा साबित करता दिख रहा था और इनमें से कुछ ने तो इसे कचरे के डिब्बे में डालने लायक घोषित कर दिया था, जिसकी सहायता किये जाने का भी कोई अर्थ नहीं था क्योंकि आबादी को खाना खिलाने की जद्दोजहद में इसकी हार निश्चित मान ली गई थी।

आज भी बांग्लादेश दुनिया के निर्धनतम देशों में शामिल है और उसकी आबादी का बड़ा तबका अच्छे रहन-सहन की बेहद जरूरी चीजों से वंचित है। फिर भी उसने खासकर पिछले 20 वर्षों में जीवन-स्तर के कुछ महत्त्वपूर्ण पहलुओं में तेजी से प्रगति की है—धीमी आर्थिक वृद्धि के बावजूद वह कई सामाजिक संकेतकों के मामले में भारत से आगे निकल गया है।

बांग्लादेश की कुछ खास विशेषताएँ भारत के लिए विशेष तौर पर प्रासंगिक हैं। बांग्लादेश किसी भी लिहाज से विकास का मॉडल नहीं है। हाल में हुई अधिकतर प्रगति के बावजूद वह दुनिया के सबसे अभावग्रस्त देशों में बना हुआ है। इस पुस्तक में भारत के सन्दर्भ में जिन नीतिगत पूर्वग्रहों की चर्चा की गई है, उनमें से अधिकतर बांग्लादेश पर भी लागू हैं। बांग्लादेश में प्रति व्यक्ति जीडीपी का आँकड़ा भारत के मुकाबले लगभग आधा है। बांग्लादेश में सार्वजनिक व्यय जीडीपी के करीब 10 प्रतिशत के बराबर होता है और इस मामले में भी उसका आँकड़ा भारत से करीब आधा है। बांग्लादेश में सार्वजनिक सेवाएँ सीमित हैं और जो हैं वे भी जवाबदेही की समस्या से ग्रस्त हैं, जैसा कि भारत में भी है।[7] बांग्लादेश में लोकतांत्रिक संस्थाएँ भी समस्याग्रस्त हैं, जहाँ ऐसी परम्परा चल रही है कि विपक्ष संसद के कामकाज में भाग नहीं लेता। फिर भी बांग्लादेश की आश्चर्यजनक उपलब्धि की कुछ विशेषताएँ ऐसी हैं जो दिलचस्पी, उत्सुकता और आकर्षण पैदा करती हैं।

तालिका 3.5

भारत और बांग्लादेश के स्त्री-पुरुष सम्बन्धी संकेतक

	भारत	बांग्लादेश
महिला कामगार भागीदारी दर, 15 आयुवर्ग, 2010(प्रतिशत)	29	57
आबादी में स्त्री-पुरुष अनुपात, 2011 (प्रति 1000 पुरुष पर महिलाएँ)		
सभी उम्र में	940	997
0-6 वर्ष की उम्र में	914	972[a]
मृत्यु-दर में पुरुषों में महिलाओं का अनुपात, 2009[b]		
0-1 की उम्र में	1.01	0.89
1-4 उम्र में	1.55	1.25
स्कूल में दाखिले में पुरुषों में महिलाओं का अनुपात, 2010 (प्रतिशत)		
प्राथमिक	100[c]	104[d]
माध्यमिक	92	113
साक्षरता दर, 15-24 आयुवर्ग, 2010 (प्रतिशत)		
महिला	74[e]	78
पुरुष	88[f]	75
माध्यमिक शिक्षा प्राप्त वयस्कों (25 आयुवर्ग) का अनुपात, 2010 (प्रतिशत)		
महिलाएँ	27	31
पुरुष	50	39
संसद में महिलाओं की सीट का अनुपात, 2011 (प्रतिशत)	11	20
कुल प्रजनन दर, 2011 (प्रति महिला बच्चों की संख्या)	2.6	2.2

a : उम्र 0-4 वर्ष, **b** : बांग्लादेश के लिए 2007, **c** : 2008, **d** : 2009, **e** : 2006।

स्रोत : वर्ल्ड डवलपमेंट इंडीकेटर्स (ऑनलाइन, 1 जनवरी, 2013)। ह्यूमन डवलपमेंट रिपोर्ट 2011 पृ. 141, वयस्कों के लिए माध्यमिक शिक्षा। महिला-पुरुष अनुपात 2011 की भारत जनगणना में (गवर्नमेंट ऑफ इंडिया, 2011[b], पृष्ठ 88); और जनसंख्या और आवास जनगणना, 2011 (बांग्लादेश ब्यूरो ऑफ स्टेटिस्टिक, 2011, पृष्ठ 7); महिला-पुरुष मृत्यु दर सैम्पल रजिस्ट्रेशन सिस्टम स्टेटिस्टिकल रिपोर्ट 2009 और बांग्लादेश डेमोग्राफिक एंड हेल्थ सर्वे 2007 (नेशनल इंस्टीट्यूट ऑफ पॉप्यूलेशन रिसर्च एंड ट्रेनिंग, 2009, टेबल 8.3, पृष्ठ 104)

सामाजिक क्षेत्र में बांग्लादेश की प्रगति के मूल तत्व पूरी तरह पारदर्शी नहीं हैं। उनकी अब तक जितनी जाँच हुई है, जरूरत उससे ज्यादा जाँच की है।[8] वैसे, कुछ सम्भावित सूत्र ऐसे हैं जिन पर तुरन्त गौर किया जाना चाहिए। शायद सबसे महत्त्वपूर्ण सूत्र स्त्री-पुरुष सम्बन्धों में निरन्तर सकारात्मक परिवर्तन से सम्बन्धित हैं। तालिका 3.5 बताती है कि स्त्री-पुरुष भेदभाव से सम्बन्धित कई संकेतकों के मामले में

बांग्लादेश भारत से काफी बेहतर है। उदाहरण के लिए, कामगारों में महिलाओं के शामिल होने की दर बांग्लादेश में भारत की इस दर से दोगुनी है (क्रमशः 57 और 29 प्रतिशत)। इस दर के अलावा महिला साक्षरता और शिक्षा को दुनिया-भर में महिला सशक्तिकरण में सबसे सशक्त योगदान देने वाला माना जाता है। बांग्लादेश ने परिवर्तन के इस साधन का जितना ज्यादा उपयोग किया है, उतना भारत ने नहीं किया है।[9] प्रारम्भिक शिक्षा के क्षेत्र में स्त्री-पुरुष समानता लाने की दिशा में बांग्लादेश ने काफी तेजी से कदम बढ़ाए हैं, इतना कि स्कूली शिक्षा और साक्षरता दर के मामलों में बांग्लादेशी लड़कियों ने लड़कों को पीछे छोड़ दिया है। भारत में स्थिति इससे उलटी है और लड़कियों के प्रति अभी भी पूर्वग्रह जारी है। वास्तव में, बांग्लादेश दुनिया के उन चन्द देशों में शामिल हो गया है, जहाँ स्कूल जानेवाली लड़कियों की संख्या स्कूल जानेवाले लड़कों की संख्या से ज्यादा है। यहाँ तक कि सांसदों की कुल संख्या में महिलाओं का अनुपात दोनों देशों में 50 फीसदी से कम है लेकिन भारत के मुकाबले बांग्लादेश में यह अनुपात ऊँचा है।[10]

बांग्लादेश ने पिछले करीब 20 वर्षों में कई महत्त्वपूर्ण क्षेत्रों में भारत की बराबरी या उससे आगे बढ़ने का जो करिश्मा किया है, उसमें महिलाओं के अभिक्रम और स्त्री-पुरुष सम्बन्धों का कितना योगदान रहा है, इसकी विस्तृत जाँच करने की जरूरत है। विकास में महिला अभिक्रम की भूमिका के बारे में हम जो कुछ जानते हैं, उसके मद्देनजर यह निश्चित ही एक महत्त्वपूर्ण कारक जैसा दिखता है। उदाहरण के लिए, यह एक स्थापित तथ्य है कि महिला साक्षरता और कामगारों की जमात में महिला भागीदारी 'जनसांख्यिकीय परिवर्तन' (मृत्यु-दर तथा प्रजनन दर में गिरावट) में एक महत्त्वपूर्ण भूमिका निभाती है।[11] इस क्षेत्र में बाल कुपोषण की दरें इससे कहीं ज्यादा गरीब देशों की इन दरों से ऊँची पाई गई हैं और इसे 'दक्षिण एशियाई पहेली' नाम दिया जाता रहा है। दक्षिण एशिया में महिलाओं के दमन को इस पहेली के लिए जिम्मेदार बताया जाता रहा है। इसलिए यह बहुत सम्भव है कि बांग्लादेश में हुई ताजा प्रगति स्त्री-पुरुष सम्बन्धों में आए सकारात्मक बदलावों और वहाँ के समाज में महिलाओं की नई भूमिका के कारण आई है। वास्तव में, उसकी कुछ उपलब्धियाँ महिला अभिक्रम का काफी प्रत्यक्ष तथा पारदर्शी रास्ता बनाती हैं। उदाहरण के लिए, गैर-सरकारी संगठनों और सरकार ने भी बड़ी संख्या में बांग्लादेशी महिलाओं को अग्रणी स्वास्थ्य कर्मचारी के तौर पर सक्रिय किया है।[12] ऐसा लगता है कि इसमें और कई अन्य क्षेत्रों में अगर बांग्लादेशी महिलाओं ने सकारात्मक भूमिका न निभाई होती तो यह देश इतना सफल न हुआ होता।

भारत में कुल मिलाकर इस तरह का तुलनात्मक परिवर्तन नजर नहीं आता, खासकर उसके 'प्रमुख उत्तरी क्षेत्र' में।[13] यहाँ कामगारों की जमात में महिलाओं का अनुपात दशकों से काफी निचले स्तर पर बना हुआ है, जो केवल बांग्लादेश ही नहीं

बल्कि कई अन्य एशियाई देशों के एकदम उलट है जहाँ बड़ी संख्या में महिलाएँ वेतनभोगी कर्मचारी बनी हैं। इसी तरह, बाल सेवा में स्त्री–पुरुष भेदभाव की गम्भीर समस्या भारत में कायम है (जो उदाहरण के लिए उच्च मृत्यु–दरों और स्कूली शिक्षा में लड़कों के मुकाबले लड़कियों की कम भागीदारी में परिलक्षित होती है)। यह समस्या हाल के वर्षों में नए रूपों में भी उजागर होने लगी है, मसलन गर्भ के लिंग परीक्षण के बाद गर्भपात के रूप में। अध्याय 8 में चर्चा की गई है कि बच्चियों के प्रति भेदभाव बच्चों की आबादी में स्त्री–पुरुष अनुपात में परिलक्षित होता है। भारत में 2011 में प्रति 1000 लड़कों पर केवल 914 लड़कियाँ थीं जबकि बांग्लादेश में यह अनुपात 1000/972 का था। यानी वहाँ बाल सेवा में स्त्री–पुरुष भेदभाव और लिंग परीक्षण के बाद गर्भपात नहीं कराया जाता (देखें तालिका 3.5),* फिर भी इस तथ्य को नकारा नहीं जा सकता कि भारत की तरह बांग्लादेश भी एक पारम्परिक पुरुष–प्रधान देश है और कई पहलुओं से एक पितृसत्तात्मक समाज है। इसके बावजूद परिवर्तन के मजबूत संकेत कुल मिलाकर भारत से ज्यादा बांग्लादेश में दिखते हैं।

एक दूसरा संकेतक खासकर स्वास्थ्य के क्षेत्र में उपलब्धियों का यह दिखता है कि बांग्लादेश ने स्वास्थ्य सेवा और शिक्षा क्षेत्र के बुनियादी तत्त्वों पर जिस तरह से जोर दिया है उस तरह भारत में नहीं दिया गया। बांग्लादेश के प्रयासों को स्वयंसेवी संगठनों की गतिविधियों, व्यापक विकास के प्रयासों से लेकर बीआरएसी तथा ग्रामीण बैंक जैसे विशेष लघु ऋण अभिक्रमों से काफी मदद मिली है। रहन–सहन की बुनियादी जरूरतों के मद्देनजर सार्वजनिक क्षेत्र में समझदारी–भरे कदम उठाए गए हैं। हालाँकि बांग्लादेश में स्वास्थ्य के क्षेत्र पर सार्वजनिक व्यय का कुल आँकड़ा अभी भी काफी नीचा है और भारत का स्वास्थ्य सेवा क्षेत्र प्रशासन सम्बन्धी जिन समस्याओं से ग्रस्त रहा है उनमें से कई से बांग्लादेश भी ग्रस्त है लेकिन इसके बावजूद उसने खासकर सार्वजनिक स्वास्थ्य से सम्बन्धित आवश्यक तथा कम खर्चीले उपाय करने में काफी प्रगति की है। यह तालिका 3.6 में दर्ज सूचनाओं से स्पष्ट है। तालिका 3.5 और 3.6 के आँकड़ों से स्पष्ट है कि दोनों देशों के बीच काफी अन्तर है। बेहतर स्वास्थ्य के लिए साफ–सफाई, बच्चों के पूर्ण टीकाकरण, (पेचिश के लिए) ऑरल घोल उपचार सरीखे स्वास्थ्य उपायों को बांग्लादेश में व्यापक तौर पर सामाजिक मानकों के रूप में स्वीकार कर लिया गया है लेकिन भारत में ये केवल एक तबके तक सीमित हैं एवं बड़ा क्षेत्र अछूता पड़ा है।

* भारत के ही विभिन्न प्रान्तों में बांग्लादेश की औसत संख्या के बावजूद लिंग सम्बन्धी आँकड़ों, लिंग–निर्धारित गर्भपात समेत में भारी अन्तर पाया जाता है (प्रान्त आधारित कुछ विरोधाभास पर इस अध्याय और 8वें अध्याय में बात की जाएगी) हालाँकि, इन्हीं कारणों से, भारत के कुछ प्रान्त समस्त भारत के औसतन आँकड़ों की अपेक्षा बांग्लादेश की तुलना में ज्यादा नकारात्मक हैं।

तालिका 3.6

भारत और बांग्लादेश : सार्वजनिक स्वास्थ्य के चुनिन्दा संकेतक

	भारत	बांग्लादेश
खुले में शौच के लिए जानेवाले घरों का अनुपात (प्रतिशत)	55	8.4
पूर्ण टीकाकरण करवा चुके 12-23 महीने के शिशुओं का अनुपात (प्रतिशत)	44	82
जन्म के 24 घंटे के भीतर स्तनपान शुरू करनेवाले शिशुओं का अनुपात (प्रतिशत)	55	89
विटामिन-ए का अनुपूरक लेने वाले 9-59 महीने के शिशुओं का अनुपात[a] (प्रतिशत)	18	88
निरन्तर बेहतर जल आपूर्ति पाने वाली आबादी का अनुपात (प्रतिशत)	88	97
ओरल घोल से पेचिश का उपचार पानेवाले बच्चों का अनुपात (प्रतिशत)	39	81

a : उम्र 6-59 महीने, भारत के लिए।

स्रोत : बांग्लादेश जनसांख्यिकीय तथ्य स्वास्थ्य सर्वे 2007 (DHS), बांग्लादेश के लिए। राष्ट्रीय पारिवारिक स्वास्थ्य सर्वे 2005-06 (NFHS), भारत के लिए। इन दोनों सर्वेक्षणों में एक ही तरीका अपनाया गया, लगभग एक जैसे सवाल पूछे गए। ये दोनों विश्वव्यापी डीएचएस सर्वेक्षणों के ही रूप हैं।

सफाई के आँकड़े काबिलेगौर हैं। बांग्लादेश में केवल 56 प्रतिशत घरों में आधुनिक शौचालय वाली वे सुविधाएँ पहुँची हैं, जो 'बेहतर स्वच्छता' के विश्व विकास मानकों को पूरा करती हैं (भारत के लिए तो यह आँकड़ा 34 फीसदी का ही है—देखें तालिका 3.3)। वैसे, बांग्लादेश में करीब 90 प्रतिशत घरों में सफाई की कोई-न-कोई सुविधा उपलब्ध है, जिसमें पुराने शौचालय, स्नान की व्यवस्था शामिल हैं इसलिए वहाँ केवल 8.4 प्रतिशत घरों के लोगों को खुले में शौच का विकल्प चुनना पड़ता है (देखें तालिका 3.6)। भारत में ताजा जनगणना के अनुसार, 2011 में पूरे 50 फीसदी घरों के लोगों को खुल में शौच के लिए जाना पड़ता था। जिन देशों के लिए ऐसे आँकड़े उपलब्ध हैं, उनमें भारत का यह आँकड़ा सबसे बड़ा है। खुले में शौच न केवल सार्वजनिक स्वास्थ्य के लिए बड़ा खतरा है बल्कि यह भारी मुसीबतों का भी स्रोत है, खासकर महिलाओं के लिए जिन्हें प्रायः सुबह होने से पहले जागना पड़ता है क्योंकि उसके बाद उनके लिए यह दैनिक क्रिया मुश्किल हो जाती है।[14] इस परेशानी पर किसी का ध्यान नहीं जाता और सार्वभौमिक बुनियादी स्वच्छता सुविधाओं की जरूरत के प्रति भारतीय नियोजन हाल तक बेफिक्र नजर आता रहा है। इस बीच, बांग्लादेश देश-भर में चुपचाप शौचालयों के

निर्माण में जुटा रहा ताकि आबादी के बड़े हिस्से को खुले में शौच की परेशानियों और खतरों से निजात मिले। भले ही इनमें से कुछ सुविधाएँ काफी कच्ची किस्म की हैं, फिर भी ये स्वच्छता के लिए आधार तो तैयार कर रही हैं।[15] यह सार्वजनिक संसाधन की कमी के बावजूद स्वास्थ्य सेवा में प्रभावी सुधार की सम्भावना को उजागर करती है।

दोनों देशों में परिवार नियोजन का क्षेत्र भी खासतौर से ध्यान देने योग्य है। बांग्लादेश ने परिवार नियोजन का ऐसा कार्यक्रम लागू किया है, जो काफी प्रभावी है और जिसमें कोई जोर-जबरदस्ती नहीं की जाती है। इसके चलते काफी कम समय में ही प्रजनन दर में नाटकीय गिरावट आई है—सत्तर के दशक में प्रति महिला 7 बच्चों का अनुपात था, जो 1990 में 4.5 बच्चों और 2011 में 2.2 बच्चों का हो गया (जो कि 2.1 के 'रिप्लेसमेंट लेवल' के करीब है)। जैसा कि एक टीकाकार ने हमें बताया, बांग्लादेश में महिलाएँ परिवार नियोजन से उतनी ही परिचित हैं जितनी दाल-भात से। यह सर्वे (उदाहरण के लिए, बांग्लादेश जनसांख्यिकीय तथा स्वास्थ्य सर्वे) के आँकड़ों से भी स्पष्ट है, जो बताते हैं कि बांग्लादेशी महिलाओं में परिवार नियोजन सम्बन्धी बातों के प्रति जागरूकता का स्तर काफी ऊँचा है और वहाँ आधुनिक गर्भ निरोधक उपायों का उपयोग भारत से कहीं ज्यादा होता है। केवल यही एक उदाहरण काफी है कि सार्वजनिक या मुनाफे के लिए न काम करनेवाली संस्थाओं के जरिए सस्ती जेनरिक दवाओं के विकास और वितरण में बांग्लादेश ने पहले ही बढ़त ले ली है।[16] इन तथा अन्य 'बुनियादी' बातों पर जोर देने के कारण ही यह देश प्रति व्यक्ति कम आय के बावजूद लोगों के स्वास्थ्य में सुधार लाने में सफल रहा है।

तीसरा संकेतक स्वास्थ्य, शिक्षा तथा सम्बन्धित क्षेत्रों में सामाजिक मानदंडों के महत्त्व से और सामाजिक मानकों में परिवर्तन लाने में सार्वजनिक संचार तथा सामुदायिक सक्रियता की भूमिका से सम्बन्ध रखता है। इन क्षेत्रों में बांग्लादेश के अधिकतर अपेक्षाकृत सफल कार्यक्रमों ने इन सामाजिक कारकों पर ही किसी-न-किसी तरह अपनी मजबूती स्थापित की है।[17] हजारों जमीनी स्वास्थ्य तथा सामुदायिक कार्यकर्ता (सरकार और स्वयंसेवी संगठनों द्वारा सक्रिय किए गए) कई वर्षों से घर-घर, गाँव-गाँव जाकर बाल टीकाकरण, गर्भनिरोधक उपायों के प्रचार, साफ-सफाई को बढ़ावा देने, पोषण को बढ़ावा देनेवाले कार्यक्रमों के आयोजन, गर्भवती या प्रसूता महिलाओं को सलाह देने, आदि में जुटे हुए हैं। बेशक भारत ने भी इस तरह के कार्यक्रम शुरू किए हैं लेकिन उसे संचार तथा सक्रियता को अपेक्षित गति देने और इन उपायों के रास्ते में बाधा बनने वाली सामाजिक अड़चनों से पार पाने के मामले में बांग्लादेश से अभी बहुत कुछ सीखना है।

'ब्रिक' देशों में भारत की स्थिति

दक्षिण एशियाई परिप्रेक्ष्य की तो भारत में काफी उपेक्षा हुई है, एक दूसरा समूह है जिसे 'ब्रिक' देशों का समूह कहा जाता है और इसे 'समकक्ष समूह' कहा जाता है। इस समूह में ब्राजील, रूस, भारत और चीन शामिल हैं। इन देशों की कुछ महत्त्वपूर्ण विशेषताएँ एक समान हैं, जिसमें सबसे पहली तो उनकी विशाल आबादी है।

तालिका 3.7 से स्पष्ट है कि भारत इस समूह में महत्त्वपूर्ण दृष्टि से एक अपवाद है। उदाहरण के लिए, इस समूह के प्रत्येक देश ने युवा वर्ग में लगभग पूर्ण या पूर्ण साक्षरता का अनुपात हासिल कर लिया है लेकिन भारत सहभागी विकास की इस प्रारम्भिक शर्त को पूरा करने से काफी पीछे है। 2006 में भारत में 15–24 आयु वर्ग के करीब 20 प्रतिशत पुरुष और करीब 25 प्रतिशत महिलाएँ पढ़ या लिख नहीं सकती थीं। इसी तरह, 'ब्रिक' देशों में भारत को छोड़कर सभी देशों में लगभग सभी बच्चों का टीकाकरण हो चुका है। दरअसल जैसा कि हम पहले देख चुके हैं, भारत में टीकाकरण दरें दक्षिण एशिया के बांग्लादेश तथा नेपाल सहित सभी देशों के मुकाबले काफी नीची हैं। बाल कुपोषण के मामले में भी भारत नाटकीय रूप से अलग-थलग दिखता है। 'ब्रिक' के दूसरे देशों में यह भीषण समस्या लगभग खत्म हो चुकी है लेकिन भारत में यह अभी भी है। जहाँ पाँच वर्ष से कम उम्र के 40 प्रतिशत बच्चे कम वजन की समस्या से पीड़ित हैं और करीब 50 प्रतिशत बच्चे अवरुद्ध विकास की समस्या से ग्रस्त हैं।

यह प्रवृत्ति कुछ हद तक यह दर्शाती है कि भारत 'ब्रिक' के दूसरे देशों के मुकाबले अभी भी काफी गरीब है। भारत की प्रति व्यक्ति जीडीपी (क्रय शक्ति के अनुरूप समायोजित) का आँकड़ा चीन के इस आँकड़े के आधे से भी ज्यादा कम है, ब्राजील के इस आँकड़े का एक तिहाई है और रूस के इस आँकड़े का एक चौथाई है। जाहिर है, इन कमियों को पूरा करने के लिए सिर्फ प्रति व्यक्ति आय के मामले में बराबरी पर आने की कोशिश से भी ज्यादा कुछ करने की जरूरत है। उदाहरण के लिए, तेज आर्थिक वृद्धि ने पिछले करीब 20 वर्षों में अपने बूते बहुत कुछ हासिल नहीं किया है ताकि भारत में भीषण बाल कुपोषण में कमी आए या बाल टीकाकरण दरों में वृद्धि हो। इसी तरह, कम आयु वर्ग में सबको साक्षर बनाने के लिए सिर्फ इस बात का इन्तजार करने से बात नहीं बनेगी कि प्रति व्यक्ति आय में वृद्धि हो ताकि माता-पिता अपने बच्चों को स्कूल भेजने में परेशानी न अनुभव करें।

दूसरे शब्दों में, बराबरी में आने का मतलब सिर्फ प्रति व्यक्ति आय के मामले में बराबर होना नहीं है बल्कि महत्त्वपूर्ण बात यह है कि सार्वजनिक सेवाओं, सामाजिक समर्थन और आर्थिक वितरण में भी समान स्तर पर आना है। ध्यान देनेवाली बात यह है कि भारत एकमात्र ऐसा देश है, जहाँ (कम-से-कम अभी तक) सार्वजनिक समर्थन या आर्थिक पुनर्वितरण के मामले में बड़ा विस्तार नहीं किया

गया है। चीन ने (खासकर भारत की तुलना में) शुरू में ही—1979 में बाजारोन्मुख आर्थिक सुधारों की शुरुआत करने से काफी पहले ही—प्राथमिक शिक्षा, स्वास्थ्य सेवा और सामाजिक सुरक्षा के मामलों में भारी प्रगति कर ली थी। अस्सी तथा नब्बे के दशकों में खासकर स्वास्थ्य सेवा समेत इन सभी मामलों में कुछ गिरावट भले महसूस की थी, मगर उस दौरान चीन की आर्थिक वृद्धि आधारित नीतियों को मानव विकास को लेकर पहले ही डाली गई ठोस नींव का बहुत लाभ मिला। उसने उस प्रतिबद्धता को कई प्रकार से कायम रखा, उदाहरण के लिए ग्रामीण क्षेत्रों में जमीन तक सबको समान पहुँच की गारंटी देकर। इसके अलावा, जैसा कि अध्याय-1 में कहा गया है, अस्सी तथा नब्बे के दशकों में जिस सामाजिक स्वास्थ्य सेवा को खत्म कर दिया गया था और जिसकी भारी कीमत चीन को चुकानी पड़ी, उसे 2004 के शुरू में फिर से लागू कर दिया गया।[18] सबको स्वास्थ्य सेवा का सिद्धान्त चीन के स्वाथ्य नियोजन में फिर से लागू हो गया है और उस दिशा में तेजी से प्रगति की गई है। ऐसा लगता है कि करीब 95 प्रतिशत आबादी पुनर्गठित, सार्वजनिक पैसे से चलनेवाली स्वास्थ्य सेवा के दायरे में आ गई है।

तालिका 3.7

'ब्रिक' देशों के चुनिन्दा संकेतक

	भारत	चीन	ब्राजील	रूस
प्रति व्यक्ति जीडीपी, (पीपीपी, 2005 का नियत अन्तर्राष्ट्रीय डॉलर), 2011	3,203	7,418	10,279	14,821
जन्म के समय जीवन-प्रत्याशा, 2010 :				
महिला	67	75	77	75
पुरुष	64	72	70	63
शिशु मृत्यु-दर, 2011	47	13	14	10
5 वर्ष से कम के बच्चों की मृत्यु-दर, 2011	61	15	16	12
कुल प्रजनन दर, 2010	2.6	1.6	1.8	1.5
बेहतर स्वच्छता तक पहुँच, 2010, (प्रतिशत)	34	64	79	70
स्कूली पढ़ाई के औसत वर्ष, 25+ उम्र, 2011	4.4	7.5	7.2	11.7
साक्षरता दर, 15-24 आयुवर्ग, 2010 (प्रतिशत में)				
महिला	74[a]	99	99[c]	100
पुरुष	88[a]	99	97[c]	100
5 साल से कम के बच्चों में कुपोषण, 2006-10[b] (प्रतिशत)				
वजन की कमी	43	4	2	–
अवरुद्ध विकास	48	10	7	–

→

बाल टीकाकरण दरें, 2011 (प्रतिशत)				
डीपीटी	72	99	96	97
खसरा	74	99	97	98
स्वास्थ्य पर सार्वजनिक खर्च, 2010				
स्वास्थ्य पर कुल खर्च के अनुपात में (प्रतिशत)	29	54	47	62
जीडीपी के अनुपात में (प्रतिशत)	1.2	2.7	4.2	3.2
प्रति व्यक्ति (पीपीपी, 2005 का नियत अन्तर्राष्ट्रीय डॉलर)	39	203	483	620
शिक्षा पर सार्वजनिक खर्च, जीडीपी के अनुपात में, 2010 (प्रतिशत)	3.3	–	5.6[c]	4.1[d]

a 2006, **b** इस अवधि के लिए उपलब्ध सबसे ताजा आँकड़े, **c** 2009, **d** 2008

स्रोत : 'विश्व विकास संकेतक' (ऑनलाइन, 1 जनवरी, 2013)। स्कूली पढ़ाई के औसत वर्ष के आँकड़े 'मानव विकास रिपोर्ट 2013' से और बाल कुपोषण के आँकड़े यूनिसेफ (2012) से। देशों को उनकी प्रति व्यक्ति जीडीपी के आँकड़े के बढ़ते क्रम से दिया गया है।

रूस ने भी साम्यवादी दौर में सामाजिक सुरक्षा और सार्वजनिक सेवाओं की विस्तृत व्यवस्था लागू की थी। चीन की तरह वहाँ भी नब्बे के दशक के शुरू में आर्थिक सुधारों (ज्यादा अतिवादी किस्म के) के बाद व्यवस्था पर दबाव काफी बढ़ गया था। और रूस में व्यवस्था काफी गम्भीर रूप से चरमरा गई, जिसे एक आर्थिक संकट ने (जो कि पूरे दशक तक आधुनिक इतिहास की सबसे खराब आर्थिक मन्दी के रूप में छाया रहा) और भी बुरी तरह त्रस्त कर दिया। यह उन पश्चिमी विशेषज्ञों की घातक सलाह से असम्बद्ध नहीं था, जो नए-नए बाजारोन्मुख हुए रूस में 'आर्थिक चमत्कार' की भविष्यवाणी कर रहे थे, जबकि उसकी अर्थव्यवस्था गोते खा रही थी।[19] अन्ततः 2000 में अर्थव्यवस्था ने सीमित रूप में एक उड़ान तो भरी लेकिन तब तक अर्थव्यवस्था और बुनियादी सामाजिक ढाँचा बुरी तरह ध्वस्त हो चुका था और बड़े पूँजीपतियों के हवाले किया जा चुका था। इस लम्बे आर्थिक संकट के साथ रूसी जनता, खासकर पुरुषों के स्वास्थ्य में भारी गिरावट भी जारी रही। अब रूसी पुरुषों में जीवन-प्रत्याशा भारतीय पुरुषों जितनी ही है (देखें तालिका 3.7)। फिर भी, पुराने दौर की कुछ सामाजिक उपलब्धियाँ कायम रहीं, जिनमें सार्वभौमिक शिक्षा भी है जिसमें साक्षरता से आगे बढ़कर स्कूली शिक्षा शामिल है। चीन की तरह रूस में भी नई सदी की शुरुआत के बाद निरन्तर आर्थिक वृद्धि की मदद से सार्वजनिक सेवाओं और सामाजिक सुरक्षा व्यवस्था को पुनर्गठित करने की बड़ी कोशिशें की गई हैं।[20]

इस तरह की कोशिशें पूर्व सोवियत संघ और पूर्वी यूरोप के कई भागों में भी कुछ हद तक की गई हैं। इस बात को अक्सर भुला दिया जाता है कि 1991 में सोवियत संघ के विघटन से पहले पूर्वी और पश्चिमी यूरोप में सामाजिक क्षेत्र पर होनेवाले खर्चे लगभग समान थे, दोनों क्षेत्रों के अधिकतर देशों में सुविकसित कल्याणकारी व्यवस्था काम कर रही थी और उनकी जीडीपी का बड़ा भाग स्वास्थ्य, शिक्षा, सामाजिक सुरक्षा और सम्बन्धित कार्यों पर खर्च किया जाता था।[21] सोवियत संघ के विघटन और उसके बाद पूर्वी यूरोप के अधिकांश हिस्सों में आए आर्थिक संकट के बाद इस क्षेत्र के अधिकतर देशों (खासकर उन देशों में जहाँ लोकतांत्रिक संस्थाएँ कमजोर थीं) में सामाजिक क्षेत्र पर किए जानेवाले खर्चों में काफी कटौती होने लगी। वह जख्म अभी तक थोड़ा ही सूख पाया है।

ब्राजील में प्रगतिशील सामाजिक नीतियाँ हाल में जाकर ही लागू की गई हैं। चीन में तो ये नीतियाँ तीव्र आर्थिक वृद्धि के पहले लागू की गई थीं मगर ब्राजील में इसके बाद लागू की गईं। और यह दिलचस्प बात है कि ब्राजील और चीन के सामाजिक संकेतक आज लगभग समान हैं (देखें तालिका 3.7), हालाँकि ये दोनों अलग-अलग रास्तों से समान हालात में पहुँचे हैं। लम्बे समय तक ब्राजील में तीव्र आर्थिक वृद्धि के साथ दमनकारी सरकार, घोर असमानता और स्थायी अभावग्रस्तता कायम रही। लेकिन, जैसा कि अगले भाग में बताया गया है, पिछले 20 वर्षों में यह तस्वीर बुनियादी तौर पर बदल चुकी है। इन 20 वर्षों में स्वास्थ्य, शिक्षा और सामाजिक सुरक्षा के क्षेत्र में महत्त्वाकांक्षी तथा व्यापक पहलकदमी की गई (जो कि मुख्य तौर पर फौजी तानाशाही के खात्मे के बाद लोकतांत्रिक उभार के कारण की गई)। इनके नतीजे प्रभावशाली रहे हैं।

पुराना और नया ब्राजील

अपनी पिछली पुस्तक में हमने 'वृद्धि-समर्थित' विकास की सम्भावना का विश्लेषण करते हुए 'उद्देश्यहीन समृद्धि' के खतरों की भी चर्चा की थी। 'उद्देश्यहीन समृद्धि' का मतलब है ऐसे आर्थिक विस्तार की कोशिश जिसमें इस बात पर ध्यान नहीं दिया जाता कि इसका बँटवारा किस तरह होगा और यह लोगों के जीवन को किस तरह प्रभावित करेगा।[22] उस समय (अस्सी के दशक के उत्तरार्द्ध में) ब्राजील इस तरह के विस्तार का कई तरह से एक उपयुक्त उदाहरण था। साठ और सत्तर वाले दशकों में वह दुनिया में सबसे तेजी से आर्थिक वृद्धि कर रहे देशों में एक था लेकिन वहाँ की अधिकांश आबादी के बड़े तबकों का जीवन-स्तर बहुत निम्न था। इसके ठीक विपरीत नब्बे वाले दशक में दक्षिण कोरिया की ज्यादा समतामूलक तथा सहभागितापूर्ण आर्थिक वृद्धि पर हमने टिप्पणी की थी कि "खतरा यह है कि भारत दक्षिण कोरिया से ज्यादा ब्राजील के रास्ते पर चलने की

ओर उन्मुख दिखता है।''[23] हाल के अनुभव इस आशंका की पुष्टि करते हैं कि भारत किस रास्ते पर जा सकता है—भारत में आज इसी तरह की 'उद्देश्यहीन समृद्धि' दिखती है।

गौर करनेवाली बात यह है कि पिछले करीब दो दशकों में ब्राजील ने अपना रास्ता काफी बदल लिया है और सक्रिय सामाजिक नीतियों पर आधारित ज्यादा समावेशी नजरिया अपनाया है। यह परिवर्तन लम्बे सैनिक शासन की समाप्ति के बाद 1988 में लोकतांत्रिक संविधान को अपनाए जाने के कारण फलते-फूलते लोकतंत्र की वजह से आया है। इस नई व्यवस्था के उल्लेखनीय पहलू ये हैं—सबको निःशुल्क स्वास्थ्य सेवा, सामाजिक सुरक्षा तथा आय की व्यवस्था के साहसिक कार्यक्रमों, प्राथमिक शिक्षा की पहुँच तथा उसके स्तर को बढ़ाने के बड़े प्रयासों के प्रति प्रतिबद्धता। अलबत्ता कई महत्त्वपूर्ण कमियाँ मौजूद हैं, लेकिन इन समस्याओं पर आज ब्राजील में खुलकर सार्वजनिक बहस तथा आलोचना होती है।[24]

स्वास्थ्य के अधिकार को नए लोकतांत्रिक संविधान में भारतीय संविधान के 'नीति निर्देशक सिद्धान्तों' की तरह जवाबदेही मुक्त व्यवस्था के रूप में नहीं बल्कि ऐसे अधिकार के रूप में शामिल किया गया, जिसके लिए न्याय-व्यवस्था में अपील की जा सकती है। राज्य-व्यवस्था की जवाबदेही के तहत ब्राजील ने 'एकीकृत स्वास्थ्य व्यवस्था' का निर्माण किया, जिसका लक्ष्य हर किसी को बिना भेदभाव के निःशुल्क स्वास्थ्य सेवा प्रदान करना है। साथ ही एक महत्त्वाकांक्षी परिवार स्वास्थ्य कार्यक्रम भी शुरू किया गया। इस व्यवस्था में सार्वजनिक तथा निजी स्वास्थ्य सेवा प्रदाता, दोनों शामिल हैं लेकिन इसे सार्वजनिक कोश से चलाया जाता है। इसके चलते स्वास्थ्य सेवा का व्यापक विस्तार हुआ है, खासकर वंचित तबकों के बीच। विश्व स्वास्थ्य संगठन के मुताबिक, 75 प्रतिशत आबादी स्वास्थ्य सम्बन्धी जरूरतों के लिए इसी पर निर्भर है।[25] ब्राजील के स्वास्थ्य सम्बन्धी संकेतक आज काफी अच्छे हैं। उदाहरण के लिए, सभी बच्चों का टीकाकरण हो चुका है, शिशु मृत्यु-दर प्रति 1000 शिशुओं पर 14 है जबकि भारत में यह 47 है, पाँच वर्ष से कम उम्र के केवल 2 प्रतिशत बच्चे कम वजन के हैं जबकि भारत में ऐसे बच्चे 43 प्रतिशत हैं।

ब्राजील की नई स्वास्थ्य सेवा परियोजना की एक विशेषता यह है कि इसकी जड़ें मजबूत सामाजिक आन्दोलनों से जुड़ी हैं। 'एकीकृत स्वास्थ्य व्यवस्था' की अवधारणा स्वास्थ्य कार्यकर्ताओं ने 'उन सामाजिक आन्दोलनों द्वारा तैयार की गई व्यापक सामाजिक नीति परियोजना' के एक हिस्से के तौर पर बनाई थी, जिन आन्दोलनों का गहरा जुड़ाव ''राज्य-व्यवस्था तथा समाज को लोकतंत्र के रूप में परिवर्तित करने''[26] से था। गौर करनेवाली बात यह है कि ब्राजील में इस परियोजना

को 'स्वास्थ्य क्षेत्र में सुधार' के रूप में जाना जाता है। यह याद दिलाता है कि 'सुधार' के कई अर्थ हैं लेकिन इससे यह अर्थ निकालने की, जैसा कि भारत में अक्सर निकाला जाता है, जरूरत नहीं है कि सरकार अपने हाथ-पैर खींच ले। ब्राजील का अनुभव यह भी याद दिलाता है कि लोकतंत्र में स्वास्थ्य सेवा का मसला एक जीवन्त राजनीतिक मुद्दा भी बन सकता है, जैसा कि पश्चिमी यूरोप का अनुभव बताता है और कुछ हद तक अमेरिका का ताजा अनुभव भी यही बताता है। जैसा कि अध्याय 6 में विचार किया गया है, भारत के लिए—जहाँ स्वास्थ्य सेवा राजनीतिक नेताओं से लेकर विपक्षी नेताओं और टीवी चैनलों के टॉक शो मेजबानों तक की प्राथमिकताओं में सबसे नीचे है—यहाँ एक महत्त्वपूर्ण सबक है।

आय के पुनर्वितरण और सामाजिक सुरक्षा के कार्यक्रमों ने, जो ब्राजील के नए लोकतांत्रिक संविधान के अनुसार थे—महत्त्वपूर्ण नतीजे भी दिए हैं। मार्टिन रावालियन (2011) ने अपने एक गहन अध्ययन (2011) में 1981 से 2005 के बीच ब्राजील, भारत और चीन में गरीबी उन्मूलन की गति और कारणों की तुलना प्रस्तुत की है। ब्राजील की प्रति व्यक्ति जीडीपी करीब 1 प्रतिशत की दर से बढ़ी, तो भारत की करीब 5 प्रतिशत की दर से। लेकिन ब्राजील में गरीबी उन्मूलन की दर ('आबादी' में वार्षिक कमी के अनुसार) कहीं ज्यादा थी। वहाँ इस अवधि में काफी पुनर्वितरण भी हुआ, जबकि भारत में आर्थिक असमानता बढ़ी।[27] सन् 2000 के आँकड़ों के विश्लेषण से इस बात की पुष्टि होती है कि ब्राजील में आय के पुनर्वितरण ने गरीबी घटाने में भूमिका निभाई।[28]

गरीबी उन्मूलन के लिए उपयुक्त आय पुनर्वितरण अभिक्रमों में तरह-तरह के सामाजिक सहायता कार्यक्रम (जिनमें व्यापक पेंशन कार्यक्रम भी है), न्यूनतम मजदूरी नीतियाँ और 2003 के बाद से नकदी हस्तान्तरण का मशहूर 'बोल्सा फेमिलिया' कार्यक्रम भी शामिल है जिसके दायरे में करीब एक चौथाई आबादी है—मुख्यतः वह जो अर्थव्यवस्था के औपचारिक क्षेत्र से बाहर है।[29] ब्राजील में असमानता घटाने में इन कार्यक्रमों की सीमित भूमिका रही। दरअसल, ब्राजील आज भी (भारत, चीन और दक्षिण अफ्रीका समेत) दुनिया के उन देशों में गिना जाता है जहाँ असमानता सबसे ज्यादा है। लेकिन इनके कार्यक्रमों ने गरीबी, खासकर घोर गरीबी को घटाने में बड़ी भूमिका निभाई।[30]

'बोल्सा फेमिलिया' या 'फोमे जीरो' (ब्राजील में भुखमरी का सफाया करनेवाले खाद्य सुरक्षा अभिक्रम) से कम मशहूर लेकिन इनसे कम महत्त्वपूर्ण नहीं है ब्राजील की स्कूली व्यवस्था के विस्तार तथा सुधार का कार्यक्रम, जो पिछले 20 वर्षों से चलाया जा रहा है।[31] ब्राजील के बेहद विषमतापूर्ण समाज में भी प्राथमिक स्तर पर निजी स्कूलों में पढ़नेवाले बच्चों का अनुपात करीब 10 प्रतिशत ही है, जबकि भारत

में यह करीब 30 प्रतिशत है और वहाँ भारत के विपरीत यह बढ़ नहीं रहा है।[32] सरकारी स्कूलों में बड़े सुधार हुए हैं। उदाहरण के लिए, नगरपालिकाओं ने स्कूलों का कामकाज सम्भालना शुरू कर दिया है; शिक्षा कोशों के उचित वितरण के लिए 'अनुदान एकरूपीकरण कानून' बनाया गया है; छात्रों का आंकलन देशव्यापी नियमित तथा मानक स्कूली परीक्षाओं के जरिए किया जाता है; स्कूलों में छात्रों की उपस्थिति बढ़ाने के लिए शर्तबद्ध नकदी हस्तान्तरण (शुरू में 'बोल्सा एस्कोला' और फिर 'बोल्सा फेमिलिया' के जरिए) किया जाता है; और सबसे महत्त्वपूर्ण बात यह है कि ब्राजील ने स्कूल से पहले की शिक्षा पर भारी खर्च किया है, जिसके दायरे में 80 प्रतिशत से ज्यादा बच्चे आ गए हैं।[33]

नतीजे प्रभावशाली रहे हैं। कम-से-कम तीन बड़े शिक्षा सुधारों का अच्छी तरह प्रलेखन किया गया है। पहली बात तो यह कि स्कूलों में कम उम्र के बच्चों के दाखिले और हाजिरी में भारी वृद्धि हुई है। 2009 तक आते-आते स्कूलों में 6-14 आयु वर्ग के बच्चों की हाजिरी 98 प्रतिशत हो गई, 15-24 आयु वर्ग में साक्षरता भी 98 प्रतिशत हो गई।[34] दूसरी बात यह कि इस अवधि में शिक्षा सम्बन्धी असमानता में भारी कमी आई है। उदाहरण के लिए, स्कूली शिक्षा के वर्ष का गिनी गुणांक 1995 में 0.41 से 2009 में घटकर 0.29 हो गया।[35] शिक्षा सुधारों और कोश एकरूपीकरण ने पिछड़े क्षेत्रों (उदाहरण के लिए उत्तर-पूर्व) को भी देश के बाकी हिस्से की बराबरी में आने में मदद की। तीसरी बात यह कि छात्रों की उपलब्धियों (परीक्षाओं में प्राप्त अंकों से जिनका आंकलन किया जाता है) में नाटकीय सुधार हुआ, हालाँकि अन्तर्राष्ट्रीय पैमाने के मुताबिक यह निचले स्तर पर था। वास्तव में, 2000 से 2009 के बीच 'प्रोग्राम ऑफ इन्टरनेशनल स्टुडेंट एसेसमेंट' (पीसा)[36] में शामिल सभी छात्रों के परीक्षा अंकों में सुधार के मामले में ब्राजील के छात्रों की सुधार दर सबसे तेज दरों में शामिल थी। इन विभिन्न आयामों में प्रगति की गति को दूसरे कोण से देखें तो 2009 तक ब्राजील में निर्धनतम आय क्विंटाइल के बच्चों के स्कूल में दाखिले के अवसर 16 साल पहले सबसे धनी क्विंटाइल के बच्चों को उपलब्ध अवसरों से बहुत कम नहीं थे।[37]

जीडीपी में से सामाजिक मामलों पर व्यय का अनुपात क्यूबा (40 प्रतिशत) को छोड़कर तमाम लातिन अमेरिकी देशों के मुकाबले ब्राजील में सबसे ज्यादा (25 प्रतिशत) है और भारत के महज 6 प्रतिशत के मुकाबले करीब चार गुना ज्यादा है।[38] कई लातिन अमेरिकी देशों की तरह ब्राजील में भी सामाजिक व्यय (खासकर सामाजिक सुरक्षा पर व्यय) के साथ प्रतिगामी तत्व जुड़े हैं, इस अर्थ में कि यह आबादी के अपेक्षाकृत समृद्ध तबकों को लाभ पहुँचाता है।[39] लेकिन हाल के अभिक्रमों के चलते सामाजिक सहारे तक वंचितों की पहुँच मजबूत हुई है और पुराने भेदभाव काफी हद तक दूर हुए हैं। ये उपलब्धियाँ और परिवर्तन की

गति— इनमें से अधिकतर तो लोकतांत्रिक संविधान के लागू होने के 20 वर्षों के भीतर की देन हैं—ऐसे महत्त्वपूर्ण तथ्य हैं, जिनसे उत्साहवर्द्धक सबक लिये जा सकते हैं।

भारत के अन्दर की तुलनाएँ और आन्तरिक सबक[40]

भारत अन्तर्राष्ट्रीय अनुभव से तो बहुत कुछ सीख ही सकता है, इस विशाल देश के भीतर होनेवाले विविध अनुभवों से भी बहुत कुछ सीख सकता है। क्षेत्रीय रेकॉर्ड काफी विविधतापूर्ण हैं और कुछ राज्यों को शेष भारत से अलग करके देखें, तो हमें पूरे देश के बारे में जो औसत हासिल होगा वह एकदम अलग तस्वीर पेश करेगा। कई भारतीय राज्यों—उदाहरण के लिए केरल और तमिलनाडु—को अगर अलग देशों के रूप में लिया जाए तो वे दक्षिण एशियाई देशों के साथ तुलना में अव्वल दिख सकते हैं, तो कुछ राज्यों—मसलन उत्तर प्रदेश और मध्य प्रदेश—की हालत बेहद खराब नजर आएगी। लेकिन, राज्यों के बीच तुलनाओं से जो सबसे सशक्त बात उभरती है वह यह है कि विविधताओं से भरा यह देश अपने ही सफल राज्यों के अनुभवों से बहुत कुछ सीख सकता है।

परस्पर विरोधी बातें वास्तव में तीखी हैं। उदाहरण के लिए, केरल में महिला जीवन-प्रत्याशा 77 वर्ष है, तो उत्तर भारत के कई बड़े राज्यों में यह 65 वर्ष से नीचे है। इसके अलावा, ये अन्तर कई तरह से उन निष्कर्षों को मजबूती प्रदान करते हैं जो विकास की रणनीति के लिए तुलनात्मक अन्तर्राष्ट्रीय अनुभवों से हासिल होते हैं। खास बात यह है कि अच्छा प्रदर्शन करनेवाले राज्य वे हैं जिन्होंने शुरू में ही सहभागी विकास और सामाजिक समर्थन की ठोस नींव डाली और मानव क्षमताओं—खासकर शिक्षा तथा स्वास्थ्य—के विस्तार को सक्रिय तौर पर आगे बढ़ाया है।

राज्यों के बीच असमानताओं को तालिका 3.8 में दर्शाया गया है, जो शिक्षा, स्वास्थ्य और गरीबी से सम्बन्धित बुनियादी विकास संकेतकों का नमूना प्रस्तुत करती हैं।* तालिका 3.9 में हमने अभावग्रस्तता के दो संक्षिप्त सूचकांक प्रस्तुत किए हैं—एक मानक 'मानव विकास सूचकांक', जो तालिका 3.8 में दिए गए नौ संकेतकों को समान महत्त्व देता है; और 'बहुआयामी गरीबी' में जी रही आबादी के अनुपात का अनुमान।[41]

---

* राज्यों से सम्बन्धित विविध संकेतक सांख्यिकीय परिशिष्ट, तालिका ए-3 और ए-4 में प्रस्तुत किए गए हैं, जो उत्तर-पूरब के केवल बड़े ही नहीं, छोटे राज्यों के भी हैं। सिक्किम (और कुछ मामलों में मणिपुर, मिजोरम और त्रिपुरा) जैसे इन कुछ छोटे राज्यों ने मानव विकास के विभिन्न आयामों में तुलनात्मक रूप से बेहतर काम किया है। इन अनुभवों पर अब ज्यादा ध्यान देने की जरूरत है।

सात बड़े राज्यों (2011 में जिनकी कुल आबादी 54.5 करोड़ थी यानी भारत की करीब आधी आबादी) में सामाजिक संकेतक लम्बे समय तक खराब थे और गरीबी ऊँचे स्तर पर थी। ये राज्य हैं—बिहार, छत्तीसगढ़, झारखंड, मध्य प्रदेश, ओडीशा, राजस्थान और उत्तर प्रदेश।[42] इन राज्यों में आबादी के बड़े हिस्से के रहन-सहन का निराशाजनक स्तर तालिका 3.8 से उजागर होता है। उदाहरण के लिए, ये आँकड़े दर्शाते हैं कि इनमें से कुछ राज्यों में 8-11 आयुवर्ग के आधे से भी कम बच्चे पाठ की मामूली परीक्षा (जो साक्षरता की उदार परिभाषा से थोड़ा ही ऊपर थी) पास कर पाए। उत्तर प्रदेश में केवल 23 प्रतिशत छोटे बच्चों का पूर्ण टीकाकरण हो पाया था और बिहार में आधी से ज्यादा आबादी भारत सरकार द्वारा निर्धारित घोर गरीबी की रेखा के नीचे जी रही थी।

अन्तर्राष्ट्रीय परिप्रेक्ष्य में देखें तो इनमें से कुछ राज्य मनुष्य की अभावग्रस्तता के मामले में अफ्रीका के कुछ गरीब देशों से बहुत भिन्न नहीं हैं। बहुआयामी गरीबी पर हाल में जो अध्ययन हुआ है वह इसकी पुष्टि करता है। उदाहरण के लिए, 'बहुआयामी गरीबी सूचकांक' (एमपीआई) की गणना बिहार और झारखंड जैसे राज्यों को कुछ निर्धनतम अफ्रीकी देशों—मसलन, मोजाम्बिक और सिएरा लिओन—की श्रेणी में रखती है।[43] इसके अलावा, एमपीआई के मामले में उपरोक्त सात राज्य (बिहार, छत्तीसगढ़, झारखंड, मध्य प्रदेश, ओडीशा, राजस्थान और उत्तर प्रदेश) मिलकर अफ्रीका के निर्धनतम 27 देशों के लगभग बराबर हैं और उनकी कुल आबादी भी लगभग बराबर है।[44] बहुआयामी गरीबी के आँकड़े कुल मिलाकर यही बताते हैं कि भारत के गरीबों की आधी आबादी के रहन-सहन का स्तर अफ्रीका के गरीबों की लगभग आधी आबादी के रहन-सहन के स्तर से बहुत बेहतर नहीं है।

तालिका 3.9 में तराजू के दूसरे पलड़े की ओर देखें तो तीन राज्य—केरल, हिमाचल प्रदेश, तमिलनाडु—मानव विकास के मामले में अपनी अपेक्षाकृत ऊँची उपलब्धियों के साथ अलग खड़े दिखते हैं। वास्तव में बहुआयामी गरीबी के मामले में पंजाब और हरियाणा इनसे बहुत पीछे नहीं हैं। पंजाब ने तो दरअसल हिमाचल और तमिलनाडु से बेहतर काम किया है। लेकिन केरल, हिमाचल प्रदेश, तमिलनाडु पर दो खास वजहों से विशेष ध्यान देने की जरूरत है। पहली बात यह है कि इन तीनों ने लिंगभेद और बच्चों से सम्बन्धित संकेतकों के मामले में पंजाब तथा हरियाणा से काफी बेहतर काम किया है। बहुत दिन नहीं बीते हैं जब केरल, हिमाचल प्रदेश, तमिलनाडु काफी गरीब राज्य थे (पचास तथा साठ वाले दशकों में), जबकि पंजाब और हरियाणा लम्बे समय तक भारत के समृद्ध इलाकों में शुमार रहे हैं।[45] यह बात इन तीनों राज्यों की ताजा उपलब्धियों को दिलचस्प बनाती है—लोगों के रहन-सहन के स्तर को ऊपर उठाने और प्रति व्यक्ति आय के अलावा मानव क्षमता को बढ़ाने में उनकी सफलता को।

तालिका 3.8

प्रमुख भारतीय राज्यों के चुनिन्दा संकेतक, 2005

	शिक्षा सम्बन्धी संकेतक			स्वास्थ्य सम्बन्धी संकेतक			गरीबी सम्बन्धी संकेतक		
	महिला साक्षरता, 15–24 आयुवर्ग, 2005–6 के बच्चे (%)	6–14 आयुवर्ग के स्कूल जाते बच्चे 2005–6 (प्रति 1000) (%)	सामान्य पाठ परीक्षा पास करनेवाले 8–11 आयुवर्ग, 2004–5 (%)	5 से कम उम्र में मृत्यु–दर, 2005–6 (प्रति 1000) (%)	छोटे बच्चों का पूर्ण टीकाकरण, 2005–6 (%)	नीची बीएमआई वाली वयस्क महिलाएँ, 2005–6 (%)	गरीबी रेखा से नीचे आबादी 2004–5 (%)	भारत के न्यूनतम धन क्वांटाइल में आबादी 2005–6 (%)	प्रति व्यक्ति आय मीडियन, 2004–5 (रु./वर्ष)
आन्ध्र प्रदेश	49.6	81.4	50	63.2	46.0	33.5	29.6	10.8	6241
असम	63.0	84.4	72	85.0	31.4	36.5	34.4	19.8	6000
बिहार	37.0	62.2	44	84.8	32.8	45.1	54.4	28.2	3530
छत्तीसगढ़	44.9	81.1	61	90.3	48.7	43.4	49.4	39.6	5306
गुजरात	63.8	83.0	64	60.9	45.2	36.3	31.6	7.2	6300
हरियाणा	60.4	84.1	65	52.3	65.3	31.3	24.1	4.1	9443
हिमाचल प्रदेश	79.5	96.2	83	41.5	74.2	29.9	22.9	1.2	9942
जम्मू–कश्मीर	53.9	87.8	40	51.2	66.7	24.6	13.1	2.8	8699
झारखंड	37.1	71.7	59	93.0	34.2	43.0	45.3	49.6	4833
कर्नाटक	59.7	84.0	53	54.7	55.0	35.5	33.3	10.8	5964
केरल	93.0	97.7	82	16.3	75.3	18.0	19.6	1.0	9987

शेष अगले पृष्ठ पर

तालिका 3.8 का शेष भाग

प्रमुख भारतीय राज्यों के चुनिन्दा संकेतक, 2005									
	शिक्षा सम्बन्धी संकेतक			स्वास्थ्य सम्बन्धी संकेतक			गरीबी सम्बन्धी संकेतक		
	महिला साक्षरता, 15–24 आयुवर्ग, 2005–6 के बच्चे (%)	6–14 आयुवर्ग के स्कूल जाते बच्चे 2005–6 (प्रति 1000) (%)	सामान्य पाठ परीक्षा पास करनेवाले 8–11 आयुवर्ग, 2004–5 (%)	5 से कम उम्र में मृत्यु-दर, 2005–6 (प्रति 1000) (%)	छोटे बच्चों का पूर्ण टीकाकरण, 2005–6 (%)	नीची बीएमआई वाली वयस्क महिलाएँ, 2005–6 (%)	गरीबी रेखा से नीचे आबादी 2004–5 (%)	भारत के न्यूनतम धन क्वांटाइल में आबादी 2005–6 (%)	प्रति व्यक्ति आय मीडियन, 2004–5 (रु./वर्ष)
मध्य प्रदेश	44.4	89.1	46	94.2	40.3	41.7	48.6	36.9	4125
महाराष्ट्र	70.3	87.2	66[a]	46.7	58.8	36.2	38.2	10.9	7975[a]
ओडीशा	52.2	77.5	58	90.6	51.8	41.4	57.2	39.5	3450
पंजाब	68.7	85.3	66	52.0	60.1	18.9	20.9	1.4	9125
राजस्थान	36.2	75.4	55	85.4	26.5	36.7	34.4	24.2	6260
तमिलनाडु	69.4	93.9	79	35.5	80.9	28.4	29.4	10.6	7000
उत्तर प्रदेश	44.8	77.2	39	96.4	23.0	36.0	40.9	25.3	4300
उत्तराखंड	64.6	90.4	63	56.8	60.0	30.0	32.7	6.0	6,857
पश्चिम बंगाल	58.8	79.7	51	59.6	64.3	39.1	34.2	25.2	6250
भारत	**55.1**	**79.6**	**54**	**74.3**	**43.5**	**35.6**	**37.2**	**20.0**	**5999**

a : गोवा सहित

स्रोत : 2005-06 के तौर पर सन्दर्भ वर्ष के आँकड़े तीसरे राष्ट्रीय पारिवारिक स्वास्थ्य सर्वे (इन्टरनेशनल इंस्टीट्यूट फॉर पॉपुलेशन साइंसेज, 2007 और स्कूलों में हाजिरी की प्रादेशिक रिपार्टों) के हैं; 2004-05 के लिए गरीबी के अनुमान तेंडुलकर कमेटी रिपोर्ट के हैं (जैसा कि भारत सरकार, 2012[c] द्वारा पुनर्मुद्रित है), पाठ में कुशलता और मीडियन प्रति व्यक्ति आय के आँकड़े भारतीय मानव विकास सर्वे (देसाई एवं अन्य, 2010) के हैं। अतिरिक्त विस्तृत सूचना के लिए देखें द्रेज़ एंव खेड़ा (2012[a])।

केरल की सामाजिक उपलब्धियों का लम्बा इतिहास रहा है और उस पर व्यापक चर्चा हो चुकी है; हमारी पिछली पुस्तक में भी।[46] दिलचस्प बात यह है कि केरल कई मोर्चों पर निरन्तर प्रगति करता रहा है कि दूसरे राज्यों के मुकाबले उसकी बढ़त समय के साथ कम होती नहीं दिखी है। इस राज्य के अभिक्रमों पर सन्देह करनेवाले टीकाकार अस्सी वाले दशक से निरन्तर चेतावनी देते आ रहे हैं कि केरल की विकास सम्बन्धी उपलब्धियाँ टिकाऊ नहीं हैं, धोखा हैं, 'पतन' की ओर जा रही हैं।[47] लेकिन केरल में जीवन-स्तर में सुधार न केवल जारी रहा है बल्कि तेज भी हुआ है, जिससे केरल में प्रारम्भिक शिक्षा और अन्य बुनियादी क्षमताओं पर जोर देने से मदद मिली है।

केरल की तरह हिमाचल प्रदेश ने भी महत्त्वाकांक्षी सामाजिक कार्यक्रम शुरू किए, जिनमें सबको प्रारम्भिक शिक्षा उपलब्ध कराने के लिए सघन मुहिम चलाना शामिल है। यह मुहिम भी उसने सत्तर के दशक की शुरुआत में की, जब यह काफी गरीब था।[48] प्रगति की रफ्तार वाकई प्रभावशाली रही। तालिका 3.8 बताती है कि हिमाचल अब प्रारम्भिक शिक्षा के मामले में केरल के बराबर है और दूसरे सामाजिक संकेतकों के मामले में भी बराबरी पर आ रहा है। करीब 40 साल में हिमाचल प्रदेश ने सामाजिक पिछड़ेपन और अभावग्रस्तता (जिसके लिए इस क्षेत्र को तब जाना जाता था) से अपेक्षाकृत विकसित बन चुका है जिसने घोर अभावग्रस्तता से व्यापक तौर पर आजादी हासिल कर ली है।

तमिलनाडु भी एक ऐसे राज्य का दिलचस्प उदाहरण है जिसने अपेक्षाकृत कम समय में ही तेज प्रगति की है, हालाँकि शुरुआत उसने गरीबी, अभाव और असमानता के भयावह स्तर से की थी। सत्तर और अस्सी वाले दशकों में तमिलनाडु में गाँवों तथा शहरों, दोनों में गरीबी का सरकारी अनुमान इसके अखिल भारतीय आँकड़े से कहीं ऊँचा था (उसकी करीब आधी आबादी योजना आयोग द्वारा खींची गई गरीबी रेखा के नीचे थी)।[49] जैसा कि केरल में पहले हो चुका था, यहाँ भी सामाजिक सम्बन्ध काफी दमनकारी थे, दलितों (अनुसूचित जातियों) को अलग बस्तियों में सामाजिक सुविधाओं से वंचित होकर रहना पड़ता था, यहाँ तक कि उन्हें कमीज पहनने या साइकिल पर बैठने की इजाजत नहीं दी जाती थी। ऐसे ही दौर में

तमिलनाडु ने कई अर्थशास्त्रियों को हैरत में डालते हुए साहसिक सामाजिक कार्यक्रम शुरू किए। इन कार्यक्रमों के तहत सभी स्कूली बच्चों को दोपहर का भोजन देना और सामाजिक बुनियादी सुविधाओं—स्कूल, स्वास्थ्य केन्द्र, सड़क, सार्वजनिक परिवहन, जल आपूर्ति, बिजली, आदि—को दुरुस्त करना शामिल था। यह कोई शासक वर्ग की सदाशयता का उदाहरण नहीं है बल्कि लोकतांत्रिक राजनीति और जनता के संगठित दबाव का प्रतिफल है। वंचित समूहों, खासकर दलितों को अपने हक के लिए हर कदम पर संघर्ष करना पड़ा।[50] आज तमिलनाडु में तमाम दूसरे भारतीय राज्यों की तुलना में कुछ सार्वजनिक सेवाएँ सबसे अच्छी तरह चल रही हैं और उनमें से कई बिना भेदभाव के सभी लोगों की पहुँच में हैं। तमिलनाडु के अनुभवों पर अध्याय 6 में फिर से विचार किया जाएगा।

तालिका 3.9

मानव विकास और बहुआयामी गरीबी: प्रमुख राज्यों के लिए संक्षिप्त सूचकांक

	मानव विकास सूचकांक, 2005[a]	'बहुआयामी गरीबी' में जी रही आबादी का अनुपात 2005-06[b] (प्रतिशत)
केरल	0.970	12.7
हिमाचल प्रदेश	0.846	29.9
तमिलनाडु	0.749	30.5
पंजाब	0.742	24.6
हरियाणा	0.670	39.3
जम्मू-कश्मीर	0.655	41.0
उत्तराखंड	0.612	39.5
महाराष्ट्र	0.601	37.9
गुजरात	0.520	41.0
कर्नाटक	0.500	43.2
आन्ध्र प्रदेश	0.458	44.5
प.बंगाल	0.446	57.4
असम	0.441	60.1
राजस्थान	0.301	62.8 →

छत्तीसगढ़	0.271	69.7
मध्य प्रदेश	0.230	68.1
ओडीशा	0.229	63.2
उत्तर प्रदेश	0.212	68.1
झारखंड	0.170	74.8
बिहार	0.106	79.3
भारत	**0.400**	**53.7**

a : 2005–06 के राष्ट्रीय पारिवारिक स्वास्थ्य सर्वे (एनएफएचएस) के आँकड़ों, 2004–05 के राष्ट्रीय नमूना सर्वे (एनएसएस) के आँकड़ों और 2004–05 के भारत मानव विकास सर्वे (आईएचडीएस) के आँकड़ों पर आधारित।

b : 2005–06 के राष्ट्रीय पारिवारिक स्वास्थ्य सर्वे (एनएफएचएस) के आँकड़ों पर आधारित।

स्रोत : यहाँ प्रस्तुत मानव विकास सूचकांक (एचडीआई) तालिका 3.8 में प्रस्तुत किए गए प्रत्येक नौ संकेतकों सामान्यीकृत मूल्यों के 'अनवेटेड' औसत है (देखें द्रेज़ और खेरा, 2012[a])। बहुआयामी गरीबी के आँकड़ों के लिए देखें अल्कायर और सेठ (2012)। राज्यों को 2005 के उनके एचडीआई के घटते क्रम के अनुसार दर्जा दिया गया है।

हालाँकि इनमें से हरेक अनुभव को उनके अपने लिहाज से एक तरह के 'विशेष मामले' के तौर पर देखा जा सकता है, लेकिन गौर करनेवाली बात यह है कि इन तीन राज्यों की कुल आबादी 10 करोड़ से ज्यादा है। 2011 में अकेले तमिलनाडु की आबादी 7.2 करोड़ थी, जो कि दुनिया के अधिकतर देशों की आबादी से ज्यादा है। इसके अलावा, इन राज्यों को 'बाहरी' मानने की धारणा इस तथ्य की अनदेखी करती है कि उनके विकास के अपने–अपने अलग रास्ते भले हों लेकिन उनमें कुछ दिलचस्प समानताएँ भी हैं। पहली तो यह कि सक्रिय सामाजिक नीतियाँ इस साझा अनुभव का महत्त्वपूर्ण पहलू हैं। यह सार्वजनिक शिक्षा व्यवस्था में खासतौर से स्पष्ट दिखता है लेकिन यह स्वास्थ्य सेवा, सामाजिक सुरक्षा और सार्वजनिक सुविधाओं सरीखे दूसरे क्षेत्रों में भी दिखता है।

दूसरी बात यह कि इन राज्यों ने आवश्यक सार्वजनिक सेवाओं के प्रावधानों में सार्वभौमिकता के सिद्धान्त का पालन किया है। यह तमिलनाडु के मामले में खासकर उजागर होता है, जिसकी चर्चा हम अध्याय 6 में और करेंगे। लेकिन यह बात हिमाचल प्रदेश और केरल पर भी लागू होती है। बुनियादी सिद्धान्त यह है कि स्कूली शिक्षा, प्राथमिक स्वास्थ्य सेवा, दोपहर का भोजन, बिजली कनेक्शन, राशन कार्ड और पीने के पानी सरीखी सुविधाएँ आबादी के विशेष तबकों की जगह यथासम्भव सभी को बिना भेदभाव के उपलब्ध कराई जाएँ। वास्तव में, कई

मामलों में आवश्यक सेवाएँ और सुविधाएँ न केवल सबको उपलब्ध कराई जाती हैं बल्कि नि:शुल्क भी उपलब्ध कराई जाती हैं।*

तीसरी बात यह कि इन प्रयासों को सक्रिय और अपेक्षाकृत कुशल प्रशासन ने आसान बनाया है। सम्बन्धित सरकारों ने अपनी सेवाएँ पारम्परिक तरीके से दी हैं। इन सफल प्रयासों की हीरो 'पुराने फैशन' की सार्वजनिक संस्थाएँ हैं—काम कर रहे स्कूल, स्वास्थ्य केन्द्र, सरकारी दफ्तर, ग्राम पंचायतें और सहकारी संस्थाएँ। इन पारम्परिक सार्वजनिक संस्थाओं ने विकास के अगले चरण में निजी उपक्रमों के लिए बहुत गुंजाइश छोड़ी है लेकिन उन्होंने इन सब मामलों में तेज प्रगति की नींव डाली है।

चौथी बात यह कि सामाजिक असमानता से निबटना भी इन साझा अनुभवों का एक महत्त्वपूर्ण हिस्सा रहा है। हर मामले में सामाजिक असमानता के ऐतिहासिक बोझ को किसी-न-किसी तरह से काफी कम किया गया है। केरल और तमिलनाडु में समान नागरिकता और सार्वभौमिक अधिकारों के सिद्धान्त को निरन्तर जारी समाज सुधार आन्दोलनों के अलावा वंचित समूहों—खासकर दलितों—के लिए समानता दिलाने के संघर्षों के जरिए मजबूत किया गया। इन दलितों के साथ अपमानजनक बरताव किया जाता रहा और उन्हें अपनी पुरानी बाधाओं को दूर करने के लिए संघर्ष करना पड़ा।[51] हिमाचल प्रदेश को ज्यादा अनुकूल सामाजिक माहौल, अपेक्षाकृत समतामूलक सामाजिक मानदंडों और सहकारिता की मजबूत परम्परा से लाभ मिला है। वर्ग, जाति, लिंग सम्बन्धी काफी असमानताएँ हर मामले में बनी रहती हैं लेकिन वंचितों ने सार्वजनिक जीवन तथा लोकतांत्रिक संस्थाओं में एक सक्रिय—और विस्तृत होती—भूमिका तो कम-से-कम हासिल कर ली है।

पाँचवीं बात, तेज सामाजिक प्रगति के ये अनुभव केवल रचनात्मक सरकारी नीतियों के ही परिणाम नहीं हैं। लोकतांत्रिक नीतियों में जनता की सक्रिय भागीदारी का योगदान भी इसमें है। जिन सामाजिक आन्दोलनों ने पारम्परिक असमानताओं (खासकर जातिगत भेदभावों) के खिलाफ संघर्ष किया, वे इस व्यापक प्रवृत्ति का हिस्सा हैं।[52] सामाजिक प्रगति, शिक्षा का प्रसार और लोकतांत्रिक संस्थाओं का कामकाज (उनकी सभी कमियों के साथ)—इन सबने मिलकर लोगों (महिलाओं और पुरुषों) को सार्वजनिक नीति और सामाजिक व्यवस्थाओं में अपनी बात कहने के लिए सक्षम बनाया, वह भी इस तरह जैसा कि कई दूसरे राज्यों में नहीं हुआ।

---

* यह दृष्टिकोण इस बात के अनुकूल है कि 'आवश्यक सार्वजनिक सेवाओं—खासकर शिक्षा तथा स्वास्थ्य सम्बन्धी सेवाओं—के सन्दर्भ में 'यूजर फीस' के मजबूत प्रतिकूल प्रभाव के प्रमाण मिले हैं। समर्थक सार्वजनिक सेवाओं की डिलीवरी के तथा अन्य पहलुओं के बारे में पूरी चर्चा अध्याय 7 में की गई हैं।

अन्तिम और उतनी ही महत्त्वपूर्ण बात यह कि इसके कोई प्रमाण नहीं हैं कि मानव क्षमता का निर्माण पारम्परिक आर्थिक सफलता, मसलन तीव्र आर्थिक वृद्धि की कीमत पर किया गया। इसके विपरीत, इन सभी ने अपेक्षानुरूप तीव्र वृद्धि दर हासिल की है, चाहे यह अनौपचारिक आर्थिक सम्बन्धों के मामले में हो या अन्तर्राष्ट्रीय अनुभव के मामले में हो (पूर्वी एशियाई देशों में सफलता समेत)। उनके कई बड़े सामाजिक अभिक्रम और उपलब्धियाँ पहले के दौर की हैं, जब कि ये राज्य इतने बेहतर हालात में नहीं थे। आज केरल, हिमाचल और (कुछ हद तक) तमिलनाडु ने सभी राज्यों के मुकाबले सबसे ऊँची प्रति व्यक्ति आय और गरीबी की सबसे नीची दर हासिल की है (देखें तालिका 3.8)। आर्थिक वृद्धि ने इन राज्यों को सक्रिय सामाजिक नीतियों को जारी रखने और मजबूत बनाने में सक्षम बनाया है। यह आर्थिक वृद्धि और जनसमर्थन की परस्पर पूरकता का एक महत्त्वपूर्ण उदाहरण है, जिसके बारे में पहले ही विचार किया गया है।

बहुत दिन नहीं हुए जब केरल को भारतीय राज्यों के बीच एक विसंगति के रूप में देखा जाता था। उसका सामाजिक इतिहास और उसकी राजनीतिक संस्कृति उसे सबसे अलग खड़ा करती थी और दूसरे राज्यों को उसी के रास्ते पर चलने में मुश्किल पैदा करती थी। आज हालात कुछ अलग नजर आते हैं। केरल अभी भी कई मामलों में आगे है लेकिन कई दूसरे राज्यों ने लोगों के जीवन-स्तर सुधारने की दिशा में तेजी से कदम बढ़ाए हैं—बेशक केरल की तरह नहीं लेकिन उनके और उसके अनुभवों में कई चीजें समान हैं। इन सकारात्मक अनुभवों से दूसरे राज्यों को सीखने की भी वजहें हैं, जबकि भारत भी दुनिया-भर की सफलताओं और असफलताओं से बहुत कुछ सीख रहा है।

अध्याय : चार

जवाबदेही और भ्रष्टाचार

उत्तर प्रदेश के सोनभद्र जिले में मानव निर्मित झील गोविन्द बल्लभ पन्त सागर के किनारे राष्ट्रीय ताप विद्युत निगम (एनटीपोसी) का विशाल बिजलीघर बना है। इस बिजलीघर के पास हरे-भरे रमणीक परिसर के साथ बने एनटीपीसी के मुख्यालय का दौरा जब हमारे एक साथी ने गर्मी के दिनों में किया तो पाया कि एक साथ कई एयरकंडीशनर वहाँ पूरा दिन चालू थे। यहाँ तक कि वे गेस्ट हाउस की सुनसान पड़ी लॉबी में भी चल रहे थे। परिसर की चारदीवारी के ठीक बाहर झोंपड़ियों में डोम जाति (एक अनुसूचित जाति) के लोग रह रहे हैं, जो करीब 25 वर्षों से एनटीपीसी में सफाई कर्मचारी के तौर पर काम कर रहे हैं। उन्हें बिजली के कनेक्शन तक उपलब्ध नहीं हैं, दूसरी आधुनिक सुविधाओं की बात तो दूर। उन्होंने बातचीत करने पर बताया कि अगर वे अपनी असुविधाओं के बारे में शिकायत करेंगे तो उनकी नौकरी जा सकती है। वहाँ से कुछ दूर वे लोग रहते हैं, जिन्हें इस बिजलीघर के कारण अपनी जमीन से विस्थापित कर दिया गया है और उचित मुआवजा भी नहीं दिया गया है। वे किसी तरह अपना जीवन बसाने में जुटे हैं। अपने डोम पड़ोसियों की तरह वे भी बिजली से वंचित हैं और शिकायत करने से डरते हैं।

सार्वजनिक क्षेत्र का कामकाज दुनिया के हर देश में आम सरोकार का विषय है क्योंकि यह क्षेत्र सभी देशों में मौजूद है, बेशक इसका आकार और विस्तार हर देश में अलग-अलग है। लेकिन इस विविधता के बावजूद सार्वजनिक क्षेत्र की जवाबदेही तय करना हर देश में एक समस्या है। भारत की बात करें तो यहाँ पूरी तरह युक्तिसंगत कारणों से इस बात पर जोर दिया जाता है कि सार्वजनिक क्षेत्र का आकार बड़ा हो और इसकी जवाबदेही तय करने में काफी उदासीनता बरती जाए। भारत में सार्वजनिक क्षेत्र का जो आकार है और उसके विकास की रणनीति में इसकी जो निर्णायक भूमिका है, उसके मद्देनजर यह सवाल उठाना खासतौर से महत्त्वपूर्ण है कि उसकी जवाबदेही किस तरह तय और मजबूत की जाए। दुर्भाग्यपूर्ण तथ्य यह है कि सार्वजनिक क्षेत्र बनाम निजी क्षेत्र के द्वन्द्व को लेकर होनेवाली बहस में अब तक ज्यादा जोर इस बात पर रहा है कि अर्थव्यवस्था और जनता को अच्छी

तरह काम करनेवाले सार्वजनिक क्षेत्र की कितनी 'जरूरत' है, न कि इस बात पर कि कथित रूप से जरूरी सार्वजनिक संस्थाओं को आखिर किस तरह चलाया जाए और इनसे जुड़े निर्णयकर्ताओं और संचालकों को किस तरह जवाबदेह बनाया जाए।

यह धारणा काफी आम है कि सार्वजनिक क्षेत्र की जवाबदेही को लेकर सवाल उठाना राजनीतिक प्रतिक्रियावादी चीज है। यह इन दो सवालों में गम्भीर घालमेल को भी परिलक्षित करती है—

1. सार्वजनिक क्षेत्र को अगर व्यावहारिक तौर पर अच्छी व्यवस्था प्रदान की जाए तो वह जनता के हितों को किन मामलों में निजी क्षेत्र के मुकाबले बेहतर सेवा प्रदान कर सकता है?
2. सार्वजनिक क्षेत्र की संस्थाओं को किस तरह ऐसा जवाबदेह बनाया जाए कि वे उन उद्देश्यों को अच्छी तरह पूरा करें, जिनके लिए उन्हें बनाया गया था?

दूसरे प्रश्न के औचित्य पर जोर देने का अर्थ यह नहीं है कि पहले प्रश्न की प्रासंगिकता को किसी तरह कम किया जा रहा है।

पहले प्रश्न के मामले में, आर्थिक फैसले करते समय निजी लाभ से ऊपर उठकर सोचने का आग्रह मजबूत हो जाता है, खासकर भारत जैसे देश के लिए। अर्थशास्त्री लोग जिसे बाहरी बातें कहते हैं—मसलन, हवा-पानी का प्रदूषण, प्राकृतिक संसाधनों का विनाश, आदि—उनके कारण निजी तथा सार्वजनिक लाभ के बीच हर जगह एक अड़ंगा पैदा होता है। इसी तरह, खरीदारों और विक्रेताओं के बीच बेमेल सूचना और जानकारी से वंचित या अधूरी जानकारी से लैस लोगों में पर्याप्त जानकारी की कमी ऐसी स्थिति पैदा कर सकती है कि निजी लाभ की खातिर सार्वजनिक कल्याण के उद्देश्यों से भटकाव पैदा हो। प्रतियोगिता न होने के कारण भी उत्पादों के महँगे होने का खतरा पैदा हो सकता है, जबकि प्रतियोगिता की स्थिति में कीमतों में कमी हो सकती थी।* निजी क्षेत्र के आवंटनों पर पूर्ण निर्भरता से किनारा करना गरीबी व असमानता की एक वजह बन सकती है। चूँकि मुनाफा खरीदार या उपभोक्ता की भुगतान क्षमता पर निर्भर है, निजी मुनाफे को सार्वजनिक आवश्यकता की प्राथमिकताओं का काफी अपर्याप्त संकेतक माना जा सकता है। ऐसी कुछ समस्याओं को उपयुक्त टैक्स लगाकर या सब्सिडी देकर हल किया जा सकता है लेकिन उनमें से कई को—मसलन, बेमेल जानकारी या सत्ता के एकाधिकार (जब वे ताकतवर हैं) सम्बन्धी कठिनाइयों को—उन उपायों से पर्याप्त तौर पर निबटाया जा सकता है।

---

* जैसा कि 'निजीकरण' पर अपनी उत्कृष्ट कृति में जॉन विकर्स और जॉर्ज यारो ने पाया है, निजीकरण पर निर्भरता प्रतियोगिता की स्थिति में ज्यादा कारगर हो सकती है, बजाय उस स्थिति के जब प्रतियोगिता न हो या एकदम न हो। (विकर्स और यारो, 1988)

इसलिए, सुसंचालित सार्वजनिक उपक्रमों के साथ ही बेहतर सेवाएँ देनेवाली बुनियादी सार्वजनिक सेवाओं की जरूरत के पक्ष में तर्क मजबूत हो सकता है। सार्वजनिक सेवाएँ दुनिया-भर में सरकारें ही उपलब्ध कराती हैं। बेशक कई ऐसे भी क्षेत्र हैं जिनमें निजी क्षेत्र ने भारत में शानदार काम किया है और देश की समृद्धि में योगदान दिया है। हमें शक है कि ऐसे भारतीयों की संख्या ज्यादा होगी, जो यह चाहते होंगे कि सार्वजनिक क्षेत्र मोबाइल फोनों या सूचना प्रौद्योगिकी के उत्पादन या संचालन का अधिग्रहण करे। सामूहिक खेती से लेकर सरकारी होटलों तक कई आर्थिक क्षेत्रों में सार्वजनिक क्षेत्र के कामकाज का रेकॉर्ड अब तक काफी धूमिल हो चुका है। फिर भी कई दूसरे ऐसे क्षेत्र (शिक्षा, स्वास्थ्य, कुपोषण आदि) हैं, जहाँ सार्वजनिक क्षेत्र की जरूरत काफी हो सकती है और जहाँ यह लोगों की कुशलता से लेकर अर्थव्यवस्था (निजी अभिक्रम और निजी क्षेत्र समेत) की मजबूती तक में बड़ा योगदान दे सकता है। इस मसले पर हम आगे के अध्यायों में विचार करेंगे, खासकर स्वास्थ्य सेवा, प्राथमिक तथा माध्यमिक शिक्षा तथा अन्य सम्बन्धित सुविधाओं में सार्वजनिक भागीदारी की जरूरत के सन्दर्भ में।

यह कहने के बाद, पूर्वोक्त दोनों सवालों के बीच फर्क करने की जरूरत बनी रहती है और पहले सवाल का जवाब, जाहिर है कि दूसरे सवाल के जवाब को भी प्रभावित करेगा। इस बात का खंडन कर पाना मुश्किल है कि भारत में सार्वजनिक उपक्रमों के कामकाज का रेकॉर्ड शायद ही अच्छा रहा है, बल्कि यह प्राय: खराब ही रहा है। बेशक, निजी क्षेत्र भी काफी अकुशल हो सकता है लेकिन वहाँ जवाबदेही नाम की एक चीज होती है कि अकुशलता से निजी हानि होती है या निजी मुनाफा घटता है और व्यापारिक तर्क या बाजार का अनुशासन इसके लिए दंडित करता है। बेशक, यह एक सच्चाई है (जैसी कि हम चर्चा कर चुके हैं) कि कई मामलों में निजी लागत और लाभ सार्वजनिक हितों और सामाजिक लागतों तथा लाभों से काफी हद तक विलग हो सकता है, कि निजी क्षेत्र को सभी समस्याओं का समाधान मानने की धारणा पर सन्देह को सिर्फ इसलिए खारिज नहीं किया जा सकता कि इस क्षेत्र में जवाबदेही की व्यवस्था इसके अपने तर्क—मुनाफा—की सीमाओं में बँधी है। जवाबदेही की व्यवस्था की पर्याप्तता को उन लक्ष्यों से अलग नहीं किया जा सकता जिन्हें हासिल करने की कोशिश की जा रही है। लेकिन, निजी लाभ कमाने की कोशिश चूँकि हमें कई मामलों में सार्वजनिक हित से दूर ले जा सकती है, सिर्फ इसलिए यह धारणा नहीं बना लेनी चाहिए कि कोई सार्वजनिक उपक्रम जवाबदेही और गहन जाँच-परख की उपयुक्त व्यवस्था के बिना भी बेहतर काम कर पाएगा।

सार्वजनिक भागीदारी के पक्ष में दिया जानेवाला तर्क अच्छी तरह काम करनेवाली और जवाबदेह निष्पादन व्यवस्था तथा सार्वजनिक उपक्रम पर काफी निर्भर होता है। भारत में त्रासदी यह रही है कि अधिकांश राजनीतिक बहसें सार्वजनिक क्षेत्र की

जवाबदेही के सवाल से कतराती रही हैं। या तो निजी उपक्रमों की कथित बेदाग विशेषताओं के बरअक्स सार्वजनिक क्षेत्र की भर्त्सना की जाती रही है या प्रशंसनीय कुशलता और मानवीयता के साथ सामाजिक कर्तव्यों का पालन करनेवाले सरकारी कर्मचारियों की काल्पनिक समर्पित दुनिया के बरअक्स निजी क्षेत्र की भर्त्सना की जाती है। हमें इन परीकथाओं में उलझने से बचना होगा।

इस सवाल के निर्णायक महत्त्व पर जोर देने में हमें यह मान लेने की जरूरत नहीं है कि समाधान की खोज में लगते ही वह उभर आएगा।* भारतीय राजनीतिक अर्थव्यवस्था की प्राथमिकताओं में यह खोज सिरे से गायब रही है और अब जाकर इस मसले पर अपेक्षित ध्यान दिया जाने लगा है। इस मसले पर हम अब चर्चा करेंगे।

बुनियादी ढाँचा और अधिकारहीनता

जब हम भारत में बुनियादी ढाँचे के नियोजन को सम्भालने की कोशिश करते हैं तो विभिन्न स्तरों पर जवाबदेही का मसला उभरता है। भारत में बुनियादी ढाँचे—भौतिक (यानी बिजली, सड़क, पानी, सफाई और अन्य भौतिक सुविधाओं) और सामाजिक (यानी शिक्षा, स्वास्थ्य और मानव क्षमता के विकास में सहायक अन्य सुविधाओं)—की आश्चर्यजनक रूप से व्यापक उपेक्षा की गई है। निजी उपक्रमों के स्तर पर जवाबदेही की समस्याओं के अलावा पूरे क्षेत्रों के कामकाज के नियमों से सम्बन्धित सर्वोच्च स्तर पर गम्भीर समस्याएँ हैं।

जनता को सुविधाएँ उपलब्ध कराने में विफलता का एक स्पष्ट उदाहरण जुलाई 2012 के अन्त में पूरे देश में हुआ बिजली संकट था जिसके कारण लगभग आधा भारत अँधेरे में डूब गया था और भारत 'ब्लैकआउट नेशन' (जैसा कि पत्रिका 'इकोनॉमिस्ट' ने लिखा था) के नाम से बदनाम हो गया था। ऐसा क्यों हुआ? इसकी कई व्याख्याएँ हैं—

- बिजली उत्पादन की क्षमता इसकी बढ़ती माँग के अनुसार नहीं बढ़ाई गई।
- कुछ राज्यों ने ग्रिडों का नियंत्रण करनेवाले केन्द्रीय अधिकारियों को बताए बिना अपने कोटे से ज्यादा बिजली खींच ली।
- ऐसी कोई व्यवस्था नहीं है, जो राज्यों को अपने कोटे से ज्यादा बिजली खींचने पर तुरन्त रोक सके।
- देश के कुछ हिस्सों में मानसून में देरी के कारण बिजली की ज्यादा खपत हुई, जिसके बारे में अधिकारियों ने पहले से अनुमान नहीं लगाया।

---

* निजी भागीदारी पर विविध नजरिये से निष्पक्ष परीक्षण की भी आवश्यकता है। अभिजीत बैनर्जी और ईस्थर डफ्लो ने इस क्षेत्र में मजबूत शोध की सम्भावनाओं को दर्शाया है; उनकी 'पुअर इकोनॉमिक्स' (कैम्ब्रिज, MA : MIT प्रेस, 2011) देखें।

- बिजली आपुर्ति का बड़ा हिस्सा या तो चोरी में चला जाता है या उसका कोई हिसाब नहीं रखा जाता। प्रभारी लोग यह सब जानते हैं लेकिन इस समस्या को छूना नहीं चाहते क्योंकि इसके राजनीतिक नतीजे भुगतने पड़ सकते हैं।
- अधिकारियों को कुछ गलत होने की पूर्व सूचना देनेवाली कोई प्रभावी चेतावनी व्यवस्था नहीं है।

कई 'मिनी' व्याख्याएँ भी हैं। उनमें से अधिकतर में कुछ-न-कुछ सच्चाई है। फिर भी, उस भारी ब्लैकआउट ने जो सन्देश दिया वह विभिन्न व्याख्याओं के योग से बड़ा है।

अगर बिजली ब्लैकआउट की अनेक व्याख्याएँ हैं, तो समस्याओं का अविलम्ब निबटारा करनेवाले फौरी समाधानों के प्रस्ताव भी कम नहीं हैं। एक सुझाव यह है कि चूँकि समस्या इसलिए है कि बिजली का महकमा सरकार के हाथ में है, तो इसका निजीकरण कर दिया जाए, जैसा कि कथित तौर पर चीन में हुआ है। चीन का बिजली क्षेत्र भारत के बिजली क्षेत्र की तुलना में वास्तव में ज्यादा अच्छी तरह से काम करता है और वह चीनी उपलब्धियों (लगभग सबको बिजली उपलब्ध कराने की) की प्रशंसा का वाकई हकदार है। लेकिन, जैसा कि अध्याय 1 में कहा गया है, इस क्षेत्र में चीन की सफलता के बारे में यह खास व्याख्या बहुत उपयुक्त नहीं है क्योंकि चीन के बिजली क्षेत्र का वास्तव में निजीकरण नहीं किया गया है। बिजली का उत्पादन और आपूर्ति चीन और भारत में मुख्यत: सरकारी नियंत्रण में है। बेशक चीन में निजी बिजली कम्पनियाँ भी हैं, जो पूरी व्यवस्था का ही हिस्सा हैं। ऐसा ही भारत में भी है—रिलायंस पावर, टाटा पावर आदि कम्पनियों समेत। चीन ने बढ़त ली है तो इस लिहाज से कि वह ज्यादा कार्यकुशल और वास्तव में ज्यादा समझदारी से सरकारी बिजली क्षेत्र को चला रहा है।

कुछ अन्तर इस बात के कारण है कि बिजली क्षेत्र में चीन ने भारत के मुकाबले जीडीपी का ज्यादा अनुपात निवेश किया है। चीन ने अपनी जरूरत बढ़ने पर बिजली उत्पादन की क्षमता इस तरह बढ़ाई जिस तरह भारत ने नहीं बढ़ाई।[1] ऐसा लगता है कि चीन बिजली क्षेत्र में निवेश पर अच्छा लाभ कमा रहा है जबकि भारत का बिजली क्षेत्र बराबर घाटे में रहा है—जैसी कि प्रणब बर्धान की टिप्पणी है। कई राज्यों के बिजली बोर्डों का घाटा सम्बन्धित राज्य के वित्तीय घाटे 2 से 10 प्रतिशत से ज्यादा के बराबर होता है।[2] आखिर हम बिजली क्षेत्र में हमेशा घाटे में ही क्यों रहते हैं?

यह भी अन्तत: जवाबदेही का ही मामला है। ऐसा लगता है कि सर्वोच्च स्तर पर भी, भारत में बिजली सम्बन्धी केन्द्रीय रणनीति तय करनेवालों पर चीजों को दुरुस्त करने का कोई दबाव नहीं है, उन्हें भारत में बिजली को लेकर नियोजन की बदहाली के लिए जिम्मेदार नहीं ठहराया जाता। भारत में बिजली के उत्पादन और वितरण में नियंत्रण तथा जवाबदेही की व्यवस्था की बुनियादी कमी को उस ब्लैकआउट

ने दर्दनाक ढंग से उजागर कर दिया था। फिर भी, बिजली क्षेत्र के किसी बॉस को इसके लिए जवाबदेह ठहराना असम्भव दिखा। बिजली के पूरे उपक्रम और उसके उत्पादन तथा वितरण की पूरी व्यवस्था को चलाने में ज्यादा कुशलता की माँग करना आसान भी है और उपयुक्त भी। लेकिन बुनियादी कमी यह है कि जो लोग नियंत्रण करते हैं और फैसले करते हैं कि क्या किया जाना चाहिए, उनकी कोई जिम्मेदारी तय नहीं की जाती और जब हालात बिगड़ते हैं तो उन्हें उसके लिए कुछ भी भुगतना नहीं पड़ता।[3] ऐसा लगता है कि पूरे पदानुक्रम के सभी स्तरों पर किसी की भी कोई जिम्मेदारी तय नहीं है। और जुलाई 2012 में जो हादसा हुआ—जो छोटे रूप में प्राय: रोज घटता है—उसे एक अप्रत्याशित प्राकृतिक आपदा के तौर पर पेश किया गया, जिसमें मनुष्य का कोई हाथ नहीं था। 2013 के प्रारम्भ में बिजली के क्षेत्र में अभी भी जवाबदेही तय करने की कोई उपयुक्त व्यवस्था नहीं बनी है। यह क्षेत्र अभी भी नकदी के संकट से जूझ रहा है और बड़े सरकारी दान पर निर्भर है, जिसके लिए दूसरे जरूरी सामाजिक कार्यों में कटौती की जाती है।

भारतीय बिजली क्षेत्र की सीमित पहुँच और क्षमता का एक कारण राज्य बिजली उपक्रमों द्वारा उठाए गए भारी घाटे को सहना (और कालान्तर में उसे माफ करना) है। यह घाटा बिजली क्षेत्र को काफी हद तक खराब तर्कों पर सब्सिडी, बिजली बिलों की खराब उगाही, बिजली चोरी, पारेषण में बिजली की बरबादी और अन्य खर्चों के कारण होता है। ये खर्चे मुख्यत: उन बड़े उपभोक्ताओं को लाभ पहुँचाने के लिए उठाए जाते हैं जिनकी राजनीतिक ताकत इतनी होती है कि वे लागत वसूली के उपायों को लागू नहीं होने देते। यह पुरानी व्यवस्था सार्वजनिक आय को भारी घाटा पहुँचाती है और बिजली क्षेत्र में (चीन की तरह) निवेश को हतोत्साहित करती है। वास्तव में, जब घाटा उठाकर बिजली आपूर्ति की जाती है तो वितरण कम्पनियों को बिजली कनेक्शन के विस्तार से या निर्बाध बिजली आपूर्ति से भी शायद ही कोई लाभ होता है।[4] सब्सिडी पर बिजली आपूर्ति के मुखर पैरोकार अपने मन की तो चला ही लेते हैं, कई गरीब भारतीय, करीब एक तिहाई आबादी (40 करोड़ लोगों) को बिजली कनेक्शन तक नहीं मिल पाता है। आश्चर्य की बात है कि 'हमेशा के लिए बिजली से वंचित' लोगों की सुनवाई उन लोगों की शिकायतों के मुकाबले कितनी कम होती है, जो कभी-कभार ही बिजली से वंचित होते हैं। भारत में बिजली सम्बन्धी नियोजन की अराजकता में उन लोगों पर सबसे कम ध्यान दिया जाता है, जो सबसे ज्यादा पीड़ित हैं।

ताकतवर उपभोक्ताओं को रियायत देने की राजनीति

भारत में बिजली क्षेत्र का दिवालियापन उस आम राजनीतिक समस्या का एक हिस्सा है, जिससे समग्र स्तर पर निबटा जाना है और जिसके लिए विशेषाधिकार

प्राप्त समूहों के राजनीतिक प्रभाव का प्रतिरोध किया या उससे मुकाबला किया जाना है। हालाँकि यह कठिनाई बिजली तंत्र की आखिरी कड़ी—उपभोक्ताओं को बिजली बेचने के क्रम में खुदरा वितरण के तथाकथित अन्तिम पड़ाव—पर जाकर उभरती है, लेकिन इससे जुड़ा बड़ा आर्थिक खर्च उन व्यवस्थाओं को भी प्रभावित करता है, जो बिजली उत्पादन और पारेषण के शुरुआती चरणों में तैयार की जाती हैं।

भारत का बिजली क्षेत्र आपूर्ति की लागत से कम कीमत पर बिजली बेचने (कुछ राज्यों को खेती के लिए मुफ्त बिजली देकर) और पारेषण में होनेवाली बरबादी, बिजली चोरी, बकाया बिजली बिलों आदि से जुड़ी अप्रत्यक्ष रियायतों के कारण भारी घाटा उठाता है। स्पष्ट तौर पर दी गई या परोक्ष रूप से स्वीकृत उपभोक्ता सब्सिडियाँ काफी प्रतिगामी होती हैं। इन्होंने भारतीय बिजली क्षेत्र के लिए घाटे की गम्भीर समस्या पैदा की है और उसे दिवालियेपन के कगार तक पहुँचाया है, जिसके चलते बिजली उत्पादन तथा वितरण में निवेश कुप्रभावित हुआ है और करोड़ों लोग बिजली कनेक्शन से वंचित हुए हैं। अपेक्षाकृत समृद्ध उपभोक्ताओं के बिजली उपभोग को सब्सिडी देने के लिए सार्वजनिक संसाधनों का बड़ा हिस्सा खर्च किया जाता है, जबकि इसी पैसे का उपयोग स्कूल से वंचित बच्चों को शिक्षित करने, दवा-इलाज से वंचित लोगों को स्वास्थ्य सेवा देने और बिजली से स्थायी तौर पर वंचित लोगों तक बिजली पहुँचाने में किया जा सकता है। इस बरबादी को रोकना और दबाव बनाने वाले समूहों से निबटना कठिन राजनीतिक काम है, और जब तक भारत के सरकारी कर्मचारी, नेता और जनता सभी मिलकर इस चुनौती का सामना नहीं करते तब तक भारत का बिजली क्षेत्र नाकाम होता रहेगा (चाहे उस पर किसी का स्वामित्व हो) और पैसा अपेक्षाकृत अमीर लोगों की जेब में जाता रहेगा।* यह भी जवाबदेही का मामला है, जिसे भारतीय राजनीति में सार्वजनिक विमर्श के पूर्वाग्रह से खुराक मिलती है (जोकि इस पुस्तक की एक मुख्य विषयवस्तु है)। वितरण की इस अतार्किक तथा विषम व्यवस्था को कोई

* हम यह नहीं कह रहे हैं कि चाहे जो भी परिस्थिति हो, बिजली के उपभोग पर सब्सिडी न दी जाए। उदाहरण के लिए, गरीब परिवारों को बिजली पर सब्सिडी देने की वाजिब वजह हो सकती है। कई देशों में बिजली की कीमत तय करने में कुछ मामलों में भेदभाव या अलग शुल्क तय करना आम बात है (जिनमें भारत का 'टेलीस्कोपिक टैरिफ' भी शामिल है) और इसे लागू किया जा सकता है। बिजली के उपभोग के लिए उपयुक्त मीटर लगे हों तो इसे लागू करना कठिन नहीं है। भारत के कुछ राज्यों में भिन्न कीमत को अपेक्षाकृत बेहतर उपयोग किया गया है ताकि गरीब परिवार बिजली का उपभोग कर सकें। हमारा कहना यह है कि ऐसी सभी सब्सिडियों की सावधानी से जाँच की जाए और उनका आंकलन किया जाए। विशेषाधिकार प्राप्त वर्गों को प्रतिगामी सब्सिडी देने का कोई ठोस औचित्य नहीं है। इस तरह की सब्सिडी आज पूरे भारत में उन लोगों के दबाव में दी जा रही है, जो अपना रसूख रखते हैं।

चुनौती न मिले, सरकार के लिए इससे आसान बात कुछ नहीं हो सकती। जब प्रतिगामी सब्सिडी में कटौती की जाती है तब सुसंगठित समूह सड़कों पर विरोध प्रदर्शन करते हैं लेकिन तब ये प्रदर्शन नहीं होते जब लोगों को बिजली कनेक्शन से वंचित रखा जाता है, जब सार्वजनिक संसाधनों से पैसा निकाला जाता है, जिसका उपयोग ज्यादा जरूरी या सार्थक सामाजिक उद्देश्यों के लिए किया जा सकता था।

पेट्रोल, डीजल जैसे ऊर्जा के कई अन्य स्त्रोतों की मूल्य-नीति के मामले में भी ऐसे ही सवाल उठते हैं। इनमें भी अपेक्षाकृत समृद्ध तबकों को ही परोक्ष रूप से प्राथमिकता दी जाती है; न कि उन लोगों को, जिनके पास कृत्रिम रूप से सस्ते ईंधनों का उपयोग करने के न तो साधन हैं और न ही उपकरण हैं। बिजली पर मिलने वाली सब्सिडी का लाभ आधुनिक साजोसामान की विलासिता का उपभोग करनेवाले और जनता की कीमत पर समृद्ध जीवन जीने वाले विशेषाधिकारप्राप्त शहरी लोगों के अलावा दूरसंचार कम्पनियाँ और एयरकंडीशंड मॉल उठाते हैं।[5] पेट्रोल या डीजल पर सब्सिडी में कटौती की कोशिशों पर बड़े उपभोक्ताओं की ताकतवर लॉबियाँ भारी हायतौबा मचाने लगती हैं और उसे कुछ ही दिनों में वापस ले लिया जाता है। इन प्रतिगामी सब्सिडियों को जारी रखना विशेषाधिकारप्राप्त मुखर लोगों को खुश करता है, जो बड़े धन्ना सेठ तो नहीं होते लेकिन इतने समृद्ध होते हैं जितनी भारत की अधिकांश आबादी नहीं होती। इस तरह के तुष्टीकरण की माँग विपक्ष के लिए और उस माँग को मानना सत्ता पक्ष के लिए राजनीतिक रूप से काफी फायदेमन्द होता है। लेकिन ताकतवर लोगों को दी जानेवाली इन रियायतों को लोकलुभावन नीतियाँ कहना एक धोखा होगा, क्योंकि ज्यादातर आबादी के लिए ये रियायतें कम ही काम की होती हैं।[6]

खाद पर सब्सिडी के मामले में भी यही बात लागू होती है। यह सब्सिडी भारत की सार्वजनिक वित्तीय व्यवस्था का लम्बे समय से दोहन करती आ रही है। 2008-09 में इस पर देश की जीडीपी के 1.5 प्रतिशत के बराबर खर्च किया गया, जबकि स्वास्थ्य पर केन्द्र तथा राज्य सरकारों ने मिलकर जीडीपी के 1.5 प्रतिशत से भी कम खर्च किया। जाहिर है कि यह प्राथमिकताओं में विकृति का स्पष्ट उदाहरण है। खाद पर सब्सिडी ने सम्भवतः सत्तर के दशक में (हरित क्रान्ति वाले दौर के शुरू में) जब इसे शुरू किया गया था, तब एक उपयोगी भूमिका निभाई होगी। लेकिन आज इसे उचित ठहराना—निश्चित तौर पर इस पैमाने पर—बहुत कठिन है, खासकर इसलिए कि वितरण के मामले में इसका स्वरूप प्रतिगामी है और यह पर्यावरण पर भी प्रतिकूल प्रभाव डालता है। यह केवल इसलिए प्रतिगामी नहीं है क्योंकि यह बड़े किसानों को अनुपात से ज्यादा लाभ पहुँचाता है बल्कि इसलिए भी कि मुख्यतः ताकतवर खाद कम्पनियाँ इसका फायदा उठाती रही हैं।[7]

हाल के वर्षों में कुछ तर्कसंगतता तो लाई गई है लेकिन खाद सब्सिडी अभी भी बहुत बड़ी है—2011-12 में यह करीब 70,000 करोड़ रु. की थी, भारत की जीडीपी की करीब 0.8 प्रतिशत।

ये सब कहने का अर्थ यह नहीं है कि सभी सब्सिडी गलत हैं या कि उन्हें वापस ले लेना चाहिए। इसके विपरीत, प्रतिगामी सब्सिडियों का विरोध कुछ हद तक इस सम्भावना पर निर्भर करता है कि इन्हीं संसाधनों का सबसे बढ़िया उपयोग वंचितों को लाभ पहुँचाने के लिए किस तरह किया जाता है। मौजूदा विमर्शों में सबसे बुरी तरह खटकने वाली बात यह है कि विभिन्न प्रकार की सब्सिडियों का लाभ किन लोगों को पहुँच रहा है, इसका निष्पक्ष और तटस्थ आंकलन नहीं हो पा रहा है।[8] उदाहरण के लिए, अपेक्षाकृत थोड़े बेहतर समूहों को छुपे रुस्तम के रूप में पेश करने के लिए 'मध्य वर्ग' और 'आम आदमी' जैसे जुमलों का भ्रामक उपयोग किया जाता है। इस बारे में विशेष चर्चा हम अध्याय 9 में करेंगे। वैसे, छुपे रुस्तमों की चर्चा इस पूरी बहस में शायद ही होती है।

केवल उन्हीं प्रतिगामी सब्सिडियों की भूमिका हानिकारक नहीं मानी जाती, जो प्रत्यक्ष और स्पष्ट तौर पर दी जाती हैं (मसलन, डीजल या खाद आदि पर दी जानेवाली सब्सिडी) बल्कि परोक्ष रूप से दी जानेवाली सब्सिडियों पर भी यह बात लागू मानी जाती है। ऐसी सब्सिडियाँ वे हैं, जिन्हें वित्त मंत्रालय 'विस्मृत राजस्व' कहता है, वह कर राजस्व जिसे उगाहा जा सकता था लेकिन जो कई तरह की छूटों और प्रोत्साहनों के कारण हाथ से निकलकर विस्मृत हो गया। इनमें से कुछ छूटों को उचित भी माना जा सकता है लेकिन इनमें से कई तो ताकतवर समूहों, खासकर कॉरपोरेट समूहों को परोक्ष दान से ज्यादा कुछ नहीं हैं। वित्त मंत्रालय द्वारा जारी वार्षिक 'विस्मृत राजस्व' के ब्यौरे के अनुसार 2011-12 में यह अनुमानतः 529,432 करोड़ रु. था, भारत की जीडीपी के 5 प्रतिशत से ज्यादा के बराबर।[9] इसमें अकेले 'हीरे-जवाहरात-सोने' पर 57,000 करोड़ रु. का सीमा शुल्क शामिल है। अध्याय 9 में हम 2012-13 में किए गए एक प्रयास—एक बहुत छोटे प्रयास—के दुखद राजनीतिक हश्र की चर्चा करेंगे, जिसके तहत आभूषण निर्माताओं और सुनारों को दी जा रही इस परोक्ष सब्सिडी में मामूली कटौती करने की कोशिश की गई, लेकिन मुखर विरोध के कारण जिसे तुरन्त रोक दिया गया।[10]

जैसी कि हम पहले चर्चा कर चुके हैं और इसकी आगे भी जाँच करेंगे, अपेक्षाकृत विशेषाधिकार से लैस लोगों को हासिल विषमतापूर्ण ताकत भारत के उस समतापूर्ण विकास की प्राथमिकताओं में होनेवाली विकृति का बड़ा स्रोत है, जिस समतापूर्ण विकास के प्रति यह देश तब से प्रतिबद्ध है जबसे इसका संविधान बना और इसमें 'नीति निदेशक सिद्धान्त' शामिल किए गए। जवाबदेही

की चुनौती को, जिसके कई आयाम हैं, अन्ततः अपेक्षाकृत विशेषाधिकार से लैस लोगों और बाकी लोगों के बीच असमानता की सामान्य समस्या (जो कि भारत के सामाजिक परिदृश्य में पैठी हुई है) का विश्लेषण अध्याय 8 और 9 का मुख्य विषय होगा।

ऊर्जा की लागतें, बाहरी बातें और अनिश्चितता

भारत में बिजली क्षेत्र संचालन कौशल और राजनीतिक जवाबदेही जैसी समस्याओं से ही ग्रस्त नहीं है, उसे ऊर्जा के विभिन्न स्रोतों के बीच चयन के तार्किक आंकलन की समस्या का भी सामना करना पड़ता है। यहाँ विभाजन रेखा उस तरह स्पष्ट रूप से नहीं खिंची है जिस तरह विभिन्न दबाव समूहों की विषमतापूर्ण ताकत से सम्बन्धित नीतिगत प्राथमिकताओं की विकृति के मामले में खिंची होती है। ऊर्जा के विभिन्न स्रोतों—कोयला, तेल, गैस, परमाण्विक, सौर आदि—के बीच चयन के लिए तकनीकी जानकारी के साथ ध्यान देने की जरूरत होती है, भले ही—जैसी कि अब चर्चा की जाएगी—लोगों के विभिन्न समूहों के हित भी इस चयन से जुड़े होते हैं।

भारत के पास कोयले का बड़ा भंडार है लेकिन फिलहाल अधिकृत संगठन (मुख्यतः सरकारी कम्पनी कोल इंडिया) जितना कोयला निकाल रहे हैं वह बिजली उत्पादन की फौरी जरूरतों के लिए अपर्याप्त है। यहाँ मसला केवल खनन का नहीं है और न ही यह खासकर लम्बे समय के लिए सबसे महत्त्वपूर्ण रहनेवाला है। कोयले पर निर्भरता का पर्यावरण पर जो प्रभाव पड़ेगा वह काफी विनाशकारी होगा। यह कोयले के उत्खनन और उपयोग, दोनों मामलों पर लागू होता है। एक ओर पेड़ों तथा प्राकृतिक संसाधनों का और दूसरी ओर मनुष्य की रिहाइश का कितना विनाश होगा, यह कोयले की खुदाई से लेकर उसके इस्तेमाल तक, खदान की जगह और खनन के तरीके पर निर्भर करता है। उसे जलाने से एक तो स्थानीय स्तर पर प्रदूषण के जरिए और वैश्विक स्तर पर धरती के तापमान में वृद्धि के जरिए पर्यावरण को भारी नुकसान पहुँचता है।

बेहद जरूरी बिजली उपलब्ध कराने से जुड़ी संचालन सम्बन्धी अल्पकालिक समस्या के अलावा भारत में ऊर्जा के विभिन्न स्रोतों में से उपयुक्त स्रोत के चयन की दीर्घकालिक समस्या का भी समाधान करने की जरूरत है। बिजली की कमी और जुलाई 2012 में जो देशव्यापी ब्लैकआउट हुआ था, उसके मद्देनजर ज्यादा कोयले की खुदाई और कोयला आधारित ऊर्जा के ज्यादा इस्तेमाल की माँग उठ सकती है। लेकिन इसकी 'पूरी कीमत' के साथ बड़ी सामाजिक समस्या जुड़ी है, जिसमें कोयले की ज्यादा खुदाई और ज्यादा उपयोग के साथ देश और दुनिया के लिए उससे होनेवाले बाहरी खतरे शामिल हैं। पूरी दुनिया में बिजली की जो खपत

है, उसमें भारत का अनुपात पहले ही काफी महत्त्वपूर्ण हो चुका है और भारतीय अर्थव्यवस्था की तेज वृद्धि के मद्देनजर यह अनुपात बढ़ने की ही सम्भावना है। यह तथ्य भारत के लिए इस बात को नैतिक तौर पर अस्वीकार्य बनाता है कि वह केवल अपने स्थानीय पर्यावरण को होनेवाले नुकसान की चिन्ता करे। यह नुकसान काफी हो चुका है।

बिजली के उत्पादन और उपयोग से होनेवाले उत्सर्जनों समेत दूसरी बाहरी बातों के कारण बिजली उपयोग की बाजार लागत और सामाजिक कीमतें तरह-तरह की होती हैं। खनन के साथ भी सामाजिक कीमतें जुड़ी होती हैं, जिसके साथ मानव जीवन को खतरा और स्थानीय पर्यावरण का विनाश जुड़ा होता है। इन बाहरी कारकों को भारत में किसी भी उपाय से महत्त्वपूर्ण रूप से नियंत्रित नहीं किया जाता। उदाहरण के लिए, लम्बे समय से एक स्थान पर रह रहे लोगों को बर्बर तरीके से जबरन बेदखल करने के कई मामले हो चुके हैं और उनके पुनर्वास की प्राय: नगण्य या कोई भी व्यवस्था नहीं होती। जैसा कि पर्यावरणवादी कार्यकर्ता बताते रहे हैं, भारत में अस्वैच्छिक पुनर्वास की मानवीय कीमत बहुत ऊँची रही है।[11]

बाजार से होनेवाला मुनाफा यहाँ बेशक अच्छा सामाजिक दिशानिर्देश नहीं देता। बाजार के फैसलों में बाहरी कारकों का तब तक ध्यान नहीं रखा जाता जब तक फैसले कानून या जनमत के दबाव में नहीं किए जाते या वे करों, सब्सिडियों, नियमों या सार्वजनिक वित्त के दूसरे साधनों के प्रभाव में नहीं किए जाते। मनुष्य की मानसिकता में किसी बड़े परिवर्तन के कारण लोग अगर अपने जीवन पर खतरा आए बिना दूसरों के जीवन के बारे में फिक्र करने लगें तो बेशक यह स्वागतयोग्य बात होगी। लेकिन भारत में आज जो बाजारू संस्कृति हावी है, उसके चलते इसकी सम्भावना फिलहाल नहीं दिखती है।

इसका अर्थ यह है कि ऊर्जा के उत्पादन को लेकर किया जानेवाला बाजार केन्द्रित फैसला वास्तविक कीमत और लाभों के सामाजिक संकेतकों पर आधारित होगा और उसमें गम्भीर बाहरी कारकों की अनदेखी की जाएगी। अगर हम पारम्परिक ऊर्जा के उत्पादन की लागत पर गौर करें, तो कोयला सबसे सस्ता नजर आएगा और इसके बाद तेल सहित अन्य जीवाश्म ईंधनों का नम्बर आएगा। सौर ऊर्जा और वायु ऊर्जा बाजार के मानक हिसाब-किताब के अनुसार ज्यादा महँगी नजर आएगी। हाल के वर्षों में खासकर अमेरिका में स्थानीय शिला-तेल का उत्खनन ऊर्जा के नए स्रोत के रूप में सामने आया है। बताया जाता है कि यह कोयले से भी सस्ता है, हालाँकि 'फ्रैकिंग' की प्रक्रिया पड़ोस के लिए बाहरी लागत के मामले में महँगी साबित हो सकती है। परमाणु ऊर्जा की लागत इनके बीच ही पड़ती है : यहाँ इस लागत के इतने अनुमान लगाए गए हैं कि विज्ञान और पैरोकारी में फर्क करना मुश्किल हो गया है। लेकिन इस बात के पर्याप्त प्रमाण हैं कि परमाणु ऊर्जा तेल से पैदा की जानेवाली

ऊर्जा से कम कीमत पर पैदा की जा सकती है। और यह कोयले के उत्खनन से भी कम खर्चीली हो सकती है (बावजूद इसके कि कोयले की बाजार कीमत कम है), अगर लागत की गणना में कोयले के खनन और उपयोग के कारण उत्सर्जन तथा प्रदूषण जैसे बाहरी कारकों को भी शामिल करें।

उत्सर्जन विरोधी कार्यकर्ता, जो धरती के तापमान में वृद्धि (ग्लोबल वार्मिंग) के खिलाफ जंग लड़ रहे हैं, परमाणु ऊर्जा के असैनिक उपयोग के प्रति प्रायः उदार नजरिया रखते हैं। इसकी वजह क्या है, यह आसानी से नजर आती है। लेकिन बाहरी नतीजों को केवल कार्बन उत्सर्जन तथा उससे जुड़े प्रदूषण के रूप में चिह्नित करना भारी भूल होगी। परमाणु ऊर्जा के अपने बाहरी नतीजे हैं, जो वास्तव में भयावह हो सकते हैं। यह कचरा निस्तारण की गम्भीर समस्या पैदा करता है। कोई देश अपने मुख्य ऊर्जा स्रोत के रूप में अगर परमाणु ऊर्जा पर ज्यादा निर्भर हो जाता है तो यह समस्या और गम्भीर हो सकती है। इसके अतिरिक्त, परमाणु सामग्री की आतंकवादियों द्वारा चोरी का भी डर होता है, भयंकर नतीजे वाले परमाणु हादसे का खतरा रहता है और घातक विध्वंस का भी जोखिम रहता है।[12] परमाणु रिसाव या आतंक के मामलों (सबसे ताजा घटना 2011 में जापान के फुकुशिमा की है) ने यह विश्वास करना मुश्किल बना दिया है कि जापान सरीखे सुव्यवस्थित देश में भी भरोसेमन्द मानी जानेवाली योजना गलत नहीं साबित हो सकती है और अप्रत्याशित दुर्घटना की सम्भावना को रोकथाम के उपायों के जरिए शून्य या लगभग शून्य किया जा सकता है। जुलाई 2012 के कुख्यात भारतीय ब्लैकआउट की तरह संकट जब तक घटित नहीं हो जाता तब तक उसकी उम्मीद नहीं की जाती, जबकि पीछे मुड़कर विहंगम दृष्टि डालने पर ऐसे कई कारण दिखने लगते हैं कि संकट की उम्मीद की जानी चाहिए थी।

सच्चाई यह है कि फुकुशिमा हादसा एक ऐसे देश में हुआ, जो विज्ञान के मामले में बहुत प्रगति कर चुका है, जिसकी आबादी दुनिया में सबसे अनुशासित मानी जाती है (यह इस तथ्य से भी स्पष्ट होता है कि जापान ने हादसे की जगह से नागरिकों को पूरी कुशलता से बाहर निकाला और कहीं कोई भगदड़ नहीं मची)। फिर भी हादसे में कुछ लोग मारे गए। और यह जापान के बड़े हिस्से को अपनी गिरफ्त में ले सकता था, परमाणु रिसाव काफी फैल सकता था, जिससे और भी ज्यादा मौतें हो सकती थीं। कहा जाता है कि राजधानी टोक्यो भी चपेट में आ सकती थी। दुनिया-भर में ऊर्जा को लेकर योजना बनानेवालों के लिए इसे चेतावनी की घंटी मानना चाहिए—फ्रांस के लिए भी, बावजूद इस स्पष्ट विश्वास के कि उसके सुरक्षा उपायों में कुछ गलत नहीं हो सकता। भारत के परमाणु बिजलीघर गोपनीयता की इतनी मोटी चादर से ढके हुए हैं कि उनके बारे में विश्वसनीय तथ्य प्राप्त करना बेहद मुश्किल है। अन्तर्राष्ट्रीय परमाणु ऊर्जा एजेन्सी समेत टीकाकारों

के अनुसार, इस बात के पर्याप्त प्रमाण हैं जो बताते हैं कि भारत के असैनिक परमाणु प्रतिष्ठान वास्तव में खासतौर से असुरक्षित हैं।[13] सामान्यत: यह मसला भारत ही नहीं बल्कि पूरी दुनिया के भविष्य के लिए चिन्ता का बड़ा कारण है क्योंकि परमाणु ऊर्जा की प्रकट तौर पर कम कीमत और पर्यावरण पर उसके प्रभावों की अज्ञानता के कारण ज्यादा से ज्यादा देश उसकी ओर रुख कर रहे हैं। परमाणु ऊर्जा जब दुनिया-भर में बिजली का प्रमुख स्रोत बनती जा रही है, तब हमें उसके व्यापक खतरों का आंकलन करना ही पड़ेगा। छोटी-छोटी सम्भावनाएँ मिलकर एक बड़ा खतरा बन जाती हैं (जे.बी.एस. हलदाने ने करीब 100 साल पहले ही हमें यह समझाया था), जो मानव जीवन और उसकी रिहाइश के 'अप्रत्याशित' विनाश का भयावह कारण बन सकता है।

पर्यावरण को लेकर चुनौती अब यह है कि हम पारम्परिक ईंधनों (कोयला, तेल एवं प्राकृकि गैस) के कारण दम घुटने का पुराना खतरा झेलें या परमाणु हादसे और उसके कारण होनेवाले प्रदूषण का ही नहीं बल्कि तोड़-फोड़ या आतंकवादी कार्रवाइयों का नया खतरा झेलें। इस दुविधा के दंश एकदम साफ हैं लेकिन समाधान यह नहीं है कि हम निश्चितताओं और अनिश्चितताओं के सावधानीपूर्वक विश्लेषण (अल्पकालिक तौर पर यह महत्त्वपूर्ण हो सकता है) के बाद कम खतरनाक खतरे को चुनें। अन्तत: इसके साथ ऊर्जा के उन दूसरे स्रोतों (सौर तथा वायु ऊर्जा समेत) की उपयोगिता की पैरवी करना भी जुड़ा है, जो ऊर्जा सम्बन्धी दो बाहरी परिणामों (वातावरण का प्रदूषण और परमाणु हादसे का जोखिम) से भी जुड़े हैं जिनसे दुनिया को आज बड़ा खतरा है।

बाहरी परिणाम—अगर उनका सम्भावना के स्तर पर ही अनुमान लगाया जाए तो भी—काफी महत्त्वपूर्ण हैं। बाजार से मिल रहे संकेतों से साफ है कि ऊर्जा के वैकल्पिक स्रोत—सौर तथा वायु ऊर्जा—जनसमर्थन के बिना बहुत आगे नहीं बढ़ पाएँगे। और फिलहाल जो हालात हैं, उनसे स्पष्ट है कि यह जनसमर्थन काफी सीमित है, खासकर इस तथ्य के मद्देनजर कि भारत में पारम्परिक ऊर्जा स्रोतों को भारी सब्सिडी दी जा रही है। इसकी चर्चा हम पहले कर चुके हैं। हमें करों और सब्सिडियों के जरिए प्रोत्साहनों की ताकतवर और सुविचारित व्यवस्था बनानी होगी ताकि बाजार सामाजिक जरूरतों को पूरा करने की प्रेरणा ले सके। इसके साथ ही सरकार समर्थित अनुसंधान सार्वजनिक तथा निजी संस्थाओं से जो कुछ हासिल कर पाते हैं, वह तो है ही। सौर तथा वायु ऊर्जा का अभी पूरा दोहन भले न किया गया हो, लेकिन इस तकनीक को इस रचनात्मकता के साथ विकसित करना होगा, जो मनुष्य हासिल कर सकता है। इस बात की कोई वजह नहीं है कि भारत अपनी वैज्ञानिक प्रतिभा और उपलब्धियों के बूते समकालीन विश्व के लिए सबसे महत्त्वपूर्ण इस क्षेत्र में नई तकनीक की खोज में अग्रणी भूमिका न निभाए।

भ्रष्टाचार और संस्थागत परिवर्तन

जवाबदेही का मसला भ्रष्टाचार के मसले से गहरे जुड़ा है, जिस पर हाल के दिनों में भारत के राजनीतिक विमर्श में बहुत जोर दिया गया है। जवाबदेही की अच्छी व्यवस्था के अभाव में न केवल कर्तव्य पालन में गम्भीर चूक होगी बल्कि अधिकारियों के लिए यह प्रलोभन ज्यादा होगा कि अपने कर्तव्य-निर्वाह के क्रम में जो काम उन्हें नि.शुल्क करना है, वह वे ऊँची 'कीमत' लेकर करें। यह 'पुरस्कार' सरकारी विशेषाधिकार पर आधारित भ्रष्टाचार का एक उदाहरण तो है ही, यह उन लोगों को उस सुविधा से वंचित भी करेगा, जो उसके असली हकदार हैं और उन लोगों को यह सुविधा हासिल करने का मौका देगा, जो इसे खरीदने का साधन और तैयारी रखते हैं। भ्रष्टाचार भारतीय प्रशासन और व्यापारिक जीवन का ऐसा अभिन्न अंग बन गया है कि देश के कुछ भागों में कोई भी इच्छित काम हथेली गरम किए बिना नहीं होता।

यह अच्छी बात है कि हाल के वर्षों में इस पुरानी समस्या के खिलाफ काफी जन आक्रोश पैदा हुआ है। यह होना ही था क्योंकि भ्रष्टाचार अर्थव्यवस्था को काफी क्षति पहुँचाता है और सबसे प्रत्यक्ष बात तो यह है कि यह देश के लोगों के जीवन को नुकसान पहुँचा रहा है। लोकतंत्र का तकाजा यही है कि नुकसानदेह कार्यकलापों के खिलाफ शिकायत खुल कर सामने आए, बल्कि इससे यह समझ भी उभरे कि इस समस्या को दूर करने के लिए क्या किया जाए। आश्चर्य नहीं कि 'भ्रष्टाचार के खात्मे' के लिए भारतीय कानूनी प्रक्रियाओं के बाहर जाकर फटाफट सजा देने का विचार कई लोगों को लुभाता है, क्योंकि लोग कानूनी प्रक्रियाओं से काफी हताश हैं। लेकिन यह विचार उलटे नतीजे दे सकता है। मुकदमे में दोषी पाए गए व्यक्ति की जगह आरोपित व्यक्ति को दंडित करने (जो कि गलत हो सकता है) की सम्भावना के अलावा फटाफट न्याय की प्रक्रिया यह भ्रम—एक महँगा भ्रम—पैदा करती है कि भ्रष्टाचार को जन्म देनेवाली भ्रष्ट व्यवस्था को बदलने के लिए कुछ किया जा रहा है। भ्रष्टाचार जवाबदेही की व्यवस्था न होने पर फलता-फूलता है और जवाबदेही की व्यवस्था प्रतिशोध या फटाफट न्याय के जरिए नहीं बन सकती। यहाँ तक कि अति ताकतवर 'ओमबड्समैन' बनाकर उसे न्यायिक प्रक्रियाओं से मुक्त करके अनियंत्रित अधिकार देने से (जैसा कि लोकपाल विधेयक के कुछ प्रस्तावों में कहा गया है) समस्या हल होने की जगह ज्यादा समस्याएँ ही पैदा होंगी। जब व्यवस्था दोषपूर्ण होती है और लोगों को गलत बातों—अपने कर्तव्य की उपेक्षा करने और व्यवस्थाजनित दंड से मुक्त होकर अवैध कमाई करने—के लिए प्रेरित करती है तब सुधार उस व्यवस्था में ही करने की जरूरत होती है। उदाहरण के लिए, जो व्यवस्था बिना किसी जाँच आदि के लाइसेंस (आयात या खनन आदि के लाइसेंस) देने के सारे अधिकार सरकारी

अधिकारियों के हाथ में सौंप देती है, तो वह और कुछ नहीं बल्कि भ्रष्टाचार की खान ही बन जाती है।*

तो किस तरह के संस्थागत परिवर्तन पर विचार और अमल किया जा सकता है? सार्वजनिक सेवाओं में फैले भ्रष्टाचार के कम-से-कम तीन मुख्य मसले हैं। पहला यह कि भ्रष्टाचार सूचना के अन्धकार में पनपता है। इसका स्वभाव रहस्यात्मकता में लिपटा होता है। जो संस्थागत परिवर्तन पारदर्शिता और सूचनाओं तक पहुँच को बढ़ावा देता है, वह रिश्वत और घोटाले को रोकने की असली ताकत बन सकता है। दूसरी बात यह है कि भ्रष्टाचार उसी सामाजिक वातावरण में पनपता है, जिसमें कदाचारों को सहन किया जाता है, चाहे 'नैतिक' लोग कदाचारों को जिस तरह भी देखते हों। यह एक आम धारणा है कि भ्रष्टाचार एक 'शिष्टाचार' है और उसे तब तक सहना ही पड़ता है जब तक कि कदाचारों का पूरा भंडाफोड़ नहीं होता या जब तक वह खुल्लमखुल्ला नहीं होने लगता। यह आम धारणा ऐसी स्थिति पैदा कर देती है जिसमें रिश्वतखोर लोग न तो अपनी अन्तरात्मा की ओर से और न दूसरे लोगों की ओर से सुधरने का कोई दबाव महसूस करते हैं। तीसरी बात यह है कि भ्रष्टाचार को मुकदमे और सजा का वास्तविक डर पैदा करके ही रोका जा सकता है। लेकिन मुकदमे को तब तक मजबूत बनाना मुश्किल है जब तक गवाहों को बोलने के लिए राजी नहीं किया जाता या सबूतों को पेश नहीं किया जाता। यह रिश्वतखोर पर मुकदमा चलाने या उसे दंडित करने की राह में बड़ा अड़ंगा बन सकता है। यह रिश्वत माँगने और वसूलने वाले सरकारी कर्मचारियों को एक तरह का अभयदान देता है। इसके साथ दूसरे मसले (जिनमें से कुछ की चर्चा इस अध्याय में की गई है) भी जुड़े हुए हैं, लेकिन सूचना की कमी, सामाजिक ढीलापन और मुकदमा चलाने में कठिनाई—ये तीनों उन कारकों में शुमार हैं, जो भ्रष्टाचार की संस्कृति को कायम रखने में मदद करते हैं।

तो इन कारकों के लिए क्या उपाए किए जाएँ? इनमें से पहली समस्या—सूचना की गोपनीयता—से निबटने की दिशा में सचमुच कुछ प्रगति हुई है। 2005

* भ्रष्टाचार बढ़ाने में लाइसेंस राज के योगदान के गहन विश्लेषण के लिए देखें गुरचरण दास की पुस्तक 'इंडिया ग्रोज ऐट नाइट' (2012)। दास ने ठीक ही कहा है—"सबक यह है कि राज्यतंत्र की क्षमता बढ़ाई जाए या इसकी महत्त्वाकांक्षा कम की जाए।" (पेज 438)। इस पुस्तक में जिन कारणों पर विस्तार से विचार किया गया है और अच्छी तरह कार्यरत सार्वजनिक सेवाओं का जो महत्त्व है उसके मद्देनजर राज्यतंत्र की क्षमता बढ़ाना भारत में एक बेहद महत्त्वपूर्ण काम बना रहेगा। यह असम्भव नहीं है, यह इस तथ्य से स्पष्ट है कि 'कम भ्रष्ट' माने जानेवाले अधिकतर देशों—मसलन स्वीडन, डेनमार्क, कनाडा, सिंगापुर—में सार्वजनिक क्षेत्र का आकार उनकी अर्थव्यवस्था के अनुपात में भारत के इस अनुपात से काफी बड़ा है।

में बना सूचना के अधिकार का कानून सूचनाओं को लेकर ज्यादा पारदर्शिता और उन तक ज्यादा पहुँच हासिल करने की दिशा में बड़ा कदम था। इसने सरकारी कामकाज को जनता के लिए और खुला बनाया और जवाबदेही तय करने के साथ-साथ भ्रष्टाचार को कम करने में मदद की। हालाँकि इस कानून का व्यापक प्रयोग हो रहा है लेकिन इसके साथ भारी सम्भावनाएँ जुड़ी हुई हैं—खासकर 'रहस्योद्घाटन में अपनी तरफ से सक्रियता' दिखाने और इसके पालन में कोताही बरते जाने पर वैधानिक जुर्माने के जरिए। दूसरे तकनीकी और सामाजिक आविष्कारों ने, जिनमें सूचना प्रौद्योगिकी का व्यापक विस्तार और (कुछ राज्यों में) सामाजिक जाँच को संस्थागत स्वरूप दिए जाने से भी पारदर्शिता की ओर झुकाव को मजबूती मिली है।[14] इस मामले में भी महत्त्वपूर्ण उपलब्धियाँ हासिल हुई हैं और आगे के लिए भी भारी सम्भावनाएँ बनी हैं।

दूसरी समस्या—सामाजिक ढीलेपन—को भी सूचना के मामले में ज्यादा पारदर्शिता ने परोक्ष रूप से मदद पहुँचाई है। उदाहरण के लिए, 'नाम उजगार करने और शर्मिंदा करने' की प्रक्रिया का तकाजा यह है कि पहले नाम उजागर किया जाए और फिर शर्मिंदा करने की कोशिश की जाए। सूचना के अधिकार को लेकर जोरदार सार्वजनिक अभियान चलाने और उसके कुशलतापूर्वक उपयोग के साथ ही मीडिया (सोशल मीडिया भी) के रचनात्मक उपयोग से इस मामले में काफी मदद मिल सकती है और जनमत को इस बारे में सावधान किया जा सकता है कि क्या स्वीकार्य है और क्या अस्वीकार्य है। यह तरीका चुनावी उम्मीदवारों के सम्भावित आपराधिक रेकॉर्ड समेत उनकी पृष्ठभूमि की सार्वजनिक जाँच से लेकर सार्वजनिक क्षेत्र में सक्रिय लोगों के टैक्स रिटर्न या व्यावसायिक सौदों की जाँच तक में इस्तेमाल किया जा चुका है जिसके अच्छे नतीजे भी मिले हैं। इसका और भी व्यापक उपयोग हो सकता है। सुधार के इस तरीके के उपयोग से इनकार के पीछे दो बातें होती हैं। एक तो वह जिसे 'सामाजिक मानकों की जड़ता' (जिसकी चर्चा हम अभी करेंगे) और यह मान्यता—जो प्राय: दबी हुई—होती है कि मानकों में तब तक बड़ा बदलाव नहीं हो सकता जब तक किसी प्रमुख मुकदमे में मिली सजा गलतियों की ओर ध्यान न आकर्षित करे।

तीसरे यानी प्रभावी मुकदमे के मोर्चे पर अब तक बहुत ही कम काम किया गया है। बेशक यह कोई आश्चर्य की बात नहीं है कि भ्रष्टाचार को उजागर करना और उसे मुकदमे में पर्याप्त भरोसे के साथ साबित करना प्राय: मुश्किल होता है। लेकिन ऐसे कुछ मुकदमे भी सफल होते हैं और अगर वे काफी तीखे हों और उनका व्यापक प्रचार हो तो वे भ्रष्टाचार की रोकथाम में अहम भूमिका निभा सकते हैं।[15] लेकिन सजा देने की दर 'इतनी कम' (1999 में भारतीय विधि आयोग की 160वीं रिपोर्ट के अनुसार) है कि भ्रष्टाचार रोकथाम कानून ने अपना यह न्यूनतम उद्देश्य

भी पूरा नहीं किया है। समस्या भ्रष्टाचार के मामले को साबित करने की आम कठिनाइयों से भी बड़ी है।

इस समस्या का एक पहलू यह है कि गवाह अदालत में गवाही देने या सबूत देने से कतराते हैं। इस सिलसिले में कौशिक बसु ने सुझाव दिया है कि रिश्वत देनेवालों को ऐसे मामलों में सजा से छूट दी जाए, जिनमें उन्हें तथाकथित रूप से परेशान किया गया हो यानी उन्हें उनका हक (उदाहरण के लिए, पासपोर्ट या रिहाइश प्रमाणपत्र) देने के लिए भी उनसे रिश्वत वसूली गई हो। इस तरह की छूट रिश्वत देनेवालों को रिश्वतखोरी की शिकायत करने की हिम्मत देगी और इस बात का अहसास रिश्वतखोरों को रिश्वत माँगने से रोकेगा।[16] भ्रष्टाचार रोकथाम कानून में इस छूट की व्यवस्था तो है लेकिन इसकी प्रासंगिक धाराओं (12 और 24) की वास्तव में अलग व्याख्याएँ की जा सकती हैं। इसलिए परेशान करके घूस वसूले जाने के मामले में रिश्वत देनेवालों के लिए इस छूट के बारे में शायद ज्यादा स्पष्टता की जरूरत है।[17]

बसु के सुझाव की निश्चित ही जाँच की जानी चाहिए, लेकिन कुछ गम्भीर समस्याओं पर भी विचार करने की जरूरत है। पहली तो यह कि रिश्वत देने को वैध बनाए जाने पर क्या नैतिक रूप से पाक-साफ लोगों को रिश्वत देने का प्रोत्साहन मिलेगा, जो वैसे तो यह काम नहीं करते? दूसरी समस्या यह हो सकती है कि क्या परेशान किए जाने पर रिश्वत देने और दूसरी तरह से रिश्वत देने में फर्क करना व्यावहारिक तौर पर कठिन होगा, जिसमें रिश्वत देने वाला उस लाभ को हासिल करने की कोशिश करता है जिसका वह हकदार नहीं है? तीसरी बात यह कि क्या सरकार एक गलत काम को माफी देने जैसा कदम उठाकर अपनी विश्वसनीयता खतरे में नहीं डालेगी? खासकर इसलिए कि रिश्वत देने और लेनेवाले के बीच सदोषता को लेकर फर्क करने का जो व्यावहारिक कारण है उसे कई लोग शायद समझ नहीं पाएँगे। इस सुझाव को अगर भ्रष्टाचार रोकथाम कानून में दर्ज छूट के प्रावधानों से आगे जाकर लागू करना है तो इस तरह के सवालों और चिन्ताओं की जाँच करनी होगी।[18]

ज्यादा महत्त्वपूर्ण बात शायद यह है कि मुकदमे को कामयाब बनाने में कई बाधाएँ हैं, जिनमें ये भी शामिल हैं—विधि व्यवस्था की कमजोरियाँ, भ्रष्ट तत्त्वों को राजनीतिक संरक्षण, पोल खोलने वालों की सुरक्षा में कमजोरी और सरकारी कर्मचारियों के खिलाफ मुकदमा चलाने की अनुमति देने में राज्य के अधिकारियों की अनिच्छा। अन्तिम मुद्दा खासकर महत्त्वपूर्ण है क्योंकि जो नियम (आश्चर्यजनक रूप से) चल रहा है, वह यह है कि किसी सरकारी कर्मचारी के खिलाफ सरकार की पूर्व अनुमति के बिना मुकदमा नहीं चलाया जा सकता और यह अनुमति शायद ही दी जाती है। भ्रष्टाचार रोकथाम कानून (धारा 19) साफ कहता है कि किसी सरकारी

सेवक द्वारा कानून के उल्लंघन का 'संज्ञान लेने' के लिए भी सम्बन्धित सरकार से 'पहले अनुमति' लेना आवश्यक है। यह निश्चित ही नौकरशाही को संरक्षण देने का अपमानजनक उदाहरण है, जिसे तुरन्त खत्म करने की जरूरत है। ऐसी ही बेलाग सुरक्षा सरकार के मंत्रियों और दूसरे निर्वाचित जनप्रतिनिधियों को प्राप्त है। और जब मुकदमा चलाने की अनुमति दी भी जाती है तो मुकदमा चलाने वाली सीबीआई जैसी एजेंसियाँ प्राय: सरकारी नियंत्रण के अधीन होती हैं, जिससे स्वतंत्र तथा निष्पक्ष कार्रवाई बेहद कठिन हो जाती है। अचरज नहीं कि सांसद लोग इस सुरक्षा और दंडमुक्ति को खत्म करने को लेकर अनिच्छुक रहते हैं, बावजूद इसके कि इसे बदलने की अनेक बार माँग हो चुकी है। जाने-माने संविधान विशेषज्ञ एवं वकील श्री ए.जी. नूरानी ने ठीक ही कहा है—"एक-दूसरे के बीच तमाम तीखे आरोप-प्रत्यारोप के बावजूद राजनीतिक दल जवाबदेही तय करने के बड़े उपायों के खिलाफ एक-दूसरे से हाथ मिला लेते हैं।"[19]

यह जवाबदेही की व्यवस्था बहाल करने और भ्रष्टाचार को खत्म करने में सामान्य कठिनाई का एक उदाहरण है। इस संघर्ष में सफलता अपेक्षित सुरक्षात्मक उपाय लागू करने की सरकारी पहल पर निर्भर है लेकिन सरकार खुद को जनता के प्रति जवाबदेह बनाए, इसके लिए कम ही प्रोत्साहन है। यह भी एक वजह है कि जवाबदेही की व्यवस्था बहाल करने का कानून (सूचना के अधिकार का कानून सहित) बनाने के प्रयासों का भारी प्रतिरोध होता रहा है। इस प्रतिरोध से पार पाना लोकतंत्र के लिए एक बड़ी चुनौती है।

परिवर्तन सम्भव है

जवाबदेही की व्यवस्था बहाल करने में एक सबसे बड़ी बाधा यह निराशावादी धारणा है कि इस मामले के और बिगड़ने के सिवा और कोई बदलाव नहीं हो सकता। यह धारणा काफी लम्बे समय से हो रहे इस अनुभव पर आधारित है कि हाल के दशकों में भारत में सरकारी कामकाज और सार्वजनिक जीवन के कई क्षेत्रों में जवाबदेही की व्यवस्था लगातार बिगड़ती ही गई है। लेकिन इस चलन को पलटा न जा सके, इसकी कोई वजह नहीं है। वास्तव में कुछ मामलों में तो इसे पलटने की प्रक्रिया शुरू भी हो गई है और आशावादी होने के कई कारण हैं।

सबसे पहली बात तो यह है कि लोग काफी मुखर और आग्रही हो रहे हैं। इसकी वजह है शिक्षा के स्तर में सुधार। शुल्क से बचना एक तरह का शोषण है, कई मामलों में तो भारी शोषण है। मसलन, तब जब सरकारी अधिकारी किसी चीज के लिए आवेदन देने वाले असहाय लोगों को 'कल आना' कह देते हैं। शिक्षा और आत्मविश्वास सत्ता के इस दुरुपयोग का व्यक्तिगत और सामूहिक तौर पर प्रतिकार करने की ताकत देता है।

दूसरी बात यह कि कानूनी और संस्थागत परिवर्तनों से भारी फर्क पड़ सकता है। निकट अतीत में इसका नाटकीय उदाहरण सूचना के अधिकार का कानून है, जिसकी चर्चा पहले की जा चुकी है। भारत में बना यह कानून दुनिया के तमाम देशों में बने इस तरह के सख्त कानूनों में गिना जाता है। इससे न केवल सूचना तक लोगों की पहुँच के मामले में बल्कि सार्वजनिक जीवन में पारदर्शिता की संस्कृति के निर्माण और सरकारी ताकत के दुरुपयोग को रोकने के मामले में भी काफी मूलभूत परिवर्तनों की शुरुआत हुई है। यह कानून लगभग किसी भी सरकारी दस्तावेज (न केवल 'दस्तावेजों' बल्कि व्यापक अर्थ में सूचनाओं) तक निर्बाध पहुँच की गारंटी देता है। ये दस्तावेज किसी भी नागरिक को 30 दिनों के अन्दर दिए जाने चाहिए, जो उनकी माँग करता है। यह कानून सभी सार्वजनिक अधिकारियों के लिए यह जिम्मेदारी तय करता है कि वे सभी जरूरी सूचनाओं को 'अपनी तरफ से उजागर' करें यानी यह करने के लिए वे किसी के आग्रह का इन्तजार न करें। माँगी गई सूचना 30 दिन के अन्दर न देनेवाले अधिकारी पर जुर्माना लगाया जा सकता है। इन अधिकारों और जिम्मेदारियों पर ताकतवर और स्वतंत्र सूचना आयुक्तों की नजर रहती है। सूचना के अधिकार की सबसे उत्साहवर्द्धक विशेषता शायद इसकी लोकप्रियता और इसका व्यापक उपयोग है। इस कानून के तहत हर साल सूचनाओं की माँग करनेवाले दस लाख से ज्यादा आवेदन दिए जाते हैं और उनमें से अधिकांश को अपनी माँगी गई सूचना हासिल करने में सफलता मिलती है।[20]

सूचना के अधिकार का कानून भ्रष्टाचार पर रोक लगाने और सार्वजनिक जीवन में जवाबदेही की व्यवस्था बहाल करने के लिए हाल में किए गए कानूनी तथा संस्थागत उपायों में से महज एक है। बहुचर्चित लोकपाल विधेयक इसका एक और सुपरिचित उदाहरण है। लेकिन और भी कई उपाय किए गए हैं मसलन—शिकायतों के निबटारे के लिए कानून तथा प्रस्तावित कानून; न्यायिक जवाबदेही; सार्वजनिक उगाही; चुनाव सुधार; कॉरपोरेट पैरोकारी; घोटालों को उजागर करनेवालों की सुरक्षा; 'सार्वजनिक सेवा का अधिकार'। इनमें से कई कानून अभी बनने हैं या उन्हें कमजोर रूप में पारित किया गया है और इनमें से कुछ (लोकपाल विधेयक सहित) में फिलहाल गम्भीर खामियाँ हैं। फिर भी, ये उपाय भारतीय राजनीति में एक महत्त्वपूर्ण घटना हैं और इनसे काफी उम्मीदें बँधती हैं।

तीसरे, भ्रष्टाचार और कर्तव्य पालन में गड़बड़ी की रोकथाम में आधुनिक तकनीक के बेहतर उपयोग की काफी गुंजाइश है। कम्प्यूटरीकरण एक प्रकट उदाहरण है। उदाहरण के लिए, कई राज्यों ने सार्वजनिक वितरण प्रणाली (पीडीएस) का कम्प्यूटरीकरण करके इसमें घोटाले को कम करने में सफलता पाई है और दूसरे महकमे भी इस दिशा में आगे बढ़ रहे हैं।[21] मोबाइल फोन ने उन सरकारी कर्मचारियों तक पहुँचना आसान बना दिया है, जो पहले हमेशा 'अपनी जगह से

बाहर' रहा करते थे। स्मार्ट कार्ड ऐसे रेकॉर्ड तैयार करते हैं जिन्हें बदला नहीं जा सकता और पहचान को लेकर घपले के खिलाफ बायोमेट्रिक एक कारगर साधन बन सकता है। इन आविष्कारों की अपनी सीमाएँ हैं और उनका दुरुपयोग भी किया जा सकता है, और वे दीर्घकालिक रूप से मददगार होते हुए भी महत्त्वपूर्ण अल्पकालिक गड़बड़ी पैदा कर सकते हैं।[22] उनका आंकलन करने और उन पर सार्वजनिक बहस करने की जरूरत है लेकिन इसका अर्थ यह नहीं है कि उनके रचनात्मक उपयोग की सम्भावना नहीं है। इन नई तकनीकों का केवल निजी लाभ (क्योंकि उनका व्यापक उपयोग हो रहा है) के लिए नहीं बल्कि सामाजिक उद्देश्यों के लिए उपयोग करना एक चुनौती है।

चौथी बात यह है कि सत्ता और निर्णय के अधिकारों का विकेन्द्रीकरण अभी काफी प्रारम्भिक चरण में है। अधिकतर राज्यों का अभी भी स्थानीय शासन की ग्राम पंचायत और ग्राम सभा सरीखी प्रभावी संस्थाओं का निर्माण करना बाकी है (इसमें केरल एक अपवाद है)। ग्राम पंचायत का मुखिया आन्तरिक रूप से लोगों के प्रति प्रखंड विकास पदाधिकारी से ज्यादा करीब हो सकता है लेकिन वह मतदाताओं की ज्यादा पहुँच में और उनके प्रति ज्यादा जवाबदेह होता है। पंचायती राज संस्थाओं में महिलाओं तथा वंचित तबकों के लिए सीटें आरक्षित की गई हैं और इस बात के प्रमाण भी मिले हैं कि 'इससे अभावग्रस्त लोगों को स्थानीय सार्वजनिक सेवाएँ उपलब्ध कराने में मदद मिली है।'[23] इस बात के भी संकेत हैं कि जिन राज्यों में पंचायती राज संस्थाएँ सक्रिय हैं, वहाँ लोग अपनी आवाज उठाने के लिए इन संस्थाओं का उपयोग करना जल्दी सीख रहे हैं। उदाहरण के लिए, राजस्थान (जिसे भारत के सबसे 'प्रगतिशील' राज्यों में नहीं गिना जाता) के 105 गाँवों में 2000 परिवारों के बीच किए गए एक ताजा सर्वे में शामिल तीन चौथाई लोगों ने बताया कि वे सार्वजनिक सेवाओं की माँग करने के लिए सरकारी अधिकारियों के पास जाते हैं और तीन में से करीब दो मामलों में पहले पंचायत के सदस्यों से अपील की जाती है।[24] यहाँ भी भविष्य के लिए महत्त्वपूर्ण सम्भावनाएँ हैं, उपलब्धियाँ भले ही सीमित रही हों।

पाँचवीं बात, इन सभी बातों और जवाबदेही के मसलों (मीडिया में रहस्योद्घाटन और सार्वजनिक विचार-विमर्श) के लोकतांत्रिक समाधान के दूसरे प्रयासों से सामाजिक मानदंडों, विचार प्रक्रियाओं और कार्यसंस्कृति में महत्त्वपूर्ण बदलाव आ सकता है। कुछ हद तक तो ऐसा हो भी गया है। उदाहरण के लिए, कोई सरकारी कर्मचारी अगर किसी फाइल पर 'गोपनीय' लिखता है (जैसा कि पहले दैनन्दिन मामलों या मामूली सूचना तक के लिए लिखा जाता था) और फाइल राष्ट्रीय सुरक्षा से सम्बन्धित न हो, तो आज उसका मखौल उड़ाया जाता है। पारदर्शिता के अनुशासन को नौकरशाही ने झुँझलाते हुए स्वीकार कर लिया है और अब यह बना रहनेवाला

है। यह उम्मीद करना अनुचित न होगा कि एक दिन घूस माँगने वाले नौकरशाह की भर्त्सना और लानत-मलामत की जाएगी क्योंकि रिश्वतखोरी आज की तरह स्वीकार नहीं की जाएगी। जब अधिकतर लोग निजी लाभ के लिए सार्वजनिक संसाधनों के उपयोग के बारे में सोचना बन्द कर देंगे, तभी भ्रष्टाचार के खिलाफ लड़ाई में असली जीत होगी।

अन्तिम मगर महत्त्वपूर्ण बात यह है कि सार्वजनिक क्षेत्र की जवाबदेही की राजनीति में बदलाव आ रहा है। सार्वजनिक क्षेत्र की जवाबदेही तय करने के लिए हाल तक कोई संगठित माँग नहीं हुई थी। वामपन्थी राजनीति इस समस्या को शायद ही स्वीकार करती थी। भारत में सरकारी कर्मचारी मुख्यधारा के वामपन्थी दलों के मजबूत आधार रहे हैं। ये दल इस विचार को शायद ही मानते हैं कि कोई सरकारी कर्मचारी सार्वजनिक कल्याण के काम में रोड़ा बन सकता है। कट्टर दक्षिणपन्थी दलों ने सार्वजनिक क्षेत्र को लगभग खारिज ही कर दिया था, उनके लिए कार्यकुशलता में थोड़ी-बहुत कमी या बेहतरी कोई मसला नहीं था। दक्षिणपन्थ का एजेंडा सार्वजनिक क्षेत्र में सुधार का नहीं बल्कि निजीकरण का था। इस सबने मिलकर सार्वजनिक क्षेत्र की जवाबदेही के प्रति 'उदासीनता का वाम-दक्षिण गठबन्धन' बना दिया था।

अब लोग जब ज्यादा जवाबदेही की माँग करना सीख रहे हैं, यह उदासीनता घट रही है। इसमें उन कई तरह के सार्वजनिक अभिक्रमों और सामाजिक आन्दोलनों का भी योगदान है, जो इस माँग को मुखर कर रहे हैं।[25] इनमें से कुछ अभिक्रम दूसरे अभिक्रमों से ज्यादा प्रेरणादायी हैं लेकिन यह एक तथ्य है कि निर्वाचित प्रतिनिधि और सरकारी कर्मचारी अब जनता की जाँच की जद में पहले से ज्यादा आ गए हैं। यह तथ्य निश्चित ही प्रगति की निशानी है। जिन कानूनी सुधारों की पहले चर्चा हो चुकी है, वे सार्वजनिक जीवन में जवाबदेही के लिए बढ़ती माँग के जवाब में किए गए हैं।

परिवर्तन की इन शक्तियों से फर्क पड़ रहा है, इसके कुछ प्रमाण दिखने भी लगे हैं। मीडिया रिपोर्टों को लें, तो यह धारणा बनेगी कि भ्रष्टाचार बेहिसाब बढ़ रहा है। और कुछ तरह के भ्रष्टाचार, खासकर कॉरपोरेट क्षेत्र से उत्पन्न होनेवाले भ्रष्टाचार में अभूतपूर्व वृद्धि हुई है। लेकिन कुछ हद तक यह भी हुआ है कि जनता की बढ़ती जाँच-पड़ताल और भ्रष्टाचार का भंडाफोड़ करने के नए अधिकारों (खासकर सूचना के अधिकार के कानून) के कारण भ्रष्टाचार ज्यादा 'दिखने' लगा है। इस बात के प्रमाण कम हैं कि दैनन्दिन जीवन में भ्रष्टाचार से लोगों का ज्यादा सामना हो रहा है। वास्तव में, सेन्टर फॉर मीडिया स्टडीज के ताजा अध्ययन 'इंडिया करप्शन स्टडीज' के अनुसार, 2005 में अगर 70 प्रतिशत भारतीय लोग यह महसूस करते थे कि भ्रष्टाचार बढ़ गया है, तो 2010 में उनका अनुपात घटकर 45 प्रतिशत

था; भ्रष्टाचार में 'कमी' महसूस करनेवालों का अनुपात इस बीच 6 प्रतिशत से बढ़कर 29 प्रतिशत यानी पाँच गुना हो गया। शायद इससे महत्त्वपूर्ण बात यह है कि रिश्वत देनेवाले ग्रामीण परिवारों का अनुपात 2005 में 56 प्रतिशत से घटकर 2010 में 28 प्रतिशत रह गया था।[26] यहाँ सन्तुष्ट होने की कोई बात नहीं है क्योंकि दोनों सर्वे सर्वव्यापी भ्रष्टाचार और उसमें बढ़ोतरी की मजबूत धारणा की ओर संकेत करते हैं। बहरहाल, सुधार के कुछ महत्त्वपूर्ण लक्षणों पर गौर करना जरूरी है, खासकर रिश्वत देनेवाले परिवारों के प्रतिशत में गिरावट पर।

यह मानना बचकाना होगा कि पारदर्शिता और जवाबदेही के लिए लड़ाई जीती ही जानेवाली है। वैसे, कम-से-कम एक गम्भीर लड़ाई हो रही है। बहुत दिन नहीं हुए जब भ्रष्टाचार के खिलाफ अभियान छेड़ने की किसी भी कोशिश को नाउम्मीदी से भरी कपोल कल्पना माना जा सकता था। आज, लाखों लोग किसी-न-किसी तरह इस लड़ाई से जुड़े हैं। इस लड़ाई का नतीजा भारतीय नागरिकों के जीवन पर राज्यतंत्र के रचनात्मक प्रभाव और उससे मिलने वाली सहायता की सम्भावनाओं के लिए निर्णायक होगा।

आचरण और सामाजिक प्रतिमान

व्यवस्था में सुधार के अतिरिक्त आचरण सम्बन्धी परिवर्तन की महत्त्वपूर्ण भूमिका है, जो जवाबदेही और सार्वजनिक सेवा की शर्तों को आचरण सम्बन्धी प्रतिमानों के और करीब लाती है। इस बात से इनकार नहीं किया जा सकता कि नीतिगत फैसलों या केवल सार्वजनिक पैरवी के जरिए लोगों के आचरण में सुधार लाना बहुत कठिन है। इस सुधार में समय लगता है और बौद्धिक आग्रह और वास्तविक आचरण के बीच प्राय: एक खाई रह जाती है। इन कारणों से सन्देह बना रहना उचित भी है लेकिन इस सन्देह के कारण आचरण के चालू तरीकों को भाग्य मानकर स्वीकार करने की जरूरत नहीं है। इस मामले में, अन्तर्निहित और प्राय: दोहराई जानेवाली यह धारणा सन्देह और संशय को जन्म दे सकती है कि मानव आचरण मूलत: आत्मकेन्द्रित और निजी लाभ के इर्द-गिर्द केन्द्रित होता है, चाहे इसके लिए किसी भी सामाजिक मानक की बलि क्यों न चढ़ानी पड़े।

आर्थिक, राजनीतिक और सामाजिक आचरण के हरेक दायरे से इस बात के प्रमाण मिलते हैं कि आचरण सम्बन्धी कई आत्म-आरोपित नियमों को लोग परोक्ष तौर पर स्वीकार करके अपने आचरण को तय करते हैं। यही नहीं, लोग वास्तविक मानव आचरण में संकीर्ण निजी हित से अलग दूसरी चिन्ताओं के लिए भी अलग-अलग प्रकार से गुंजाइश बनाते हैं। यहाँ तक कि पैसे बनाने की जुगत में लगे अपराधी भी 'गिरोह की आचार संहिता' का पालन करते हैं और 'चोरों के बीच की आपसी ईमानदारी' महज खोखली कहावत नहीं है। बहुत कुछ इस पर निर्भर करता

है कि किसी खास समाज में आचरण के स्थापित नियम क्या हैं। एडम स्मिथ ने अपनी पुस्तक 'द थिअरी ऑफ मॉरल सेंटिमेंट्स' में लिखा है—

> "कई लोग बहुत शालीन आचरण करते हैं और जीवन-भर किसी भी आरोप से बचते रहते हैं। लेकिन उनके आचरण को जिस भावना के तहत प्रशंसनीय पाते हैं उसके औचित्य को लेकर शायद वे कुछ भी महसूस नहीं करते बल्कि उसी के आधार पर आचरण करते हैं जिन्हें वे आचरण के स्थापित नियम मानते हैं।"

आज भारत में मुश्किल यह है कि व्यापारिक लेन-देन और सार्वजनिक जीवन में, आचरण के स्थापित नियमों के मामले में निरन्तर गिरावट आई है। अवैध वित्तीय वसूली को स्वीकार्य व्यवहार मान लिया गया है। और इस दुश्चक्र का उलटा सुचक्र है जिसके तहत आर्थिक आचरण के मानक नियमों की ज्यादा निगरानी से उनका और ज्यादा पालन सुनिश्चित होता है।*

सामाजिक तौर पर उपयोगी आचार संहिता का प्रस्ताव करते हुए पूरी तरह आत्मकेन्द्रित व्यक्ति को पूरी तरह सादगीपसन्द व्यक्ति में बदलने की कोशिश नहीं की जाती। यह मनुष्य के फैसलों को रेखांकित करनेवाले बहुद्देश्यीय आचरण में जिन बिन्दुओं पर जोर दिया जाना है, उन्हें बदलने के सवाल से जुड़ा है। वह 'अतिरिक्त' तत्व सामाजिक सम्बन्धों—परिवार, मित्र, सहकर्मी, राजनीतिक सहयोगी, साथी व्यापारी, दल के दूसरे सदस्यों और सभी मनुष्यों तक—से जुड़े हर मानव आचरण में मौजूद होता है।

फिर भी, आचरण सम्बन्धी मानकों और व्यवहारों में बदलाव के प्रयास महत्त्व तो रखते हैं लेकिन वे दूसरी तरह के संस्थागत सुधारों का विकल्प नहीं बन सकते। अर्थव्यवस्था को संगठित करने और व्यापार जगत तथा राजनीति के बीच के रिश्ते को संचालित करनेवाले नियम बनाने के लिए कानूनी तथा संस्थागत ध्यान देने की जरूरत होती है और इसे आगे बढ़ाने की कोशिशों को आचरण सम्बन्धी सुधार की उम्मीद में बन्द नहीं करना चाहिए। वास्तव में, संस्थागत सुधार और आचरण सम्बन्धी संहिता को एक-दूसरे के पूरक के रूप में देखना चाहिए, दोनों एक-दूसरे को काफी मजबूती दे सकते हैं।

अन्ततः मीडिया की सक्रियता संस्थागत सुधारों की माँग करने, उन्हें प्रोत्साहित करने और मानव आचरण को प्रभावित करने में एक निश्चित भूमिका निभाने की होनी चाहिए। प्रोत्साहनों से लोगों की सक्रियता बढ़ती है। अपने लिए अच्छा काम करना कोई वासना नहीं है, और यह स्वीकार करना मनुष्यता का अपमान करना नहीं है कि पूर्णतः निःस्वार्थ आचरण काफी दुर्लभ है। प्रोत्साहन केवल वित्तीय लाभ या कमाई के रूप में नहीं होता। सार्वजनिक प्रशंसा भी सकारात्मक प्रभाव डालती है

* इस मामले में एडम स्मिथ की पुस्तक 'द थिअरी ऑफ मॉरल सेंटिमेंट्स' (1759, 1790) देखें। स्मिथ का उद्धरण पृष्ठ 162 से है। सेन के निबन्धों (2002[a]) को भी देखें।

और नाम जाहिर करके शर्मसार करना हतोत्साहित करने का बड़ा औजार बन सकता है। स्मिथ ने कहा कि 'प्रशंसनीयता' हमें नैतिक सोच की ओर सबसे ज्यादा प्रवृत्त कर सकती है, लेकिन उन्होंने यह भी कहा कि वास्तविक प्रशंसा ही लोगों को प्रोत्साहित करती है, उसी तरह जैसे वास्तविक आरोप लोगों को हतोत्साहित करता है।[27] यहाँ मीडिया एक बड़ी भूमिका निभा सकता है।

मीडिया की निगरानी का महत्त्व तो है लेकिन इसकी कोई भी व्यवस्था जवाबदेही बहाल करने या भ्रष्टाचार को खत्म करने के लिए अपने आपमें काफी नहीं हो सकती। समझदारी भरा सार्वजनिक विमर्श भ्रष्टाचार के प्रति लोगों की असहनशीलता को स्पष्ट तौर पर मुखर तो कर सकता है लेकिन यह अपने आपमें पर्याप्त फर्क नहीं ला सकता। इसी तरह, संस्थागत सुधार यद्यपि फायदे पहुँचाने वाले कदाचार को 'सामान्य' आचरण की ओर मोड़ तो सकते हैं लेकिन अपने बूते परिवर्तन नहीं ला सकते। लेकिन ये सभी अभिक्रम साथ मिलकर कदाचार के वातावरण में धीरे-धीरे बड़ा बदलाव ला सकते हैं और समाज को, स्मिथ के शब्दों में, 'आचरण' के अलग किस्म के 'स्थापित नियमों' की ओर ले जा सकते हैं।

ऐसा कोई 'रामबाण' नहीं है, जो अकेले ही जवाबदेही को चलन में ला सके। बल्कि हमें कई उन उपायों को आजमाना पड़ेगा जिनके तहत ये बातें सम्भव हों—प्रशासनिक तथा जाँच व्यवस्था में सुधार, प्रोत्साहन व्यवस्था के ढाँचे में परिवर्तन, उपयुक्त कानूनी सुधार, वित्तीय बेईमानी के प्रति सामाजिक सहनशीलता में कमी लाना, सूचना के अधिकार कानून में दर्ज प्रावधानों के उपयोग में विस्तार और खोजी पत्रकारिता को गैरजवाबदेही भरे कदाचार के बारे में व्यवस्थित तरीके से रिपोर्ट देने के लिए तैयार करना। इन सबसे होनेवाली प्रगति की शुरुआत धीमी हो सकती है लेकिन आचरण सम्बन्धी बदलाव के गुणात्मक दायरे की विशेषताओं में अप्रत्याशित तेजी आ सकती है। यह इटली जैसे देश के अनुभव से देखा जा सकता है, जो बहुत दिन नहीं हुए जब उस संकट से ग्रस्त था, जिसे 'डिओंटोलॉजिकल' संकट नाम दिया गया है।* ('डिओंटोलॉजी' दर्शन के तहत कर्म के साथ ही कुछ नैतिक पहलू जुड़े माने गए, जो कर्म के परिणाम पर निर्भर नहीं होते)। दुनिया बार-बार देख चुकी है कि जो चीज सुधार से एकदम परे दिखती है, वह उतनी नाउम्मीदी भरी भी नहीं होती।

---

* हममें से एक व्यक्ति ने इटली की संसद के माफिया विरोधी आयोग के सरकारी सलाहकार का काम किया था। 1992-94 में इस आयोग के अध्यक्ष लुसियानो वायोलेंते थे। इस आयोग को अन्य बातों के अलावा इस बात की जाँच करनी थी कि भ्रष्टाचार क्यों बढ़ा है और अपराध की दुनिया से इसका क्या रिश्ता है। काबिले-गौर बात यह थी कि वित्तीय कदाचार करनेवाले खुद अपनी करतूत को यह कहकर किस तरह उचित ठहराते हैं कि ''हमीं नहीं, हर कोई ऐसा कर रहे हैं'' कि ''प्रतियोगिता से भरी इस दुनिया में मैं भी दूसरों की तरह का आचरण न करता, तो जीना मुश्किल था''। आचरण सम्बन्धी मानक जब आगे बढ़े, तो सुधरे हुए आचरण के पालन में आशंका से ज्यादा तेजी भ्रष्टाचार के लिए बदनाम देशों में भी दिखी।

अध्याय : पाँच

शिक्षा का केन्द्रीय महत्त्व

रवीन्द्रनाथ ठाकुर ने एक सशक्त विश्लेषण प्रस्तुत करते हुए कहा था, ''मेरा मानना है कि भारत के कलेजे पर गरीबी का जो भारी बोझ पड़ा है, उसकी एकमात्र वजह है अशिक्षा।''[1] यह टिप्पणी कुछ अतिशयोक्तिपूर्ण लग सकती है क्योंकि यह भारत के सामने जो तमाम समस्याएँ हैं उनमें से केवल एक कारक को अलग से रेखांकित करती है। फिर भी, ठाकुर जो फैसला दे रहे हैं, वह गहरा अर्थ रखता है।

विकास तथा सामाजिक प्रगति की प्रक्रिया में बुनियादी शिक्षा की जो भूमिका है, वह काफी व्यापक और बेहद महत्त्वपूर्ण है। पहली बात तो यह कि पढ़ने-लिखने-गिनने की क्षमता हमारे जीवन के स्तर पर जबरदस्त प्रभाव डालती है। यह दुनिया को समझने-बूझने, एक सूचनासम्पन्न जीवन जीने, दूसरों के साथ संवाद करने और जो कुछ घट रहा है उससे जुड़े रहने की हमारी स्वाधीनताओं को प्रभावित करती है। जिस समाज में, खासकर आधुनिक विश्व के समाज में, जहाँ लिखित माध्यम पर इतना कुछ निर्भर हो, वहाँ अशिक्षित होना एक कैद की जिन्दगी जीने जैसा है। स्कूली शिक्षा उस फाटक को खोलती है, जिसके जरिए लोग इस कैद से मुक्ति पा सकते हैं।

दूसरी बात, हमारे आर्थिक अवसर और रोजगार की सम्भावनाएँ बहुत कुछ हमारी शैक्षिक योग्यता और हुनर पर निर्भर करती हैं। एक साधारण रोजगार के लिए भी, लिखित सूचनाओं को समझने और किसी काम से जुड़ी संख्याओं का हिसाब रखने की क्षमता जरूरी योग्यता बन सकती है, खासकर इसलिए कि उत्पादन तथा वितरण के क्षेत्र में विशिष्ट योग्यता की जरूरत बढ़ती जा रही है। वाणिज्य-व्यापार के भूमंडलीकरण की इस दुनिया में शिक्षा की जरूरत खासतौर पर बढ़ती जा रही है। चीन जैसी अर्थव्यवस्था की सफलता का श्रेय काफी हद तक सुशिक्षित कामगारों की क्षमता को जाता है, जो पूरी दुनिया के लिए सामान के उत्पादन तथा सेवाओं के निष्पादन से जुड़े गुणवत्ता-नियंत्रण तथा हुनर की जरूरतों को पूरा करते हैं।

तीसरी बात, अशिक्षा लोगों की राजनीतिक आवाज को दबाती है और इस तरह उनकी असुरक्षा में प्रत्यक्ष योगदान देती है। आवाज उठाने की क्षमता और सुरक्षा के

बीच के सम्बन्ध को अक्सर कम करके आँका जाता है। इस बात से इनकार नहीं किया जा सकता कि कोई लोकतंत्र तब भी सफल हो सकता है जब उसके अधिकतर लोग अशिक्षित हों। इस बात पर खासतौर से जोर देने की जरूरत है क्योंकि इस सच को प्राय: इस बेहद प्रतिक्रियावादी तर्क के शोर में भुला दिया जाता है कि अशिक्षित लोगों के लिए लोकतांत्रिक अधिकारों का कोई मतलब नहीं है। फिर भी, यह माना जा सकता है कि लोगों की लोकतांत्रिक आवाज तब कहीं ज्यादा दूर तक पहुँच पाएगी जब राजनीतिक अवसरों को सामाजिक ताकत, पत्र-पत्रिकाएँ तथा पुस्तकें पढ़ने और एक-दूसरे के साथ संवाद करने की क्षमता का सहारा मिलेगा। मुद्दा यह नहीं है कि कोई लोकतंत्र प्रभावी हो सकता है या नहीं, बल्कि यह है कि अपर्याप्त स्कूली शिक्षा के कारण अशिक्षा के चलते लोगों की दबी-घुटी आवाजों को अगर मुक्त कर दिया जाए तो लोकतंत्र और कितना प्रभावी हो जाएगा।

चौथी बात, बुनियादी शिक्षा आमतौर पर स्वास्थ्य सम्बन्धी समस्याओं और खासकर सार्वजनिक स्वास्थ्य के मसलों को हल करने में बड़ी भूमिका निभा सकती है। विशिष्ट स्वास्थ्य शिक्षा (उदाहरण के लिए, संक्रमण फैलने के कारणों और रोगों की रोकथाम के उपायों के बारे में) कितनी महत्त्वपूर्ण है, यह सहज समझा सकता है। लेकिन सामान्य शिक्षा भी व्यक्ति की सोचने की क्षमता बढ़ा सकती है और इस तरह सामाजिक समझदारी पैदा कर सकती है, जो महामारी सम्बन्धी समस्याओं का सामना करने में बेहद महत्त्वपूर्ण साबित हो। वास्तव में, कुछ अध्ययनों से स्पष्ट हुआ है कि स्वास्थ्य के मामले में सामान्य स्कूली शिक्षा विशिष्ट स्वास्थ्य शिक्षा से भी ज्यादा बड़ा प्रभाव डाल सकती है। स्कूली शिक्षा सार्वजनिक स्वास्थ्य के उपायों मसलन, टीकाकरण, स्वच्छता या महामारी की रोकथाम से सम्बन्धित उपायों को लागू करना भी आसान बनाती है।

पाँचवीं बात, जिन्हें व्यापक परिभाषा के तहत मानवाधिकार कहा जाता है उनकी विविधता और पहुँच के बारे में जनमत में परिवर्तन लाने में शैक्षिक विकास प्राय: प्रमुख उत्प्रेरक रहा है।[2] उदाहरण के लिए, केरल—और हाल के दिनों में हिमाचल प्रदेश—में शिक्षा के विकास ने स्वास्थ्य सेवा की माँग में वृद्धि की है। यह माँग बेहतर सेहत के लिए स्वास्थ्य सम्बन्धी सुविधाएँ तथा सेवाएँ मुहैया कराने में समाज की भूमिका को लेकर ज्यादा स्पष्ट धारणा के विकास से पैदा हुई है। स्कूली शिक्षा और साक्षरता के प्रसार का परिणाम यह हुआ है कि मानवाधिकारों के बारे में समझ और स्पष्ट हुई है। आज मानवाधिकारों को लेकर जो वैश्विक जनमत बन चुका है उसके मुताबिक तो स्वास्थ्य सेवाओं को भी निश्चित तौर पर इनमें शुमार किया जाएगा।

छठी बात, कानूनी अधिकारों—जो लोगों को पहले ही विधायिका की ओर से मंजूर हो चुके हैं लेकिन जिनका उपयोग वे नहीं कर पा रहे हैं—के बारे में समझ

और उनके उपयोग को भी शिक्षा प्रभावित कर सकती है। जब लोग अशिक्षित होते हैं तब कानूनी अधिकारों के बारे में उनकी समझदारी, उन अधिकारों का सहारा लेने और उपयोग करने की उनकी क्षमता काफी सीमित हो जाती है। यह बात खासकर महिलाओं के बारे में लागू होती है, जो कि बांग्लादेश के सन्दर्भ में वर्षों पहले सलमा शोभन के उदाहरण से स्पष्ट होती है। वहाँ अशिक्षा महिलाओं के अधिकारों की राह में सबसे बड़ा रोड़ा थी।[3] स्कूली शिक्षा का अभाव वंचित तबकों को स्थापित कानूनी अधिकारों के उल्लंघन का प्रतिरोध करने के साधनों से दूर करके असुरक्षाबोध पैदा करता है।

सातवीं बात, अब इस बात के काफी प्रमाण उपलब्ध हैं कि लड़कियों को स्कूली शिक्षा देने से पारिवारिक फैसलों में महिलाओं की आवाज तथा ताकत की भूमिका काफी बढ़ जाती है। महिलाओं की आवाज परिवार में समानता के सामान्य महत्त्व को स्थापित करके कई दूसरे सामाजिक परिवर्तन ला सकती है। इस मामले में एक सबसे महत्त्वपूर्ण तथ्य यह है कि महिलाओं के सशक्तिकरण का असर प्रजनन दर में गिरावट के रूप में सामने आता है। यह कोई आश्चर्य की बात नहीं है, क्योंकि बार-बार बच्चों के लालन-पालन के कारण युवा महिलाओं का जीवन सबसे ज्यादा प्रभावित होता है। और जो चीज उनकी आवाज को ताकत देती है और उनके हितों की ओर ज्यादा ध्यान खींचती है, वह उनके जल्दी-जल्दी गर्भधारण को रोकने की कोशिश करती है। इसके अलावा, महिलाओं की शिक्षा बच्चों की मृत्यु-दर को कम करती है। कई देशों से इस बात के प्रमाण मिले हैं कि महिला साक्षरता और बच्चों के जीवन के बीच एक गहरा सम्बन्ध है।[4]

आठवीं बात, हालाँकि शिक्षा वर्गगत बन्धनों के खिलाफ कोई जादुई रामबाण नहीं है लेकिन यह वर्ग तथा जाति के विभाजनों से जुड़ी विषमताओं को कम करने में काफी मदद कर सकती है। जैसा कि अध्याय 1 में विचार किया गया है, स्तरीकरण भारत के आर्थिक तथा सामाजिक विकास में एक बड़ी बाधा बना हुआ है, और शिक्षा का प्रसार भारतीय समाज को कमजोर करनेवाले कारक को कमजोर करने का एक महत्त्वपूर्ण साधन है।

अन्तिम और महत्त्वपूर्ण बात, शिक्षण और अध्ययन को अगर सुव्यवस्थित और सुसंगठित रूप से चलाया जाए तो यह बेहद आनन्ददायी तथा रचनात्मक उपक्रम हो सकता है। स्कूली शिक्षा युवाओं के जीवन की गुणवत्ता में काफी वृद्धि कर सकती है, उन्हें दीर्घकालिक लाभ तो देती ही है। इसका अहसास औसत भारतीय स्कूली बच्चे को शायद नहीं हो सकता है, जिसे प्राय: उबाऊ और उग्र माहौल में पढ़ाई करनी पड़ती है और कई बच्चों को तो शारीरिक सजा भी भुगतनी पड़ती है। फिर भी, अधिकतर बच्चों के लिए स्कूली शिक्षा बाल मजदूरी या घरों में नौकरी या दूसरे श्रम करने से बेहतर है और यह उनके जीवन को आनन्ददायी तथा फलदायी भी बनाती है।

बुनियादी शिक्षा मनुष्य के जीवन में क्या बदलाव ला सकती है, यह सहज ही देखा जा सकता है। इसे निर्धनतम परिवार भी सहर्ष स्वीकार करते हैं। आमतौर पर यही कहा जाता है कि भारतीय माता-पिता अक्सर अपने बच्चों, खासकर लड़कियों को स्कूल नहीं भेजना चाहते या इसका विरोध करते हैं। लेकिन इसके विपरीत काबिले-गौर बात यह है कि भारत में सबसे अभावग्रस्त और गरीब परिवार भी सभी बच्चों को शिक्षित करने के महत्त्व को कितनी आसानी से स्वीकार करते हैं, यह 1999 में प्रकाशित 'पब्लिक रिपोर्ट ऑन बेसिक एजुकेशन' ('प्रोब' रिपोर्ट) का एक प्रमुख निष्कर्ष था। हाल के—उदाहरण के लिए प्रतीची ट्रस्ट—के अध्ययन ने भी यह बात दोहराई है।[5] अक्सर किए जानेवाले दावों के विपरीत व्यवस्थित प्रयोगमूलक अध्ययनों ने पाया है कि माता-पिता अपने बेटे-बेटियों को स्कूल भेजने के प्रति गम्भीर अनिच्छा नहीं जाहिर करते, बशर्ते उनके पड़ोस में स्कूल भेजने की ऐसी सुविधा हो जो उनकी पहुँच में हो और प्रभावी हो। जिन मामलों में कुछ हिचक दिखी, वह स्कूली व्यवस्था के स्वरूप के कारण थी, उदाहरण के लिए बच्चों—खासकर लड़कियों—की सुरक्षा को लेकर, जहाँ स्कूल माता-पिता के कार्यस्थल से काफी दूरी पर थे या जहाँ स्कूल में केवल एक शिक्षक था, जो कुछ दिनों के लिए स्कूल से गैरहाजिर भी रह जाता था।[6]

विकास और शिक्षा

शिक्षा और विकास के बीच क्या रिश्ता है तथा शैक्षणिक परिवर्तन लाने में सार्वजनिक सेवाओं की कितनी अहम भूमिका है, इसे एडम स्मिथ ने 200 साल पहले ही स्पष्ट तौर पर देख लिया था और उन्होंने इस बात का उत्कृष्ट विश्लेषण प्रस्तुत कर दिया था कि बाजार तंत्र किस तरह सफलतापूर्वक काम कर सकता है। वे चाहते थे कि सार्वजनिक शिक्षा के लिए सरकारी संसाध्नों का और ज्यादा उपयोग किया जाए। उन्होंने तर्क पेश किया था—

> 'सार्वजनिक तंत्र काफी कम खर्चे पर पूरी जनता के लिए सबसे जरूरी शिक्षा हासिल करना आसान बना सकता है, उसे इसके लिए प्रोत्साहित कर सकता है और दबाव डाल सकता है।'[7]

यूरोप तथा अमेरिका के अनुभव, जिनका काफी गहराई से अध्ययन किया जा चुका है, बड़े जोरदार ढंग से इस बात को रेखांकित करते हैं कि सरकारी अभिक्रम से शिक्षा का प्रसार आर्थिक तथा सामाजिक विकास को सम्भव और टिकाऊ बनाने में कितनी व्यापक भूमिका निभा सकता है।

इन अनुभवों ने एशिया की उभरती अर्थव्यवस्थाओं को भी 19वीं सदी के बाद प्रेरणा प्रदान की। स्कूली शिक्षा की परिवर्तनकारी भूमिका 19वीं सदी के मध्य में जापान में स्पष्ट तौर पर उभरकर सामने आई। एशिया में आधुनिक विकास की पहल करनेवाला अग्रणी देश जापान ही था।[8] 1868 में मेजी पुनरुद्धार के दौरान साक्षरता

दर के मामले में जापान यूरोप को पीछे छोड़ चुका था, हालाँकि न तो वहाँ कोई औद्योगीकरण हुआ था और न आधुनिक आर्थिक विकास हुआ था, जबकि यूरोप एक सदी से आधुनिक विकास के अनुभव ले रहा था। जैसा कि हमने अध्याय 2 में कहा है, 1872 में जारी शिक्षा की मूलभूत संहिता ने यह स्पष्ट सार्वजनिक प्रतिबद्धता घोषित की थी कि 'किसी भी समुदाय में कोई परिवार अशिक्षित नहीं रहेगा और न किसी परिवार में कोई व्यक्ति अशिक्षित रहेगा।' जापान में यह रचनात्मक राज्यतंत्र था, जो भले ही निरंकुश था मगर जिसने सार्वभौमिक स्कूली शिक्षा को जोरदार तरीके से लागू किया।

मेजी युग (1868–1912) के दौरान जापान के विकास के प्रारम्भिक दौर में शिक्षा पर सबसे ज्यादा जोर दिया गया था। उदाहरण के लिए, 1906 से 1911 के बीच पूरे जापान में शहरों और गाँवों के बजट का 43 प्रतिशत भाग शिक्षा पर खर्च होता था।[9] इस दौरान खासतौर से प्रारम्भिक शिक्षा में काफी तेजी से प्रगति हुई और नियुक्तियाँ करनेवाले सेनाधिकारी इस तथ्य से काफी प्रभावित थे कि 1893 में सेना में भर्ती होनेवाले एक तिहाई नए रंगरूट अशिक्षित होते थे जबकि 1906 में शायद ही कोई नया रंगरूट अशिक्षित होता था। 1910 में जापान के लगभग सारे युवा साक्षर हो गए थे और 1913 में वह हालाँकि ब्रिटेन या अमेरिका के मुकाबले काफी गरीब था मगर वह ब्रिटेन के मुकाबले ज्यादा किताबें प्रकाशित कर रहा था और अमेरिका के मुकाबले दोगुनी से ज्यादा किताबें प्रकाशित कर रहा था। जापान की आर्थिक तथा सामाजिक प्रगति के स्वरूप और गति को काफी हद तक इस बात ने निर्धारित किया कि उसने शिक्षा पर जोर दिया।

यह एक तथ्य है कि आमतौर पर मानव विकास और खासकर स्कूली शिक्षा अमीरों और साधनसम्पन्न लोगों से ज्यादा गरीबों की पहली तथा अग्रणी सहयोगी होती है। इस समझ ने आधुनिक इतिहास के पूरे दौर में जापान के आर्थिक विकास की रणनीति को निर्धारित किया। बाद में दक्षिण कोरिया, ताइवान, सिंगापुर, हांगकांग और बेशक चीन ने भी इसी रास्ते को अपनाया और बुनियादी शिक्षा पर जोर दिया, जिसे सरकार ने आगे बढ़ाया। पूर्वी एशिया की तेज आर्थिक प्रगति को और वैश्विक बाजार केन्द्रित अर्थव्यवस्था के बेहतर उपयोग की उसकी तैयारी को प्रायः रेखांकित किया जाता है, जो सही भी है। लेकिन इस प्रक्रिया को सार्वजनिक शिक्षा के क्षेत्र में इन देशों की उपलब्धियों से भारी मदद मिली। वैश्विक अर्थव्यवस्था में व्यापक भागीदारी करना तब मुश्किल होता है जब लोग लिखना-पढ़ना नहीं जानते हों।

पिछड़ गया भारत

विडम्बनापूर्ण बात यह है कि भारत के राष्ट्रीय आन्दोलन में शिक्षा पर तो खूब जोर दिया जा रहा था मगर यहाँ स्कूली शिक्षा का विस्तार इतनी सुस्त गति से हुआ है

जितनी सुस्त गति से पूर्वी एशिया में भी नहीं हुआ। वास्तव में, भारत पूर्वी एशिया से इस मामले में बहुत पीछे है, जो तालिका 5.1 से स्पष्ट है। भारतीय महिलाओं और युवतियों के मामले में यह अन्तर खासतौर से काबिले-गौर है। आज भी, पूर्वी एशिया के विपरीत भारतीय महिलाओं की अधिकांश आबादी अशिक्षित है। पूर्वी एशिया में उदाहरण के लिए इंडोनेशिया भी शामिल है, जो अतीत में (1960 में भी) इस मामले में भारत से बहुत बेहतर काम नहीं कर रहा था लेकिन आज वहाँ लगभग शत-प्रतिशत युवा साक्षर हैं।

इस मामले में भारत के अलग-अलग हिस्सों की उपलब्धियाँ अलग-अलग हैं। अंग्रेजी राज के दौरान अपनी अलग-अलग घरेलू नीतियाँ चलाने वाले 'देसी भारतीय राज्यों' त्रावणकोर और कोचीन को मिलाकर आजादी के बाद जो केरल राज्य बनाया गया, उसका इतिहास बाकी भारत के इतिहास के विपरीत शिक्षा के प्रसार की नीति का रहा है। शिक्षा के पक्ष में यह नजरिया कायम रखा गया और आजादी के बाद वामपन्थी राजनीतिक नेतृत्व के अन्तर्गत यह और मजबूत हुआ। इसने केरल को स्कूली शिक्षा के मामले में शेष भारत से काफी आगे बढ़ा दिया। नए केरल के छोटे-से हिस्से मालाबार ने, जिसे अंग्रेजी राज के पुराने मद्रास राज्य से इसमें जोड़ा गया था, शिक्षा के विकास के मामले में शेष केरल से बराबरी कर ली थी हालाँकि आजादी के पहले शिक्षा के मामले में इसका इतिहास पिछड़ा हुआ ही था। आजादी के बाद शिक्षा के विकास में पिछड़े भारत में केरल एक अपवाद था, ठीक उसी तरह जिस तरह श्रीलंका स्कूली शिक्षा के तेज विस्तार के कारण एक अपवाद था।[10] अधिकांश भारत में आश्चर्यजनक रूप से स्कूली शिक्षा का विस्तार कम ही था। अंग्रेज जब भारत छोड़कर गए, उस समय भारत में वयस्क साक्षरता मात्र 18 प्रतिशत थी। जैसी कि अध्याय 2 तथा 3 में हमने चर्चा की है, स्कूली शिक्षा के प्रति यह उपेक्षा आजादी के बाद इधर हाल तक जारी रही।

वर्ष 2005-06 में भी हालत यह थी कि 6-14 आयुवर्ग के करीब 20 प्रतिशत भारतीय बच्चे स्कूली शिक्षा से वंचित थे और इस आयुवर्ग के 10 प्रतिशत बच्चों ने तो कभी किसी स्कूल में नाम तक नहीं लिखाया था।[11] यह उपेक्षा खासकर लड़कियों के मामले में ज्यादा तीखी है, भारत के अधिकतर भागों (मसलन, बिहार) में लगभग आधी लड़कियाँ स्कूल नहीं जा रही थीं। इस मामले में भारत समेत पूरा दक्षिण एशिया बाकी एशिया की बजाय उप-सहारा अफ्रीका के ज्यादा करीब रहा है। दक्षिण एशिया के भीतर भी, भारत कोई अच्छा नहीं कर रहा है। भारत से काफी गरीब होने के बावजूद बांग्लादेश ने आगे बढ़कर कुछ मामलों में लड़कियों की शिक्षा में भारत को पीछे छोड़ दिया है, जैसी कि अध्याय 3 में चर्चा की गई है। नेपाल और भी ज्यादा गरीब है और 1980 तक उसकी साक्षरता दर भारत की इस दर से आधी थी लेकिन उसने बच्चों की साक्षरता के मामले में

भारत की लगभग बराबरी कर ली है (देखें तालिका 5.1)। और भारत तथा पाकिस्तान के बीच साक्षरता को लेकर अन्तर आज 30 साल पहले के अन्तर के मुकाबले काफी कम दिखता है (हालाँकि भारत अभी भी बढ़त में है)। यह प्रारम्भिक शिक्षा की निरन्तर उपेक्षा की चेतावनी भरी कहानी कहता है, खासकर लड़कियों की शिक्षा की, जो कि आर्थिक तथा सामाजिक विकास की प्रक्रिया में केन्द्रीय महत्त्व रखती हैं।

तालिका 5.1

चुनिन्दा एशियाई देशों में साक्षरता दरें

देश	वयस्क साक्षरता दर (15 वर्ष और ऊपर के आयुवर्ग में साक्षर व्यक्तियों का प्रतिशत)			युवतियों में साक्षरता दर (15–24 आयुवर्ग में साक्षर महिलाओं का प्रतिशत)	
	1960	1980[a]	2010[b]	1980[a]	2010[b]
दक्षिण एशिया					
भारत	28	41	63	40	74
बांग्लादेश	22	29	57	27	78
नेपाल	9	21	60	15	78
पाकिस्तान	15	26	55	24	61
श्रीलंका	75	87	91	90	99
पूर्वी एशिया					
चीन	–	65	94	82	99
इंडोनेशिया	39	67	93	82	99
मलेशिया	53	70	93	87	98
फिलिपीन	72	83	95	93	98
थाइलैंड	68	88	94	96	98
वियतनाम	–	84	93	94	96

a : बांग्लादेश, भारत, नेपाल, पाकिस्तान, श्रीलंका के लिए 1981; वियतनाम के लिए 1979; चीन के लिए 1982।

b : बांग्लादेश, भारत के लिए 2006; इंडोनेशिया, पाकिस्तान के लिए 2009; फिलिपीन के लिए 2008; थाइलैंड के लिए 2005।

स्रोत : विश्व विकास रिपोर्ट, 1980; 1960 के आँकड़ों के लिए तालिका 23; दूसरे सालों के लिए विश्व विकास संकेतक (ऑनलाइन, 1 जनवरी, 2013); भारतीय जनगणना रिपोर्ट 2011 से आयु से जुड़ी साक्षरता दरें पुस्तक लिखने के समय उपलब्ध नहीं थीं। सात साल और ऊपर की आयु के लोगों के लिए जनगणना अनुमान 74 प्रतिशत है।

उच्च शिक्षा की चुनौतियाँ

भारत में स्कूली शिक्षा के पहले से लेकर उच्च शिक्षा के उच्चतम स्तर तक शिक्षा के विभिन्न स्तरों पर कई समस्याएँ हैं, जिन्हें हल करने की जरूरत है। इस पुस्तक में हमने भारत में उपेक्षा के शिकार मुख्यत: स्कूलों और स्कूली शिक्षा पर ध्यान केन्द्रित किया है, केवल इसलिए नहीं कि ये समस्याएँ अपने आपमें काफी महत्त्वपूर्ण हैं बल्कि इसलिए भी कि ये स्कूली शिक्षा के बाद के स्तरों पर हासिल की जाने या न की जानेवाली उपलब्धियों को प्रभावित करती हैं। चूँकि आबादी का खासा बड़ा भाग स्कूल के स्तर पर पढ़ाई छोड़ देता है, इसलिए कॉलेजों और विश्वविद्यालयों में दाखिला काफी प्रभावित होता है। और यहाँ तक कि स्वीकार्य रूप से अच्छी स्कूली शिक्षा के बावजूद इस स्तर पर पढ़ाई छोड़ने वालों की संख्या बड़ी होती है इसलिए उच्च शिक्षा अपनी पूरी क्षमता-भर उपलब्धि हासिल नहीं कर पाती है। वैसे, उच्च शिक्षा की विशेष समस्याएँ हैं, जिनकी जड़ें कहीं और हैं। इसलिए भारत में उच्च शिक्षा की समग्र स्थिति और स्तर पर नजर डालना उपयोगी है।

सबसे पहले कुछ बातें परम्परा की। यूरोप और अमेरिका करीब 1000 वर्षों से संगठित उच्च शिक्षा के प्रमुख केन्द्र रहे हैं। दुनिया के सबसे पुराने विश्वविद्यालय की, जो आज भी मौजूद है, स्थापना सन् 1088 में इटली के बोलोना में हुई थी। इसके तीन वर्ष बाद 1091 में पेरिस विवि की स्थापना हुई। उच्च शिक्षा के दूसरे गढ़ इसके कुछ वर्षों के भीतर यूरोप के अलग-अलग देशों में खड़े हुए। इनमें 1167 में स्थापित ऑक्सफोर्ड विवि और 1209 में स्थापित कैम्ब्रिज विवि भी हैं। भारत समेत पूरी दुनिया में आम धारणा यही है कि दुनिया को उच्च शिक्षा पश्चिम से ही देन में मिली है। पिछली सहस्राब्दी का इतिहास इसी धारणा की पुष्टि करता है। लेकिन इस सन्दर्भ में याद रखने और प्रेरणा लेने वाली बात यह है कि कुछ अर्थों में उच्च शिक्षा में भारत की विरासत कहीं ज्यादा पुरानी है।

हिन्दू सम्राटों के समर्थन से बौद्ध संस्था द्वारा संचालित नालन्दा विवि पर जरा गौर करें, जिसमें एशिया-भर के छात्र पढ़ते थे और जो अखिल एशियाई विवि के तौर पर काम कर रहा था। 1088 में जब बोलोना में यूरोप के सबसे पुराने विवि की स्थापना हुई थी, उस समय नालन्दा विवि 600 साल से ज्यादा पुराना हो चुका था।* नालन्दा उच्च शिक्षा का प्राचीन केन्द्र था और चीन, कोरिया,

* तक्षशिला (जो अब पाकिस्तान में है) में भी एक बौद्ध प्रतिष्ठान था। यह धार्मिक निर्देश और बौद्ध धर्म से जुड़ी शिक्षा देता था। यह शिक्षा तथा विचार-स्वातंत्र्य के मामले में नालन्दा की तरह ख्याति तो नहीं हासिल कर पाया। इस लिहाज से तक्षशिला मिस्र के प्राचीन तथा विख्यात मुस्लिम विवि अल अजहर के जैसा था, जिसे नालन्दा विवि के करीब दो सौ साल बाद स्थापित किया गया था। अल अजहर धर्म से सम्बन्धित शैक्षणिक निर्देश नियमित तौर पर जारी करता रहता था और पूरी दुनिया में ख्यात हो गया था।

जापान, थाइलैंड, इंडोनेशिया और पूरी एशिया समेत यूरोप के तुर्की जैसे दुनिया-भर के देशों के छात्रों को आकर्षित करता था। अपने उत्कर्ष के दौर में नालन्दा सातवीं सदी में एक आवासीय विवि था, जिसके विहारों में 10 हजार से ज्यादा छात्र रह रहे थे।

नालन्दा विवि में क्या-क्या विषय पढ़ाए जाते थे, इसका अन्वेषण अभी भी चल रहा है, जबकि इस प्राचीन विवि को पूर्वी एशिया शिखर उपक्रम के तहत पुनः स्थापित करने की कोशिश की जा रही है। यह अन्वेषण काफी कठिन है क्योंकि 12वीं सदी के अन्त में बख्तियार खिल्जी और उसकी सेना ने इसके दस्तावेजों को बड़ी क्रूरता से जला डाला था। उस समय के ब्यौरे बताते हैं कि नालन्दा विवि का नौमंजिला विशाल तथा अद्वितीय पुस्तकालय तीन दिनों तक धू-धू कर जलता रहा था। इस विनाश के बाद इस विश्वविद्यालय ने खुद को फिर से सहेजा और कुछ समय तक चलता रहा लेकिन अपनी पुरानी आन, बान और शान को फिर से हासिल न कर सका। हमें जो भी जानकारियाँ, खासकर नालन्दा के पूर्व विद्यार्थियों (विशेषकर चीन के) के संस्मरणों के रूप में उपलब्ध हैं, उनसे पता चलता है कि वहाँ धर्म, इतिहास, कानून, भाषा विज्ञान, औषधि विज्ञान, सार्वजनिक स्वास्थ्य, वास्तुकला, मूर्तिकला, खगोलशास्त्र जैसे विषय पढ़ाए जाते थे और उनमें शोध होते थे। सातवीं सदी में नालन्दा विवि के छात्र रहे चीनी छात्र ह्वांग सांग ने लिखा है कि किस तरह वहाँ एक भव्य ऊँची वेधशाला धुंध-भरी सुबह में कुहासे को भेदती हुई उसके ऊपर शान से खड़ी दिखती थी। इस बात के भी साक्ष्य मिलते हैं कि वहाँ गणित पढ़ाया जाता था क्योंकि यह खगोलशास्त्र से जुड़ा है। यह स्वाभाविक भी है क्योंकि नालन्दा के पास ही कुसुमपुर या पाटलिपुत्र (आज का पटना) भारत के धुरन्धर गणितज्ञों का केन्द्र था।

औषधि विज्ञान और सार्वजनिक स्वास्थ्य जैसे विषय विशेष तौर पर महत्त्वपूर्ण थे। चीन के यी जिंग नालन्दा विवि के ही एक विद्यार्थी थे, जो भारत तथा चीन की औषधि पद्धतियों का तुलनात्मक आंकलन करनेवाले सबसे प्राचीन लेखक माने जाते हैं। गौरतलब है कि चीन के प्राचीन इतिहास में नालन्दा विवि को चीन के बाहर एकमात्र ऐसे शिक्षा संस्थान के रूप में दर्ज किया गया है, जिसमें चीन के छात्र उच्च शिक्षा लेने के लिए जाते थे। नालन्दा विवि में उच्च शिक्षा के ऊँचे स्तर का इससे बड़ा प्रमाण और क्या हो सकता है। इस तथ्य को स्वीकार करना भी महत्त्वपूर्ण है कि नालन्दा विवि जबकि भारत और पूरे विश्व में उच्च शिक्षा का प्रणेता था लेकिन यह एकमात्र नहीं था, क्योंकि इससे प्रेरणा लेकर पहली सहस्राब्दी में भारत में उच्च शिक्षा के दूसरे केन्द्र भी स्थापित किए गए। उनमें बिहार का ही विक्रमशिला विवि शैक्षणिक पाठ्यक्रम और उत्कृष्टता के मामले में नालन्दा विवि की बराबरी कर रहा था।

लेकिन ये सब सुदूर प्राचीन इतिहास की बातें हैं। आज, पुनः स्थापित हो रहे नालन्दा विवि समेत सभी भारतीय विश्वविद्यालय भारत में उच्च शिक्षा के लम्बे इतिहास से भले प्रेरित होते हों लेकिन तथ्य यही है कि आज के भारतीय विश्वविद्यालयों की उपलब्धियाँ सीमित हैं। उच्च शिक्षा के स्तर का मूल्यांकन करना मुश्किल है (इससे विवादों को जन्म देने के सिवा कुछ नहीं होगा)। लेकिन अगर हम अक्टूबर 2011 में 'द टाइम्स हायर एजुकेशनल सप्लिमेंट' द्वारा प्रस्तुत 100 आला विश्वविद्यालयों की सूची पर गौर करें तो पता चलेगा कि दुनिया में उच्च शिक्षा के ज्यादातर अग्रणी संस्थान अमेरिका में हैं। दरअसल सर्वश्रेष्ठ पाँच विवि अमेरिका में हैं—हारवर्ड, काल्टेक, एमआईटी, स्टैनफोर्ड और प्रिंस्टन। इनके ठीक पीछे ब्रिटेन के विवि हैं और सर्वश्रेष्ठ 10 विश्वविद्यालयों में हम कैम्ब्रिज, ऑक्सफोर्ड विवि के अलावा लन्दन के इंपीरियल कॉलेज के नाम देख सकते हैं।

200 आला विश्वविद्यालयों[12] की इस पूरी सूची में वास्तव में सबसे काबिले-गौर बात है पश्चिम के संस्थानों की अधिकता। सर्वश्रेष्ठ 20 विश्वविद्यालयों में एशिया का कोई नाम नहीं है। इससे नीचे के नम्बरों पर एशिया के कुछ श्रेष्ठ विश्वविद्यालयों के नाम जरूर हैं—हांगकांग, तोक्यो, पोहाँग, सिंगापुर, पीकिंग, क्योटो, सिंगहुआ एवं दूसरे विश्वविद्यालयों समेत हांगकांग यूनिवर्सिटी ऑफ साइंस एंड टेक्नोलॉजी के नाम। ये सब मिलकर विश्व के सर्वश्रेष्ठ विश्वविद्यालयों के बीच एक छोटा अल्पसंख्यक समूह ही बनते हैं। सबसे उल्लेखनीय बात यह है कि 200 की इस सूची में भारत के किसी विश्वविद्यालय का नाम नहीं है।

पश्चिम में उत्कृष्ट स्तर की उच्च शिक्षा की उपलब्धता से चूँकि पूरी दुनिया लाभ उठाती है, इस बेहद महत्त्वपूर्ण क्षेत्र में पश्चिम की श्रेष्ठता से गैर-पश्चिमी देशों को कोई परेशानी नहीं होनी चाहिए। ऐसा इसलिए भी है कि पश्चिम के सभी विश्वविद्यालयों के दरवाजे दुनिया के हर कोने के छात्रों के लिए खुले रहते हैं, बशर्ते वे उनकी बेहद ऊँची फीस भर सकें। वैसे, वे छात्रवृत्ति या इन विश्वविद्यालयों से अथवा दूसरे स्रोतों से सहायता हासिल कर सकते हैं। लेकिन भारत की शैक्षणिक क्षमता और उच्च शिक्षा के इसके पुराने इतिहास के मद्देनजर यह अपेक्षा स्वाभाविक है कि भारत का विश्वविद्यालय क्षेत्र आज के मुकाबले कहीं ज्यादा बेहतर प्रदर्शन करेगा।

यह निष्कर्ष देने के लिए 'द टाइम्स हायर एजुकेशनल सप्लिमेंट' की सूची में दी गई रैंकिंग को ही देखने की जरूरत नहीं है। हालाँकि इसे, जैसा कि आरोप लगाया गया है, सांस्कृतिक पूर्वाग्रह से ग्रस्त माना जा सकता है। इस निष्कर्ष की ओर संकेत करनेवाले और भी कई प्रमाण हैं। यहाँ तक कि खुद छात्रों द्वारा किया गया आंकलन। और खासकर दाखिले के लिए वे जिन विश्वविद्यालयों को पसन्द करते हैं, उससे भी गुणवत्ता में कमी की एक महत्त्वपूर्ण समस्या उजागर होती है।

भारतीय छात्र एक बार जब दुनिया के किसी अग्रणी विश्वविद्यालय में दाखिल हो जाते हैं तब वे जो शानदार उपलब्धियाँ हासिल करते हैं, वे भारतीय विश्वविद्यालयों में रहकर शायद ही हासिल कर पाते। इस स्थिति को निश्चित ही बदला जा सकता है, और कुछ हद तक यह बदल भी रही है। कई अग्रणी भारतीय विश्वविद्यालयों में विशिष्ट विषयों के पठन-पाठन तथा प्रशिक्षण की उत्कृष्ट व्यवस्था है, भले ही उन विश्वविद्यालयों के दूसरे विभागों की निम्नस्तरीय या उदासीन व्यवस्था के कारण उनकी समग्र उपलब्धि फीकी नजर आती हो। भारतीय सांख्यिकी संस्थान या आईआईटी या कुछ आईआईएम सरीखे विशेष संस्थानों द्वारा दी जा रही उच्च शिक्षा का स्तर कुल मिलाकर बहुत ऊँचा रहा है और इसे बनाए रखने का प्रयास उनमें जिस तरह किया जाता है, उस तरह भारतीय विश्वविद्यालयों में आमतौर पर नहीं किया जाता।

भारतीय विश्वविद्यालयों की और उनमें शैक्षिक व्यवस्थाओं तथा सुविधाओं, नियुक्तियों तथा वेतनमानों आदि की गहरी समीक्षा होनी चाहिए। विश्वविद्यालयों में भर्तियों की सीमाएँ भारतीय उच्च शिक्षा के विस्तार तथा प्रदर्शन में बड़ी बाधा बनती हैं। इसलिए, देश में स्कूली शिक्षा की पूरी व्यवस्था को सुधारने, बल्कि उसका नवनिर्माण करने के लिए इसे बेहतर बनाना बेहद महत्त्वपूर्ण है।

उपलब्धियाँ और कमियाँ

उत्साहवर्द्धक बात यह है कि हाल के वर्षों में भारत में स्कूली शिक्षा के प्रति उदासीनता में कुछ कमी आई है। लेकिन इस लम्बी उपेक्षा की भरपाई करने के लिए बहुत कुछ करना पड़ेगा। सबसे महत्त्वपूर्ण सवाल यह है कि क्या प्रगति हुई है और क्या कमियाँ रह गई हैं? भारत के सरकारी आँकड़े बताते हैं कि स्कूलों में दाखिला लेनेवाले लड़के-लड़कियों की संख्या निरन्तर बढ़ रही है और स्कूलों में उपलब्ध सुविधाएँ भी बढ़ रही हैं। सरकार के फैसलों और उच्चतम न्यायालय के आदेशों के कारण यह सम्भव हुआ है। 2010 में शिक्षा के अधिकार का जो कानून बनाया गया, उसके असर को लेकर अनिश्चितता भले हो लेकिन यह चीजों को आगे बढ़ाने का निश्चित ही एक महत्त्वपूर्ण प्रयास था। केन्द्र सरकार की सहायता से राज्य सरकारों द्वारा चलाया गया अखिल भारतीय सर्व शिक्षा अभियान भी देश-भर में स्कूलों के विस्तार और सुधार में बहुत मददगार रहा है।

जो प्रगति हुई है वह केवल सरकार की रिपोर्टों (वैसे, इन रिपोर्टों की विश्वसनीयता पर लोगों को सन्देह भी है) से ही नहीं बल्कि स्वतंत्र अध्ययनों से भी उजागर होती है। उदाहरण के लिए, इन रिपोर्टों में ये भी शामिल हैं—'प्रोब' टीम ने 1996 में उत्तर भारत के सात बड़े राज्यों (बिहार, छत्तीसगढ़, झारखंड, मध्य प्रदेश, राजस्थान, उत्तर प्रदेश, उत्तराखंड) के मनमाने ढंग से चुने गए 200 गाँवों में

जो अध्ययन किया था, उसकी रिपोर्ट। इन राज्यों में स्कूली शिक्षा और शिक्षा के स्तर को तुलनात्मक रूप से नीचा माना जाता है।[13] इन राज्यों में भी 6–12 आयुवर्ग के बच्चों के स्कूल में दाखिले का अनुपात 1996 से 2006 के बीच 80 प्रतिशत से बढ़कर 95 प्रतिशत हो गया।[14] पिछड़े समुदायों में यह प्रगति ज्यादा तेजी से हुई। 2006 तक, इसी आयुवर्ग के दलितों–मुसलमानों और कुछ हद तक आदिवासी बच्चों के स्कूल में दाखिले की दरें पूरी आबादी के 95 प्रतिशत के औसत आँकड़े के करीब–करीब बराबर पहुँच चुकी थीं। सभी सामाजिक समुदायों के बच्चों के प्राथमिक स्कूलों में शत–प्रतिशत दाखिले का लक्ष्य अभी दूर है, फिर भी उस दिशा में प्रगति की रफ्तार प्रभावशाली है।

'प्रोब' के सर्वे में शामिल गाँवों में स्कूलों की सुविधा में सुधार हुआ है। 2006 तक, इन स्कूलों में से 73 प्रतिशत में कम–से–कम दो कमरे ऐसे बन गए थे जिनमें हर मौसम में कक्षा चलाई जा सकती थी। 1996 में ऐसी सुविधा केवल 26 प्रतिशत स्कूलों में थी। 2006 तक, इनमें से 60 प्रतिशत स्कूलों में अपना शौचालय था और तीन चौथाई स्कूलों में पीने के पानी की सुविधा उपलब्ध करवा दी गई थी। 2006 तक, इनमें से आधे से ज्यादा (1996 में केवल 10 प्रतिशत) स्कूल छात्रों को मुफ्त में यूनिफॉर्म दे रहे थे, और करीब सभी स्कूल (1996 में लगभग आधे स्कूल ही) मुफ्त में पाठ्यपुस्तक दे रहे थे। स्कूली बच्चों को दोपहर का भोजन (जो कि उन्हें पोषक आहार देने और भूख के चलते उन्हें पढ़ाई छोड़ने से रोकने के लिए बहुत महत्त्वपूर्ण है) कार्यक्रम इन दो सर्वेक्षणों के बीच के समय में शुरू किया गया। यह कार्यक्रम इस अवधि के अन्त तक 86 प्रतिशत स्कूलों में लागू कर दिया गया था।[15]

इसके बावजूद स्कूलों के कामकाज में गम्भीर नहीं, अपितु घातक कमियाँ बनी हुई हैं। सर्वे के दिन स्कूलों के रजिस्टरों के मुताबिक तीन चौथाई बच्चे और फील्ड कार्यकर्ताओं की जाँच के मुताबिक इससे भी कम बच्चे स्कूलों में हाजिर थे। शिक्षकों में भी कई गैरहाजिर थे और उनमें देर से स्कूल आने और जल्दी लौट जाने के भी मामले बहुत पाए गए। ऐसे स्कूलों का अनुपात गौरतलब—12 प्रतिशत—था, जिनमें केवल एक शिक्षक नियुक्त था। विभिन्न वेतन आयोगों की रिपोर्टों के बाद शिक्षकों का वेतन भारतीय मानकों के मुताबिक अच्छा–खासा बढ़ गया है, तो सरकारी अधिकारी उनकी नियुक्ति के प्रति अनिच्छुक हो गए हैं और इस कारण नियमित शिक्षकों की भारी कमी बनी हुई है। इस कमी की भरपाई के लिए अनुबन्ध पर शिक्षकों की बहाली की जाती है, जिन्हें वेतन काफी कम दिया जाता है और उनकी शिक्षण योग्यता अस्पष्ट होती है। शिक्षक समुदाय के साथ इस दोहरे और भेदभावपूर्ण व्यवहार के क्या नतीजे हो सकते हैं, यह भी अस्पष्ट ही है।

नियुक्त शिक्षकों की कमी के अलावा शिक्षकों के गैरहाजिर होने के चलन के कारण कई स्कूलों में एक शिक्षक का चलन चल पड़ा है। वास्तव में, 2006 के सर्वे के मुताबिक 21 प्रतिशत नमूना स्कूलों में सर्वे के दिन एक शिक्षक से काम चलाया जा रहा था। इसकी वजह या तो यह थी कि एक ही शिक्षक की नियुक्ति की गई थी या फिर दूसरे शिक्षक गैरहाजिर थे। इसके अलावा, हालत यह थी कि जिन शिक्षकों ने स्कूल आने का कष्ट किया था, वे बच्चों को पढ़ाने के मामले में फिसड्डी थे। दरअसल, 1996 और 2006* में भी फील्ड कार्यकर्ता जब बिना सूचना के इन स्कूलों में पहुँचे तो उन्होंने पाया कि उस दिन आधे स्कूलों में कोई पढ़ाई नहीं हो रही थी। निश्चित ही यह तस्वीर उन क्षेत्रों में स्कूली शिक्षा को लेकर कोई भरोसा नहीं जगाती, जहाँ इसकी सबसे ज्यादा जरूरत है। जब बाकी सारी दुनिया और देश का अहम हिस्सा शिक्षण की गतिविधियों से गुलजार था, तब इन राज्यों के स्कूलों ने बच्चों को शिक्षा देने के लिए कुछ नहीं किया। इन राज्यों ने न केवल अपने कर्तव्य की घोर उपेक्षा की बल्कि प्रारम्भिक शिक्षा प्राप्त करने और आधुनिक दुनिया से जुड़ने के जो अधिकार बच्चों को मिलने चाहिए थे, उनकी अनदेखी की।

स्कूली शिक्षा व्यवस्था में नियमितता और तारतम्यता जिस बुरे ढंग से चरमरा चुकी है उसके क्या नतीजे हैं, यह समझने के लिए शिक्षण के निचले स्तर का हिसाब लिये बिना इन सर्वेक्षणों के उन निष्कर्षों पर विचार करना ही काफी होगा, जो यह बताते हैं कि एक छात्र को उसकी स्कूली शिक्षा के पूरे एक साल में वास्तव में कितने दिन सक्रिय रूप से शिक्षण प्राप्त होता है। 'प्रोब' के सर्वे में शामिल राज्यों के स्कूलों में साल में औसतन 200 दिन पढ़ाई होती है। लेकिन जब शिक्षकों के गैरहाजिर होने की दर करीब 20 प्रतिशत हो और बच्चों के गैरहाजिर होने की दर 33 प्रतिशत हो, तब एक औसत दिन पर बच्चे और उसके शिक्षक के स्कूल में संयुक्त रूप से हाजिर होने की सम्भावना करीब 50 प्रतिशत ही मानी जा सकती है। इस तरह, स्कूलों में पढ़ाई के दिन करीब 100 ही रह जाते हैं। लेकिन कहानी यहीं खत्म नहीं होती। सर्वे यह भी बताते हैं कि इन 100 दिनों में से करीब आधे तो शिक्षण सम्बन्धी किसी गतिविधि से वंचित ही रहते हैं। यानी पढ़ाई वास्तव में करीब 50 दिन ही होती है, जो सुचारु रूप से चल रही स्कूली व्यवस्था में पढ़ाई के दिनों का एक चौथाई ही है।

* हाल में देश-भर के 3000 से ज्यादा स्कूलों के एक नए सर्वे से भी यही निष्कर्ष सामने आया है—औसतन हर दिन आधे से भी कम शिक्षक ही पढ़ाई के काम में लगे पाए गए (क्रेमर एवं अन्य, 2005)। उत्तर भारत में हुए सर्वे को लेकर 'प्रोब' के निष्कर्ष तो और भी बुरे हैं। (स्कूलों में कोई पढ़ाई न होने का मतलब यह है कि सभी शिक्षक किसी और काम में लगे थे)। राष्ट्रीय नमूना सर्वे के मुताबिक शिक्षकों की गैरहाजिरी महाराष्ट्र में 15 प्रतिशत से लेकर झारखंड में 42 प्रतिशत तक के बीच थी, जबकि राष्ट्रीय औसत 25 प्रतिशत का था।

शिक्षा के मानदंड

भारत में स्कूली शिक्षा की दो मुख्य कमियाँ हैं। पहली है, विस्तार की सीमा। दूसरी है, दी और ली जा रही शिक्षा का खराब स्तर। पहली कमी को दूर करने की दिशा में तो कुछ प्रगति हुई है लेकिन कई भारतीय स्कूलों में दी जा रही शिक्षा का स्तर बेहद नीचा है। शिक्षण की विधियों में रटन्त विद्या की प्रधानता है और पढ़े हुए को बिना सोचे-समझे दोहराने और पहाड़े रटने पर जोर रहता है। बच्चे इन स्कूलों में शायद ही कुछ सीख पाते हैं। 2006 में सर्वे के दौरान ली गई परीक्षाओं में पाया गया कि चौथी तथा पाँचवीं कक्षाओं के छात्र न तो इकाई अंक वाला गुणा कर पा रहे थे, न 5 से भाग देना सीख पाए थे। जरूरी बातें सीखने के मामले में भी वे फिसड्डी थे। यह अपेक्षाकृत छोटा ही सर्वे था लेकिन तालिका 5.2 बताती है कि पढ़ाई के मामले में बच्चों की उपलब्धियों के निष्कर्ष दूसरे कई अध्ययनों के निष्कर्षों से व्यापक तौर पर मेल खाते हैं।

अधिकतर सामान्य स्कूलों में तो शिक्षा की गुणवत्ता में कमी पाई ही गई, ऐसा लगता है कि दिल्ली, मुम्बई, चेन्नई, कोलकाता, बंगलूरू जैसे बड़े भारतीय शहरों के 'टॉप' माने जानेवाले स्कूलों में भी कुल मिलाकर यही हाल है। सूचना सम्बन्धी उपक्रम में एक अग्रणी नाम 'विप्रो' और एजुकेशनल इनीशिएटिव नामक संस्था के एक संयुक्त अध्ययन में पाया गया कि 83 ऐसे 'टॉप स्कूलों' के छात्रों के ज्ञान तथा हुनर का स्तर काफी सीमित था। उदाहरण के लिए, इन स्कूलों की चौथी कक्षा के केवल एक तिहाई छात्र ही यह बता पाए कि महात्मा गांधी, इन्दिरा गांधी, राजीव गांधी और सोनिया गांधी में आज कौन जीवित है। दिलचस्प बात यह है कि कुछ बच्चों ने यह बताया कि महात्मा गांधी अभी भी जीवित हैं। इनमें करीब दो तिहाई बच्चे रूलर से पेंसिल की लम्बाई नापना नहीं सीख पाए थे। सर्वे में जिन बच्चों से बात की गई, उनमें सामाजिक समस्याओं के बारे में अनभिज्ञता पाई गई।[16]

हालाँकि भारतीय अधिकारी छात्रों की उपलब्धियों को लेकर अन्तर्राष्ट्रीय तुलनाओं में भारत को शामिल किए जाने का विरोध करते रहे हैं, लेकिन 2009 में किए गए 'पीआईएसए प्लस' जैसे कुछ सर्वे दूसरे छात्रों से भारतीय छात्रों की तुलना को सम्भव करते हैं। इस सर्वे में शामिल 74 देशों या अर्थव्यवस्थाओं में भारत का प्रदर्शन निम्नतम स्तर पर पाया गया।[17] यह हाल तब है जब इस सर्वे में शामिल हुए दो भारतीय राज्य तमिलनाडु और हिमाचल प्रदेश स्कूली शिक्षा के मामले में बेहतर माने जाते हैं। इन 74 देशों के 15 वर्ष की उम्र के छात्रों की पठन सम्बन्धी क्षमता के मामले में इन दो भारतीय राज्यों के बच्चे सबसे नीचे के तीन पायदानों पर (किर्गिस्तान के बच्चों के साथ) पाए गए। लेखन, विज्ञान की पढ़ाई, गणित आदि के परीक्षणों में भारतीय छात्र पीआईएसए सर्वे में शामिल देशों के बच्चों के मुकाबले इसी तरह पिछड़े साबित हुए।

तालिका 5.2

प्राथमिक स्कूलों के बच्चों की उपलब्धियाँ: ताजा निष्कर्ष

स्रोत	आधार	नमूने से प्राप्त निष्कर्ष
भारतीय मानव विकास सर्वे, 2004–5	बड़ा, अखिल भारतीय बेतरतीब नमूना	• सरकारी स्कूल में भर्ती 8–11 आयुवर्ग के बच्चे ही तीन वाक्यों का एक सरल पैराग्राफ पढ़ पाए। • इनमें से केवल 43 प्रतिशत ही दहाई अंकों वाली संख्या में से दहाई अंकों वाली संख्या का घटाव कर पाए। • इनमें से 36 प्रतिशत बच्चे 'मेरी माँ का नाम मधुबेन है' जैसा सरल वाक्य नहीं लिख पाए।
एएसईआर सर्वे, 2011	बड़ा, अखिल भारतीय ग्रामीण स्कूली बच्चों का प्रतिनिधि सर्वे	• तीसरी से पाँचवीं कक्षाओं के केवल 58 प्रतिशत बच्चे ही। पहली कक्षा का पाठ पढ़कर सुना पाए। • इनमें से केवल 47 प्रतिशत बच्चे ही दहाई अंकों वाली संख्या का सरल घटाव कर पाए। • कक्षा 5 से 8 के आधे बच्चे ही कैलेंडर का उपयोग कर पाए।
प्रोब, 2006	पुनः हिन्दीभाषी राज्यों के 284 ग्रामीण सरकारी स्कूलों के छात्रों में से चुने गए बच्चे	• चौथी या पाँचवीं कक्षा के 37 प्रतिशत बच्चे ही फर्राटे से पाठ पढ़कर सुना पाए। • केवल 45 बच्चे ही 20 को 5 से भाग दे पाए। • एक तिहाई बच्चे शेष बचने वाली संख्या का जोड़ न कर पाए।

शेष अगले पृष्ठ पर

तालिका 5.2 का शेष

प्राथमिक स्कूलों के बच्चों की उपलब्धियाँ: ताजा निष्कर्ष		
स्रोत	**आधार**	**नमूने से प्राप्त निष्कर्ष**
कॉर्ड–एनईजी विलेज स्टडीज 2010–11	बिहार, झारखंड, ओडीशा के सीमावर्ती जिलों के 9 गाँवों के सरकारी स्कूलों के छात्रों में से चुने गए बच्चे	• चौथी या पाँचवीं कक्षा में दाखिल 110 बच्चों में से केवल आधे ही दहाई अंकों वाली संख्या को पहचान सके। • इन 110 बच्चों में से एक चौथाई से भी कम बच्चे दहाई अंकों की संख्याओं का घटाव कर सके।
विप्रो–ईआई क्वालिटी एजुकेशन स्टडीज 2011	पाँच महानगरों–बंगलूरू, चेन्नई, दिल्ली कोलकाता, मुम्बई– के 83 'टॉप' स्कूलों के 20 हजार से ज्यादा छात्रों में सर्वे	• भारत के 'टॉप' स्कूलों की चौथी कक्षा के बच्चे पाठ तथा गणित में अन्तर्राष्ट्रीय स्तर से नीचे की क्षमता वाले पाए गए • चौथी कक्षा के केवल 16 प्रतिशत बच्चे रूलर से पेंसिल की लम्बाई नाप सके। • छठी कक्षा के केवल 22 प्रतिशत बच्चे यह समझ सके कि कागज को मरोड़ देने से उसका वजन नहीं बदलता

स्रोत : देसाई एवं अन्य (2010), पेज 93; प्रथम एजुकेशनल फाउंडेशन (2012), पेज 58; प्रथम एजुकेशनल फाउंडेशन (2012), पेज 68; डे एवं अन्य (2011), पेज 57; डे एवं अन्य (2010), पेज 94–7; सैमसन एवं गुप्ता (2012), पेज 145–8; एजुकेशनल इनीशिएटिव्स (2011), पेज 34, 36।

प्रायः कहा यह जाता है कि 'पीआईएसए' जैसे परीक्षणों का अपना सांस्कृतिक सन्दर्भ है और उनमें 'पश्चिमी पूर्वाग्रह' झलकता है। यह समझ पाना मुश्किल है कि पढ़ना, लिखना और गणित के सवाल हल करना पश्चिम की विशिष्ट क्षमताएँ क्यों मानी जाएँ। गौर करनेवाली बात यह है कि इन विषयों की परीक्षाओं में दुनिया को पछाड़ने वालों में केवल यूरोपीय नहीं बल्कि एशियाई छात्र भी होते हैं। वाचन के परीक्षण में ऊपर के तीन स्थानों पर फिनलैंड के साथ शंघाई (चीन) और दक्षिण कोरिया ने कब्जा जमाया। सर्वश्रेष्ठ पाँच में हांगकांग और सिंगापुर भी शामिल थे। लगता है, भारत की समस्या यह नहीं है कि वह पश्चिम से अलग है, या उसकी समस्या यूरोप अथवा अमेरिका की बजाय एशिया का होने के कारण उभरी सांस्कृतिक समस्या से पैदा हुई है। उसकी समस्या विशिष्टतः शिक्षा की गुणवत्ता की भूमिका को लेकर उस अन्तर्दृष्टि से लाभ न ले पाने की भारतीय—दक्षिण एशियाई—विफलता की है, जिसने अधिकांश एशिया, यूरोप तथा अमेरिका के विकास सम्बन्धी अनुभवों को समृद्ध किया है।

भारतीय स्कूली छात्रों को निम्न स्तर की शिक्षा के कारण सामान्य प्रतिकूलता को तो झेलना ही पड़ता है, उन्हें विभिन्न क्षेत्रों में भारतीय स्कूली छात्रों की शैक्षणिक उपलब्धियों में काफी अन्तर के कारण उभरने वाली समस्याओं को भी झेलना पड़ता है। तालिका 5.3 बताती है कि 'पीआईएसए' सर्वे में शामिल दो राज्यों (हिमाचल प्रदेश और तमिलनाडु) के कुछ छात्रो ने सभी बड़े राज्यों के छात्रों के मुकाबले सर्वश्रेष्ठ प्रदर्शन करने का कीर्तिमान बनाया है। अन्तर्राष्ट्रीय स्तर की तुलना में उनका शैक्षणिक स्तर भले ही कमतर हो, मगर भारत के दूसरे भागों के छात्रों का प्रदर्शन तो और भी खराब है, बल्कि बहुत खराब है। उदाहरण के लिए, यह जानकारी डरावनी है कि सात बड़े भारतीय राज्यों में (जिनकी कुल आबादी भारत की आबादी की आधी है) सरकारी स्कूलों में दाखिल 8–11 आयुवर्ग के उन बच्चों का, जो पठन की सामान्य परीक्षा-भर पास कर सकते हैं, अनुपात एक चौथाई से लेकर 50 फीसदी तक था।*

* स्कूली बच्चों के बारे में इन निष्कर्षों को इस तथ्य के सन्दर्भ में नहीं देखा जाना चाहिए कि प्रारम्भिक स्कूलों में दाखिल होने वालों में बड़ा अनुपात उन बच्चों का है जो अपने परिवार की पहली पीढ़ी के छात्र हैं। इन बच्चों के माता-पिता अपने बच्चों की पढ़ाई में शायद ही मदद कर सकते हैं। इन परिवारों में पढ़ाई की परम्परा न होने के कारण शिक्षा के प्रति लगाव पैदा करना मुश्किल होता है। चूँकि शैक्षणिक उपलब्धि (इसके लिए देखें हार्ट, 2012) में सुधार के लिए इच्छा जगाना बहुत महत्त्व रखता है, पहली बार स्कूल जानेवाले बच्चों की दिलचस्पी में कमी पर खास ध्यान देना वह काम है जिस पर स्कूली व्यवस्था के तेज विस्तार के क्रम में ध्यान देने की जरूरत है। लेकिन इनमें से कोई भी बात ऐसी नहीं है, जो भारतीय स्कूलों में शिक्षा के स्तर और बच्चों की उपलब्धियों पर हाल के शोचनीय निष्कर्षों से ध्यान हटाती हो।

तालिका 5.3

प्रमुख राज्यों में छात्रों की उपलब्धियाँ, 2004-05

सरकारी स्कूलों में दाखिल 8-11 वर्ष के उन बच्चों का अनुपात, जो—

	पढ़ सकते थे[a]	घटा सकते थे[b]	लिख सकते थे[c]
हिमाचल प्रदेश	81	64	77
केरल	80	64	84
तमिलनाडु	78	67	82
असम	73	45	97
महाराष्ट्र, गोवा	65	53	71
हरियाणा	63	58	61
गुजरात	60	36	64
छत्तीसगढ़	58	31	46
ओडीशा	58	48	73
पंजाब	54	61	65
उत्तराखंड	53	35	62
झारखंड	51	54	56
प. बंगाल	51	56	72
राजस्थान	50	37	53
कर्नाटक	45	48	76
आन्ध्र प्रदेश	44	46	62
बिहार	40	43	65
मध्य्र प्रदेश	39	25	38
उत्तर प्रदेश	29	22	51
जम्मू-कश्मीर	26	50	67
भारत[d]	**50 (69)**	**43 (64)**	**64 (79)**

a : कम से कम तीन वाक्यों का सरल अनुच्छेद।

b : दहाई अंकों वाला घटाव उधार लेकर।

c : सरल वाक्य, जिसमें एक-दो गलतियाँ हों।

d : वाक्यांश में, निजी स्कूलों में सम्बन्धित प्रतिशत।

स्रोत : देसाई एवं अन्य (2010), पेज 94; भारतीय मानव विकास सर्वे पर आधारित। भारतीय बच्चे प्राय: छह या पाँच वर्ष की उम्र में प्राथमिक स्कूल में दाखिल होते हैं। राज्यों को पठन क्षमता के घटते स्तर के क्रम में रखा गया है।

हाल के शोध भारत में स्कूली बच्चों की उपलब्धियों (सरल अंकगणित और लिखने-पढ़ने के मामले में) के चिन्ताजनक पहलुओं को रेखांकित करते हैं।[18] पहली बात यह कि बच्चे स्कूलों में जैसे-जैसे आगे बढ़ते हैं, शिक्षा में उनकी प्रगति और सुधार बहुत ही धीमी गति से होता है। उदाहरण के लिए, इन बच्चों की उपलब्धियों की एक ताजा समीक्षा बताती है कि जो बच्चे इकाई अंक वाली संख्याओं के उर्ध्व जोड़ के सवाल हल करने में असमर्थ रहे थे उनमें से 80-90 प्रतिशत ऐसे थे जो अगली कक्षा में भी ये सवाल हल करने में फेल रहे।[19] यह इस आम धारणा के अनुकूल है कि शिक्षक लोग प्रायः तेज बच्चों पर ही ध्यान देते हैं और जिन बच्चों पर वास्तव में ध्यान देना चाहिए उनकी अनदेखी करते हैं। दूसरी बात, केवल सरकारी स्कूलों के बच्चों की उपलब्धियाँ फीकी नहीं होतीं। वास्तव में, सरकारी और निजी स्कूलों के बच्चों द्वारा हासिल अंकों में ज्यादा अन्तर नहीं है, खासकर तब जब बच्चों की सामाजिक-आर्थिक पृष्ठभूमि का ख्याल रखा जाए (देखें तालिका 5.3, अन्तिम कतार)।[20] महँगे निजी स्कूलों में भी बच्चों की उपलब्धियाँ सन्तोषजनक नहीं पाई गईं, हालाँकि ये स्कूल एक सामान्य स्कूल से बेशक बेहतर होते हैं। अन्तिम मगर महत्त्वपूर्ण बात यह है कि एएसईआर सर्वे (जो 2005 से शुरू किए गए) यही बताते हैं कि पिछले कुछ वर्षों में औसत स्कूली बच्चों की उपलब्धियों में गिरावट ही आई है।[21]

यह बहुत ही निराशाजनक तस्वीर है। लेकिन भारत में शिक्षा जगत पर होने वाले विमर्शों में इस तस्वीर पर पर्याप्त ध्यान नहीं दिया गया है। स्कूली बच्चों की संज्ञानात्मक उपलब्धियाँ और ज्यादा व्यापक तौर पर शिक्षा की गुणवत्ता बहुत ज्यादा महत्त्व रखती हैं। जैसी कि हम पहले चर्चा कर चुके हैं, शिक्षा आर्थिक, सामाजिक, राजनीतिक, सांस्कृतिक एवं अन्य तमाम व्यापक क्षेत्रों में केन्द्रीय भूमिका निभाती है और यह वर्ग, जाति और स्त्री-पुरुष सम्बन्धी विषमताओं के दंश को कम करने में महत्त्वपूर्ण भूमिका निभा सकती है। हाल के शोध आर्थिक वृद्धि तथा भागीदारी के लिए ज्ञान सम्बन्धी उपलब्धियों की महत्ता को रेखांकित करते हैं। वास्तव में, वृद्धि तथा विकास को आगे बढ़ाने में यह उतना महत्त्व नहीं रखता कि 'स्कूली शिक्षा कितने दिन ली गई' बल्कि यह ज्यादा महत्त्व रखता है कि शिक्षण में क्या उपलब्धियाँ हुई हैं।* पूर्वी और दक्षिण-पूर्व एशिया की आर्थिक गतिविधियों में जो भारी बढ़ोतरी हुई है और महिलाओं की भूमिकाओं में जो सक्रियता बढ़ी है उनका काफी कुछ श्रेय भारत की तुलना में इन देशों में शिक्षा के क्षेत्र में हुई उपलब्धियों को जाता है। अगर भारतीय विमर्शों में इस पहलू की अपेक्षाकृत अनदेखी की जाती है, तो यह विफलता सम्भवतः इस तथ्य को रेखांकित करती है कि जापान ने मानव-क्षमता के विकास

* एक समीक्षा के अनुसार—'...इस बात के ठोस प्रमाण हैं कि आबादी की ज्ञान सम्बन्धी क्षमताओं—केवल स्कूली शिक्षा नहीं—और व्यक्ति की आय, आय के वितरण, आर्थिक वृद्धि के बीच महत्त्वपूर्ण रिश्ता है।' (हानुशेक और वूस्समान, 2008, पेज 607)

पर आधारित जिस आर्थिक विस्तार की शुरुआत की थी, और जिसे पूर्वी एशिया में भारी सफलता तथा दक्षिणपूर्व एशिया में आंशिक सफलता के साथ दोहराया गया था उस आर्थिक विस्तार के स्वरूप पर पर्याप्त ध्यान नहीं दिया गया। लातिन अमेरिका समेत दूसरी जगहों पर हाल में जो अनुभव सामने आए हैं, वे इस पुराने निष्कर्ष को ही पुष्ट करते हैं। चाहे मामला आर्थिक वृद्धि का हो या जीवन के स्तर का, स्कूली शिक्षा के मानदंड महत्त्व रखते हैं। जब शैक्षिक शोध की सीमाओं का विस्तार हो रहा है, तब यह स्पष्ट होता जा रहा है कि भारत सुव्यवस्थित स्कूली शिक्षा का विकास न करने की कितनी भारी कीमत चुका रहा है।

विशेषाधिकार प्राप्त उत्कृष्टता और सामाजिक विभाजन

भारत में शिक्षा का जो निम्न स्तर है और सुशिक्षित भारतीयों को अक्सर पूरी दुनिया में जो प्रशंसा मिलती है, वह एक दिलचस्प पहेली है। अपनी तमाम बड़ी सीमाओं के बावजूद भारतीय शिक्षा को प्राय: विदेश में जबरदस्त प्रशंसा मिलती है। इससे ज्ञान शास्त्र से सम्बन्धित एक दिलचस्प सवाल उभरता है कि आखिर भारतीय शिक्षा व्यवस्था को अन्तर्राष्ट्रीय प्रशंसा किसलिए मिलती है? इसके साथ ही यह झूठा सन्तोष भी पैदा होता है कि भारतीय शिक्षा व्यवस्था कुल मिलाकर पर्याप्त रूप से बेहतर है।[22] हमें कहा जाता है कि पहले जिन पदों पर पश्चिम के लोगों को कोई चुनौती नही मिलती थी, उन पदों पर आज भारतीय लोग काबिज हो रहे हैं। यह तथ्य अमेरिकी राष्ट्रपति के पिछले चुनाव में प्रचार का एक अहम मुद्दा बन गया था। प्रमुख अमेरिकी अखबारों ने अमेरिका में शिक्षण तथा प्रशिक्षण व्यवस्था को सुधारने की वकालत करनेवाले लेख छापे ताकि भारत समेत सुदूर एशिया के शिक्षित लोगों की बराबरी कर सकें, जो इतने सक्षम हैं कि सामान्य अमेरिकियों से रोजगार के अवसर छीन ले रहे हैं।

क्या यह वही भारत है, जहाँ स्कूली शिक्षा का रेकॉर्ड इतना बुरा है? आखिर इसका राज क्या हो सकता है? इसमें शक नहीं कि भारत में उत्कृष्ट शिक्षा पानेवालों की संख्या बड़ी है, भले ही अनुपात में वे अल्प संख्या में हों। उत्कृष्ट स्कूल, उच्च शिक्षा के आधुनिक केन्द्र मौजूद हैं और ऐसा समाज है जो शैक्षणिक श्रेष्ठता और सम्मानों को मूल्यवान मानता है। दोयम दर्जे के स्कूलों में भी अग्रणी छात्रों पर प्राय: पूरा ध्यान दिया जाता है और अच्छी शिक्षा दी जाती है। इस अध्याय में पहले हम बता चुके हैं कि उच्च शिक्षा के आईआईटी, आईआईएम सरीखे संस्थान या कई भारतीय विश्वविद्यालयों के कुछ विभाग दुनिया में उपलब्ध सर्वश्रेष्ठ शिक्षा दे सकते हैं। सुशिक्षित तथा आत्मविश्वास से भरपूर कई भारतीय विदेशों में बेहद सफल हैं और जिस व्यवसाय या पेशे में हाथ डालते हैं उनमें अग्रणी स्थान हासिल कर लेते हैं। इसके अलावा, भारतीय फर्में अमेरिका और यूरोप से हासिल व्यवसाय भी पूरी

प्रतिस्पर्द्धा और कम लागत में चला लेती हैं। ये व्यवसाय कॉल सेंटरों जैसे मध्यम स्तर के हुनर से सम्बन्धित ही नहीं होते बल्कि प्रोग्रामिंग तथा डिजाइन की जटिल तकनीकी समस्याओं से भी जुड़े होते हैं।

सचाई यह है कि भारतीय शिक्षा व्यवस्था असाधारण रूप से विविधतापूर्ण है। एक ओर तो विशेषाधिकार प्राप्त तबकों के चन्द बच्चे हैं, जिन्हें उच्च एवं असाधारण स्तर के शैक्षणिक अवसर उपलब्ध हैं; तो दूसरी ओर एक विशाल आबादी है, जिसे कई तरह से खराब शैक्षणिक व्यवस्था ही उपलब्ध है। छात्रों को जो सुविधाएँ उपलब्ध हैं, वे उनके स्कूल के दिनों से लेकर विशिष्ट शिक्षा तक काफी अलग-अलग स्तर की हो सकती हैं और वे कुछ छात्रों को—हालाँकि अपने आपमें उनकी संख्या बड़ी होती है—सबसे ऊँचे पायदान पर पहुँचा देती हैं जबकि दूसरे तमाम छात्र निचले पायदानों पर रह जाते हैं। ऐसा लगता है कि भारतीय समाज जिस तरह 'विशेषाधिकार प्राप्त तबका तथा बाकी सभी' के खाँचे में बँटा है, उसी तरह भारतीय शिक्षा पद्धति सामाजिक, आर्थिक, सांगठनिक तत्त्वों समेत यही व्यवस्था करती है कि विशाल समूह में से चन्द युवा ही सर्वश्रेष्ठ शिक्षा प्राप्त कर सकें। यह चयन किसी को वंचित रखने के संगठित प्रयास के तहत नहीं होता बल्कि उन भेदभावों के तहत होता है, जो वर्ग, जाति, लिंग, स्थान और सामाजिक विशेषाधिकार से जुड़ी आर्थिक तथा सामाजिक असमानता के तहत होता है।

विशेषाधिकार प्राप्त छात्र बहुत अच्छा प्रदर्शन करते हैं और उनको यह श्रेय जाता है कि वे अवसरों को गँवाते नहीं। पहले तो वे शैक्षणिक प्रतिष्ठानों में ही सफल होते हैं और फिर बाहरी दुनिया में भी, और भारतीयों तथा विदेशियों को भी काफी प्रभावित करते हैं। इसके बाद पूरा देश 'राष्ट्रीय सफलताओं' का जश्न मनाता है। इसके अलावा, न केवल ये 'अगुआ लड़के' (और 'अग्रणी लड़कियों' की भी संख्या बढ़ रही है) जीवन में सफल होते हैं बल्कि 'अपने देश का गौरव बढ़ाने के लिए' की जा रही प्रशंसा का लुत्फ भी उठाते हैं—बेशक विनम्रता के साथ। इस बीच, 'पिछड़े लड़के' और खासकर 'पिछड़ी लड़कियाँ' न तो पढ़-लिख पाती हैं और न उन्हें अच्छी शिक्षा पाने का कोई अवसर मिल पाता है।

हम यह स्पष्ट कर देना चाहते हैं कि हम 'अगुआ लड़कों' का कोई विरोध नहीं करते हैं। देश को कई कामों के लिए इनकी जरूरत है—शिक्षा क्षेत्र को फलने-फूलने के लिए, अर्थव्यवस्था की समृद्धि के लिए, विज्ञान-प्रौद्योगिकी और औषधि क्षेत्र की प्रगति के लिए, देश के सामने आर्थिक-सामाजिक-प्रशासनिक तथा पर्यावरण सम्बन्धी जो बहुसंख्य चुनौतियाँ हैं उनका प्रभावी सामना करने के लिए। हमारी चिन्ताओं का किसी भी तरह यह भाव नहीं है कि ये लड़के हमें नीचा दिखा रहे हैं। गलत तो वह व्यवस्था है जिसमें शैक्षिक उपक्रम की सफलता को एक छोटे (और कुल मिलाकर आत्मतुष्ट) श्रेष्ठी वर्ग के प्रदर्शन से नापा जाता है और बाकी सबकी

उपेक्षा की जाती है, जिस व्यवस्था में इस घोर असमानता के कारण हो रही नाइन्साफी और गलती के प्रति सामाजिक असंवेदनशीलता व्याप्त है तथा जिसके कारण भारतीय समाज निरन्तर खाँचों में बँटा हुआ है।

हमें इस बात को समझना है कि 'अगुआ लड़कों' की महान सफलता के बावजूद भारतीय शिक्षा व्यवस्था विस्तार और गुणवत्ता के प्रति बुरी तरह उपेक्षात्मक है। भारत में शिक्षा के क्षेत्र में जिस सख्त पदानुक्रम को बर्दाश्त किया जा रहा है, वह न केवल बुरी तरह अनुचित है बल्कि गतिशील अर्थव्यवस्था और प्रगतिशील समाज का आधार निर्मित करने में असाधारण रूप से अक्षम है। कौशल के साथ-साथ समानता पर विचार करनेवाली संरचनात्मक दृष्टि से ही हम यह समझ पाएँगे कि चन्द लोगों पर असाधारण रूप से ध्यान केन्द्रित करने और बाकी विशाल बहुसंख्य भारतीयों की उपेक्षा करने से देश को किस तरह और कितना नुकसान हो रहा है। उन बहुसंख्यकों की उपेक्षा करने से, जो आर्थिक पिछड़ेपन, जातीय विभाजनों, वर्गगत सीमाओं, स्त्री-पुरुष भेदभाव तथा असमानता और जातीयता तथा सामुदायिकता से सम्बन्धित सामाजिक विभाजनों के कारण आगे नहीं बढ़ पा रहे हैं।

स्कूल प्रबन्धन और शिक्षण व्यवसाय

दुनिया-भर में साक्षरता का अधिकतर प्रसार सरकारी शिक्षा व्यवस्था के जरिए ही हुआ है। यह बात उन सभी बड़े क्षेत्रों पर लागू होती है, जहाँ बुनियादी शैक्षिक विकास के कारण समाज ने लिखना-पढ़ना और हिसाब करना सीखा है। 19वीं सदी में यूरोप और अमेरिका में सरकारी कार्रवाई ही शैक्षणिक परिवर्तन का मुख्य आधार थी। इसके बाद जापान ने इस प्रगति की बराबरी की और फिर सोवियत संघ (सोवियत एशिया समेत), चीन, क्यूबा, वियतनाम तथा अन्य देशों में साम्यवादी शासन के अन्तर्गत स्कूली व्यवस्था का तेजी से विस्तार हुआ। पूर्वी एशिया में भी स्कूली व्यवस्था को सफलता के साथ आगे बढ़ाया गया, हालाँकि वह निजीकरण के साथ बाजारोन्मुख अर्थव्यवस्था को विकसित करने के प्रति मजबूती से प्रतिबद्ध था। इस बात की कल्पना मुश्किल है कि भारत में सरकार की इस तरह की प्रतिबद्धता और प्रयासों के बिना शिक्षा के क्षेत्र में इस तरह की सफलता कैसे हासिल हो सकती है। लेकिन जैसा कि होता है, भारत में जो चिन्तक विकास को लेकर सोच-विचार करते हैं, उनमें से कुछ ऐसे हैं जो निजी स्कूलों पर निर्भरता की वकालत करते हैं। हम तो यही कहेंगे कि भारत में स्कूली व्यवस्था के विकास के लिए निजी क्षेत्र पर निर्भरता के आकर्षण की वजह को समझ पाना तो आसान है, लेकिन शैक्षिक परिवर्तन के इस असामान्य रास्ते की वास्तविक सम्भावनाएँ हैं सीमित ही। लेकिन, निजी स्कूली व्यवस्था पर अति निर्भरता की समस्या पर विचार करने से पहले हमें यह जरूर देखना चाहिए कि सरकारी शिक्षा व्यवस्था ने देश की आजादी के बाद से कितनी बड़ी

समस्याओं का सामना किया और अभी भी किन समस्याओं को दूर किया जाना बाकी है। निजीकृत शिक्षा व्यवस्था भारत में सार्वजनिक शिक्षा की भारी-भरकम समस्याओं का जो हल प्रस्तुत कर रही है वे अगर अवास्तविक हैं (हमारा यही मानना है कि ये हल कुल मिलाकर ऐसे ही हैं), तो समस्याएँ काफी वास्तविक हैं।

सरकारी सहायता में कमी भारत में स्कूली शिक्षा की पुरातन समस्या है। भारत की आजादी से पहले तक अंग्रेजी राज के दौरान यही स्थिति थी। अंग्रेज जब भारत छोड़ कर गए, उस समय 80 प्रतिशत भारतीय आबादी स्कूली शिक्षा से अछूती थी। लेकिन आजादी के बाद बनी सार्वजनिक नीतियों का भी यही हाल रहा और नारे तो ये दिए गए कि 'शिक्षा हमारी सर्वोच्च प्राथमिकता है' मगर उसके लिए सरकारी पैसे कम ही दिए जाते रहे। यह समस्या आज भी कायम है हालाँकि इसमें निश्चित ही काफी कमी आई है। इस अध्याय में जिस सीमित प्रगति की चर्चा पहले की गई है, वह शिक्षा के लिए वित्तीय समर्थन में वृद्धि के कारण ही हुई है। जब कि शिक्षा में वित्तीय समर्थन की सीमाओं को आंशिक तौर पर ही सही, दूर किया गया है, भारत में सार्वजनिक शिक्षा की दूसरी समस्याएँ उसे और कमजोर तथा निरन्तर प्रतिगामी बना रही हैं।

इन समस्याओं में सबसे प्रमुख है स्कूली शिक्षा व्यवस्था को लागू करने में जवाबदेही का अभाव। हमने पहले लिखा है कि शिक्षक स्कूलों से गैरहाजिर रहते हैं और देश के कुछ भागों में यह समस्या ज्यादा है। और जैसा कि बताया जा चुका है, कई क्षेत्रों में शिक्षक स्कूलों में आते तो हैं मगर पढ़ाने से जी चुराते हैं। यह जानकारी स्तब्ध करनेवाली है कि देश के स्कूलों में जानेवाले सम्भवतः आधे बच्चे कुछ सीखने की इच्छा से कक्षाओं में तो पहुँचते हैं मगर पढ़ाई वाले औसत दिन में यों ही बैठे रह जाते हैं। उन्हें कुछ भी सिखाया नहीं जाता और कई बच्चे तो पढ़ना-लिखना सीखे बिना स्कूल छोड़ ही देते हैं। अलबत्ता उनमें से अधिकतर बच्चे न केवल बुनियादी पढ़ाई-लिखाई और गणित सीखने में सक्षम होते हैं बल्कि संवैधानिक गारंटी के तहत न्यूनतम आठ वर्षों की स्कूली शिक्षा से भी आगे पढ़ने की क्षमता रखते हैं।[23] इन महत्त्वाकांक्षाओं और क्षमताओं को सम्मानित करने में स्कूली व्यवस्था की विफलता स्पष्ट रूप से एक भारी अन्याय है, फिर भी दशकों से इसे दूर नहीं किया गया है।

क्या कई स्कूल शिक्षकों के लापरवाही-भरे रवैये की वजह यह है कि उन्हें कम वेतन मिलता है? वेतन पहले कम हुआ करता था (हममें से एक को याद है कि 1950 वाले दशक में जब वे कोलकाता में कॉलेज के छात्र थे तब उन्होंने 'अपने शिक्षकों के लिए बेहतर वेतन' की माँग के समर्थन में आयोजित एक विरोध प्रदर्शन में भाग लिया था)। लेकिन यह बहुत पुरानी बात है। आज जब विभिन्न वेतन आयोगों की सिफारिशों के बाद स्कूल शिक्षकों का वेतन काफी बढ़ चुका है, इस बहाने को कबूल करना मुश्किल है। वेतन आयोगों ने शिक्षकों (और अन्य सरकारी कर्मचारियों) के वेतन को उस स्तर पर पहुँचा दिया है जिसकी कुछ दशक पहले

कल्पना ही की जा सकती थी। वास्तव में, भारत में सरकारी शिक्षकों के वेतनमान अब अन्तर्राष्ट्रीय ढाँचे और निजी क्षेत्र के मानकों की तुलना में काफी बेहतर हैं।

एक कसौटी यह हो सकती है कि प्राथमिक स्कूलों के शिक्षकों के वेतन को प्रति व्यक्ति जीडीपी के अनुपात में देखा जाए।[24] 2001 में चीन में यह अनुपात एक का था, ओईसीडी देशों में यह अनुपात एक और दो के बीच का था, विकासशील देशों में इससे थोड़ा ऊँचा था लेकिन इनमें से किसी भी देश (भारत को छोड़कर) में, जिनके आँकड़े उपलब्ध हैं, यह तीन से ज्यादा का नहीं था। ताजा आँकड़े बताते हैं कि 2005 में प्रति व्यक्ति जीडीपी के मुकाबले शिक्षकों के वेतन का अनुपात यही था।[25] उदाहरण के लिए, ओईसीडी में 2000 और 2009 के बीच यह अनुपात 1.2 के आसपास ही था। ऐसा लगता है कि भारत में यह अनुपात छठे वेतन आयोग की सिफारिशों के लागू होने से (2009 में, 2006 से) पहले करीब तीन था और इनके लागू होने के बाद पाँच या छह हो गया था (देखें तालिका 5.4)। गरीब और शैक्षिक रूप से पिछड़े कुछ राज्यों में यह अनुपात और भी ऊँचा था (उदाहरण के लिए, उत्तर प्रदेश में यह 17 था), अगर हम राज्य की प्रति व्यक्ति जीडीपी को विभाजक की तरह इस्तेमाल करें। शिक्षकों की कार्यकुशलता में कमी का जो भी कारण हो, स्कूल शिक्षकों के वेतन के कथित रूप से कम होने को दोषी नहीं ठहराया जा सकता।

वैसे, इस बात के प्रमाण भी कम ही मिलते हैं कि ऊँचा वेतन शिक्षण के स्तर को ऊपर उठाने में खासतौर से मददगार होता है।[26] ऊँचा वेतन आवेदनकर्ताओं की ज्यादा बड़ी संख्या में से शिक्षकों की नियुक्ति करने या उनके लिए न्यूनतम योग्यता का स्तर ऊपर उठाने में मदद करता है। दूसरी ओर, यह शिक्षक के पद को आकर्षक बनाता है, जो अपेक्षित योग्यता वालों के अलावा उन लोगों को भी आकर्षित करता है जो पढ़ाने में कोई रुचि नहीं रखते। लेकिन सबसे महत्त्वपूर्ण बात शायद यह है कि ऊँचा वेतन शिक्षकों और अभिभावकों के बीच की सामाजिक दूरी को और बढ़ा देता है। आज भारत के कई राज्यों में प्राथमिक स्कूलों के शिक्षकों का वेतन खेतिहर मजदूर की—जो न्यूनतम मजदूरी पर अगर रोज रोजगार हासिल करने में सफल हो जाए—आय से दस गुना ज्यादा है। आय में भारी अन्तर के कारण हाल के वर्षों में जो सामाजिक दूरी बढ़ी है, उसने अधिकतर ग्रामीण परिवारों के अभिभावकों और शिक्षकों के बीच आपसी सहयोग बढ़ाने में कतई मदद नहीं की है। स्कूली शिक्षा की कामयाबी के लिए यह सहयोग काफी महत्त्वपूर्ण भूमिका निभा सकता है।

स्कूल शिक्षकों के अपेक्षाकृत ऊँचे वेतन के कारण इस देश में स्कूली शिक्षा का विस्तार काफी खर्चीला हो गया है, जिस देश में शिक्षा देने की योग्यता और इच्छा रखने वाले लोगों की संख्या अच्छी खासी बड़ी है। इस बात को समझना महत्त्वपूर्ण है कि शिक्षकों के तुलनात्मक रूप से ऊँचे वेतन की समस्या भारत में सार्वजनिक क्षेत्र में दिए जानेवाले वेतन की आम समस्या का ही एक हिस्सा है। देश में वेतन

निर्धारण की एक अनोखी व्यवस्था है, जो नियुक्त किए गए वेतन आयोग द्वारा समय-समय पर की गई समीक्षाओं के ऊपर आधारित है। यह आयोग सार्वजनिक क्षेत्र के कर्मचारियों के वेतनमानों के बारे में सिफारिशें करता है लेकिन यह बताना उसकी जिम्मेदारी नहीं है कि वह जो सिफारिशें कर रहा है उनका वित्तीय बोझ कैसे उठाया जाएगा। महत्त्वपूर्ण बात यह भी है कि यह देखना उसकी जिम्मेदारी नहीं है कि जिन लोगों के वेतन इन आयोगों द्वारा तय नहीं किए जाते, उनके जीवन पर उसकी सिफारिशों का क्या असर पड़ेगा।* वेतन आयोग के सदस्य अपना और जिन लोगों का वेतन तय करते हैं उन्हें निराश करने का कोई कारण उनके पास नहीं होता, क्योंकि ग्रामीण मजदूरों से लेकर शहरी सर्वहारा तक किसी अन्य के प्रति उनकी कोई जिम्मेदारी नहीं होती। चित्र 5.1 कृषि मजदूरी और सार्वजनिक क्षेत्र (खासकर विश्वविद्यालयों के प्रोफेसरों) के वेतनमानों की ताजा स्थिति का तुलनात्मक चित्र प्रस्तुत करने के अलावा यह बताता है कि हाल के वर्षों में इस विचित्र व्यवस्था के चलते आर्थिक असमानता किस आश्चर्यजनक हद तक फैली है।

चित्र 5.1

विश्वविद्यालयों में वेतनमान और कृषि मजदूरों की मजदूरी का सूचकांक—
(1993-94= 100)

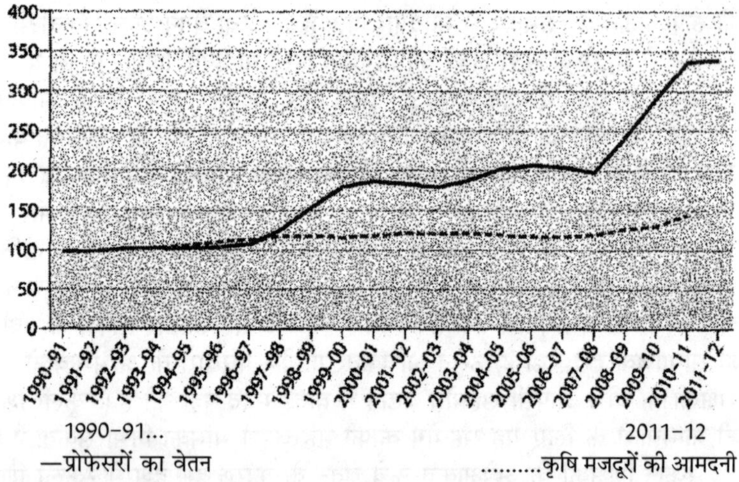

1990-91... 2011-12

—प्रोफेसरों का वेतन ....कृषि मजदूरों की आमदनी

* केन्द्रीय वेतन आयोग की रिपोर्टें तकनीकी रूप से सलाह जैसी होती हैं लेकिन केन्द्र सरकार वेतनमानों की सिफारिशों कों पूरा का पूरा स्वीकार कर लेती है, और राज्य सरकारें चन्द दिनों में उन्हें अपने यहाँ लागू कर देती हैं। पूरी प्रक्रिया का कोई विरोध नहीं होता। मीडिया भी इसे अपरिहार्य घटना मान कर चुपचाप स्वीकार कर लेता है, और इससे लाभ पाने वाला शैक्षिक जगत तो इसे मान ही लेता है।

चित्र 5.1. कॉलेज के प्रोफेसरों और कृषि मजदूरों की आमदनी

स्रोत : विश्वविद्यालयों में वेतन का सूचकांक दिल्ली स्कूल ऑफ इकोनॉमिक्स के औसत कुल वेतन को औद्योगिक मजदूरों के लिए निर्धारित उपभोक्ता कीमत सूचकांक से तुलना करके तैयार किया गया है। कृषि मजदूरों की मजदूरी का सूचकांक दो वास्तविक वेतन सीरीज को जोड़कर निर्धारित किया गया है। एक सीरीज द्रेज़ तथा सेन (2002) में प्रस्तुत 'भारत में कृषि मजदूरी' पर आधारित है, तो नई सीरीज उसामी (2012) के 'ग्रामीण भारत में वेतन दरें' पर आधारित है, जिसमें 1999-2000 को जोड़ वर्ष के रूप में इस्तेमाल किया गया है। विस्तृत जानकारी के लिए सांख्यिकीय परिशिष्ट में व्याख्या नोट देखें।

तालिका 5.4

प्रति व्यक्ति जीडीपी के मुकाबले प्राथमिक स्कूलों के शिक्षकों के वेतन का अनुपात

देश/राज्य	सन्दर्भ वर्ष	शिक्षक के वेतन का अनुमानित अनुपात-	
		प्रति व्यक्ति जीडीपी के मुकाबले	प्रति व्यक्ति एसडीपी के मुकाबले
ओईसीडी औसत	2009	1.2	–
एशियाई देश			
चीन	2000	0.9	–
इंडोनेशिया	2009	0.5	–
जापान	2009	1.5	–
बांग्लादेश	2012	≈1	–
पाकिस्तान	2012	≈1.9	–
भारत			
नौ बड़े राज्य[a]	2004-5	3.0	4.9
उत्तर प्रदेश[b]	2006	6.4	15.4
बिहार	2012	5.9	17.5
छत्तीसगढ़	2012	4.6	7.2

जीडीपी—सकल घरेलू उत्पाद।

एसडीपी—राज्य का घरेलू उत्पाद (भारतीय राज्य)।

a : आन्ध्र प्रदेश, बिहार, गुजरात, जम्मू-कश्मीर, मध्य प्रदेश, महाराष्ट्र, राजस्थान, उत्तर प्रदेश, प. बंगाल। इस कतार के आँकड़े छठे वेतन आयोग से पहले प्राथमिक स्कूलों के सभी शिक्षकों के हैं (अनुबन्ध वाले शिक्षक भी शामिल, जो नियमित शिक्षकों से कम वेतन पाते हैं)।

b : छठे वेतन आयोग के वेतनमानों (जो 2009 में तय किए गए और 2006 से लागू किए गए) पर आधारित।

नोट : अन्तर्राष्ट्रीय आँकड़े प्राथमिक स्तर के शिक्षकों की 15 साल की नौकरी के बाद के वैधानिक वेतन के हैं। अगर कोई अलग उल्लेख न किया गया हो तो भारतीय आँकड़े नियमित शिक्षकों (अनुबन्ध वाले शिक्षकों के विपरीत) के वेतन के हैं निचले स्तर के लिए विस्तृत जानकारी के लिए देखें 'ओईसीडी' (2011), तालिका D-3.4।

स्रोत : 'ओईसीडी' औसत, इंडोनेशिया और जापान; 'ओईसीडी' (2011), तालिका D-3.4, पेज-419; चीन : सिनिस्कालको (2004), चित्र-4 और डेटा एपेंडिक्स, पेज-3; बांग्लादेश और पाकिस्तान : हमारे अनौचारिक अनुमान बीआरएसी विश्वविद्यालय (ढाका) और कलेक्टिव फॉर सोशल साइंस रिसर्च (कराची) द्वारा उपलब्ध कराए गए आँकड़ों पर आधारित। भारत : 'नौ बड़े राज्य', किंग्डन (2010) की तालिका 1 से तैयार। उसके अलग-अलग राज्यों की आबादी के मुताबिक औसत के आँकड़ों पर आधारित। उत्तर प्रदेश : किंग्डन (2010) के जरिए पुन: तैयार किया गया, प्रति व्यक्ति जीडीपी और एसडीपी के बारे में आँकड़े 'आर्थिक सर्वे' से हासिल। बिहार तथा छत्तीसगढ़ : हमारे अनुमान शिक्षकों के वेतन के बारे में सम्बन्धित शिक्षा विभाग और योजना आयोग से प्रति व्यक्ति एसडीपी को लेकर पूछताछ पर आधारित हैं।

वेतन में वृद्धियों के कारण खर्चों में बढ़ोतरी के चलते कई राज्यों ने नियमित शिक्षकों की बहाली बन्द कर दी और शिक्षण के लिए 'अनुबन्ध वाले शिक्षकों' से काम लेना शुरू कर दिया।[27] अनुबन्ध वाले कई शिक्षकों का वेतन नियमित शिक्षकों के वेतन के पाँचवें हिस्से तक के बराबर होता है। उनकी औपचारिक योग्यता और प्रशिक्षण भी नियमित शिक्षकों के मुकाबले कम होता है। वास्तव में, अनुबन्ध वाले शिक्षकों का बड़ा अनुपात काफी अप्रशिक्षित या संदिग्ध तकनीक अथवा पत्राचार पाठ्यक्रम के जरिए झुंड के झुंड में प्रशिक्षित होता है। दूसरी ओर, उनसे ज्यादा जवाबदेह होने की अपेक्षा की जाती है क्योंकि उनके अनुबन्ध का नवीकरण होना होता है, जो प्राय: स्थानीय समुदाय या पंचायत की मंजूरी पर निर्भर होता है। कुछ प्रमाण ऐसे भी हैं जो बताते हैं कि बच्चों को लिखना-पढ़ना सिखाने में अनुबन्ध वाले शिक्षक नियमित शिक्षकों से कतई खराब नहीं होते और उन पर खर्च भी कम होता है।[28] शेष दुनिया के मुकाबले भारत में स्कूली शिक्षा के निम्न स्तर के बारे में पहले जो चर्चा की जा चुकी है, उसके मद्देनजर 'कतई खराब नहीं' ऐसा नहीं है जिसे पर्याप्त अच्छा कहा जा सके। बहरहाल, इकाइयों पर लागत को घटाकर अनुबन्ध वाले रास्ते ने स्कूली व्यवस्था के विस्तार को निश्चित ही तेजी प्रदान की है लेकिन यह शिक्षण के स्तर को सुधारने में बड़ी बाधा बन सकता है।

इन सबका परिणाम यह है कि एक विचित्र किस्म का दोहरा शिक्षण काडर बन गया है, जिसमें पेशवर मगर लापरवाह 'स्थायी शिक्षक' अनौपचारिक मगर ज्यादा गतिशील 'अनुबन्ध वाले शिक्षक', जिन्हें पेशेवर शिक्षकों के वेतन के एक भाग के बराबर वेतन पर बहाल किया गया है, साथ-साथ काम करते हैं। इस दोहरेपन से कोई बीच का रास्ता निकलता तो अच्छा लगता—शिक्षकों के लिए नई

कार्य शर्तें होतीं, उन्हें अच्छा वेतन मिलता, वे अच्छी योग्यता वाले होते और उन्हें रोजगार की कुछ सुरक्षा हासिल होती। लेकिन बिना शर्तों वाली कमाऊ स्थायी नौकरी होती, जो काम के प्रोत्साहन को खत्म करती और इस पेशे की प्रतिष्ठा को कमजोर करती। अनुबन्ध वाले तथा स्थायी शिक्षकों को कैरियर की साझा सीढ़ी पर खड़ा करने के लिए दिलचस्प प्रस्ताव रखे गए हैं, जो सर्वश्रेष्ठ शिक्षकों की पहचान करने में मदद करेंगे।[29] लेकिन अनुबन्ध वाले शिक्षकों के समर्थन तथा विरोध में होनेवाली ध्रुवीकृत बहस में, जो इस सवाल को दोनों तरह के शिक्षकों के बीच आर-पार के चुनाव में परिवर्तित कर देती है, इन सब बातों की सम्भावना तलाशने की गुंजाइश कम ही है।

हाल में बनाए गए शिक्षा के अधिकार के कानून को लागू करना भारत में शिक्षकों की बहाली की शर्तों पर रचनात्मक चिन्तन का अवसर प्रदान कर सकता है। इस कानून में न केवल स्कूलों की संख्या बढ़ाने बल्कि हरेक स्कूल में छात्र-शिक्षक का अनुपात बढ़ाकर 30:1 करने की बात कही गई है। इसके अलावा, हरेक शिक्षक केन्द्र सरकार द्वारा निर्धारित न्यूनतम योग्यता वाला हो। छठे वेतन आयोग के वेतनमानों के अनुरूप स्थायी शिक्षकों के काडर का विस्तार करके मानदंडों को पूरा करना वित्तीय बरबादी को न्यौता देना होगा, खासकर भारी घाटे में चल रहे गरीब राज्यों के लिए।[30] दूसरी ओर, अप्रशिक्षित और अनुबन्ध वाले शिक्षकों की नियुक्ति करके इन मानदंडों को पूरा करना सच कहें तो अवैध होगा। इसलिए कई राज्य इन दो असन्तोषजनक सीमाओं के बीच का रास्ता अपनाते हैं। इसमें विफलता का मतलब है स्कूलों के निजीकरण में तेजी (क्योंकि नाराज अभिभावक सरकारी स्कूलों से अपने बच्चों को हटा लेते हैं) की ही पूरी सम्भावना दिखती है।

निजी स्कूल के रूप में एक विकल्प

सार्वजनिक क्षेत्र में स्कूली शिक्षा को जिन तमाम समस्याओं का सामना करना पड़ता है, उनके कारण टीकाकारों को स्कूली शिक्षा के निजीकरण के बारे में सोचने की प्रेरणा क्यों मिलती है, यह सहज स्पष्ट है। लेकिन यह कथित बेहतर विकल्प आखिर कितना व्यावहारिक है? निजी स्कूल एक वैकल्पिक अवसर तो प्रदान करते हैं लेकिन सरकारी स्कूलों ने दुनिया-भर के देशों में शिक्षा के क्षेत्र में परिवर्तन की जो भूमिका निभाई है और निभा सकते हैं, निजी स्कूल वह भूमिका किसी तरह नहीं निभा सकते।

सबसे पहली बात तो निजी स्कूलों में पढ़ाई का खर्च उठा पाने की समस्या से सम्बन्धित है क्योंकि उनकी फीस उनके मुनाफे से अनिवार्य रूप से जुड़ी होती है। भारत में गरीब परिवारों और वंचित समुदायों के बच्चे इस तरह स्कूली शिक्षा हासिल नहीं कर सकते।

दूसरी बात, अगर खर्च वाली समस्या को किसी तरह दूर कर भी दिया जाए (मान लीजिए ऐसा निजी क्षेत्र से सहायता प्राप्त स्कूलों या स्कूल वाउचरों की व्यवस्था के जरिए किया जाता है), तो भी दूसरी समस्याएँ बनी रहेंगी। स्कूली शिक्षा मूलतः सूचनागत सीमाओं का मामला है, खासकर पहली बार स्कूल जानेवाले बच्चों के माता-पिता के लिए। इसके अलावा, ढेरों विषम सूचनाएँ मौजूद हैं—जहाँ तक स्कूली अधिकारियों या निजी स्कूलों के उद्यमियों की बात है, उन्हें सम्भावित छात्रों के परिवारों के मुकाबले यह ज्यादा पता होता है कि वे क्या कुछ कर सकते हैं या करना चाहते हैं। यह वाउचर व्यवस्था के लिए आदर्श स्थिति नहीं है। यह व्यवस्था तो खर्च वाली समस्या को वाउचरों की आर्थिक ताकत की समझ अभिभावकों में पैदा करके दूर करना चाहती है।[31]

तीसरी बात, प्रतियोगिता के अभाव में निजी स्कूल साधारण शिक्षा उपलब्ध कराने के एवज में पैसा दोहन करने की मशीन बन सकते हैं, जैसा कि भारत के ग्रामीण क्षेत्रों में प्रायः होता है। बाजार ठीक से काम करें, इसके लिए प्रतियोगिता कारगर हो सकती है। इस तथ्य की अनदेखी शिक्षा के मामले में नहीं की जा सकती है। वैसे, गैरसरकारी स्कूलों के विस्तार के लिए कई सदिच्छापूर्ण प्रयास किए जाते हैं, और ये प्रयास सफल हों, इसके लिए कुछ फीस का प्रावधान रखा जाता है। लेकिन भारतीय शिक्षा व्यवस्था में निजी स्कूलों के अनुभव प्रतिबद्धता की सफलताओं और पैसे उगाही के उपक्रम, दोनों के उदाहरण प्रस्तुत करते हैं। और इनके साथ यह छवि, जो कि खुद हासिल की गई होती है, भी जुड़ी होती है कि उनके प्रदर्शन और वास्तविक देन में बहुत तालमेल नहीं होता। पहले बताया जा चुका है कि औसत छात्र की उपलब्धियों के मामले में भारत के निजी स्कूल सरकारी स्कूलों से कोई बेहतर प्रदर्शन नहीं कर पा रहे हैं। यह तथ्य संकेत करता है कि आजमाए जाने के लिए यहाँ कोई आसान समाधान उपलब्ध नहीं है।

चौथी बात यह है, जैसा कि पूरी दुनिया में देखा जा चुका है कि स्कूली शिक्षा के कई पहलू हैं, जिन्हें पॉल सैमुएल्सन (1954) ने 'सार्वजनिक अच्छाइयाँ' कहा है। स्कूली शिक्षा के बाहरी तत्व भी हैं और हासिल ज्ञान से सम्बन्धित अदृश्य बातें भी हैं। ये सब संचालन और लाभ के सन्दर्भ में बाजार को काफी दोषपूर्ण बनाते हैं। इससे यह संकेत नहीं किया जा रहा है कि ये कमजोरियाँ सार्वजनिक क्षेत्र की समस्याओं के मुकाबले ज्यादा भारी हैं। लेकिन यह कड़ाई से जाँच करने की स्पष्ट जरूरत है कि निजी स्कूलों की देन वास्तव में क्या है (खासकर उनके वादों के मद्देनजर)। यही केन्द्रीय समस्या सरकारी स्कूलों की निगरानी के साथ भी जुड़ी है। निजी स्कूलों की जब बात आती है, तो इस निरन्तर मूल्यांकन से स्वतः कोई छुटकारा नहीं है।

निजी स्कूलों पर अधिक निर्भरता की सबसे अप्रत्यक्ष हानि यह है कि ये सरकारी स्कूलों से उन अभिभावकों के बच्चों को छीन लेते हैं, जो सरकारी स्कूलों

को ज्यादा जिम्मेदार और जवाबदेह बनाने की माँगों को ज्यादा मजबूती प्रदान कर सकते हैं। निजी स्कूलों पर निर्भरता सरकारी स्कूलों की समस्याओं को इस तरह बढ़ा सकती है कि वे सरकारी क्षेत्र की निम्नस्तरीय शिक्षा से हानि उठाने वाले ज्यादा समृद्ध तथा मुखर परिवारों के लिए विकल्प उपलब्ध कराते हैं।[32] निजी स्कूल भारतीय स्कूली शिक्षा के अंग बने रह सकते हैं लेकिन सरकारी स्कूलों में बड़े सुधार करने और उन पर निर्भर रहने की जरूरत सिर्फ इसलिए खत्म नहीं होनेवाली है कि निजी क्षेत्र में उन लोगों के लिए विकल्प उपलब्ध है, जो लोग उसका खर्च उठाने में सक्षम हैं।

आंकलन में कमी

भारत में स्कूली शिक्षा को सुधारने में जो सांगठनिक समस्याएँ सामने आ सकती हैं उनमें छात्रों के मूल्यांकन और स्कूलों के आंकलन की समस्या कठिन है। फिलहाल, स्कूली परीक्षाओं की पूरी व्यवस्था खतरनाक रूप से अस्त-व्यस्त है। शिक्षा का अधिकार कानून 2010 के तहत पहली कक्षा से अगली कक्षा में 'स्वतः प्रोन्नति' की व्यवस्था की गई है, भले ही बच्चा जितना भी कुछ सीख पाया हो; और आठवीं कक्षा से पहले बोर्ड की परीक्षा नहीं होगी। कानून स्कूली परीक्षाओं (बोर्ड परीक्षा को छोड़ कर) पर रोक नहीं लगाता लेकिन वह इन परीक्षाओं के लिए प्रोत्साहन भी नहीं देता। इसकी जगह वह 'विस्तृत तथा निरन्तर मूल्यांकन' की व्यवस्था प्रस्तुत करता है। लेकिन इस व्यवस्था के ब्यौरे स्पष्ट नहीं हैं, और कुछ राज्यों ने शिकायत दर्ज करा दी है कि मूल्यांकन का नया तरीका जमीनी स्तर पर 'कोई मूल्यांकन नहीं'[33] वाली स्थिति में पहुँचा देता है।

इस पूरे मसले के बारे में तुरन्त स्पष्टता बहाल करने की जरूरत है। भारत में पारम्परिक परीक्षा पद्धति में बेशक कई खामियाँ थीं, जिनके कारण व्यापक पैमाने पर नकल होती थी, बच्चों पर भारी दबाव रहता था, शिक्षक निष्क्रिय-से रहते थे और रटन्त विद्या जैसी भद्दी चीज का बोलबाला रहता था।[34] दूसरी ओर, जिस व्यवस्था में छात्रों की उपलब्धियाँ इतनी निम्न स्तर की हों और शिक्षकों की निगरानी नाममात्र की हो, उसमें किसी तरह की मानकीकृत परीक्षा व्यवस्था को समाप्त करना कोई बेहतर विचार नहीं है।

मानकीकृत परीक्षा व्यवस्था का मुख्य उद्देश्य बच्चों पर सीखने का दबाव डालना—जिसका कई शिक्षाशास्त्री विरोध करते हैं—उतना नहीं है जितना यह पता करना है कि खास छात्रों या स्कूलों को किस तरह की सहायता या प्रोत्साहन देने की जरूरत है। यह जान लेना सचमुच महत्त्वपूर्ण है, वह भी तब जब बड़े अनुपात में बच्चे किसी खास स्कूल में वर्षों तक लगभग कुछ नहीं सीख पाते और उन्हें बोर्ड परीक्षा के कत्लगाह में भेजा जा रहा हो (अगर वे स्कूल छोड़ नहीं

देते और वाकई आठवीं कक्षा में पहुँच जाते हैं)। इस बात की जानकारी विस्तृत तथा निरन्तर मूल्यांकन को खारिज करने का आधार नहीं बनती बल्कि छात्रों की उपलब्धियों के बारे में पर्याप्त सूचना रखने की जरूरत को रेखांकित करती है। ऐसा लगता है कि मानकीकृत परीक्षाओं के विकल्प में इसका प्रावधान नहीं है।[35] अपर्याप्त कारणों से, और बिना प्रभावी तथा व्यावहारिक विकल्प तैयार किए इन परीक्षाओं को खारिज करना आज भारतीय स्कूली बच्चों की जरूरत तो कतई नहीं है।

छात्रों की उपलब्धियों के बारे में सूचना का महत्त्व बेशक शिक्षकों, हेडमास्टरों, निरीक्षकों या प्रशासकों के लिए पहले है, लेकिन सम्बन्धित बच्चों के अभिभावकों तथा उनके इर्द-गिर्द के समाज के लिए भी यह महत्त्वपूर्ण है। अभिभावकों की शक्तिहीनता भी स्कूल व्यवस्था में जवाबदेही के अभाव की शायद एक वजह है। उनके बच्चे क्या सीख रहे हैं (या स्कूल में क्या कुछ चल रहा है) यह आंकलन कर पाने में उनकी कठिनाई उन्हें शक्तिहीन बनाने में महत्त्वपूर्ण भूमिका निभाती है। छात्रों की उपलब्धियों के बारे में उपयोगी सूचना हासिल करना और उसे सार्वजनिक मंच पर रखना (बिना नाम के या आँकड़ों में) अभिभावकों तथा दूसरे लोगों को इतना सक्षम बना सकता है कि व्यवस्था को जवाबदेह बना सकें।

परीक्षाओं के स्वरूप और उनकी सामग्री पर बेशक काफी सोच-विचार करने की जरूरत है। उदाहरण के लिए, ऐसी मानक परीक्षाओं का डिजाइन तैयार किया जा सकता है, जो एक बच्चे की पाठ याद करने की क्षमता की जगह दूसरी क्षमताओं (मसलन, किसी सरल पाठ को पढ़ने ही नहीं बल्कि उसे समझने की भी क्षमता) का मूल्यांकन कर सकें। इसी तरह, 'खुली किताब' के साथ परीक्षाएँ मूल्यांकन में पाठ रटने की जगह उन्हें समझने की क्षमता के ऊपर जोर देने में मदद कर सकती हैं। लेकिन पहला कदम यह है कि सुधार की जरूरत को समझा जाए : मूल्यांकन में जो खामी है वह खतरनाक है।

स्तरीयता भी बनी रहे और सर्वव्यापी भी हो

भारत में स्कूली शिक्षा बुरी हालत में है, और व्यक्ति से लेकर समाज तक के स्तरों पर शिक्षा की जो भूमिका है उसके मद्देनजर इस विफलता ने उन तमाम सामाजिक समस्याओं में कोई छोटी भूमिका नहीं निभाई है, जिनकी चर्चा इस पुस्तक में की गई है। ये समस्याएँ सहभागी विकास के अभाव और सार्वजनिक स्वास्थ्य के क्षेत्र में खराब कामकाज से लेकर सार्वजनिक जवाबदेही, सामाजिक असमानता और लोकतांत्रिक कामकाज तक से जुड़ी हैं। हालाँकि विकास में शिक्षा की केन्द्रीय भूमिका के महत्त्व को आज पहले से ज्यादा पहचाना जा रहा है और स्कूली व्यवस्था के विस्तार तथा बुनियादी ढाँचे को मजबूत करने में कुछ प्रगति भी हुई है,

फिर भी इन प्रारम्भिक उपायों से आगे बढ़ने और शिक्षा के स्तर पर ज्यादा ध्यान की तुरन्त जरूरत है।

स्कूली व्यवस्था में जवाबदेही बहाल करना व्यापक शैक्षिक एजेंडा का एक महत्त्वपूर्ण अंग है। चूँकि स्कूल शिक्षकों का वेतन बाहर से तय किया जाता है (जैसी कि हम पहले चर्चा कर चुके हैं), सरकारी स्कूलों के शिक्षकों के वेतन भुगतान की वर्तमान व्यवस्था के बारे में यह नहीं कहा जा सकता कि इसमें वित्तीय प्रोत्साहन की कोई व्यवस्था समाहित है। वैसे, प्रोत्साहन दूसरे रूपों में आ सकते हैं, क्योंकि एक अच्छे शिक्षक के रूप में प्रतिष्ठा और ख्याति भी एक पुरस्कार है। और इस बात के प्रमाण भी हैं कि इस तरह के गैर-वित्तीय प्रोत्साहन शिक्षकों के काम पर अच्छा-खासा प्रभाव डालते हैं।[36]

दूसरी समस्याएँ भी हैं क्योंकि शिक्षा का स्तर कई और कारकों पर भी निर्भर करता है (उदाहरण के लिए, स्कूली पाठ्यक्रम और शिक्षाशास्त्र, शिक्षकों की योग्यता, बच्चों का अच्छा स्वास्थ्य)। लेकिन जवाबदेही आज केन्द्रीय मुद्दा है— न केवल शिक्षकों की बल्कि पूरी स्कूली व्यवस्था की जवाबदेही।

जैसा कि अध्याय 4 में विचार किया गया है, सार्वजनिक क्षेत्र में जवाबदेही बहाल करने में मुख्य बाधा यह आम भाग्यवादी धारणा है कि इसका कुछ नहीं हो सकता। यह बात स्कूल व्यवस्था पर भी लागू है। पिछले दस वर्षों में स्कूली सुविधाएँ, छात्रों को प्रोत्साहन देने, और शिक्षा का अधिकार लागू करने जैसे कई उपाय किए गए लेकिन जवाबदेही के मसले की उपेक्षा की गई या उसे दरकिनार कर दिया गया।[37] स्कूली सुविधाओं के विस्तार के लिए जितनी ऊर्जा और जितना संसाधन खर्च किया गया उतना अगर शिक्षा के स्तर को सुधारने के लिए किया जाता तो बहुत कुछ हासिल किया जा सकता था।

उदाहरण के लिए, यह देख पाना मुश्किल नहीं है कि बिना हेडमास्टर के स्कूल बिना पतवार की नाव से बेहतर नहीं होता। फिर भी, स्कूली सुविधाओं के जिस सर्वे का जिक्र इस अध्याय के शुरू में किया गया है, उसके मुताबिक जिन स्कूलों में सर्वेकर्ता अचानक पहुँचे उनमें से आधे स्कूल बिना हेडमास्टर के थे। इसकी वजह या तो यह थी कि हेडमास्टर स्कूल में आए ही नहीं थे या उनकी नियुक्ति ही नहीं की गई थी। इस खामी को बर्दाश्त करने की कोई वजह नहीं है क्योंकि हरेक स्कूल में हेडमास्टर की बहाली या उसकी गैरहाजिरी को रोकना आसान है। इसी तरह, यह साफ है कि स्कूलों के निरीक्षण की सक्रिय व्यवस्था (जिसमें जरूरी नहीं कि सजा की व्यवस्था भी हो) किसी भी स्कूली व्यवस्था का एक अनिवार्य तत्व है। और इस बात के प्रमाण भी हैं कि नियमित निरीक्षण से शिक्षण के मानदंडों में बदलाव आता है।[38] फिर भी, 'निरीक्षण' शब्द को भारतीय स्कूल व्यवस्था में एक गंदा शब्द माना जाता है। शिक्षा की राष्ट्रीय नीति में इसका बस एक बार इसलिए

उल्लेख किया गया है कि इसकी जगह धीरे-धीरे 'स्कूल परिसरों की व्यवस्था की जाए।' और यह बताने की बहुत कोशिश नहीं की गई है कि यह व्यवस्था वास्तव में कैसी होगी (यह 1992 की बात है)।[39] न ही इसका उल्लेख 2010 के 'शिक्षा का अधिकार कानून' में किया गया है।

जैसा कि पिछले खंड में कहा गया है, छात्रों और स्कूलों के मूल्यांकन की बेहतर व्यवस्था अभिभावकों तथा दूसरे लोगों को इतना सक्षम बनाने में काफी मदद कर सकती है कि वे स्कूली व्यवस्था को जवाबदेह बनाने में अपनी भूमिका निभा सकें। जवाबदेही बहाल करने के लिए इन कई कुंजियों को सक्रिय किया जा सकता है—शिक्षकों का चयन, प्रोन्नति के नियम, अभिभावक-शिक्षक संघ, शिकायत निवारण सुविधा, आदि। अकेले-अकेले ये कुंजियाँ कारगर नहीं होतीं मगर सबको साथ लेकर चला जाए तो भारी फर्क पड़ सकता है।

इसी से जुड़ा कुछ महत्त्वपूर्ण मसला स्कूली व्यवस्था में कार्य-संस्कृति को सुधारने के लिए शिक्षकों के संघ की सहायता लेने का है। केवल स्कूली व्यवस्था के लिए नहीं बल्कि आमतौर पर कहा जाए तो सार्वजनिक क्षेत्र में जवाबदेही बढ़ाने के मामले में संघों को अड़चन की जगह सहायक मानने का तर्क ज्यादा मजबूत दिखता है। संघों का रवैया और उनके अपने विचार ज्यादा संकीर्ण और राजनीति प्रेरित हो गए हैं। मुक्त बाजार की पैरवी करनेवाले लोग संघों को बस एक बकवास मानते हैं, जबकि संघ-केन्द्रित वाम दल कुछ संघों की आत्मकेन्द्रित प्राथमिकताओं की आलोचना करने से कतराते हैं। इन सबका छात्रों और अन्ततः खुद शिक्षकों के हितों और कुशलक्षेम पर बुरा असर पड़ता है। संघों की अपनी सामाजिक जिम्मेदारियाँ हैं, इसकी पहचान और समझ उनमें पैदा करने की कोशिश करना सचमुच महत्त्वपूर्ण है। लेकिन दूसरी ओर, उन्हें अड़चन मानकर कमजोर करने या समाप्त करने की जगह उन्हें मददगार मानना भी उतना ही महत्त्वपूर्ण है। सामाजिक साझीदारी* के मसले को निबटाने के अलग-अलग तरीके हैं। लेकिन संघों को प्रतिपक्ष मानना इन तरीकों में शामिल नहीं है।

स्कूलों की जवाबदेही और शिक्षा के स्तर से सम्बन्धित सवालों पर हम अगर सचमुच अपेक्षित ध्यान देना चाहते हैं तो उन मसलों की एक लम्बी सूची है जिन पर ज्यादा व्यापक विचार करने और ध्यान देने की जरूरत है। भारत में स्कूली शिक्षा पर सार्वजनिक विमर्श की तीव्रता और तार्किकता में मूलभूत परिवर्तन लाने और

---

* प्रतीचि ट्रस्ट कुछ वर्षों से ऑल बंगाल टीचर्स एसोसिएशन और प. बंगाल के प्राथमिक स्कूलों के शिक्षकों के दूसरे संघों के साथ मिलकर शिक्षकों की जिम्मेदारियों को लेकर काम कर रहा है, जिसके नतीजे काफी सकारात्मक तथा उत्साहवर्द्धक रहे हैं। इसके बारे में देखें कुमार राणा (2012) को। इसके अलावा सरकार एवं राणा (2010) और मजूमदार एवं राणा (2012) भी देखें।

स्तरीयता पर ज्यादा जोर देने की जरूरत है। विकास सम्बन्धी मसलों पर व्यापक सार्वजनिक विमर्श के लिए इस पुस्तक में जो तर्क दिए जा रहे हैं उनका यह भी एक पहलू है।

कोश के ज्यादा आवंटन, जवाबदेही की बहाली, शिक्षा के स्तर में सुधार के लिए शिक्षकों और शिक्षक संघों की सहायता लेने और सुधार के कई अन्य उपाय सरीखे स्पष्ट मसलों पर ध्यान देने की जरूरत है, क्योंकि आमतौर पर भारतीय शिक्षा व्यवस्था और खासकर स्कूली शिक्षा व्यवस्था जिन समस्याओं से ग्रस्त है उनके लिए कोई जादुई समाधान नहीं है। सबसे बड़ी प्राथमिकता यह है कि भारत की स्कूली व्यवस्था को स्तरीय बनाने की कोशिश की जाए। स्कूल न जानेवाले बच्चों की बड़ी संख्या अपने आपमें जानी-पहचानी समस्या है लेकिन इस समस्या का हल हो भी जाए (और यह समाधान ज्यादा तेजी से करने की जरूरत है) तो भी भारत में आज स्कूली शिक्षा के शोचनीय रूप से निम्न स्तर को सुधारना शैक्षिक योजना की मुख्य चिन्ता होनी चाहिए। हमने कुछ विशेष समस्याओं और उनके समाधानों की पहचान की है लेकिन इतनी भारी समस्या पर विजय पाने के लिए सार्वजनिक विमर्शों और सामाजिक सोच में जितना ज्यादा जोर दिया जाना चाहिए उतना नहीं दिया जा रहा। भारत में सबको शिक्षा और बच्चों को स्तरीय शिक्षा उपलब्ध कराने के लिए स्कूली शिक्षा व्यवस्था को नया रूप देने से ज्यादा बड़ी कोई चुनौती हो सकती है, इसकी कल्पना नहीं की जा सकती।

अध्याय : छह

भारत में स्वास्थ्य सेवाओं का संकट

कभी-कभी ऐसा होता है कि जीवन की सबसे महत्त्वपूर्ण चीजों के बारे में सबसे कम विचार किया जाता है। उदाहरण के लिए, मनुष्य के कुशलक्षेम और जीवन के स्तर के लिए उसके स्वास्थ्य से ज्यादा महत्त्वपूर्ण किसी चीज की कल्पना नहीं की जा सकती। लेकिन भारत के सार्वजनिक विमर्शों और लोकतांत्रिक राजनीति में स्वास्थ्य का मसला लगभग गायब है।

यह इस बात से स्पष्ट है कि स्वास्थ्य तथा स्वास्थ्य सेवाओं के आवश्यक पहलुओं की चर्चा मुख्यधारा की मीडिया में बहुत ही सीमित होती है। यह बात न केवल भारत के छोटे अखबारों (यहाँ उनके प्रति असम्मान का कोई भाव नहीं है) पर, बल्कि गम्भीर माने जानेवाले मीडिया पर भी लागू है। अपनी पिछली पुस्तक में हमने पाया कि आम सामाजिक मसलों पर खबरें देने के मामले में सम्मानजनक रेकॉर्ड रखने वाले सर्वश्रेष्ठ भारतीय अखबारों में भी स्वास्थ्य के मसलों पर शायद ही चर्चा होती है। उदाहरण के लिए, भारत के एक सर्वश्रेष्ठ अखबार में वर्ष 2000 में जनवरी से जून के बीच 300 से ज्यादा लेख प्रकाशित हुए लेकिन एक भी लेख स्वास्थ्य के मसलों से सम्बन्धित नहीं था।* इस मसले की जाँच हमने वर्ष 2012 के आखिरी छह महीनों के लिए भी की और भारत के प्रमुख अंग्रेजी अखबारों के सम्पादकीय वाले पन्ने पर प्रकाशित पाँच हजार से ज्यादा लेखों पर नजर डाली। बारह साल पहले के मुकाबले इस बार थोड़े सुधार के लक्षण दिख रहे थे लेकिन सम्पादकीय विमर्शों में स्वास्थ्य सम्बन्धी मसलों (अगर हम इन्हें इनके एकदम व्यापक अर्थों में भी लें तो) को कुल मिलाकर 1 प्रतिशत स्थान ही मिल पा रहा था। जिन अखबारों को नमूने के तौर पर चुना गया था उनमें से अधिकतर ने इन

* देखें ड्रेज़ और सेन (2002), पृ. 300-303। दिलचस्पी के लिए हमने तीन साल बाद, जनवरी-जून, 2003 में एक बार फिर से यही अभ्यास दोहराया। इस बार हमें स्वास्थ्य सेवा के मसले पर एक लेख मिला--वो था चीन में 'SARS' संकट के बारे में जिसे एशियाई अर्थव्यवस्था के लिए सम्भावित संकट के तौर पर देखा जा रहा था।

छह महीनों में अपने सम्पादकीय पृष्ठ पर स्वास्थ्य सम्बन्धी एक अग्रलेख से ज्यादा नहीं प्रकाशित किया था। अगर हम यह देखें कि 2012 का उत्तरार्द्ध स्वास्थ्य नीति के लिहाज से काफी महत्त्वपूर्ण अवधि थी, तो यह काफी ध्यान देनेवाली बात है। यह वह अवधि थी जब यह सम्भावना प्रबल हो रही थी कि स्वास्थ्य को 12वीं पंचवर्षीय योजना की मुख्य प्राथमिकताओं में शामिल किया जा सकता था और योजना के मसौदे में स्वास्थ्य नीति की रूपरेखा को लेकर गम्भीर प्रश्न उठ रहे थे (इस मसले पर हम आगे चर्चा करेंगे)। ये सवाल स्वास्थ्य के क्षेत्र में सक्रिय कार्यकर्ताओं और प्रोफेशनलों को काफी चिन्तित कर रहे थे लेकिन वे व्यापक सार्वजनिक बहस का मुद्दा नहीं बने।

भारत की मुख्यधारा के मीडिया और लोकतांत्रिक राजनीति में स्वास्थ्य सम्बन्धी मसलों की ही नहीं बल्कि बच्चों के स्वास्थ्य की चर्चा कम होती है, जिसके चलते सामान्य राजनीतिक विमर्शों में बच्चों के मामलों के प्रति उपेक्षा में और वृद्धि होती है। उदाहरण के लिए, भारतीय संसद में पूछे गए सवालों के एक विश्लेषण में पाया गया कि केवल 3 प्रतिशत सवाल बच्चों (जिनकी संख्या कुल आबादी के 40 प्रतिशत से ज्यादा है) के मामलों से सम्बन्धित थे। बच्चों से सम्बन्धित इन 3 प्रतिशत सवालों में भी 5 प्रतिशत से कम सवाल बचपन की प्रारम्भिक अवस्था में देखभाल और विकास से सम्बन्धित थे। इसी तरह, बच्चों से सम्बन्धित मसलों के बारे में मीडिया में प्रकाशित खबरों के एक विश्लेषण से पता चला कि छोटे बच्चों के हितों की कोई चर्चा मुख्यधारा के मीडिया में नहीं मिलती।[1]

इसका खास उदाहरण बच्चों के टीकाकरण से सम्बन्धित है। इस तथ्य के बारे में बेहद कम जागरूकता है कि भारत में टीकाकरण की जो दर है, वह तमाम देशों की इन दरों में सबसे नीची दर के बराबर है। यह तालिका 6.1 से स्पष्ट है, जिसमें विश्व-भर के बच्चों की स्थिति पर यूनिसेफ रिपोर्ट से लिये गए तुलनात्मक अन्तर्राष्ट्रीय आँकड़ों का उपयोग किया गया है। बीसीजी टीके को छोड़ बाकी टीकाकरण की भारतीय दरें उप-सहारा अफ्रीका या 'सबसे कम विकसित देशों' की इन औसत दरों से भी नीची हैं। नेपाल और पाकिस्तान समेत किसी भी अन्य दक्षिण एशियाई देश के लिए सम्बन्धित अनुमानों के मुकाबले भी ये दरें (बीसीजी टीके के लिए भी) नीची हैं। भारत की दरों से किन देशों की दरें कम हैं, यह देखना हो तो उप-सहारा अफ्रीका के बाद युद्धग्रस्त अफगानिस्तान, हाइती, इराक या पापुआ न्यू गिनी की दरों को देखना होगा।[2] इसके विपरीत, बांग्लादेश ने हर टीके के मामले में करीब 95 प्रतिशत की टीकाकरण दर हासिल कर ली है। यह विरोधाभास इस तथ्य को स्पष्ट करता है कि भारत में बच्चों के टीकाकरण की दरें 1990 के दशक और 2000 के दशक के शुरू में काफी धीमी चाल से आगे बढ़ीं, जबकि बांग्लादेश ने इसी अवधि में सभी अन्तरों को समाप्त कर दिया, जैसा कि तालिका 6.1 से स्पष्ट है।[3]

तालिका 6.1

टीकाकरण की दरें, 2012

टीकाकरण करवा चुके एक साल के बच्चों का अनुपात (प्रतिशत में)

	बीसीजी	डीपीटी	पोलियो	खसरा	हेप.बी
भारत	87	72	70	74	37
दक्षिण एशिया	88	76	75	77	51
उप–सहारा अफ्रीका	84	77	79	75	74
मध्य–पूर्व और उ. अफ्रीका	92	91	92	90	89
लातीन अमेरिका, कैरिबिया	96	93	93	93	90
पूर्वी एशिया, प्रशान्त	97	94	96	95	94
सीईई / सीआईएस	96	95	96	96	94
औद्योगिक देश	–	95	95	93	66
विश्व का औसत	**90**	**85**	**86**	**85**	**75**
'न्यूनतम विकसित देश'	84	80	80	78	78
बांग्लादेश	94	95	95	94	95
भारत से पिछड़े देश[a]	26	16	13	25	0

a भारत से पिछड़े देश, अफ्रीका के अलावा[a]	अफगानिस्तान अजरबैजान कोलंबिया कोस्टा रिका हाइती, इराक, लाओस, पापुआ न्यू गिनी, तजिकिस्तान, यमन	अफगानिस्तान हाइती, इराक पापुआ न्यू गिनी	अफगानिस्तान हाइती, इराक पापुआ न्यू गिनी	अफगानिस्तान अजरबैजान हाइती, इराक लाओस, लेबनान, पापुआ न्यू गिनी, यमन

सीईई / सीआईएस : सेंट्रल एंड इस्टर्न यूरोप/ कॉमनवेल्थ ऑफ इंडीपेंडेंट स्टेट्स।

a : सभी देशों में (कम–से–कम 20 लाख की आबादी वाले देश) जिनके आँकड़े उपलब्ध हैं; ऐसे देश करीब 150 हैं (हरेक टीके के लिए)।

स्रोत : यूनिसेफ (2012), तालिका 3, पेज 96–9।

चित्र 6.1 भारत, चीन, बांग्लादेश में टीकाकरण का विस्तार (1985–2009)

12–23 महीने के शिशुओं का अनुपात, जिन्हें डीपीटी टीका दिया गया (प्रतिशत में)

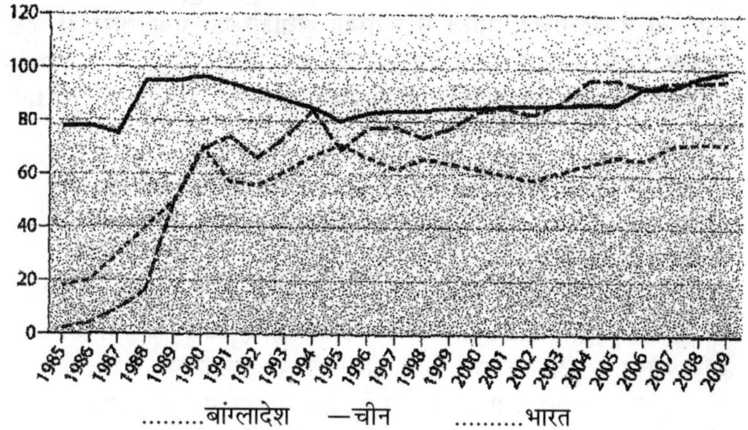

स्रोत : विश्व विकास संकेतक (ऑनलाइन, 1 जनवरी, 2013 को)। खसरे के टीकाकरण के आँकड़े भी इसी तरह के हैं, इसी स्रोत से प्राप्त।

सवाल केवल यह नहीं है कि भारत बच्चों के टीकाकरण में काफी खराब प्रदर्शन कर रहा है बल्कि यह भी है कि इस प्रदर्शन पर न तो कोई सवाल उठाया गया है और न इसे सुधारने की कोशिश की गई है। पिछले कुछ वर्षों में इस मसले पर कोई महत्त्वपूर्ण सार्वजनिक बहस हुई हो, इसके प्रमाण तो नहीं मिलते, बावजूद इसके कि स्वास्थ्य की समस्या विशाल है।* पाकिस्तान में तालिबान ने टीकाकरण का जो विरोध किया उस पर ध्यान तो दिया गया (जो जरूरी भी था) लेकिन टीकाकरण जैसे बेहद महत्त्वपूर्ण मामले में भारत के पिछड़ने (बावजूद इसके कि उसने पोलियो उन्मूलन तथा अन्य क्षेत्रों में हाल में उपलब्धियाँ हासिल की हैं, और यहाँ कोई तालिबान भी नहीं है) पर भारतीय मीडिया में कोई चर्चा नहीं होती।[4]

* इस समस्या का यत्र-तत्र उल्लेख विशेष प्रकाशनों—पेशेवर मेडिकल जरनलों (देखें, वशिष्ठ, 2009)—में है लेकिन आम मीडिया में इसकी अनदेखी की गई है। खसरे से भारत में हर साल एक लाख बच्चे मर जाते हैं (जॉन एवं चौधरी, 2009)। 2000 के दशक में कई गरीब देशों में खसरे से मौतों में नाटकीय कमी आई मगर भारत की प्रगति इतनी सुस्त थी कि दुनिया में खसरे से होनेवाली मौतों में भारत की हिस्सेदारी 2000 में 16 प्रतिशत से 2010 में 47 प्रतिशत हो गई (साइमन्स एवं अन्य, 2012)। इस अवधि में भारत के सिवाय सभी देशों ने खसरे से होनेवाली मौतों को कम करने की रणनीति लागू की (ड्युक्लोस एवं अन्य, 2009)।

लोकतंत्र इस बात पर बहुत निर्भर करता है कि किन मुद्दों पर सार्वजनिक विचार-विमर्श किया जाता है। स्वास्थ्य के मसले पर मीडिया की अपेक्षाकृत खामोशी भारतीय स्वास्थ्य सेवाओं की समस्याओं को दूर करना और भी कठिन बना देती है। इसलिए, भारत में स्वास्थ्य सेवाओं को एक-दूसरे से जुड़ीं दो समस्याओं का सामना करना पड़ रहा है—एक तो है इसकी भारी अपर्याप्तता, और दूसरी है इस अपर्याप्तता पर सार्वजनिक विचार-विमर्श का लगभग पूर्ण लोप।

एक स्वास्थ्य परीक्षण

यह खामोशी काबिले-बर्दाश्त होती अगर भारत की जनता अच्छी स्वास्थ्य सेवाओं का लाभ उठा रही होती। लेकिन सच कुछ और ही है। अध्याय 3 में हम देख चुके हैं कि भारत के स्वास्थ्य तथा पोषण सम्बन्धी संकेतक काफी खराब हैं। वे गरीब हों या अमीर, तमाम देशों की तुलना में कतई बेहतर नहीं हैं। उदाहरण के लिए, भारत के प्रति व्यक्ति जीडीपी का आँकड़ा बांग्लादेश के इस आँकड़े से दोगुना ज्यादा है लेकिन जीवन-प्रत्याशा का बांग्लादेश का आँकड़ा भारत के इस आँकड़े से ऊँचा है और बाल मृत्युदर बांग्लादेश में भारत के मुकाबले नीची है। भारत में स्वास्थ्य सम्बन्धी मामलों में जनता की भागीदारी की कमी ने भारत की स्वास्थ्य सम्बन्धी समस्या में कम बड़ी भूमिका नहीं निभाई है।

पिछले बीस वर्षों में भारत की जीडीपी में से स्वास्थ्य पर सार्वजनिक खर्च का अनुपात करीब 1 प्रतिशत रहा है। दुनिया के चन्द ही ऐसे देश हैं जो अपनी जीडीपी में से 1 प्रतिशत से कम हिस्सा स्वास्थ्य पर खर्च करते हैं। 2004 में जब यूपीए की सरकार ने भारत की बागडोर सँभाली तो इस गठबन्धन सरकार के न्यूनतम राष्ट्रीय कार्यक्रम की मुख्य प्रतिबद्धताओं में से एक यह भी थी कि 'अगले पाँच वर्षों में स्वास्थ्य पर जीडीपी का कम-से-कम 2-3 प्रतिशत हिस्सा खर्च किया जाने लगे।' लेकिन वास्तव में यह अनुपात 2005 में घट कर 0.9 प्रतिशत पर पहुँच गया, बाद में इसमें बहुत धीमी गति से वृद्धि हुई, जिसका एक कारण यह था कि हाल के वर्षों में सार्वजनिक क्षेत्र में वेतन बढ़ाए गए। आज भारत की जीडीपी में से स्वास्थ्य पर सार्वजनिक खर्च का अनुपात 1.2 प्रतिशत है, जो तुलनात्मक रूप से बेहद नीचा है। दुनिया के केवल नौ देशों में यह अनुपात इससे नीचा है। भारत के 1.2 प्रतिशत वाले अनुपात के मुकाबले चीन का अनुपात 2.7 प्रतिशत, लातीन अमेरिका का 3.8 प्रतिशत और विश्व का औसत 6.5 प्रतिशत है (इनमें यूरोपीय संघ सहित वे देश भी शामिल हैं जहाँ राष्ट्रीय स्वास्थ्य बीमा लागू है और जीडीपी में से स्वास्थ्य पर सार्वजनिक खर्च का हिस्सा 8

प्रतिशत है)। इसे अगर 2005 में डॉलर के अन्तर्राष्ट्रीय मूल्य के अनुसार क्रय शक्ति के हिसाब से देखें तो कहा जा सकता है कि भारत में स्वास्थ्य सेवा पर प्रति वर्ष प्रति व्यक्ति 39 डॉलर खर्च किए जाते हैं, श्रीलंका में 66 डॉलर, चीन में 203 डॉलर, तो ब्राजील में 483 डॉलर।

स्वास्थ्य सेवा के प्रति सरकार की प्रतिबद्धता में कमी से सम्बन्धित एक लक्षण यह है कि देश में स्वास्थ्य पर कुल खर्च में से सार्वजनिक खर्च का अनुपात एक तिहाई से भी कम है। अफगानिस्तान, हाइती, सिएरा लिओन सरीखे कुछ ही देश हैं, जहाँ स्वास्थ्य पर होनेवाले कुल खर्च में सार्वजनिक खर्च का अनुपात इससे कम है। इसे सही परिप्रेक्ष्य में देखें, तो यूरोपीय संघ और उत्तरी अमेरिका के अधिकतर देशों में स्वास्थ्य पर कुल खर्च में सार्वजनिक खर्च का अनुपात 70 से 85 प्रतिशत के बीच है। यूरोपीय देशों में यह औसत 77 प्रतिशत का है लेकिन अमेरिका में यह 50 प्रतिशत से नीचे है यानी यह सार्वजनिक सेवा के मामले में 'विकासशील देश' जैसा है। जो भी हो, अमेरिका का औसत भी भारत के औसत से काफी ऊपर है। विश्व का औसत 63 प्रतिशत है, उप-सहारा अफ्रीका का 45 प्रतिशत और विश्व के 'न्यूनतम विकसित देशों' का औसत 46 प्रतिशत है। यानी ये सब भी भारत के 29 प्रतिशत के औसत से कहीं ऊपर हैं (देखें तालिका 6.2)। कुछ संकेत हैं कि भारतीय स्वास्थ्य सेवा दुनिया की सबसे व्यावसायिक स्वास्थ्य सेवाओं में से एक है।

भारत में निजी स्वास्थ्य सेवा पर असामान्य निर्भरता की वजह यह है कि देश में सार्वजनिक स्वास्थ्य सेवा सुविधाएँ काफी सीमित हैं और प्राय: उनका संचालन बहुत खराब तरीके से हो रहा है। इन्टरनेशनल इंस्टीट्यूट फॉर पॉपुलेशन (मुम्बई) ने 2003 में स्वास्थ्य सेवा सुविधाओं का जो सर्वे करवाया था उसने देश में सार्वजनिक स्वास्थ्य सेवा केन्द्रों की दर्दनाक तस्वीर सामने रखी थी। पाया गया कि केवल 69 प्रतिशत प्राथमिक स्वास्थ्य सेवा केन्द्रों (पीएचसी) में कम-से-कम एक बिस्तर था, केवल 20 प्रतिशत में टेलीफोन था और केवल 12 प्रतिशत में 'नियमित रखरखाव' की व्यवस्था थी। ये राष्ट्रीय औसत हैं, गरीब राज्यों के लिए तो ये आँकड़े और भी खराब हैं। उदाहरण के लिए, बिहार के ज्यादातर पीएचसी में बिजली, वजन नापने की मशीन, यहाँ तक कि शौचालय जैसी सुविधाएँ भी नहीं थीं। याद रखनेवाली बात यह है कि माना जाता है, एक पीएचसी औसतन 50 हजार की आबादी (बिहार में डेढ़ लाख से ज्यादा) को स्वास्थ्य सेवा देने में महत्त्वपूर्ण भूमिका निभा सकता है।

तालिका 6.2

स्वास्थ्य पर सार्वजनिक खर्च, 2010

	जीडीपी में अनुपात (%)	स्वास्थ्य पर कुल खर्च में अनुपात (%)	सम्पूर्ण सन्दर्भ में (2005 पीपीपी अन्तर्राष्ट्रीय डॉलर)[a]
भारत	1.2	29	39
दक्षिण एशिया	1.2	30	36
उप-सहारा अफ्रीका[b]	2.9	45	66
पूर्वी एशिया, प्रशान्त[b]	2.5	53	167
मध्य-पूर्व और उ. अफ्रीका[b]	2.9	50	199
लातीन अमेरिका, कैरिबिया[b]	3.8	50	424
यूरोप, मध्य एशिया[b]	3.8	65	585
विश्व का औसत	6.5	63	641
यूरोपीय संघ	8.1	77	2499

a : स्वास्थ्य पर प्रति व्यक्ति खर्च और स्वास्थ्य पर कुल खर्च में सार्वजनिक खर्च के अनुपात के मद्देनजर गणना।

b : केवल विकासशील देश।

स्रोत : विश्व विकास संकेतक (ऑनलाइन, 1 जनवरी, 2013)

जहाँ स्वास्थ्य सेवा सुविधाएँ हैं भी, वहाँ उनके बेहतर उपयोग की जरूरत महसूस की जाती है। हाल के एक अध्ययन के मुताबिक, 2002-03 में विभिन्न राज्यों में स्वास्थ्य सेवकों की गैरहाजिरी का अनुपात 35 से लेकर 58 प्रतिशत तक पाया गया।[5] राजस्थान के उदयपुर जिले में स्वास्थ्य सेवाओं के एक अन्य अध्ययन में पाया गया कि आधे से ज्यादा स्वास्थ्य उपकेन्द्रों को जिन अवधियों में खुला होना चाहिए था, तब वे बन्द थे। यहाँ तक कि पीएचसी और सामुदायिक स्वास्थ्य केन्द्रों में औसतन 36 प्रतिशत कर्मचारी गैरहाजिर थे। इस बीच स्थानीय लोग बीमारियों से बुरी तरह परेशान थे—सर्वे से पहले एक तिहाई से ज्यादा वयस्क लोग सर्दी-जुकाम से, 42 प्रतिशत लोग बदन दर्द से, 33 प्रतिशत लोग ज्वर से, 23 प्रतिशत लोग थकान से, 11 प्रतिशत लोग छाती में दर्द से, आधे से ज्यादा लोग रक्ताल्पता से पीड़ित थे। करीब एक तिहाई लोगों को कुएँ से पानी खींचने में और 20 प्रतिशत लोगों को उठकर पैरों पर खड़े होने में परेशानी होती थी।[6]

जाहिर है कि गरीब लोग ज्यादा समस्याग्रस्त थे लेकिन निजी स्वास्थ्य सुविधाओं के प्रति पक्षपात अपेक्षाकृत समृद्ध लोगों को भी प्रभावित करता है, जिनकी पहुँच बेहतर तथा सस्ती स्वास्थ्य सेवाओं तक प्रायः नहीं होती। तकनीक तथा विशेषज्ञता तो आमतौर पर उपलब्ध होती है लेकिन सार्वजनिक सुविधाएँ बेहद अकुशल और असंगठित होती हैं और निजी सुविधाओं पर कोई नियंत्रण नहीं है। नतीजा यह कि

मरीज प्रायः लापरवाह डॉक्टरों की दया पर निर्भर रहते हैं। धोखा, जरूरत से ज्यादा दवाएँ, शोषणकारी कीमतें और अनावश्यक शल्यक्रिया निजी स्वास्थ्य क्षेत्र में प्रायः आम हैं। उदाहरण के लिए, चेन्नई में स्वास्थ्य सेवाओं के एक अध्ययन में पाया गया कि निजी अस्पतालों आदि में 46 प्रतिशत प्रसव शल्यक्रिया से कराया जाता है, जबकि डब्लूएचओ ने 15 प्रतिशत का मानक तय किया है। चेन्नई में सार्वजनिक अस्पतालों आदि में 20 प्रतिशत प्रसव शल्यक्रिया से कराए जाते हैं।[7] दिल्ली और मध्य प्रदेश में स्वास्थ्य सेवाओं के एक अध्ययन के मुताबिक, निजी तथा सार्वजनिक अस्पतालों आदि में भी काफी दोषपूर्ण सेवाएँ दी जाती हैं, साधारण रोगों के अधिकतर मामलों का गलत निदान और उपचार किया जाता है।[8] सुधार की जरूरत सिर्फ सार्वजनिक स्वास्थ्य सेवाओं में या गरीबों को उपलब्ध सेवाओं में ही नहीं है बल्कि पूरे स्वास्थ्य महकमे में है।

निजी बीमा का फन्दा

पिछले बीस वर्षों में भारत की जीडीपी और सार्वजनिक राजस्व में तेज वृद्धि ने, जिसकी चर्चा अध्याय 1 में की जा चुकी है, स्वास्थ्य नीति के क्षेत्र में बड़े अभिक्रम शुरू करने का अवसर जुटाया था। लेकिन इस अवसर को लगभग गँवा दिया गया, बावजूद इसके कि हाल के वर्षों में कुछ सकारात्मक परिवर्तन दिखे हैं। सार्वजनिक स्वास्थ्य सेवाओं में प्रगति की रफ्तार पिछले दो दशकों में आश्चर्यजनक रूप से धीमी रही है, जबकि भारत की जीडीपी में वृद्धि की दर असाधारण रूप से ऊँची रही। स्वास्थ्य सेवा के मामले में 1990 का दशक कुल मिलाकर 'गँवाया गया दशक' था, और 2000 के दशक को भी कुल मिलाकर थोड़ा ही बेहतर कहा जा सकता है।

जैसा कि पहले बताया जा चुका है, यूपीए-1 सरकार के न्यूनतम साझा कार्यक्रम में स्वास्थ्य पर सार्वजनिक ख़र्च में मूलभूत परिवर्तन करने का वादा किया गया मगर यह पूरा नहीं हुआ। इस कार्यक्रम के तहत राष्ट्रीय ग्रामीण स्वास्थ्य मिशन (एनआरएचएम) नामक बड़ा अभिक्रम 2005-06 में शुरू किया गया। लेकिन इस पर पहले पाँच वर्षों में प्रति वर्ष 10 हजार करोड़ रु. से भी कम (जीडीपी के 0.2 प्रतिशत से भी कम) खर्च किए गए। यह इतने बड़े देश के लिए इतना कम था कि इससे कोई फर्क नहीं पड़ने वाला था। सम्भवतः यह एक अच्छा कार्यक्रम था लेकिन सरकार और जनता से आर्थिक संसाधन और राजनीतिक प्रतिबद्धता के बिना यह इससे ज्यादा कुछ हासिल नहीं कर सकता था।

भारत की सार्वजनिक स्वास्थ्य सेवाओं को मजबूत करने के इन लड़खड़ाते उपायों के साथ-साथ कुछ और बातें भी होती रहीं, जो काफी अलग तरह की थीं और स्वास्थ्य सेवा के निजी प्रावधानों और स्वास्थ्य से सम्बन्धित जोखिमों के लिए निजी बीमा पर निर्भरता बढ़ाने की थीं। राष्ट्रीय स्वास्थ्य बीमा योजना (आरएसबीवाई) इस दिशा में एक कदम है। 2008 में शुरू की गई इस योजना के तहत गरीबी रेखा

के नीचे (बीपीएल) परिवारों को निजी स्वास्थ्य बीमा कम्पनियों में दर्ज किया जाता है। सरकार बीमा की किस्त भरती है, जिसके एवज में ऐसे परिवार को उनकी पसन्द के संस्थान में 30 हजार रु. तक का उपचार करवाने की सुविधा होती है। वे मान्यता प्राप्त अस्पतालों और स्वास्थ्य क्लीनिकों में से अपना चुनाव कर सकते हैं।

आश्चर्य नहीं कि कॉरपोरेट क्षेत्र ने इस कदम का स्वागत किया। कुछ साल पहले 'द वाल स्ट्रीट जर्नल' ने एक जोशीले लेख में इस 'बिजनेस मॉडल' की तारीफ की और लिखा कि राष्ट्रीय स्वास्थ्य बीमा योजना 'बीमा कम्पनियों को अपना बाजार बनाने और अपने ब्रांड के बारे में जागरूकता फैलाने का अवसर दे रही है।' निजी अस्पतालों के लिए भी मौका है क्योंकि 'इस कार्यक्रम में उनके मरीजों की संख्या बढ़ेगी और उनके ग्राहकों की संख्या भी बढ़ेगी।' यानी आरएसबीवाइ निजी स्वास्थ्य बीमा उद्योग—जो भारतीय अर्थव्यवस्था के सबसे तेजी से प्रगति कर रहे क्षेत्रों में शुमार है—के लिए ऊँची छलाँग लगाने का आधार जुटा रही है।

वैसे, आरएसबीवाइ के अन्तर्गत रियायती दर पर निजी स्वास्थ्य बीमा चुनिन्दा परिवारों को कुछ राहत दे सकती है।[9] यह मौजूदा 'आउट ऑफ पॉकेट सिस्टम' (ऊप्स) से बेशक बेहतर होगी, जिसमें अधिकतर स्वास्थ्य सेवाएँ निजी क्षेत्र से नकदी देकर खरीदी जाती हैं। लेकिन इससे आखिर किस तरह की स्वास्थ्य सेवा व्यवस्था उभरेगी? एक व्याख्या के अनुसार यह उम्मीद की जा रही है कि निजी स्वास्थ्य बीमा भारत की भावी स्वास्थ्य सेवा व्यवस्था का मेरुदंड बन जाए। बीपीएल परिवारों के लिए बीमा की किस्तें सरकार भरेगी और बाकी लोग निजी कम्पनियों से स्वास्थ्य बीमा खुद खरीदेंगे। इसके बाद लोग मान्यता प्राप्त निजी या सार्वजनिक संस्थानों से स्वास्थ्य सेवाएँ लेंगे और इनका भुगतान निजी स्वास्थ्य बीमा कम्पनियाँ करेंगी।* सुनने में तो यह बहुत अच्छा लगता है मगर स्वास्थ्य सेवा के इस मॉडल को लेकर काफी चिन्तित होने की जरूरत है।

कार्यकुशलता के मसले : निजी (वास्तव में व्यावसायिक) स्वास्थ्य बीमा की सीमाएँ सामान्य 'बाजार सम्बन्धी विफलताओं' के सिलसिले से शुरू होती हैं, जो खासकर प्रतिकूल चयन और नैतिकता के खतरों से जुड़ी हैं। संक्षेप में कहें तो प्रतिकूल चयन का अर्थ यह है कि स्वास्थ्य बीमा उन लोगों को ज्यादा आकर्षित करेगा जो प्रायः बीमार पड़ते रहते हैं। इसके चलते इस बीमा की किस्तें ऊँची हो जाती हैं और यह बीमा केवल वे लोग स्वेच्छा से खरीदते हैं जो ज्यादा जोखिम

* यह अभी तक स्पष्ट नीति नहीं है लेकिन गीता सेन (2012) का निष्कर्ष है कि 'कई मजबूत शक्तियाँ चाहती हैं कि स्वास्थ्य व्यवस्था नियंत्रणमुक्त और मुनाफे वाले निजी बाजार की दिशा में बढ़े (और बढ़ती रहे), जिसमें सेवाओं, स्वास्थ्य बीमा और मेडिकल शिक्षा का प्रावधान हो' (पेज 52); 12वीं योजना की तैयारी के क्रम में कई प्रेक्षकों को इस तरह की आशंका थी। उदाहरण के लिए देखें, गायतोंडे और शुक्ला (2012), वार्ष्णेय (2012) और वार्ष्णेय तथा अन्य (2012)।

महसूस करते हैं। बीमा कम्पनियाँ इससे बचने के लिए अपने ग्राहकों की 'जाँच' कर सकती हैं, लेकिन यह स्वास्थ्य सेवा में समानता के बुनियादी सिद्धान्त का उल्लंघन होगा। और यह बीमा को कम जोखिम वाले समूहों तक सीमित करके तथा उन लोगों को इससे बाहर करके, जिन्हें स्वास्थ्य सेवा की ज्यादा जरूरत है, समस्या को और विकट बना सकती है।

जहाँ तक नैतिकता के खतरों की बात है, इसका एक उदाहरण यह तथ्य है कि बीमा करवा चुके मरीजों—और स्वास्थ्य सेवा प्रदाताओं—को लागत कम करने के लिए लगभग कोई प्रोत्साहन नहीं है। इसका हर समाधान अपने साथ अलग समस्याएँ लाता है। उदाहरण के लिए, स्वास्थ्य सेवा की लागत को कम करने के लिए प्रोत्साहन के तौर पर कुछ 'अनुमानित' आधार पर लागत (मसलन, प्रसव, टीबी के इलाज आदि कुछ विशेष कामों के लिए निश्चित राशि) का भुगतान किया जाए। लेकिन तब स्वास्थ्य सेवा प्रदाताओं (डॉक्टरों, अस्पतालों आदि) के पास हरेक काम के लिए सम्भावित न्यूनतम लागत वाली प्रक्रिया अपनाने का प्रोत्साहन हासिल होता है, भले ही यह मरीज के हित के विपरीत हो। उन्हें लालच हो सकता है कि उन्हीं मरीजों पर ध्यान दिया जाए, जिनका कम खर्चे पर इलाज हो सकता है और बाकी को वापस भेज दिया जाए। निजी स्वास्थ्य बीमा के साथ कार्यकुशलता सम्बन्धी समस्याओं के ये कुछ उदाहरण हैं—उन समस्याओं के, जिन्हें सख्त और सूक्ष्म नियमन के जरिए दूर किया जा सकता है। इस तरह का नियमन भारत में आज के हालात में लागू कर पाना बहुत मुश्किल है।

विकृति सम्बन्धी मसले : व्यावसायिक स्वास्थ्य बीमा मुख्यत: अस्पताल सेवा से जुड़ा होता है। सम्भावना यही है कि व्यावसायिक स्वास्थ्य बीमा पर आधारित कोई भी स्वास्थ्य व्यवस्था बीमारी की रोकथाम की सेवाओं और अस्पताल-मुक्त उपचार के खिलाफ ही होगी। यह निजी बीमा पर आधारित किसी भी स्वास्थ्य सेवा व्यवस्था के लिए एक समस्या होगी, खासकर भारत में, क्योंकि यहाँ ज्यादातर बीमारियाँ संक्रामक रोगों के कारण होती हैं।[10] मधुमेह, रक्तचाप सम्बन्धी समस्याओं और कैंसर सरीखे कई असंक्रामक रोगों का बेहतर इलाज अस्पताल में भर्ती से पहले हो सकता है लेकिन मुख्यत: अस्पताल पर आधारित व्यवस्था इसके खिलाफ हो सकती है। आरएसबीवाई जैसी योजनाओं पर ज्यादा निर्भरता के कारण सार्वजनिक स्वास्थ्य सेवाओं और रोग रोकथाम के उपायों को आमतौर पर होनेवाले नुकसान के अलावा यह एक और समस्या है। निजी स्वास्थ्य बीमा भी स्वास्थ्य सेवाओं के और ज्यादा निजीकरण को बढ़ावा ही देगा और सार्वजनिक स्वास्थ्य सेवाओं को मजबूत करनेवाले संसाधनों, समय, ऊर्जा और प्रतिबद्धता को कमजोर करेगा। यह उस चैनल को कमजोर करेगा, जिसके जरिए यूरोप, जापान, पूर्वी एशिया, लातीन अमेरिका, कनाडा और अमेरिका समेत लगभग पूरी दुनिया में स्वास्थ्य के क्षेत्र में परिवर्तन

आया है। स्वास्थ्य के क्षेत्र में सफल परिवर्तन के वैश्विक अनुभवों से भारत बहुत कुछ सीख सकता है लेकिन लगता है कि उसने इस ओर से आँखें फेर रखी है।[11]

समस्याओं पर निशाना : गरीब परिवार व्यवस्था के अंग बनें, इसके लिए उन परिवारों की बीमा किस्तें सरकार भरेगी—यह विचार 'बीपीएल परिवारों पर जोर' देने से जुड़ी तमाम समस्याओं को उभारता है। इस जोर देने में बीपीएल परिवारों की पहचान की प्रक्रिया की अविश्वसनीयता और उसके विभाजनकारी प्रभाव शामिल हैं (विस्तृत चर्चा के लिए देखें अध्याय 7)। स्वास्थ्य के मामले में ये समस्याएँ दो कारणों से खासतौर से गम्भीर मानी जा सकती हैं। पहली बात यह कि स्वास्थ्य सम्बन्धी खर्चे परिवारों को गरीबी में धकेल सकते हैं। इसलिए, कल जो परिवार गरीबी रेखा से ऊपर था, वह आज गरीबी की रेखा से नीचे जा सकता है। बीपीएल की सूचियाँ काफी कठोर होती हैं (उनका हरेक पाँच वर्ष पर नवीकरण करना अधिकतर राज्यों में काफो कठिन साबित हुआ है), और लोग जब स्वास्थ्य सम्बन्धी खर्चों के कारण गरीबी में पड़ जाते हैं तब उन्हें संशोधित करना सम्भव नहीं होता। इसलिए, बीपीएल सूची अपेक्षित उद्देश्य को पूरा करने में शायद ही मदद कर सकती है। दूसरी वजह यह है कि लोगों के स्वास्थ्य की स्थिति का हिसाब लेने से बीपीएल वाले उपाय के पक्ष में दिए जानेवाले तर्क के लिए समस्या पैदा होती है, क्योंकि यह तर्क प्रति व्यक्ति खर्च और इसके छद्म संकेतकों पर आधारित होता है। उदाहरण के लिए, थोड़ी अपंगता वाले मगर बेहद कम आय की समस्या से मुक्त व्यक्ति को अपनी अपंगता से जुड़ी लागत तथा अभावों के कारण स्वास्थ्य बीमा की सख्त जरूरत हो सकती है, फिर भी वह बीपीएल की सूची में शामिल किए जाने की पात्रता नहीं रख सकता है।* इसलिए, बीपीएल परिवारों की बीमा किस्त में सब्सिडी देना सबको स्वास्थ्य सेवा की व्यवस्था करने का एक अपर्याप्त और दोषपूर्ण तरीका है।

समानता के मसले : कुछ लोगों को चुनकर दी जानेवाली बीमा सब्सिडी पर आधारित स्वास्थ्य सेवा व्यवस्था स्वास्थ्य सेवा में समानता के बुनियादी मानदंडों को शायद ही पूरा कर पाए क्योंकि असमानता को मजबूत करनेवाले चार अलग-अलग स्रोत एक-दूसरे को मजबूती देते हैं। ये चार स्रोत हैं—चुनकर सुविधा देने की प्रक्रिया में खामियाँ; बीमा कम्पनियों के द्वारा सम्भावित ग्राहकों की जाँच; अड़चनें (अधिकारविहीनता, कम शिक्षा, सामाजिक भेदभाव, आदि), जिनका सामना गरीब लोग स्वास्थ्य बीमा व्यवस्था के उपयोग के दौरान करते हैं; स्वास्थ्य व्यवस्था में बिना सब्सिडी वाले बड़े हिस्से की मौजूदगी, जिसमें स्वास्थ्य तक पहुँच बीमा किस्त भुगतान करने की क्षमता पर निर्भर होती है।

---

* न्यायपूर्ण स्वास्थ्य सेवा की माँगों को समझने में अपंगता की अनिवार्य प्रासंगिकता के लिए देखें 'द आईडिया ऑफ जस्टिस' (सेन, 2009, पेज 258-60) में 'अपंगता, संसाधन और क्षमताएँ' खंड।

एकतरफा रास्ता : अन्तिम मगर महत्त्वपूर्ण बात यह है कि निजी स्वास्थ्य बीमा मॉडल कुल मिलाकर एकतरफा मामला है—स्वास्थ्य बीमा उद्योग बड़ी आसानी से एक ताकतवर लॉबी बनकर स्वास्थ्य नीति पर मजबूत पकड़ बना सकता है और तब यह असफल भी हो जाए तो इससे पीछा छुड़ाना बहुत मुश्किल हो जाएगा। भारत में सार्वजनिक स्वास्थ्य सेवा का ठोस आधार तैयार किए बिना निजी स्वास्थ्य बीमा की ओर झुकाव से वह समस्या जुड़ी होती है, जिसकी हमने अभी चर्चा की है।

निजी स्वास्थ्य बीमा का मॉडल मूलत: अमेरिकी मॉडल है, जिसके अपर्याप्त विस्तार को दूर करने की जबरदस्त कोशिश राष्ट्रपति ओबामा—और उनसे पहले क्लिंटन—ने की (हालाँकि हाल में इसमें कुछ सफलता मिली है)*। अमेरिका में उच्च स्तरीय मेडिकल सेवा की शानदार गुणवत्ता के बावजूद इस देश ने यह रास्ता अपनाकर भारी कीमत चुकाई है, क्योंकि एक तो स्वास्थ्य सेवा का पर्याप्त विस्तार नहीं हुआ है; दूसरे, उससे कई लोग अछूते रह गए हैं। औद्योगिक देशों में अमेरिका की स्वास्थ्य सेवा व्यवस्था सबसे महँगी और अप्रभावी है, वहाँ स्वास्थ्य पर प्रति व्यक्ति खर्च का आँकड़ा यूरोप के मुकाबले दोगुना ज्यादा है लेकिन इस व्यवस्था के नतीजे खराब हैं (जीवन-प्रत्याशा के मामले में अमेरिका 50वें नम्बर पर है)। यह व्यवस्था बेहद विषमतापूर्ण है, करीब 20 फीसदी आबादी स्वास्थ्य बीमा के दायरे से बाहर है और अभावग्रस्त समूहों को स्वास्थ्य की भीषण स्थितियों और जोखिमों के साथ जीना पड़ता है। इसके अलावा, अमेरिका में स्वास्थ्य सेवा व्यवस्था को सुधारना टेढ़ी खीर साबित हुआ है। इसकी कुछ वजह यह है कि स्वास्थ्य बीमा व्यवसाय बेहद ताकतवर है और कुछ यह कि 'सामाजिक' स्वास्थ्य सेवा के विचार के प्रति गहरा राजनीतिक प्रतिरोध व्याप्त है, जिसे निजी स्वास्थ्य बीमा कम्पनियों ने काफी खाद-पानी दिया है। अमेरिका के विपरीत कनाडा को देखें, जहाँ तथाकथित 'समाजवादी स्वास्थ्य सेवा' के तहत सरकारी मदद से चलनेवाली स्वास्थ्य सेवा ने अमेरिकी स्वास्थ्य सेवा से कहीं ज्यादा हासिल किया है, वह भी कम लागत पर। यह बात उन समस्याओं को रेखांकित करती है, जिन्हें अमेरिकी व्यवस्था को पूरी दुनिया—खासकर भारत—के लिए एक आदर्श बनने से पहले दूर करना है। इसका अर्थ यह नहीं है कि कनाडा अपने आप में एक दोषमुक्त मॉडल पेश करता है। इसने निजी स्वास्थ्य बीमा को कुछ सीमित कार्यों को छोड़

* ओईसीडी के अन्य देशों की स्वास्थ्य सेवा व्यवस्था में कई मामलों में बीमा एक बड़ी भूमिका निभाती है (इसमें एक उल्लेखनीय अपवाद ब्रिटेन है, जहाँ नेशनल हेल्थ सर्विस सबको स्वास्थ्य सेवा नि:शुल्क उपलब्ध कराती है, लेकिन बीमा की व्यवस्था सरकार या नियंत्रित मुनाफा न कमानेवाले संस्थान करते हैं (जर्मनी और जापान में)। उनमें से कुछ ही हैं जो मुनाफे पर चलने वाले स्वास्थ्य बीमा पर निर्भर करते हैं और जिस हद तक वे ऐसा करते हैं, उसमें नियमों का सख्ती से पालन होता है। ओईसीडी के 13 देशों में स्वास्थ्य सेवा व्यवस्था की उपयोगी समीक्षा के लिए देखें 'द कॉमनवेल्थ फंड' (2010)।

बाकी के लिए बाहर कर रखा है। इसे भी अति के रूप में देखा जा सकता है (यह स्पष्ट नहीं है कि अमीरों को अतिरिक्त स्वास्थ्य बीमा के लिए ज्यादा भुगतान करने क्यों न दिया जाए जबकि उन्हें महँगी छुट्टियाँ बिताने आदि की छूट दी जाती है)। और यूरोपीय व्यवस्था से भी बहुत कुछ सीखा जा सकता है, जो निजी स्वास्थ्य बीमा को खारिज किए बिना राष्ट्रीय स्वास्थ्य सेवाओं और सामाजिक बीमा पर काफी निर्भर होती है।

भारत में स्वास्थ्य सेवा में जनता की सक्रिय भागीदारी (साथ ही सार्वजनिक सहायता का मजबूत आधार) बुनियादी तौर पर जरूरी है, इसे 1946 में ही भोरे कमेटी की रिपोर्ट में रेखांकित किया गया था। और हाल में इसकी पुष्टि कुछ अलग तरह से की है 'भारत में सबको स्वास्थ्य सेवा' पर गठित उच्चस्तरीय विशेषज्ञ समूह ने।[12] वैसे, स्वास्थ्य क्षेत्र की वास्तविक दिशा बिलकुल अलग रही है और कभी-कभी तो एकदम उलटी—उसका ज्यादा से ज्यादा झुकाव निजी स्वास्थ्य सेवा और बीमा व्यवस्था की ओर रहा है, जिसमें 'गुनाफा न देनेवाले मरीजों' को बाहर रखने से परहेज नहीं किया जाता। प्रस्तावित नियम मुनाफाखोर स्वास्थ्य सेवा पर लगाम लगाकर सबको समतापूर्ण स्वास्थ्य सेवा देने का लक्ष्य हासिल करने में नगण्य रूप से मददगार नजर आते हैं। स्वास्थ्य नीति आज कुछ भ्रमित अवस्था में है। एक ओर सार्वजनिक स्वास्थ्य सेवाओं को मजबूत करने के लिए सकारात्मक कदम (राष्ट्रीय ग्रामीण स्वास्थ्य मिशन से लेकर जनता को जेनरिक दवाएँ उपलब्ध कराने तक) उठाए जा रहे हैं, तो दूसरी ओर निजी स्वास्थ्य बीमा पर निर्भरता बढ़ाने की दिशा में तेजी से प्रगति हो रही है (जिसे स्वास्थ्य उद्योग सक्रियता से प्रोत्साहन दे रहा है)। यही नहीं, भविष्य में भारत की स्वास्थ्य सेवा व्यवस्था किन सिद्धान्तों पर आधारित होगी, इस बारे में कुछ विशेष स्पष्टता नहीं दिखती है। इस बीच, कई अन्य विकासशील देशों—केवल चीन नहीं बल्कि ब्राजील, मेक्सिको, थाइलैंड, वियतनाम, आदि—ने भी सबको स्वास्थ्य सेवा और सुचारु सार्वजनिक स्वास्थ्य सेवाएँ देने की ओर निर्णायक कदम उठाया है।* यह सार्वजनिक नीति का वह पहलू है, जिसके बारे में भारत में बेहद महत्त्वपूर्ण फैसले होने अभी बाकी हैं।[13]

* मेक्सिको अपनी 'सिस्टम ऑफ सोशल प्रोटेक्शन इन हेल्थ' (एसएसपीएच) के कारण सबको स्वास्थ्य सेवा देने की ओर तेजी से प्रगति कर रहा है। 2003 में शुरू किए गए इस कार्यक्रम में राष्ट्रीय स्वास्थ्य बीमा कार्यक्रम ('सेगुरो पॉपुलर') की निर्णायक भूमिका थी। सरकार द्वारा चलाए जा रहे इस कार्यक्रम में 'नागरिकता पर आधारित सार्वभौमिक अधिकार के तहत प्रभावी स्वास्थ्य सेवा' का प्रावधान है। 2012 तक मेक्सिको ने सबको स्वास्थ्य सेवा देने का लक्ष्य पूरा कर लिया था या लगभग पूरा कर लिया था, 'लैंसेट', 14 जुलाई 2012; और रिचर्ड हॉर्टन (2012)। एसएसपीएच और सेगुरो पॉपुलर के कामकाज पर उत्कृष्ट विचार-विमर्श के लिए देखें फेलिसिया मेरी नाउल एवं अन्य, (2012)।

पोषण के मामले में विफलता

भारत के पोषण सम्बन्धी संकेतकों में पिछले 65 वर्षों में उल्लेखनीय सुधार आया है। भारत की स्वतंत्रता के समय ये संकेतक लगभग शून्य के स्तर पर थे (देखें अध्याय 1)। उदाहरण के लिए, भारी कुपोषण के क्लीनिकल संकेत (मसलन, सूखा रोग और बच्चों को प्रोटीन की कमी से होनेवाली क्वाशिहोर्कोर बीमारी) अब पहले से कम मिलते हैं और बच्चों के औसत वजन और कद में भी लगातार सुधार दिख रहा है। फिर भी, आज भारत (और ज्यादातर दक्षिण एशिया) में कुपोषण की स्थिति भयावह है—दुनिया के प्राय: तमाम हिस्सों से बुरी।[14]

ज्यादा स्पष्ट करें, तो जिन देशों के लिए पोषण सम्बन्धी ताजा आँकड़े उपलब्ध हैं, उनमें वजन की कमी से पीड़ित बच्चों का अनुपात भारत के इस अनुपात से ज्यादा है।[15] भारतीय आँकड़ा 43 प्रतिशत का है, जो कि दक्षिण एशियाई औसत के करीब और उप-सहारा अफ्रीका के अनुमानित औसतों (20 प्रतिशत) या 'कम विकसित देशों' के औसत (25 प्रतिशत) से ज्यादा है, दुनिया के दूसरे बड़े क्षेत्रों (हरेक के लिए 12 प्रतिशत से कम, देखें तालिका 6.3)। चीन के लिए ताजा अनुमान 4 प्रतिशत का है, जो भारत के लिए इस आँकड़े का करीब 10वाँ भाग है। अवरुद्धता (उम्र के मुताबिक कद वृद्धि) के मामले में व्यापक स्थिति लगभग समान है, हालाँकि अवरुद्धता की दरों के मामले में विरोधाभास कम तीखा है। और एक-दो देश (मसलन, बुरुंडी) में अवरुद्धता से पीड़ित बच्चों का अनुमानित अनुपात भारत के इस अनुपात, 48 प्रतिशत से ज्यादा है।

भारतीय आबादी—केवल बच्चे नहीं—न केवल आयरन की कमी (जिससे अधिकतर महिलाएँ और बच्चे पीड़ित हैं) तथा माइक्रोन्युट्रिएंट की बल्कि कई आवश्यक पोषक तत्त्वों की भारी कमी से पीड़ित है, जैसा कि तालिका 6.4 से स्पष्ट है।[16] राष्ट्रीय पोषण निगरानी ब्यूरो के आँकड़ों के मुताबिक 2000 के दशक में 4-6 वर्ष के आयुवर्ग के बच्चे रोज उन्हें जितना लेने की सिफारिश की जाती है, उसके मुकाबले केवल 16 प्रतिशत विटामिन ए, 35 प्रतिशत आयरन, 45 प्रतिशत कैल्सियम लेते थे। इस मामले में आज भी लगभग यही स्थिति है। इसकी कुछ वजह यह है कि पोषण देने के कार्यक्रमों की पहुँच अपर्याप्त रही है, यह भी तालिका 6.4 से स्पष्ट है। उदाहरण के लिए, पाँच से कम उम्र के एक तिहाई भारतीय बच्चे ही विटामिन ए देने के कार्यक्रम के दायरे में हैं—इसकी तुलना में सभी दक्षिण एशियाई देशों और अधिकांश उप-सहारा अफ्रीका में लगभग सबको इस तरह के कार्यक्रम के दायरे में ले आया गया है।

प्राय: दावा यह किया जाता है कि भारत में बाल कुपोषण एक मिथक है, क्योंकि भारतीय बच्चों का कद आनुवंशिकीय कारणों से छोटा होता है इसलिए मानवमिति के अन्तर्राष्ट्रीय मानक उन पर लागू नहीं होते। वैसे, हाल में जो यह

तथाकथित 'छोटे मगर स्वस्थ' वाली परिकल्पना है उसे अभी तक कोई वैज्ञानिक समर्थन नहीं प्राप्त हुआ है।[17] दुनिया-भर के बच्चों के लिए मानवमिति के समान मानक को लागू करने की वैधता का हाल में जो पुन:परीक्षण हुआ है उसे स्वीकार करना मुश्किल है। 'मल्टीसेन्टर ग्रोथ रेफरेंस स्टडी' (विश्व स्वास्थ्य संगठन के अन्तर्गत किए गए अध्ययन) में इस बात के कोई प्रमाण नहीं पाए गए कि भारतीय बच्चों का कद आनुवंशिक कारणों से दूसरे देशों के बच्चों से छोटा होता है।*

अगर यह परिकल्पना कुछ हद तक सही भी है तो इससे यह बुनियादी तथ्य खारिज नहीं हो जाता कि भारत में कुपोषण का स्तर काफी ऊँचा है, और यह दुनिया में सबसे ऊँचे स्तरों के बराबर है।[18]

तालिका 6.3

बाल कुपोषण के संकेतक, 2006-10[a]

	कुपोषण से पीड़ित पाँच साल से कम उम्र के बच्चों का अनुपात (%)		जन्म के समय कम वजन वाले शिशुओं का अनुपात (%)
	उम्र के लिए वजन	उम्र के लिए कद	
भारत[a]	43	48	28
दक्षिण एशिया	42	47	27
उप-सहारा अफ्रीका	20	39	13
पूर्वी एशिया, प्रशान्त	10	19	6
मध्य-पूर्व और उ. अफ्रीका	11	28	11
लातीन अमेरिका, कैरिबिया	4	15	8
'कम विकसित देश'	25	41	16

a : उस अवधि के लिए उपलब्ध सबसे ताजा आँकड़े।

स्रोत : यूनिसेफ (2012), तालिका 2 और 3 क्षेत्रीय अनुमान उन देशों पर आधारित हैं जिनके आँकड़े उपलब्ध हैं और केवल 'विकासशील देशों' के हैं।

* भारत में किए गए इस अध्ययन के तहत दक्षिण दिल्ली के ऐसे समृद्ध परिवारों के बच्चों की बड़ी संख्या को शामिल किया गया, जिनमें कम से कम एक सदस्य न्यूनतम 17 साल की शिक्षा ग्रहण कर चुका हो और इसके अलावा माँओं और बच्चों की देखभाल की अनुकूल स्थितियाँ हों। पाया गया कि विशेषाधिकार प्राप्त और अनुकूल परिवेश में पले ये बच्चे अलग-अलग उम्र में कद और उम्र के अनुपात के लिहाज से उसी तरह से बड़े हुए जिस तरह डब्लूएचओ के अध्ययन में शामिल देशों—ब्राजील, घाना, नॉर्वे, ओमान, अमेरिका—के बच्चे बड़े हुए। देखें डब्लूएचओ मल्टीसेन्टर ग्रोथ रेफरेंस स्टडी समूह (2006)

दक्षिण एशिया (केवल भारत नहीं) में बाल कुपोषण के ऊँचे स्तर की प्रवृत्ति को, जिसकी बराबरी उप-सहारा अफ्रीका के उन देशों से की जा सकती है जिनके आय तथा स्वास्थ्य सम्बन्धी संकेतक कमजोर हैं, 'दक्षिण एशियाई पहेली' कहा जाता है। यह जुमला अखिल भारतीय आयुर्विज्ञान संस्थान (एम्स) के निदेशक रहे श्री वी. रामलिंगस्वामी के नेतृत्व वाली टीम द्वारा 1996 में प्रकाशित एक सशक्त लेख से प्रसिद्ध हुआ।[19] मूल लेख में दक्षिण एशिया में महिलाओं की निम्न हैसियत के विभिन्न पहलुओं को इस पहेली की वजह के रूप में रेखांकित किया गया था। यह परिकल्पना इस मसले पर हाल में किए गए अध्ययन से पुष्ट होती है।[20] महिलाओं की बेहतरी और बाल कुपोषण के बीच का रिश्ता शिशु जन्म के समय उसके कम वजन से स्पष्ट होता है। महिलाओं के पोषण में कमी और अन्य अभावों (खासकर गर्भावस्था के दौरान) के कारण गर्भ में बच्चे का विकास प्रभावित होता है और शिशु के जन्म के समय वजन कम होता है, जिससे गर्भ में आने के साथ ही बच्चे का पोषण प्रभावित होता है। उदाहरण के लिए, मूल लेख में कहा गया कि गर्भावस्था के दौरान वजन में वृद्धि अफ्रीका में अगर 10 किग्रा की होती है, तो भारत में 5 किग्रा की।

तालिका 6.4

माइक्रोन्युट्रिएंट की कमी और पूर्ति

	कमी (%)				पूर्ति (%)	
	रक्ताल्पता से पीड़ित शिशुओं का अनुपात	रक्ताल्पता से पीड़ित गर्भवती स्त्रियों का अनुपात	विटामिन ए की कमी से पीड़ित शिशुओं का अनुपात	आयोडिन की कमी से पीड़ित स्कूली बच्चों का अनुपात	विटामिन ए पूर्ति दर (उम्र 6-59 माह) शिशु, 2010	आयोडिन नमक लेनेवाले परिवारों का अनुपात 2006-10
दक्षिण एशिया						
भारत	74	50	62	31	34	51
बांग्लादेश	47	47	22	43	100	84[a]
नेपाल	78	75	32	27	91	63[b]
पाकिस्तान	51	39	13	64	87	–
श्रीलंका	30	29	35	30	85	92[a]
चीन	20	29	9	16	–	97
उप-सहारा अफ्रीका	68[c]	56[c]	44[c]	41[c]	86	53

a : आँकड़े जो मानक परिभाषा से अलग हैं या देश के किसी हिस्से से सम्बन्धित हैं।

b : 2002-07 के आँकड़े, माइक्रोन्युट्रिएंट इनीशिएटिव और यूनिसेफ (2009), परिशिष्ट क।

c : अलग-अलग देश के आबादी के मद्देनजर औसत के आँकड़े।

स्त्रोत : कमी के लिए माइक्रोन्युट्रिएंट इनीशिएटिव और यूनिसेफ (2009), परिशिष्ट क; पूर्ति के लिए यूनिसेफ (2012), तालिका 2

इस मामले में याद रखनेवाली बात यह है कि दुनिया के किसी देश के मुकाबले भारत (और दक्षिण एशिया) में बच्चे ही नहीं, महिलाएँ भी ज्यादा कुपोषण की शिकार हैं। जनसांख्यिकीय और स्वास्थ्य सम्बन्धी सर्वे (डीएचएस) के मुताबिक भारत में 2005-06 में 18.5 से कम 'बॉडी मास इंडेक्स' (ऊर्जा की कमी की पुरानी समस्या से जुड़ा मानक कटऑफ) वाली महिलाओं का अनुपात काफी ऊँचा, 36 प्रतिशत था। इतना ऊँचा यह अनुपात किसी और उस देश में नहीं था जिसके डीएचएस आँकड़े उपलब्ध हैं। उप-सहारा अफ्रीका के 14 प्रतिशत के इस अनुपात से लगभग तीन गुना ऊँचा था।[21]

भारत में लोगों के पोषण की शोचनीय स्थिति का यह केवल एक उदाहरण है। बाल टीकाकरण के मामले की तरह जिसकी चर्चा पहले की जा चुकी है, समय के साथ सुधार का न होना एक गम्भीर मसला है। यह 2005-06 में किए गए तीसरे राष्ट्रीय पारिवारिक स्वास्थ्य सर्वे (एनएफएचएस-3) के मुख्य सन्देशों में एक था। इस पुस्तक के लेखन के दौरान भारत में पारिवारिक स्वास्थ्य एवं पोषण का यह सबसे ताजा व्यापक सर्वे था। उदाहरण के लिए, कम वजन की समस्या से पीड़ित बच्चों का अनुपात 1992-93 (जब पहला राष्ट्रीय पारिवारिक स्वास्थ्य सर्वे किया गया था) के मुकाबले 2005-06 में कोई बहुत नीचा नहीं था। हालाँकि बच्चों के विकास की अवरुद्धता में तेजी से कमी आती दिख रही है, कुल मिलाकर जो तस्वीर उभरती है वह यह है कि इस अवधि में बहुत सीमित प्रगति हुई (देखें तालिका 6.5)। 13 वर्ष की अवधि छोटी लग सकती है लेकिन साहसपूर्ण उपायों के जरिए बाल कुपोषण में बड़ा सुधार करने के लिए यह अवधि लम्बी है। 1980 के दशक में थाइलैंड और 1960 तथा 1970 के दशकों में चीन ने यह दिखा भी दिया है। एनएफएचएस-3 के आँकड़े महिलाओं के औसत कद और बॉडी मास इंडेक्स में काफी धीमे सुधार और रक्ताल्पता के प्रसार में कोई सुधार न होने का खुलासा करते हैं। इसी अवधि में बाल टीकाकरण में ठहराव के अलावा इन चौंकाने वाली प्रवृत्तियों पर विशिष्ट समूहों के बाहर के लोगों ने आश्चर्यजनक रूप से कम ध्यान दिया है।*

---

* पोषण को लेकर चिन्ता के अभाव से जिन्हें नुकसान हुआ है उनमें खुद पोषण निगरानी व्यवस्था भी है। एनएफएचएस-3 के आँकड़े आठ साल पुराने हैं और पोषण के मामले में बाद में हुई घटनाओं के बारे में बहुत कम जानकारी उपलब्ध है (पुस्तक लिखने के समय)। एनएफएचएस-4 (जो होना बाकी है) के निष्कर्ष 2015 से पहले मिलने की उम्मीद नहीं है। पोषण सम्बन्धी आँकड़ों में दस साल का अन्तर भारत की पोषण सम्बन्धी समस्याओं को दूर करने के प्रभावी तथा समयानुकूल उपाय करने में मदद नहीं करता।

तालिका 6.5

बच्चों के पोषण में प्रगति की दिशा

	तीन साल से कम उम्र के कुपोषण के शिकार बच्चों का अनुपात (%)				
	पुराने एनसीएचएस मानक			नए डब्लूएचओ मानक	
	1992-93	1998-99	2005-06	1998-99	2005-06
उम्र के लिए वजन					
2 एसडी से कम	52	47	46	43	40
3 एसडी से कम	20	18	–	18	16
उम्र के लिए कद					
2 एसडी से कम	–	46	38	51	45
3 एसडी से कम	–	23	–	28	22

एसडी—स्टैंडर्ड डेविएशन (मानक अन्तर) (सम्बन्धित आबादी पर आधारित)। 2/3 एसडी से कम का अर्थ है क्रमशः थोड़ा या भारी कुपोषण।

स्त्रोत : इन्टरनेशनल इंस्टीट्यूट फॉर पॉपुलेशन साइंसेज (2000), पेज 266-67, और इन्टरनेशनल इंस्टीट्यूट फॉर पॉपुलेशन साइंसेज (2007a), पेज 274, राष्ट्रीय पारिवारिक स्वास्थ्य सर्वेक्षणों पर आधारित। 2005-06 के आँकड़े एनसीएचएस मानकों पर आधारित हैं, जो 'नेशनल फैक्ट शीट (इन्टरनेशनल इंस्टीट्यूट फॉर पॉपुलेशन साइंसेज, 2007b) से लिये गए हैं। नेशनल सेन्टर फॉर हेल्थ स्टैटिस्टिक्स (एनसीएचएस) के मानकों का उपयोग एनएफएचएस सर्वे में किया गया जब तक कि 2006 में नया डब्लूएचओ चाइल्ड ग्रोथ स्टैंडर्ड्स जारी नहीं किया गया। विस्तृत विवरण के लिए देखें डीटन और द्रेज़ (2009), तालिका 1

बच्चों की देखभाल : एक सामाजिक दायित्व[22]

जरा कल्पना कीजिए कि कोई माली ऐसा है जो फूल उगाता है मगर उन्हें रौंदने की छूट आपको देता है और फिर इस गलती को ठीक करने के लिए पौधे में खूब पानी-खाद देने की कोशिश करता है। भारत में सरकार बच्चों के साथ बराबर ऐसा ही कर रही है, क्योंकि बच्चों को जब तक शिक्षा और देखभाल (अगर वे भाग्यशाली हुए तो) के लिए स्कूल में नहीं पहुँचाया जाता तब तक उनकी देखभाल की सार्वजनिक कोशिश नहीं की जाती। फिर भी, जीवन के पहले छह वर्ष (खासकर

पहले दो वर्ष) बच्चे के स्वास्थ्य, कुशलता, मनोवृत्ति और अवसरों के लिहाज से निर्णायक और स्थायी प्रभाव डालते हैं।*

भारत में बच्चों की देखभाल के काम की निरन्तर उपेक्षा की एक वजह यह आम धारणा है कि बच्चों की देखभाल उनके परिवार पर ही छोड़ देना सबसे अच्छा होता है। बच्चों के अभिभावक ही उनकी सबसे अच्छी देखभाल करने की स्थिति में होते हैं और वे आमतौर पर ऐसा करते भी हैं। लेकिन अभिभावकों के पास बच्चों की उपयुक्त देखभाल करने के लिए प्राय: संसाधन, ऊर्जा, शक्ति या समय की कमी रहती है, भले ही उन्हें यह जानकारी हो भी कि उन्हें क्या करना है और उनमें प्रतिबद्धता की भी कमी न हो। वे अपने बच्चों के लिए क्या कर सकते हैं, यह तमाम तरह के सामाजिक समर्थन, स्वास्थ्य सेवाओं, क्रेच की सुविधाओं और मातृत्व से सम्बन्धित सुविधाओं पर निर्भर करता है। इसके अलावा, कई अभिभावकों को बच्चों की देखभाल और पोषण सम्बन्धी मामलों की जानकारी कम ही होती है। उदाहरण के लिए, उत्तर प्रदेश में किए गए एक सर्वे में जिन बच्चों को शामिल किया गया था उनमें से आधे बच्चे कुपोषण के शिकार पाए गए, फिर भी उनकी माताओं में से 94 प्रतिशत ने अपने बच्चे के पोषण सम्बन्धी स्थिति को 'सामान्य' बताया। स्तनपान कराने को लेकर लोकधारणा भी हजारों वर्षों के अनुभव के बावजूद काफी अधूरी और प्राय: गलत पाई गई है। उदाहरण के लिए, शिशु को स्तनपान कराने की शुरुआत अक्सर इस गलत मान्यता के कारण देर से की जाती है कि प्रसव के बाद माँ का पहला दूध शिशु के लिए हानिकारक होता है, जबकि सच इससे एकदम उलटा है। उत्तर प्रदेश में ही, अधिकतर शिशुओं को जन्म के बाद 24 घंटे तक भूखा रखा जाता है, केवल 15 प्रतिशत नवजात शिशुओं को जन्म के एक घंटे के भीतर स्तनपान कराया जाता है, जिसका सुझाव स्वास्थ्य विज्ञान देता है।[23] अभिभावक अपने बच्चों के लिए जो कुछ करते हैं (मसलन, उनका टीकाकरण या गर्भवती महिला की खुराक का ख्याल रखना), वह बहुत कुछ सामाजिक मानदंडों पर भी निर्भर करता है, जिनका सकारात्मक असर तब पड़ता है जब उन पर सार्वजनिक रूप से अमल किया जाता हो।

इन सभी कारणों से बच्चों की देखभाल केवल परिवारों के भरोसे नहीं छोड़ी जा सकती है। समाज की भागीदारी जरूरी है, इस तरह कि माता-पिता अपने घर पर अपने बच्चों की अच्छी देखभाल करने में सक्षम हों, और सीधी स्वास्थ्य सेवा,

* यहाँ इस बात की गहरी जरूरत है कि सुधीर आनन्द तथा उनके साथियों ने जिसे 'निष्क्रियता की कीमत' (देखें आनन्द एवं अन्य, 2012) कहा है, उस पर गौर किया जाए। आनन्द ने अल्बीना डु बोइस्राउव्रे से प्रेरणा लेकर यह मुहावरा दिया है। निष्क्रियता की कीमत या उससे नुकसान सक्रियता से होनेवाले नुकसान से काफी बड़ा हो सकता है क्योंकि सक्रियता उपेक्षा से होनेवाले नुकसान को रोक सकती है।

पोषण, स्कूल से पहले की शिक्षा तथा अन्य सम्बन्धित सेवाएँ सार्वजनिक माध्यमों से उपलब्ध हों।

सिद्धान्तत: इसकी काफी गुंजाइश समेकित बाल विकास सेवाओं (आईसीडीएस) के अन्तर्गत है, जो कि छह साल से कम उम्र के बच्चों के लिए एकमात्र राष्ट्रीय कार्यक्रम है। आईसीडीएस का लक्ष्य छह साल से कम उम्र के बच्चों को स्थानीय आँगनबाड़ियों के जरिए समेकित स्वास्थ्य सेवा, पोषण, स्कूल से पहले की शिक्षा आदि से सम्बन्धित सेवाएँ उपलब्ध कराना है। लेकिन आईसीडीएस को संसाधनों, प्राथमिकता और राजनीतिक समर्थन के अभाव का सामना करना पड़ता है। सुप्रीम कोर्ट के आदेश के बाद अब जाकर इस कार्यक्रम में कुछ जान आई है, और सरकार को इसे सही परिप्रेक्ष्य में पुनगर्ठित करने पर मजबूर होना पड़ा है। अब आईसीडीएस की सभी सेवाएँ छह साल से कम उम्र के बच्चों को कानूनी अधिकार के रूप में उपलब्ध हैं।[24]

मौजूदा आईसीडीएस केन्द्रों के कामकाज की काफी आलोचना हुई है। कुछ आलोचकों ने तो यहाँ तक कहा कि आईसीडीएस में पैसा खर्च करना बेकार कार्यक्रम के बेपैन्दी वाले घड़े में पैसा डालने जैसा है। आईसीडीएस कार्यक्रम का फिलहाल जो हाल है, उसमें तो कई खामियाँ नजर आती हैं। वैसे, निष्पक्ष होकर देखा जाए तो उपलब्ध प्रमाण इस निराशावादी मूल्यांकन की पुष्टि नहीं करते। आईसीडीएस को लागू करने के मानदंड निश्चित ही काफी नीचे रहे हैं लेकिन यह स्थिति न तो सर्वव्यापी है और न अपरिवर्तनीय। 2004 में छत्तीसगढ़, हिमाचल प्रदेश, महाराष्ट्र, राजस्थान, तमिलनाडु, उत्तर प्रदेश में 200 आँगनबाड़ियों के सर्वे पर आधारित 'फोकस' रिपोर्ट इस मामले का कुछ उपयोगी खुलासा करती है।

आईसीडीएस में सक्रियता से रुचि लेनेवाले तीन राज्यों (हिमाचल प्रदेश, महाराष्ट्र, तमिलनाडु) को तालिका 6.6 में 'सक्रिय राज्य' कहा गया है और सक्रिय रुचि न लेनेवाले तीन राज्यों (छत्तीसगढ़, राजस्थान, उत्तर प्रदेश) को 'सुप्त राज्य' कहा गया है। इस तालिका में चुनिन्दा माताओं के आंकलनों का सार प्रस्तुत किया गया है। सक्रिय और सुप्त राज्यों के लिए औसत प्रस्तुत करने के अलावा तालिका तमिलनाडु और उत्तर प्रदेश, जो छह नमूना राज्यों में सबसे उत्तम और सबसे खराब हैं, के लिए सम्बन्धित आँकड़े प्रस्तुत करती है।

गौर करनेवाली पहली बात यह है कि हरेक राज्य में काफी संख्या में (90 प्रतिशत से ज्यादा) आँगनबाड़ी नियमित खुलती हैं और 'पूरक पोषण कार्यक्रम' (एसएनपी) सक्रियता से चलाती हैं। अगर यह ध्यान में रखें कि भारत के 90 प्रतिशत से ज्यादा गाँवों में एक आँगनबाड़ी है, तो ये निष्कर्ष काफी महत्त्वपूर्ण सम्भावना की ओर संकेत करते हैं। भारत में देशव्यापी सक्रिय बुनियादी ढाँचा तैयार हो चुका है जो छह साल से कम उम्र के बच्चों तक पहुँचना सिद्धान्तत: सम्भव बनाता है।[25]

तालिका 6.6 से स्पष्ट है कि सक्रियता के मानकों में काफी अन्तर है। सक्रिय राज्यों, खासकर तमिलनाडु की तस्वीर काफी उत्साहवर्धक है, जहाँ आईसीडीएस ने शानदार मानक हासिल किया है। सुप्त राज्यों में कई आँगनबाड़ी भोजनालय बनकर रह गई हैं और पूरक पोषण कार्यक्रम प्राय: बुरे हाल में है। इसी रिपोर्ट का एक महत्त्वपूर्ण सन्देश यह है कि विफलता के कई मामले ऐसे हैं जिसकी वजहों को खोजना या जिन्हें दूर करना मुश्किल नहीं है।

उदाहरण के लिए पूरक पोषण कार्यक्रम को लें। इस बात के काफी प्रमाण हैं कि इसमें सबसे अच्छा उपाय यह है कि 3–6 आयुवर्ग के बच्चों के लिए पोषक, पका हुआ खाना और इससे छोटी उम्र के बच्चों के लिए 'घर ले जानेवाला' खाना (पोषण के बारे में सुझाव सहित) दिया जाए। लेकिन सर्वे के दौरान पाया गया कि कई राज्य आईसीडीएस में पोषण के पहलू को सुधारने के लिए ये सरल उपाय भी लागू नहीं कर रहे हैं। उदाहरण के लिए, राजस्थान और उत्तर प्रदेश में 3–6 आयुवर्ग के बच्चे रोज-रोज वही 'तैयार' खाना (मसलन, पंजीरी या मुरमुरे) पा रहे हैं, और तीन साल से कम उम्र के बच्चों को कुछ भी नहीं मिल रहा है। आश्चर्य नहीं कि इन राज्यों में सर्वे में चुनी गईं माताएँ पूरक पोषण कार्यक्रम से प्राय: असन्तुष्ट पाई गईं।

गौर करनेवाली बात यह भी है कि कुछ राज्यों में पके-पकाए खाने की जगह स्थानीय स्तर पर खाना तैयार करने का विरोध उन ताकतवर खाद्य ठेकेदारों की वजह से हो रहा है, जिनके हित सीधे जुड़े हैं। अध्याय 8 में विचार किया जाएगा कि पिछले दस वर्षों में बाल पोषण कार्यक्रमों में व्यावसायिक हितों के खिलाफ किस तरह लम्बी लड़ाई लड़ी गई है।

'फोकस' रिपोर्ट यह बताती है कि पका-पकाया खाना 3–6 आयुवर्ग के बच्चों के लिए किस तरह महत्त्वपूर्ण भूमिका निभाता है। यह स्कूलों में उनकी लगातार उपस्थिति सुनिश्चित करने में काफी मदद करता है। इस मामले में भी पकाया हुआ खाना (बने-बनाए खाने के विपरीत) आईसीडीएस में सुधार लाने का सरल मगर प्रभावी कदम है। इस अध्ययन से और भी दिलचस्प उदाहरण सामने आए। उदाहरण के लिए, पाया गया कि आँगनबाड़ी में स्वास्थ्यकर्मियों (सहायक नर्सों या दाइयों आदि जिन्हें एएनएम कहा जाता है) के दौरे तब ज्यादा नियमित होते हैं जब उनके पास विभिन्न आँगनबाड़ियों में दौरा करने का निश्चित कार्यक्रम बना होता है, बजाय इसके कि उन्हें उनकी सुविधा के अनुसार दौरा करने की छूट प्राप्त हो।

आईसीडीएस के बारे में राष्ट्रीय पारिवारिक स्वास्थ्य सर्वे के आँकड़ों के ताजा विश्लेषण से इस कार्यक्रम की प्रभावशीलता की सम्भावनाओं (कुछ राज्यों में वास्तविकता) की पुष्टि होती है। लेखिका मोनिका जैन ने पाया कि दो साल से कम उम्र के बच्चों को रोज पूरक पोषण देने का उनके कद पर अनुकूल प्रभाव पड़ता है, खासकर लड़कियों पर। प्रभाव खासतौर से उन राज्यों में बड़ा था (लड़कियों

तालिका 6.6

'फोकस' सर्वे : आईसीडीएस के बारे में सर्वे में शामिल महिलाओं की धारणा

	तमिलनाडु	'सक्रिय राज्य'[a]	'सुप्त राज्य'[a]	उत्तर प्रदेश
सर्वे में शामिल महिलाओं की आम धारणा (सकारात्मक जवाबों का प्रतिशत)				
स्थानीय आँगनबाड़ी नियमित खुलती है	100	99	90	87
उनके बच्चे नियमित आते हैं[b]	86	75	52	57
पूरक पोषण आँगनबाड़ी में दिया जाता है	93	94	93	94
आँगनबाड़ी में बच्चों का नियमित वजन लिया जाता है	87	82	47	40
आँगनबाड़ी में टीकाकरण की सुविधा उपलब्ध है[c]	63	72	49	44
आँगनबाड़ी में बच्चों को स्कूल से पहले की शिक्षा दी जाती है[b]	89	55	41	36
आईसीडीएस उनके बच्चों के हित के लिए महत्त्वपूर्ण है	95	88	57	59
पूरक पोषण कार्यक्रम के बारे में धारणा (सकारात्मक जवाबों का प्रतिशत)[d]				
खाना नियमित दिया जाता है	100	95	72	54
बच्चों को 'पूरा खाना' मिलता है	100	87	48	32
मात्रा अपर्याप्त होती है	2	13	54	69
खाने की गुणवत्ता खराब है	7	15	35	55

a : सक्रिय राज्य—हिमाचल प्रदेश, महाराष्ट्र, तमिलनाडु; सुप्त राज्य—छत्तीसगढ़, राजस्थान, उत्तर प्रदेश।

b : उन माताओं के आँकड़े, जिन्हें 3-6 आयुवर्ग का कम-से-कम एक बच्चा है (इस सवाल के लिए यही उपयुक्त आयुवर्ग समूह है)

c : ये आँकड़े आईसीडीएस के तहत टीकाकरण के विस्तार का पूरा जायजा नहीं दे सकते हैं क्योंकि टीकाकरण प्राय: स्थानीय स्वास्थ्य केंद्र में होता है जिसमें आँगनबाड़ी कार्यकर्ता मदद करता है (बच्चों को वहाँ लाकर)

d : उन माताओं के आँकड़े जिन्होंने बताया कि पूरक पोषण आँगनबाड़ी में दिया जाता है।

स्रोत : 'फोकस' रिपोर्ट (सिटिजन्स इनीशिएटिव फॉर द राइट्स ऑफ चिल्ड्रन अंडर सिक्स, 2006), पेज 42 और 59; आँकड़े छह साल से कम के कम-से-कम एक बच्चे वाली माताओं में से चुनी महिलाओं के हैं।

के कद में 2 सेमी तक की वृद्धि हुई), जिनमें आईसीडीएस के तहत बच्चों को रोज भोजन देने का कार्यक्रम व्यापक तौर पर चलाया जाता है। इन राज्यों में उपरोक्त 'सक्रिय राज्य' भी शामिल हैं। जैन ने लागत-लाभ का मोटा-मोटी हिसाब लगाकर यह निष्कर्ष भी दिया कि दो साल से कम उम्र के बच्चों को रोज भोजन कराना आर्थिक लाभ की दृष्टि से भी बेहद प्रभावी है, अगर हम पोषण, उत्पादकता और

वेतन के आपसी सम्बन्ध का ख्याल रखें।[26] यह इस तथ्य की याद दिलाता है कि बच्चों की देखभाल करना उनके अपने अधिकारों तथा कुशलता के लिए जरूरी तो है ही, यह एक ठोस अर्थनीति भी है।[27]

इन सबके बावजूद यह दुर्भाग्यपूर्ण है कि देश-भर में दो साल से कम उम्र के बच्चों के बीच हुए एनएफएचएस सर्वेक्षण के मुताबिक इनमें से केवल 6 प्रतिशत बच्चों को ही आईसीडीएस के तहत रोज दिए जा रहे भोजन का लाभ मिल रहा था। ये अधिकांश बच्चे उन कुछ राज्यों के थे, जहाँ कार्यक्रम को अच्छी तरह लागू किया गया था। यह थोड़े बड़े (0-6 आयुवर्ग) बच्चों के प्रति आम पूर्वाग्रह को रेखांकित करता है। उपरोक्त सक्रिय राज्यों में से कुछ ने इस पूर्वाग्रह को ठीक करने की सम्भावना दिखाई थी—न केवल भोजन के कार्यक्रम में बल्कि आईसीडीएस के दूसरे पहलुओं में भी।[28] इस बात के वैज्ञानिक प्रमाण बढ़ते जा रहे हैं कि बच्चों के पहले दो-तीन साल के अन्दर ही उनके पोषण तथा स्वास्थ्य का भविष्य तय हो जाता है।* इस तथ्य के मद्देनजर बच्चों पर ज्यादा ध्यान देने की जरूरत बढ़ जाती है। पोषण सम्बन्धी आपूर्ति के अलावा यह आईसीडीएस के अन्तर्गत तथा उसके बाहर भी दूसरे उपायों की जरूरत को रेखांकित करता है। ये उपाय पोषण सम्बन्धी परामर्श, सुरक्षित पानी, सफाई, टीकाकरण, मातृत्व सम्बन्धी सुविधाओं तथा क्रेच की सुविधाओं आदि के रूप में हो सकते हैं।

जहाँ तक आईसीडीएस की बात है, मुख्य चुनौती जागरूकता और अपेक्षाओं में कमी, माँग में कमजोरी और कार्यक्रम को लागू करने में सुस्ती से निबटने की है। योजना आयोग ने आईसीडीएस का जो मूल्यांकन किया था, उससे जाहिर हुआ कि कार्यक्रम के अन्तर्गत बच्चों को उनके अधिकार के तौर पर मिलने वाले भोजन को लेकर महिलाओं की जागरूकता के स्तर में भारी अन्तर हैं। केरल में 96 प्रतिशत, तमिलनाडु में 88 प्रतिशत, तो जिन गरीब राज्यों में इस कार्यक्रम की जरूरत है उनमें 20 प्रतिशत से कम (बिहार में 16 प्रतिशत, तो उत्तर प्रदेश में 12 प्रतिशत) महिलाएँ ही इस कार्यक्रम के बारे में जागरूक थीं।[29] इसके बावजूद, मार्के की बात यह है कि आँगनबाड़ी कार्यकर्ता बताते हैं कि उनकी मुख्य कठिनाई बेहतर सेवा की माँग करनेवाले समुदायों की अपेक्षाओं को पूरा करना है। अगर आँगनबाड़ी कार्यकर्ता समुदाय की अपेक्षाओं के प्रति संवेदनशील हैं, और 'सुप्त राज्यों' में अधिकारों के प्रति जागरूकता 20 प्रतिशत से बढ़कर 80 प्रतिशत तक हो जाए, तब शायद आईसीडीएस के लिए उम्मीद बँध सकती है। देश-भर के अनुभव इस उम्मीद को पुष्ट करते हैं, तमिलनाडु इसकी एक अहम मिसाल है।[30]

---

* जेम्स हेकमैन और उनके साथियों ने मानव क्षमताओं के प्रारम्भिक संकेतों पर जो अध्ययन किया है और बाल विकास के आर्थिक पहलू पर आ रहे साहित्य का केन्द्रीय सन्देश यह है कि काफी कम उम्र में ही हस्तक्षेप करना महत्त्वपूर्ण है। देखें हेकमैन (2008), कोंटी और हेकमैन (2012) और वहाँ उद्धृत पुरानी रचनाएँ।

तमिलनाडु में सार्वजनिक सेवाओं के अनुभव

अधिकतर दूसरे राज्यों के विपरीत तमिलनाडु सबको निःशुल्क स्वास्थ्य सेवा देने के प्रति स्पष्ट रूप से प्रतिबद्ध है—बेशक इसमें स्वास्थ्य सेवा का हरेक पहलू शामिल नहीं है लेकिन कई तरह की सुविधाएँ तथा सेवाएँ जरूर शामिल हैं। जैसा कि हमारी पिछली पुस्तक में विचार किया गया है, यह प्रतिबद्धता अपेक्षाकृत अच्छी स्वास्थ्य सेवाओं से जाहिर है और इसके कारण स्वास्थ्य के क्षेत्र में दूसरे राज्यों के मुकाबले बेहतर उपलब्धियाँ हासिल की गई हैं।[31] हाल के अध्ययन बताते हैं कि तमिलनाडु ने इस क्षेत्र में पिछले करीब 10 वर्षों में न केवल तेज प्रगति की है बल्कि उसकी उपलब्धियाँ तुलनात्मक रूप से अधिक सक्रिय, रचनात्मक और समावेशी सामाजिक नीतियों के व्यापक दायरे में फिट होती हैं।

अपनी पिछली कृति में हमने स्वास्थ्य के क्षेत्र में तमिलनाडु की बढ़त की बात इस मामले में उन दूसरे राज्यों ('उत्तर भारत के बड़े राज्यों') से उसकी तुलना करने के बाद की थी, जिन राज्यों की प्रति व्यक्ति आय और खर्च उस समय उसके बराबर थी।[32] आज तमिलनाडु उन राज्यों के मुकाबले आर्थिक रूप से बेहतर स्थिति में है क्योंकि हाल के वर्षों में उसकी आर्थिक वृद्धि की दर तुलनात्मक रूप से ऊँची रही है। प्रति व्यक्ति खर्च के मामले में यह गुजरात जैसे राज्य के बराबर है, हालाँकि हरियाणा के मुकाबले पीछे है। तालिका 6.7 बताती है कि तमिलनाडु के स्वास्थ्य सम्बन्धी संकेतक गुजरात और हरियाणा, दोनों से बहुत बेहतर हैं (मसलन, इसकी शिशु मृत्यु-दर और मातृ मृत्यु अनुपात के आँकड़े इन दो राज्यों के इन आँकड़ों से करीब डेढ़ गुना ज्यादा हैं)। वास्तव में, गुजरात और हरियाणा के स्वास्थ्य सम्बन्धी अधिकतर संकेतक अखिल भारतीय औसत से बहुत अलग नहीं हैं। तमिलनाडु इस मामले में केरल के काफी करीब है और साल-दर-साल और करीब आता जा रहा है।

तमिलनाडु की स्वास्थ्य सेवा व्यवस्था प्राथमिक स्वास्थ्य केन्द्रों के व्यापक जाल पर आधारित है, जिनमें विविध सामाजिक पृष्ठभूमि वाले मरीज नियमित तौर पर आते हैं। हाल में क्षेत्र में किए गए अध्ययन बताते हैं कि ये स्वास्थ्य केन्द्र काफी व्यवस्थित हैं, उनमें पर्याप्त कर्मचारी होते हैं और प्राथमिक दवाओं की पर्याप्त आपूर्ति होती है।[33] ऐसे स्वास्थ्य केन्द्र का विवरण दीपा सिन्हा ने इस तरह प्रस्तुत किया है—

> *'तमिलनाडु में प्राथमिक स्वास्थ्य केन्द्र (पीएचसी) काफी सक्रिय और जीवन्त थे। जब भी मैं वहाँ गई, कोई-न-कोई मौजूद मिला। सुबह के समय पीएचसी में काफी गहमागहमी रहती थी, लोग हर सुबह टोकन लेने के लिए कायदे से कतार में लग जाते थे और फिर डॉक्टर को दिखाने के बाद दवाखाने या 'सुई कक्ष' में जाते थे। इस सबके बीच किसी पीएचसी कर्मचारी को बात करने की फुरसत नहीं होती थी। हर कोई*

तालिका 6.7

कुछ राज्यों के लिए स्वास्थ्य सम्बन्धी संकेतक

	केरल	तमिलनाडु	गुजरात	हरियाणा	भारत
प्रति व्यक्ति उपभोग खर्च, 2009–10 (रुपये प्रति माह)					
ग्रामीण	1835	1160	1110	1510	1054
शहरी	2413	1948	1909	2321	1984
शिशु मृत्यु-दर (प्रति 1000 जीवित नवजात पर) 2011	12	22	41	44	44
मातृ मृत्यु अनुपात,2007–09 (प्रति 1000 जीवित नवजात पर)	81	97	148	153	212
जन्म के समय जीवन-प्रत्याशा, 2006–10 (वर्ष)					
स्त्री	76.9	70.9	69.0	69.5	67.7
पुरुष	71.5	67.1	64.9	67.0	64.6
पाँच साल से कम उम्र के कुपोषित बच्चों का अनुपात (%), 2005–06					
उम्र के लिए वजन	22.9	29.8	44.6	39.6	42.5
उम्र के लिए कद	24.5	30.9	51.7	45.7	48.0
कुशल स्वास्थ्यकर्मी की मदद से प्रसव कराने का अनुपात (%), 2005–06	99	91	63	49	47

शेष अगले पेज पर

तालिका 6.7 का शेष

कुछ राज्यों के लिए स्वास्थ्य सम्बन्धी संकेतक	**केरल**	**तमिलनाडु**	**गुजरात**	**हरियाणा**	**भारत**
विशेष सेवा के जरिए जीवित बच्चे को जन्म देनेवाली महिलाओं का अनुपात (%), 2005–06 एएनसी का कम–से–कम एक दौरा/ जन्म–पूर्व सेवा	94	99	87	88	76
प्रसव–बाद जाँच	87	91	61	58	41
12–23 महीने के उन बच्चों का अनुपात (%), 2005–06, जिन्हें पूर्ण टीकाकरण मिला	75.3	80.9	45.2	65.3	43.5
कोई टीकाकरण नहीं	1.8	0.0	4.5	7.8	5.1
12–35 माह के उन बच्चों का अनुपात (%), 2005–06, जिन्हें पिछले छह महीने में विटामिन ए की एक खुराक मिली	46.5	44.8	20.6	15.9	24.8
तीन साल से कम उम्र के उन बच्चों का अनुपात (%), 2007–08, जिन्होंने स्तनपान शुरू किया— जन्म के एक घंटे के भीतर	64.6	76.1	48.0	16.5	40.5
जन्म के 24 घंटे के बाद	3.2	6.6	22.2	44.6	29.1

स्रोत : सांख्यिकीय परिशिष्ट, तालिका ए–3

*व्यस्त होता, अपने काम को गम्भीरता से पूरा कर रहा होता और मेरे जैसे उत्सुक आगन्तुकों को इन्तजार करना पड़ता... मैंने कतार में खड़े लोगों से पूछा कि क्या उन्हें दवा या डॉक्टर के लिए पैसे या कोई फीस देनी पड़ी, तो उनका जवाब ना में होता।'**

इस तरह के अनुभव की पुष्टि केवल स्वतंत्र विवरणों से ही नहीं बल्कि कुछ मामलों में सेकंडरी आँकड़ों से भी होती है। उदाहरण के लिए, राष्ट्रीय नमूना सर्वेक्षण के आँकड़े बताते हैं कि कई दूसरे राज्यों के मुकाबले तमिलनाडु में सार्वजनिक संस्थानों में स्वास्थ्य सेवा हासिल करने की निजी लागत काफी कम है (ग्रामीण क्षेत्रों में बाहरी मरीजों के मामले में तो यह शून्य तक है)।[34] स्वास्थ्य केन्द्रों की भौगोलिक सघनता, आबादी के अनुपात में डॉक्टरों-नर्सों की संख्या और स्वास्थ्यकर्मियों (डॉक्टरों सहित) में महिलाओं का अनुपात भी तमिलनाडु में अधिकतर राज्यों के मुकाबले ऊँचा है।[35]

तमिलनाडु ने स्वास्थ्य सम्बन्धी कई 'बुनियादी' बातों पर ध्यान दिया है जिनकी लगभग भारत-भर में उपेक्षा होती रही है। इसकी चर्चा हम अध्याय 3 में कर चुके हैं और इस अध्याय में भी कर रहे हैं। उदाहरण के लिए, 'सार्वजनिक स्वास्थ्य' पर निरन्तर इस तरह जोर दिया गया जिसे तकनीकी लिहाज से ऐसी सार्वजनिक गतिविधियाँ कहा जा सकता है जिनका लक्ष्य बीमारी का इलाज करने से ज्यादा उसे रोकना होता है।[36] बुनियादी बातों पर ध्यान देने का यह फल मिला है कि बच्चों के टीकाकरण की सबसे ऊँची दर हासिल की गई है, जो सभी बड़े राज्यों के मुकाबले सबसे ऊँची है और 2005-06 में 80 प्रतिशत से ज्यादा बच्चों का पूर्ण टीकाकरण हो चुका था।[37] इसी तरह, सरकारी स्वास्थ्य केन्द्रों में समय पर मुफ्त दवाओं की आपूर्ति के लिए सरकार ने औषधि निगम बनाया है और कम्प्युटरीकृत रेकॉर्ड के साथ एक आधुनिक सप्लाइ चेन भी तैयार की है। यह भी कई दूसरे राज्यों में मौजूद हालात के एकदम विपरीत है, जहाँ सरकारी स्वास्थ्य केन्द्रों में मरीजों को दवा लिखकर पर्ची थमा दी जाती है और बाजार—प्राय: करीब की दवा दुकान—से दवा खरीदने के लिए कह दिया जाता है। और यह आरोप आम है कि इन दवा दुकानों और डॉक्टरों के बीच मुनाफे के बँटवारे की साँठगाँठ रहती है। तमिलनाडु के स्वास्थ्य केन्द्रों में मुफ्त दवा का अनिवार्य प्रावधान है और डॉक्टरों को पर्ची लिखकर देने की इजाजत नहीं है।

तमिलनाडु में आईसीडीएस केन्द्रों के कामकाज का जायजा तालिका 6.8 में भी प्रस्तुत किया गया है, जो उपरोक्त 'फोकस' सर्वे पर आधारित है। चाहे हम आईसीडीएस के बुनियादी ढाँचे को देखें या बच्चों की उपस्थिति की दर को या स्कूल से पहले की शिक्षा के स्तर को देखें या टीकाकरण दरों या माताओं की मान्यताओं को,

---

* लेखक ने उत्तर प्रदेश के भी कई पीएचसी का जायजा लेने की कोशिश की। लेकिन वहाँ अधिकतर केन्द्र हमेशा बन्द ही मिले और सर्वे में शामिल गाँवों में लोगों को पता ही नहीं था कि सबसे नजदीक का पीएचसी कहाँ है। (दीपा सिन्हा, 2013)।

तमिलनाडु अन्य राज्यों, खासकर उत्तरी राज्यों की तुलना में ज्यादा बेहतर दिखता है। वास्तविक उपलब्धि का शायद सबसे अच्छा उदाहरण यह है कि तमिलनाडु में सर्वे में शामिल 96 प्रतिशत महिलाओं ने अपने बच्चों की बेहतरी के लिए आईसीडीएस को महत्त्वपूर्ण माना और करीब 50 प्रतिशत ने 'बहुत महत्त्वपूर्ण' माना।[38]

अभिक्रम और अभिनव प्रयोग तमिलनाडु में आईसीडीएस कार्यक्रम की केन्द्रीय विशेषता रही है। कई राज्यों ने केन्द्रीय निर्देशों को अनमने ढंग से लागू किया है लेकिन उनके विपरीत तमिलनाडु ने आईसीडीएस को अपनाया और इसमें बड़े पैमाने पर वित्तीय, मानवीय और राजनीतिक संसाधनों को लगाया। उदाहरण के लिए, तमिलनाडु में आँगनबाड़ी रोज छह घंटे से ज्यादा खुले रहते हैं जबकि उत्तरी राज्यों में वे औसतन मुश्किल से तीन घंटे ही खुलते हैं। इसी तरह, 0–3 आयुवर्ग (देखें तालिका 6.8) के बच्चों की उपस्थिति की ऊँची दर बताती है कि तमिलनाडु में आँगनबाड़ियों में शिशुओं के लिए क्रेच की सुविधा रहती है। इस राज्य ने आधुनिक प्रशिक्षण कार्यक्रम भी तैयार किए हैं जिनमें प्रखंड के स्तर पर सक्रिय प्रशिक्षण टीमें बनाई गई हैं, आईसीडीएस तथा स्वास्थ्यकर्मियों के लिए संयुक्त प्रशिक्षण कार्यक्रम, आँगनबाड़ी कार्यकर्ताओं के लिए नियमित रिफ्रेशर कोर्स, आईसीडीएस के कर्मचारियों के लिए विभिन्न जिलों के अनुभव कराने के कार्यक्रम, आदि भी तैयार किए गए हैं। गौरतलब है कि तमिलनाडु में आईसीडीएस का पूरा कार्यक्रम ऊपर से नीचे तक महिलाएँ ही चलाती हैं।[39]

मार्के की बात यह है कि तमिलनाडु में दूसरे सामाजिक कार्यों में भी रचनात्मक सक्रियता दिखती है। उदाहरण के लिए, यह पहला राज्य था, जिसने प्राथमिक स्कूलों में सभी बच्चों को मुफ्त में दोपहर का भोजन देना शुरू किया था। शुरू में इसे लोकलुभावन कदम बताकर इसकी काफी आलोचना की गई लेकिन बाद में यह स्कूलों में दोपहर के भोजन देने के राष्ट्रीय कार्यक्रम का मॉडल बन गया। आज तमिलनाडु में स्कूली बच्चे (सरकारी स्कूलों में दाखिल बच्चे) न केवल दोपहर का भोजन मुफ्त पाते हैं बल्कि स्कूली वर्दी, पाठ्यपुस्तकें, कागज-कलम आदि भी मुफ्त में ही पाते हैं और स्वास्थ्य जाँच भी मुफ्त में करवा पाते हैं। सार्वजनिक वितरण प्रणाली (पीडीएस) और राष्ट्रीय ग्रामीण रोजगार गारंटी कानून (इन दोनों पर विस्तार से विचार अगले अध्याय में किया गया है)[40] जैसे बड़े सामाजिक कार्यक्रमों में भी रचनात्मकता और अभिक्रम का मेल देखा गया है। तमिलनाडु के दोपहर के भोजन और आँगनबाड़ी कार्यक्रमों की तरह पीडीएस भी देश के लिए एक मॉडल बन गया है। वहाँ के पीडीएस के तहत नियमित वितरण होता है, इसमें भ्रष्टाचार भी कम है और यह ग्रामीण गरीबी पर बड़ा प्रभाव डाल रहा है।[41] तमिलनाडु में राष्ट्रीय ग्रामीण रोजगार गारंटी कानून देश के दूसरे राज्यों के मुकाबले सबसे अच्छी तरह लागू किया जा रहा है।[42]

तालिका 6.8

तमिलनाडु में आँगनबाड़ी		
	तमिलनाडु	**उत्तरी राज्य**[a]
आँगनबाड़ियों का अनुपात (%), जिनकी		
अपनी इमारत है	88	18
अपनी रसोई है	85	30
अपना भंडार है	88	58
दवाघर है	81	22
शौचालय है	44	17
आँगनबाड़ी के खुलने के औसत घंटे (माताओं के मुताबिक)	6.5 घंटे रोजाना	3.5 घंटे रोजाना
'नियमित' आनेवाले बच्चों का अनुपात (%)[b],		
0–3 आयुवर्ग	59	20
3–6 आयुवर्ग	87	56
उन माताओं का अनुपात (%), जिन्होंने कहा कि आँगनबाड़ी में स्कूल से पहले की शिक्षा आदि दी जा रही है	89	48
आँगनबाड़ी कार्यकर्ता काफी उत्साही हैं	67	39
आँगनबाड़ी कार्यकर्ता उनके घर आया था	58	22
उन महिलाओं का अनुपात (%), जिन्होंने अपनी पिछली गर्भावस्था से पहले प्रसव-पूर्व जाँच करवाई[c]	100	55
पूर्ण टीकाकरण करवा चुके बच्चों का अनुपात (%)[d]	71	41
आँगनबाड़ी कार्यकर्ता को प्रशिक्षण कार्यक्रम में शामिल हुए औसतन कितने महीने बीते	6	30
उन आँगनबाड़ी कार्यकर्ताओं का अनुपात (%), जिन्हें पिछले तीन महीने से वेतन नहीं मिला	0	22

a : छत्तीसगढ़, हिमाचल प्रदेश, राजस्थान, उत्तर प्रदेश। **b** : स्थानीय आँगनबाड़ी में दाखिल; माताओं की प्रतिक्रिया।

c : उनमें से, जिन्होंने पिछले 12 महीने बच्चा नहीं जना। **d** : प्रशिक्षित जाँचकर्ताओं के आंकलन पर आधारित।

स्रोत : 'फोकस' सर्वे, 2004; देखें द्रेज़ (2006a), तालिका 6, और 'सिटिजन्स इनीशिएटिव फॉर द राइट्स ऑफ चिल्ड्रन अंडर सिक्स' (2006)।

लोक प्रशासन के मामलों में अभिनव प्रयोग और रचनात्मक सोच लागू करने की तमिलनाडु की क्षमता पूरे देश के लिए एक महत्त्वपूर्ण उदाहरण है। आँगनबाड़ी के कामकाज को सुधारने, पीडीएस में खामियों को दूर करने और स्वास्थ्य केन्द्रों को समय पर दवाओं की आपूर्ति की व्यवस्था करने के मामले में जो पहल की गई है वह वाकई प्रभावशाली है। यह कोई संयोग नहीं है कि तमिलनाडु को सार्वजनिक सेवाओं का स्तर ऊपर उठाने में देश के बड़े राज्यों के बीच अग्रणी दर्जा दिया गया है।[43]

तमिलनाडु की जिस दूसरी उल्लेखनीय विशेषता का उल्लेख अध्याय 3 में किया जा चुका है, वह है विस्तृत तथा सार्वभौमिक सामाजिक नीतियों के प्रति प्रतिबद्धता। इसका सबसे ज्वलन्त उदाहरण है पीडीएस, जिसके तहत हर परिवार को हर महीने रियायती दर पर चावल का न्यूनतम कोटा (20 किलो) और अन्य जरूरी सामान उपलब्ध हैं। 1997 में जब राष्ट्रीय आर्थिक नीति के तहत पीडीएस को 'निशाना' बनाने की कोशिश की गई तो उसका इतना विरोध हुआ कि इस कदम को वापस खींचना पड़ा।[44] सार्वभौमिकता का सिद्धान्त तमिलनाडु में सार्वजनिक स्वास्थ्य सेवा, दोपहर का भोजन (और स्कूल में दिए जाने वाले अन्य प्रोत्साहनों), बच्चों की देखभाल, रोजगार गारंटी, सार्वजनिक परिवहन और पानी- बिजली जैसी बुनियादी सुविधाओं पर भी लागू है। नतीजतन, तमिलनाडु में जीवन की बुनियादी ज़रूरतों के अभाव की घटना कम है, जैसा कि तालिका 6.9 से स्पष्ट है।

सवाल उठता है कि तमिलनाडु ने सार्वभौमिक तथा सुचारु सार्वजनिक सेवाओं के प्रति अपनी प्रतिबद्धता कब और कैसे विकसित कर ली। इसकी कई व्याख्याएँ की गई हैं। उदाहरण के लिए, वहाँ अतीत में चलाए गए समाज सुधारों (1920 के दशक में पेरियार द्वारा शुरू किए स्वाभिमान आन्दोलन समेत), वंचित जातियों के राजनीतिक सशक्तिकरण, लोकलुभावन राजनीति की पकड़ और तमिल समाज में महिलाओं की रचनात्मक भूमिका की याद दिलाई जाती है। ये और तमिलनाडु के सामाजिक इतिहास के दूसरे पहलुओं और राज्य की समकालीन उपलब्धियों के लिए उनकी प्रासंगिकता शोध के रोचक विषय बने हुए हैं। गौर करनेवाली बात यह है कि ये व्याख्याएँ लोकतांत्रिक कार्य की ताकत को रेखांकित करती हैं।

इस कार्य में स्वास्थ्य सम्बन्धी मुद्दों की गोचरता को बढ़ाने और नए क्षितिजों को सामने लाने में सार्वजनिक बहस तथा सामाजिक कार्य की शक्ति शामिल है। तमिलनाडु में सामाजिक स्वास्थ्य बीमा के अग्रणी प्रवर्तक डॉ. के.एस. संजीवी ने स्वास्थ्य सेवा के लिए जनसमर्थन की बात तभी कह दी थी जब देश में यह बहस का

मुद्दा नहीं बना था।* सामाजिक मुद्दों पर सार्वजनिक विमर्श शुरू करने में तमिलनाडु ने आमतौर पर बड़ी भूमिका निभाई। स्कूलों में दोपहर का भोजन देने जैसे स्वास्थ्य सम्बन्धी कार्यक्रम काफी पहले ही सार्वजनिक बहस के मुद्दे बन गए और सबसे पहले तमिलनाडु में लागू किए गए। इन मुद्दों ने देश के बाकी हिस्सों, खासकर उत्तरी राज्यों के विपरीत तमिलनाडु में होनेवाले चुनावों के प्रचार अभियान में महत्त्वपूर्ण भूमिका निभाई। उत्तरी राज्यों में लगता है कि स्वास्थ्य हो या प्रारम्भिक शिक्षा या बाल कुपोषण—ये मुद्दे राजनीतिक एजेंडा के लिए उतने महत्त्वपूर्ण नहीं हैं।

तालिका 6.9

तमिलनाडु में सार्वजनिक सेवाओं तक लोगों की पहुँच, 2005-06

	तमिलनाडु	भारत
उन परिवारों का अनुपात (%), जिनके पास		
बिजली कनेक्शन है	89	68
पानी का बेहतर स्रोत है	94	88
राशन कार्ड है[a]	94	83
पीडीएस में भरोसा है (2001)	73	23
उन महिलाओं का अनुपात (%), जिन्हें		
गर्भावस्था में स्वास्थ्य सेवा मिली	99	76
गर्भावस्था के दौरान टेटनस सुई लगी	96	76
प्रसव कराने में प्रशिक्षित स्वास्थ्यकर्मी की मदद मिली	91	47
प्रसव के बाद स्वास्थ्य परीक्षण किया गया	91	41
उन बच्चों का अनुपात (:), जिनका		
पूर्ण टीकाकरण हुआ	81	44
कोई टीकाकरण नहीं हुआ	0	5
निवास आँगनबाड़ी के दायरे में है	97	81
उन सरकारी स्कूलों का अनुपात (%),[b] जहाँ		
पीने का पानी उपलब्ध है	100	92
बिजली है	92	31

* डॉ. संजीवी ने 1958 में 'वोलंटरी हेल्थ सर्विसेज' की स्थापना करके जो उल्लाखनीय संस्थान का निर्माण किया, उसने दिखा दिया कि सामाजिक सहयोग के बूते स्वास्थ्य सेवा (आय-आधारित स्वास्थ्य बीमा भी, जिसमें प्रगति का तत्व समाहित है) के क्षेत्र में क्या कुछ हासिल किया जा सकता है, बजाय इसके कि मामले को डॉक्टरों के भरोसे छोड़ दिया जाए कि वे केवल फीस—जो कभी-कभी बूते के बाहर होती है—दे सकने वाले मरीजों की सेवा करें। देखें, 'द ग्रेट लिट्ल मैन', द हिन्दू, 23 दिसम्बर 2003।

दोपहर का भोजन मिलता है	98	88
स्वास्थ्य जाँच होती है	94	55
उन प्राथमिक स्वास्थ्य केन्द्रों का अनुपात (%),[c] जहाँ		
जरूरी दवाएँ उपलब्ध हैं	98	70
डॉक्टर उपलब्ध है	85	76
फार्मासिस्ट उपलब्ध है	94	69
नियमित बिजली रहती है	87	36
शल्यक्रिया कक्ष काम करता है	90	61
कोल्ड चेन उपकरण उपलब्ध है	95	67

a 2004–05, **b** 2009–10, **c** 2007–08

स्रोत : इन्टरनेशनल इंस्टीट्यूट फॉर पापुलेशन साइंसेज (2007a), प्रसव-बाद की स्वास्थ्य सेवा के लिए तालिका 8.22 (पेज 220); और आँगनबाड़ी के दायरे के लिए तालिका 9.19 (पेज 254); देसाई एवं अन्य (2010), राशन कार्ड के लिए तालिका ए-13.1b (पेज 206); पॉल एवं अन्य (2006), पीडीएस की विश्वसनीयता के लिए पेज 87; दूसरे संकेतकों के लिए देखें सांख्यिकीय परिशिष्ट, तालिका ए-3; बशर्ते और कुछ न कहा गया हो, सन्दर्भ वर्ष 2005-06

तमिलनाडु में स्वास्थ्य क्षेत्र में उपलब्धियों में लोकतांत्रिक कार्य (दलित बस्तियों से लेकर राज्यव्यापी सामाजिक तथा राजनीतिक आन्दोलनों तक सभी स्तरों पर) की भूमिका वहाँ की सार्वजनिक सेवाओं पर विवेक श्रीनिवासन के अध्ययन (2010) में स्पष्ट तौर पर उभरती है। लेखक का कहना है कि 'पिछले करीब 30 वर्षों में तमिलनाडु में सार्वजनिक सेवाओं के लिए आन्दोलन करने की एक संस्कृति विकसित हो गई है... इसके अलावा, यह बात जाति, वर्ग तथा लिंग के आधार पर दमन से मुक्ति के संघर्षों से गहरे जुड़ी है।* इसके साथ ही यह चीज जाति, वर्ग और लिंग सम्बन्धी दमन से मुक्ति के साथ भी गहरे जुड़ी। इस प्रक्रिया में सार्वजनिक सेवाओं के प्रावधान का भारी राजनीतिकरण हुआ, जैसा कि केरल में इससे पहले हो चुका था। तमिलनाडु का अनुभव बताता है कि लोकतांत्रिक कार्रवाई आम लोगों के सरोकारों का ख्याल रखती है और बेहतर सार्वजनिक सेवाओं की सामूहिक माँगों को सामाजिक समानता के संघर्षों से जोड़ा जा सकता है।

* श्रीनिवासन (2010), पृ. 156। दलित टोले मामले का अध्ययन, इस अध्ययन में सांस्कृतिक विरोध का प्रभाव स्पष्ट नजर आता है। 'याचिकाओं, जुलूस, विरोध और सौदेबाजी दर्शाती है कि प्रत्येक हैंडपम्प, स्ट्रीट लाईट, सड़कों और दूसरी सेवाओं के लिए उन्हें कितनी लम्बी लड़ाई लड़नी पड़ी।' (पृ 177)।

स्वास्थ्य संकट का समाधान

तो, भारत के सामने खड़े शायद सबसे बड़े संकट यानी स्वास्थ्य संकट का आखिर क्या समाधान है? समस्याएँ काफी बड़ी हैं लेकिन उनकी विकरालता से घबराने की जगह हमें उनसे पार पाने के उपाय ढूँढ़ने चाहिए। इसके लिए हम अभी प्रस्तुत विश्लेषण के मुताबिक इस संकट के कारणों की पहचान करें। साथ ही, उन दूसरे विकासशील देशों के अनुभवों से मिले सबक से सीखें, जिन देशों ने इन समस्याओं का मुकाबला भारत से बेहतर तरीके से किया है। उन भारतीय राज्यों (खासकर तमिलनाडु और केरल) के बेहतर प्रदर्शनों से भी सीखा जा सकता है, जिन्होंने अपनी जनता को बाकी भारत के मुकाबले कहीं बेहतर स्वास्थ्य सेवा प्रदान की है। जहाँ तक बाकी दुनिया का सवाल है, भारत जिन देशों से सीख सकता है उनमें सबसे अहम चीन है लेकिन इसके अलावा ब्राजील, मेक्सिको, थाइलैंड और अन्य देश भी हैं।

पूरे देश के लिए स्वास्थ्य सेवा के विस्तृत विजन में सबको शामिल करने की प्रतिबद्धता के महत्त्व को समझना ही शायद सबसे पहली और सबसे महत्त्वपूर्ण चीज है। हाल के वर्षों में थाइलैंड, ब्राजील और मेक्सिको ने अपनी जनता के लिए स्वास्थ्य सेवा को विस्तार देने का लक्ष्य पूरा किया है। चीन का अनुभव दिलचस्प है, क्योंकि 1979 में जब पहली बार वहाँ आर्थिक सुधार लागू किए गए तो इस प्रतिबद्धता को उपेक्षित करने की कोशिश की गई। इसका नतीजा यह हुआ कि लोगों की दीर्घायु और सामान्य स्वास्थ्य में प्रगति के मामले में भारी कीमत चुकानी पड़ी (इसकी चर्चा अध्याय 1 में की जा चुकी है। चीन को अन्ततः अपनी गलती का अहसास हुआ और 2004 के बाद फिर इस प्रतिबद्धता की ओर तेजी से वापसी की गई और चीन ने करीब 95 प्रतिशत वापसी कर ली है। अब उसे बीज बोने का लाभ मिल रहा है। चीन के कथित प्रशंसकों से हम प्रायः यह नसीहत सुनते हैं कि भारत को उसके कदमों पर चलना चाहिए, जबकि उन्हें शायद यह नहीं पता होता कि चीन वास्तव में क्या कर रहा है। उसने स्वास्थ्य सेवा को निजी स्वास्थ्य बीमा कम्पनियों के हाथ में नहीं सौंप दिया है और सरकार इसमें बड़ी भूमिका निभाती है।[45] ये अनुभव, जैसा कि हम बता चुके हैं, ठीक उन्हीं रास्तों पर हैं जिन्हें हम आर्थिक रूप से तर्कपूर्ण मानते हैं। इसकी खास वजह यह है कि—

(1) स्वास्थ्यकर्मियों का चरित्र 'सबका भला करनेवाला' है,
(2) असमान सूचना अपनी भूमिका निभाती है,
(3) किसी समुदाय या राष्ट्र में स्वास्थ्य सम्बन्धी लक्ष्यों को हासिल करने में विषमता अपना प्रभाव डालती है।

सबको स्वास्थ्य सेवा प्रदान करने की प्रतिबद्धता के लिए भारतीय स्वास्थ्य सेवा व्यवस्था में कम-से-कम दो बड़े परिवर्तन करने की जरूरत होगी। पहला तो यह कि तमाम प्रयोगजनित प्रमाणों के विपरीत यह धारणा तोड़नी होगी कि भारत में लोगों की सेहत में सुधार निजी स्वास्थ्य सेवा तथा बीमा के जरिए किया जा सकता है। लेकिन इसका अर्थ यह भी नहीं है कि स्वास्थ्य सेवा में निजी क्षेत्र की कोई भूमिका नहीं हो सकती है। दुनिया में अधिकतर स्वास्थ्य सेवा व्यवस्थाओं में निजी क्षेत्र के लिए कोई-न-कोई भूमिका छोड़ी गई है, और भारत के लिए ऐसी कोई बाध्यता नहीं है कि उसे उपेक्षित किया जाए। न ही भारतीय स्वास्थ्य नियोजन जवाबदेही के मसले और उन दूसरी चुनौतियों (जिनकी चर्चा अध्याय 4 में की गई है) की अनदेखी कर सकता है, जो सार्वजनिक क्षेत्र और स्वास्थ्य सेवा के लिए सार्वजनिक प्रावधान को प्रभावित करती हैं। कई साल पहले भोरे कमेटी ने सार्वभौमिक स्वास्थ्य सेवा के मूल सिद्धान्त को स्पष्ट करते हुए कहा था कि इसका लक्ष्य समुदाय के सभी सदस्यों को—चाहे कोई कीमत चुकाने में सक्षम हो या न हो—बेहतर स्वास्थ्य देना ही हो सकता है। इस लक्ष्य के मद्देनजर स्वास्थ्य सेवाओं तक पहुँच सुनिश्चित करना मूलतः सार्वजनिक उत्तरदायित्व है।[46] इसके अलावा, स्वास्थ्य सेवा के क्षेत्र में बाजार की व्यवस्था और निजी बीमा की सीमाओं के कारण स्वास्थ्य सेवाओं में सार्वजनिक प्रावधान की महत्त्वपूर्ण बुनियादी भूमिका बनती है ताकि सार्वभौमिक स्वास्थ्य सेवा की उपलब्धता सुनिश्चित हो।

दूसरा परिवर्तन यह हो सकता है कि स्वास्थ्य सेवाओं के लिए सार्वजनिक प्रावधान के मामले में—बीमारी की रोकथाम और उपचार, दोनों में—'बुनियादी बातों' की ओर लौटें। और प्राथमिक स्वास्थ्य केन्द्रों, ग्रामीण स्वास्थ्यकर्मियों, बीमारी की रोकथाम के उपायों और नियमित तौर पर समय पर स्वास्थ्य सेवा उपलब्ध कराने पर जोर दिया जाए। आरएसबीआई (गरीब परिवारों का रियायती दर पर स्वास्थ्य बीमा करने का नया कार्यक्रम, जिसकी चर्चा पहले की जा चुकी है) एक मानवीय कार्यक्रम है और गरीबों को यों ही मरने के लिए छोड़ देने या उपेक्षित स्वास्थ्य सेवा के भरोसे अथवा महँगे उपचार के भरोसे छोड़ देने से तो बेहतर ही है। लेकिन सभी के लिए समय से पहले और नियमित स्वास्थ्य सेवा (जरूरत पड़ने पर महँगा उपचार भी) उपलब्ध करके काफी कम लागत पर भी बेहतर नतीजे हासिल किए जा सकते हैं।[47]

रोग के उपचार की जगह उसकी रोकथाम की तमाम तरह की गतिविधियों में लोगों की भागीदारी जरूरी है। रोकथाम के उपायों में टीकाकरण, सफाई, सार्वजनिक स्वच्छता, कचरा निबटारा, रोग पर निगरानी, वेक्टर कन्ट्रोल, स्वास्थ्य सम्बन्धी शिक्षा, खाद्य सुरक्षा नियम आदि शामिल हैं। रोग का उपचार करने के विपरीत

बीमारी की रोकथाम को आमतौर पर समाज और सरकार की जिम्मेदारी माना जाता है।* इन मामलों में विस्तृत सामूहिक कार्रवाई बेहद जरूरी है, खासकर टीकाकरण तथा सफाई में भारत के शोचनीय रेकॉर्ड के मद्देनजर, जिसकी हम पहले ही चर्चा कर चुके हैं।[48]

हाल, के वर्षों में भारत में स्वास्थ्य सेवाओं के सार्वजनिक प्रावधान (साथ ही, सार्वजनिक स्वास्थ्य के कुछ पहलुओं) को सुधारने के सीमित मगर मूल्यवान उपाय किए गए हैं, खासकर राष्ट्रीय ग्रामीण स्वास्थ्य मिशन (एनआरएचएम) के अन्तर्गत। और ऐसा लगता है कि इन कुछ उपायों के सकारात्मक परिणाम निकले हैं। उदाहरण के लिए, टीकाकरण कार्यक्रमों में ग्रामीण स्तर के मान्यताप्राप्त सामाजिक कार्यकर्ताओं (आशा) को शामिल करने से बाल टीकाकरण दरों में महत्त्वपूर्ण वृद्धि हुई है और इस मामले में जारी गतिरोध टूटा है।[49] इसी तरह, जननी सुरक्षा योजना के अन्तर्गत संस्थाओं में प्रसव कराने के अभियान के कारण प्रशिक्षित स्वास्थ्यकर्मियों की मदद से प्रसव कराने के अनुपात में तेज वृद्धि हुई है।[50] सार्वजनिक स्वास्थ्य सुविधाओं में ज्यादा विस्तृत पुनरुत्थान के कुछ सम्भावित संकेत भी मिलते हैं, और यह कोई संयोग नहीं है कि एनएआरएचएम शुरू करने के बाद पाँच वर्षों के अन्दर भारत में बाल मृत्युदर में प्रतिवर्ष 3 प्रतिशत-अंकों की गिरावट आई है। इससे पहले के पाँच वर्षों में प्रतिवर्ष केवल 1 प्रतिशत-अंकों की गिरावट आई थी।[51]

मुख्य सन्देश यह नहीं है कि एनआरएचएम भारत की स्वास्थ्य व्यवस्था के संकट का हल है। वास्तव में, मिशन इसके लिए बहुत छोटा कार्यक्रम है (दरअसल इसकी योजना अल्पकालिक कार्यक्रम की तरह तैयार की गई थी और इसे 2012 में समाप्त होना था हालाँकि इसे आगे बढ़ा दिया गया)। बल्कि यहाँ सबक यह है कि शिक्षा और शिशु देखभाल के क्षेत्रों की तरह सार्वजनिक सुविधाओं को—उनको भी जो लम्बे समय से खराब हाल में हैं—सुधारने की सुनियोजित कोशिश के सचमुच महत्त्वपूर्ण परिणाम मिल सकते हैं। इन उपलब्धियों से इस आम सम्भावना की (जो कई अन्तर्राष्ट्रीय अनुभवों से भी प्रकट है) पुष्टि होती है कि 'कम लागत

---

* इन मामलों में सामूहिक कार्रवाई की जरूरत आंशिक तौर पर इस कारण पड़ती है कि सार्वजनिक स्वास्थ्य सेवा को आगे बढ़ाने के लिए निजी प्रोत्साहन काफी कमजोर है। यूरोप, जापान, अमेरिका में दीर्घायु के ऐतिहासिक विस्तार के अलावा हाल में चीन समेत पूर्वी एशिया या पड़ोसी श्रीलंका में जीवन-प्रत्याशा में तेज वृद्धि में सार्वजनिक स्वास्थ्य ने महत्त्वपूर्ण भूमिका निभाई। लेकिन भारत में सार्वजनिक स्वास्थ्य इसकी स्वास्थ्य नीति का सबसे उपेक्षित पहलू है। वास्तव में, पिछले करीब 50 वर्षों में सार्वजनिक स्वास्थ्य सेवाओं पर 'मेडिकल सेवाओं ने धीरे-धीरे वर्चस्व कायम कर लिया, जिन पर राजनीतिक तथा सार्वजनिक तौर पर ज्यादा ध्यान दिया जाता है।' (दासगुप्ता एवं अन्य, 2010, पेज 48)। भारत में सार्वजनिक स्वास्थ्य की आम उपेक्षा पर भी देखें, दासगुप्ता (2005)।

पर अच्छे स्वास्थ्य' को बढ़ावा दिया जा सकता है। यह गरीब देशों और खासतौर से भारत के लिए भी बहुत महत्त्वपूर्ण सबक है।[52]

अब आगे चुनौती यह है कि इन उपायों को मजबूती दी जाए और दुनिया तथा भारत के अनुभवों से मिले तुलनात्मक सबक से आगे की राह खोजी जाए। न केवल संस्थागत परिवर्तन करके बेहतर स्वास्थ्य सेवा देने की जरूरत है बल्कि सार्वजनिक स्वास्थ्य सेवाओं पर जीडीपी में से ज्यादा अनुपात में सार्वजनिक खर्च किया जाए (जैसा कि वे तमाम देश करते हैं जिनका इस खंड में जिक्र किया गया है)।[53] इसके साथ ही सार्वजनिक सेवाओं में ज्यादा कार्यकुशलता और जवाबदेही विकसित करने का काम भी होना चाहिए, जिसके बारे में कई सबक तमिलनाडु, केरल, हिमाचल प्रदेश समेत अन्य राज्यों के अनुभवों से हासिल हो चुके हैं।

अन्तिम मगर काफी महत्त्वपूर्ण बात यह है कि स्वास्थ्य तथा स्वास्थ्य सेवा से जुड़े मसलों को लोकतांत्रिक नीतियों के केन्द्र में लाना चाहिए। जैसा कि हम देख चुके हैं, स्वास्थ्य को भारत के कुल सार्वजनिक विमर्श में कम ही स्थान प्राप्त है मगर थाइलैंड, ब्राजील, मेक्सिको जैसे देशों में और भारत के तमिलनाडु तथा केरल* जैसे राज्यों में स्वास्थ्य से जुड़े मसलों को लेकर लोकतांत्रिक भागीदारी ने स्वास्थ्य सम्बन्धी नीतियों में बदलाव लाने में महत्त्वपूर्ण भूमिका निभाई है। चीन की अधिनायकवादी राज्य-व्यवस्था में स्वास्थ्य सेवा के प्रति सरकार की प्रतिबद्धता से उभरे बड़े सबकों को भारत की बहुदलीय लोकतांत्रिक व्यवस्था में भी दोहराया जा सकता है, बशर्ते इन सबको भारत में लोकतांत्रिक संवाद का हिस्सा बनाया जाए। लोकतंत्र ने भारत को दुनिया के किसी भी देश से सीखने की आजादी दी है और लोकतंत्र को लागू करने की प्रक्रिया में इस सूचनासम्पन्नता का ज्यादा उपयोग करने के सारे कारण मौजूद हैं, बजाय इसके कि हम लोगों की अहम जरूरतों के बारे में व्यवस्थित जानकारी के अभाव में अपने बनाए गड्ढे में ही पड़े रहें।

---

* इस मामले में दूसरे जो प्रेरक अनुभव हैं उनमें थाइलैंड की 'हेल्थ असेंबली' से बहुत कुछ सीखा जा सकता है। इस असेंबली की स्थापना राष्ट्रीय स्वास्थ्य कानून के तहत 2007 में हुई। इसकी नियमित बैठकों में आम नागरिक स्वास्थ्य सेवा को लेकर सार्वजनिक नीतियों को लागू करने में खामियों आदि की समीक्षा करते हैं और अपने विचार खुल कर रखते है। थाइलैंड ने स्वास्थ्य के मामले में पहल करके सबको स्वास्थ्य सेवा प्रदान करने में भारी और तेज प्रगति की है। इसमें उसे स्वास्थ्य सेवा का उपयोग करनेवाले नागरिकों को पेश आ रही समस्याओं के अलावा स्वास्थ्य सेवा देनेवाले कर्मचारियों को इस काम में पेश आ रही मुश्किलों की समीक्षाओं से मदद मिली है।

अध्याय : सात
गरीबी और समाज का सहारा

''हमारी बात कोई नहीं मानेगा—हम लोग लाठी चलाने वाले नहीं हैं।'' यह कहना था छत्तीसगढ़ में सरगुजा जिले के दूर-दराज के गाँव झापर की एक आदिवासी महिला का। यह 2001 के अक्टूबर महीने की बात है। वह अपने इलाके में सार्वजनिक वितरण प्रणाली (पीडीएस) की निष्क्रियता को लेकर नाराज थी। राशन की दुकान वहाँ से पैदल तीन घंटे दूरी पर थी। केवल यह दूरी ही वहाँ के लोगों की परेशानी का कारण नहीं थी। इस दुकान से रियायती कीमत पर महीने का राशन पाने में कुछ भाग्यशाली लोग ही सफल हो पाते थे, क्योंकि राशन का अधिकांश चावल काला बाजार में पहुँच जाता था।

जून 2012 में झापर जाकर हमने पाया कि तस्वीर पूरी तरह बदल गई है। राशन की दुकान गाँव के ठीक बीच में खुल गई थी और उसका कामकाज स्थानीय लोग सँभाल रहे थे। अधिकतर परिवारों के पास अपना राशन कार्ड था और हर परिवार को अपने कोटे का 35 किलो चावल महीने के पहले दिन ही लगभग मुफ्त में मिल रहा था। घर में अनाज होने का आश्वासन उनके लिए बड़ी राहत की बात थी। लेकिन वहाँ से कुछ ही किलोमीटर दूर छत्तीसगढ़ और उत्तर प्रदेश की सीमा पर हालात ठीक वैसे ही थे, जैसे एक दशक पहले झापर में थे।

सार्वजनिक सेवाएँ अगर अच्छी तरह काम कर रही हों तो लोगों के जीवन में बड़ा बदलाव ला सकती हैं। इस पुस्तक के पिछले अध्यायों में हमने शिक्षा और स्वास्थ्य के मसलों पर ध्यान केन्द्रित किया क्योंकि मनुष्य की क्षमताओं के निर्माण और उनकी वास्तविक स्वाधीनताओं के विस्तार (आखिर विकास का लक्ष्य यही तो होता है) में इन दोनों की केन्द्रीय भूमिका होती है। व्यक्तिगत जीवन और सामाजिक सम्बन्धों के ये वे दो क्षेत्र हैं, जिनमें बाजार को प्रोत्साहन देने की सीमाएँ तय करने और सार्वजनिक कार्यवाही करने की जरूरत खासकर ज्यादा प्रबल होती है। इस तथ्य को मुख्यधारा के आर्थिक लेखन में काफी मान्यता दी गई है, हालाँकि राजनीतिक विचारधारात्मक विमर्शों में कई टीकाकारों ने सरकारी संस्थानों के उपयोग की जरूरत का विरोध किया है। इसी तरह की शर्तें जीवन से

जुड़ी स्थितियों के कई अन्य पहलुओं पर भी लागू होती हैं, मसलन पर्यावरण संरक्षण, रोजगार विस्तार, खाद्य सुरक्षा और अन्य वे क्षेत्र जिनमें अनियंत्रित बाजार तंत्र की कार्यकुशलता और निष्पक्षता काफी सीमित हो सकती है। वास्तव में, भारत जैसे देश के गरीब लोगों के जीवन के किसी ऐसे महत्त्वपूर्ण पहलू की कल्पना करना मुश्किल है, जो किसी-न-किसी तरह सार्वजनिक नीति पर या जिसे 'सामाजिक नीति' कहा जाता है उस पर निर्भर न करता हो, हालाँकि हुनर के विकास, स्वास्थ्य सेवा, रोजगार में सहायता जैसी कई गतिविधियों के साथ आर्थिक तथा सामाजिक पहलू भी जुड़े रहते हैं। जो अभिक्रम केवल बाजार तंत्र नहीं बल्कि कई सामाजिक संस्थाओं के सहारे चलता हो, उसे 'सामाजिक' अभिक्रम कहा जा सकता है। इस व्यापक अर्थ में जो सामाजिक नीति हो सकती है, वही इस अध्याय की विषयवस्तु है।

सार्वजनिक प्रावधान और सामाजिक उत्तरदायित्व

राजनीतिक लगावों का नतीजा है कि भारत क्या, पूरी दुनिया में होनेवाली बहसों में 'बाजार से खौफ' खाने वाले भी मिल जाते हैं और 'बाजार के लिए जुनून' रखने वाले भी। वैसे, बाजार के समर्थन या विरोध में स्वतःस्फूर्त प्रतिक्रियाएँ उस दुनिया में खासतौर से महत्त्व नहीं रखतीं जिसे ऐसी कई संस्थाओं की जरूरत पड़ती है, बाजार जिनका एक अंग तो हो लेकिन एकमात्र अंग न हो।* हाल के वर्षों में भारत में बाजार से खौफ में काफी कमी आई है। यह अच्छी बात है लेकिन बाजार के लिए जुनून में इस तरह फँसने की भी जरूरत नहीं है कि हर चीज का बाजारीकरण किया जाने लगे। चीन 1979 में इसी दौर से गुजरा, जब आर्थिक सुधारों के तहत उन क्षेत्रों (खासकर कृषि तथा उद्योग) को बाजार से अलग रखने की नीति उलट दी गई जिन क्षेत्रों में यह काफी अच्छा काम कर सकता था। ऐसा उसने सुधारों के बाद किया भी। बल्कि चीन ने उन क्षेत्रों (मसलन, स्वास्थ्य सेवा) का भी बाजारीकरण किया, जिनमें बाजार की भूमिका काफी सीमित होती है। इसके जबरदस्त नतीजे हासिल हुए। चीन नीतिगत परिवर्तन करके उस दौर से बाहर आ गया है। उदाहरण के लिए, पिछले दशक में सरकारी स्वास्थ्य बीमा व्यवस्था की भारी वापसी हुई है, जिसके शानदार नतीजे हासिल हुए हैं (देखें अध्याय 1)। यहाँ व्यवहारकुशलता की भारी जरूरत है, ताकि बाजार निषेध के कारण पैदा होनेवाली घोर अकार्यकुशलता (जिसका उदाहरण है सोवियत अर्थव्यवस्था की कमजोरी) से भी बचा जा सके और सैद्धान्तिक बाजारीकरण

* बाजारू और गैरबाजारू, दोनों तरह की संस्थाओं की जरूरत, तथा बाजार के लिए उन्माद और बाजार से खौफ पर विस्तार से विचार के लिए देखें सेन (1999) और द्रेज़ तथा सेन (2002)।

(जिसका उदाहरण सोवियत संघ के विघटन के बाद रूस में हर चीज के बाजारीकरण की अन्धी दौड़ के चलते हुई आर्थिक और सामाजिक उथल-पुथल है) से भी बचा जा सके।

केवल बाजार पर निर्भरता की माँग भारत में जोर पकड़ चुकी है और यह बेलगाम उम्मीदों को जन्म दे रही है। ये उम्मीदें प्रायः मुख्यधारा की अर्थव्यवस्था के गलत आंकलन पर आधारित होती हैं। मुख्यधारा की अर्थव्यवस्था में बाजार के प्रदर्शन को लेकर संशय होता है, जब कि उसे बाहरी तत्त्वों या सार्वजनिक सामान या बेमेल सूचनाओं अथवा वितरण सम्बन्धी असमानताओं के होते हुए काम करना हो।[1] बाजार क्या नहीं कर सकता है या वह क्या कर सकता है और क्या बहुत अच्छी तरह कर सकता है, यह देखने के लिए हमें किसी 'वैकल्पिक आर्थिक कसौटी' की खोज करने की जरूरत नहीं है।*

सामाजिक नीति में बाजार के सिद्धान्तों के बेलगाम दखल के कुछ उदाहरणों की चर्चा इस पुस्तक में पहले ही की जा चुकी है। इसके साथ ही अस्सी के दशक के शुरू में चीन में स्वास्थ्य सेवा व्यवस्था के अचानक निजीकरण के प्रतिकूल प्रभावों (सार्वजनिक स्वास्थ्य सेवा को लेकर नागरिकों के अधिकार में कटौती) का उल्लेख भी किया जा चुका है। भारत में लोकतांत्रिक संस्थाएँ नागरिकों के अधिकारों—जब वे लागू हों तो—में इस तरह की अचानक कटौती से सुरक्षा प्रदान करती हैं। फिर भी, हम पिछले अध्यायों में देख चुके हैं कि स्वास्थ्य और शिक्षा के व्यापारीकरण की प्रवृत्तियाँ कितनी मजबूत हैं।

एक असरदार विचार यह भी है कि जहाँ तक बुनियादी सेवाओं के लिए जनसमर्थन की जरूरत है, बेहतर यही होगा कि इसका लक्ष्य लोगों को ये सेवाएँ बाजार से खरीदने के लिए पर्याप्त सक्षम बनाया जाए, बजाय इसके कि ये उन्हें सामूहिक व्यवस्थाओं के जरिए उपलब्ध कराई जाएँ। मूल तर्क यह है कि निजी व्यवस्था सार्वजनिक व्यवस्था से ज्यादा कार्यकुशल होती है क्योंकि प्रतिस्पर्द्धा लागत घटाने और गुणवत्ता बढ़ाने का दबाव बनाती है। प्रायः ऐसा होता है लेकिन इसकी गम्भीर सीमाएँ भी हैं, जिनकी चर्चा हम खासकर अध्याय 5 में 'स्कूल वाउचरों' के उपयोग के सन्दर्भ में कर चुके हैं। हम स्कूल वाउचरों की बात फिर से नहीं करेंगे लेकिन बुनियादी सेवाओं को सार्वजनिक संस्थाओं के जरिए उपलब्ध

* इस कृति में हम इस बारे में ज्यादा नैतिक प्रश्नों पर विचार नहीं करते हैं, जो महत्त्वपूर्ण हो सकते हैं, कि क्या कुछ प्रकार के अन्तर्वैयक्तिक सम्बन्धों का बाजारीकरण किया जा सकता है या नहीं, भले ही बाजार अच्छी तरह से काम कर रहे हों। दासता की नैतिक स्वीकार्यता को खारिज करते हुए जॉन स्टुअर्ट मिल ने सवाल उठाया था, भले ही दास के रूप में बेचे गए लोग इस सौदे के स्वैच्छिक साझीदार थे (देखें, मिल, 1859, अध्याय 5)। साथ में देखें, सांडेल (2012) और स्किडेल्स्की एवं स्किडेल्स्की (2012) में उठाए गए महत्त्वपूर्ण प्रश्न।

कराने की जगह उन्हें निजी क्षेत्र से खरीदने की राह आसान बनाने के पक्ष में दिए जानेवाले तर्क पर पुनर्विचार जरूरी है।

हाँ, अकाल राहत एक ऐसी स्थिति है जिसमें लोगों को अपनी जरूरतें सार्वजनिक क्षेत्र की ओर से किए गए प्रावधान की बजाय अपनी क्रयशक्ति बढ़ाकर उन्हें खरीद कर पूरा करने के लिए बाजार को सक्रिय करने का उदाहरण दिया जा सकता है। पिछले लेखों में हमने तर्क पेश किया कि कई परिस्थितियों में सीधे भोजन खिलाने या भोजन बाँटने[2] की जगह 'नकदी राहत' (मसलन, स्थानीय सार्वजनिक कार्यों के लिए नकदी मजदूरी के जरिए) देना अकाल राहत पहुँचाने का ज्यादा प्रभावी उपाय है। यहाँ निर्णायक तर्क यह है कि भुखमरी और अकाल की आशंका के मद्देनजर तेजी से कदम उठाना बेहद महत्त्वपूर्ण होता है। नकदी में आमदनी पैदा करने से निजी व्यापार और वितरण के ढाँचागत संसाधनों को सक्रिय करने की सम्भावना बनती है और केवल सार्वजनिक सहायता पर, जिसे पहुँचाने में समय लगता है और जिसमें संगठनात्मक समस्याओं से जूझना पड़ता है, निर्भरता घटती है।

यह पूरी तरह से सुरक्षित उपाय नहीं है क्योंकि अकाल की स्थिति (खासकर तब जब उसी इलाके में सशस्त्र संघर्ष चल रहा हो, जैसा कि हाल के कई अकालों में हुआ भी है) में निजी व्यापार में बाधा पड़ सकती है या वह निष्प्रभावी हो सकता है। इसके अलावा, यह खतरा तो बना ही रहता है कि व्यापारी लोग एक तरह के एकाधिकार का फायदा उठाकर मुनाफाखोरी करें। वैसे, उस दिशा के पक्ष में आम तर्क मजबूत हैं और कई अवसरों पर वे अपेक्षाकृत कारगर रहे हैं—भारत की आजादी के बाद अकाल की रोकथाम के इतिहास के अधिकांश हिस्से में। रोजगार पैदा करने और सार्वजनिक कार्यों (मसलन, मनरेगा के तहत, जिसकी चर्चा इस अध्याय में आगे की गई है) के जरिए क्रयशक्ति बढ़ाने में मजदूरी के नकद भुगतान की भी सकारात्मक भूमिका रही है। नकदी का इस्तेमाल प्रायः आसान और सस्ता होता है और उपयुक्त सरकारी निगरानी के तहत उस पर नजर रखी जा सकती है।

इस मसले के पक्ष में दिए जानेवाले तर्कों में उन कई कारकों का जरूर ध्यान रखा जाना चाहिए, जो बाजार आधारित प्रावधानों के उपयोग को सबके लिए उपयोगी नहीं होने देते हैं—उदाहरण के लिए, प्रारम्भिक शिक्षा, स्वास्थ्य सेवा, जल आपूर्ति, सफाई, टीकाकरण और बुनियादी जरूरतों से जुड़ीं तमाम अन्य सेवाओं को। मुख्यधारा का अर्थशास्त्र इनमें से कई कठिनाइयों को स्वीकार करता है (बाजार के कट्टर समर्थकों की मान्यता के विपरीत)। इसकी चर्चा इस पुस्तक में विभिन्न सन्दर्भों में पहले ही की जा चुकी है। इसमें बाजार को श्रेय देने की विकृति शामिल है, जबकि सूचना की व्यापक विषमताएँ मौजूद हों, मसलन, डॉक्टर

तो रोगी के उपचार के बारे में बहुत कुछ जानते हैं लेकिन रोगी को जानकारी कम होती है।[3] दूसरी समस्या 'बाहरी तत्त्वों' (मसलन, छूत वाले रोगों और सार्वजनिक स्वास्थ्य से जुड़े) की मौजूदगी में निजी तथा सामाजिक लागतों—और लाभों—के बीच भारी अन्तर की है। फिर, 'वितरण' का भी सवाल है, क्योंकि क्रयशक्ति और धन का वितरण असमान है। और जनकल्याण के अर्थशास्त्र में इस बात पर गहन विचार-विमर्श किया गया है कि बाजार से हासिल नतीजे प्राय: विषम हैं, जिसमें गरीबों को पीछे छोड़ दिया गया है। इसके अलावा, कभी-कभी कहा जाता है कि लोग पारम्परिक व्यवहारों और आचरण सम्बन्धी मानदंडों में परिवर्तन के लिए समर्थन जाहिर करें।

अन्तिम मुद्दे की विस्तृत विवेचना की जरूरत है, क्योंकि इसने अर्थशास्त्र में धीरे-धीरे मान्यता हासिल (या पुन: हासिल) कर ली है। मुख्यधारा के अर्थशास्त्र में तथाकथित 'उपभोक्ता सम्प्रभुता' पर प्राय: जरूरत से ज्यादा जोर दिया जाता है, यानी इस विचार पर कि लोग अपने हितों के बारे में खुद ही सबसे अच्छा फैसला कर सकते हैं (व्यापक अर्थ में यह एक उपयोगितावादी तर्क है) और उनकी पसन्द को ही जस का तस स्वीकार किया जाना चाहिए (यह एक स्वाधीनतावादी तर्क है)। इस तरह, 'उपभोक्ता सम्प्रभुता' के विचार में दो स्पष्ट विचार निहित हैं। वैसे, आर्थिक लेखन का सौ वर्ष पुराना इतिहास हाल में प्रयोगात्मक तथा आचरणमूलक अर्थशास्त्र में हुए शोधों से समृद्ध हुआ है और उसने उन तरीकों की ओर ध्यान खींचा है कि लोग अपने या अपने परिवार के हितों के विपरीत किस तरह काम कर सकते हैं। उदाहरण के लिए, माता-पिता अपने बच्चे के टीकाकरण को इतने समय तक टाल सकते हैं कि बाद में उन्हें अफसोस करना पड़े या कोई महिला अपने परिवारवालों की खातिर अपने पोषण की उपेक्षा कर सकती है। कई फैसले समानुरूपतावाद, झुंड वाली मानसिकता, गलत आशावाद, टालमटोल और अन्य मनोवैज्ञानिक कारणों से प्रभावित होते हैं। और जैसा कि रॉबर्ट ऑमन ने कहा है, बुद्धिमान और जानकार निर्णयकर्ता भी "थका हुआ, या भूखा या अनमना या दुविधाग्रस्त या नशाग्रस्त या दबावग्रस्त या केवल दबाव में सोच-विचार करने या दिमाग से ज्यादा भावना के वश में फैसले करने की मानसिकता में हो सकता है।"[4] इस तरह, लोगों को सहायता मिले तो वे अपने लक्ष्य को हासिल करने के लिए फैसले कर सकते हैं या अपने लक्ष्यों की तार्किक जाँच भी कर सकते हैं। बिना सहायता वाली बाजार प्रक्रियाएँ इस काम के लिए खासतौर से काम की नहीं होंगी क्योंकि ये लोगों के फैसलों से संचालित होती हैं और इन फैसलों की कोई तार्किक जाँच भी नहीं होती। वास्तव में, बाजार आधारित कुछ प्रक्रियाएँ, खासकर उच्चस्तरीय विज्ञापन वगैरह विवेकपूर्ण निर्णय में हस्तक्षेप कर सकती हैं।

भारत में ये मसले बाल पोषण के सन्दर्भ में काफी तीखे होकर उभरे हैं। जैसी कि पिछले अध्याय में चर्चा की गई है, बच्चों को पोषक खाना देना कई तरह की सामाजिक सहायता पर निर्भर है, जिनमें माताओं को सलाह देना और पोषण सम्बन्धी शिक्षण भी शामिल हैं। शिशु दुग्ध के विकल्प तथा सम्बन्धित अन्य उत्पाद बेचने वाली व्यापारिक कम्पनियाँ प्राय: शिशुओं तथा बच्चों के पोषण के विरोध में ऐसा उग्र रवैया रखती हैं कि सरकारी अधिकारियों को उन पर लगाम लगाने के लिए 'शिशु दुग्ध के विकल्प, दूध की बोतल तथा शिशु आहार (उत्पादन, आपूर्ति तथा वितरण नियंत्रण) कानून' या 'आईएमएस एक्ट' जैसे कानूनों का सहारा लेना पड़ता है। 'उपभोक्ता की सम्प्रभुता' का विचार हर क्षेत्र के लिए सर्वोत्तम है, इस मान्यता पर सख्ती से सवाल उठाने की जरूरत है, भले ही लोगों को नुकसान पहुँचाने की कार्रवाई उतनी स्पष्ट न हो जितनी इस मामले में है।

इन बहुत हद तक मानक तर्कों में कुछ कम स्पष्ट बातों को भी शामिल किया जाना चाहिए। उदाहरण के लिए, बाजार आधारित कार्यों में सामाजिक उपलब्धियों के अवसरों को छोड़ने की बात शामिल हो सकती है, भले ही सार्वजनिकता उन उपलब्धियों की माँग करती हो लेकिन बाजारू खरीद के निजी किस्म के लेनदेन में उन्हें आसानी से समायोजित नहीं किया जा सकता है। इसे स्पष्ट करने के लिए प्राथमिक स्कूलों में पका हुआ दोपहर का भोजन देने के प्रावधान का उदाहरण दिया जा सकता है, जिसे निरन्तर चलाए गए जन अभियान और उच्चतम न्यायालय में दायर जनहित याचिका के बाद लागू किया गया। इस तरह की गतिविधि जब सार्वजनिक मकसद से शुरू की जाती है तो यह एक साथ कई लक्ष्यों को पूरा करती है—स्कूलों में हाजिरी बढ़ाने, बच्चों के पोषण को सुधारने, बच्चों की एकाग्रता बढ़ाने (जो कि भूखे पेट सम्भव नहीं है), वंचित तबकों की ग्रामीण महिलाओं को रोजगार देने, स्कूल कक्षाओं में गतिविधियाँ बढ़ाने, पोषण सम्बन्धी शिक्षा देने और सहभोजन के जरिए स्कूली बच्चों में जातिवादी भेदभाव को दूर करने[5] के लक्ष्यों को। अगर यह केवल भोजन बाँटने का मामला होता तो यह पूरा काम किसी निजी एजेंसी को ठेके पर दिया जा सकता था। लेकिन दूसरे लक्ष्यों को एक व्यावसायिक गतिविधि के तौर पर चलाकर पूरा करना और ऐसे कार्यक्रम के पीछे के विभिन्न कारणों के बीच सन्तुलन बिठाना मुश्किल है। यही बात स्वास्थ्य सेवा (खासकर सार्वजनिक स्वास्थ्य सेवा), पोषण कार्यक्रम, स्कूली शिक्षा और सम्बन्धित मामलों से जुड़ी नीतियों पर भी लागू होती है।

स्वास्थ्य सेवा या शिक्षा को निजी क्षेत्र से खरीदने के प्रावधान किए जाएँ तो सबसे उत्तम होगा, यह विचार यूरोप, अमेरिका, जापान, पूर्वी एशिया द्वारा अपने लोगों का जीवन-स्तर सुधारने के प्रयासों में मिले ऐतिहासिक अनुभवों के एकदम

विपरीत है। भारत में भी केरल ने या पड़ोस के श्रीलंका ने विकास के प्रारम्भिक दौर में इन क्षेत्रों में तेज प्रगति इस रास्ते से नहीं की, न ही तमिलनाडु या हिमाचल प्रदेश इस रास्ते से केरल की बराबरी पर आ रहे हैं। जैसा कि अध्याय 3 में विचार किया गया है, ये अनुभव निजी क्षेत्र के द्वारा या सार्वजनिक तथा निजी क्षेत्र की साझेदारी (पीपीपी) या स्कूल वाउचर व्यवस्था, व्यावसायिक स्वास्थ्य बीमा या बाजार आधारित दूसरी व्यवस्था के तहत शिक्षा और स्वास्थ्य सेवाएँ देने के क्रम में हासिल नहीं हुए हैं। पुराने सरकारी स्कूल, स्वास्थ्य सेवा केन्द्र, कामचोर सरकारी अधिकारी, स्वास्थ्य सेवा निरीक्षक, टीकाकरण शिविर और सफाई अभियान उनसे कहीं ज्यादा महत्त्वपूर्ण थे।

ब्राजील या मेक्सिको में या आज के दूसरे सफल देशों में नकदी के शर्तबद्ध हस्तान्तरण के ताजा इतिहास को गलत नजरिए से न देखना भी महत्त्वपूर्ण है। लातीन अमेरिका में सशर्त नकदी हस्तान्तरण स्वास्थ्य, शिक्षा और अन्य बुनियादी सेवाओं के एवज में नहीं बल्कि उनके पूरक के तौर पर काम करता है। इस अध्याय में आगे विचार किया गया है कि नकदी हस्तान्तरण किस तरह मूल रूप से एक प्रोत्साहन है; लेकिन इन देशों में प्रोत्साहन पूरक के तौर पर काम करता है क्योंकि वहाँ बुनियादी सार्वजनिक सेवाएँ पहले ही काफी अच्छी तरह काम कर रही हैं। उदाहरण के लिए, ब्राजील में टीकाकरण, गर्भवती महिलाओं की देखभाल और हर प्रसव के समय कुशल सहायकों की उपस्थिति की व्यवस्था रहती है। जैसा कि अध्याय 3 में हम बता चुके हैं, सरकारों ने अपना काम अच्छी तरह किया है और स्वास्थ्य सेवा की व्यापक सार्वजनिक सुविधाओं की व्यवस्था कर रखी है। ऐसी स्थिति में स्वास्थ्य सेवा को पूर्ण रूप से सार्वभौमिक बनाने के लिए प्रोत्साहन के तौर पर नकदी देना काफी समझदारी भरा कदम है। वैसे, भारत में इन बुनियादी सेवाओं का अभाव ही है इसलिए शर्तबद्ध नकदी हस्तान्तरण (प्रोत्साहन के तौर पर तो काफी उपयोगी हो सकता है) उस खाई की भरपाई नहीं कर सकता।

यह सब इस तथ्य का खंडन नहीं करता कि सरकार द्वारा सीधे उपलब्ध कराई गई बुनियादी सुविधाएँ अक्षम और शोषक हो सकती हैं। सार्वजनिक तौर पर प्रावधान की माँग के साथ यह भी जुड़ा है कि इन प्रावधानों की सक्रियता का समुचित आश्वासन भी हो। अच्छी तरह काम करनेवाला सार्वजनिक स्वास्थ्य सेवा केन्द्र मुनाफा कमानेवाले निजी क्लीनिकों या डॉक्टरों के मुकाबले लोगों का ज्यादा भला कर सकता है, लेकिन अधिकांश समय बन्द रहनेवाला यह केन्द्र गाँव के नीम हकीमों से बेहतर नहीं हो सकता। यह अध्याय 4 में उठाई गई इस माँग को मजबूत करता है कि सार्वजनिक क्षेत्र को जवाबदेह बनाया जाए। निजीकरण एक आकर्षक फौरी उपाय लगता है लेकिन यह एक गम्भीर समस्या की जगह उससे ज्यादा गम्भीर मुसीबत को चुनने के सिवा कुछ नहीं है।

गरीबी की रेखा पर

भारत में सरकारी 'गरीबी रेखा' को लेकर हाल के दिनों में काफी बहस चली है। विवाद तब शुरू हुआ जब योजना आयोग ने सितम्बर 2011 में उच्चतम न्यायालय द्वारा पूछे गए एक सवाल के जवाब में हलफनामा दायर किया। यह सवाल सरकारी गरीबी रेखा निर्धारित करने के तरीके और उसके अनुसार प्रति व्यक्ति खर्च पर पोषण के न्यूनतम स्तर को पूरा करने की सम्भावना को लेकर पूछा गया था।

योजना आयोग ने अपने हलफनामे में स्पष्ट किया कि सरकारी गरीबी रेखा निर्धारित करने का तरीका तेंडुलकर कमेटी की रिपोर्ट (2009) के मुताबिक तय किया गया। इसमें यह बयान भी शामिल किया गया कि जो सरकारी गरीबी रेखा (शहरी क्षेत्र में प्रति व्यक्ति प्रतिदिन 32 रु., और ग्रामीण क्षेत्र में 26 रु., जून 2011 की कीमतों पर) तय की गई है, वह ''ऐसी है कि भोजन, शिक्षा और स्वास्थ्य पर प्रति व्यक्ति वास्तविक निजी खर्च इतना किया जाए तो गरीबी रेखा के ठीक ऊपर रहा जा सकता है।'' इस बेतुके बयान पर तुरन्त हंगामा खड़ा हो गया और एक के बाद एक टीकाकारों ने इस गरीबी रेखा को 'वास्तव में दरिद्रता रेखा' कह डाला, जो जिन्दा रहने–भर की गुंजाइश छोड़ती है। उदाहरण के लिए, शहरी गरीबी रेखा के साथ जुड़े बजट में जूते के लिए प्रति माह 10 रु. और स्वास्थ्य सेवा के लिए प्रति माह 40 रु. के खर्च भी शामिल हैं। हकीकत यह है कि जूते के इस बजट में चप्पल के फीते की मरम्मत ही शायद हो सके, और स्वास्थ्य सेवा के बजट में शायद एस्पिरीन की गोली ही शायद रोज खरीदी जा सके। इसी तरह, 'किराया और यात्रा' के 30 रु. महीने के बजट में शायद थोड़ी दूर जाने का एक तरफ का बस भाड़ा भी शायद ही पूरा पड़े, लौटने का भाड़ा तो बचना मुश्किल ही है। किसी तरह का किराया भर पाना तो दूर की ही बात है।

ये छोटे पैमाने इस तथ्य को रेखांकित करते हैं कि गरीबी रेखा दशकों पहले तब निर्धारित की गई थी, जब बहुसंख्य भारतीय आबादी के लिए अस्तित्व बचाए रखने का भी आश्वासन नहीं था। बेशक गरीबी रेखा को कीमतों में बढ़ोतरी के साथ निरन्तर बदला जाता है लेकिन शालीन जीवन जीने की बढ़ती जरूरतों के मुताबिक उसे नहीं बदला जाता। आश्चर्य नहीं कि यह गरीबी रेखा आज हरेक व्यक्ति की न्यूनतम जरूरतों के मद्देनजर बेमानी नजर आती है।

इस पर बहस के विस्तार के साथ कई मसलों को लेकर भ्रम पैदा हो गया। उदाहरण के लिए, एक धारणा यह बनी कि सरकारी गरीबी रेखा इसलिए इतनी नीची है कि योजना आयोग ने इसे नीचा किया है। वास्तव में ऐसा कुछ भी नहीं हुआ था। दरअसल, तेंडुलकर रिपोर्ट के कारण ग्रामीण गरीबी रेखा को नीचे करने की जगह ऊपर उठाया गया। यह अविश्वसनीय लग सकता है, मगर गरीबी रेखा इससे

पहले और नीची थी। सरकारी गरीबी रेखा के मकसद और गरीबी के अनुमान तथा पीडीएस के तहत खाद्य सामग्री की पात्रता के बीच सम्बन्ध सरीखे अन्य मसलों को लेकर भी काफी उलझन की स्थिति पैदा हो गई।

इन उलझनों के अलावा यह बहस मुख्य मुद्दे से भी भटक गई। वास्तव में ज्यादा हैरानी की बात यह नहीं है कि गरीबी रेखा इतनी नीची है, बल्कि यह है कि इतना नीचा पैमाना होने के बावजूद 2009-10 में पूरी आबादी के पूरे 30 प्रतिशत लोग यानी 35 करोड़ लोग इस रेखा के नीचे हैं। ये लोग कैसा जीवन जी पाते होंगे? शोचनीय बात यह है कि सरकारी गरीबी रेखा पर या उसके ठीक नीचे शालीन जीवन जीने की कोई सम्भावना नहीं है, और यह भारत के गरीबों की भयावह स्थिति की ओर ध्यान खींचता है, जिसका सार्वजनिक बहसों में लगभग कोई जिक्र नहीं किया जाता और विशेषाधिकार प्राप्त लोग तो उस पर ध्यान तक नहीं देते। इसकी कम-से-कम एक वजह तो यह है कि गरीबों ने घोर अभावों में जीना सीख लिया है और भाग्यवादी सोच के साथ दब कर रहना स्वीकार कर लिया है। व्यापक गरीबी के इस विशाल आकार के भयावह तथा परोक्ष स्वरूप का जो यह मूल सन्देश है, वह इस ताजा बहस के शोर में दबकर रह गया है।

इस तथ्य की पहचान का जरूरी तकाजा यह है कि गरीब परिवारों को आय बढ़ाने के लिए प्रत्यक्ष समर्थन दिया जाए, न कि इस बात का इन्तजार किया जाए कि आर्थिक वृद्धि होगी तब उनका वेतन और उनकी आमदनी स्वतः बढ़ जाएगी। वास्तव में, इस बात के प्रमाण बढ़ रहे हैं कि आय वृद्धि के लिए तमाम तरह के समर्थन, आर्थिक पुनर्वितरण और सामाजिक सुरक्षा लोगों के जीवन-स्तर में तुरन्त काफी परिवर्तन ला सकते हैं, भले ही भारत में उपलब्ध प्रशासनिक तथा वित्तीय संसाधन सीमित हों। यह स्वास्थ्य तथा शिक्षा नीतियों से कम महत्त्वपूर्ण नहीं है, जिन पर पिछले अध्यायों में विचार किया गया है। दरअसल, ये उपाय महत्त्वपूर्ण रूप से एक-दूसरे को मजबूती प्रदान करते हैं और मनुष्य की तकलीफों को कम करके उनकी बुनियादी क्षमताओं को मजबूत बनाने में मदद करते हैं। और इससे आर्थिक वृद्धि में भी मदद मिलती है।

लक्ष्य बनाम समन्वय

बहुत दिन नहीं बीते जब लक्ष्य बनाना, जिसे सामाजिक नीति में 'टार्गेटिंग' कहा जाता है, भारत में एक व्यापक तौर पर स्वीकृत सामाजिक नीति थी। यह काफी सरल-सा विचार है कि गरीबों को ही सार्वजनिक संसाधनों का लक्ष्य बनाया जाए। यह गरीबी घटाने के मद्देनजर सीमित संसाधनों का सर्वश्रेष्ठ उपयोग करने की सामान्य बुद्धि की बात लगती है। लेकिन सामाजिक समर्थन की इस व्यवस्था के साथ गम्भीर व्यवहारगत समस्याएँ जुड़ी हैं।

सामान्यत: देखा जाए तो 'टार्गेटिंग' बेशक कोई बुरा विचार नहीं है और यह कई परिस्थितियों में काफी उपयोगी हो सकता है। उदाहरण के लिए, जैसा कि अध्याय 2 में विचार किया गया है, सामाजिक समर्थन के 'बोल्सा फेमिलिया' जैसे लक्ष्य-केन्द्रित कार्यक्रमों ने ब्राजील में गरीबी घटाने में महत्त्वपूर्ण योगदान दिया है। 'बोल्सा फेमिलिया' के अपेक्षाकृत बेहतर परिणाम की एक वजह यह है कि लक्षित समूह काफी जाना-पहचाना है—यह अनौपचारिक क्षेत्र के गरीबों का समूह है जिन्हें मान्य सामाजिक सुरक्षा व्यवस्था के लाभ नहीं मिलते। याद रहे कि ब्राजील में शहरीकरण की दर 85 प्रतिशत है, आबादी का बड़ा हिस्सा अनौपचारिक क्षेत्र में है तथा सघन सामाजिक सुरक्षा व्यवस्था के दायरे के अन्दर है। इसके अलावा, अनौपचारिक क्षेत्र से उभरने वाले आवेदकों की 'जाँच' के लिए आधुनिक प्रशासनतंत्र और विशाल मानव संसाधन तैयार हैं, जो यह तय करते हैं कि उन्हें किस तरह की सहायता की जरूरत है। इस सन्दर्भ में 'टार्गेटिंग' सम्भवत: काफी कार्यकुशल तथा समतापूर्ण है।

लेकिन, 'टार्गेटिंग' को लेकर भारत के अनुभव उत्साहवर्द्धक नहीं कहे जा सकते। गरीबी रेखा के नीचे के यानी बीपीएल परिवार की कल्पना शुरू में समेकित ग्रामीण विकास कार्यक्रम के सन्दर्भ में प्रस्तुत की गई थी और 1997 के बाद से इसका उपयोग सार्वजनिक वितरण प्रणाली (पीडीएस) को लक्ष्य बनाने में किया गया। यानी पीडीएस केवल बीपीएल परिवारों तक सीमित कर दी गई। अधिकतर राज्यों में 2001 में 'एपीएल' यानी गरीबी रेखा से ऊपर वाले परिवारों को पीडीएस से अलग कर दिया गया और इन परिवारों के लिए कीमतें बढ़ा दी गईं। लेकिन यह कदम दो कारणों से समस्यामूलक साबित हुआ।

पहला कारण तो यह है कि बीपीएल परिवारों की पहचान करना बेहद कठिन है। इसमें गलतियाँ इस समूह में शामिल करने के समय भी हो सकती हैं (एपीएल परिवारों को गरीब परिवार मान लिया जा सकता है) या इस समूह से अलग रखने में भी हो सकती है (गरीब परिवारों को एपीएल मान लिया जा सकता है)। पहचान की प्रक्रिया 'बीपीएल जनगणना' पर आधारित होती है, जिसमें परिवारों को एक तरह की स्कोरिंग व्यवस्था के तहत दर्जा दिया जाता है। उदाहरण के लिए, 2002 की बीपीएल जनगणना में स्कोरिंग व्यवस्था 13 संकेतकों (पेशा, मकान, शिक्षा आदि) पर आधारित थी और हर संकेतक के लिए 0 से 4 के बीच नम्बर दिया जा सकता था ताकि कुल स्कोर 0 से 52 के बीच आए। इससे परिवारों के स्कोर के मुताबिक उन्हें दर्जा प्रदान किया गया। और इस दर्जे में राज्य के मुताबिक कट-ऑफ इस तरह लागू किया गया कि हरेक राज्य में गरीब परिवारों की संख्या योजना आयोग द्वारा गरीबी को लेकर घोषित अनुमान के अनुकूल हो जाए। उदाहरण के लिए, अगर बिहार के लिए सरकारी अनुमान लगाया गया कि वहाँ 55 प्रतिशत

गरीबी है, तो वहाँ के लिए कट-ऑफ स्कोर ऐसा माना जाएगा कि 55 प्रतिशत परिवार उसके नीचे हैं। गरीबी का अनुमान सरकारी गरीबी रेखा (जिसकी चर्चा पहले की जा चुकी है) को प्रति व्यक्ति द्वारा किए जानेवाले औसत व्यय के बारे में राष्ट्रीय नमूना सर्वे के आँकड़े पर लागू करके लगाया जाएगा। पूरी प्रक्रिया थोड़ी अव्यवस्थित जैसी है—योजना आयोग गरीबी की संख्या तय करने के लिए एक तरीका अपनाता है, बीपीएल जनगणना दूसरा तरीका अपनाती है। अवधारणा सम्बन्धी भ्रम प्रक्रिया को लागू करने की बड़ी समस्याओं के कारण और गहराता है, खासकर तब जब प्रासंगिक संकेतक अस्पष्ट हैं या जिनकी जाँच नहीं की जा सकती है। यह धोखे, गलती और पक्षपात का रास्ता खोलता है। इसके अलावा, जैसा कि अध्याय 6 में कहा गया है, गरीबी स्थायी नहीं होती। कोई अगर आज गरीब नहीं है, तो बीमारी, फसल बरबादी, बेरोजगारी, जबरन वसूली या अन्य कारणों से अगले साल गरीब हो सकता है, या इन कारणों से गरीब हुआ है तो अगले साल उससे उबर सकता है। लेकिन बीपीएल सूची में दस साल तक कोई बदलाव नहीं होता। यानी बीपीएल पहचान प्रक्रिया तुक्के भिड़ाने की प्रक्रिया है, जिसमें जोड़-घटाव की कई गलतियों की काफी गुंजाइश है। तीन स्वतंत्र राष्ट्रीय सर्वेक्षणों (राष्ट्रीय पारिवारिक स्वास्थ्य सर्वेक्षण, राष्ट्रीय नमूना सर्वेक्षण, और भारत मानव विकास सर्वेक्षण) से स्पष्ट है कि 2005 में भारत के करीब 50 प्रतिशत गरीब परिवारों को बीपीएल कार्ड नहीं दिया गया था।[6]

दूसरी बात, 'टार्गेटिंग' (खासकर जोड़-घटाव की) काफी विभाजनकारी है। चूँकि बीपीएल सूची और योजना आयोग के गरीबी सम्बन्धी अनुमानों में मेल होना चाहिए, बीपीएल परिवार प्रायः अल्प संख्या में होते हैं (वैसे, कुछ राज्यों ने इस प्रक्रिया को पूरी तरह छोड़ दिया है, जिसकी चर्चा हम यहाँ करेंगे); और ये अल्पसंख्यक घाटे में होते हैं, बावजूद इसके कि जोड़ने की प्रक्रिया में गलती होती है और कभी-कभी अपेक्षाकृत बेहतर परिवारों को भी सूची में जोड़ लिया जाता है। इसलिए बीपीएल परिवार दावे करने के मामले में कमजोर होते हैं क्योंकि उन्हें एपीएल परिवारों से समर्थन नहीं मिलता। वास्तव में, बीपीएल परिवार निहित स्वार्थों द्वारा शोषण के आसान शिकार बन जाते हैं। राजनीतिक ताकत और विरोध करने की क्षमता में इस कमजोरी की वजह यह है कि बीपीएल की 'टार्गेटिंग' पर आधारित सामाजिक कार्यक्रम और सार्वजनिक सेवाएँ ठीक से काम नहीं करतीं। पीडीएस इसका एक बड़ा उदाहरण है।

बहिष्कार और विभाजन—ये दोनों समस्याएँ इसलिए गम्भीर हो जाती हैं क्योंकि सरकारी गरीबी रेखा नीची है। इस पर हम पिछले खंड में विचार कर चुके हैं। ग्रामीण क्षेत्र में प्रतिदिन 20 रु. से ज्यादा खर्च करनेवाले परिवार को सामाजिक सुविधाओं से वंचित करनेवाले सिद्धान्त को उचित ठहराना काफी मुश्किल है। यह

सिद्धान्त और भी समस्यामूलक इसलिए बन जाता है क्योंकि ऐसे परिवारों की पहचान करना बेहद कठिन है और 'टार्गेटिंग' से सार्वजनिक एकता कमजोर पड़ती है। यह कहने का अर्थ यह नहीं कि 'टार्गेटिंग' हमेशा एक गलत नीति होती है। किन परिस्थितियों के लिए यह उपयुक्त है, इसका सावधानी से आंकलन जरूरी है। हाल के अनुभवों के मद्देनजर यह अपेक्षा से ज्यादा सीमित महत्त्व का नजर आता है।

इस बीच, 'आत्म-चयन' के साथ सार्वभौमिकता के वैकल्पिक सिद्धान्तों पर आधारित सार्वजनिक कार्यक्रमों ने अच्छा परिणाम दिया है। एक दिलचस्प उदाहरण, जिसकी चर्चा पहले की जा चुकी है, भारत में स्कूलों में दोपहर का भोजन देने के कार्यक्रम का है। इसके तहत (उच्चतम न्यायालय के आदेश से जिसे बाद में सरकारी नीति घोषित किया गया) सरकारी या सरकारी सहायता प्राप्त स्कूलों में पढ़ रहे सभी बच्चों को दोपहर में पोषक आहार निःशुल्क दिया जाता है। जो लोग यह मानते हैं कि सामाजिक लाभ केवल गरीबी रेखा के नीचे के परिवारों को ही मिलने चाहिए, उन्हें लग सकता है कि 12 करोड़ बच्चों को लाभ पहुँचा रहा यह कार्यक्रम सही लक्ष्य तक नहीं पहुँच रहा है। लेकिन ये बच्चे उन परिवारों के उस समूह से आते हैं जिन्होंने निजी स्कूलों की जगह सरकारी स्कूलों का खुद ही चयन किया है और वे आबादी के अपेक्षाकृत वंचित तबकों के हैं। इनमें से अधिकतर बच्चों को पोषण के अलावा स्कूल जाने का बेहतर प्रोत्साहन भी चाहिए, चाहे उनका परिवार गरीबी रेखा के नीचे हो या नहीं। इसके अलावा, दोपहर के भोजन के समावेशी रूप ने इसे सफल बनाने में बड़ी मदद की है। लक्ष्य-केन्द्रित यह कार्यक्रम इतना ही उपयोगी होता, यह काफी सन्देहास्पद है।[7]

दूसरा उदाहरण राष्ट्रीय ग्रामीण रोजगार गारंटी कानून (नरेगा) का है। यह भी आत्म-चयन के सिद्धान्त पर आधारित है। इसमें रोजगार के लिए कोई भी आवेदन दे सकता है। माना जाता है कि बेहतर स्थिति में जो परिवार है, वह स्वयं ही नरेगा के कार्यस्थल से दूर रहेगा। दिलचस्प बात यह है कि जब इस कानून को तैयार किया जा रहा था और इस पर बहस चल रही थी, तब सरकार चाहती थी कि इसे केवल परिवारों के लिए सीमित किया जाए।[8] गनीमत है कि इस विचार को त्याग दिया गया और कानून जब अन्तिम रूप से तैयार हुआ तो उसमें कहा गया कि गाँव में रहनेवाला 18 वर्ष से ज्यादा उम्र का कोई भी व्यक्ति इसमें रोजगार पाने के योग्य माना जाएगा। जैसा कि इस अध्याय में आगे विचार किया गया है, आत्म-चयन का यह सिद्धान्त काफी कारगर रहा है : नरेगा के जो कामगार हैं वे आबादी के वंचित तबकों के ही हैं।

कुछ कदमों को आत्म-चयन वाले खाँचे में डालना आसान नहीं है। उदाहरण के लिए, पीडीएस के तहत जब चावल-गेहूँ बाजार से कम दरों पर वितरित किया

जाता है, तो कोई परिवार इससे बाहर निकलने का चुनाव नहीं करेगा। पीडीएस में आत्म-चयन लागू करने के कई सुझाव दिए गए हैं (कि इसमें चावल-गेहूँ की जगह बाजरा या सुरक्षित आटा वितरित किया जाए। लेकिन ये सुझाव सम्बन्धित अधिकारियों को नहीं जँचे, चाहे वे कितने भी महत्त्वपूर्ण रहे हों। दूसरी ओर, बीपीएल को निशाना बनाकर काम करना कारगर नहीं रहा। इस निराशाजनक अनुभव के मद्देनजर, और 'टार्गेटिंग' के खिलाफ जन विरोध (कुछ मामलों में) के कारण कई राज्यों—आन्ध्र प्रदेश, छत्तीसगढ़, हिमाचल प्रदेश, ओडीशा, राजस्थान, तमिलनाडु आदि)—ने हाल में ज्यादा समावेशी तथा 'सार्वभौमिक' पीडीएस को अपना लिया है। पीडीएस में अन्य सुधारों के अलावा इस नई पहल के चलते इसने पहले के मुकाबले बेहतर काम करना शुरू कर दिया है (इसके बारे में चर्चा आगे करेंगे)।[9]

जैसा कि अध्याय 3 और 6 में विचार किया जा चुका है, सामाजिक क्षेत्र में भारत के प्रगतिशील राज्यों (हिमाचल प्रदेश, केरल और तमिलनाडु) की उपलब्धियों में सार्वभौमिकतावादी या समावेशी सामाजिक नीतियों का काफी योगदान रहा है, जिनके तहत लक्ष्य-केन्द्रित सख्त सीमाओं से मुक्त होकर अलग तरह से कार्रवाई की गई। सबको दायरे में लेना बेशक काफी मूल्यवान होता है, खासकर उन क्षेत्रों में जिनमें प्रभावी आत्म-चयन का प्रयोग नहीं किया जा सकता। यह कोई ऐसा शर्त-मुक्त सामान्य फॉर्मूला या सिद्धान्त नहीं है जिसे हर मामले में लागू किया जा सके, खासकर विकास के प्रारम्भिक चरण में। लेकिन क्षेत्रीय अनुभव संकेत देते हैं कि गरीब भारत में भी यह कई मामलों के लिए उपयोगी हो सकता है। इस समझ को फिलहाल जितनी मान्यता मिल रही है उससे ज्यादा मान्यता देने की जरूरत है। एक सिद्धान्त के तौर पर सार्वभौतिकतावाद के महत्त्व को इस बात से बल मिलता है कि उसे लागू करना कितना आसान है। इस विषय पर भारत में होनेवाली बहसों में इस बात पर ध्यान देना होगा कि आज के भारत में सार्वभौमिक विस्तार के पक्ष में कितने प्रमाण उपलब्ध हैं और इस केन्द्रीय नीतिगत मसले पर दुनिया में कितना साहित्य उपलब्ध है।*

---

* इसमें यूरोप में कल्याणरी राज्य पर साहित्य शामिल है, जहाँ सार्वभौमिकतावाद सामाजिक नीति का एक काफी प्रभावशाली सिद्धान्त रहा है। जैसा कि टोनी जट ने कहा है, यह सिद्धान्त कल्याणकारी राज्य के लिए मध्यवर्ग का समर्थन हासिल करने में भी काफी निर्णायक रहा है : ''अधिकतर मामलों में यह 'सार्वभौमिकतावाद' के जादू के बूते हासिल किया गया है। इनके लाभों को आमदनी से जोड़े रखने की जगह, शिक्षित 'मध्यवर्ती किस्म' के लोगों को वही सामाजिक सहायता और सार्वजनिक सेवाएँ पेश की गईं जो कामगारों और गरीबों को पेश की गईं—मुफ्त शिक्षा, सस्ता और मुफ्त उपचार, सार्वजनिक पेंशन, बेरोजगारी बीमा वगैरह। आमदनी वाले मामले में अच्छे वेतनभोगी पेशेवर या कमाऊ दुकानदार शिकायत कर सकते थे कि उन्हें उन सामाजिक सेवाओं के लिए कर भुगतान करना पड़ता है जिनसे उन्हें खास लाभ नहीं मिलता।'' देखें टोनी जट (2010), पेज 52।

हस्तान्तरण और प्रोत्साहन

बुनियादी सेवाओं और सामाजिक सुरक्षा के प्रावधानों में जनता की भागीदारी के पक्ष में पहले जो विचार किया जा चुका है वह इस तथ्य को नहीं नकारता कि नकदी हस्तान्तरण कुछ परिस्थितियों में उपयोगी भूमिका निभा सकती है। वास्तव में यह रचनात्मक हो सकता है। उदाहरण के लिए, कई भारतीय राज्यों ने विधवाओं, विकलांगों और वृद्धों के लिए सामाजिक सुरक्षा पेंशन की काफी प्रभावी (हालाँकि सीमित) योजनाओं की घोषणा की है।[10] इसी तरह, वंचित तबकों के बच्चों के लिए छात्रवृत्ति उन्हें आगे पढ़ाई जारी रखने में बड़ी सहायता प्रदान कर सकती है। इन नकदी हस्तान्तरण योजनाओं को अपने सीमित दायरे में काफी योगदान देना है।

हमें बस इस बात का ध्यान रखना होगा कि अपेक्षाओं की अधूरी जाँच के आधार पर अति उत्साहित न हुआ जाए। चूँकि सशर्त नकदी हस्तान्तरण (सीसीटी) को लेकर हाल के वर्षों में काफी दिलचस्पी देखी गई है और कभी-कभी उन्हें भारत में सामाजिक कार्यों की 'भावी लहर' के तौर पर भी देखा गया है, इसलिए उनकी भूमिका को सही परिप्रेक्ष्य में देखना उपयोगी होगा। सीसीटी का विचार अपेक्षाकृत सरल है—लोगों को उनके सकारात्मक आचरण की शर्त पर यानी अपने बच्चों को स्कूल भेजने या उनका टीकाकरण करवाने आदि की शर्त पर नकद भुगतान किया जाए। इससे एक तीर से दो शिकार होते हैं—गरीबों को कुछ आय का सहारा हो जाता है और साथ ही वे अपने बच्चों को स्कूल भेजने जैसे कदम उठाते हैं, जो उन्हें और उनके परिवार को गरीबी से उबारने में मदद देता है।

सशर्त नकदी हस्तान्तरण एक प्रोत्साहन है और प्रायः यह कारगर रहता है। अगर लोगों को लाभ पहुँचाने वाले काम के लिए पैसे दिए जाते हैं तो वे उस काम को करना चाहते हैं। जैसा कि पहले कहा जा चुका है, जो सेवाएँ (स्कूल व स्वास्थ्य केन्द्र आदि) लोगों को शर्तें पूरी करने में सक्षम बनाती हैं, उन्हें चलना ही चाहिए (या उनमें तेजी से सुधार होना चाहिए) और उन्हें अच्छी तरह काम करना चाहिए ताकि यह नजरिया सार्थक हो। सीसीटी इन सेवाओं की उपलब्धता या जल्दी से विकसित किए जाने का विकल्प नहीं हो सकते। हाल के एक अध्ययन से पता चलता है कि भारत में सीसीटी यह दर्शाता है कि "सरकारी नजरिए का झुकाव आपूर्ति के पक्ष पर जोर देने की जगह माँग पर काम करने की ओर है।"[11] यह बयान अगर सरकारी परिप्रेक्ष्य की सही समझ को दर्शाता है, तो यह 'आपूर्ति वाले पक्ष' और 'माँग आधारित' नजरिए के बीच के विभाजन को प्रतिबिम्बित करता है, मानो एक जो है वह दूसरे के बिना सफल हो सकता है। फिर, सिद्धान्ततः बाजार की पहल (हालाँकि शिक्षा तथा प्राथमिक स्वास्थ्य सेवा समेत पारम्परिक सामाजिक नीति के कई मामलों में इनकी अपनी सीमाएँ हैं) से माँग तो पूरी की जा सकती है मगर इन

संस्थाओं का निर्माण आसान नहीं हो सकता। हमें इस मान्यता के जाल में नहीं फँसना चाहिए, जिसने 1990 के दशक में रूस का काफी अहित किया, कि जैसे ही बाजार समर्थक प्रोत्साहनों को लागू किया जाएगा वैसे ही बाजार से सम्बन्धित संस्थाएँ तुरन्त बन जाएँगी। बाजार से सम्बन्धित संस्थाओं की सीमाओं के अतिरिक्त यह भी एक मसला है, जिस पर पहले विचार किया जा चुका है।

सशर्त 'सामान' हस्तान्तरण भी बेशक प्रोत्साहन वाली वह भूमिका निभा सकता है, जो सशर्त नकदी हस्तान्तरण निभाता है। प्राथमिक स्कूलों में दोपहर का भोजन इसका एक उदाहरण है—बच्चों को भोजन तभी मिलता है जब वे स्कूल आते हैं। और जैसा कि पहले विचार किया जा चुका है, इसका प्रोत्साहन वाला पहलू इतना सशक्त है कि वह बच्चों को नियमित स्कूल आने को प्रेरित करता है। इसके अलावा इस कार्यक्रम के और भी लाभ हैं (पोषण सम्बन्धी लाभ के अलावा सहभोजन से जुड़े समाजीकरण का पहलू तो है ही)।[12] सशर्त सामान हस्तान्तरण के काफी उत्साहवर्द्धक अनुभव का दूसरा दिलचस्प उदाहरण वह नीति है, जिसे कई राज्यों में लागू किया गया है। इस नीति के तहत स्कूली लड़कियों को एक स्तर पर (आठवीं कक्षा में पहुँचने पर) साइकिल दी जाती है। ये योजनाएँ काफी लोकप्रिय हैं। हालाँकि उनसे पैदा होनेवाले प्रोत्साहन सम्बन्धी प्रभाव के औपचारिक प्रमाण फिलहाल सीमित हैं, लेकिन यह असर काफी बड़ा हो सकता है।[13] साइकिल लड़कियों को आठवीं कक्षा के बाद भी स्कूल आने में काम आ सकती है (माध्यमिक स्कूल प्राय: उच्च प्राथमिक स्कूल से दूर होते हैं), और आवागमन की सुविधा तथा ज्यादा आजादी दे सकती हैं। इस बात में सन्देह है कि लड़कियों के माता-पिता को अगर इस शर्त के साथ नकदी हस्तान्तरण किया जाए कि उनकी बेटियाँ स्कूल जाएँगी, तो इस हस्तान्तरण के ऐसे ही सामाजिक लाभ होंगे।

इसलिए, सशर्त नकदी हस्तान्तरण कई मामलों में उपयोगी हो सकता है लेकिन इससे उलटी व्यवस्थाएँ भी हैं—बिना शर्त नकदी हस्तान्तरण (विधवाओं और वृद्धों के लिए सामाजिक सुरक्षा पेंशन) के अलावा सामान के हस्तान्तरण की सशर्त (मसलन, प्राथमिक स्कूलों में दोपहर का भोजन) तथा बिना शर्त (मसलन, पीडीएस) व्यवस्थाएँ भी। दूसरे देशों, खासकर लातीन अमेरिका, के हाल के अनुभवों से भारत सीसीटी की प्रोत्साहन सम्बन्धी महत्ता के बारे में निश्चित ही कुछ सीख ले सकता है। लेकिन इस सीख (सकारात्मक तथा नकारात्मक, दोनों) को भारत के भीतर तथा बाहर दूसरी तरह के हस्तान्तरणों के अनुभवों से जोड़ना होगा।

अच्छी तरह तैयार किए गए नकदी प्रोत्साहनों की ताकत के हाल के अनुभवों को भी उनके 'प्रतिलोम' से जोड़ना होगा—अनुचित शुल्कों के नकारात्मक प्रभावों से। उदाहरण के लिए, इस बात को अब अच्छी तरह समझ लिया गया है कि प्राथमिक स्कूलों में फीस लेना एक खराब सोच है। यह नि:शुल्क शिक्षा के अधिकार

का हनन करने के अलावा स्कूलों में उपस्थिति को घटाता है, जो फीस से हुए छोटे लाभ के मुकाबले कहीं ज्यादा नुकसान करता है। हाल के शोध बताते हैं कि यही बात स्वास्थ्य सेवा के मामले में भी लागू होती है। 'इस्तेमाल के लिए शुल्क' के रूप में छोटी-सी रकम वसूलना स्वास्थ्य सेवाओं या उत्पादों—कृमि, कीड़ों से बचाव या पानी शुद्धीकरण के उपायों—के उपयोग पर नकारात्मक प्रभाव डाल सकता है।[14] संयोग से हासिल इस महत्त्वपूर्ण जानकारी को इस बात का एक और उदाहरण माना जा सकता है कि लोगों को अपना लक्ष्य हासिल करने में क्या मुश्किलें होती हैं, भले ही लक्ष्य कितने भी स्पष्ट क्यों न हों। यह सामाजिक समर्थन के पक्ष में पहले जो तर्क दिए जा चुके हैं उन्हें ही मजबूत करता है। अगर इस्तेमाल के लिए वसूले जानेवाले शुल्क का इतना नकारात्मक प्रभाव पड़ता है, और निजी प्रावधानों के लिए रियायत देना मुश्किल है (जो कि प्राय: होता है), तो सार्वजनिक प्रावधान, संयोग से ही सही, सबसे अच्छा विकल्प है।

अन्तत:, इस सम्भावना को भी ध्यान में रखना महत्त्वपूर्ण है कि नकदी प्रोत्साहन विशेष परिस्थितियों में उलटा परिणाम दे सकता है। नकद इनाम लोगों को कोई काम करने के लिए उतना ही प्रेरित कर सकता है जितना वे अपने लिए या दूसरों से साझा करने के लिए उस नकदी को हासिल करने में दिलचस्पी रखते हों। यह चयन का एक महत्त्वपूर्ण आधार बन सकता है। लेकिन कई परिस्थितियों में लोगों के मकसद कई तरह के हो सकते हैं और कुछ मकसदों को हासिल करना या मजबूत करना कुछ मूल्यों के साथ गम्भीर टकराव पैदा कर सकता है। अधिकतर लोगों के मकसद स्वार्थपूर्ण होते हैं या नि:स्वार्थपूर्ण भी होते हैं। लोगों के स्वार्थपूर्ण मकसदों को ही प्रेरित करना कभी-कभी उनके आचरण से सम्बन्धित व्यापक प्रतिबद्धताओं के साथ टकराव पैदा कर सकता है।[15] ऐसे कई उदाहरण हैं कि लोगों को जब कुछ करने के लिए पैसे दिए जाने लगे तो उस काम के लिए उनकी प्रेरणा मरने लगी क्योंकि वे अब वह काम दूसरे मकसद से करने लगे थे। रिचर्ड टिटमस ने ब्रिटेन में अनुभवमूलक अध्ययनों के आधार पर पाया कि रक्तदान के लिए नकदी का भुगतान उलटा परिणाम दे सकता है—लोकहित की भावना से रक्तदान करनेवालों को अपना खून 'बेचना' ठीक नहीं लग सकता है (हालाँकि दूसरे लोग कुछ नकदी पाने की खातिर रक्तदान के लिए आगे आ सकते है)[16] इसी तरह कुछ परिस्थितियों में, मसलन सरकारी कर्मचारियों के लिए काम के एवज में नकदी प्रोत्साहन देने की योजना 'लोकसेवा की प्रेरणा' जैसी भावना को कमजोर कर सकती है। सैमुएल बॉवेल्स ने कई आर्थिक प्रयोगों के निष्कर्षों का साधारणीकरण करने के बाद कहा है कि "प्रायोगिक प्रमाण संकेत देते हैं कि स्वहित को प्रेरित करनेवाले प्रोत्साहन आन्तरिक प्रेरणा के उभार, साझीदारी और अन्य शिष्ट इच्छाओं को कमजोर कर सकते हैं।"[17] नकदी प्रोत्साहन के प्रतिकूल प्रभाव गम्भीर मसले पैदा कर सकते हैं

या नहीं भी कर सकते हैं, यह सन्दर्भ पर निर्भर करता है। लेकिन मनुष्य किन बातों से प्रेरणा लेता है और अपने फैसले करता है, उनके बारे में रूखा और एकांगी रुख अपनाने की बजाय प्रोत्साहनों के बारे में आधुनिक आर्थिक तथा सामाजिक साहित्य को उपेक्षित न करना महत्त्व रखता है।

इसे और स्पष्ट करने के लिए, भारत के कई राज्यों में भ्रूण लिंग परीक्षण के बाद होनेवाले गर्भपातों को रोकने के लिए नकदी प्रोत्साहन की योजनाओं का उदाहरण दिया जा सकता है।[18] इस योजना में बेटी के जन्म के पंजीकरण, या फिर उसके बड़े होने पर उसका टीकाकरण करवाने, उसे स्कूल भेजने आदि के लिए भी अलग-अलग इनाम देना शामिल है। ये योजनाएँ आर्थिक प्रोत्साहनों को निस्सन्देह लड़कियों के पक्ष में मोड़ सकती हैं। लेकिन बेटी के जन्म पर नकदी इनाम परिवार नियोजन पर आर्थिक नजरिए से विचार करने की प्रवृत्ति तथा इस धारणा को मजबूत कर सकता है कि लड़कियाँ बोझ हैं, (जिसकी भरपाई के लिए नकदी इनाम दिया जाता है)। इसके अलावा, नकद इनाम लोगों की गैर-आर्थिक प्रेरणाओं को प्रभावित कर सकते हैं। उदाहरण के लिए, वे भ्रूण लिंग परीक्षण के बाद गर्भपात कराने से जुड़े सामाजिक लांछन को फीका कर सकते हैं और इसे एक तरह के 'उचित सौदे' की छवि प्रदान कर सकते हैं—लड़की नहीं, तो नकदी नहीं। दूसरी बेटी के जन्म पर कम इनाम, और इससे ज्यादा बेटी होने पर शून्य इनाम की व्यवस्था भ्रामक सन्देश देती है। संक्षेप में, यह स्पष्ट नहीं है कि इनाम की यह व्यवस्था लड़की की हैसियत और उसके महत्त्व के बारे में क्या सन्देश देना चाहती है और भ्रूण लिंग परीक्षण के बाद गर्भपात के प्रति सामाजिक नजरिए को किस तरह प्रभावित करना चाहती है। जैसा कि पहले कहा जा चुका है, मूल्यों तथा कार्रवाइयों के इस प्रकार के क्षेत्र में सामाजिक मानकों का कारगर होना बहुत महत्त्व रखता है। और केवल आर्थिक स्व-हित की नहीं बल्कि सामाजिक मानकों तथा उनकी भूमिका पर नकदी हस्तान्तरण के प्रभावों के बारे में विचार करना काफी महत्त्वपूर्ण है।

ये सब पहले प्रस्तुत किए जा चुके तर्कों को ही मजबूत करते हैं, जो सामाजिक नीति में बाजार के लिए उन्माद को तरजीह देने के खिलाफ प्रस्तुत किए जा चुके हैं। बाजारों की इसलिए तारीफ की जाती है कि वे प्रोत्साहनों को जन्म देते हैं, और वास्तव में वे प्रायः केवल यही करते हैं। लेकिन नकदी प्रोत्साहनों के प्रभावों और उनकी उपयोगिता को लेकर परस्पर विरोधी बातें उभरती हैं (जिनके बारे में विश्व स्तर पर काफी साहित्य उपलब्ध है और भारत में भी काफी स्थानीय अनुभवों का भंडार उपलब्ध है)। सबसे बड़ी जरूरत इस बात की है कि हरेक मामले के समर्थन तथा विरोध में पेश तर्कों की वस्तुनिष्ठ विवेचना की जाए, न कि मानव प्रेरणा और विभिन्न तरह के प्रोत्साहनों के सामाजिक प्रभावों के बारे में एकतरफा

नजरिए को अपनाया जाए। अगर हम प्रोत्साहनों के बारे में भारतीय नियोजन में सोच के लगभग अभाव से मुक्त होकर मानव मस्तिष्क द्वारा प्रस्तुत प्रोत्साहनों के सबसे कच्चे मॉडल के सम्मोहन में फँस गए तो यह दुखद होगा।

रोजगार और सशक्तिकरण

सन् 2005 के मध्य में नरेगा कानून का बनना उत्साहवर्द्धक था। भारतीय संसद में 22–23 अगस्त को इस प्रस्तावित कानून पर जोरदार तकरीरें हुईं। पहले दिन तो बहस आधी रात से भी आगे तक चली। इस लम्बी बहस के बाद ध्वनि मत लिया गया और जब इसके विरोधियों के ना कहने की बारी आई तो सदन में शान्ति छा गई।

इस बीच, दूसरे हलकों से खतरे की घंटियाँ बजाई जाने लगीं। किसी ने इसे "खर्चीला उपहार" कहा, तो किसी ने "पैसाखोर" कहा, किसी ने "महँगा मजाक" कहा, तो किसी ने "ढुलमुल विचार" कहा। आर्थिक पत्रों और रूढ़िवादी सम्पादकीय टिप्पणियों में नरेगा को इन्हीं तरह के 'विशेषणों' से 'नवाजा' गया। 'आर्थिक सुधारों के प्रचारक' कहे जानेवाले एक मंत्री को नरेगा का समर्थन करने पर 'दलबदलू' कहा गया। एक स्तम्भकार ने सवाल उठाया, "जरा वे बताएँ कि आजकल वे कौन सा धूम्रपान कर रहे हैं।"[19]

पीछे मुड़कर देखें तो दोनों तरफ उत्साह जरूरत से ज्यादा ही था। अधिकारों के मामले में या गरीबी में नाटकीय कमी के मामले में ऊँची उम्मीदें पूरी नहीं हुई हैं, न ही वित्तीय दिवालियेपन अथवा आर्थिक अराजकता की कयामती भविष्यवाणियाँ सच हुई हैं। कुछ हद तक इसकी वजह यह है कि कानून को शब्दश; या उसकी सच्ची भावना से लागू करने में चूक हुई है। लेकिन यह तो होना ही था। फिर भी, नरेगा कानून का बनना कई अर्थों में काफी महत्त्वपूर्ण घटना थी।

कानून का आर्थिक पहलू कोई नया नहीं था। भारत में सार्वजनिक कार्यों को सामाजिक सुरक्षा के साधन के तौर पर लम्बे समय से इस्तेमाल किया जाता रहा है, खासकर अकाल के समय में। यह रणनीति आत्म-चयन के सिद्धान्त पर बनती है—माना जाता है कि नरेगा में काम करनेवाले हरेक व्यक्ति को सामाजिक समर्थन की जरूरत है। इसे ग्रामीण क्षेत्रों में उपयोगी सम्पत्ति बनाने का अवसर भी माना जाता है। हालाँकि इस नजरिए का इस्तेमाल मुख्यत: अकाल राहत के सन्दर्भ में किया जाता रहा है लेकिन कई परिस्थितियों में इसे विकास की रणनीति के तौर पर भी देखा जा सकता है। उदाहरण के लिए जाने-माने अर्थशास्त्री तथा योजनाविद सुखमय चक्रवर्ती ग्रामीण क्षेत्रों में सार्वजनिक कार्यों (कृषि सुधारों के साथ ही) के प्रबल पैरोकार थे और मानते थे कि यह आर्थिक पुनर्वितरण को ग्रामीण विकास से जोड़ने का माध्यम है।

वैसे, नरेगा ने सार्वजनिक कार्यों को कानूनी अधिकारों के ढाँचे में ढाल कर बुनियादी परिवर्तन किया—न केवल माँग करने पर काम का अधिकार दिया बल्कि न्यूनतम मजदूरी का अधिकार, 15 दिनों के भीतर मजदूरी पाने और कार्यस्थल पर जरूरी सुविधाओं आदि के अधिकार भी प्रदान किए।[20] वैसे, यह भी कोई नई बात नहीं थी, महाराष्ट्र ने 1970 के दशक के शुरू से ही रोजगार गारंटी को कानूनी तौर पर अनिवार्य बनाने की योजना लागू कर दी थी।[21] लेकिन नरेगा ने महाराष्ट्र के उदाहरण तथा अन्य अनुभवों के मद्देनजर इस विचार को और आगे बढ़ाया।

इस कानून ने रोजगार देने तथा ग्रामीण सम्पत्तियों के निर्माण के पारम्परिक लक्ष्यों से आगे जाकर रोजगार गारंटी के सामाजिक लक्ष्यों के व्यापक दृष्टिकोण का भी विस्तार किया। उदाहरण के लिए, इसे स्त्री–पुरुष असमानता को रोकने, ग्रामीण महिलाओं को अपने घर से बाहर निकलकर काम करके कमाई करने, अपना बैंक खाता खोलने, अपने अधिकारों की रक्षा करना सीखने, ग्रामसभा में भाग लेना सरीखे तमाभ उपायों से ताकत देने के अवसर के रूप में भी देखा गया। इसके अलावा, उम्मीद की गई कि यह कानून स्थानीय प्रशासन को पहली बार पर्याप्त संसाधन तथा स्पष्ट मकसद देकर सक्रिय करेगा। उम्मीद की गई कि महाराष्ट्र की रोजगार गारंटी योजना की तरह नरेगा भी ग्रामीण कामगारों को संगठित होने का बड़ा मौका प्रदान करेगा। इनमें से अधिकतर कामगार 'असंगठित क्षेत्र' में ही हैं।[22]

अन्तिम मगर जरूरी बात यह है कि इस कानून ने अपने अन्तर्गत ग्रामीण विकास की योजनाओं में शासन के नए सिद्धान्त तथा मानदंड लागू करने की कोशिश की—यानी भागीदारी, पारदर्शिता और जवाबदेही के मानदंड। नरेगा के कार्यों की योजना ग्रामसभाओं को तैयार करनी होती है और उन योजनाओं को पूरा करने की जिम्मेदारी निर्वाचित ग्राम पंचायतों की होती है। नरेगा के सभी रेकॉर्ड सार्वजनिक जाँच के लिए उपलब्ध होते हैं, बल्कि दरअसल उन्हें सुविधाजनक स्वरूप में जनता को बताना होता है।[23] जवाबदेही के प्रावधान के तहत राज्य सरकार का कर्तव्य तय किया गया है कि अगर वह नरेगा में रोजगार माँगने वाले को काम नहीं देती तो उसे बेरोजगारी भत्ता देना होगा, मजदूरी का समय पर भुगतान नहीं किया तो हर्जाना देना होगा और इस कानून के तहत अपना कर्तव्य न निभाने वाले सरकारी अधिकारी को जुर्माना भरना पड़ेगा।

ग्रामीण कामगारों को यह कानून अपना कदम आगे बढ़ाने का अवसर प्रदान करता है। जैसा कि अध्याय 2 में हम देख चुके हैं, 1990–2005 की अवधि में ग्रामीण कामगारों को लगभग उपेक्षित कर दिया गया। प्रति व्यक्ति कृषि उत्पादन में शायद ही वृद्धि हुई, वास्तविक कृषि मजदूरी में वृद्धि पूरी तरह थम गई और

ग्रामीण रोजगार नीतिगत प्राथमिकता में शामिल नहीं रहा। 2005 में नरेगा कानून बनने के बाद रोजगार के अवसर पैदा करने को लेकर सरकारी प्राथमिकता में बड़ा परिवर्तन आया और इस प्रक्रिया में ग्रामीण कामगारों की क्रय-शक्ति बढ़ी।

वास्तव में, फरवरी 2006 नरेगा कानून लागू होने के ठीक बाद इसकी पहली उपलब्धि थी—ग्रामीण लोक निर्माण कार्यक्रमों का व्यापक विस्तार।[24] सरकारी आँकड़े के अनुसार, 2008-09 (जब इस कानून को पूरे देश में लागू किया गया) के बाद से हर साल करीब 5 करोड़ परिवार नरेगा में भाग लेते रहे हैं और हर साल औसतन प्रति परिवार 40 मानव-दिवस के बराबर रोजगार मिलता रहा है। सरकारी आँकड़ों में अतिशयोक्ति की गुंजाइश छोड़ दें तब भी यह कोई छोटी उपलब्धि नहीं है।[25]

पहली से जुड़ी हुई दूसरी उपलब्धि है मजदूरी के समीकरणों में प्रभावशाली परिवर्तनों की शृंखला, खासकर ग्रामीण क्षेत्रों में अस्थायी मजदूरी को लेकर। इसके साथ ही लोक निर्माण के कार्यों के लिए वैधानिक न्यूनतम मजदूरी का भुगतान, कृषि मजदूरी में खासी वृद्धि (खासकर महिलाओं के लिए), नरेगा से पहले लम्बे अरसे से चले आ रहे ठहराव का टूटना भी इसमें शामिल है (देखें तालिका 7.1)।[26] इन सबने, खासकर तीसरी उपलब्धि ने केवल नरेगा में काम करनेवालों को ही नहीं बल्कि सभी ग्रामीण कामगारों को लाभ पहुँचाया, और इस कार्यक्रम से उनकी आय में वृद्धि से जुड़े प्रभावों को काफी बढ़ा-चढ़ाकर प्रस्तुत किया।[27]

नरेगा कामगार मुख्यतः ग्रामीण आबादी के अभावग्रस्त तबकों से आते हैं।[28] यह अपेक्षा भी की जाती है लेकिन गौर करनेवाली बात यह है कि आत्म-चयन का सिद्धान्त यहाँ काफी कारगर रहा है (खासकर 'बीपीएल परिवारों की टार्गेटिंग' के मुकाबले, जिस पर पहले ही विचार किया जा चुका है)। यह पुनर्वितरण के मामले में नरेगा की भूमिका को मजबूत करता है। आत्म-चयन प्रक्रिया का एक पहलू यह है कि अधिकतर नरेगा कामगार अपेक्षाकृत गरीब परिवारों से आते हैं, लेकिन यह बात इससे कम महत्त्वपूर्ण नहीं है कि उनमें से आधी औरतें होती हैं और आधे अनुसूचित जाति या जनजाति परिवारों के लोग होते हैं।[29]

नरेगा में स्त्री-पुरुष अनुपात वाले इस पहलू पर विशेष जोर देने की जरूरत है। नरेगा में रोजगार पाने वालों में महिलाओं का अनुपात पिछले कुछ वर्षों से 50 प्रतिशत के आसपास रहा है, और शायद इससे ज्यादा महत्त्वपूर्ण बात यह है कि बिहार, हिमाचल प्रदेश, उत्तराखंड, पश्चिम बंगाल जैसे राज्यों[30], जहाँ महिलाओं की भागीदारी बहुत कम रहा करती थी, में भी उनकी भागीदारी में लगातार वृद्धि हुई है। ये ऐसे राज्य हैं, जहाँ ग्रामीण महिलाओं के लिए स्वतंत्र नकदी आमदनी कमाने के अवसर बहुत सीमित हैं। इसलिए इस लिहाज से नरेगा वास्तव में एक बड़ा कदम है। छह उत्तरी राज्यों में नरेगा कामगारों के बारे में किए गए एक ताजा अध्ययन में

पाया गया कि नरेगा में काम करने से तीन महीने पहले तक केवल 30 प्रतिशत महिलाओं ने ही नरेगा की मजदूरी के अलावा कोई और नकद आमदनी कमाई थी।[31] कई अन्य अध्ययनों ने खासकर उत्तरी भारत में ग्रामीण महिलाओं के लिए नरेगा के विशेष महत्त्व को उजागर किया है।[32]

तालिका 7.1

2000 वाले दशक में ग्रामीण क्षेत्रों में वास्तविक मजदूरी में वृद्धि की दरें (प्रतिशत प्रति वर्ष)

	2000-01 से 2005-06 (नरेगा से पहले)		2005-06 से 2010-11 (नरेगा के बाद)	
	पुरुष	महिलाएँ	पुरुष	महिलाएँ
सभी ग्रामीण मजदूर	0.01	–0.05	1.82	3.83
कृषि मजदूर	0.10	–0.05	2.67	3.67
गैर-कृषि मजदूर	–0.04	–0.04	1.21	4.34
अकुशल मजदूर	–0.01	–0.04	3.98	4.34

स्रोत : उसामि (2012) से गणना की गई, श्रम ब्यूरो (शिमला) द्वारा संकलित मजदूरी के आँकड़ों पर आधारित; 'वेज रेट्स इन रूरल इंडिया' में भी प्रकाशित। विस्तृत जानकारी के लिए देखें सांख्यिकीय परिशिष्ट में शामिल व्याख्यात्मक टिप्पणी।

नरेगा ने गरीबी घटाने और सामाजिक समानता लाने में कम-से-कम अब तक जो योगदान दिया है उसके कुछ उदाहरण ये हैं। अलग-अलग महत्त्व की दूसरी उपलब्धियाँ भी हैं—मसलन, ग्रामीण क्षेत्रों में उत्पादक सम्पत्तियों का निर्माण, ग्रामसभा समेत पंचायती राज संस्थाओं का पुनरुत्थान आदि। बेशक अलग-अलग राज्यों में इन उपलब्धियों के अलग-अलग आयाम रहे हैं। इनमें से कुछ राज्यों (आन्ध्र प्रदेश, हिमाचल प्रदेश, राजस्थान, तमिलनाडु, सिक्किम, आदि) ने वाकई शानदार उपलब्धियाँ हासिल की हैं; जबकि बिहार, कर्नाटक, महाराष्ट्र सरीखे राज्यों को अभी नरेगा को पर्याप्त पैमाने पर सक्रिय करना बाकी है)।

नकारात्मक पहलू को अगर देखें तो नरेगा के खिलाफ दो बड़ी आपत्तियाँ उठाई गई हैं। एक यह कि व्यापक भ्रष्टाचार के कारण इस पर किया जानेवाला सारा खर्च 'नाली में बहाने जैसा' है। दूसरी यह कि नरेगा के अन्तर्गत जो सम्पत्तियाँ बनाई जा रही हैं वे बहुत काम की नहीं हैं।

पहली आपत्ति को तो यह कहकर खारिज किया जा सकता है कि नरेगा तो वास्तव में भ्रष्टाचार के खिलाफ मजबूत हथियार है। कार्यक्रम के शुरुआती दौर में

जरूर कुछ घपले हुए और कहा जा सकता है कि यह समस्या अभी पूरी तरह खत्म नहीं हुई है। लेकिन नरेगा तो भ्रष्टाचार विरोधी प्रयासों की प्रयोगशाला है, जिसमें नए उपायों की पूरी श्रृंखला चलाई जा रही है और उन्हें दूसरे कार्यक्रमों के लिए भी लागू किया जा रहा है। मसलन, तमाम रेकॉर्डों (प्रत्येक मजदूर और कार्यस्थल के लिए मजदूरी के हर भुगतान) को सार्वजनिक करने के लिए उन्हें इन्टरनेट पर डालना, मजदूरी का भुगतान बैंक खातों में करना, नियमित सामाजिक लेखा परीक्षण करना, आदि। समय बीतने के साथ नरेगा के कोष में घोटाले के मामले कम हुए हैं (कम-से-कम कार्यक्रम के तहत दी जानेवाली मजदूरी में, जो कुल खर्च का बड़ा हिस्सा है)। जब देश-भर में भ्रष्टाचार का बोलबाला हो, ऐसे में यह एक बड़ी उपलब्धि है।[33] खासकर आन्ध्र प्रदेश, तमिलनाडु जैसे कुछ राज्यों ने नरेगा में भ्रष्टाचार को रोकने के पर्याप्त प्रबन्ध किए हैं और इतना अनुभव हासिल किया जा सका है कि इन उपलब्धियों को दूसरे राज्यों में दोहराया जा सके।

दूसरी आपत्ति इस भ्रम पर आधारित है कि नरेगा के अधिकतर काम बेमानी हैं (जैसा कि एक आलोचक ने कहा, ये 'कीचड़ के खेल हैं')। इस झूठ को बार-बार दोहराने से यह कुछ असरदार लगने लगा है मगर हकीकत यह है कि इसमें कोई तथ्य नहीं है। न ही यह नरेगा के कामगारों या ग्रामीण समुदायों की धारणा है। बल्कि कई अध्ययनों का संकेत यह है कि इनमें से अधिकतर लोग नरेगा में हो रहे कार्यों के बारे में सकारात्मक विचार रखते हैं।[34] यह बताने का अर्थ यह नहीं है कि नरेगा के सारे काम उत्पादक ही हैं या उनका स्तर पर्याप्त तौर पर अच्छा ही है। दरअसल, स्वतंत्र मूल्यांकन बताते हैं कि मिले-जुले स्तर का काम हुआ है और सफल सम्पत्तियों का भी निर्माण हुआ है—मसलन, नहरों से गाद की सफाई, तालाबों की खुदाई, जमीन का समतलीकरण, सड़कों के किनारे वृक्षारोपण, मिट्टी संरक्षण, कुओं का निर्माण, आदि। इनके अलावा असन्तोषजनक और अनुपयोगी काम करने के भी उदाहरण हैं।[35] यह ऐसा विषय है जिस पर और ज्यादा प्रमाणों की जरूरत है। इस बीच, उपलब्ध प्रमाण ऐसे नहीं हैं जो नरेगा के कार्यों को एक सिरे से बेकार बताने को उचित ठहरा सकें—बल्कि ऐसा दूर-दूर तक नहीं कहा जा सकता। अगर कुछ संकेत मिलते हैं तो यही कि नरेगा में जबरदस्त उत्पादक सम्भावनाएँ हैं, बशर्ते तकनीकी समर्थन समेत पर्याप्त व्यवस्थाएँ दुरुस्त हों।

नरेगा के विचार पर ही उठाई गईं ये आपत्तियाँ तो लचर हैं लेकिन इस कानून और इसे लागू करने के तरीकों की कई आलोचनाएँ ऐसी हैं, जो जायज भी हैं।[36] नरेगा एक कमजोर और सुस्त व्यवस्था द्वारा लागू किया जा रहा एक जटिल कार्यक्रम है इसलिए इसके परिणाम वैसे अच्छे नहीं मिलते जैसे दूसरी परिस्थितियों में मिल सकते थे। नरेगा कामगारों के लिए, ये अड़चनें रोजगार की उनकी माँग से शुरू

होकर उनके वैध अधिकारों का नियमित उल्लंघन करती हैं। मजदूरी के भुगतान में लम्बी देरी ने भी हाल के वर्षों में इस कार्यक्रम को बहुत चोट पहुँचाई है और नरेगा कामगारों को भारी परेशानी में डाला है।

नरेगा को लागू करने की जवाबदेही तय करने में विफलता इनमें से कई समस्याओं की वजह रही है। जवाबदेही तय करना सार्वजनिक कार्यों को कानूनी ढाँचे में डालने की एक अहम वजह रही है। और जैसा कि पहले कहा जा चुका है, इस कानून में इसके विशेष प्रावधान किए गए हैं। मसलन, बेरोजगारी भत्तों वाली शर्त, मुआवजे के भुगतान की शर्त और जुर्माने की शर्त। वैसे, इन प्रावधानों का लगभग इस्तेमाल नहीं किया गया है और वे निष्क्रिय पड़े हैं। इसकी कुछ वजह यह मान्यता है कि उन्हें इस कार्यक्रम को लागू करनेवाली प्रशासनिक मशीनरी को इस्तेमाल करना चाहिए, जिन्हें जनता के प्रति जवाबदेह बनने की कोई बाध्यता नहीं है।[37] नरेगा का भविष्य जवाबदेही के इन प्रावधानों को सक्रिय करने और शिकायत निबटारे के प्रभावी तंत्र के निर्माण पर बहुत कुछ निर्भर करता है।[38] अगर ऐसा नहीं किया गया तो नरेगा माँग पर सक्रिय तथा अधिकार आधारित कार्यक्रम (जैसी कि कल्पना की गई थी) बनने की जगह ऊपर से थोपी गई लँगड़ी योजना बनकर रह जा सकती है।

यह सब लिखते समय ऐसा लग रहा है कि नरेगा का भविष्य अनिश्चित ही है। 'थकान' वाला शोचनीय तत्व उभर आया है। लेकिन भावी विकास (गुणात्मक तथा परिमाणात्मक, दोनों) के कई अवसर भी हैं—संचालन में अभिनव प्रयोग, नरेगा के जवाबदेही वाले प्रावधानों की सक्रियता, नरेगा कामगारों का बेहतर सामूहिक संगठन आदि। अब जिस सम्भावनाशील क्षेत्र की अच्छी तरह पहचान कर ली गई है, उसमें रचनात्मक कार्यों की विशाल सम्भावनाएँ मौजूद हैं।

सार्वजनिक वितरण प्रणाली : एक नया रूप ?[39]

भारत में आज आर्थिक सहायता के लिए नरेगा कानून के अलावा सार्वजनिक वितरण प्रणाली (पीडीएस) भी चल रही है। पीडीएस के तहत परिवारों को उन्हें दिए गए राशन कार्ड के अनुसार रियायती दर पर जिंसें दी जाती हैं। इन जिंसों में मुख्यतः गेहूँ और चावल होते हैं, हालाँकि कुछ राज्यों में दाल और खाद्य तेल भी दिए जाने लगे हैं।[40]

केन्द्र सरकार पीडीएस को चलाने के लिए राज्य सरकारों को गेहूँ और चावल आवंटित करती है। राज्यों को यह आवंटन उनके यहाँ गरीबी के सरकारी अनुमान के मुताबिक होता है, कुछ राज्य अपने संसाधनों में से इनमें योगदान देते हैं।[41] एपीएल और बीपीएल (गरीबी रेखा से ऊपर और नीचे) राशन कार्ड बाँटना राज्य सरकार के अधिकार में है, हालाँकि कुछ राज्यों में दूसरे वर्ग भी हैं।[42] कुछ राज्यों

में पीडीएस पूर्णतः सार्वभौमिक है, तो कुछ में लगभग सार्वभौमिक है, यानी सभी या अधिकतर परिवारों को पीडीएस के तहत पर्याप्त आवंटन मिलता है (जरूरी नहीं कि हर वर्ग को समान आवंटन मिलता हो)। दूसरे राज्यों में पीडीएस का लाभ सिर्फ बीपीएल परिवारों तक सीमित है, एपीएल परिवारों को कुछ मिलता भी है तो वह नगण्य है।

सरलीकरण का जोखिम उठाते हुए पुराने ढंग की पीडीएस और नए ढंग की पीडीएस में अन्तर किया जा सकता है। पुराने ढंग की पीडीएस के दोष इतने वर्षों में उजागर हो चुके हैं, जबकि नए ढंग की पीडीएस अभी प्रारम्भिक अवस्था में है। पुरानी पीडीएस की मूलभूत विशेषताएँ थीं—संकीर्ण दायरा (बीपीएल की टार्गेटिंग), दायरे से बाहर रखने के मामले में बड़ी गलतियाँ (बीपीएल सूची की अविश्वसनीयता के कारण, जिसकी चर्चा पहले की जा चुकी है), खाद्य पदार्थ की अनियमित आपूर्ति (जो प्रायः लक्षित समूह को अधिकारविहीन करने का सन्देश देता है), और भारी भ्रष्टाचार। नई पीडीएस का जोर इन परस्पर जुड़ी हुई समस्याओं को हल करने, दायरा बढ़ाने, दायरे से बाहर रखने में कम गलतियाँ करने, नियमित आपूर्ति करने, और बरबादी को रोकने पर है। ये अन्तर पीडीएस की राजनीति के विरोधाभास को उजागर करते हैं। थोड़ी अतिशयोक्ति करते हुए कहा जा सकता है कि पुरानी पीडीएस भ्रष्ट बिचौलियों के कब्जे में थी, जबकि नई पीडीएस में लाभ पाने वालों का पहले से ज्यादा ख्याल रखा जा रहा है। व्यवहार में तो अलग-अलग राज्य की अलग-अलग स्थिति है और वे पुरानी से नई पीपीडीएस की ओर बढ़ने के अलग-अलग चरणों में हैं।

कुछ वर्ष पहले तक अधिकतर राज्यों में पुरानी पीडीएस का ही बोलबाला था। इसने पीडीएस को बदनाम कर दिया, (खासकर अर्थशास्त्रियों ने) उसे बेहद खर्चीले और निष्प्रभावी मामले के रूप में देखना शुरू कर दिया—स्थायी तौर पर निष्क्रिय कार्यक्रम के रूप में, जिसे धीरे-धीरे खत्म कर देना या उसकी जगह नकदी हस्तान्तरण की व्यवस्था करना ही श्रेयस्कर होगा।[43]

इस फतवे के विपरीत कई राज्यों में हाल के वर्षों में पीडीएस को नया जीवन मिला है।[44] जैसा कि हम देख चुके हैं, दूसरे क्षेत्रों की तरह इस क्षेत्र में भी अगुआ राज्यों में तमिलनाडु भी शुमार है, जहाँ पीडीएस सर्वव्यापी, नियमित और अपेक्षाकृत भ्रष्टाचारमुक्त है। दक्षिण के दूसरे राज्यों ने भी नई पीडीएस को लागू करने के लिए शुरुआती कदम उठाए हैं। लेकिन बड़ी कामयाबी छत्तीसगढ़ में मिली है, जहाँ पीडीएस पुरानी पीडीएस के सभी दोषों (व्यापक भ्रष्टाचार समेत) से ग्रस्त थी, और माना जाता था कि इसमें सुधार नामुमकिन है। लेकिन 2000 वाले दशक के मध्य के बाद कुछ वर्षों के भीतर इसमें जबरदस्त बदलाव आया, जो कि इसे सफल बनाने की राजनीतिक इच्छाशक्ति का परिणाम था। आज, वहाँ करीब 75

प्रतिशत ग्रामीण परिवारों को राशन कार्ड के अनुसार पीडीएस से हर महीने 35 किलो चावल एक या दो रु. प्रति किलो की दर से मिल रहा है।[45] हाल की कई रिपोर्टें बताती हैं कि छत्तीसगढ़ में खाद्य वितरण काफी नियमित तौर पर हो रहा है और अधिकतर कार्डधारकों को हर महीने उनका निर्धारित कोटा सही कीमत पर मिल रहा है।[46] पाँच लोगों के एक औसत परिवार को उसकी जरूरत का मात्र दो तिहाई भाग (35 किलो चावल) देने से उसकी गरीबी किसी भी तरह मिटनेवाली तो नहीं है मगर दो जून का खाना हासिल करने में भी जिन लोगों को निरन्तर भारी जद्दोजहद करनी पड़ती हो, उनके लिए इससे फर्क तो पड़ता ही है। 2011 में चावल के मासिक कोटे का मूल्य नरेगा में एक सप्ताह काम करने की मजदूरी के बराबर था।

छत्तीसगढ़ में पीडीएस में भारी बदलाव खासतौर से महत्त्वपूर्ण है, क्योंकि यह उत्तर भारत में हुआ था, जिसे आमतौर पर खराब शासन के लिए जाना जाता है (इसकी चर्चा अध्याय 3 में की जा चुकी है), और ऐसे राज्य में हुआ था जहाँ की पीडीएस को बेहद भ्रष्ट तथा 'निष्क्रिय' माना जाता था।[47] यह स्थिति बिहार सहित कई राज्यों में है। हालाँकि बिहार में कई महत्त्वपूर्ण बदलाव हो रहे हैं लेकिन पीडीएस में अभी भी सुधार नहीं हुआ है। बिहार की पुरानी शैली की पीडीएस और छत्तीसगढ़ की नई शैली की पीडीएस के बीच के फर्क को तालिका 7.2 मे दर्शाया गया है। यह कोई संयोग नहीं है कि मई-जून 2011 में बीपीएल परिवारों के सर्वे में पाया गया कि पिछले तीन महीने में खाने से वंचित रहने वालों का अनुपात बिहार में 70 प्रतिशत था जबकि छत्तीसगढ़ में यह 17 प्रतिशत था, हालाँकि दोनों राज्यों में प्रति व्यक्ति खर्च के आधार पर ग्रामीण आबादी में गरीबी का स्तर लगभग समान है।

छत्तीसगढ़ सरकार ने पीडीएस को दुरुस्त करने का जो फैसला किया, वह कोई परमार्थ का काम नहीं था बल्कि स्पष्ट तौर पर वोट बटोरने की कोशिश थी (जिसे लोकतंत्र में शर्मनाक काम नहीं माना जाना चाहिए, क्योंकि लोकतंत्र इसी तरह काम करता है)। इस फैसले के बाद राशन दुकानों का कामकाज निजी डीलरों के हाथ से लेकर ग्राम पंचायत जैसी सामुदायिक संस्थाओं और स्वयंसेवी समूहों को सौंपने के लिए दो साल तक संघर्ष चला, जिसका निबटारा अदालत में ही हुआ। पीडीएस में व्यापक बदलाव किए गए ताकि इसकी पूरी व्यवस्था को पारदर्शी और जवाबदेह बनाया जाए। 2008 में रमण सिंह सरकार (जिसने सुधारों की शुरुआत की थी) जब वहाँ दोबारा सत्ता में आई, तब गलत या सही, यह माना जा रहा था कि पीडीएस में बदलावों ने उस सरकार की वापसी में बड़ा योगदान दिया। इसने कुछ दूसरे राज्यों को भी पीडीएस को दुरुस्त करने की प्रेरणा दी।

तालिका 7.2

सार्वजनिक वितरण प्रणाली : पुरानी और नई

	बिहार	छत्तीसगढ़
पिछले तीन महीने से पीडीएस से कोई अनाज न पानेवाले बीपीएल परिवारों का अनुपात (प्रतिशत में)	35	0
पिछले तीन महीने में पीडीएस से बीपीएल परिवारों द्वारा औसत अनाज खरीद पूरी तरह (किलो/प्रति माह)	11	33
निर्धारित कोटे में से अनुपात (प्रतिशत में)	45	95
बीपीएल परिवारों का अनुपात (प्रतिशत में), जिन्होंने यह कहा कि उन्हें पीडीएस से उनके कोटे* का 'सामान्यत:' पूरा अनाज मिलता है	18	97
बीपीएल के उन लोगों का अनुपात (प्रतिशत में), जो अपने राशन कार्ड में की गई प्रविष्टियों से सहमत थे	25	94
बीपीएल परिवारों का अनुपात (प्रतिशत में), जिन्होंने पिछले तीन महीने में कई दिन शाम का खाना नहीं खाया	70	17
बीपीएल परिवारों का अनुपात (प्रतिशत में), जो पीडीएस के स्थान पर नकदी हस्तान्तरण की व्यवस्था लागू करवाना चाहेंगे	54	2

* **कोटा** : बिहार और छत्तीसगढ़ में प्रति परिवार प्रति माह 25 किलो चावल और 35 किलो गेहूँ का है।

स्रोत : पीडीएस सर्वे 2011 (देखें खेरा, 2011c), बिहार और छत्तीसगढ़ के 24 गाँवों (प्रत्येक राज्य के दो जिलों में प्रति जिला छह गाँवों) में बेतरतीबी से चुने गए 264 परिवारों में किया गया सर्वे।

इसके अलावा, सक्रिय पीडीएस की माँग देश-भर में बड़े पैमाने पर उठी है क्योंकि बाजार में चावल-गेहूँ की कीमतें तेजी से चढ़ी हैं (पीडीएस में कीमतें बदली नहीं हैं बल्कि कुछ राज्यों में तो घटी ही हैं)। खाद्य पदार्थों की कीमतों में वृद्धि ने पीडीएस कोटे का महत्त्व काफी बढ़ा दिया और इस व्यवस्था में लोगों के दाँव बढ़ा दिए। इसने कई राज्यों में पीडीएस के दायरे को बढ़ाने का दबाव पैदा किया। दायरा बढ़ने से इसकी जवाबदेही बहाल करने में मदद मिली। छत्तीसगढ़ की तरह आन्ध्र प्रदेश, हिमाचल प्रदेश, ओडीशा, राजस्थान जैसे कई राज्यों में पीडीएस को सुधारने और उसमें भ्रष्टाचार को रोकने के लिए व्यापक कदम उठाए गए।

व्यापक पहुँच वाली पीडीएस में सुधार के शुरुआती संकेत 66वें राष्ट्रीय नमूना सर्वेक्षण (एनएसएस), 2009-10 में उभरे। 2004-05 (एनएसएस के पिछले 'सघन दौर') और 2009-10 के बीच परिवारों द्वारा पीडीएस से चावल-

गेहूँ की खरीद में 50 प्रतिशत की वृद्धि हुई। पीडीएस से थोड़ा चावल-गेहूँ खरीदने वाले परिवारों के अनुपात में 2004-05 में 27 प्रतिशत की और 2009-10 में 45 प्रतिशत की वृद्धि हुई। एनएसएस के आँकड़े भी पहली बार यह बताते हैं कि ग्रामीण भारत में गरीबी कम करने में पीडीएस ने अहम योगदान दिया, केवल तमिलनाडु तथा हिमाचल प्रदेश जैसे राज्यों में ही नहीं जिन्होंने नई पीडीएस लागू की थी।[48]

मई-जून 2011 में नौ राज्यों में किए गए एक सर्वे (बेतरतीबी से नमूने के तौर पर चुने गए 1200 बीपीएल परिवारों के बीच) के मुताबिक हाल में उठाए गए कदमों के महत्त्वपूर्ण परिणाम हासिल हुए हैं—नमूना परिवारों ने पिछले तीन महीनों में अपने पूरे कोटे का 84 प्रतिशत हिस्सा प्राप्त किया। ज्यादातर कमी बिहार, झारखंड, उत्तर प्रदेश में पाई गई। दूसरे राज्यों (आन्ध्र प्रदेश, छत्तीसगढ़, हिमाचल प्रदेश, ओडीशा, राजस्थान और तमिलनाडु) में उन्हें पूरा कोटा मिला। बिहार और झारखंड में भी सुधार के स्पष्ट लक्षण दिखे, जबकि माना जाता है कि इन राज्यों में 2004-05 तक केन्द्र से प्राप्त अनाजों का 80 प्रतिशत काला बाजार में पहुँच रहा था।[49]

यह सब कहने का अर्थ यह नहीं है कि पीडीएस में कोई गड़बड़ी नहीं है। बीपीएल परिवारों को पीडीएस कोटे के वितरण में 16 प्रतिशत की कमी भी स्वीकार नहीं की जा सकती। इतनी कमी से भी राष्ट्रीय स्तर पर भारी नुकसान होता है। इससे भी महत्त्वपूर्ण बात यह है कि एपीएल कोटे में अभी भी भारी भ्रष्टाचार नजर आता है, और पारदर्शिता की भारी कमी है।[50] इसमें थोड़ी-सी भी खामी नहीं चलेगी क्योंकि यह काफी खर्चीली व्यवस्था है। अनाज की उगाही, ढुलाई और भंडारण में भारी खर्चे होते हैं। यही वजह है कि कई अर्थशास्त्री पीडीएस के बदले नकदी हस्तान्तरण व्यवस्था की वकालत करते हैं।

लेकिन पीडीएस की जगह पूरी तरह नकदी हस्तान्तरण व्यवस्था लागू करने को लेकर कुछ आशंकाएँ हैं। पहली बात यह कि पीडीएस को सिर्फ आमदनी का जरिया नहीं माना जा सकता। कई राज्यों ने पीडीएस के तहत दाल, खाद्य तेल, सुरक्षित नमक जैसे पोषक आहार देना शुरू किया है। यह गरीब परिवारों को नकदी से ज्यादा पोषण दे सकता है (जहाँ तक उन्हें पोषक आहार लेने के लिए 'प्रोत्साहित' करने की बात है)।[51] अच्छी तरह कार्यरत पीडीएस देश-भर में पोषण के मामले में उपयोगी भूमिका निभा सकती है।

दूसरी बात यह कि आमदनी के जरिए के रूप में भी पीडीएस उस तरह काम नहीं कर सकती जिस तरह नकदी हस्तान्तरण कर सकता है, क्योंकि जिंस के रूप में आमद और नकदी के रूप में आमद का अक्सर अलग-अलग तरह से उपयोग किया जाता है। खाने का दिन-ब-दिन थोड़ा-थोड़ा उपयोग किया जाता है और परिवार के हर सदस्य को उसका कुछ-न-कुछ हिस्सा मिल जाता है। नकदी का

बेशक सावधानी से उपयोग किया जा सकता है लेकिन दुरुपयोग, बरबादी या असमान वितरण का भी खतरा रहता है। नकदी का उपयोग प्रायः ऐसे सामान खरीदने में किया जा सकता है जिनका उपयोग परिवार के बड़े लोग या मुख्यतः पुरुष करें और कुपोषित लड़कियों या बच्चों की अनदेखी की जाए। यह सम्भावना भी सच लगती है कि परिवार को दिया गया राशन दुकानदार को बेचा जा सकता है लेकिन एक तरह की मानसिक हिचक भी होती है, जो मुफ्त या रियायत में मिले खाद्य पदार्थ के दुरुपयोग को रोकती है।

तीसरी बात, खाद्य पदार्थों के बदले में दी जानेवाली नकदी पर्याप्त है या नहीं, यह खाद्य पदार्थों के स्थानीय बाजार पर निर्भर करती है। भारत-भर में इन बाजारों में काफी फर्क है, जो बाजार की दूरी और दूर-दराज के इलाकों (मसलन, मध्य भारत के आदिवासी क्षेत्र) में मनमानी कीमतों पर निर्भर करता है। इन इलाकों में खाद्य असुरक्षा भी व्यापक है। दूसरे इलाकों में भी पीडीएस को बन्द करने से खाद्य पदार्थों के स्थानीय बाजार अस्थिर हो सकते हैं।

चौथी बात यह कि तैयारी का भी सवाल है। लगभग हरेक भारतीय गाँव में पीडीएस की दुकान (राशन की दुकान) चलती है। नकदी हस्तान्तरण के लिए भी अलग बुनियादी ढाँचा चाहिए। मसलन, प्रभावी बैंकिंग व्यवस्था, जिसका कि भारत के बड़े हिस्से में अभाव है। 2008 के मध्य में नरेगा के तहत मजदूरी का भुगतान अचानक बिना बुनियादी ढाँचा तैयार किए बैंकों और डाकघरों के जरिए किया जाने लगा तो नरेगा की व्यवस्था में लम्बा व्यवधान पैदा हो गया। यह एक प्रतिकूल अनुभव रहा।

पाँचवीं बात, नकदी हस्तान्तरण का वास्तविक मूल्य महँगाई के कारण घट सकता है। वैसे, सिद्धान्त रूप में इसका सरल उपाय यह है कि नकदी भुगतान को कीमतों के स्तर से जोड़ दिया जाए। लेकिन यह उपाय एक धोखा है। नकदी भुगतान को सामान्य कीमत स्तर से जोड़ा जा सकता है लेकिन स्थानीय कीमतों में वृद्धि इसे भी बेअसर कर सकती है। इसके अलावा, समय-समय पर कीमतों के समायोजन की राजनीतिक गारंटी भी एक मसला है, तब भी जब वित्तमंत्री पर खर्चों को कम करने का दबाव हो। नरेगा मजदूरी को सूचीबद्ध करने का वादा करने के बावजूद उसे पूरा करने में केन्द्र सरकार की विफलता को भी इस सन्दर्भ में याद रखना जरूरी है।

ये और अन्य परेशानियाँ उपरोक्त सर्वेक्षणों में तब उजागर हुईं जब लोगों से पूछा गया कि वे पीडीएस की जगह नकदी हस्तान्तरण के बारे में क्या सोचते हैं। कुछ लोगों ने कहा कि उन्हें नकदी भुगतान पर कोई आपत्ति नहीं है, वे इसे लागू करवाना चाहेंगे, लेकिन आम समर्थन पीडीएस के पक्ष में ही था, बशर्ते यह अच्छी तरह काम कर रहा हो।[52] केवल बिहार में ही इसका कामकाज काफी खराब था और वहाँ सर्वे

में शामिल 54 प्रतिशत लोगों ने पीडीएस के बदले नकदी हस्तान्तरण का समर्थन किया (देखें तालिका 7.2)।

इन प्रतिक्रियाओं पर सावधानी से विचार करने की जरूरत है और पूरी बहस का फैसला इन प्रतिक्रियाओं के आधार पर करने की जरूरत नहीं है। लेकिन लोगों की चिन्ताओं पर विचार करना तो जरूरी है ही। दरअसल, नकदी हस्तान्तरण के पक्ष में तर्क का एक पहलू तो यह है कि लोगों को पता है कि उनके लिए सबसे अच्छा क्या है (ताकि उन्हें नकदी के बदले खास जिंस देकर 'बहलाने' की जरूरत न पड़े) तो, लोगों को पता है कि सबसे अच्छा क्या है इसलिए इन मामलों में उनके विचारों को महत्त्व दिया जाना चाहिए।

अन्तिम और महत्त्वपूर्ण बात यह है कि अगर पीडीएस की जगह नकदी भुगतान की व्यवस्था की गई तो सरकार को हर साल उगाही किए जानेवाले चावल-गेहूँ के इस्तेमाल की अच्छी व्यवस्था करनी पड़ेगी। उगाही व्यवस्था की अपनी गति है, जिसे जल्दी में बन्द नहीं किया जा सकता। नकदी भुगतान के कारण 'खाद्य सब्सिडी' में भारी गिरावट को लेकर उत्साह इस धारणा को लेकर है कि अनाज की उगाही में रुकावट या भारी कमी आएगी, लेकिन इस धारणा पर शायद ही विचार किया जाता हो। न ही अनाज उगाही को जारी रखने की राजनीतिक व्यावहारिकता या जरूरत पर इस जोड़-घटाव में ध्यान दिया जाता है।

संक्षेप में, पीडीएस के बदले नकदी भुगतान का तर्क उतना मजबूत नहीं है जितना माना जाता है। कुछ परिस्थितियों में नकदी भुगतान बेशक काफी प्रभावी हो सकता है, जिसकी चर्चा पहले की जा चुकी है। लेकिन लाखों लोगों के लिए सक्रिय पीडीएस की जगह नकदी भुगतान को जल्दबाजी में लागू करना अपेक्षाओं को पूरा नहीं भी कर सकता है और महँगी भूल साबित हो सकती है। नकदी भुगतान की जगह जो चल रहा है उसे मजबूती देने के पक्ष में तर्क प्रभावी दिखता है, भले ही नकदी भुगतान की व्यवस्था भविष्य के लिए विश्वसनीय लगती हो।

वास्तव में महत्त्वपूर्ण मसला 'नकदी बनाम जिंस' का नहीं बल्कि आय बढ़ाने और आर्थिक सुरक्षा प्रदान करने का है, चाहे यह नकदी के भुगतान पर आधारित हो या पीडीएस पर या दोनों के तालमेल पर। गरीबों को अपने हाल पर छोड़ना न तो सामाजिक न्याय है, न ही बेहतर लोकनीति।

अध्याय : आठ

असमानता की जकड़

दुनिया के सभी देशों में अलग-अलग तरह की असमानताएँ व्याप्त हैं। लेकिन भारत में घातक विभाजनों और विषमताओं का ऐसा घालमेल है जो अपनी तरह का अकेला है। कम ही देश ऐसे होंगे जिन्हें भारी आर्थिक असमानता के साथ-साथ जाति, वर्ग और लिंग समेत इतनी तरह की घोर विषमताओं का सामना करना पड़ रहा होगा। भारत में जाति की विचित्र भूमिका है, जो इसे बाकी पूरी दुनिया से अलग करती है। बेशक, कई देशों में अतीत में भी (और कुछ हद तक आज भी) जाति जैसी संस्था रही है जिसने लोगों को खाँचों में बाँट रखा है। लेकिन भारत जातिगत श्रेणियों और आधुनिक समाज पर भी इनकी पकड़ (हालाँकि जातिगत भेदभाव को अवैध बनाने के लिए कई कानून बनाए गए हैं), दोनों सन्दर्भों में इसकी प्रमुखता के कारण अनूठा है। जातीय श्रेणीबद्धता अक्सर वर्गगत असमानता को मजबूत करती है और उसे ऐसी ताकत प्रदान करती है जिससे जीत पाना मुश्किल होता है। भारत में स्त्री-पुरुष असमानता भी बेहिसाब है, खासकर उत्तर और पश्चिम भारत के बड़े क्षेत्र में जहाँ महिलाओं का दमन काफी व्यापक है। अलग-अलग तरह की घोर असमानताओं के मेल ने बेहद दमनकारी सामाजिक व्यवस्था को जन्म दिया है, जहाँ अभावों की परतों के सबसे नीचे स्थित लोग घोर अधिकारविहीनता की स्थितियों में जीते रहते हैं।

भारत को भारी विरासत के रूप में तमाम तरह की जो असमानताएँ मिली हैं, उन्हें तालिका 8.1 में दर्शाया गया है जिसमें अंग्रेजी राज के दौरान बीसवीं सदी के शुरू में भारत के कुछ क्षेत्रों में कुछ ब्राह्मणों और दलितों (जिन्हें पहले अछूत कहा जाता था और अब 'अनुसूचित जाति' कहा जाता है, जिन्हें कुछ अवसर कानूनी गारंटी के रूप में हासिल हैं) की साक्षरता दरों की तुलना प्रस्तुत की गई है। उस समय अधिकतर क्षेत्रों में बहुसंख्य ब्राह्मण पुरुष (अधिकतम 73 प्रतिशत, बड़ौदा सूबे में) साक्षर थे। दूसरे छोर पर अधिकतर क्षेत्रों में दलित महिलाओं में साक्षरता दर शून्य थी। यह हरेक समुदाय में स्त्री-पुरुषों में भारी असमानता को उजागर करता

है (यानी हरेक समूह में शिक्षा पर पुरुषों का एकाधिकार था) और बताता है कि जाति-आधारित असमानताएँ भी जबरदस्त थीं और हरेक क्षेत्र में दलित पुरुषों में भी साक्षरता दर 1 प्रतिशत थी, जो ब्राह्मण पुरुषों की इस दर का 1 प्रतिशत से भी कम थी।

तालिका 8.1

सन् 1901 : जाति, लिंग और साक्षरता

क्षेत्र (सूबा या राज्य)	साक्षरता दरें, 1901 (%) ब्राह्मण[a]		साक्षरता दरें, 1901 (%) अनुसूचित जातियाँ[b]	
	पुरुष	महिलाएँ	पुरुष	महिलाएँ
बड़ौदा राज्य	73.0	5.6	1.2	0
मैसूर राज्य	68.1	6.4	0.9	0.1
बम्बई सूबा	58.0	5.4	0.7	0
मद्रास सूबा	57.8	4.4	1.0	0
संयुक्त प्रान्त	55.3	4.6	0.2	0
मध्य प्रान्त	36.5	0.9	0.4	0

a : कायस्थ, संयुक्त प्रान्त में।

b : चमार, संयुक्त तथा मध्य प्रान्त में; बड़ौदा राज्य में धेड़ और महार में; मद्रास सूबे में परैयाँ और मैसूर में होलाया में; बम्बई में धेड़, महार, वाणकर (सम्मिलित) में। समय के साथ जातियों के वर्गीकरण में फेरबदल के कारण 1901 में सभी अनुसूचित जातियों (जैसा कि उन्हें बाद में कहा जाने लगा) उनकी कुल साक्षरता दर का अनुमान लगाना कठिन था। 1901 की जनगणना में हरेक क्षेत्र में प्रमुख जनजातियों की पहचान करने की कोशिश की गई।

स्रोत : 1901 की जनगणना, सहायक तालिकाएँ, तालिका 4 (देखें रिस्ले एवं गेट, 1903)

विभिन्न असमानताओं (इस मामले में जाति और लिंग) के मजबूत मेल से भारतीय समाज में घोर विषमताएँ पैदा हुई हैं। इस तस्वीर में वर्ग वाले पहलू को जोड़ दिया जाए तो यह विषमता और भीषण नजर आएगी। जिस तरह जाति और लिंग से जुड़ी असमानताएँ एक-दूसरे को मजबूती प्रदान करती हैं, जाति और वर्ग की असमानताएँ भी ऐसा ही करती हैं। उदाहरण के लिए, आर्थिक रूप से कमजोर लोगों को जातिगत विभाजन अपनी बेहतरी की माँग के लिए संगठित होने में कठिनाई पैदा करता है। जैसा कि श्री बाबा साहेब अम्बेडकर ने

कहा था, "...जाति व्यवस्था केवल श्रम का विभाजन नहीं है, यह श्रमिकों का भी विभाजन है।"*

तालिका 8.1 में प्रस्तुत आँकड़े आज खासतौर से कम आयुवर्ग के सन्दर्भ में काफी अलग नजर आएँगे।[1] दरअसल देश में युवा वर्ग में सबकी शिक्षा का लक्ष्य पूरा होने पर साक्षरता दरों में जाति और लिंग से जुड़ी कमियाँ निश्चित रूप से घटेंगी। ऐतिहासिक परिप्रेक्ष्य से देखें तो शिक्षा क्षेत्र के अवसरों पर ऊँची जाति के पुरुषों का एकाधिकार टूटना एक महत्त्वपूर्ण घटना है और यह याद दिलाता है कि चाहे जो हो, भारत में कुछ महत्त्वपूर्ण सामाजिक परिवर्तन हो रहा है। लेकिन यह सोचना बड़ी गलती होगी कि इतिहास की विरासत में मिली असमानताओं को दूर कर लिया गया है। पहली बात तो यह कि जैसा कि हम अध्याय 3 में देख चुके हैं, भारतीय बच्चे (मुख्यत: वंचित तबकों के परिवारों के) स्कूलों में बहुत कम पढ़ पाते हैं। और अगर केवल साक्षरता से ज्यादा शैक्षिक उपलब्धि पर नजर डालें तो वर्ग, जाति, लिंग से जुड़ी असमानताएँ काफी तीखी होकर उभरेंगी। दूसरी बात, इतिहास से मिली इन असमानताओं के साथ जुड़े सामाजिक लोकाचार और मूल्य अभी भी जीवित हैं, भले ही आधुनिक कानूनों, मानदंडों और संस्थाओं के कारण वे कुछ दबी हुई नजर आती हों।

इस तस्वीर में इस तथ्य को भी जोड़ना जरूरी है कि शैक्षिक असमानताएँ भी अपने आप में महत्त्वपूर्ण हैं। शैक्षिक असमानताएँ वर्ग, जाति और लिंग सम्बन्धी असमानताओं को आंशिक तौर पर ही प्रतिबिम्बित करती हैं। उनका अपना असर भी होता है, जो स्कूल तक पहुँच, सीखने की क्षमता, माता-पिता की ओर से शिक्षण, आदि में अन्तर को प्रतिबिम्बित करता है। उदाहरण के लिए, एक ही परिवार के सहोदरों की शैक्षिक उपलब्धियों में अन्तर होता है, यहाँ तक कि एक ही लिंग, जाति और वर्ग के सहोदरों की शैक्षिक उपलब्धियों में भी अन्तर होता है। इस मामले में भी भारत अन्तर्राष्ट्रीय परिप्रेक्ष्य में खासी बुरी स्थिति में है—शैक्षिक असमानताओं के विस्तार के मामले में—चाहे यह कुल शैक्षिक असमानताओं के मामले में हो या सहोदरों के बीच असमानता के मामले में।[2] एक आयुवर्ग वालों के स्कूल में पढ़ने के वर्षों का परिक्षेपण भारत में, खासकर महिलाओं के मामले में काफी ऊँचा है।[3]

---

* अम्बेडकर (1936), पेज 47, विशेष जोर के साथ। उन्होंने आगे कहा था, "जाति व्यवस्था केवल श्रमिकों का विभाजन नहीं है, जो कि श्रम के विभाजन से अलग चीज है, यह एक श्रेणीबद्धता है जिसमें श्रमिकों को एक-दूसरे के ऊपर दर्जा देकर विभाजित किया गया है।" 'दर्जागत असमानता' की व्यवस्था के रूप में जातिगत श्रेणीबद्धता की यह विशेषता इसे श्रमिकों के विभाजन की तरह और भी निन्दनीय बनाती है, जिसे बदलना काफी कठिन होता है।

भारत में और भी महत्त्वपूर्ण सामाजिक विभाजन हैं, जो प्राय: उन विभाजनों को मजबूती देते हैं, जिनकी चर्चा की जा चुकी है। उदाहरण के लिए, अंग्रेजी जानने और न जानने वालों के बीच विभाजन है। इस पर समाजवादी विचारक राम मनोहर लोहिया ने कहा है कि ''ऊँची जाति, धन-दौलत और अंग्रेजी का ज्ञान—ये तीन विशेषताएँ हैं जिनमें से दो भी किसी के पास हों तो वह शासक वर्ग में शामिल हो सकता है।''[4] वास्तव में, अंग्रेजी का ज्ञान भारत में व्यक्ति के लिए कई तरह के दरवाजे खोलता है, उन लोगों के लिए भी जो दूसरी कोई योग्यता नहीं रखते हैं। अदालतों (हाइकोर्ट से लेकर ऊपर तक) की, उच्च शिक्षा, आधुनिक व्यवसाय, उच्चस्तरीय सरकारी दस्तावेजों और काफी हद तक इन्टरनेट की भी भाषा अंग्रेजी है। यह विभाजन स्कूल व्यवस्था में प्रतिबिम्बित होता है, जो अंग्रेजी माध्यम से पढ़ानेवाले स्कूलों और बाकी स्कूलों में बँटी हुई है और सभी बच्चों को स्कूल व्यवस्था में शामिल होने से रोकती है। यहाँ भी, एक तरह की असमानता दूसरी तरह की असमानता के रास्ते में खड़ी होती है।[5]

वर्ग, जाति और लिंग सम्बन्धी असमानताओं के अलावा दूसरी असमानताओं के आपसी मेल की मजबूती उत्तर भारत में खासतौर से दिखती है। सम्भवत: यही वजह है कि यह क्षेत्र शेष भारत से कई मामलों में पिछड़ा हुआ है।[6] दूसरे क्षेत्रों में हाल के दिनों में व्यापक तथा तेज सामाजिक प्रगति के साथ तमाम असमानताओं की आपसी मजबूती के ऐतिहासिक बोझ से मुक्ति की भी कोशिश की गई है। इस पर हमने अध्याय 3 में केरल, हिमाचल प्रदेश और तमिलनाडु के तीव्र विकास की चर्चा करते हुए विचार किया है। पूरे भारत के लिए यह काम अभी पूरा करना है।

आय में असमानता और आर्थिक विभाजन

आमदनी के वितरण के मामले में भारत में कितनी असमानता है? इस मामले पर पारम्परिक आर्थिक व्याख्या यह रही है कि दूसरे देशों की तुलना में भारत में कोई खास असमानता नहीं है। यह आम धारणा भारत में प्रति व्यक्ति खर्च के गिनी (Gini) गुणांक की दूसरे देशों में प्रति व्यक्ति आय से तुलना पर आधारित है (क्योंकि भारत में आय से सम्बन्धित विश्वसनीय आँकड़े उपलब्ध नहीं हैं)। लेकिन यह तुलना पक्षपातपूर्ण है क्योंकि दुनिया-भर में प्रति व्यक्ति खर्च का वितरण प्रति व्यक्ति आय के वितरण की तुलना में कम असमान है। वैसे, 2004-05 के भारतीय मानव विकास सर्वेक्षण में आय सम्बन्धी आँकड़े शामिल हैं, जिनके आधार पर भारत में प्रति व्यक्ति आय के गिनी गुणांक का अनुमान लगाना सम्भव है। यह गुणांक 0.54 निकलता है (जो प्रति व्यक्ति खर्च के आँकड़े से निकले करीब 0.35

के गुणांक से काफी ज्यादा है)। विश्व बैंक के एक अध्ययन के मुताबिक 'भारत में असमानता ऊँची असमानता से ग्रस्त ब्राजील तथा दक्षिण अफ्रीका में व्याप्त असमानता जैसी ही है'।[7] यह निष्कर्ष एक सर्वे पर आधारित है और जाँच की माँग करता है लेकिन इतना स्पष्ट है कि इस धारणा पर गम्भीरता से सवाल उठाया जा सकता है कि दूसरे विकासशील देशों के मुकाबले भारत में आय वितरण में कम असमानता है।

भारत में हाल के दशकों में आर्थिक असमानता में वृद्धि के प्रमाण बढ़ते जा रहे हैं। उदाहरण के लिए, प्रति व्यक्ति खर्च के आँकड़े बताते हैं कि गाँवों और शहरों के बीच, तथा शहरों में भी असमानता बढ़ती जा रही है। हाल के वर्षों में भारत में जो तीव्र आर्थिक विकास हुआ है उसका मुख्य लाभ शहरों के अपेक्षाकृत समृद्ध तबकों को ही मिला है। इसी तरह, प्रति व्यक्ति आय के आँकड़े बताते हैं कि आय उच्च तबके में केन्द्रित हो रही है। सम्पदा सम्बन्धी आँकड़े अधूरे तो हैं मगर वे भी आर्थिक सुधार के बाद के दौर में बढ़ती असमानता की ओर ही संकेत करते हैं।[8]

अगर आय और खर्च के वितरण में और असमानता बढ़ने की जगह कोई परिवर्तन न होता (या सुधार होता) तो भारत के तीव्र आर्थिक विकास का लाभ गरीबों को पहले से ज्यादा मिलता। इसके बजाय गरीबी में गिरावट की दर लगभग पहले की तरह ही सुस्त रही है, भले ही विकास में काफी तेजी आई है।[9] इस निराशाजनक प्रवृत्ति के अलावा भारत में आर्थिक असमानता में वृद्धि (भले ही इसके साथ गरीबी में भी कमी आई हो) को लेकर चिन्ता के दूसरे भी कारण हैं। वास्तव में, दुनिया-भर में हाल में की गई पड़ताल से असमानता के कई प्रतिकूल सामाजिक नतीजों का पता चला है, जिनमें आर्थिक असमानता भी शामिल है। मसलन, आर्थिक असमानता न केवल गरीबों बल्कि पूरी आबादी के लिए स्वास्थ्य के क्षेत्र में हासिल कमतर उपलब्धियों से जुड़ी है।[10] इस बात के कुछ प्रमाण हैं कि आर्थिक असमानता जब बढ़ती है तो देश में अपराध भी बढ़ने लगता है। आर्थिक विषमताएँ सामाजिक एकता और नागरिक सहयोग को कमजोर करती है। इसके अलावा, धन का केन्द्रीकरण विशेषाधिकार प्राप्त वर्ग को बेहिसाब राजनीतिक ताकत देता है और सार्वजनिक नीति तथा लोकतांत्रिक राजनीति में उच्च वर्गीय पूर्वाग्रहों को मजबूत करता है।[11] अन्तिम मगर महत्त्वपूर्ण बात यह है कि जातिगत एवं अन्य असमानताओं को खुराक आर्थिक विषमताओं के साथ उनके मेल से मिलती है और वे एक-दूसरे को मजबूती देती हैं। इन तथा अन्य कारणों से भारत में आय सम्बन्धी असमानता में और ज्यादा वृद्धि को रोकने तो क्या, उसे उलटने के लिए बहुत कुछ करने की जरूरत है। लातीन अमेरिका में (जहाँ हाल के वर्षों में असमानता बढ़ी नहीं बल्कि घटी है) आर्थिक पुनर्वितरण के हाल के अनुभव, और

भारत में आय में सहयोग देने वाले कार्यक्रमों (जिनकी चर्चा पिछले अध्यायों में की जा चुकी है) के अनुभव भी बताते हैं कि इस मामले में बहुत कुछ किया जा सकता है।

यह सब कहने के बाद कहा जा सकता है कि मुख्य मुद्दा यह नहीं है कि आर्थिक विषमता में हाल में वृद्धि हुई है बल्कि यह है कि पहले से चली आ रहीं असमानताएँ—न केवल वर्गगत असमानता बल्कि जाति तथा लिंग से सम्बन्धित असमानताएँ भी—कायम हैं। यहाँ हम विचार करेंगे कि एक-दूसरे को मजबूती देनेवाली असमानताओं ने भारत में विशेषाधिकार प्राप्त वर्ग और शेष समाज के बीच गहरा विभाजन पैदा कर दिया है।

जहाँ तक आर्थिक आयाम की बात है, भारत में समता के सिद्धान्तों का सबसे खराब उल्लंघन यह नहीं है कि धनी तथा महा-धनी वर्ग के पास बेहिसाब पैसा है, बल्कि यह है कि इतनी बड़ी आबादी अभी भी सम्मानजनक जीवन के लिए रोटी, कपड़ा, मकान, सफाई, स्वास्थ्य सेवा और बच्चों के लिए स्कूल सरीखी बुनियादी सुविधाओं से भी वंचित है। व्यापक अभावग्रस्तता की इस पृष्ठभूमि में अमीरों की समृद्धि खासतौर से एक विकृति लगती है। वास्तव में चीन में आर्थिक विषमता भारत में व्याप्त आर्थिक विषमता से कम नहीं है लेकिन असली फर्क इस तथ्य के कारण पड़ता है कि भारत में गरीब लोग जिस तरह बुनियादी सुविधाओं से वंचित हैं उस तरह चीन के गरीब लोग वंचित नहीं हैं (इस मसले पर हम अन्तिम अध्याय में चर्चा करेंगे)। भारत में ज्यादा सामाजिक न्याय के लिए पहला कदम बिना शक यही है कि विशाल आबादी को दैनन्दिन निरन्तर अभावों में जीने के लिए न छोड़ कर हरेक को बुनियादी सुविधाओं की गारंटी दी जाए।

जाति की जकड़बन्दी

प्रायः कहा जाता है कि जातीय भेदभाव बीसवीं सदी में काफी कम हुआ है।[12] भारत में अतीत में जिस तरह का घोर जातीय भेदभाव था उसे देखते हुए और वर्तमान परिस्थिति को समता के खासतौर से करीब न मानते हुए यह काफी सच लगता है। पुराने दिनों में भारत के बड़े हिस्से में दलितों को चप्पल तक पहनने, साइकिल पर बैठने, मन्दिरों में प्रवेश करने और ऊँची जातिवालों के सामने कुर्सी पर बैठने की छूट नहीं थी। ये सब जाति प्रथा के कारण लोगों को अपमानित और प्रताड़ित करने के कुछ उदाहरण मात्र हैं।[13] वास्तव में, शिक्षा के प्रसार तथा आर्थिक विकास, समाज सुधार आन्दोलनों, संवैधानिक सुरक्षा और आर्थिक विकास, और भेदभाव के भुक्तभोगियों के बढ़ते राजनीतिक प्रतिरोध के कारण ये भेदभाव अब बन्द या लुप्त हो चुके हैं।

यह प्रवृत्ति सब जगह एक समान नहीं है। अन्तरजातीय विवाह को मान्यता न देने जैसे कुछ जातिगत पूर्वाग्रह कई समाजों में आज भी मजबूत बने हुए हैं। हालाँकि देश के बड़े भाग में जातीय विभाजन लुप्त हो रहे हैं, लेकिन वे उन जगहों में उभर रहे हैं जहाँ पहले नहीं थे। मसलन, आदिवासी, मुसलमान, सिख तथा ईसाई समुदायों में। वैसे, महत्त्वपूर्ण बात यह है कि जाति आज भी भारतीय समाज में ताकत का एक बड़ा स्रोत है, भले ही जाति प्रथा की पुरानी बर्बरता और क्रूरता में कुछ कमी आई हो।

सार्वजनिक संस्थाओं पर ऊँची जातियों की निरन्तर पकड़ तालिका 8.2 में दर्शाई गई है। यह तालिका उत्तर भारत के एक बड़े शहर इलाहाबाद में हुए एक सर्वे में हासिल आँकड़ों पर आधारित है। तालिका में दर्ज प्रविष्टियाँ बताती हैं कि ऊँची जातियों का वर्चस्व सत्ता तथा रसूख के सभी स्थानों पर कायम है चाहे वह प्रेस क्लब हो, विश्वविद्यालयों की फैकल्टी हो, बार एसोसिएशन हो, पुलिस के ऊँचे पद या मजदूर संघों के बड़े पद हों या एनजीओ अथवा मीडिया आदि हों। पाया गया कि उत्तर प्रदेश में ऊँची जातियों की कुल आबादी 20 प्रतिशत है मगर इन संस्थाओं के 75 प्रतिशत पद इन जातियों के कब्जे में हैं। इलाहाबाद की दो प्रमुख ऊँची जातियों—ब्राह्मण तथा कायस्थ—ने राज्य की आबादी में अपने प्रतिशत से चार से ज्यादा गुना प्रतिशत पदों यानी कुल आधे पदों पर कब्जा कर रखा है।[14] ये अनुमानित आँकड़े हैं, जो जातियों के उपनामों पर लगाए गए अनुमान पर आधारित हैं। जो भी हो, प्रवृत्ति स्पष्ट है—सार्वजनिक संस्थाओं पर ऊँची जातियों का वर्चस्व जारी है। ऐसा नहीं है कि दूसरी जातियों या समुदायों को प्रतिनिधित्व मिला ही नहीं है लेकिन ऊँची जातियाँ जितनी बड़ी संख्या में पदों पर आसीन हैं उसके कारण उनका पलड़ा भारी है। जिन संस्थाओं का सर्वे किया गया उनमें से किसी में दलितों की उल्लेखनीय उपस्थिति नहीं पाई गई, सिवाय विश्वविद्यालयों की फैकल्टी के, जिनमें उन्हें वैधानिक आरक्षण प्राप्त है।

काबिले-गौर बात यह है कि ऊँची जातियों का वर्चस्व सरकारी संस्थाओं से ज्यादा 'नागरिक समाज' की संस्थाओं में ही है। उदाहरण के लिए, इलाहाबाद में ऊँची जातियों का प्रतिनिधित्व एनजीओ और मजदूर संघों के नेताओं में 80 प्रतिशत तक था, तो बार एसोसिएशन की कार्यकारी कमेटियों में 90 प्रतिशत तक था, प्रेस क्लब पदाधिकारियों में तो उनका अनुपात शत प्रतिशत था (वास्तव में इन पदाधिकारियों में ब्राह्मण और कायस्थ ही भरे थे)। यहाँ तक कि मजदूर संघों के कार्यकर्ता भी, जो मुख्यत: पिछड़ी जातियों से हैं, प्राय: ऊँची जातियों के नेताओं के अधीन हैं। यहाँ विचारणीय प्रश्न भारत में व्यवस्था विरोधी आन्दोलनों की उस प्रवृत्ति को लेकर उठता है, ज़िसके तहत उनकी राजनीतिक गतिविधियों में भी पुराने विभाजनों की छवि उभरती है।

तालिका 8.2

चुनिन्दा समूहों में ऊँची जातियों का अनुपात, इलाहाबाद (%)

सन्दर्भ समूह[a]	ऊँची जातियाँ		ब्राह्मण और कायस्थ	
	पूरे समूह में	'पहचाने गए'	पूरे समूह में	'पहचाने गए'
इलाहाबाद प्रेस क्लब पदाधिकारी (16)	100	100	75	75
शिक्षक संघ के नेता (17)	100	100	76	76
विज्ञापन एजेंसियों के मालिक (11)	91	91	55	55
वरिष्ठ डॉक्टर (99)	89	94	37	39
बार एसोसिएशन, कार्यकारी समिति (28)	86	96	68	76
प्रमुख प्रकाशक (12)	83	100	42	50
जी.बी. पन्त समाज अध्ययन संस्थान फैकल्टी (15)	80	80	60	67
वकील संघ की कार्यकारी समिति (14)	79	100	57	73
एनजीओ के प्रतिनिधि (30)	77	88	47	54
मजदूर नेता (क्लर्क, श्रमिक) (49)	76	88	55	64
इलाहाबाद विवि की फैकल्टी* (112)	76	77	54	55
सीडीओ, बीडीओ (20)	75	88	40	53
अशोक नगर वासी (62)	74	82	32	36
मीडिया के रिपोर्टर (62)	74	85	53	61
इलाहाबाद विवि छात्र संघ के पूर्व अध्यक्ष (79)	73	89	44	54
प्रमुख कलाकार (55)	71	89	47	59
इलाहाबाद प्रेस क्लब के सदस्य (104)	71	80	56	63
पुलिस अधिकारी (जिला, प्रखंड स्तर) (28)	68	100	39	58

→

आईआईआईटी फैकल्टी (47)	68	100	36	56
हाइकोर्ट जज (75)	68	81	32	38
हाइकोर्ट वकील* (100)	67	88	44	58
व्यापारी संघ (6)	67	80	0	0
कॉलेज प्राचार्य (16)	56	69	19	23
जूनियर इंजीनियर, इलाहाबाद नगरपालिका (20)	55	79	30	43
कुल (1,077)	**75**	**87**	**46**	**54**

बीडीओ : प्रखंड विकास पदाधिकारी।

सीडीओ : मुख्य विकास पदाधिकारी।

आईआईआईटी : इंडियन इंस्टीट्यूट ऑफ इन्फॉर्मेशन टेक्नोलॉजी।

a : कोष्ठकों में समूह का आकार (या नमूने का आकार, जिन्हें सितारा चिह्न से चिह्नित किया गया है)।

नोट : पहला कॉलम पूरे समूह में ऊँची जाति के तौर पर चिह्नित (उपयुक्त भरोसे के साथ) व्यक्तियों का अनुपात बताता है। दूसरा कॉलम उस उपसमूह (प्रासंगिक समूह के भीतर) में उनका अनुपात बताता है जिनकी जाति की पहचान हो सकती है। इन आँकड़ों को निचली तथा ऊपरी सीमा माना जा सकता है—प्रासंगिक समूह में ऊँची जातियों के वास्तविक अनुपात के रूप में। इसी तरह, तीसरे तथा चौथे कॉलम में ब्राह्मण और कायस्थों के मामले में।

स्रोत : सर्वे के आँकड़े अंकिता अग्रवाल, ज्यां द्रेज़, आशीष गुप्ता ने अगस्त 2012 में इकट्ठा किए। (देखें अग्रवाल एवं अन्य, 2013)

शायद इलाहाबाद इस मामले में ज्यादा रूढ़िवादी है। हालाँकि यह केवल एक शहर है, लेकिन अपने आप में यह सत्ता का एक केन्द्र है। उदाहरण के लिए, भारत के एक सबसे पुराने और बड़े विश्वविद्यालय इलाहाबाद विवि के पुराने छात्र देश-भर में लोक प्रशासन तथा दूसरे सार्वजनिक संस्थानों में बड़ी संख्या में पाए जाते हैं।[15] फिर भी यहाँ इलाहाबाद विवि को ही निशाना बनाने की मंशा नहीं है (क्योंकि हमारे पास संयोग से इससे सम्बन्धित ज्यादा आँकड़े उपलब्ध हैं)। इरादा आम प्रवृत्ति को उजागर करने का है, जो भारत के दूसरे हिस्सों में, खासकर उत्तर भारत में भी अलग-अलग तरह से व्याप्त है।

वास्तव में, हाल में किए गए कई अध्ययनों ने मीडिया संस्थानों, कॉरपोरेट बोर्डों, न्यायिक संस्थानों और क्रिकेट या पोलो की टीमों में इसी तरह ऊँची जातियों के वर्चस्व और उनमें से दलितों, आदिवासियों और अन्य वंचित तबकों की अनुपस्थिति को रेखांकित किया है।[16] उदाहरण के लिए, हाल में सेन्टर फॉर द स्टडी ऑफ डेवलपिंग सोसाइटीज (सीएसडीएस) ने दिल्ली में पत्र-पत्रिकाओं और टीवी समाचार चैनलों

के 315 सम्पादकों तथा प्रमुख पत्रकारों के बीच सर्वे किया और पाया कि उनमें से एक भी अनुसूचित जाति या जनजाति का नहीं था। दरअसल, 85 प्रतिशत तो ऊँची जातियों (जिनका अनुपात भारत की कुल आबादी का 16 प्रतिशत है) के थे, और आधे करीब ब्राह्मण थे।[17] जाहिर है, यह स्थिति सार्वजनिक विमर्शों में (खासकर आरक्षण नीति जैसे मुद्दे पर मगर केवल उसी पर नहीं) दलितों और आदिवासियों की चिन्ताओं तथा विचारों को पर्याप्त प्रतिनिधित्व दिलाने में मदद नहीं करती। भारत में कॉरपोरेट बोर्डों के हाल के एक सर्वे में भी इसी तरह की प्रवृत्ति उभरी—उनके 90 प्रतिशत से ज्यादा सदस्य ऊँची जातियों के थे और 45 प्रतिशत ब्राह्मण थे। दिलचस्प बात यह है कि इस मामले में वैश्यों ने ब्राह्मणों को पीछे छोड़ दिया था, जिनका अनुपात कॉरपोरेट बोर्डों में 46 प्रतिशत था।[18] पूरी आबादी में करीब 24 प्रतिशत की आबादी वाली अनुसूचित जातियों और जनजातियों को इसका छोटा-सा हिस्सा, मात्र 3.5 सीटें ही मिली थीं। वास्तव में, बहुसंख्य (70 प्रतिशत) कॉरपोरेट बोर्डों में कोई विविधता नहीं थी, यानी सभी सदस्य एक ही जाति के थे।

जातिगत भेदभाव को दूर करने में एक बाधा यह है कि भारत के उदारवादी समाज में जाति का जिक्र करना भी लगभग निषिद्ध माना जाने लगा है—सिर्फ इसलिए नहीं कि जाति आधारित किसी व्यवहार को कानून में चुनौती दिए जाने का खतरा रहता है बल्कि इसलिए भी कि जाति को लेकर किसी तरह की चेतना को प्रतिगामी तथा प्रतिक्रियावादी माना जाता है। जाति सम्बन्धी चेतना को खत्म करने में इसके योगदान को सतही तौर पर उचित ठहराया जा सकता है लेकिन यह दुनिया को बदलना तो दूर, उसकी वास्तविकता को समझने में भी कोई मदद नहीं करता।

इसी तरह की समस्या गरीब मुसलमानों के मामले में भी उठती है। कई मुसलमान बेशक भारतीय समाज के ऊपरी तबके का अंग हैं, जिनमें बड़े व्यवसायी, राजनेता और पेशेवर लोग शामिल हैं। भारत की मुख्यतः धर्मनिरपेक्ष राजनीति और ऐतिहासिक हकीकत के मद्देनजर उम्मीद की जाती है कि अंग्रेजी राज से पहले के भारत में ऊपरी तबके में मुसलमानों का अनुपात ऊँचा था। इनमें से कई ऐसे थे, जो 1947 में देश के बँटवारे के बाद पाकिस्तान नहीं गए। दूसरे छोर पर गरीब मुसलमान हैं, जो जातिगत भेदभाव से बचने के लिए धर्म परिवर्तन करने से पहले निचली जातियों के हिन्दू थे, और जिनकी आर्थिक-सामाजिक स्थिति निचली जातियों के हिन्दुओं जैसी ही है।[19] आजाद भारत में सकारात्मक कानूनी प्रावधानों ने अनुसूचित जातियों तथा जनजातियों को विभिन्न क्षेत्रों में (सरकारी नौकरियों, उच्च शिक्षा संस्थानों में) आरक्षण की सुविधा तो दी मगर गरीब मुसलमानों को इस वर्ग में शामिल नहीं किया गया। हिन्दुओं के मामले में जातिगत भेदभाव के चलते होनेवाली जिस घोर नाइन्साफी को विशेष समस्या माना गया उसे कुछ हद तक तो दूर किया गया लेकिन इसमें भी तेजी लाने की जरूरत है। बल्कि इस

मामले में उठाए गए सकारात्मक कदमों के ढाँचे की पुनः समीक्षा करने की जरूरत है। इस पुनः समीक्षा में इस बात का ध्यान रखना जरूरी है कि जातिगत असमानता के साथ ही गरीब मुसलमानों और कम गरीब भारतीयों (मुसलमानों तथा दूसरे लोगों) के बीच जो असमानता है वह आर्थिक समानता तथा सामाजिक वर्गीकरण के मेल पर निर्भर है।

स्त्री-पुरुष असमानता : बदलाव भी, जड़ता भी

स्त्री-पुरुष असमानता उन सामाजिक असमानताओं में शामिल है, जिन्होंने 'नए भारत' में बड़ी संख्या में लोगों को हाशिये पर डाल रखा है—न केवल महिलाओं बल्कि पुरुषों तथा बच्चों को भी, जिन्हें सामाजिक तथा सार्वजनिक जीवन में महिलाओं की ज्यादा सक्रिय, समझदारी भरी तथा समान भागीदारी से लाभ होता। हाल के वर्षों में स्त्री-पुरुष सम्बन्धों में जातीय सम्बन्धों की तरह बदलाव आया है, और कुछ मामलों में स्त्री-पुरुष असमानता में खासी कमी आई है। उदाहरण के लिए, जैसा कि पहले कहा जा चुका है, सौ साल पहले लड़कियों (ऊँची जातियों की भी) को शिक्षा व्यवस्था से लगभग बाहर रखा जाता था लेकिन अब वे देश-भर में स्कूलों में पहुँच रही हैं। नतीजतन, स्कूली दाखिले में स्त्री-पुरुष असमानता अपेक्षाकृत कम हुई है और अन्य मामलों में भी यह तेजी से घट रही है।

इस दृष्टि से ऐसा लग सकता है कि भारत स्त्री-पुरुष की पारम्परिक असमानता को खत्म करने के रास्ते पर है। भारत में आज महिलाएँ शिक्षा जगत से लेकर तमाम पेशों और राजनीति से लेकर साहित्य, कला, संगीत तक सभी क्षेत्रों में अहम पदों पर विराजमान हैं। इस सबके मद्देनजर, भारतीय समाज को बाहर से देखनेवालों को यह तर्क अविश्वसनीय लग सकता है कि भारत में महिलाओं के साथ बेहद असमतापूर्ण व्यवहार किया जाता है और उन्हें वंचित रखा जाता है। फिर भी, सच यही है कि स्त्री-पुरुष असमानता भारतीय समाज की काफी बड़ी सच्चाई है।

भारत में स्त्री-पुरुष असमानता से जुड़ी एक पुरानी समस्या यह है कि लड़कों के मुकाबले लड़कियों की मृत्युदर ज्यादा है। भ्रूण हत्या या बच्चियों की जान-बूझकर हत्या इसकी वजहें नहीं हैं। बल्कि इसकी वजह यह है कि बच्चियों के स्वास्थ्य तथा पोषण आदि की बड़ी खामोशी से उपेक्षा की जाती है और इस पर कोई ध्यान नहीं दिया जाता। भारत में अलग-अलग क्षेत्रों में लड़कियों के प्रति व्यवहार में भारी अन्तर है लेकिन अखिल भारतीय आँकड़ों से जो छवि उभरती है वह वाकई सदमे में डालने वाली है।[20] भारतीय लड़कियों की मृत्यु-दर काफी ऊँची है और लड़कों की मृत्यु-दर के मुकाबले वह औसतन ज्यादा ही है। जिन देशों के ये आँकड़े उपलब्ध हैं उनकी तुलना में आंकलन लड़कों के पक्ष में बड़ा है।[21] भारत के अन्दर इस मामले में क्षेत्रीय अन्तर को देखें तो पाएँगे कि स्त्री मृत्यु-

दर उत्तर-पश्चिम भारत में काफी ऊँची है जबकि पूरब और दक्षिण के कई राज्यों में यह बहुत कम या शून्य है। क्षेत्रवार अन्तर के मद्देनजर जो औसत तस्वीर उभरती है वह बताती है कि खासतौर से स्त्री-पुरुष भेदभाव से ग्रस्त उत्तर तथा पश्चिम भारत में लड़कों के मुकाबले लड़कियों की स्थिति कितनी प्रतिकूल है। इन राज्यों में लड़कियों के साथ जन्म के समय से कितना ज्यादा भेदभाव किया जाता है। इस विषय पर हम यहाँ चर्चा करेंगे।

भारत में स्त्री-पुरुष असमानता की कई वजहें हैं। उदाहरण के लिए, भारत में कामगारों में महिलाओं की भागीदारी (पारम्परिक परिभाषा के मुताबिक, परिवार में घरेलू कामकाज को छोड़कर) अन्तर्राष्ट्रीय मानदंडों के हिसाब से काफी कम है और उसमें बढ़ोतरी के संकेत नहीं दिखते हैं।[22] यह कई एशियाई देशों (जैसा कि हमने अध्याय 3 में देखा है, बांग्लादेश समेत) के तीव्र विकास के दौर में जो हुआ था उससे उलट है। इन देशों में इस दौर में महिलाओं के लिए रोजगार के अवसरों में वृद्धि हुई।* यह विरोधाभास भारत में रोजगारविहीन विकास की आम समस्या को तो रेखांकित करता ही है, जिस पर अध्याय 2 में विचार किया गया है, समाज के बड़े हिस्से में घरेलू कामकाज से बाहर महिलाओं के रोजगार के प्रति नकारात्मक रुख को भी दर्शाता है। वास्तव में, भारत में आय या शिक्षा में वृद्धि प्रायः कामगारों में महिलाओं की भागीदारी में गिरावट से जुड़ी होती है।

जैसा कि अध्याय 3, 5 और 6 में भी विचार किया गया है, मानव विकास के कई क्षेत्रों में बांग्लादेश ने भारत के मुकाबले ज्यादा प्रगति की है लेकिन इस प्रगति में ज्यादा भूमिका महिलाओं ने निभाई है—खासकर सार्वजनिक सेवाओं के प्रावधान और इस्तेमाल में और सामाजिक क्षेत्र में परिवार नियोजन तथा स्वास्थ्य सेवा से लेकर स्कूली शिक्षा तक के इस्तेमाल में। भारत को केवल इस बात की चिन्ता नहीं करनी है कि महिलाओं के लिए क्या-क्या किया जा सकता है (यह भी महत्त्वपूर्ण है), बल्कि इस बात की चिन्ता भी करनी है कि महिलाएँ भारत के लिए क्या कर सकती हैं क्योंकि इस संसाधन का अब तक उपयोग नहीं किया गया है, जो कि भारत को एक बिल्कुल अलग देश में तब्दील कर सकता है।

स्त्री-पुरुष असमानता का दूसरा उदाहरण राजनीति में महिलाओं की भागीदारी का है, हालाँकि इसका रेकॉर्ड मिला-जुला रहा है। एक ओर सकारात्मक राजनीतिक कदम के तौर पर पंचायती राज संस्थाओं के निर्वाचित पदों में महिलाओं को 33 प्रतिशत (कुछ राज्यों में 50 प्रतिशत) आरक्षण दिया गया है।[23] इसने लाखों महिलाओं

* 'विश्व विकास संकेतकों' में 184 देशों में महिला कामगारों के अनुपात के आँकड़े दिए गए हैं। इनमें से केवल 17 देशों के आँकड़े महिला कामगारों (15 साल और उससे ज्यादा उम्र की) की भागीदारी की नीची दर दर्शाते हैं, जबकि भारत का अनुपात मात्र 29 प्रतिशत है। इनमें से ज्यादातर देश उत्तरी अफ्रीका और पश्चिम एशिया के हैं।

को स्थानीय स्तर की राजनीति में सक्रिय भागीदारी का मौका प्रदान किया है, जिसके चलते पंचायती राज संस्थाओं की प्राथमिकताओं, गतिविधियों और दृष्टिकोण में महत्त्वपूर्ण बदलाव आया है।[24] दूसरी ओर, भारतीय संसद और विधानसभाएँ पुरुषों के गढ़ बनी हुई हैं। लोकसभा की कुल सीटों में महिलाओं का अनुपात कभी भी 10 प्रतिशत से ऊपर नहीं गया (2009 में यह अधिकतम 10.9 प्रतिशत पर पहुँचा था); अधिकतर विधानसभाओं में भी महिलाओं का हिस्सा 10 प्रतिशत से नीचे रहा है और जिन बड़े राज्यों के आँकड़े उपलब्ध हैं उनमें अधिकतम 14 प्रतिशत ही रहा है।[25]

भारत में पितृसत्तात्मक सामाजिक तथा सांस्कृतिक सम्बन्धों के कई रूप दिखते हैं—सम्पत्ति का उत्तराधिकार पूरी तरह पितृवंशीय है, विवाह के बाद निवास प्राय: पितृस्थानीय होता है, महिलाओं की गतिविधियाँ काफी प्रतिबन्धित रहती हैं, और महिलाओं के खिलाफ हिंसा (घरेलू हिंसा समेत) अभी भी समाज के व्यापक हिस्से में जारी है। दरअसल, कुछ पितृसत्तात्मक मानदंड तो खत्म होने की जगह और व्यापक रूप अख्तियार करते रहे हैं। उदाहरण के लिए, दहेज प्रथा बीसवीं सदी में उन समुदायों में भी शुरू हो गई जिनमें यह पहले नहीं थी। इस प्रथा के कारण लिंगभेद सम्बन्धी कई समस्याएँ पैदा होती हैं, जिनमें बेटी की जगह बेटे को प्राथमिकता देना या बहू की दहेज प्रताड़ना शामिल हैं। इसकी एक सम्भावित वजह यह हो सकती है कि दहेज प्रथा समेत अन्य जो पितृसत्तात्मक प्रथाएँ केवल ऊँची जातियों में सीमित थीं, उन्हें ऊँची हैसियत और तरक्की का प्रतीक माना जाने लगा है।[26] ऐसा लगता है कि भारत के आर्थिक, सामाजिक, राजनीतिक जीवन के बेहद महत्त्वपूर्ण पक्षों में स्त्री-पुरुष समानता जैसा लक्ष्य हासिल करने में अभी हमें लम्बा वक्त लगेगा।

बलात्कार, हिंसा और विरोध

स्त्री-पुरुष असमानता के जिस पहलू पर हाल में सबसे ज्यादा ध्यान दिया गया है, वह महिलाओं के खिलाफ हिंसा और खासकर बलात्कार की घटनाओं में बढ़ोतरी है। इस समस्या को अचानक भारी प्रमुखता दी गई है जितनी पहले नहीं दी जा रही थी। इसकी शुरुआत दिल्ली में 16 दिसम्बर, 2012 को एक बस में बर्बर सामूहिक बलात्कार (जिसके कारण युवती की मौत हो गई) के बाद हुई। इस वारदात के विरोध में दिल्ली के अलावा कई जगहों पर कई दिनों तक भारी प्रदर्शन हुए। लिंगभेद के खिलाफ इससे पहले इतनी बड़ी संख्या में लोगों ने बाहर निकलकर कभी प्रदर्शन नहीं किया था। इस क्रम में पुलिस के साथ भी कई जगह मुठभेड़ हुई। पुलिस के खिलाफ लोगों का गुस्सा इस बात को लेकर था कि वह महिलाओं को पर्याप्त सुरक्षा नहीं दे रही और इस मामले में तो उसने तुरन्त कार्रवाई भी नहीं की

जबकि बलात्कारपीड़ित युवती और उसका मित्र सड़क पर घायल पड़ा हुआ पाया गया था। महिलाओं की असुरक्षा और बलात्कार तथा उत्पीड़न रातोरात इस तरह एक राष्ट्रीय मुद्दा बन गया जैसा पहले कभी नहीं हुआ था।

यह तो बाद में पता चलेगा कि महिलाओं को ज्यादा सुरक्षा प्रदान करने की दिशा में यह एक निर्णायक मोड़ साबित होता है या नहीं। जैसी कि उम्मीद थी, पीड़िता को भी दोषी बताने के कुछ पुरुषवादी पूर्वाग्रह सामने आए, जिनमें बेतुके सुझाव दिए गए कि महिलाओं को अपने पहनावे आदि में शालीनता बरतनी चाहिए और कमजोर पुरुषों को प्रलोभन नहीं देना चाहिए, उन्हें रातों में बाहर नहीं निकलना चाहिए, आदि। इन बहानों और सुझावों को सार्वजनिक तौर पर तुरन्त जोरदार ढंग से खारिज कर दिया गया, जो बताता है कि इस आन्दोलन ने अपना तार्किक आधार नहीं खोया है। यह भी कहा गया कि इस तरह के बलात्कार आधुनिक भारत (भारत नहीं बल्कि 'इंडिया') में होते हैं, ग्रामीण क्षेत्रों में ये शायद ही होते हैं या बिलकुल नहीं होते। हम जानते हैं कि ऊँची जातियों के पुरुषों (प्रायः जमींदारों) द्वारा दलित स्त्रियों के बलात्कार की और वैवाहिक जीवन में पत्नियों के बलात्कार की घटनाएँ होती रहती हैं, जो इस तर्क को बेतुका ही साबित करती हैं। इस घोर दुखद तथा बर्बर वारदात का एक सकारात्मक परिणाम यह है कि इसने यौन क्रूरताओं एवं बलात्कारों की ओर ही नहीं बल्कि इस तथ्य की ओर भी ध्यान खींचा है कि अतीत में इन घटनाओं पर कम ध्यान दिया जाता था। अखबारों ने भी मानो खुद को बलात्कार की खबरों के वाहक के रूप में ढाल लिया और कई अखबार देश-भर में हो रही इन घटनाओं की खबरों को रोज कई पन्नों में जगह देने लगे, जैसा पहले कभी नहीं हुआ था।

बलात्कार की कितनी घटनाएँ होती हैं भारत में? अगर देश-भर में बलात्कार की खबरों से अखबारों के पन्ने रँगे होते हैं, तो जाहिर है कि इनकी संख्या बहुत ज्यादा है। कुछ समय पहले तक ऐसा नहीं लग रहा था। इसकी एक वजह यह हो सकती है कि बलात्कार की खबरें ठीक से सामने नहीं आ रही थीं। यह बहुत मुमकिन है क्योंकि बलात्कार-पीड़ितों के प्रति पुलिस प्रायः हमदर्दी नहीं रखती, अदालतें सुस्त हैं और अपराधियों को सजा दिलाना मुश्किल होता है। प्रायः यही अनुमान लगाया जाता है कि बलात्कार की ज्यादातर घटनाएँ खबर नहीं बन पातीं, और पुलिस इन घटनाओं को जितना दर्ज करती है उससे पाँच से दस गुना ज्यादा ये घटनाएँ वास्तव में होती हैं। यह सच हो सकता है और यह निष्कर्ष निकालना भी सही हो सकता है, जैसा कि कई टीकाकारों का कहना है, कि भारत 'बलात्कार समस्या' से वाकई ग्रस्त है।

भारत सचमुच इस समस्या की अधिकता से ग्रस्त हो या न हो, इस समस्या से तो जरूर ग्रस्त है कि बलात्कार-पीड़ितों को यहाँ पुलिस तथा न्याय-व्यवस्था से

बहुत कम सहायता मिलती है। अगर हम पुलिस में दर्ज इन घटनाओं की दर पर जाएँ तो नशीले पदार्थों तथा अपराधों के लिए गठित संयुक्त राष्ट्र कार्यालय के मुताबिक 2010 में भारत में प्रति एक लाख आबादी पर बलात्कार की 1.8 घटनाएँ हुईं जबकि अमेरिका में 27.3, ब्रिटेन में 28.8, स्वीडन में 63.5 और दक्षिण अफ्रीका में 120.0 घटनाएँ हुईं।[27] जाहिर है, भारत में विधिवत दर्ज इन घटनाओं का आँकड़ा सच्चाई से बहुत कम है। लेकिन हम इस आँकड़े के दस गुना को भी सच मानें तब भी भारत में अमेरिका, ब्रिटेन, स्वीडन, द. अफ्रीका के मुकाबले ये घटनाएँ कम घटती हैं, भले ही यह भी मान लें कि इन देशों ने इस आँकड़े को कम करके नहीं बताया। भारत में इस आँकड़े को कम करके बताए जाने के मद्देनजर अगर सुधार किया जाए तो उक्त आँकड़े को 10 की जगह ज्यादा बड़ी संख्या से गुणा करना होगा। हम पक्के तौर पर यह नहीं कह सकते कि भारत खासतौर से बलात्कार की समस्या से ग्रस्त है या नहीं, लेकिन उपलब्ध प्रमाण यही संकेत करते हैं कि भारत बलात्कार की घटनाओं की सख्त निगरानी और प्रकाशन की समस्या से जरूर ग्रस्त है, जिसके साथ रोकथाम की योजना का नितांत अभाव जुड़ा है। भारत की मुख्य समस्या, जैसा कि हम हमेशा से जानते रहे हैं, यह नहीं है कि यहाँ बलात्कार की घटनाएँ असामान्य रूप से ज्यादा घटती हैं बल्कि यह है कि यहाँ की पुलिस असंवेदनशील है, सुरक्षा के इन्तजाम खराब हैं, न्याय-व्यवस्था लचर है, और सबसे ऊपर समाज भी असंवेदनशील है। भारत की कड़ी निन्दा कई वजहों से की जा सकती है, इसके लिए उसे दुनिया की 'बलात्कार राजधानी' बनने की जरूरत नहीं है।

स्पष्ट यह भी है कि दिल्ली की समस्या खास तरह की है, जिसे भारत के दूसरे महानगरों के लिए लागू नहीं माना जा सकता। 2011 में दिल्ली में प्रति एक लाख आबादी पर बलात्कार की दर 2.8 थी, मुम्बई की 1.2, बंगलुरू की 1.1, चेन्नई की 0.9 और कोलकाता की 0.3 थी। चूँकि यह दिखाने के कोई आधार नहीं हैं कि दिल्ली में बलात्कार के मामले दर्ज करने की व्यवस्था दूसरे शहरों से अलग है, इसलिए यह वाकई गौर करनेवाली बात है कि दिल्ली के आँकड़े कोलकाता के आँकड़े से नौ गुना ज्यादा बुरे हैं। वास्तव में, महिलाओं के प्रति भारतीय समाज चाहे जितना भी असंवेदनशील हो या न हो, इस बात का कोई कारण नहीं है कि दिल्ली को भारत के दूसरे शहरों की तरह सुरक्षित क्यों नहीं बनाया जा सकता। प्रशासन, पुलिस, मुकदमे आदि की व्यवस्थाओं से सम्बन्धित समस्याएँ, सामाजिक उदासीनता आदि भारत के लिए कुल मिलाकर बड़ी समस्या बनी हुई हैं लेकिन भारत के कुछ हिस्से ऐसे भी हैं जहाँ महिलाओं की सुरक्षा दूसरे भागों से ज्यादा बड़ी समस्या बनी है। भारत के अन्दर जो भारी विविधताएँ हैं उन्हें स्त्री-पुरुष असमानता के अन्य मामलों में भी देखा जा सकता है। यहाँ हम इस पर भी विचार करेंगे।

सहयोगात्मक द्वन्द्व और स्त्री की ताकत

महिला की ताकत का जोर और असर कई तरह के सामाजिक प्रभावों पर निर्भर करता है। इन प्रभावों में परिवार का स्वरूप एक महत्त्वपूर्ण तत्व है। परिवार सहयोग की वह व्यवस्था है जिसमें साझा हितों और भिन्न प्राथमिकताओं के तत्व शामिल होते हैं। परिवार के भीतर विभाजनों को सहयोग और द्वन्द्व के मेल के रूप में देखा जा सकता है। सहयोग के साथ रहने से हरेक को लाभ हो सकता है। साथ रहने से जो लाभ और कामकाज के मौके पैदा होते हैं उनका भिन्न-भिन्न तरीके से बँटवारा हो सकता है और इस मामले में स्त्री और पुरुष के हित साझा न होकर द्वन्द्वात्मक हो सकते हैं। 'सहयोगात्मक द्वन्द्व' के मॉडल का उपयोग परिवार के भीतर के विभाजनों की व्याख्या करने में किया जा सकता है।[28]

पारम्परिक व्यवस्था के तहत स्त्रियों को लाभों में छोटा हिस्सा मिलता है (उदाहरण के लिए, उनके स्वास्थ्य और शिक्षा पर कम ध्यान दिया जाता है), जबकि उन पर कामकाज ज्यादा लाद दिया जाता है (खासकर घरेलू काम और बच्चों तथा बूढ़ों की देखभाल के काम, जिनमें पुरुष उनका हाथ नहीं बँटाते)। वैसे, इस बात के प्रत्यक्ष प्रमाण मिलते हैं कि जब महिलाओं—खासकर युवतियों—की आवाज मजबूत होती है तब लाभों और जिम्मेदारियों का बँटवारा ज्यादा समतापूर्ण होता है। उनकी आवाज तब मजबूत होती है जब वे पढ़ी-लिखी होती हैं और बिना कमाई वाले घरेलू कामकाज या चाकरी की जगह ऐसे रोजगार करती हैं जिसे मान्यता भी हासिल है और जिससे आमदनी भी होती है।[29]

कौन कितना 'उत्पादक' काम कर रहा है, या परिवार की समृद्धि में कौन कितना योगदान दे रहा है, इस बारे में धारणा इस सन्दर्भ में काफी 'निर्णायक' हो सकती है, भले ही योगदानों या उत्पादकता के आंकलन के आधार पर शायद ही कभी खुलकर चर्चा होती हो।[30] व्यक्तिगत योगदान और स्त्रियों तथा पुरुषों की उपयुक्त हिस्सेदारी की यह व्याख्या परिवार के साझा लाभों के उनके बीच बँटवारे में बड़ी भूमिका अदा करती है। और, योगदान तथा उपयुक्त हिस्सेदारी के बारे में धारणाओं को स्थितियाँ (मसलन, स्वतंत्र कमाई करने, घर से बाहर जाकर काम करने, शिक्षा हासिल करने, सम्पत्ति की मालकिन बनने की महिला की क्षमता) प्रायः इन विभाजनों को निर्णायक रूप से प्रभावित करती हैं। इसलिए, महिलाओं के सशक्तिकरण तथा अभिक्रम के प्रभावों में उन असमानताओं को दूर करना भी शामिल है, जो पुरुषों की तुलना में महिलाओं के जीवन तथा कुशलक्षेम को कमजोर करती हैं। उदाहरण के लिए, वीणा अग्रवाल ने अपनी पुस्तक 'अ फील्ड ऑफ वन्स ओन' में बताया है कि भूमि स्वामित्व में विषमता—जिसके चलते महिलाओं को प्रायः जमीन पर कम हक होता है—विभिन्न प्रकार की लैंगिक असमानताओं में किस तरह बड़ा फर्क पैदा कर सकती है।[31] इसी तरह, यह भी बताया है कि व्यापक

स्त्री–पुरुष असमानता को रोकने में स्त्री शिक्षा किस तरह बड़ा सकारात्मक प्रभाव डाल सकती है।[32]

लैंगिक विषमता के नतीजे इसके दायरे से भी बाहर जाकर प्रभावित कर सकते हैं क्योंकि दूसरे लोगों का जीवन भी इससे जुड़ा होता है। इस सन्दर्भ में यह देखना खासकर महत्त्वपूर्ण है कि महिलाओं का अभिक्रम शिशु मृत्यु–दर और परिवार नियोजन में क्या भूमिका निभाता है। ये दोनों समस्याएँ विकास की प्रक्रिया के लिए केन्द्रीय महत्त्व रखती हैं, और चूँकि ये महिलाओं के कुशलक्षेम को स्पष्ट तौर पर प्रभावित करती हैं इसलिए उनकी प्रासंगिकता निस्सन्देह काफी व्यापक है।

बेहद ऊँची जन्म–दर महिलाओं को दूसरे काम करने की आजादी से वंचित करती है क्योंकि उन्हें निरन्तर गर्भधारण और बच्चों की देखभाल पर ध्यान देना होता है। एशियाई तथा अफ्रीकी महिलाओं के साथ यह ज्यादा होता है। इसलिए आश्चर्य नहीं कि जब जन्म–दर में गिरावट आती है तब महिलाओं की हैसियत तथा ताकत में बढ़ोतरी होती है। बार–बार गर्भधारण और बच्चों की देखभाल के चलते युवा महिलाओं का जीवन सबसे ज्यादा प्रभावित होता है। इसलिए जो भी सामाजिक बदलाव उनके प्रजनन सम्बन्धी फैसले में उनकी आवाज को मजबूती देगा, वह जन्म–दर में गिरावट लाने में मददगार हो सकता है।

हाल में जो जनसांख्यिकीय अध्ययन हुए हैं उन्होंने भी स्पष्ट किया है कि महिलाओं का सशक्तिकरण तथा अभिक्रम शिशु मृत्यु–दर को घटाने में मददगार होता है।[33] यह प्रभाव कई माध्यमों से काम करता है लेकिन सबसे पहला प्रभाव इस बात का पड़ता है कि महिलाएँ अपने बच्चों की बेहतरी को कितना महत्त्व देती हैं। और उनके अभिक्रम को जब सम्मान दिया जाता है तब उन्हें वह ताकत तथा अवसर हासिल होता है कि वे पुरुषों की जीवन–शैली के दबाव में आए बिना इस मामले में परिवार के फैसलों को प्रभावित कर सकती है।

महिलाओं के अभिक्रम का सकारात्मक प्रभाव महिलाओं के सशक्तिकरण और जनसांख्यिकीय परिवर्तन के बीच सम्बन्ध से आगे भी जा सकता है। जैसा कि अध्याय 3 में विचार किया गया है, महिलाओं के अभिक्रम ने बांग्लादेश में जीवन–स्तर के कई पहलुओं में हाल में हुई प्रगति में महत्त्वपूर्ण भूमिका निभाई है। यही नहीं, उसने भारत में खासकर हिमाचल प्रदेश, केरल और तमिलनाडु में अपेक्षाकृत तीव्र सामाजिक प्रगति में भी भूमिका निभाई है। इस दूरगामी प्रभाव के कई पहलू धीरे–धीरे उजागर हो रहे हैं।

चयनात्मक गर्भपात, समाज और प्रबोधन

महिलाओं के अभिक्रम का भले ही व्यापक असर होता हो, यह समझना जरूरी है कि सामाजिक असमानताओं की अपर्याप्त समझ और पारम्परिक मूल्यों (मसलन, बेटे

को प्राथमिकता देना) की पुनर्समीक्षा से परहेज उस अभिक्रम की पहुँच को कितना सीमित या बाधित करता है। स्पष्टता और आत्मविश्वास की यह कमी लड़कियों को लड़कों से कमतर मानने की विचित्रता के अहसास के अभाव को (साथ ही, इस अज्ञानता को कि जिन तमाम देशों या क्षेत्रों में इस तरह की स्त्री-पुरुष असमानता नहीं है वहाँ क्या होता है) प्रभावित करती है। लेकिन ज्यादा जागरूकता के बावजूद महिलाओं का अभिक्रम अलग तरह से सोच पाने के साहस या दुस्साहस की जरूरत से भी बाधित हो सकता है। इस साहस के बिना वह अभिक्रम इतना शक्तिशाली नहीं हो पाएगा कि उन व्यवहारों और सामाजिक व्यवस्थाओं को तोड़ सके, जो रूढ़ हो चुकी हैं और जिन्हें 'स्वाभाविक व्यवस्था' का सर्वमान्य हिस्सा मान लिया गया है।

महिलाओं के अभिक्रम की सीमित पहुँच का उदाहरण चीन या दक्षिण कोरिया में देखा जा सकता है, जहाँ महिला सशक्तिकरण के मानक क्षेत्रों—महिला साक्षरता और आर्थिक स्वाधीनता—में बड़ी उपलब्धियाँ हासिल कर ली गई हैं। इन उपलब्धियों ने उन देशों में सामाजिक प्रगति के कई आयामों में योगदान दिया है। यही नहीं, इन्होंने स्त्री-पुरुष असमानता के कुछ मानक पहलुओं—मसलन, जीवन से सम्बन्धित विषमताओं को खत्म करने में भी काफी सहायता की है (दक्षिण कोरिया और चीन में पुरुषों के मुकाबले स्त्रियों की अस्वाभाविक रूप से ऊँची मृत्यु-दर को लगभग समाप्त कर दिया गया है)। फिर भी, अकेले महिलाओं के अभिक्रम ने लिंगभेद के आधार पर होनेवाले गर्भपातों पर काबू पाने में सफलता नहीं पाई है, जिनमें खासकर स्त्री भ्रूण को निशाना बनाया जाता है (इसे 'जन्म-दर सम्बन्धी भेदभाव' कहा जा सकता है।) 1980 के दशक में भ्रूण लिंग परीक्षण की तकनीक में विकास के बाद कोरिया और चीन में लिंगभेद पर आधारित गर्भपात प्रचलित हो गए। इससे इन देशों में केवल बेटा नहीं बल्कि बेटी भी पैदा करने के मूल्यों को प्रसारित करने के सचेत कदम उठाए गए। यहाँ प्रबुद्ध अभिक्रम का जटिल प्रश्न जुड़ा है, जो विमर्श को इस बात से आगे बढ़ाता है कि महिलाओं को अपना अभिक्रम करने के लिए ज्यादा अधिकार देना ही काफी है।

भारत में भी कई हिस्सों (खासकर उत्तरी तथा पश्चिमी हिस्सों) में स्त्री भ्रूण का गर्भपात कराने के लिए नई तकनीक के इस्तेमाल की प्रवृत्ति बढ़ी है। और अकेले स्त्री शिक्षा इस प्रतिगामी चलन को रोकने में बड़ी बाधा नहीं बन पाई है।[34] वास्तव में इस बात के प्रमाण मिलते हैं कि लिंगभेद पर आधारित गर्भपात कराने का फैसला प्राय: खुद माँएँ भी करती हैं। इस सन्दर्भ में उस मानसिकता को बदलने की जरूरत है, जिसे न्यायमूर्ति लीला सेठ ने ''पितृसत्तात्मक मानसिकता'' कहा है।[35]

इससे यह सवाल खड़ा होता है कि महिला अभिक्रम और उसके सामाजिक प्रभाव की व्याख्या किस तरह की जाए। अभिक्रम की अवधारणा को फैसलों पर फौरी 'नियंत्रण' से आगे की चीज के रूप में देखना महत्त्वपूर्ण है। 'अभिक्रम' जैसे महत्त्वपूर्ण विचार के सम्पूर्ण अर्थ में अन्य बातों के अलावा स्थापित मूल्यों और पारम्परिक

प्राथमिकताओं[36] पर सवाल उठाने की आजादी भी शामिल होनी ही चाहिए। अभिक्रम की आजादी में निश्चित ही मुक्त चिन्तन की आजादी भी शामिल होनी चाहिए, जो दबावपूर्ण समानुरूपता से बुरी तरह बाधित न हो और इस बात से अनभिज्ञ न हो कि दुनिया-भर में क्या कुछ ऐसा चल रहा है जो हमारे यहाँ के चलन से भिन्न है। जन्म-दर के मामले में भेदभाव और लिंगभेद पर आधारित गर्भपात के लिए भारी आग्रह को दूर करने में महिलाओं के प्रबुद्ध अभिक्रम की तो खासतौर पर महत्त्वपूर्ण भूमिका है ही, विरासत में मिले मूल्यों और दृष्टिकोणों से मुक्त होने की महिलाओं की शक्ति भी विशेष महत्त्व रखती है। स्त्री-पुरुष असमानता के इस नए चेहरे—और 'आधुनिक तकनीक'—से निबटने में सचमुच जो चीज फर्क डाल सकती है वह है विरासत में मिले और जकड़े लोकाचारों के वर्चस्व को चुनौती देने की इच्छा, क्षमता और साहस। जब कार्रवाई करने में महिला विरोधी पूर्वाग्रह उन पारम्परिक पितृसत्तात्मक मूल्यों की जकड़ को प्रतिबिम्बित करते हों जिनसे खुद माँएँ भी अछूती नहीं हैं, तब सिर्फ कार्रवाई करने की आजादी ही नहीं बल्कि सोचने और उसे अमल में लाने की आजादी भी निर्णायक हो जाती है। प्रबुद्ध निर्णायक अभिक्रम हर तरह की असमानता से लड़ने के लिए महत्त्वपूर्ण है, और स्त्री-पुरुष असमानता कोई अपवाद नहीं है।

भारत में लिंगभेद आधारित गर्भपात के क्षेत्रीय स्वरूप पितृसत्तात्मक मूल्यों (उनका विरोध करने की महिलाओं की आजादी या इस आजादी की कमी) के प्रभाव के बारे में इस समझ से मेल खाते हैं। इस मामले में जो अखिल भारतीय चित्र है उस पर अगर पहले नजर डालें तो स्थिति काफी खतरनाक लगती है। जैसा कि सर्वज्ञात है, 0-6 आयुवर्ग में स्त्री-पुरुष अनुपात (जिसे हम बाल सेक्स अनुपात कहेंगे) समय के साथ घटता गया है और पिछले दशक में यह 2001 में प्रति 1000 लड़कों में 927 लड़कियों से गिरकर 2011 में 914 लड़कियों का हो गया है। इस बात के प्रमाण हैं कि यह गिरावट लिंगभेद आधारित गर्भपात में वृद्धि के कारण आई है। 1990 के बाद से जनगणना और राष्ट्रीय पारिवारिक स्वास्थ्य सर्वे के ताजा जनसांख्यिकीय विश्लेषण से पता चलता है कि 1980 से 2010 के बीच 40 से 120 लाख के बीच स्त्री भ्रूणों का गर्भपात कराया गया। अब इस तरह के गर्भपात सालाना तीन से छह लाख के बीच (कुल गर्भधारणों का 2 से 4 प्रतिशत के बीच) होते हैं।[37] इस मामले में सबसे बुरे (हरियाणा के झज्जर, महेन्द्रगढ़, रेवाड़ी) जिलों में बाल सेक्स अनुपात प्रति 1000 में 800 लड़कियों का है।[38]

भारत में बच्चों के कुल जन्म का विश्वसनीय आँकड़ा उपलब्ध नहीं होता ताकि जन्म लेनेवाले बच्चों में लड़के-लड़कियों का सीधा अनुपात निकाला जा सके। लेकिन हम 0-6 आयुवर्ग के लिए स्त्री-पुरुष अनुपात निकाल सकते हैं क्योंकि इसके ज्यादा विश्वसनीय आँकड़े उपलब्ध हैं, जो जन्म लेनेवाले बच्चों में स्त्री-पुरुष अनुपात का काफी सटीक आँकड़ा दे सकते हैं, हालाँकि शिशु मृत्यु-दर के आंकलन[39]

के कारण इसमें थोड़ी गड़बड़ी आ सकती है। 0–6 आयुवर्ग के लिए स्त्री–पुरुष अनुपात भारतीय जनगणना के आँकड़ों से उपलब्ध है। जनगणना–आधारित बाल सेक्स अनुपात को स्त्री–पुरुष शिशु मृत्यु–दरों के उपयोग द्वारा संशोधित करके जन्म लेनेवाले कुल बच्चों में स्त्री–पुरुष का जो अनुमानित अनुपात हासिल किया गया वह हाल के एक जनसांख्यिकीय अध्ययन (कुमार एवं सत्यनारायण, 2012) से भी उपलब्ध है। हम दोनों अनुमानों—0–6 आयुवर्ग में स्त्री–पुरुष अनुपात और मृत्यु–दर के हिसाब से संशोधित अनुमानित जन्म–दरों—का उपयोग कर सकते हैं।

लेकिन लड़कों के मुकाबले लड़कियों का उपयुक्त कटऑफ अनुपात किस तरह निकाला जा सकता है? इसके लिए हम यूरोपीय जनांकिकीय सांख्यिकी का उपयोग कर सकते हैं। लेकिन यूरोप के विभिन्न देशों में भी इस मामले में अन्तर हैं। प्रति 1000 लड़कों पर लड़कियों की संख्या को लेकर दुनिया–भर में जो जनांकिकीय अन्तर हैं उन्हें समझना जरूरी है ताकि किसी भारतीय राज्य में लिंगभेद–आधारित गर्भपात की सम्भावना का पता लगाने के लिए उपयुक्त कटऑफ बिन्दु तय किया जा सके।

दुनिया–भर में हर जगह लड़कियों से ज्यादा लड़के पैदा होते हैं और गर्भधारण में स्त्री–पुरुष अनुपात में पुरुषों का ही पलड़ा भारी रहता है (गर्भधारण में मानक अनुपात प्रति 1000 पुरुष पर 910 स्त्री का है)। लेकिन स्त्री भ्रूण प्रतिसम पोषण (जो उन्हें गर्भ में मिलता है) के कारण ज्यादा बचा रह पाता है और जब तक उनका जन्म होता है, यूरोपीय देशों में स्त्री–पुरुष अनुपात प्रति 1000 पुरुषों पर 940 से 950 तक लड़कियों का हो जाता है। 2005–10 के दौरान यूरोप में जन्म लेनेवाले प्रति 1000 लड़कों पर लड़कियों का अनुपात 943 था। जैसा कि पाया गया है, यूरोप के अलग–अलग देशों में यह अनुपात अलग–अलग है लेकिन ऐसा इसलिए नहीं है क्योंकि वहाँ लिंगभेद–आधारित गर्भपात होते हैं। किसी भारतीय राज्य में इस अनुपात का आँकड़ा वहाँ लिंगभेद–आधारित गर्भपातों के चलन को स्पष्ट करता है, यह पूरे भरोसे से कहने के लिए एक कटऑफ अनुपात तय करना होगा, जो यूरोपीय परिदृश्य में न्यूनतम स्तर के अनुरूप हो।

बड़े यूरोपीय देशों में निचले स्तर पर देखें तो इटली में जन्म लेनेवाले प्रति 1000 लड़कों में लड़कियों का अनुपात 941, स्पेन में 940, यूनान में 939, आयरलैंड में 935 था। कई देशों में यह अनुपात और भी नीचा था—मेकेडोनिया में 926, मोंटेनेगरो में 926 का। लेकिन कुछ मामलों में इन आँकड़ों और उनकी वजहों पर शायद सवाल उठाया जा सकता है। वैसे, इटली, स्पेन, यूनान के आँकड़ों के औसत के आधार पर 940 को कटऑफ बिन्दु के रूप में तय करना काफी ठीक लगता है।

कटऑफ अनुपात को 0–6 आयुवर्ग के बच्चों में स्त्री–पुरुष अनुपात के 2011 जनगणना के आँकड़े पर लागू करने के बाद लगता है कि उत्तर तथा पश्चिम भारत

के सभी राज्यों में लिंगभेद आधारित गर्भपातों का चलन जितना ज्यादा है उतना पूरब और दक्षिण के राज्यों में आमतौर पर नहीं दिखाई देता (देखें तालिका 8.3)। गौर करनेवाली पहली बात यह है कि इस तरह हम भारत को दो हिस्सों में बाँटने वाली एक रेखा खींच सकते हैं, जिसमें एक ओर उत्तर तथा पश्चिम के राज्य हैं (जहाँ लिंगभेद-आधारित गर्भपातों का चलन स्पष्ट नजर आता है) और दूसरी तरफ पूरब और दक्षिण के राज्य हैं (जहाँ ओडीशा को छोड़कर इनका चलन नहीं नजर आता)।[40] 2011 में प्रति 1000 पर 940 से कम के स्त्री-पुरुष अनुपात वाले राज्यों में पंजाब, हरियाणा, गुजरात, हिमाचल प्रदेश, उत्तराखंड, राजस्थान, उत्तर प्रदेश, महाराष्ट्र, मध्य प्रदेश, जम्मू-कश्मीर और बिहार शामिल थे जबकि इससे ऊपर के अनुपात वाले राज्यों में असम पश्चिम बंगाल, केरल, झारखंड, छत्तीसगढ़, आन्ध्र प्रदेश, तमिलनाडु और कर्नाटक शामिल थे। ओडीशा 1000 में 934 के अनुपात के साथ पहले वाले राज्यों में शामिल होने से रह गया। हालाँकि पूरब तथा दक्षिण के अन्य राज्यों की तरह ओडीशा में भी स्त्री-पुरुष अनुपात उत्तर तथा पश्चिम के बड़े राज्यों में इस अनुपात से ऊँचा है।

तालिका 8.3

बच्चों में लड़का-लड़की अनुपात और जन्म लेनेवाले बच्चों में लड़का-लड़की अनुपात

राज्य	लड़का-लड़की अनुपात, 0-6 आयुवर्ग में 2001	लड़का-लड़की अनुपात, 0-6 आयुवर्ग में 2011	जन्म लेनेवालों में लड़का-लड़की अनुपात का परोक्ष अनुपात 2011[a]
हरियाणा	819	830	842
पंजाब	798	846	854
जम्मू-कश्मीर	941	859	870
राजस्थान	909	883	889
महाराष्ट्र	913	883	902
गुजरात	883	886	891
उत्तराखंड	908	886	890
उत्तर प्रदेश	916	899	911
हिमाचल प्रदेश	896	906	916
मध्य प्रदेश	932	912	917
बिहार	942	933	941
ओडीशा	953	934	936
आन्ध्र प्रदेश	961	943	942
झारखंड	965	943	953

→

कर्नाटक	946	943	944
तमिलनाडु	942	946	946
पश्चिम बंगाल	960	950	947
असम	965	957	952
केरल	960	959	959
छत्तीसगढ़	975	964	963
भारत	**927**	**914**	**919**

a : लड़का-लड़की अनुपात के जनगणना के आँकड़े को उम्र तथा लड़का-लड़की मृत्यु-दरों के सैंपल रजिस्ट्रेशन सिस्टम (एसआरएस) के आँकड़े में मिलाकर अनुमान लगाया गया।

स्रोत : भारत सरकार (2011b), स्टेटमेंट 13। जन्म लेनेवालों में लड़का-लड़की अनुपात के परोक्ष अनुमान कुमार एवं सत्यनारायण (2012) से मिले। राज्यों को 2011 में 0-6 आयुवर्ग में लड़का-लड़की अनुपात के बढ़ते आँकड़े के अनुसार क्रम में रखा गया (दूसरे कॉलम में)।

इसके बदले अगर हम जन्म अनुपातों के परोक्ष अनुमानों का उपयोग करें, तो इसी तरह की तस्वीर मिलती है (देखें तालिका 8.3, अन्तिम कॉलम और साथ में दिया नक्शा भी)। वैसे, थोड़ा-सा अपवाद बिहार में दिख सकता है, जो 0-6 आयुवर्ग में कम स्त्री-पुरुष अनुपात के कारण सूची में सबसे ऊपर था और अब 941 के अनुपात के साथ 940 की कटऑफ रेखा को पार कर गया है (और पूरब तथा दक्षिण की जमात में शामिल हो गया है), जबकि ओडीशा 936 के अनुपात के साथ इस रेखा से नीचे पड़ा है। समग्र चित्र में ये छोटे-मोटे अपवाद दक्षिण तथा पूरब और उत्तर तथा पश्चिम के बीच के बुनियादी वैषम्य में कोई फेरबदल नहीं करते, खासकर इसलिए कि 0-6 आयुवर्ग के बच्चों की कुल संख्या के मद्देनजर पूरब तथा दक्षिण के हरेक बड़े राज्य में स्त्री-पुरुष अनुपात उत्तर तथा पश्चिम के प्रत्येक बड़े राज्य में इस अनुपात से ऊँचा है।

यह वैषम्य 2001 की जनगणना के आँकड़ों से भी स्पष्ट था।[41] वास्तव में, तालिका 8.3 दर्शाती है, उस समय भी स्थिति यही थी कि उत्तर तथा पश्चिम के हरेक बड़े राज्य में लड़के-लड़कियों का अनुपात दक्षिण तथा पूरब के हरेक बड़े राज्य में इस अनुपात से नीचा था। जहाँ तक स्त्री-पुरुष अनुपातों के सम्पूर्ण मूल्यों का सम्बन्ध है, दो जनगणनाओं के बीच के वर्षों में कुछ महत्त्वपूर्ण परिवर्तन हुए हैं। अन्य परिवर्तनों के बीच एक बड़ा परिवर्तन यह हुआ है कि दक्षिण तथा पूरब के कुछ राज्यों समेत कई राज्यों में 2001 से 2011 के बीच बच्चों में स्त्री-पुरुष अनुपात में उल्लेखनीय गिरावट आई है। उदाहरण के लिए, ओडीशा में बच्चों में स्त्री-पुरुष अनुपात 2001 में 953 से 2011 में घटकर 934 हो गया, और वहाँ शहरी क्षेत्रों में सबसे ज्यादा गिरावट (933 से 909) आई क्योंकि शहरों में लिंगभेद आधारित

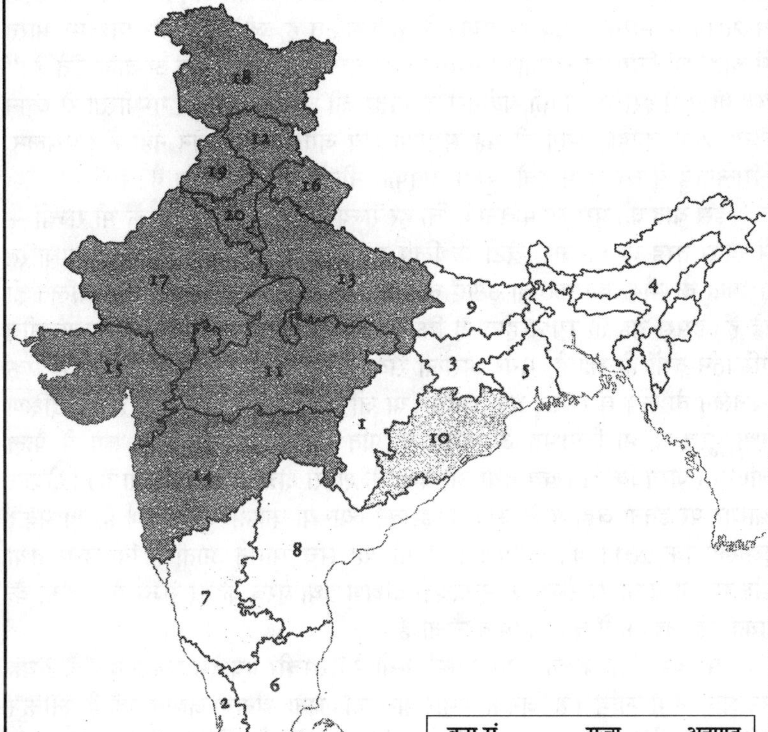

क्रम सं.	राज्य	अनुपात
1.	छत्तीसगढ़	963
2.	केरल	959
3.	झारखंड	953
4.	असम	952
5.	पश्चिम बंगाल	947
6.	तमिलनाडू	946
7.	कर्नाटक	944
8.	आन्ध्र प्रदेश	942
9.	बिहार	941
10.	ओडिशा	936
11.	मध्य प्रदेश	917
12.	हिमाचल प्रदेश	916
13.	उत्तर प्रदेश	911
14.	महाराष्ट्र	902
15.	गुजरात	891
16.	उत्तराखंड	890
17.	राजस्थान	889
18.	जम्मू-कश्मीर	870
19.	पंजाब	854
20.	हरियाणा	842

उच्च 940
930-940
निम्न 930

यूरोपियन अनुपात	
इटालियन	941
स्पेन	940
ग्रीस	939
आयरलैंड	935

लड़का-लड़की जन्म-दर अनुपात

गर्भपात ज्यादा हुए होंगे। झारखंड में भी शहरी क्षेत्रों में यह अनुपात 2001 में 930 से 2011 में गिरकर 904 हो गया। ये कुछ संकेत हैं, जो उत्तर और पश्चिम भारत से बाहर भी लिंगभेद आधारित गर्भपातों के चलन के विस्तार का अन्दाजा देते हैं।[42] यह भारत में इस चलन की बढ़ोतरी के खतरे की घंटी है। इस पर गम्भीरता से ध्यान दिया जाना चाहिए, भले ही यह समस्या सब जगह एक समान नहीं है (मसलन, तमिलनाडु में बच्चों में स्त्री–पुरुष अनुपात नीचा न होकर ऊँचा है)।

इस बात की पूरी सम्भावना है कि हर राज्य—दक्षिण और पूरब के भी राज्यों—में खास तरह के परिवार 'बेटों के लिए प्राथमिकता' के तहत लिंगभेद–आधारित गर्भपात के मौके का फायदा उठाएँ क्योंकि भ्रूण परीक्षण के नए उपाय प्रचलित हो रहे हैं। इससे यह तो स्पष्ट होता है कि बच्चों में स्त्री–पुरुष अनुपात में अवांछनीय परिवर्तन क्यों हो रहा है, मगर असली सवाल है कि यह दक्षिण तथा पूरब में एक विचलन के रूप में रहकर रुक जाएगा या जो छोटी–सी शुरुआत हुई है वह दक्षिण तथा पूरब में भी लिंगभेद–आधारित गर्भपात के व्यापक चलन के रूप में फैल जाएगी (जैसा कि झारखंड तथा ओडीशा के शहरी क्षेत्रों में होता दिखा है)। क्षेत्रीय आधार पर इतना बड़ा फर्क क्यों है, इसकी व्याख्या काफी चुनौतीपूर्ण है, खासकर इसलिए कि 2011 की जनगणना से भी यह सच सामने आता है कि उत्तर तथा पश्चिम भारत के हर राज्य के मुकाबले दक्षिण तथा पूरब के हर राज्य में लड़कों के मुकाबले लड़कियों का अनुपात ऊँचा है।

आखिर, क्षेत्रों के बीच इतना फर्क क्यों है? तस्वीर एकदम उलटी क्यों है? यह उन सवालों में शामिल है जिनका हमारे पास कोई बना–बनाया जवाब नहीं है, लेकिन सांस्कृतिक वैषम्य का मसला जरूर ऐसा है जिसकी जाँच होनी चाहिए। स्त्री–पुरुष सम्बन्ध के उन पहलुओं पर काम हुआ है जिसमें इसी तरह के वैषम्य पर ध्यान दिया गया है।[43] चाहे उसमें एक ओर उत्तर तथा पश्चिम और दूसरी तरफ दक्षिण तथा पूरब के बीच के व्यापक वैषम्य के विभिन्न स्वरूप शामिल हैं। लेकिन यहाँ तो देश के दो हिस्सों के बीच का तीखा वैषम्य उभरकर सामने आ रहा है, जिसकी कोई स्पष्ट व्याख्या नहीं है। संयोग से बांग्लादेश का आँकड़ा (वहाँ 0–4 आयुवर्ग में स्त्री–पुरुष अनुपात 972 का है) भारत के पूर्वी क्षेत्र के आँकड़े से बहुत मेल खाता है।

चाहे हम कहानी को किसी भी तरह पेश करें, भारत में लड़कियों के मूल्यांकन के साथ कुल मिलाकर सामान्य समस्या है, और इसके मजबूत प्रमाण उत्तर तथा पश्चिम भारत में मिलते हैं।* खासतौर से निराश करनेवाली बात यह है कि स्त्री–

* आशा की किरण, हल्की ही सही, यह है कि 2001 से 2011 के बीच, 0–6 आयुवर्ग के बच्चों में लड़का–लड़की अनुपात उन राज्यों (पंजाब, हरियाणा, गुजरात, जम्मू–कश्मीर) में सुधरा है, जहाँ महिलाओं का अनुपात सबसे कम है, हालाँकि इनमें से प्रत्येक राज्य में यह अनुपात ही प्रमाण देता है कि वहाँ अभी भी स्त्री भ्रूण के गर्भपात का व्यापक चलन जारी है।

पुरुष मामले में न्याय का जो पारम्परिक साधन है—लड़कियों की शिक्षा, वह जन्म के मामले में भेदभाव से स्त्री-भ्रूण को राहत नहीं दिलाता। यह लोगों की तमाम पूर्वाग्रहों से मुक्त व्यापक जागरूकता के महत्त्व की ओर ध्यान खींचता है। यही इस पुस्तक की सामान्य अभिधारणा का केन्द्रीय तत्व है।

पुराने-नए असन्तुलन

इस अध्याय में अब तक हमने मुख्यत: वर्ग, जाति, लिंग की पारम्परिक असमानताओं पर ही ध्यान दिया है। ये पुरानी तथा गहरे पैठीं असमानताएँ भारतीय समाज तथा राजनीति पर भारी असर रखती आ रही हैं। इनमें से कुछ असमानताएँ महत्त्वपूर्ण रूप से कम हो रही हैं। लेकिन नई और उभरती असमानताएँ अशक्तता तथा अभाव के दुश्चक्र को मजबूत भी कर रही हैं। उदाहरण के लिए, पिछले 20 वर्षों में भारत में कॉरपोरेट ताकत में भारी वृद्धि हुई है। यह ऐसी ताकत है जो कुछ सम्माननीय अपवादों के साथ मुख्यत: मुनाफे की अनियंत्रित चाहत से संचालित होती है। सार्वजनिक नीति और लोकतांत्रिक संस्थाओं पर कॉरपोरेट हितों का बढ़ता प्रभाव नीतियों को अभावग्रस्त लोगों की जरूरतों के हिसाब से निर्धारित करने में मदद नहीं करता।*

सार्वजनिक नीतियों के सन्तुलन पर कॉरपोरेट तत्त्वों के प्रभाव को समझना जरूरी है लेकिन उसे अनिवार्य स्वाभाविक ताकत के तौर पर मानना गलत होगा। भारत की लोकतांत्रिक व्यवस्था व्यावसायिक कम्पनियों की ओर से आनेवाले दबावों से उभरते नए पूर्वाग्रहों का प्रतिरोध करने के उपाय प्रस्तुत करती है। किसी स्थापित सार्वजनिक सेवा को निष्प्रभावी करने की खुल्लमखुल्ला कोशिश और इस कोशिश को निष्फल करने की सम्भावना, दोनों की अच्छी मिसाल अगर देखनी हो तो भारत में स्कूलों में दोपहर का भोजन देने के कार्यक्रम को अपने कब्जे में करने की बिस्कुट कम्पनियों की कोशिश की लम्बी कहानी में देखी जा सकती है।[44] इस कार्यक्रम के तहत 12 करोड़ स्कूली बच्चों को स्थानीय महिलाओं द्वारा पकाया गया खाना दिया जाता है, जिसका अच्छा प्रभाव बच्चों के पोषण और स्कूलों में उनकी हाजिरी के प्रतिशत पर पड़ा है। इस कार्यक्रम पर बिस्कुट उद्योग तथा डिब्बाबन्द

* 1776 में ही, जब कॉरपोरेट ताकत आज की तरह प्रभावशाली नहीं हुई थी, एडम स्मिथ ने सार्वजनिक नीति में व्यापारिक हितों के दखल के बारे में चेताया था- ''व्यापार या उत्पादन की किसी भी शाखा में डीलरों के हित हमेशा कुछ मामलों में जनता के हितों से भिन्न या उलटे होंगे : इस जमात की ओर से व्यापार के किसी नए कानून या नियम के प्रस्ताव पर हमेशा बड़ी सावधानी से विचार करना चाहिए और उसे लम्बी तथा सावधानीपूर्वक की गई जाँच के बिना लागू नहीं किया जाए, वह भी न केवल पूरी सावधानी से बल्कि सबसे संदिग्ध दृष्टि रखते हुए। (एडम स्मिथ, 1776, पेज 292)

खाना बेचने वालों की वर्षों से लालची नजर गड़ी थी। कुछ साल पहले बिस्कुट उत्पादक संघ (बीएमए) ने भारी अभियान चलाया कि स्कूलों में पकाए हुए खाने की जगह ब्रांड वाले बिस्कुट दिए जाएँ। बीएमए ने सभी सांसदों को पत्र लिखकर कहा कि वे सम्बन्धित मंत्री से बिस्कुटों के पक्ष में पैरवी करें और उत्पादित बिस्कुटों के चमत्कारों पर साफ-सुथरी छद्म वैज्ञानिक टिप्पणी लिखकर उनकी मदद करें। कम्युनिस्ट पार्टियों को छोड़ तमाम दलों के दर्जनों सांसदों ने उन्हें उपकृत करते हुए मंत्री को पत्र लिखा और बीएमए के फर्जी दावों को ही दोहराया। एक वरिष्ठ अधिकारी के मुताबिक, मंत्रालय में ऐसे पत्रों का ढेर लग गया, जिनमें से 29 पत्रों को सूचना के अधिकार के तहत हासिल किया गया। किस्मत से मंत्रालय ने मामले को राज्य सरकारों और पोषण-विशेषज्ञों को सौंपे जाने के बाद खारिज कर दिया और जनसतर्कता ने खेल का भंडाफोड़ किया। दरअसल, मंत्री जी ने एक राज्य के मुख्यमंत्री को, जो बिस्कुट लॉबी के समर्थक थे, लिखा कि "बना-बनाया खाना दिए जाने के पक्ष में बढ़ती माँग से हम हैरान हैं। यह माँग मुख्यत: पैकेज्ड खाने की आपूर्ति और मार्केटिंग करनेवाले उठा रहे हैं जिनका मकसद इस खाने के लिए बाजार बनाना और फैलाना है।"

बड़ी लड़ाई जारी है। मानव संसाधन मंत्री की फटकार खाने के बाद भी बीएमए ने हार नहीं मानी। उसने समेकित बाल विकास सेवा (आईसीडीएस) के तहत छह साल तक की उम्र के बच्चों को बिस्कुट की आपूर्ति करने का प्रस्ताव महिला तथा बाल विकास विभाग के मंत्री को भेजा। दूसरी खाद्य सामग्री के उत्पादक भी इस कोशिश में लगे हैं, और काफी निगरानी तथा सामाजिक कार्यकर्ताओं (सुप्रीम कोर्ट समेत) की ओर से प्रतिरोध के बावजूद उन्होंने कई राज्यों में बाल भोजन कार्यक्रमों में काफी पैठ बना ली है।

सामाजिक नीति के अन्य क्षेत्रों को लेकर भी इसी तरह की चिन्ताएँ व्याप्त हैं। उदाहरण के लिए, भारत में एक प्रभावी सार्वजनिक स्वास्थ्य सेवा व्यवस्था के निर्माण की सम्भावनाओं को स्वास्थ्य के क्षेत्र में सक्रिय व्यावसायिक बीमा कम्पनियों के बढ़ते प्रभाव से मदद नहीं मिलने वाली है। जैसा कि अध्याय 6 में विचार किया गया है, भारत उन देशों में है जहाँ स्वास्थ्य व्यवस्था सबसे ज्यादा निजी हाथों में है। इसके नतीजे जाहिर हैं—ऊँचा खर्च, कम उपलब्धियाँ और भारी असमानताएँ। फिर भी अमेरिकी स्वास्थ्य सेवा के मॉडल को अपनाने का भारी दबाव है, जो व्यावसायिक बीमा पर आधारित है—बावजूद इसके कि दुनिया-भर का स्वास्थ्य समुदाय मानता है कि यह अपेक्षाकृत कम उपलब्धियों और काफी ऊँचे खर्च वाली व्यवस्था है।

बहरहाल, हाल की घटनाएँ बताती हैं कि कॉरपोरेट जगत के अनुचित प्रभावों के खिलाफ संघर्ष में जीत तो हासिल की ही जा सकती है, जैसा कि बिस्कुट लॉबी के मामले में हुआ। बल्कि कॉरपोरेट ताकत के दुरुपयोगों को रोकने के लिए

संस्थागत व्यवस्था भी तैयार की जा सकती है। उदाहरण के लिए, सूचना का अधिकार कानून के तहत निजी कम्पनियों से सूचनाएँ सीधे तो हासिल नहीं की जा सकतीं मगर यह सरकारी तंत्र और कॉरपोरेट क्षेत्र के बीच मिलीभगत पर नजर रखने और उसे रोकने का ताकतवर माध्यम बन सकता है। यह बिस्कुट लॉबी की कहानी से स्पष्ट है। राजनीतिक दलों को कॉरपोरेट क्षेत्र से मिलनेवाले चन्दे, कॉरपोरेट पैरोकारी, वित्तीय पारदर्शिता, पर्यावरण सम्बन्धी मानदंडों और कामगारों के अधिकारों, आदि को लेकर नियम-कानून कॉरपोरेट क्षेत्र को सामाजिक न्याय के बुनियादी मानकों के अनुशासन में रखने में महत्त्वपूर्ण भूमिका निभा सकते हैं।

विशेषाधिकार प्राप्त लोग और शेष समाज

जैसा कि हम विचार कर चुके हैं और विस्तार से स्पष्ट कर चुके हैं, भारत में तमाम तरह की असमानताएँ भरी पड़ी हैं। कुछ भारतीय तुलनात्मक रूप से अमीर हैं, मगर अधिकतर ऐसे नहीं हैं। कुछ लोग आराम से जीवन जी रहे हैं, तो कुछ लोगों को थोड़ा भी हासिल करने के लिए कड़ी मेहनत करनी पड़ती है। कुछ लोग राजनीतिक ताकत रखते हैं, तो कुछ लोग अपने इर्द-गिर्द से आगे अपना कोई प्रभाव नहीं रखते। कुछ लोगों को जीवन में आगे बढ़ने के लिए काफी अवसर हासिल हैं, तो दूसरों के लिए कोई अवसर नहीं। कुछ लोगों के साथ पुलिस सम्मानजनक व्यवहार करती है चाहे उन्होंने कुछ भी किया हो, तो बाकी लोगों से मामूली सन्देह के आधार पर भी बदसलूकी करती है। ये सब अलग-अलग तरह की असमानताओं को उजागर करते हैं और हर एक मामले पर गम्भीरता से ध्यान देने की जरूरत है।

लेकिन इससे भी आगे जाकर भारत में असमानता के स्वरूप को समझने में केन्द्रीय मुद्दा यह है कि हम देखते हैं कि आमदनी और धन के मामले में गरीब लोग ही प्राय: निरक्षरता और खराब स्कूली शिक्षा के कारण पिछड़ते हैं, थोड़े-से पैसे कमाने के लिए उन्हें हाड़तोड़ मेहनत करनी पड़ती है, देश के प्रशासन में उनकी कुछ नहीं चलती, आगे बढ़ने के लिए उन्हें सामाजिक तथा आर्थिक अवसर नहीं मिलते, और वर्गगत पूर्वाग्रहों से ग्रस्त पुलिस उनके साथ क्रूर उपेक्षा का बरताव करती है। भारत में 'साधन-सम्पन्न लोगों' और 'अभावग्रस्त लोगों' के बीच की विभाजक रेखा न केवल एक नारा है बल्कि समस्या के विश्लेषण का एक महत्त्वपूर्ण अंग भी है, जो संकेत देता है कि एक बड़ा विभाजन है जो कि भारतीय समाज को समझने में बहुत अहमियत रखता है। अभावग्रस्तता का सामंजस्य विशेष दायरों में विशेषाधिकार प्राप्त लोगों और बाकी लोगों के बीच की विषमता को और बढ़ाता ही है और अलग-अलग लोगों को अलग-अलग खाँचों में बाँटता है। यह भारत में समता की स्थापना के लिए वास्तविक चुनौती है।

अध्याय : नौ

लोकतंत्र, असमानता और जनता की आवाज

लोकतंत्र को आज हम जिस रूप में देख रहे हैं, वह लम्बे समय से तमाम तरह के अनुभवों और प्रयोगों के बाद विकसित होकर यहाँ तक पहुँचा है। प्राचीन यूनान में ईसा से करीब 600 साल पहले लोकतांत्रिक राजनीति के महत्त्वपूर्ण व्यवहार चलन में थे, भले ही उनमें अल्प संख्या में पुरुष ही भाग लेते थे और महिलाएँ तथा दास उनसे बाहर थे। 2000 साल से ज्यादा पहले भारत, पर्सिया और बैक्ट्रिया जैसे देशों में भी स्थानीय लोकतांत्रिक शासन के छिटपुट प्रयास किए जा रहे थे। जापान में सन् 604 में बौद्ध राजकुमार शोटुकू ने 'सत्रह अनुच्छेदों वाला संविधान' लागू किया था, जिसमें इस बात पर जोर दिया गया था कि सरकार के फैसले व्यापक विचार-विमर्श के बाद किए जाएँ। सदियों से दुनिया-भर में सर्वसम्मति से फैसले करने जैसी लोकतांत्रिक प्रक्रियाओं का सीमित उपयोग किया जाता रहा है।

बहरहाल, लोकतंत्र को अपने वर्तमान स्वरूप तक आने में लम्बा समय लगा और इस बीच कई घटनाओं ने इसमें अपनी भूमिका निभाई, जिनमें 1215 में इंग्लैंड में 'मैग्ना कार्टा' की घोषणा से लेकर 18वीं सदी में फ्रान्स तथा अमेरिका में हुईं क्रान्तियाँ, 19वीं-20वीं सदी में यूरोप तथा उत्तरी अमेरिका में पहले पुरुषों और फिर महिलाओं को मताधिकार देना आदि शामिल हैं। लेकिन लोकतांत्रिक शासन के विचार ने 20वीं सदी के मध्य में जाकर ठोस रूप लिया, जिसे यूरोप, अमेरिका, एशिया या अफ्रीका में लागू किया गया।[1] लोकतंत्र का विकास और प्रसार निरन्तर जारी रहनेवाली प्रक्रिया है।

यूरोप के उपनिवेशवादी शासकों को इस पर भारी सन्देह था कि भारत को आजादी दी गई तो यहाँ लोकतंत्र पनप पाएगा। लेकिन आजाद भारत ने 1947 में अंग्रेजों से मुक्ति के बाद लोकतांत्रिक व्यवस्था को पूरी तेजी और मजबूती से लागू करना शुरू कर दिया। यह सवाल स्वाभाविक रूप से उठाया जाता है कि भारत में लोकतंत्र कितना कारगर रहा है? इसमें शक नहीं कि यहाँ लोकतंत्र के बुनियादी मानदंडों का काफी सफलता से पालन किया गया है और लोकतांत्रिक अधिकारों को खत्म करने के प्रयासों को—जैसा कि सत्तर के दशक में आपातकाल लगाकर

किया गया—आम चुनावों में तुरन्त खारिज कर दिया गया और खत्म किए गए सारे अधिकार दोबारा बहाल किए गए। तात्कालिक स्तर पर देखें तो राजनीतिक इतिहास में इसे एक बड़ी उपलब्धि के रूप में देखना मुश्किल नहीं है, खासकर इन तथ्यों के मद्देनजर कि भारत दुनिया का पहला गैर-पश्चिमी और पहला गरीब देश था जिसने लोकतांत्रिक शासन प्रणाली में अपनी पूरी आस्था जताई, जहाँ बहुदलीय चुनाव होते हों, सेना नागरिक शासन के अधीन हो, न्यायपालिका स्वतंत्र हो, अल्पसंख्यकों के अधिकार सुरक्षित हों और अभिव्यक्ति की स्वतंत्रता हो। यह निस्सन्देह एक उपलब्धि है।

अगर हम यह कहें कि लोकतांत्रिक शासन व्यवस्था अपने आप में एक लक्ष्य है, तो खुश होने के कई कारण हैं। लेकिन समाज की बेहतरी और खासकर अन्यायों तथा सामाजिक असमानताओं को खत्म करने के लिए इसे एक सामाजिक औजार के तौर पर इस्तेमाल किए जाने के नजरिए से देखें तो भारतीय लोकतंत्र की उपलब्धियों पर गम्भीर आपत्ति उठाई जा सकती है। भारत में तरह-तरह की असमानताओं का जारी रहना और उनमें बढ़ोतरी, जिसकी चर्चा पिछले अध्यायों में की जा चुकी है, भारतीय लोकतंत्र को उपलब्धियों के लिहाज से पर्याप्त सफल न मानने के मजबूत प्रमाण मुहैया करती है।

यही बड़ी विफलता इस पुस्तक की केन्द्रीय विषयवस्तु का बड़ा हिस्सा है। पुस्तक में इस सवाल का जवाब भी खोजने की कोशिश की गई है कि भारतीय लोकतंत्र ने अब तक जो कुछ हासिल किया उसके मुकाबले और ज्यादा से ज्यादा कैसे हासिल किया जा सकता है, खासकर लोगों के जीवन से अन्याय और भारी असमानताओं को कैसे खत्म किया जा सकता है। लेकिन इस सवाल का जवाब खोजने से पहले हमें भारतीय लोकतंत्र की खामियों पर संक्षिप्त टिप्पणी करनी चाहिए, भले ही उसका मूल्यांकन लोकतांत्रिक प्रक्रिया के संस्थागत नियमों पर कियाा जाता हो।

लोकतांत्रिक प्रक्रियाओं की खामियाँ

अपनी बेहद पठनीय पुस्तक ''इंडिया आफ्टर गांधी : द हिस्टरी ऑफ द वर्ल्ड्स लार्जेस्ट डेमोक्रेसी' में रामचन्द्र गुहा ने इतिहास को कई स्पष्ट कालखंडों में बाँटा है। भारत की आजादी के बाद के पहले दो दशकों को उन्होंने संवैधाानिक लोकतंत्र का दौर कहा है। इसके बाद के दो दशकों को उन्होंने संवैधानिक लोकतंत्र से 'लोकलुभावन' लोकतंत्र के वर्तमान दौर में परिवर्तन और विविधताओं का दौर कहा है, जिसमें शासन निरन्तर दबाव में रहा।[2]

भारतीय लोकतंत्र पर समय के साथ निश्चित ही कई तरह के दबाव पड़ते रहे हैं। नेहरू के दौर में (और इसके ठीक बाद तक) लोकतांत्रिक संस्थाओं की

अनिवार्य शर्तों को बहुत हद तक पूरा किया गया। उनका उल्लंघन और शॉर्टकट अपनाने का लोभ सत्तर के दशक में काफी मजबूत हो गया, खासकर इन्दिरा गांधी की सरकार द्वारा आपातकाल की घोषणा के साथ। और यह भी सच है कि पिछले दो दशकों में सरकार और निर्वाचित सांसद संगठित राजनीति द्वारा मजबूती से उठाई गई माँगों के दबाव में रहे हैं। राजनीतिक दबाव के प्रभावों में वृद्धि समकालीन भारत का एक अहम तत्व है, हालाँकि हम यह सवाल कर सकते हैं कि इस तरह के दबाव में झुकना क्या वास्तव में 'लोकलुभावनवाद' कहा जाएगा? आखिर, जोर लगाकर उठाई गईं माँगें प्राय: बहुसंख्य जनता, खासकर निचले तबकों के हितों और सरोकारों से काफी दूर होती हैं (यहाँ हम इस विषय पर और चर्चा करेंगे)।

गुहा ने कालखंडों का जो विभाजन किया है उससे आगे जाकर हमें इस बात पर भी ध्यान देना चाहिए कि भारत में संवैधानिक लोकतंत्र के पालन में खामियाँ दरअसल आजादी के बाद के पूरे दौर में जारी रही हैं, चाहे वह नेहरू का दौर क्यों न रहा हो। नेहरू के कार्यकाल के उन 'नियमित' दिनों में भी कश्मीर के प्रमुख नेता (और धर्मनिरपेक्ष कश्मीर के जबरदस्त पैरोकार) शेख अब्दुल्ला को 1950 के दशक से ज्यादा समय तक जेल में रखा गया। वियतनाम में की गई कार्रवाइयों[3] से प्रेरणा लेकर नगालैंड में आजादी के आन्दोलन को अलगाववाद-विरोधी अभियान के तहत बर्बरतापूर्वक दबाया गया। इस अभियान के तहत लोगों को शिविरों में रखा गया और जो इन शिविरों मे नहीं आए उन्हें यातनाएँ दी गईं। और तो और, केरल में कम्युनिस्ट पार्टी के नेतृत्व में बनी एक निर्वाचित सरकार को, जो लोकतांत्रिक मानदंडों को तोड़े बिना बेहद जरूरी सामाजिक सुधारों को लागू कर रही थी, कानून-व्यवस्था के नाम पर अचानक बरखास्त कर दिया गया। हकीकत यह थी कि कानून-व्यवस्था में तनाव पैदा करने और यहाँ तक कि इसे उकसाने में केन्द्र में सत्तासीन कांग्रेस की सक्रिय भूमिका के पर्याप्त प्रमाण मौजूद थे।

भारत में लोकतांत्रिक मानदंडों के पालन—और उल्लंघन—की पड़ताल जितनी गहराई से करने की जरूरत है, उतनी इस पुस्तक में सम्भव नहीं है। फिर भी, हम कुछ उल्लंघनों पर संक्षेप में विचार कर सकते हैं ताकि हम यह गौर कर सकें कि भारतीय लोकतंत्र की उपलब्धियाँ—जो एशिया, अफ्रीका और लातीन अमेरिका के देशों सहित दुनिया के कई हिस्सों में जारी अधिनायकवाद के मद्देनजर काफी महत्त्वपूर्ण हैं—एकदम बेदाग नहीं हैं। एक समस्या, जो निरन्तर बनी हुई है वह कश्मीर और उत्तर-पूर्व जैसे क्षेत्रों में, जहाँ राष्ट्रीय सुरक्षा सम्बन्धी चिन्ताएँ हैं या मानी जाती हैं, नागरिक तथा राजनीतिक अधिकारों के उल्लंघन को कबूल करने या उस पर सवाल उठाने में गम्भीर चूक से सम्बन्धित है।

यहाँ समस्या वास्तविक है। मीडिया इसे राष्ट्रीय सुरक्षा के मामले में दखल न देने के 'आत्मानुशासन' के रूप में देख सकता है लेकिन कुछ महत्त्वपूर्ण क्षेत्रों में

नागरिक अधिकारों तथा लोकतंत्र सम्बन्धी मसलों पर चुप्पी भारत में लोकतांत्रिक प्रक्रिया की जीवन्तता के एकदम विपरीत है। मीडिया में इन खबरों का दबा-दबा स्वरूप होने के कई कारण हैं। कश्मीर के विशेष मामले में ऐसा है क्योंकि वहाँ की राजनीतिक स्थिति वाकई जटिल है, खासकर इसलिए कि यह भारत-पाकिस्तान तनाव से भी जुड़ी है। फिर भी इससे जुड़े मसलों पर चुप्पी साधने की जगह उन पर खुला विचार-विमर्श तथा लोकतांत्रिक पहल करने की जरूरत है।

कश्मीर हो या कोई और जगह, वहाँ निजी तथा नागरिक अधिकारों के उल्लंघन की बेबाक खबरें देने या उनकी सख्त निन्दा करने की अहमियत मसले की जटिलता के कारण गौण नहीं हो जाती। मानव अधिकारों के लिए ज्यादा सम्मान की माँग कश्मीर मसले के राजनीतिक समाधान की राह में बाधा नहीं बननी चाहिए, बल्कि इससे वह राह आसान ही होनी चाहिए, क्योंकि क्रूर बरताव लोगों में अलगाव की भावना को और बढ़ाता ही है। मीडिया का फर्ज यह है कि वह लोकतांत्रिक प्रक्रिया के बेहद महत्त्वपूर्ण मसलों की गहरी समीक्षा करे और इसके साथ ही, न केवल उग्रवादी गिरोहों बल्कि पुलिस तथा भारतीय सेना की बर्बरताओं के बारे में भी खबरें दे। हालाँकि केन्द्र सरकार ने हाल के वर्षों में इन अतिक्रमणों को कम करने के कुछ प्रयास किए हैं और राज्य की निर्वाचित सरकार को ज्यादा स्वायत्तता दी है, लेकिन और भी ज्यादा साहसिक कदम उठाने की जरूरत है। और भारतीय मीडिया कश्मीर में शासन तथा मानवाधिकार से जुड़े मसलों को सार्वजनिक मंच पर लाकर इसमें बड़ी मदद कर सकता है।

यद्यपि कश्मीर भारत में लोकतांत्रिक मानदंडों के अतिक्रमण का सबसे प्रमुख मामला है, लेकिन यह अकेला मामला नहीं है। बगावत और अलगाववाद के दूसरे आन्दोलनों (खासकर उत्तर-पूर्व के) का भी मुकाबला प्रबल फौजी ताकत के इस्तेमाल से किया गया है। इन विद्रोहों का राजनीतिक स्वरूप ही, जिसका सामान्यत: चलताऊ विश्लेषण नहीं बल्कि गम्भीर विवेचन किया जाना चाहिए, शान्ति की राह में बाधा नहीं है बल्कि रोकथाम के उपायों के नाम पर सरकार द्वारा की गई हिंसा का घातक स्वरूप भी इसमें बाधक बनता है। क्रूर दमन की रणनीति न केवल कई बुनियादी मानवाधिकारों के उल्लंघन का कारण बनती है, बल्कि हालात को और बिगाड़ती भी है।

इसका एक प्रमुख उदाहरण है कश्मीर तथा उत्तर-पूर्व के हिंसाग्रस्त क्षेत्रों में सैन्य बल (विशेष अधिकार) कानून, 1958 यानी 'आफ्सपा' के अन्तर्गत फौज को दिए गए निरंकुश अधिकार। यह औपनिवेशिक शासन के अधिनायकवादी दिनों में अंग्रेजों द्वारा 1942 में लागू किए गए 'सैन्य बल (विशेष अधिकार) कानून' को पुनर्जीवित करने जैसा ही है। इन अधिकारों में देखते ही गोली मार देने के अलावा बिना वारन्ट गिरफ्तारी करने के अधिकार तो शामिल हैं ही, मानवाधिकारों के

उल्लंघन पर मुकदमे से बचाव की भी गारंटी है। इन अधिकारों का प्राय: बेहद हिंसक तौर पर उपयोग किया गया है, जिसने टकराव को खत्म करने की बजाय उसे और बढ़ाया है। खुफिया ब्यूरो (आईबी) के एक पूर्व विशेष निदेशक का कहना है, "दो दशकों तक इन सबको करीब से देखने के बाद यह धारणा पक्की होती है कि उत्तर-पूर्व में उग्रवाद जिन वजहों से जारी है उनमें सबसे महत्त्वपूर्ण है 'आफ्सपा', 1958 का बेलगाम इस्तेमाल।"[4] इस तरह की आलोचनाओं (साथ ही, आफ्सपा को वापस लेने की संयुक्त राष्ट्र तथा सरकार द्वारा नियुक्त आयोग की अपील) के बावजूद सरकार ने कानून में संशोधन का यदा-कदा वादा करने के सिवा कुछ नहीं किया है। इस तरह की टिप्पणियाँ देशद्रोह सम्बन्धी कानून पर भी लागू होती हैं, जो औपनिवेशिक दौर की एक और देन है, जिसे नेहरू ने 1951 में "बेहद आपत्तिजनक और घृणित" कहा था। लेकिन आज भी यह लागू है और शासन इसका नियमित इस्तेमाल भी करता रहा है।"[5]

यह समस्या देश के मध्य भाग में भी काफी व्याप्त है, जहाँ ताकतवर माओवादी आन्दोलन जारी है। यह आन्दोलन ग्रामीण गरीबों में सुलगते असन्तोष पर टिका है। कभी-कभी यह बेहद हिंसक साधनों का प्रयोग करता है और सन्देह के आधार पर नागरिकों तक को भी नहीं बख्शता है। सरकार जवाब में प्राय: इन क्षेत्रों में—जिन्हें सरकारी भाषा में 'वामपन्थी उग्रवाद से प्रभावित जिले' कहा जाता है—हिंसा का ही प्रयोग करती है, जो कि लोकतांत्रिक भारत के मानदंडों से एकदम बेमेल है।

माओवादी हिंसा सामाजिक असन्तोष, समाज व्यवस्था के साथ-साथ सत्ताधारी राजनीतिक वर्ग के खिलाफ असन्तोष की, जो केन्द्र तथा राज्य सरकारों के खिलाफ व्यापक नागरिक असन्तोष से ज्यादा गहरा तथा व्यापक है, चरम हिंसक अभिव्यक्ति है। इन सबके कारण भारतीय लोकतंत्र के भविष्य को लेकर जो चिन्ताएँ उभरती हैं उन्हें लेखक पंकज मिश्रा ने अच्छी तरह अभिव्यक्त किया है—

> *"चीन में एक अस्थिर अधिनायकवादी व्यवस्था है, तो भारत में वास्तव में दुनिया की सबसे बड़ी, स्थिर लोकतांत्रिक व्यवस्था है। ऐसी आम मान्यता है, जो एक हद तक सच भी है।..(लेकिन) भारत की राजनीतिक जमात के खिलाफ जन आक्रोश ज्यादा गहरा नजर आता है, यह असन्तोष ज्यादा उग्रवादी स्वरूप अख्तियार कर लेता है, जैसा कि देश के मध्य भाग में जहाँ गृहयुद्ध जैसी स्थिति है। वहाँ वनोपजों के मामले में समृद्ध जंगलों में स्थानीय माओवादी उग्रवादी सुरक्षा बलों से लड़ाई लड़ रहे हैं। दशकों तक राजनीतिक परिवारों के शासन में रहे भारत में चीन से ज्यादा 'राजकुमार' मौजूद हैं। करीब 30 प्रतिशत भारतीय सांसद राजनीतिक परिवारों से आते हैं। देश में जब बौद्धिक असहमति पर हमला किया जाता है और जब वह स्वास्थ्य के मामले में वैश्विक लक्ष्यों से पीछे रहता है, तब वह चीन की अधिनायकवादी प्रवृत्तियों और भ्रष्टाचार की नकल तो कर रहा होता है लेकिन अपने नागरिकों की परेशानियाँ दूर करने में उसकी बराबरी नहीं कर रहा होता है। खतरा यह है कि 'न्यू इंडिया' छद्म चीन न बन जाए।"[6]*

ये टिप्पणियाँ इस पुस्तक की सीमा से आगे के ज्यादा व्यापक मसलों को उछालती हैं। फिर भी, हम जिन सवालों की जाँच कर रहे हैं उन्हें भारतीय लोकतंत्र के भविष्य को लेकर मिश्रा तथा अन्य लोगों की तर्कपूर्ण चिन्ताओं का ध्यान रखे बिना पूरी तरह नहीं समझा जा सकता।

भारत सामान्यतः समकालीन मानदंडों के मुताबिक एक सफल लोकतंत्र है, और भारत के लोग इस बात पर खुश हो सकते हैं कि उनके देश को प्रायः 'दुनिया का सबसे बड़ा लोकतंत्र' कहा जाता है। लेकिन विशेष सन्दर्भों में राष्ट्रीय सुरक्षा तथा दूसरी चिन्ताओं के कथित आधारों पर लोकतांत्रिक प्रक्रिया का जो उल्लंघन किया जाता है, वह भी इसी तस्वीर का ही हिस्सा। अन्ततः यह लोकतांत्रिक बहस और विश्लेषण का एक महत्त्वपूर्ण विषय है। वास्तव में, भारतीय लोकतंत्र का भविष्य इस बात पर निर्भर करता है कि जहाँ और जब भी लोकतांत्रिक अधिकारों का उल्लंघन होता है, उनकी रक्षा कितनी ताकत के साथ की जाती है।

लोकतांत्रिक संस्थाएँ और उनका कामकाज

लोकतांत्रिक मानकों के दूसरे पहलुओं पर ध्यान देते हुए हमें भारत की लोकतांत्रिक संस्थाओं के कामकाज पर भी विचार करना चाहिए। संस्थागत ढाँचे को विधायिका, कार्यपालिका और न्यायपालिका के तीन हिस्सों में बाँटने के बाद हम विधायिका—केन्द्र में संसद और राज्यों में विधानसभाओं—पर पहले विचार कर सकते हैं। अमेरिका में मुख्य कार्यपालिका—राष्ट्रपति तथा राज्यों के गवर्नर—तथा कई स्तर के न्यायाधीशों का निर्वाचन होता है लेकिन भारत में नागरिक केवल सांसदों और विधायकों को चुनते हैं।

लोकतंत्र के लिए चुनाव ही सब कुछ नहीं है लेकिन चुनाव-प्रक्रिया बेशक इसका एक महत्त्वपूर्ण भाग है। सिद्धान्ततः यह परिवर्तन का एक ताकतवर माध्यम बन सकता है लेकिन इसके नतीजे स्वतः नहीं मिलते। जहाँ तक चुनावी संस्थाओं की बात है, भारत इस मामले में इतिहास और अन्तर्राष्ट्रीय सन्दर्भों की तुलना में काफी अच्छा काम कर रहा है। उदाहरण के लिए, आज की दुनिया में लोकतंत्र की मसाल लेकर सबसे आगे चलने के लिए विख्यात अमेरिका के मुकाबले भारत ने कई मामलों में अच्छा काम किया है। मसलन, भारत में वोट डालने वालों का प्रतिशत कहीं ज्यादा है (इस मामले में अमेरिका दुनिया में सबसे निचले पायदान पर है), भारत में सामाजिक तौर पर पिछड़े समूहों को राजनीतिक प्रतिनिधित्व देने की ज्यादा विस्तृत व्यवस्था की गई है, और यहाँ चुनावी राजनीति बड़े पैसेवालों के दबाव में कम आती है। अमेरिका के मुकाबले भारत में चुनाव नतीजों पर कम विवाद होते हैं। अमेरिका में 2000 के विवादास्पद चुनाव में 'हैंगिंग चैड' प्रहसन काफी सुर्खियों में आया था। इसके अलावा वोटों की गिनती पर विवाद अमेरिकी

चुनावों को भारतीय चुनावों से अलग करते हैं। अमेरिका के मुकाबले भारत की राजनीति में कहीं ज्यादा विविधता है। भारतीय संसद में धुर वामपन्थी से लेकर अति दक्षिणपन्थी करीब दर्जन-भर दलों का प्रतिनिधित्व देखा जा सकता है। इसके विपरीत अमेरिकी कांग्रेस में केवल दो दलों का (जिनके विचार कई मसलों पर लगभग एक जैसे होते हैं) प्रतिनिधित्व रहता है।* इस तुलना में हमेशा भारत का पलड़ा भारी नहीं है (उदाहरण के लिए, अमेरिकी राजनीति में दलों के भीतर लोकतंत्र ज्यादा है), लेकिन समकालीन वैश्विक मानदंडों के हिसाब से देखें तो भारत की चुनावी संस्थाएँ ज्यादा बेहतर दिखती हैं।

इसमें सन्देह नहीं है कि सुधार की गुंजाइश काफी है। उदाहरण के लिए, भारत में निर्वाचित जनप्रतिनिधियों की कार्यसंस्कृति में काफी सुधार की अपेक्षा की जाती है। पहली बात तो यह कि वे सदन में कम रहते हैं—2000 से 2010 के बीच उन नौ राज्यों में, जिनके आँकड़े संसदीय शोध सेवा[7] के जरिए हासिल हुए हैं, विधानसभाओं की बैठकों का सालाना औसत 14 दिन (हरियाणा) से लेकर 48 दिन (प. बंगाल) के बीच रहा। सदन की बैठकों में हर सदस्य उपस्थित नहीं रहा। सदन के भीतर निर्वाचित विधायकों का आचरण भी हमेशा अनुकरणीय नहीं पाया गया। अखबारों में प्रायः इस तरह की सुर्खियाँ देखी जा सकती हैं—'सदन में हंगामे के कारण विधानसभा बैठक स्थगित'। अकेले 2011 में इस तरह की खबरें आन्ध्र प्रदेश, जम्मू-कश्मीर, ओडीशा, राजस्थान, उत्तर प्रदेश और त्रिपुरा में छपीं। इन खबरों में यह भी छपा कि किस तरह सदन में कुर्सियाँ, माइक, पंखे और दूसरी चीजें उछाली या तोड़ी गईं। हाल में कर्नाटक विधानसभा की बैठक के दौरान सदन में आगे की कुर्सियों पर बैठे विधायकों को जब मोबाइल फोन पर अश्लील चित्र देखते हुए पाया गया तो साफ हो गया कि लापरवाही किस सीमा तक पहुँच गई है। वैसे, सभी विधायकों को एक ही लाठी से हाँकना अनुचित होगा। उनमें से कई ऐसे भी हैं, जो मेहनती, जन-सरोकारों के प्रति गम्भीर और बहुत योग्य हैं। फिर भी, संसदीय मानदंडों के पालन में सुधार की गुंजाइश तो है ही।

ज्यादा महत्त्वपूर्ण बात यह है कि प्रायः यह खीझ और सन्देह जाहिर किया जाता है कि कैसे-कैसे लोग जनता के प्रतिनिधि बन रहे हैं और वे किसके हितों को आगे बढ़ा रहे हैं। इन जनप्रतिनिधियों पर व्यंग्यचित्र बनाए जा रहे हैं, उन पर जूते तक फेंके जा रहे हैं। चुनावों के जरिए जनप्रतिनिधियों के चयन के पीछे बुनियादी विचार यह है कि जनता को अपना प्रतिनिधि चुनने का मौका दिया जाए, जो उसके लिए कुछ करे और उसके हितों का प्रतिनिधित्व करे। लेकिन वोटों की होड़ में यह बात महज एक शर्त बनकर रह जाती है, जिसे बहुत महत्त्व नहीं दिया जाता। सबसे पहला काम

* 1989 से 2009 के बीच भारतीय लोकसभा चुनाव में भाग लेनेवाले दलों की औसत संख्या 199 थी (कौशिक तथा पाल, 2012, पेज 78।

तो टिकट हासिल करना हो जाता है, जिसका मतलब है दल के सदस्यों का नहीं बल्कि नेता का कृपापात्र बनना, क्योंकि भारत में दल के अन्दर तो लोकतंत्र नाममात्र का ही होता है। इसलिए जवाबदेही जनता के प्रति नहीं बल्कि नेता के प्रति होती है। दूसरी जरूरी चीज होती है पैसे कमाना। भावी उम्मीदवार के लिए इसका सबसे आसान रास्ता होता है पैसे की खातिर स्थानीय ठेकेदारों और दूसरे लोगों को संरक्षण देना। ठेकेदार जनता के पैसे को हड़पने का कुकर्म चुपचाप करते हैं, जिसमें उनके राजनीतिक संरक्षक हिस्सेदारी करते हैं। इसके बाद बस अपराध की ही बारी आती है। 'एसोसिएशन फॉर डेमोक्रेटिक रिफॉर्म्स' (एडीआर) नामक संस्था के मुताबिक, 2009 में लोकसभा के 30 प्रतिशत सदस्यों के खिलाफ आपराधिक मामले दर्ज थे, जबकि बिहार विधानसभा में ऐसे सदस्यों की संख्या 45 प्रतिशत और झारखंड में 57 प्रतिशत थी। दिलचस्प बात यह है कि 2009 में लोकसभा चुनाव में खड़े हुए कुल उम्मीदवारों में संदिग्ध अपराधियों का अनुपात 15 प्रतिशत था, जबकि कुल सांसदों में उनका अनुपात कहीं ज्यादा, 30 प्रतिशत था। इससे संकेत मिलता है कि जिन उम्मीदवारों पर अपराध के आरोप लगे थे उन्होंने चुनाव जीतने में ज्यादा बाजी मारी, चाहे इसके जो भी कारण रहे हों।[8]

इन सबसे लोकतंत्र पर अपने आप में कोई आँच नहीं आती। भारत में निर्वाचित जनप्रतिनिधियों को सन्देह से देखनेवालों में भी लोकतांत्रिक सिद्धान्तों के प्रति सम्मान काफी ऊँचा है। उदाहरण के लिए, सीएसडीएस ने 2009 में राष्ट्रीय चुनाव का जो अध्ययन किया, उसमें भाग लेनेवालों का मानना था कि "लोकतंत्र दूसरी शासन-प्रणालियों से कहीं ज्यादा बेहतर है।" इस मामले पर कोई विचार न जाहिर करनेवालों को अगर छोड़ दें तो उक्त अध्ययन में लोकतंत्र का पक्ष लेनेवालों का अनुपात 88 प्रतिशत आया। दिलचस्प तथ्य यह भी है कि बड़ी संख्या (60 प्रतिशत, और अगर कोई विचार न व्यक्त करनेवालों को छोड़ दें तो 78 प्रतिशत) ऐसे लोगों की थी जिनका यह मानना था कि उनके वोट से "देश को चलाने के तौर-तरीके पर फर्क पड़ता है।" यह मान्यता निष्पक्ष लग सकती है या नहीं भी लग सकती है लेकिन यह चुनाव-प्रणाली में भागीदारी को लेकर लोगों के सकारात्मक सोच का संकेत देती है।

गौर करनेवाली बात यह भी है कि एक लिहाज से लोकतांत्रिक सिद्धातों की प्रतिध्वनि वंचित तबकों में ज्यादा सुनाई देती है। उदाहरण के लिए, लोकसभा चुनावों में ऊँची जातियों की तुलना में दलितों के मतदान का प्रतिशत हमेशा ऊँचा रहा है।[9] जैसा कि दलित लेखक चन्द्रभान प्रसाद ने 2011 में कहा, "राजनीतिक व्यवस्था बेशक भ्रष्ट और निकम्मी है फिर भी दलित इसके साथ हैं, वे वोट डालना नहीं भूलते। दलित युवा जानते हैं कि राज्य-व्यवस्था के बाहर की संस्थाएँ खाप पचायतों के सिवा कुछ नहीं हैं।" यह बेशक थोड़ा अतिशयोक्तिपूर्ण बयान है

(दलितों द्वारा वोट डालने का प्रतिशत कुल आबादी के वोट प्रतिशत से थोड़ा ही ज्यादा है, और बयान के अन्तिम वाक्य में इस बात की अनदेखी की गई है कि राज्य-व्यवस्था के बाहर कितनी विविध संस्थाएँ मौजूद हैं), लेकिन डॉ. अम्बेडकर से लेकर कई दलित विचारक तक इस तरह की भावनाएँ व्यक्त कर चुके हैं।

भारत में चुनावी राजनीति की सीमाओं से मुख्य सबक शायद यह लिया जा सकता है कि लोकतांत्रिक संस्थाओं और लोकतांत्रिक संस्कृति का निर्माण निरन्तर जारी रहनेवाली प्रक्रिया है। सौभाग्य से भारत में चुनाव सुधारों और लोकतांत्रिक सुधारों पर जीवन्त सार्वजनिक बहस और कार्यवाही निरन्तर जारी है। सूचना के अधिकार कानून (2005) जैसे बड़े कदम उठाए जाते रहे हैं, जिन्होंने भारत के सार्वजनिक जीवन में पारदर्शिता बहाल करने और लोकतांत्रिक प्रक्रिया में प्रबुद्ध भागीदारी की जबरदस्त सम्भावना पैदा की है। लोकतांत्रिक सुधारों के कई अन्य महत्त्वपूर्ण पहलू भी बहस के विषय बन गए हैं, मसलन—राजनीति में महिलाओं का प्रतिनिधित्व, चुनावों में उम्मीदवारों के खर्चे, दलों में आन्तरिक लोकतंत्र, न्यायपालिका की जवाबदेही, जनप्रतिनिधियों को वापस बुलाने का अधिकार, कानून बनाने से पहले विचार-विमर्श की प्रक्रिया, आदि। इन कदमों के चलते ठोस परिवर्तन अभी होना बाकी है लेकिन आगे चलकर ये भारत में लोकतांत्रिक संस्थाओं के विस्तार और प्रभाव में काफी वृद्धि कर सकते हैं।

कार्यपालिका को देखें, तो केन्द्र और राज्यों में मंत्रालयों को वह स्वतंत्रता हासिल नहीं है, जो अमेरिका में राष्ट्रपति या गवर्नरों या मेयरों को हासिल है। कार्यपालिका के पदों पर नियुक्ति विधायिका करती है। उदाहरण के लिए, प्रधानमंत्री (भारत सरकार के मुखिया) और मंत्रिमंडल का चुनाव भारतीय संसद के जरिए होता है और वह संसद में हासिल समर्थन के बूते ही टिका रहता है। संसद में किसी अनियमितता (मसलन, चुनावी गड़बड़ी) भी कार्यकालिका को प्रभावित करती है और संसद में समर्थन खोने पर सरकार को जाना पड़ता है। सरकार अगर बहुमत खोती है, तो नए गठबन्धन करके (जिसमें संदिग्ध सौदेबाजी हो सकती है या नहीं भी हो सकती है) नया बहुमत हासिल किया जा सकता है। भारत में बदलते राजनीतिक समीकरण गठबन्धन की राजनीति में खासतौर से महत्त्वपूर्ण हो चुके हैं। इस परिवर्तन का एक नतीजा यह है कि निहित स्वार्थ 'कार्यपालिका के लिए राजनीति' को ज्यादा प्रभावित कर सकते हैं।

हम इस पुस्तक में जिस नीतिगत परिवर्तन की वकालत कर रहे हैं उसके लिए कार्यपालिका को कायल करने से आगे भी जाना होगा। विधायिका को परिवर्तन के लिए सिर्फ इसलिए राजी करने की जरूरत नहीं होगी कि एक नए कानून की जरूरत है बल्कि इसलिए भी कि कार्यपालिका विधायिका के समर्थन के बल पर ही सत्ता में बनी रह सकती है। प्रमुख नीतियों में परिवर्तन करने और उसे आगे बढ़ाने के लिए

सिर्फ कार्यपालिका के मुखिया—यानी प्रधानमंत्री—को राजी करना ही काफी नहीं होगा। इस मुद्दे को समझना महत्त्वपूर्ण है, क्योंकि सत्ता में बैठी सरकार को जब नीतिगत विफलताओं के लिए दोषी ठहराया जाता है तो जरूरी नहीं कि यह विफलता उसकी नीयत को उजागर करती हो क्योंकि ऐसा भी हो सकता है कि सरकार किसी नीतिगत परिवर्तन की इच्छा तो रखती हो मगर उसके लिए ताकत न रखती हो। उदाहरण के लिए, 2012 के प्रारम्भ में ताकतवर आभूषण-निर्माताओं के आन्दोलन ने सरकार को सोने तथा हीरे के आयात शुल्क में मामूली वृद्धि को, जिससे काफी उपयोगी राजस्व (इस मामले पर हम यहाँ चर्चा करेंगे) हासिल हो सकता था, लागू करने से रोक दिया था। तब मुख्य समस्या यह नहीं थी कि कार्यपालिका सोने के आयात पर कर लगाने की इच्छा नहीं रखती थी बल्कि यह थी कि वह यह परिवर्तन करने में अक्षम थी। इसलिए, हम जिन नीतिगत परिवर्तनों की पैरवी कर रहे हैं उनके लिए केवल सत्तासीन सरकार का समर्थन ही काफी नहीं है। यह सार्वजनिक विमर्श के महत्त्व को बढ़ा देता है, जो कार्यपालिका और मंत्रिमंडल से लेकर प्रधानमंत्री तक को तकनीकी सलाह देने से आगे भी जाता है। यह भी एक वजह है कि इस पुस्तक का मकसद सरकार को पेशेवर परामर्श देने की जगह मीडिया में विचार-विमर्श समेत सार्वजनिक चर्चा को आगे बढ़ाने में योगदान देना है।

भारतीय न्यायपालिका कार्यपालिका के विपरीत अपेक्षाकृत स्वतंत्र है। यहाँ न्यायपालिका की स्वतंत्रता और लोकतांत्रिक प्रक्रिया के बीच कोई द्वन्द्व नहीं है। दरअसल, अमेरिकी व्यवस्था के कुछ भागों में न्यायाधीशों के प्रत्यक्ष चुनाव ने न्यायपालिका के कामकाज का इस हद तक राजनीतिकरण कर दिया है जिसका निष्पक्ष तथा वस्तुनिष्ठ न्याय की, जो कि लोकतंत्र के लक्ष्यों में शामिल है, जरूरत से तालमेल नहीं बैठ सकता है। भारत में न्यायपालिका की स्वतंत्रता ने अदालतों, खासकर उच्चतम न्यायालय को अपने फैसलों में समता तथा न्याय के केन्द्रीय मुद्दों पर स्वतंत्र एवं शक्तिशाली निर्णय करने में मदद की है। इन मुद्दों में मौलिक अधिकारों की सुरक्षा, संविधान के नीति निदेशक सिद्धान्तों में परिभाषित विभिन्न आर्थिक तथा सामाजिक अधिकार, शिक्षा तथा भोजन के अधिकार शामिल हैं।

पुस्तक में पहले ही हम चर्चा कर चुके हैं कि संविधान के दूरगामी लक्ष्यों (नीति निदेशक सिद्धान्त समेत), खासकर आर्थिक न्याय तथा राजनीतिक एवं सामाजिक समानता के लक्ष्यों के लिए अदालतें किस तरह दखल देती रही हैं। कभी-कभी अदालतों की पहल को आगे बढ़ाने के लिए संसद से नए कानून बनवाने पड़े हैं, लेकिन अदालतों ने जो अग्रणी भूमिका निभाई है, उसके लिए उन्हें उपयुक्त श्रेय न देना गलत होगा। ऐसा तब भी हुआ है जब अदालतों, खासकर उच्चतम न्यायालय समेत सभी अदालतों के अभिक्रम संसद के समर्थन के कारण ज्यादा

प्रभावी हुए।* इनमें से कई अभिक्रमों ने न्याय की प्रक्रिया को आगे जरूर बढ़ाया लेकिन भारतीय अदालतों ने प्राय: न्याय में देरी करके या लचीला रुख न अपना कर प्रतिगामी भूमिका निभाई है। पिछले अध्याय में हमने विचार किया कि बलात्कार के मामलों में उचित समय के अन्दर बिना किसी अड़चन के सजा दिला पाने में कठिनाई किस तरह बलात्कारपीड़ितों को अदालतों में जाने से रोक रही है। यह प्रशासनिक विफलता में इजाफा करती है, जिसका एक पहलू है पुलिस की सीमाएँ। सामान्यत:, अदालतों की सुस्ती और उन पर बढ़ता काम का बोझ कानूनी न्याय पाने की प्रक्रिया को मुश्किल बनाता है। यह भारत में लोकतांत्रिक वैधानिकता की निश्चित ही एक बड़ी सीमा है।

असमानता और लोकतांत्रिक प्रक्रिया

पुस्तक के पिछले अध्यायों में हमने भारत के आर्थिक तथा सामाजिक विकास के विस्तार और प्रभाव की कई महत्त्वपूर्ण विफलताओं की पहचान की है, जिसमें विभिन्न तरह की असमानताओं ने बड़ा योगदान दिया है। विशेषाधिकार प्राप्त लोगों और शेष लोगों के बीच की बड़ी खाई को पाटने में विफलता इस कहानी का एक बड़ा हिस्सा है। लोकतांत्रिक प्रक्रिया की जाँच करने में यह सवाल पूछना चाहिए कि ये विफलताएँ जो चुनौती पेश करती हैं, उनका सामना करने के लिए भारतीय लोकतंत्र किस हद तक तैयार है? भारतीय लोकतांत्रिक व्यवस्था ने विकास के मोर्चे पर इन विफलताओं का सामना करने के लिए इसे भारी अवसर प्रदान किए हैं लेकिन असमानता तथा अन्यायों को दूर करने के मामले में इसकी उपलब्धियाँ सीमित ही रही हैं। कुछ मामलों में तो अवसरों का अच्छा उपयोग किया गया है ताकि नीतियों तथा प्रक्रियाओं को उपयुक्त दिशा में मोड़ा जा सके (उदाहरण के लिए, पिछड़ी जातियों के लोगों को वादयोग्य कानूनी अधिकार दिए जा सकें और सकारात्मक कदमों के लिए विस्तृत व्यवस्था बनाई जा सके)। लेकिन कई कमियों (मसलन, शिक्षा तथा स्वास्थ्य सेवा के मामले में अवसरों

---

* यहाँ गौर करनेवाली बात यह है कि भारतीय उच्चतम न्यायालय की यह भूमिका अमेरिका में जिसे 'न्यायिक सक्रियता' कहा गया है, उसकी निन्दा से भावनात्मक लिहाज से एकदम भिन्न है। भारतीय रुख इस बात से बना है कि भारतीय उच्चतम न्यायालय संविधान के अनुशासन की व्याख्या अमेरिकी संविधान के अनुशासन से, जिसकी अमेरिका में हमेशा नहीं मगर अक्सर—खासकर तथाकथित 'मौलिकतावादी' विवेचन के तहत—जिस तरह व्याख्या की जाती है, कितनी भिन्न है। अमेरिकी 'मौलिकतावादी' रुख पर (जिसकी पैरवी न्यायमूर्ति स्कालिया और अमेरिकी सुप्रीम कोर्ट के कई न्यायाधीशों ने की है) हममें से एक ने हर्बर्ट हार्ट व्याख्यान में विचार किया था, जिसे 'ऑक्सफोर्ड जर्नल ऑफ लीगल स्टडीज' (सेन, 2011) में प्रकाशित किया गया।

की असमानता का जारी रहना और पुलिस तथा सरकारी कर्मचारियों द्वारा भेदभावपूर्ण बरताव किया जाना) को लोकतंत्र के तहत उपलब्ध उपायों के जरिए पर्याप्त रूप में दूर नहीं किया गया है।

छह से ज्यादा दशक से पहले अपनाए गए भारतीय संविधान ने हरेक भारतीय को मौलिक अधिकारों की कानूनी गारंटी दी, जिनमें अभिव्यक्ति की स्वतंत्रता, संगठन बनाने, कानून के सामने सबकी बराबरी और भेदभाव से स्वतंत्रता के अधिकार शामिल हैं। इन अधिकारों के लिए अदालत का दरवाजा खटखटाया जा सकता है और वास्तव में अनुच्छेद 32 के तहत प्रदत्त अन्तिम मौलिक अधिकार मौलिक अधिकारों के उल्लंघन से राहत पाने के लिए उच्चतम न्यायालय तक जाने का अधिकार देता है—'इस खंड के तहत प्रदत्त अधिकारों के लिए उच्चतम न्यायालय में उपयुक्त प्रक्रिया के तहत अपील करने के अधिकार की गारंटी दी जाती है।'

भारत के लोकतांत्रिक संविधान के निर्माताओं ने हालाँकि यह उम्मीद की थी कि भारतीय विधि व्यवस्था (अदालतों के कामकाज सहित) अस्वीकार्य असमानताओं को खत्म करने में सहायक होगी लेकिन वे इतने पर नहीं रुके। उन्होंने इन लक्ष्यों को पूरा करने के लिए चुनावों सहित अन्य लोकतांत्रिक साधनों के प्रयोग की भी व्यवस्था की। संविधान के नीति निदेशक सिद्धान्तों में मौलिक अधिकारों के अलावा कई आर्थिक तथा सामाजिक अधिकारों को भी शामिल किया गया। उदाहरण के लिए, अनुच्छेद 41 के अन्तर्गत, इनमें रोजगार, शिक्षा, सार्वजनिक सहायता के अधिकार भी शामिल किए गए। इन अधिकारों के लिए अदालत की शरण में नहीं जाया जा सकता, न ही सामान्य कानूनी अर्थों में इन्हें वादयोग्य बनाया जाना था। दरअसल, नीति निदेशक सिद्धान्तों से ठीक पहले के अनुच्छेद 37 में स्पष्ट कहा गया है कि 'इस भाग में दर्ज प्रावधानों को अदालतों के जरिए लागू नहीं करवाया जा सकता।'

इसके ठीक बाद, संविधान (अनुच्छेद 37 में ही) कहता है कि देश का शासन चलाने के मामले में नीति निदेशक सिद्धान्त बुनियादी महत्त्व रखते हैं और यह सरकार का कर्तव्य है कि वह कानून बनाने में इन सिद्धान्तों का उपयोग करे। लेकिन सरकार अगर इसमें विफल रही तो क्या होगा? संविधान निर्माता श्री बाबा साहेब अम्बेडकर ने इस मसले पर संविधान सभा की बैठक में चर्चा के दौरान स्पष्ट किया कि उम्मीद यह की गई कि लोकतांत्रिक भारत की मतदान प्रणाली जरूरी समाधान कर देगी। उन्होंने कहा कि 'इसके उल्लंघन पर सरकार को अदालत में भले सफाई न देनी पड़े', मगर उसे 'चुनाव के दौरान मतदाताओं को जरूर इसकी सफाई देनी पड़ेगी।''[10]

अब हमें जिस सवाल का जवाब ढूँढ़ना है वह यह है कि भारत में जो आर्थिक तथा सामाजिक असमानताएँ और विषमताएँ कायम हैं उनका हमारी

लोकतांत्रिक व्यवस्था ने क्या वह जरूरी समाधान किया है, जो हमारे संविधान निर्माताओं और स्वतंत्र तथा लोकतांत्रिक भारत की खातिर संघर्ष करनेवालों के भरोसे को सार्थक करता है? इसका जवाब हाँ में तो आंशिक ही मिलता है, अधिकांश जवाब ना में ही मिलता है। जैसा कि पहले अध्याय में विचार किया गया है, भारत ने उस तरह की सरकारी विफलता से खुद को बचाया है, जिसके कारण चीन में 'महान ऊँची छलाँग' की विफलता के चलते भारी अकाल पड़े और करीब 3 करोड़ लोगों की मौत हो गई। भारत सरकार पर मीडिया की कड़ी नजर रहती है और उसे विपक्षी दलों को भी जवाब देने पड़ते हैं। इन बातों ने राज-नेताओं और शासक दलों को जनता के जीवन के प्रति उस तरह लापरवाह होने से रोका है जिस तरह चीन में 'महान ऊँची छलाँग' के बाद पड़े अकाल या फिर सांस्कृतिक क्रान्ति के दौरान हुआ।

जब भीषण आपदाएँ आती हैं—और समस्याएँ सबकी नजरों के सामने होती हैं—तब लोकतंत्र एक बुनियादी जवाबदेही तय कर देता है और यही भारत में अकाल जैसी आपदाओं की रोकथाम में महत्त्वपूर्ण भूमिका निभाता है। इसने एक क्षेत्र से दूसरे क्षेत्र में लोगों के जबरन विस्थापन को भी रोका है जिसके चलते समाज में आतंक फैलता है, जैसा कि चीन में सांस्कृतिक क्रान्ति के दौरान हुआ। इस सकारात्मक मान्यता से ज्यादा बड़ा सवाल यह उभरता है कि जवाबदेही को कितना विस्तार दिया गया है कि उसके दायरे में अभावग्रस्तता तथा असमानता की दूसरी तरह की समस्याएँ भी आ जाएँ, जो अकाल की तरह नाटकीय भले न हों मगर साधारण भारतीयों के जीवन के लिए अभी भी बेहद महत्त्वपूर्ण हैं।

तात्कालिक जवाब तो स्पष्ट और काफी निराशाजनक है। पिछले अध्यायों में हम जिन विफलताओं पर चर्चा कर चुके हैं—मसलन स्कूली शिक्षा उपलब्ध कराने, या सबको प्रारम्भिक स्वास्थ्य सेवा उपलब्ध कराने या जिम्मेदार तथा कुशल सार्वजनिक सेवाएँ देने में विफलताओं का लोकतांत्रिक प्रक्रिया के जरिए समाधान नहीं हो सका है। इसके विपरीत, हालाँकि चीन में जनता के कल्याण के लिए जरूरी उपायों को लेकर वहाँ की सरकार के विचार समय-समय पर अलग-अलग भले रहे हों (जैसाकि पहले अध्याय में विचार किया जा चुका है), हाल के दशकों में चीनी नेतृत्व ने इनमें से कई क्षेत्रों में ज्यादा कुछ हासिल करके दिखाया है। ऐसा उसने सामाजिक जरूरतों तथा अभावों पर ज्यादा ध्यान देकर हासिल किया है, जो कि भारतीय राजनीति के शोरशराबे में सम्भव नहीं हो पाया है।

जैसा कि हम पिछले अध्यायों में विचार कर चुके हैं, इस निष्कर्ष से आँख चुराना नामुमकिन है कि भारतीय लोकतंत्र आर्थिक तथा सामाजिक क्षेत्रों में उभरी

चुनौतियों का सामना करने में कई तरह से विफल रहा है, खासकर इस मामले में कि भारत के लोगों को बराबर जिन बुनियादी असमानताओं और जवाबदेही के मामले में कमजोरी का सामना करना पड़ रहा है उसे दूर नहीं किया जा सका है। यह इस विफलता के कारणों की गहरी जाँच करने और भारतीय लोकतंत्र को और ज्यादा विस्तार देने के उपायों पर विचार करने की गहरी जरूरत को रेखांकित करता है।

जनता का विवेक और लोकतंत्र

इन मसलों की जाँच करने के लिए हमें बेहद प्रारम्भिक तथा निर्णायक रूप से प्रासंगिक सवाल उठाना होगा कि लोकतंत्र आखिर है क्या? लोकतंत्र के बारे में एक पुराना और संकीर्ण रूप से संस्थात्मक विचार इसे मुख्यतः चुनावों और मताधिकार में समेटता है। इस विचार का समर्थन सैमुएल हंटिंग्टन समेत कई लेखक कर चुके हैं—''खुला, स्वतंत्र तथा निष्पक्ष चुनाव लोकतंत्र का सार, उसकी अनिवार्य शर्त है।''[11] लेकिन समकालीन राजनीतिक दर्शन में लोकतंत्र की परिभाषा काफी व्यापक हो गई है, लोकतंत्र को अब केवल जनता द्वारा मतदान के लिए उठाई जानेवाली माँगों (बेशक सीमित सन्दर्भ में यह महत्त्वपूर्ण है) के सन्दर्भ में नहीं बल्कि ज्यादा व्यापक सन्दर्भ में देखा जाता है, जिसे जॉन रॉल्स 'जन विवेक का प्रयोग' कहते हैं।[12] अपनी पुस्तक 'थिअरी ऑफ जस्टिस' में रॉल्स ने इस पर जोर दिया है और कहा है कि लोकतंत्र को मुख्यतः जनता के विमर्श से जोड़कर देखा जाना चाहिए :

> ''विमर्शी लोकतंत्र का निश्चयात्मक विचार वास्तव में विमर्श का ही विचार है। जब लोग विचार-विमर्श करते हैं तब वे विचारों का आदान-प्रदान ही करते हैं और सार्वजनिक राजनीतिक सवालों के बारे में अपने विचारों पर बहस करते हैं।''[13]

लोकतंत्र के प्रति इस नजरिए को काफी मजबूती देनेवाले जुर्गेन हेबरमास ने इस महत्त्वपूर्ण तथ्य की ओर ध्यान खींचा है कि जन विमर्श के विस्तार में 'न्याय से जुड़े नैतिक प्रश्न' और 'सत्ता तथा दमन से जुड़े सहायक प्रश्न' भी शामिल होने चाहिएँ।[14]

गौरतलब है कि सार्वजनिक विचार-विमर्श के महत्त्व को भारत में प्राचीन काल से ही काफी प्रमुखता से स्वीकार किया जा चुका है, जो यहाँ आज भी लोकतंत्र तथा न्याय को लेकर चिन्तन के लिए प्रासंगिक बना हुआ है।* ईसा से छह शताब्दी पहले भारत में जो तथाकथित बौद्ध परिषदें थीं, वे सार्वजनिक विचार-विमर्श की

* लोकतंत्र और न्याय के बीच के सम्बन्ध पर अमर्त्य सेन की पुस्तक 'द आईडिया ऑफ जस्टिस' (2009) के अध्याय 15 और 16 में विचार किया गया है।

सबसे प्राचीन कोशिशें थीं। उन्होंने विभिन्न मतों पर चर्चा का संगठित स्वरूप ले लिया था, जिनमें भारत तथा उससे बाहर के प्रतिनिधि शामिल होते थे। भारत में सार्वजनिक विमर्शों को बढ़ावा देने के मामले में ईसा से तीन शताब्दी पहले सत्तासीन रहे सम्राट अशोक को एक मिसाल माना जा सकता है, जिसने सबसे बड़ी बौद्ध परिषद का आयोजन किया था।

अशोक ने अपने शिलालेखों में व्यक्तिगत आचरण और सार्वजनिक शासन के अलावा अच्छे सार्वजनिक विचार-विमर्श के नियमों को भी सूचीबद्ध करने की कोशिश की थी।[15] छठी सदी में बादशाह अकबर ने विविध संस्कृतियों वाले अपने देश में धार्मिक भेदों पर सार्वजनिक विमर्श आयोजित करने के जो प्रयास किए उन्हें भी भारत में संगठित सार्वजनिक विमर्शों के समृद्ध इतिहास का हिस्सा माना जाएगा। लेकिन जहाँ तक राजकाज की संस्थाओं का सम्बन्ध है, अशोक और अकबर में से किसी ने लोकतांत्रिक शासन की पहल नहीं की। भारत सार्वजनिक विमर्शों की अपनी लम्बी परम्परा को गर्व से याद करने का हकदार तो है लेकिन आधुनिक लोकतंत्र का तकाजा यह है कि अशोक या अकबर ने जिस प्रक्रिया को आगे बढ़ाया, उससे आगे जाकर सार्वजनिक विमर्श की माँगों को लोकतांत्रिक प्रक्रिया के हिस्से के तौर पर पूरा किया जाए।

हम अपने सवालों में तब ज्यादा गहरे पैठते हैं जब लोकतंत्र को 'विचार-विमर्श से चलनेवाली सरकार' के तौर पर देखा जाता है। इस नजरिए को जॉन स्टुअर्ट मिल ने बड़ी सावधानी और अन्तर्दृष्टि से विकसित किया था (हालाँकि 'विचार-विमर्श से चलनेवाली सरकार' का मुहावरा बाद में वाल्टर बेगहॉट ने ईजाद किया)। लोकतंत्र को विशेष और मुख्य तौर पर स्वतंत्र चुनावों और मतदान की व्यवस्था के तौर पर देखने की एक सीमा इस तथ्य से जुड़ी है कि लोगों का मतदान इस बात पर कितना निर्भर है कि वे उन समस्याओं की कितनी समझ रखते हैं जिन्हें दूर किया जाना है, और दूसरे लोग या खुद वे जो हासिल करना चाहते हैं उसके बारे में उनकी क्या धारणा है। सामाजिक तथा आर्थिक समस्याओं को देख-समझ पाना हमेशा आसान नहीं होता, और सार्वजनिक विचार-विमर्श की सघन प्रक्रिया जनता की समझदारी के विकास तथा प्रबुद्ध राजनीति के विस्तार में बड़ी भूमिका निभा सकती है।

इसका अर्थ यह नहीं है कि 'विचार-विमर्श से चलनेवाली सरकार' (चाहे इसकी व्यापक अर्थों में व्याख्या क्यों न की जाए) ही लोकतंत्र का आदि-अन्त है। लोकतंत्र की शर्तों को और विस्तार देते हुए इनमें—कम-से-कम एक आदर्श के तौर पर ही सही—समान भागीदारी की शर्त भी जोड़ी जा सकती है। उदाहरण के लिए, यह डॉ. अम्बेडकर के लिए एक केन्द्रीय चिन्ता का विषय था। वे लोकतंत्र के प्रति ज्यादा दूरगामी नजरिया रखने के पक्ष में थे और उसे केवल शासन प्रणाली के रूप

में नहीं बल्कि 'सहजीवन के एक तरीके' के रूप में देखने की बात करते थे। लेकिन वे भी लोकतंत्र को विचार-विमर्श से चलनेवाली सरकार के तौर पर देखने के विचार के प्रति सकारात्मक दृष्टि रखते थे, और वे लोकतंत्र को जिस रूप में समझते थे उसमें सार्वजनिक विचार-विमर्श का निश्चित ही केन्द्रीय महत्त्व था। वास्तव में, उनका अधिकांश सार्वजनिक जीवन किसी-न-किसी तरह से सार्वजनिक विचार-विमर्श को समर्पित रहा।

इस व्यापक ढाँचे में ही, जिसमें ज्ञान मीमांसा और सामाजिक नीतिशास्त्र शामिल हैं, हमें सार्वजनिक विचार-विमर्श की भूमिका को देखना है और इस बात की जाँच करनी है कि भारतीय लोकतांत्रिक राजनीति ने इस सामाजिक समझ में ये अहम खामियाँ कैसे छोड़ दीं कि भारतीय समाज को क्या चाहिए और मतदाताओं को व्यक्तिगत तथा सामूहिक तौर पर क्या चाहिए।

जनमत निर्माण, तर्क और आन्दोलन

यहाँ जनमत निर्माण के लिए उपयोग किए जानेवाले साधनों के बारे में स्पष्टीकरण की जरूरत है। दूसरों को समझाने के लिए अपना दृष्टिकोण प्रस्तुत करने के साथ दूसरों के दृष्टिकोण पर गम्भीरता से ध्यान देने की जरूरत होती है। यह मीडिया के जरिए या सार्वजनिक बैठकों, प्रासंगिक विषयों पर बातचीत के जरिए किया जाता है लेकिन आपकी बात सुनी न जाए तो संवाद के ज्यादा जोरदार तरीकों की जरूरत पड़ती है। आन्दोलन, प्रदर्शन, मुहिम इस प्रक्रिया के महत्त्वपूर्ण हिस्से हैं। इनमें लोग संवादों के जरिए एक-दूसरे से जुड़ते हैं—भले ही यह संवाद शोरशराबे से भरा हो। उदाहरण के लिए, 1869 में मिल की पुस्तक 'द सब्जेक्शन ऑफ वुमेन' महिलाओं के अधिकारों के लिए जनमत निर्माण में एक महत्त्वूर्ण योगदान था। ऐसा ही महत्त्वपूर्ण योगदान 20वीं सदी के प्रारम्भ के इंग्लैंड में मताधिकारवादी आन्दोलन का था, जिसे सामाजिक रूढ़िवादियों ने नापसन्द कर दिया था। भारत में न केवल सार्वजनिक विमर्शों बल्कि प्रदर्शनों, हड़तालों, जनहित में दायर मुकदमों और लोकतांत्रिक प्रक्रिया के दूसरे उपायों के जरिए जनमत को प्रभावित करने के अनुभवों को बेहद महत्त्वपूर्ण विषयों पर जनमत निर्माण के प्रयासों का अभिन्न हिस्सा माना जाएगा।

जनमत निर्माण की भूमिका ऐसी किसी मासूम धारणा पर निर्भर नहीं करती कि हम एक-दूसरे को जो कुछ कहते हैं वह हमेशा युक्तिसंगत और अनुसरणीय हो। बल्कि जनमत निर्माण की प्रक्रिया हमें एक-दूसरे की समस्याओं को समझने और एक-दूसरे के दृष्टिकोण को समझने में मदद करती है, और यह चुनावी लोकतंत्र के लिए बेहद महत्त्वूर्ण है।

उदाहरण के लिए, व्यापक तौर पर स्वीकृत इस साधारणीकरण पर विचार करें कि लोकतंत्र अकाल को रोकता है।* यह कैसे काम करता है? यह याद रखना जरूरी है कि कुल आबादी में अकाल पीड़ितों का अनुपात काफी छोटा है (आमतौर पर 5 प्रतिशत से ज्यादा नहीं और 10 प्रतिशत से शायद ही कभी ज्यादा), और अगर केवल अकालग्रस्त या अकाल के खतरे में पड़ी आबादी ही अकाल की रोकथाम की जरूरत और महत्त्व से चिन्तित होती हो (अपने हित में) तो चुनाव के नतीजे इस प्राथमिकता पर गम्भीर असर नहीं डालते। आमतौर पर लोग—केवल अकाल के खतरे में पड़ी छोटी-सी आबादी नहीं—सार्वजनिक विचार-विमर्श के जरिए ही अकाल को रोकने की गम्भीर जरूरत को समझ पाते हैं और यह समझ पाते हैं कि अकालों को तात्कालिक जन-हस्तक्षेप से ही रोका जा सकता है। एक सक्रिय लोकतंत्र में जनमत निर्माण और नियमित तथा स्वतंत्र चुनावों के कारण ही अकालों की रोकथाम में चूक सरकार के लिए चुनावी दु:स्वप्न बन जाती है और अकाल का खतरा दिखते ही तुरन्त उसे रोकने को सक्रिय करती है।

जनमत निर्माण और स्वतंत्र चुनाव का मेल क्या कर सकता है, इसका एक उदाहरण है अकाल की रोकथाम के उपाय। सामाजिक सुरक्षा में लोकतंत्र का योगदान केवल अकाल की रोकथाम से बेशक ज्यादा व्यापक हो सकता है। दक्षिण कोरिया या इंडोनेशिया ने 1980 और 1990 के दशकों के आर्थिक रूप से चमकदार दौर में, जब सभी लोगों का आर्थिक भाग्य ऊपर चढ़ता दिख रहा था, लोकतंत्र को तवज्जो नहीं दी होती। जब लोगों की आय ऊपर चढ़ रहीं थी तब देश की सरकारों और जनान्दोलनों ने भी अगर समतापूर्ण विकास को लेकर चिन्ता की होती तब भी शायद इस बात को कम महत्त्व दिया गया होता कि सार्वजनिक सुरक्षा उपायों के बिना समतापूर्ण विकास भी सामाजिक सुरक्षा की गारंटी नहीं देता। और, यह भी कि अलोकतांत्रिक अधिनायकवादी व्यवस्था इतना व्यापक जनमत निर्माण नहीं कर पाती कि जब हालात ऊपर जाने की जगह नीचे जा रहे हों तब वह नागरिकों की सुरक्षा कर पाती। बहरहाल, 1997 में आर्थिक संकट आया, तब लोग लोकतंत्र तथा राजनीतिक व नागरिक अधिकारों की कमी बुरी तरह महसूस करने लगे और उन लोगों की अभावग्रस्तता को महसूस करने लगे जिनके आर्थिक साधनों और जीवन को कथित 'एशियाई आर्थिक संकट' ने बुरी तरह बरबाद कर दिया था। तब इन देशों में लोकतंत्र केन्द्रीय मुद्दा बना और

* अकाल की रोकथाम में एक सक्रिय लोकतंत्र की भूमिका पर सेन (1983), और ड्रेज़ एवं सेन (1989) ने विचार किया है। और इन दोनों के बीच सम्बन्ध की सच्चाई तथा विस्तार पर जबकि विचार हो चुका है, इस मान्यता को दुनिया-भर में प्रयोगमूलक प्रमाणों ने सही ठहराया है। देखें 'न्यूयॉर्क टाइम्स', 14 अगस्त, 2005 का सम्पादकीय 'मीनव्हाइल पीपुल स्टार्व'।

लोकतंत्र तथा सामाजिक सुरक्षा के मुद्दे पर ही किम दाइ जुंग ने संकट के तुरन्त बाद कोरिया में राष्ट्रपति का चुनाव जीत लिया।

लोकतंत्र को समझने का यह तरीका हमें यह सवाल पूछने के लिए तैयार करता है कि भारत में अभाव तथा असमानता की जिन बेहद अहम समस्याओं की जो उपेक्षा जारी है उस पर पर्याप्त विचार-विमर्श को क्या चीज है जो सीमित करती है? इसके जवाब के लिए हमें भारतीय राजनीति के चरित्र को बल्कि भारत में जन संवाद के स्वरूप और मीडिया की पहुँच तथा पूर्वाग्रहों को भी समझना पड़ेगा। जैसा कि हम पहले कह चुके हैं, जनमत निर्माण की सीमाएँ लोकतंत्र की पहुँच को दो तरह से सीमित कर सकती हैं। एक तो वे यह कर सकती हैं कि देश में असमानताओं और अभावों के स्वरूप तथा विस्तार के बारे में पर्याप्त समझदारी न बनने दें; दूसरे, सार्वजनिक अभिक्रम को अनावश्यक रूप से संकुचित दायरे में सिमटा सकती हैं। तब अपेक्षाकृत छोटी आबादी पर जरूरत से ज्यादा ध्यान दिया जाता है, उसके जीवन तथा समस्याओं पर ज्यादा चर्चा होती है और उन्हें मीडिया में निरन्तर उछाला जाता है और फिर राजनीति हावी हो जाती है।

इसलिए अन्य कारकों के साथ ही मीडिया की भूमिका की जाँच करना काफी महत्त्वपूर्ण है। भारत में मीडिया काफी सक्रिय तथा शक्तिशाली है और लोगों का ध्यान खींचने में उसे महारत हासिल है। भारतीय मीडिया के जोशोखरोश पर कोई सन्देह नहीं है मगर जब बात इसकी पहुँच, उसकी खबरों, विचारों, नजरिए—और मनोरंजन की आती है तब उसकी अक्षमताएँ बड़ी नजर आने लगती हैं।

भारतीय मीडिया की ताकत और सीमाएँ

अनुमान है कि भारत में करीब 86 हजार पत्र-पत्रिकाएँ छपती हैं, जिनकी कुल प्रसार संख्या 37 करोड़ है। दुनिया के किसी भी देश से ज्यादा। दुनिया में हर जगह अखबारों का प्रसार और राजस्व घट रहा है लेकिन भारत में बढ़ रहा है।[16] भारत के अखबार एक-दूसरे के बिलकुल उलट असंख्य तरह के दृष्टिकोणों को प्रस्तुत करते हैं।

भारत में रेडियो और टीवी प्रसारणों की भारी मौजूदगी प्रिन्ट मीडिया की कमी को पूरा करती है। सरकारी टीवी चैनलों (दूरदर्शन, लोकसभा टीवी, राज्यसभा टीवी एवं अन्य), बड़ी संख्या में निजी चैनल सूचना, विश्लेषण, मनोरंजन परोस रहे हैं। 2012 में इन चैनलों की कुल संख्या 831 थी। इसके बाद से भारतीय अर्थव्यवस्था के तेजी से विकसित होते क्षेत्र में कई और चैनल भी जुड़ गए हैं। इनमें से 400 से ज्यादा चैनल नियमित खबरें दे रहे हैं।

अखबारों और समाचार चैनलों को सरकार की लाइन पर चलने की जरूरत नहीं है और न वे ऐसा करते हैं। भारत तथा विदेश में जनजीवन के मूल्यांकन में ये माध्यम काफी दृष्टिभिन्नता और बहुलतावादी नजरिया प्रस्तुत करते हैं। अभिव्यक्ति की स्वतंत्रता का काफी हद तक सम्मान किया जाता है। यह सन्देहास्पद ही है कि दुनिया में ऐसी सरकारें ज्यादा होंगी जो इस बात को चुपचाप सहन कर लें कि मुख्यधारा की कोई लोकप्रिय पत्रिका भारतीय राज्य-व्यवस्था को उखाड़ फेंकने के लिए सक्रिय सशस्त्र विद्रोह करनेवालों की प्रशंसा में ऐसा लेख प्रकाशित करे जैसा अरुन्धती राय ने भूमिगत माओवादी आन्दोलन के बारे में लिखा था।[17] यह और बात है कि यहाँ लेखिका बेशक भारत की एक अग्रणी साहित्यकार हैं, जो अपने जोरदार लेखन से भारतीय समाज की उपेक्षित समस्याओं की ओर ध्यान खींचती रही हैं। इसी तरह, सन्तुलित से लेकर उग्र दक्षिणपन्थी प्रकाशन भी अलग तरह के विद्रोह का आह्वान करते रहे हैं और उन्हें भी बर्दाश्त किया जाता रहा है। इसलिए जाहिर है कि भारतीय मीडिया की सीमित पहुँच की वजहें सरकारी दखलंदाजी में नहीं खोजी जा सकती हैं।

इसके अलावा, अभिव्यक्ति की स्वतंत्रता को न केवल कानूनी अधिकार के तौर पर स्वीकार किया गया है बल्कि सार्वजनिक जीवन के एक बुनियादी सिद्धान्त के तौर पर भी मान्य किया गया है। भारत में अभिव्यक्ति की स्वतंत्रता के प्रति आम प्रतिबद्धता एक सुस्थापित और प्रभावशाली तथ्य है और अन्तर्राष्ट्रीय तुलना में अच्छा स्थान रखती है।

लेकिन इस सहिष्णुता में कुछ खामियाँ भी हैं। भारत में अभिव्यक्ति की स्वतंत्रता की परम्परा पर खासकर दो मामलों में निषेध और सेंसरशिप के रूप में काले धब्बे निरन्तर लगे नजर आते हैं। पहला मामला यह है कि सुरक्षा को लेकर वास्तविक तथा काल्पनिक खतरों को हमेशा बढ़ा-चढ़ाकर देखा जाता है और इस वजह से बोलने तथा अभिव्यक्ति की स्वतंत्रता पर सामान्यतः पूरे देश में और खासकर अशान्त क्षेत्रों में अंकुश लगाया जाता है। मसलन, कश्मीर में इसके ऊपर बराबर कुल्हाड़ी चलाई जाती है। हम पहले ही चर्चा कर चुके हैं कि सुरक्षा सम्बन्धी मसलों को इस तरह हल करने की सीमाएँ तथा नुकसान क्या हैं और लोकतांत्रिक प्रक्रिया पर इसके क्या बुरे प्रभाव पड़ते हैं। दूसरी बात यह है कि भारतीय समाज के बहुधर्मी स्वरूप को हर उस चीज पर प्रतिबन्ध लगाने का आधार बनाया जाता है, जो देश में तमाम तरह के धार्मिक समूहों में से किसी को भी नाराज करती हो या करती दिखती हो। अल्पसंख्यक समूहों या हाशिये पर डाले गए समुदायों के हितों तथा अधिकारों की रक्षा बेशक बहुत महत्त्व रखती है लेकिन इसके लिए इन समूहों और समुदायों की वास्तविक समस्याओं पर सार्वजनिक विचार-विमर्श जरूरी है। और इसके लिए अभिव्यक्ति की स्वतंत्रता चाहिए।

असन्तोष की वास्तविक वजहों पर ध्यान देने (और उन पर खुला विचार-विमर्श करने) की जगह सरकारी नियम ऐसे हों जो किसी को नाराज करनेवाली चीज को दरकिनार करते हों, तो जनमत-निर्माण और विचार-विमर्श के साथ शासन के जरिए लोकतांत्रिक प्रक्रिया को आगे बढ़ाना बहुत मुश्किल हो जाएगा।

कभी-कभी अच्छे सामाजिक कारणों से अभिव्यक्ति की स्वतंत्रता पर अंकुश लगाया जा सकता है, उदाहरण के लिए, जब इसका उपयोग हिंसा के लिए उकसाने या अफरातफरी पैदा करने के वास्ते हो। लेकिन सार्वजनिक विमर्श के जरिए लोकतंत्र को कायम रखना है तो 'नाराज न किए जाने' के कथित अधिकार को वास्तव में सुरक्षा नहीं दी जा सकती। बहरहाल, इस कथित अधिकार का कोई-न-कोई रूप भाषण, लेखन या प्रकाशन के खिलाफ प्रत्यक्ष या परोक्ष रूप से निषेधात्मक आदेशों का आधार बनता रहा है। भारत सलमान रश्दी की किताब 'सैटनिक वर्सेज' पर 1988 में प्रतिबन्ध लगानेवाला पहला देश था। यह प्रकाशन की स्वतंत्रता के अधिकार को प्रतिबन्धित करने का एक गम्भीर उदाहरण है। जाहिर है कि सरकार भारत में अल्पसंख्यक मुसलमानों के एक वर्ग के विरोध की आशंका से डर गई थी। कुछ ऐसे भी उदाहरण हैं कि सरकार बहुसंख्यक आबादी के निशाने पर आए व्यक्तियों के अधिकारों को पर्याप्त सुरक्षा न दे पाई। उदाहरण के लिए, वह भारत के एक महान चित्रकार मक़बूल फ़िदा हुसेन को उग्र हिन्दुत्वादियों के निरन्तर हमलों से सुरक्षा नहीं दे पाई। इन हमलों ने हुसेन को अपना मुल्क छोड़ने पर मजबूर कर दिया और उन्हें विदेश में अपना जीवन त्याग करना पड़ा। इसी तरह, पुलिस ने दो युवतियों को इसलिए गिरफ्तार कर लिया क्योंकि उन्होंने शिवसेना प्रमुख बाल ठाकरे के निधन के बाद उग्रपन्थी शिवसैनिकों के डर से पूरी मुम्बई को बन्द करने के सरकारी फैसले के खिलाफ फेसबुक पर आपत्ति दर्ज की थी। सरकार ठाकरे के सैनिकों को नाराज करने का जोखिम नहीं उठा दकती थी। अगर मुक्त जनमत निर्माण को मूल्यवान मानते हुए उसकी रक्षा करनी है तो किसी धार्मिक या धार्मिक-राजनीतिक समूह को नाराज न करने की खातिर लगाई इन तमाम निषेधाज्ञाओं को किसी भी तरह उचित नहीं ठहराया जा सकता है। इन्हें बुनियादी नागरिक अधिकारों की रक्षा के प्रति लोकतांत्रिक भारत की प्रतिबद्धता की विसंगतियाँ ही माना जा सकता है।

इन सबके बाद, मीडिया द्वारा खबरें देने की जो सीमाएँ हैं उनकी मुख्य व्याख्या कुछ और ही हो सकती है। भारतीय समाज में व्याप्त भेदभाव तथा असमानताओं समेत भारत की समस्याओं के कारण उत्पन्न चुनौतियों का मुकाबला करने में भारतीय मीडिया की कमजोरी और प्राय: विफलता उसके अपने पूर्वाग्रहों का फल है, जिसके चलते वह कुछ घटनाओं को तो खूब उछालता है और कुछ की अनदेखी कर देता है, जिनमें कुछ बेहद महत्त्वपूर्ण और उपेक्षित मामले भी शामिल

होते हैं। हम यहाँ चर्चा करेंगे कि ज्यादातर यह पूर्वाग्रह भारतीय समाज के विषम चरित्र की वजह से है, जो इस बात को प्रभावित करता है कि कौन-सी चीज आसानी से बिकती है। इसका सामना करने की बजाय मीडिया ने आसान रास्ता चुना—इस सबके साथ चलने और यहाँ तक कि उन्हें खुश करने का रास्ता।

असमानताएँ और मीडिया

'लोकतांत्रिक भारत में मीडिया के स्वतंत्र संचालन में सबसे बड़ी बाधा शायद यह है कि यह धनी तथा ताकतवर लोगों का पक्षपात करता है, जो देश-भर की दूसरी व्यापक खबरों और विश्लेषणों में दिखाई देता है। कई जटिल पूर्वाग्रहों की पहचान की जा सकती है। लेकिन भारतीय मीडिया में खबरों के चयन और राजनीतिक विश्लेषणों से जो चीज उल्लेखनीय रूप से जाहिर है वह है भारत के गरीबों के जीवन के बारे में सरोकारों का गम्भीर अभाव।[18] इस पूर्वाग्रह पर शायद ही विचार-विमर्श होता हो या सवाल उठाया जाता हो (और इसकी व्यापकता को गम्भीर रूप से कमतर आँका जाता है), लेकिन कोई भी देख सकता है कि इसकी खोजबीन करने की फिक्र किसे है। हर्ष मन्दर और शोभा डे सरीखे टीकाकारों ने स्पष्ट किया है कि भारतीय कुलीन तबका देश के वंचित तबकों से कितना ज्यादा कटा हुआ है। हाशिये पर पड़े लोगों के नजरिए से लेखन करते हुए मन्दर ने 'हमारी अन्तरात्मा और चेतना तक से गरीबों के निष्कासन' की ओर हमारा ध्यान खींचा है, और यह पिछले 25 वर्षों में कहीं ज्यादा तेजी से हुआ है। डे इस प्रवृत्ति पर सामाजिक परिदृश्य के दूसरे छोर से नजर डालती रही हैं। उन्होंने अपनी पुस्तक 'सुपरस्टार इंडिया' में लिखा है—'जिस भारत का हम महिमागान कर रहे हैं वह इस विशाल देश का बेहद सूक्ष्म हिस्सा है। यह कुलीनों, विशेषाधिकार प्राप्त लोगों, धनी-मानी लोगों का इंडिया है। हम चाहते हैं कि दुनिया केवल इसी भारत को देखे, क्योंकि हम दूसरे भारत को लेकर बुरी तरह शर्मिंदा हैं, शर्मिंदा और अनजान।'[19]

यह पूर्वाग्रह क्यों है? इस तथ्य पर कुछ सार्वजनिक चर्चा हुई है कि अधिकतर मीडिया संस्थान अमीरों के हैं। यह ध्यान देनेवाली बात तो है मगर वास्तव में यह दुनिया के किसी भी देश के लिए असामान्य बात नहीं है। और सम्पादकीय नीतियों में इतनी विविधता है कि खबरें देने में या सम्पादकीय टिप्पणियाँ करने में जो तोड़-मरोड़ की जाती है उसके पीछे मालिकान से जुड़े पूर्वाग्रहों को बड़ा कारण नहीं माना जा सकता।

ज्यादा उपयुक्त कारण शायद यह है कि मीडिया विज्ञापनों पर जिन्दा रहनेवाला व्यवसाय है।[20] विज्ञापन पर मीडिया की आर्थिक निर्भरता उसे सम्भावित ग्राहकों पर ज्यादा ध्यान देने को मजबूर करती है। परिणाम यह है कि गरीबों से ज्यादा अमीरों को मूल्यवान माना जाता है। प्रभावी तौर पर जिसे कॉरपोरेट प्रायोजन कहा जाएगा,

उस पर निर्भरता भी कॉरपोरेट संस्कृति और मूल्यों को आगे बढ़ाने की प्रवृत्ति पैदा करती है। इस कॉरपोरेट प्रायोजन की दुनिया में पत्रकारों और सम्पादकों पर इस बात का भारी दबाव भी रहता है कि वे जो कुछ कहें या लिखें, उसमें इस बात का ख्याल रखें। उदाहरण के लिए, भारत की एक प्रमुख पत्रिका के सम्पादक ने (जिन्होंने अपना नाम न जाहिर करने का आग्रह किया) कहा, 'मुख्यधारा का मीडिया विज्ञापनों की खातिर कॉरपोरेटों की जाँच करने से कतराता है। यह प्रबन्धकों के दबाव में होता है क्योंकि सम्पादक भी उनके साथ हो जाते हैं।'[21] हाल के दिनों में 'पेड न्यूज' का जो चलन बढ़ा है—जिसके तहत अखबारों और टीवी चैनलों को कुछ खास बातें प्रसारित करने के लिए भुगतान किया जाता है—उससे भारत में खबरनवीसी के कुछ चिन्ताजनक पहलू उभरकर सामने आए हैं। इसमें यह भी शामिल है कि तथ्यों के वस्तुनिष्ठ प्रस्तुतीकरण में तोड़-मरोड़ की जाती है और खबरों तथा विज्ञापनों के फर्क को छिपाया जाता है।[22]

इस तरह के दबाव में न केवल गलत सूचनाएँ प्रसारित की जाती हैं और तथ्यों के बारे में गुमराह किया जाता है बल्कि आम जनों के लिए बेहद महत्त्वपूर्ण शिक्षा, स्वास्थ्य, पोषण तथा स्वच्छता के कम चमकदार मामलों पर सार्वजनिक विचार-विमर्श के लिए स्थान, समय तथा संसाधन कम हो जाते हैं। पूर्वाग्रह इस तथ्य के कारण भी मजबूत होता है कि ज्यादातर पेशेवर मीडियाकर्मी जाति तथा वर्ग के लिहाज से विशेषाधिकार प्राप्त तबकों से आते हैं।

विशेषाधिकार प्राप्त तबकों का वर्चस्व

मीडिया के इन दोषपूर्ण स्वरूपों में भारतीय मीडिया की खबरों में अमीरों के साथ जारी पक्षपात की क्या कोई पर्याप्त व्याख्या है? हालाँकि मीडिया की खबरों में पूर्वाग्रह के लिए कुछ हद तक प्रत्यक्ष या परोक्ष रूप से विज्ञापन या प्रायोजन हासिल करने के दबाव या मीडियाकर्मियों और मीडिया मालिकों की वर्गगत तथा जातिगत पृष्ठभूमि को जिम्मेदार ठहराया जा सकता है लेकिन कई सवाल बाकी रह जाते हैं, जिनकी व्याख्या भारतीय समाज के गहरे भेदभावपूर्ण चरित्र के सन्दर्भ में ही की जा सकती है। यह चरित्र मीडिया के चरित्र को भी तय करता है। यह एक बड़ी समस्या है, क्योंकि मीडिया न केवल विषमतापूर्ण समाज से प्रभावित होता है बल्कि भारतीय सामाजिक तथा राजनीतिक सोच को सही दिशा देने की उसकी भूमिका को वही समाज कठिन बनाता है जिसने उसे प्रभावित किया है। देश के स्वरूप के बारे में व्यवस्थागत भ्रम, आन्तरिक विषमताएँ मीडिया की सीमाओं के कारण कायम रहती हैं, और प्राय: और भी मजबूत हो जाती हैं।

कुछ पूर्वाग्रहों को समझ पाना और उन पर विचार-विमर्श करना आसान होता है। उदाहरण के लिए, मुख्यधारा के मीडिया में ग्रामीण मसलों को बहुत कम जगह

दी जाती है। एक अध्ययन के मुताबिक, राष्ट्रीय अखबारों में छपने वाली कुल सामग्री में ग्रामीण मसलों का अनुपात मात्र 2 प्रतिशत था (बावजूद इसके कि ये अखबार गाँवों में भी व्यापक रूप से पढ़े जाते हैं)।[23] जिसे 'मध्यवर्ग' कहा जाता है (हालाँकि इस वर्ग के अधिकतर सदस्य भारतीयों की कुल समृद्धि के मध्य स्तर से काफी ऊपर हैं), उनके हितों पर वचित तबकों के हितों से कहीं ज्यादा ध्यान दिया जाता है, जिसमें फैशन, खानपान, सिनेमा, क्रिकेट के प्रति अखबारों और टीवी समाचार चैनलों का लगाव खबरों को प्रभावित करता रहा है। दिल्ली में बच्चों के अधिकारों के लिए आवाज उठानेवालों के साथ बैठक में एक प्रमुख सम्पादक ने कहा, 'ऐसा कोई मुगालता मत पालिए कि फैशन परेड में भाग ले रही किसी मॉडल के परिधान में गड़बड़ी की घटना से ज्यादा ध्यान आप लोगों पर दिया जाएगा।'[24]

इस तरह के पूर्वाग्रह सिर्फ भारत में नहीं हैं। मॉडल वाली खबर या इस तरह की सनसनीखेज खबरों को कई दूसरे देशों में भी उछाला जाता है। लेकिन भारत का मामला अलग इसलिए है कि यहाँ ऐसे लोगों की तादाद ज्यादा है जिन्हें यह भी नहीं मालूम है कि परिधान क्या होता है और इसमें गड़बड़ी के मायने इस मामले में क्या हैं। अगर कोई केवल अखबार पढ़ता है और तड़क-भड़क वाले टीवी चैनलों को ही देखता है तो वह भारतीय लोगों के जीवन और सोच के बारे में काफी भ्रामक धारणा बनाएगा। उसे इस तथ्य का अस्पष्ट अन्दाजा ही मिलेगा कि दुनिया के सबसे ज्यादा गम्भीर रूप से कुपोषित लोग भारत में रहते हैं—केवल संख्या के लिहाज से ही नहीं बल्कि मानक कसौटी और आबादी के अनुपात के लिहाज से भी। उसे यह शायद ही पता लग पाएगा कि आधे भारतीय लोग ऐसे घरों में रहते हैं जिनमें शौचालय नहीं है, जिसके चलते मजबूरन उन्हें अपनी एक सबसे निजी क्रिया खुले में करनी पड़ती है। वैसे, वंचित तबकों के अभावों तथा संघर्षों की छिटपुट खबरें अखबारों और टीवी चैनलों (जो दूसरे चैनलों के मुकाबले ज्यादा जागरूक हैं) में आती तो हैं लेकिन कुल मिलाकर मीडिया में वंचितों के जीवन की खबरें सीमित ही होती हैं।

खबरों और विश्लेषणों में पूर्वाग्रहों के लिए बेशक मीडिया खुद ही जिम्मेदार है, खासकर इसलिए कि यह लोगों की उत्सुकताओं और सरोकारों की केवल खबरें देने की जगह उन्हें दिशा देने में बड़ी भूमिका निभा सकता है। लेकिन समस्या यह है कि समाज के अपेक्षाकृत विशेषाधिकार प्राप्त वर्ग सामाजिक विषमताओं और अभावग्रस्तता के मसलों में दिलचस्पी नहीं लेते क्योंकि मीडिया को उनकी जरूरतें पूरी करने के लिए तैयार किया जाता है। प्रभावशाली ग्राहक, पाठक, प्रायोजक, मीडिया के पैरोकार इसी अपेक्षाकृत छोटे-से मगर पूरे लिहाज से बड़े और ताकतवर समूह से आते हैं।

बड़ा विभाजन और राजनीतिक विचलन

मीडिया के इस पूर्वाग्रह की खास बात यह है कि यह जो गहरा असन्तुलन है वह उन लोगों की नजरों से लगभग ओझल है जिनकी बातें वजन रखती हैं और जिनके सरोकार सार्वजनिक विमर्शों पर हावी रहते हैं। भारत में वास्तविक रूप से विशेष तथ्य यह है कि अपेक्षाकृत विशेषाधिकार प्राप्त वर्ग के अपेक्षाकृत छोटे समूह ने अपनी एक दुनिया बना ली है।

भारत में इस विशेष समूह में केवल व्यवसायी और पेशेवर वर्ग शामिल नहीं हैं बल्कि शिक्षित तबकों के अलावा देश के अपेक्षाकृत समृद्ध वर्ग का अधिकांश हिस्सा भी शामिल है। अशोक रुद्र ने दो दशक पहले लिखे अपने एक गम्भीर लेख 'भारत में बुद्धिजीवी वर्ग का शासक वर्ग के रूप में उभार' में लिखा है कि भारत में सामाजिक विषमता से लाभ उठाने में साझीदारी करनेवाला शिक्षित वर्ग किस तरह 'शासक गठजोड़' का हिस्सा बन गया है और यह नीति सम्बन्धी विमर्शों पर हावी हो गया है। इसका परिणाम यह हुआ है कि देश में जो कुछ हो रहा है उसे भी वह निर्देशित कर रहा है।[25] रुद्र ने जिस समूह को भारतीय बुद्धिजीवी वर्ग कहा है उसके भीतर भी हितों के कई टकराव हैं लेकिन उसके साझा हित और सरोकार सार्वजनिक विमर्श को इस तरह सीमित करते हैं कि वह अपेक्षाकृत समृद्ध तबकों पर केन्द्रित हो जाता है।

वैसे, अपेक्षाकृत समृद्ध लोगों में कुछ ज्यादा समृद्ध लोग हैं और कुछ कम समृद्ध लोग भी हैं। कभी-कभी, समृद्धों के भीतर के विभाजनों का काफी शोर मचाया जाता है—राजनीतिक नारों में जिस 'आम जन' की बात की जाती है वह उनमें सामान्य तौर पर वही लोग होते हैं जो विशेषाधिकार प्राप्त लोग हैं। लेकिन रुद्र के 'बुद्धिजीवी वर्ग' समेत अपेक्षाकृत विशेषाधिकार प्राप्त लोगों का पूरा समूह भारत के सम्पूर्ण बहुसंख्य वंचितों से काफी ऊपर होता है, जिनमें कुछ तो ऐसे होते हैं जो वंचितों में भी ज्यादा वंचित होते हैं।

इस व्यापक अर्थ में जो 'अपेक्षाकृत समृद्ध' हैं और कुल आबादी में जिनका अनुपात 25 या 20 प्रतिशत से ज्यादा नहीं होगा, उनमें बड़े उद्योगपतियों से लेकर ऐसे सामान्य शिक्षित लोग (जो अमीर तो नहीं हैं मगर समाज के पिछड़े लोगों से बेहतर जीवन जीते हैं) तक तमाम स्तर के लोग शामिल हैं। जैसा कि अध्याय 4 में विचार किया जा चुका है, जिन माँगों को लोकलुभावन कहा जा चुका है—मसलन सार्वजनिक क्षेत्र के कर्मचारियों के लिए ऊँचा वेतन या ईंधन की कीमतों में कटौती आदि—उनमें से कई वास्तव में ऐसी हैं, जो मुख्यत: अपेक्षाकृत समृद्ध तबकों की माँगें हैं। इन माँगों से वंचित तबकों को अगर कोई लाभ होगा भी तो वह सीमित ही होगा और उन्हीं संसाधनों से उन्हें जो अन्य सुविधाएँ या सेवाएँ दी जा सकती हैं उनकी तुलना में तो खासतौर से सीमित होगा। इन माँगों को 'आम

जन की माँगें' बताकर उनका समर्थन दक्षिणपन्थी से लेकर मुख्य वामपन्थी दल तक करते हैं, बावजूद इसके कि इन माँगों को पूरा करने में खर्च होनेवाले संसाधन का उपयोग वास्तव में वंचित लोगों के भारी अभावों को कम करने में किया जा सकता है। इन 'लोकलुभावन' माँगों का सबसे बड़ा फायदा सबसे समृद्ध लोगों को होता है, जो बेहद महँगी कारों और एसयूवी में चलते हैं जो सरकारी सब्सिडी पर मिलने वाले डीजल पर दौड़ती हैं, उन बड़े जमींदारों को मिलता है जो भूजल का दोहन करने के लिए मुफ्त बिजली का उपयोग करते हैं, उन खाद कम्पनियों को मिलता है जो आम लोगों को खाद्य सुरक्षा देने के नाम पर कई वर्षों से सब्सिडी हड़प रही हैं।

इस बीच, वंचित तबकों के साथ खड़े कम प्रभावशाली मगर ज्यादा प्रतिबद्ध समूहों की पूरी तरह उपेक्षा की जा रही है या उन्हें दरकिनार किया जा रहा है। उदाहरण के लिए, देश-भर से आए हजारों गरीब लोग न्यूनतम मजदूरी, जबरन विस्थापन, भूमि अधिकारों, या जातिगत भेदभाव के मसलों पर अपनी माँगें उठाने के लिए दिल्ली में प्रदर्शन करते रहे हैं मगर मुख्यधारा का मीडिया या राजनीतिक दल उन पर शायद ही ध्यान देता है।

अगर यह सब जनमत निर्माण में विफलता नहीं है तो फिर यह समझ पाना मुश्किल है कि वास्तविक विफलता किसे माना जाएगा। मीडिया और सार्वजनिक विमर्शों में कुछ लोगों को ज्यादा तवज्जो क्यों मिलती है और बाकी लोगों के अभावों और निराशाओं को संचार-संवाद के क्षेत्र में उपेक्षा क्यों मिलती है, यह समझने के लिए हमें विशेषाधिकार प्राप्त लोगों और बाकी तमाम लोगों के बीच के गहरे विभाजन पर नजर डालनी होगी। विशेषाधिकार प्राप्त लोगों और बाकी तमाम लोगों के अलग-अलग समूहों के अन्दर अपने विभाजन तो हैं ही, इन दोनों समूहों के बीच जो बड़ी विषमता है, वह उनके जीवन में असमानताओं को तब और मजबूत करती है जब उनके बारे में विचार-विमर्श के स्तर पर या उन पर ध्यान देने के मामले में असमानता बरती जाती है। यह उन लोगों के जीवन में भारी विषमताओं को जन्म देती है जिनके बारे में कम विचार-विमर्श किया जाता है और जो ज्यादा जिद्दी तथा मजबूत हैं।

सार्वजनिक नीति और खर्च की प्राथमिकताएँ

विभिन्न समूहों की आवाज तथा प्रभाव की इस विषमता के अन्य गम्भीर नतीजों में सार्वजनिक राजस्व से होनेवाले आवंटन में भेदभाव भी शामिल है, जो समूहों के हितों से प्रभावित होता है। तेज आर्थिक विकास का एक फायदा यह भी है कि यह सार्वजनिक राजस्व में भी बड़ी वृद्धि करता है, जिसका उपयोग विभिन्न कार्यों के लिए किया जा सकता है—पिछड़े लोगों के अभावों को कम करने से लेकर अपेक्षाकृत

विशेषाधिकार प्राप्त लोगों के हितों को पूरा करने तक के लिए। दरअसल, हाल के दिनों में भारत में सार्वजनिक राजस्व में जीडीपी में वृद्धि के बराबर या उसकी तुलना में ज्यादा वृद्धि हुई है। इसका नतीजा यह हुआ है कि केन्द्र सरकार का सकल कर राजस्व 20 वर्ष पहले जितना था उसके मुकाबले आज, स्थिर कीमतों पर, चौगुना हो गया है।[26]

तेजी से बढ़ते जीडीपी से बन रहे संसाधनों का दोहन करने के अलावा जीडीपी में वृद्धि से सार्वजनिक राजस्व को दिए जानेवाले योगदान को कई तरीकों से बढ़ाया जा सकता है। ये तरीके इस प्रकार हो सकते हैं—भारत में भारी मात्रा में हो रही कर चोरी को रोकना, मनमानी छूटों को खत्म करना और कर के आधार को विस्तृत करना। दरअसल, भारत के कर-जीडीपी अनुपात (जो दूसरे देशों की तुलना में काफी कम है) को आर्थिक कार्यकुशलता को कम किए बिना बढ़ाने की कई रचनात्मक सिफारिशें विभिन्न विशेषज्ञ कमेटियों ने की है।[27] लेकिन आज जो स्थिति है, जब सार्वजनिक राजस्व और जीडीपी में लगभग एक समान वृद्धि हो रही है, सार्वजनिक व्यय के लिए उपलब्ध संसाधन भी भारत में तेजी से बढ़ रहे हैं। यह बेहद अच्छा मौका है जब सार्वजनिक सेवाओं तथा समर्थन के जरिए सार्वजनिक राजस्व का उपयोग जीवन-स्तर को ऊपर उठाने में किया जा सकता है। लेकिन इसने ऐसे खर्चों को जारी रखने और बढ़ाने तक का भी मौका जुटाया है, जिन्हें उचित ठहराना आसान नहीं है।

उदाहरण के लिए, केन्द्र सरकार ने अकेले पेट्रोलियम और खाद पर 2012-13 में 165,000 करोड़ रु. (भारत की जीडीपी का करीब 1.7 प्रतिशत) की सब्सिडी दी।[28] यह राशि स्वास्थ्य सेवा पर केन्द्र सरकार के कुल खर्च की राशि का चार गुना है।* यह हैरत में डालने वाला असन्तुलन है लेकिन इस पर न किसी का ध्यान जाता है और न इसे कोई चुनौती देता है। राज्यों के स्तर पर भी यही होता है। उदाहरण के लिए, कई राज्यों में स्वास्थ्य एवं शिक्षा पर सार्वजनिक खर्च मुख्यत: वेतन भुगतान के मद में किया जाता है (अध्याय 5 में बताया जा चुका है कि यह भुगतान किस तरह उदार वेतनमानों के लिए किया जाता है), और पाठ्यपुस्तकों तथा दवाओं के लिए बहुत कम बच पाता है। कुछ राज्यों में सरकार के राजस्व का अधिकांश हिस्सा सार्वजनिक क्षेत्र के कर्मचारियों के वेतन और पेंशन के भुगतानों

* भारतीय संविधान के अनुसार स्वास्थ्य का मसला केन्द्र तथा राज्य सरकारों की संयुक्त जिम्मेदारियों की 'समवर्ती सूची' में दर्ज है ताकि इस पर सार्वजनिक खर्च का बड़ा हिस्सा राज्य सरकारें उठाएँ। लेकिन स्वास्थ्य पर केन्द्र तथा राज्य सरकारों का सम्मिलित खर्च, जैसा कि हमने अध्याय 6 में देखा है, जीडीपी का मात्र 1.2 प्रतिशत है। यह पेट्रोलियम तथा खाद पर दी जा रही कुल सब्सिडी से कम ही है। इसके अलावा, स्वास्थ्य पर राज्य सरकारों के खर्च का बड़ा भाग वेतन में चला जाता है, इसलिए उस पर केन्द्र का खर्च स्वास्थ्य क्षेत्र में ज्यादा महत्त्वपूर्ण भूमिका निभा सकता है।

पर चला जाता है और सार्वजनिक राजस्व के अन्य उपयोगों को गौण कर देता है, जिसके कारण वित्तीय दिवालियेपन का गम्भीर खतरा पैदा हो जाता है।

दूसरे उदाहरण के लिए भारतीय संसद में दिसम्बर 2011 में पेश राष्ट्रीय खाद्य सुरक्षा विधेयक पर हुई बहस को देखें। प्रभावशाली हलकों ने इस विधेयक पर तुरन्त हमला किया और इसे 'वित्तीय रूप से असम्भव' ठहरा दिया। उस समय अनुमान लगाया गया कि इस विधेयक को लागू करने के लिए हर साल 27,000 करोड़ रु. (भारत के जीडीपी का करीब 0.3 प्रतिशत) खर्च होगा। बेशक यह भारी राशि है। इसलिए यह समझ पाना मुश्किल नहीं है कि मुखर ताकतवर टीकाकारों ने इसे असम्भव बताते हुए इसका विरोध क्यों किया, भले ही इससे गरीबों को कम कीमत पर भोजन देने का प्रशंसनीय मकसद क्यों न पूरा होता हो।

जैसा कि होता है, इस विधेयक के साथ ऊँची लागत के अलावा भी कई समस्याएँ थीं लेकिन फिलहाल इसकी लागत पर ध्यान केन्द्रित रखें तो हमें यह आंकलन करना पड़ेगा कि अतिरिक्त 27,000 करोड़ रु. खर्च करने का वादा करना कितना गैरजिम्मेदाराना या सामर्थ्य से कितना बाहर है। दुनिया में सबसे ज्यादा कुपोषित बच्चे भारत में हैं, इस तथ्य के मद्देनजर इस तरह का कार्यक्रम जरूर विचारणीय है बशर्ते इसे ठीक से बनाया गया हो और उसे प्रभावी बनाने के लिए उस पर पूरी नजर रखी जाती हो। कुपोषण की समस्या की गम्भीरता के चलते विधेयक की उपयुक्तता और इस समस्या के समाधान के लिए इसके तहत उठाए जानेवाले कदमों की पर्याप्त जाँच की जरूरत खत्म नहीं हो जाती। लेकिन इसे 'वित्तीय रूप से गैरजिम्मेदारी भरा' बताकर खारिज करने को उचित ठहराना मुश्किल है जबकि इससे ज्यादा रकम प्रतिगामी सब्सिडियों, सार्वजनिक क्षेत्र में असन्तुलित वेतन-वृद्धियों और अन्य इसी तरह के कामों पर खर्च की जा रही हो।

अक्सर प्रभावशाली समूहों की ओर से उठाई गई खास माँगों पर सार्वजनिक राजस्व को बरबाद करने के कई और भी तरीके हैं। उदाहरण के लिए, जैसा कि अध्याय 4 में बताया जा चुका है, वित्त मंत्रालय के 'परित्यक्त राजस्व' नामक अधिकृत बयान में बताया गया है कि हीरों और सोने के आयात पर सीमा शुल्क में छूट के कारण सरकारी खजाने को 57,000 करोड़ रु. का चूना लगता है। यह राष्ट्रीय खाद्य सुरक्षा विधेयक को लागू करने पर अनुमानित खर्च के दोगुने से ज्यादा है। लेकिन इस पर कोई यह शोर नहीं मचाता कि यह खर्च हमारी सामर्थ्य से बाहर है।

सोने और हीरों पर सीमा शुल्क में छूट के कारण 'परित्यक्त राजस्व' का अनुमान कुछ अतिशयोक्तिपूर्ण हो सकता है क्योंकि शुल्क लगाने से इनके आयात में कमी आ सकती है और क्योंकि कुछ आयातों का उपयोग आभूषण बनाकर उनका पुनः निर्यात करने में हो सकता है। फिर भी, अनुमान में गड़बड़ी के बावजूद

यह तर्क देना मुश्किल है कि खाद्य सुरक्षा सम्बन्धी प्रस्ताव सामर्थ्य से बाहर है और सोने तथा हीरों के आयात पर सीमा शुल्क में छूट देना सामर्थ्य के भीतर है।

दिसम्बर 2011 में भारतीय आर्थिक संघ की एक बैठक में हमने जब इस विरोधाभास को उजागर किया कि भूखों को भोजन देने पर 27,000 करोड़ रु. के खर्च को सामर्थ्य के बाहर बताया जाता है जबकि सोने और हीरों पर सीमा शुल्क में छूट के नाम पर 57,000 करोड़ रु. की कुरबानी को बिना आपत्ति के स्वीकार कर लिया जाता है, तो विचार-विमर्श में भाग ले रहे अधिकांश लोगों ने कर में इस तरह की छूट तथा सार्वजनिक राजस्व के इस तरह परित्याग के दूसरे तरीकों के बारे में अनभिज्ञता प्रकट की। वित्त मंत्रालय का बयान काफी विस्तृत अनुमान देता है कि विभिन्न रास्तों से सार्वजनिक राजस्व का परित्याग किया जा रहा है। वित्त मंत्रालय का अनुमान है कि इस तरह 2010-11 में कुल 480,000 करोड़ रु. का और 2011-12 में कुल 530,000 करोड़ रु. (जीडीपी के 5 प्रतिशत से ज्यादा) का राजस्व गँवा दिया गया।[29] यहाँ भी कुछ अतिशयोक्ति है और कुल घाटा इससे काफी कम का हो सकता है, फिर भी शुद्ध राजस्व घाटा काफी बड़ा है। इन और अन्य उपलब्ध आँकड़ों के आधार पर कहा जा सकता है कि इस विचार को पचा पाना मुश्किल है कि चूँकि देश गरीब है और सार्वजनिक राजस्व काफी कम है इसलिए भारत दुनिया के सबसे गरीब लोगों को खाद्य सुरक्षा देने का खर्च नहीं उठा सकता।*

दिलचस्प बात यह है कि फरवरी 2012 में अपने बजट प्रस्तावों में वित्तमंत्री ने आभूषणों में इस्तेमाल होनेवाले सोने और बहुमूल्य धातुओं पर छोटा-सा उत्पाद शुल्क लगाने का भी प्रस्ताव किया। इसका आभूषण-निर्माताओं और उन प्रभावशाली लोगों ने तुरन्त विरोध किया, जिनके हितों को चोट पहुँचनेवाली थी। दबाव डालनेवालों

* जैसा कि अध्याय 4 में बताया जा चुका है, कुछ 'रियायतें' जिन्हें मिलाकर परित्यक्त राजस्व का आँकड़ा बनता है उसे नए राजस्व के रूप में तय करना आसान नहीं होता ('परित्यक्त राजस्व' का कुल आँकड़ा वास्तविक और अवास्तविक का मिश्रण होता है), लेकिन कई ऐसी रियायतें हैं जो वास्तव में राजस्व का अच्छा स्रोत बन सकती हैं। विषमता किसी भी हालत में केवल सोने और हीरों तक सीमित नहीं है। उदाहरण के लिए, इतना ही राजस्व (करीब 60,000 करोड़ रु.) 'कच्चे तेल और खनिज तेल' पर सीमा शुल्क में रियायतों के कारण गँवा दिया जाता है, जो ईंधन पर अन्य प्रतिगामी सब्सिडियों में जुड़ जाता है। भारतीय कम्पनियों को 'पूँजीगत साजो-सामान' में निवेश करने के नाम पर 'मशीनरी' के लिए सीमा शुल्क में छूट और 'तेजी से होनेवाले क्षरण' के लिए राहतों के रूप में भी राजस्व की बड़ी राशि गँवाई जाती है। जाने-माने व्यवसायी और प्रसिद्ध टीकाकार जयतीर्थ राव का यह कहना है। कई विशेषज्ञों की रिपोर्टों ने रियायतों के कैंसर का इलाज किए बिना मनमानी रियायतों को खत्म करने की माँग की है (एम. गोविंद राव, 2011)। मुद्दा यह नहीं है कि राजस्व के कई अतिरिक्त स्रोत मौजूद हैं बल्कि यह है कि 'घाटे का शोर मचानेवाले लोग इन स्रोतों के अस्तित्व को स्वीकार नहीं करते। ये लोग तभी 'वित्तीय उत्तरदायित्व' का हल्ला मचाने लगते हैं जब सार्वजनिक खर्चे गरीब भारतीयों की भलाई और स्वतंत्रता के लिए किए जाते हैं।

का यह समूह छोटा ही था लेकिन विरोध इतना मुखर था कि सरकार को यह प्रस्ताव महीने-भर में रद्द करना पड़ा। सोनारों और आभूषण-निर्माताओं के प्रति सरकार की यह उदार नीति तब भी चलती रही जब सोने का भारी आयात 2012 का अन्त आते-आते तक सरकार के लिए भारी चिन्ता का विषय बन गया और वित्तमंत्री ने चेताया कि 'सोने के आयात की बाढ़ चालू खाते के घाटे को बेहिसाब बढ़ा रही है' और यह रोना भी रोया कि 'गहनों के लिए गृहिणियों का मोह रातोरात खत्म नहीं किया जा सकता'।[30] महँगे खाद्य सुरक्षा विधेयक के लिए सरकार पर फिजूलखर्ची के आरोपों की गूँज तो सार्वजनिक स्मृति में जीवित रही मगर सोने तथा हीरों के आयात को करों के दायरे से बाहर रखने के खिलाफ सार्वजनिक विरोध का मुखर होना बाकी है। लोग किन मसलों पर ध्यान देते हैं और विरोध किन मसलों का विरोध करते हैं, इन मामलों में पूर्वाग्रहों के स्पष्टतः गम्भीर परिणाम होते हैं।

भारतीय लोकतंत्र की पहुँच में परिवर्तन

अगर भारत को नई लोकतांत्रिक राजनीति चाहिए, तो यह जरूरत सबसे अभावग्रस्त ('ज्यादा लाभभोगियों के बीच अपेक्षाकृत अभावग्रस्त लोगों' के विपरीत) लोगों के हितों, उनकी माँगों तथा अधिकारों पर अधिक ध्यान देने की जरूरत से गहरे जुड़ी है। इन हालात को बदलने में राजनीतिक दलों की स्वाभाविक रुचि तभी होगी जब अभावग्रस्तता स्पष्ट तौर पर पहचानी जा रही हो, उस पर ज्यादा विस्तार से जोर दिया जा रहा हो, उस पर व्यापक चर्चा हो रही हो और वह सक्रिय आन्दोलनों तथा घोर बहसों में प्रतिध्वनित हो रही हो।

दूसरे बिलकुल अलग मसले जिस तरह आज राजनीतिक दलों पर हावी हैं उनके चलते इसे हासिल करना मुश्किल है। ये मसले हिन्दुत्ववाद से लेकर जातिवादी राजनीति तक को आगे बढ़ाने, व्यवसाय जगत की पैरोकारी करने से लेकर सार्वजनिक क्षेत्र के यूनियनों के अंध समर्थन तक से जुड़े हैं और ये बेहद जरूरी राजनीतिक परिवर्तन की सम्भावना को खारिज कर देते हैं। पहचान की राजनीति को वर्तमान में किसी-न-किसी तरह प्राथमिकता हासिल है, जिससे मुकाबला करना आसान नहीं है। समाज के पिछड़े लोगों के कई हित और चिन्ताएँ बेशक साझा हैं लेकिन उन्हें एक निर्णायक राजनीतिक पहचान में ढालने के लिए एक ऐसा राजनीतिक संगठन चाहिए जिसकी जरूरत को देखना तो आसान है मगर जिसे सचमुच बनाने के तरीके और साधन जुटाना उतना आसान नहीं है।

फिर भी, भारत में लोकतांत्रिक प्रक्रिया और सामाजिक आन्दोलनों की जीवन्तता को देखते हुए उम्मीद की वजह मौजूद है। आजादी के पहले और उसके ठीक बाद के जन आन्दोलनों के जाने-पहचाने उदाहरणों के अलावा हाल के तमाम तरह के

अभिक्रमों और आन्दोलनों ने भारतीय राजनीति में ज्यादा न्यायपूर्ण तथा निर्णायक समझदारी विकसित करने में योगदान दिया है। इनमें से कुछ ने तो खासे प्रतिरोध के बावजूद रचनात्मक परिवर्तन लाने में सफलता पाई है। उदाहरण के लिए, अकेले पिछले एक दशक में जन आन्दोलनों और जनता की माँगों के कारण कई सामाजिक कानून बनाए गए हैं जिनमें न केवल सूचना के अधिकार का बहुचर्चित कानून शामिल है बल्कि राष्ट्रीय ग्रामीण रोजगार गारंटी कानून, शिक्षा के अधिकार का कानून, असंगठित मजदूरों के लिए सामाजिक सुरक्षा से लेकर घरेलू हिंसा, पारम्परिक वनवासियों के सम्पत्ति सम्बन्धी अधिकार के कानून भी हैं, जो वंचित तबकों के लिए बहुत महत्त्व रखते हैं।[31] इन कानूनों का असर बेहद प्रभावकारी (सूचना का अधिकार कानून) से लेकर बेहद निराशाजनक (असंगठित मजदूरों के लिए सामाजिक सुरक्षा का कानून) तक रहा है। फिर भी, यह एक महत्त्वपूर्ण राजनीतिक घटना है और इस बात का महत्त्वपूर्ण संकेत है कि लोकतांत्रिक राजनीति निर्णायक सामाजिक मसलों को प्रभावित कर सकती है। हाल के दिनों में लोगों को सक्रिय करने, मीडिया के अभियानों, न्यायपालिका के हस्तक्षेपों, संसदीय पैरोकारी और अन्य लोकतांत्रिक कदमों पर आधारित मूल्यवान प्रयास किए गए हैं ताकि पर्यावरण सम्बन्धी मानदंडों, जनता के प्रति जवाबदेही, खाद्य सुरक्षा, बच्चों के अधिकारों, स्त्री–पुरुष समानता, आदि तमाम तरह के क्षेत्रों में व्यावहारिक परिवर्तन हो। इन कई प्रयासों के महत्त्वपूर्ण परिणाम भी मिले हैं। इन अनुभवों को देखते हुए इस धारणा की पुष्टि करने में मुश्किल होगी कि भारत में सार्वजनिक नीतियाँ सुसंगठित लोकतांत्रिक कार्रवाइयों के प्रति असंवेदनशील हैं।

उम्मीद की दूसरी वजह यह सम्भावना है कि इन आन्दोलनों तथा आम लोकतांत्रिक राजनीति में निकट भविष्य में वंचितों की भागीदारी ज्यादा सक्रियता और प्रमुखता से हो सकती है। उदाहरण के लिए, पिछले करीब 20 वर्षों में (स्कूल व्यवस्था में तमाम खामियों के बावजूद, जिनकी चर्चा अध्याय 5 में की जा चुकी है) स्कूलों में हाजिरी में वृद्धि के कारण सार्वजनिक जीवन तथा लोकतांत्रिक कार्रवाई में महिलाओं, पिछड़ी जातियों और अन्य वंचित वर्गों की भागीदारी आसान हो सकती है। और यह भागीदारी केवल अनुगामियों के तौर पर नहीं बल्कि अपने अधिकारों तथा हितों के अग्रणी रक्षकों के तौर पर हो सकती है। जैसा कि हम अध्याय 3 में देख चुके हैं, वंचितों की बढ़ती राजनीतिक भागीदारी ने केरल तथा तमिलनाडु समेत कई प्रगतिशील भारतीय राज्यों में महत्त्वपूर्ण भूमिका निभाई है और सामाजिक क्षेत्र में उपलब्धियों में बड़ा योगदान दिया है। उत्तर भारत समेत दूसरे राज्यों में इसी तरह की घटनाएँ काफी राजनीतिक ऊर्जा तथा सामाजिक परिवर्तन ला सकती हैं, और सम्भव है कि कुछ समय बाद राजनीतिक दलों के नजरिए तथा प्राथमिकताओं में भी बदलाव आ सकता है।

इस बात को समझना भी महत्त्वपूर्ण है कि सार्वजनिक चर्चाओं तथा कार्यों में हम जिन परिवर्तनों की बात करते हैं, वे 'आर या पार' का मामला नहीं हैं। भारत में लोकतांत्रिक प्रक्रिया का जो स्वरूप है उसके मद्देनजर परिवर्तन समावेशी उथल-पुथल के रूप में नहीं बल्कि क्रमिक प्रगति के रूप में आएगा। फिलहाल सबसे जरूरी यह है कि उन उपायों की जरूरत को स्वीकार किया जाए, जो व्यवस्थाजनित अभावग्रस्तता को खत्म करें, जिसके कारण अधिकांश भारतीयों को अधूरा जीवन जीना पड़ता है और जो लोगों तथा खासकर कमजोर लोगों की बेहतरी के साथ-साथ भारतीय अर्थव्यवस्था के कामकाज को बाधित करती है।

भारतीय गणतंत्र के संविधान ने जिसे 'देश के शासन के लिए मूलभूत' माना था उसके साथ लोकतांत्रिक ताकत तब जुड़ सकती है जब प्रयोगमूलक भ्रमों और भ्रान्तिपूर्ण राजनीतिक प्राथमिकताओं की (जिनमें से कुछ की चर्चा पिछले अध्यायों में की जा चुकी है) जगह सुस्पष्ट और मजबूत जनमत को तरजीह दी जाए। इन पूर्वाग्रहों और भ्रान्तियों की गहन तथा विवेकपूर्ण जाँच भारत में लोकतंत्र के स्वरूप तथा व्यवहार को काफी प्रभावित करेगी।

अध्याय : दस

बेचैनी भी जरूरी है

भारतीय मीडिया इन दिनों देश की दुविधाओं को लेकर काफी व्यस्त है। यह तो होना ही था, और खुशी की बात यह है कि व्यापक भ्रष्टाचार तथा सार्वजनिक सेवाओं को मुहैया कराने में अकुशलता सरीखे उपेक्षित मसलों को गहरी तवज्जो दी जा रही है, भले ही यह कुछ अस्त-व्यस्त तरीके से दी जा रही हो। फिर भी कुल मिलाकर मीडिया का जिन बातों पर जोर रहता है वह उसके गहरे पूर्वाग्रह को प्रतिबिम्बित करता है, जिसकी जाँच की जरूरत है।

भारतीय अर्थव्यवस्था की वार्षिक वृद्धि दर को ऊपर उठाने की जरूरत पर बेशक काफी विचार-विमर्श होता है, वह भी केवल आर्थिक मीडिया में नहीं। यह दर अभी हाल में ही 9 प्रतिशत की ऊँचाई पर पहुँच गई थी मगर 2013 में गिर कर 6 प्रतिशत हो गई, और इस पुस्तक के छपने तक शायद 5 प्रतिशत पर पहुँच जाए। हालाँकि यूरोप और अमेरिका तो फिलहाल भारत की जो वृद्धि दर है उसका आधा भी हासिल करने पर खुद को भाग्यशाली मानें, लेकिन भारत में आर्थिक वृद्धि को लेकर गहरी चिन्ता पूरी तरह जायज मानी जा सकती है। इस वृद्धि से परिवारों की आय में इजाफा होता है; गरीबी को घटाने में मदद मिलती है, खासकर तब जब लोगों को विकास की प्रक्रिया में भाग लेने के लिए ताकत प्रदान करनेवाली स्वास्थ्य, शिक्षा तथा अन्य बुनियादी क्षमताओं की व्यापक साझीदारी होती है। इससे सार्वजनिक राजस्व भी पैदा होता है जिसका उपयोग बुनियादी सामाजिक तथा भौतिक ढाँचों के विस्तार तथा अन्य रचनात्मक उद्देश्यों में किया जा सकता है। लेकिन भारत की विशाल आबादी को अगर अभावों से मुक्ति दिलानी है और भारत में आज जो घोर विषमताएँ हैं उन्हें मिटाना है, तो कुल आर्थिक वृद्धि के अलावा कई विभिन्न सरोकारों पर ध्यान देने की जरूरत होगी।

जैसी कि हम चर्चा कर चुके हैं, इन चुनौतियों का तकाजा है कि हम अपनी सार्वजनिक नीति में व्यापक बदलाव करें और भारत में लोकतांत्रिक संवाद को नया स्वरूप दें। बुनियादी सार्वजनिक सेवाओं (स्कूली शिक्षा, स्वास्थ्य सेवा, पोषण तथा पर्यावरण सुरक्षा आदि) पर ज्यादा खर्च की, और आर्थिक समता तथा सामाजिक

सुरक्षा के ज्यादा विस्तृत कार्यक्रम की जोरदार माँग जनता की ओर से उठाए जाने की जरूरत है। इसके साथ ही बुनियादी भौतिक तथा सामाजिक ढाँचे का विकास भी जरूरी है। सार्वजनिक सेवाएँ देनेवाले संगठनों को ज्यादा जवाबदेह तथा कार्यकुशल बनाने के लिए उनमें मूलभूत बदलाव करने की भी जरूरत होगी।

एक ओर तेज आर्थिक वृद्धि और दूसरी ओर जीवन-स्तर में सुस्त सुधार, इनसे जो विरोधाभासी तस्वीर (जिसकी चर्चा हम अध्याय 2 तथा 3 में कर चुके हैं) उभरती है उसके मद्देनजर आर्थिक वृद्धि की जरूरत के बारे में प्रबुद्ध समझ बनाने की जरूरत है। इस भारी असन्तुलन को दूर करने के लिए जरूरी है कि तेज आर्थिक वृद्धि की माँग के साथ ज्यादा सहभागी विकास की भी माँग जोड़ी जाए। और आर्थिक वृद्धि से पैदा हुए संसाधनों के उत्पादक उपयोग के प्रति प्रतिबद्धता की भी माँग की जाए ताकि सार्वजनिक सेवाओं तथा बुनियादी सुविधाओं के उस निन्दनीय अभाव को दूर किया जा सके जिसके चलते भारत आज काफी पिछड़ रहा है।

भारतीय आबादी का एक बड़ा हिस्सा—जो वैसे तो छोटा है मगर संख्या के लिहाज से काफी बड़ा है—ऐसा है, जिसके लिए विकास अपने आप में काफी है क्योंकि वह पहले से ही तुलनात्मक रूप से विशेषाधिकारसम्पन्न हैं तथा उसे आर्थिक वृद्धि का लाभ उठाने के लिए किसी विशेष सामाजिक सहायता की जरूरत नहीं है। वह जीडीपी में वृद्धि का काफी लाभ उठाने की अच्छी स्थिति में है, जैसा कि वह वास्तव में करता आया है। इसमें कभी-कभी सरकारी हस्तक्षेप के कारण तेजी आ जाती है। उदाहरण के लिए, ये हस्तक्षेप ईंधन पर सब्सिडी के रूप में होते हैं जिनका यह वर्ग अनुपात से ज्यादा फायदा उठाता है। इस बारे में पिछले अध्यायों में चर्चा की जा चुकी है। आर्थिक तथा सामाजिक अवसरों में उन्हें पहले से ही जो विशेषाधिकार प्राप्त हैं वे इससे और मजबूत होते हैं।

वैसे, आर्थिक वृद्धि के कारण रोजगार और उद्यम के अवसर बढ़ने से वंचित लोगों के जीवन में कुछ सुधार होता है, खासकर उनके जीवन में, जो बीमारी, अशिक्षा, सामाजिक प्रतिबन्धों या दूसरे कारणों से इन अवसरों का लाभ उठाने में पिछड़ नहीं जाते। वंचित लोग इन अभावों से उबर सकें और आर्थिक वृद्धि का लाभ सभी साझा कर सकें, इसके लिए यह बहुत जरूरी है कि वंचितों को सार्वजनिक स्तर पर समर्थन मिले। इसके बिना अधिसंख्य लोग कुल आर्थिक वृद्धि में तेजी (जो कि हाल के दिनों में होती रही है) के बावजूद भूख, गरीबी, बीमारी और अन्य अभावों से त्रस्त होते रहेंगे।

आर्थिक वृद्धि के कारण पैदा हुए सार्वजनिक संसाधनों के रचनात्मक उपयोग से मानव क्षमताओं में होनेवाली वृद्धि न केवल जीवन की गुणवत्ता में योगदान देती है बल्कि उत्पादकता तथा अधिक आर्थिक वृद्धि में भी मदद करती है। वास्तव में, 19वीं सदी के उत्तरार्ध में जापान से शुरू होकर दक्षिण कोरिया, ताइवान, सिंगापुर,

और चीन तक जो कथित 'एशियाई प्रयोग' हुआ वह मानव-क्षमता का निर्धारण करनेवाली शिक्षा, स्वास्थ्य सेवा, पोषण सरीखी शर्तों के जरिए मानव प्रगति तथा आर्थिक विस्तार के कुशल उपयोग पर आधारित था। यह पारस्परिकता का सम्बन्ध है जिसका भारत में कम ही उपयोग हुआ है, जिसके चलते देश जीवन की गुणवत्ता के सामाजिक संकेतकों के मामले में तो पिछड़ ही गया है, इसकी दीर्घकालिक विकास-प्रक्रिया ज्यादा कमजोर तथा कम सहभागितापूर्ण रही है, जो वैसे इस हाल में न होती।

यहाँ एक त्रासदीपूर्ण विडम्बना है। भारत में आर्थिक तथा औद्योगिक विकास के जमशेदजी टाटा सरीखे अग्रणी सूत्रधारों ने भविष्य की जो कल्पना की थी उसमें इस बात की गहरी समझ भी शामिल थी कि स्वास्थ्य, शिक्षा और उत्पादकता के बीच आपस में गहरा रिश्ता है। टाटा की जीवनी लिखने वाले एफ.आर. हैरिस ने जमशेदपुर शहर की उनकी कल्पना के बारे में लिखा है कि 'लौह एवं इस्पात कम्पनी ने पहला दावा रखते ही नगरपालिका की जिम्मेदारी सँभाल ली' और अन्य औद्योगिक एवं सामाजिक अभिक्रमों के अलावा स्वास्थ्य सेवा, अच्छी स्कूली शिक्षा, सुरक्षित पानी तथा बुनियादी साफ-सफाई पर जोर देना शुरू कर दिया।[1] 1946 में भोरे कमेटी ने स्वास्थ्य नीति पर जो मशहूर रिपोर्ट दी थी उसमें एक ओर उत्पादन तथा उत्पादकता के बीच और दूसरी ओर मनुष्य की बेहतरी तथा क्षमता-निर्माण के बीच की परस्पर पूरकता के बारे में समझ को सशक्त रूप से प्रस्तुत किया है—'इस देश को मूल्यवान मानव संसाधन की परिहार्य बरबादी और कुपोषण, तथा रोकी जा सकने वाली अस्वस्थता के कारण हर साल कितना नुकसान होता है इसका अनुमान लगाना सम्भव हो तो हमें लगता है कि इसका निष्कर्ष इतना स्तब्धकारी होगा कि पूरा देश जाग जाएगा और तब तक चैन नहीं लेगा जब तक आमूल परिवर्तन न हो जाए।'[2] अफसोस की बात है कि स्वास्थ्य तथा शिक्षा की उपेक्षा पर देश 'जागा' नहीं बल्कि इसके विपरीत इस उपेक्षा और इसके दूरगामी नतीजों पर स्वतंत्र तथा लोकतांत्रिक भारत के पिछले छह दशकों में सार्वजनिक विमर्शों में बहुत कम ध्यान दिया गया।

भारत ने एशियाई आर्थिक विकास से उभरे सबक को लगभग अनदेखा कर दिया है। इस विकास से तेज आर्थिक वृद्धि के साथ मनुष्य की बेहतरी तथा क्षमता निर्माण में तेजी आई है। 'पूर्वी एशियाई रणनीति' का एक महत्त्वपूर्ण अंग यह रहा है कि आर्थिक वृद्धि के कारण विस्तार पाए सार्वजनिक राजस्व का उपयोग सामाजिक, शैक्षिक और स्वास्थ्य सेवाओं में भारी कमियों को दूर करने, बुनियादी सामाजिक तथा भौतिक ढाँचे की बढ़ती माँगों को पूरा करने के साथ-साथ सार्वजनिक सेवाओं को ज्यादा जवाबदेह तथा कुशलता से संगठित बनाने में किया गया है। चीन का अनुभव यह भी बताता है कि भारत शिक्षा, स्वास्थ्य सेवा और लोगों के पोषण पर

जितना सार्वजनिक खर्च करता है उससे ज्यादा खर्च करने से उच्च तथा सतत आर्थिक वृद्धि को मदद ही नहीं मिलती, उसके साथ आर्थिक वृद्धि का तालमेल भी बैठता है। भारत अपने जीडीपी का मात्र 1.2 प्रतिशत ही स्वास्थ्य सेवाओं पर खर्च करता है जबकि चीन उससे कहीं ज्यादा 2.7 प्रतिशत खर्च करता है। इस तुलना में सबसे गौरतलब बात यह है कि भारत में सार्वजनिक स्वास्थ्य सम्बन्धी माँगों के बारे में समझदारी की कमी (जिसके बारे में हमने अध्याय 6 में कहा है कि यह भारत में स्वास्थ्य सम्बन्धी फीकी उपलब्धियों की एक वजह है) तो उजागर होती ही है, यह भी पता चलता है कि आर्थिक वृद्धि के कई पैरोकारों में तेज तथा सतत् आर्थिक वृद्धि की वास्तविक शर्तों की कितनी कम समझ है। 'आर्थिक वृद्धि की प्राथमिकता' के नारों के शोर से हमारे कान बहरे कर दिए जाते रहे हैं लेकिन मानव–क्षमताओं के निर्माण के लिए जरूरी स्वास्थ्य, शिक्षा और अन्य पहलुओं के बारे में कम सोचा जाता है। यह बताता है कि दीर्घकालिक आर्थिक वृद्धि तथा सहभागी विकास कैसे हासिल किया जा सकता है, इसके बारे में सोच और समझदारी कितनी बुरी तरह भ्रान्तिपूर्ण है।

भारत में असमानता का स्वरूप

समकालीन भारत के स्वरूप का आंकलन करने में न केवल असमानता के व्यापक विस्तार को बल्कि इसके विशेष स्वरूप को भी ध्यान में रखना बेहद जरूरी है। भारत में आमदनी के मामले में तो बड़ी असमानताएँ हैं ही, लेकिन केवल यही इस देश में विषमताओं की पहचान नहीं है और न ही केवल यही उनकी प्रमुख पहचान है। वास्तव में, अगर हम आर्थिक असमानता के मानदंडों (मसलन, आय वितरण के गिनी गुणांक) के आधार पर आंकलन करें तो भारत की हालत चीन या ब्राजील से बहुत भिन्न नहीं दिखेगी। लेकिन यह तुलना दो बड़े मुद्दों की अनदेखी करती है।

पहली यह कि जब गरीबों की आय का स्तर इतना नीचे है कि वे अपनी बुनियादी जरूरतों को भी पूरा नहीं कर सकते, तब उनके और समृद्ध लोगों के जीवन–स्तर के बीच की खाई इतनी चौड़ी और शर्मनाक है कि असमानता के कुल संकेतक में वह दर्ज भी नहीं हो पाती।[3] दूसरी बात यह कि निजी आय के मापों में शिक्षा, स्वास्थ्य सेवा, सामाजिक सुविधाओं, पर्यावरण संरक्षण सरीखी सार्वजनिक सेवाओं की भूमिका की अनदेखी होती है। ये सेवाएँ लोगों को अभावों से बचाने और उनकी स्वाधीनताओं के विस्तार में बड़ा अन्तर ला सकती हैं। इन दोनों कारणों से भारत में असमानता विशेषाधिकारप्राप्त लोगों और शेष लोगों के बीच घोर विषमता का रूप ले लेती है, जिसके चलते समाज के पिछड़े लोगों की एक स्वीकार्य जीवन की न्यूनतम जरूरतें भी पूरी नहीं हो पाती हैं। भारतीय आबादी के बड़े भाग

को उपयोगी स्कूल, करीबी अस्पताल, घर में शौचालय, रोज दोनों शाम का खाना जैसी बुनियादी सुविधाएँ भी उस तरह उपलब्ध नहीं हो पाती हैं, जिस तरह चीन (उदाहरण के लिए) के लोगों को उपलब्ध हैं। यह आय वितरण में कुल असमानता के संकेतकों (मसलन, गिनी गुणांक) के सन्दर्भ में असमानता की तुलनाओं की प्रासंगिकता और महत्त्व को घटा देता है।

चीन में भी अमीरों और गरीबों के बीच की खाई बहुत चौड़ी है, और अरबपतियों की संख्या के मामले में चीन ने भारत से बाजी मार ली है। ऊँची आय और न्यूनतम आय के बीच का अनुपात भारत में जो है, चीन में उससे कम नहीं है। लेकिन चीन में असमानता (जो कि अपने आप में बड़ी है) के स्वरूप से भारत में असमानता का स्वरूप खासतौर पर इसलिए एकदम विपरीत है क्योंकि भारत में बड़ी संख्या में लोग बुनियादी सुविधाओं से वंचित हैं। मनुष्य की बेहतरी और प्रारम्भिक स्वाधीनताओं के लिए महत्त्व रखनेवाली स्वास्थ्य सेवा, स्वीकार्य अच्छे स्कूलों और अन्य बुनियादी सुविधाओं की कमी बहुसंख्य भारतीयों को अपने अभावग्रस्त जीवन से इस कदर जकड़े रहती है जैसे दुनिया के किसी भी स्वाभिमानी देश के लोगों को नहीं जकड़े रहती, जो दुनिया में आगे बढ़ने की जद्दोजहद में जुटे हैं।

इसे एक असामान्य खामी के उदाहरण से स्पष्ट किया जा सकता है, जिस पर भलेमानुसों का समाज आसानी से बात भी नहीं करना चाहेगा। यह बताना मुश्किल है कि भारतीय अखबारों के कितने पाठक यह जानते हैं कि जिन देशों के आँकड़े उपलब्ध हैं उनमें कहीं भी खुले में शौच जाने का चलन उस तरह व्यापक नहीं है, जिस तरह भारत में है। 2011 में कुल भारतीय घरों में से आधे ऐसे थे जिनमें शौचालय नहीं थे, जिसके कारण उन घरों के लोग रोज खुले में शौच जाने को मजबूर थे। इसकी तुलना में बांग्लादेश में 10 प्रतिशत से भी कम और चीन में 1 प्रतिशत घरों में शौचालय की सुविधा नहीं थी। भारत के बारे में ये आँकड़े जब 2011 में दस वर्षीय जनगणना के बाद सामने आए तो एक-दो दिन मीडिया में सार्वजनिक चर्चाओं में इसमें दिलचस्पी दिखी लेकिन इनका कोई व्यावहारिक असर सार्वजनिक नीति पर नहीं पड़ा, न ही सार्वजनिक विमर्शों में इसके कारण कोई दीर्घकालिक बदलाव आया। ऐसा लगता है कि अन्तरिक्ष अभियानों की सम्भावना ने विशेषाधिकार प्राप्त तबके में फ्लश शौचालयों के, जो आधुनिक भारत के 50 फीसदी लोगों को इस गंदी किस्म की असमानता से मुक्ति दिला सकते हैं, मुकाबले ज्यादा दिलचस्पी जगाई।

विशेषाधिकार प्राप्त लोगों और उनके सिवा बाकी लोगों के बीच भारत का गहरा विभाजन अंशत: वर्ग, जाति और लिंग जैसी विभिन्न विषमताओं (जिन पर अध्याय 8 में विचार किया जा चुका है) की परस्पर मजबूती को प्रतिबिम्बित करता

है। यह भारत में असमानता के विशेष स्वरूप का एक और पहलू है, जो देश की दुविधा और परिवर्तन की सम्भावना को समझने के लिए महत्त्वपूर्ण है। उदाहरण के लिए, यह प्रारम्भिक शिक्षा (खासकर स्तरीय शिक्षा) के क्षेत्र में देश की सीमित प्रगति की वजह के महत्त्वपूर्ण सूत्र थमाता है। इस क्षेत्र में प्रगति शैक्षिक अवसरों, आकांक्षाओं और अपेक्षाओं के सामाजिक खाँचों में बँटे होने के कारण बाधित हुई है। गरीब दलित परिवार की लड़की अगर डॉक्टर या इंजीनियर बनना चाहती है तो उसे न केवल अपने आसपास उपयुक्त स्कूल की कमी के कारण संघर्ष करना पड़ता है बल्कि अपने घर की दरिद्रता और परिवार तथा समाज से अपनी शिक्षा के प्रति समाज की उदासीनता और स्त्री-पुरुष भेदभाव का भी सामना करना पड़ता है। विकास में बुनियादी शिक्षा (खासकर स्त्री शिक्षा) की जो व्यापक व्यक्तिगत तथा सामाजिक भूमिकाएँ हैं उनके मद्देनजर इन सामाजिक बन्धनों तथा विभाजनों ने भारी कीमत वसूल की है।

भारत में असमानता के विशेष स्वरूप ने सामाजिक न्याय के संघर्ष की प्राथमिकताओं पर गहरा असर डाला है। धन और सत्ता के केन्द्रीकरण का प्रतिरोध दूसरे देशों की तरह भारत में भी इन संघर्षों का एक महत्त्वपूर्ण हिस्सा है। वैसे, भारत में आवश्यक सुविधाओं तथा अवसरों से, जो कि हर किसी को उपलब्ध होने चाहिए, एक बड़ी आबादी को वंचित रखना सामाजिक अन्याय के सबसे खराब पहलुओं में है। इसलिए अन्याय के खिलाफ संघर्ष को आवश्यक सार्वजनिक सेवाओं तथा मौलिक अधिकारों के लिए रचनात्मक माँगों से जोड़ना होगा।

जैसा कि हम अध्याय 3 में देख चुके हैं, इस मेल ने भारत के केरल तथा तमिलनाडु समेत कुछ ज्यादा प्रगतिशील राज्यों के सामाजिक इतिहास में महत्त्वपूर्ण भूमिका निभाई है। जाति से जुड़े अपमानों तथा असमानताओं को खत्म करने के लिए वंचित समूह (खासकर दलित) जो संघर्ष करते रहे हैं उनके साथ शिक्षा, स्वास्थ्य सेवा, सामाजिक सुरक्षा, तथा अन्य अधिकारों के लिए माँगें अभिन्न रूप से जुड़ी रही हैं। फिर भी, सबसे वंचित समूहों के लिए ज्यादा सामाजिक न्याय तथा बेहतर सार्वजनिक सेवाओं के बीच जो गहरा सम्बन्ध है उसने अतीत में कई आन्दोलनों को प्रेरित किया है लेकिन आज के भारत की मुख्यधारा की लोकतांत्रिक राजनीति इस पर अपेक्षाकृत कम ध्यान दे रही है।

सार्वजनिक सेवाएँ और सामाजिक विभाजन

भारत में विकास सम्बन्धी प्राथमिकताओं की एकांगिता को मजबूत करने में इस बात की अस्पष्टता—और सार्वजनिक विमर्श की कमजोरी—ने बड़ी भूमिका निभाई है कि भारत के लोग वास्तव में कैसी प्रगति कर रहे हैं। विशेषाधिकार प्राप्त लोगों के जीवन पर बेहिसाब जोर देना भारत में सार्वजनिक विमर्श की खासियत बन गई है,

जिसे मीडिया भी बढ़ा-चढ़ाकर पेश करता है। इससे आम भारतीय जीवन की झूठी तस्वीर ही उभरती है।

इस पुस्तक में हम काले धब्बों के कई उदाहरणों की चर्चा पहले ही कर चुके हैं, उन सामाजिक विफलताओं का उल्लेख कर चुके हैं जो विकास के लिए भारी महत्त्व रखती हैं फिर भी सार्वजनिक विमर्शों में उन पर आश्चर्यजनक रूप से कम ध्यान दिया गया है। इसका एक ज्वलन्त उदाहरण यह है कि खुले में शौच करने के चलन, उसकी व्यापकता, उसके कारण स्वास्थ्य पर पड़नेवाले बुरे प्रभावों, और इस मामले में दूसरे देशों के मुकाबले भारत की स्थिति के बारे में लोगों में जागरूकता की कमी है। जैसा कि हम अध्याय 6 में देख चुके हैं, भारत की स्वास्थ्य सेवा की हालत पर मुख्यधारा के मीडिया में शायद ही कोई चर्चा होती है, उसे 'जेबखर्च वाली पुरातन व्यवस्था' बताना तो दूर की बात ही है जिसमें अधिकतर मरीजों को अपना इलाज निजी क्षेत्र को पैसे देकर करवाना पड़ता है। दुनिया-भर में इसके विपरीत सार्वभौमिक स्वास्थ्य सेवा का चलन जोर पकड़ रहा है, जो कि सार्वजनिक पैसे और नियोजन पर आधारित होती है और निजी स्वास्थ्य बीमा उसे संचालित नहीं करता बल्कि उसके पूरक के तौर पर काम करता है। इस पुस्तक में ऐसे और भी काले धब्बों के बारे में विचार किया जा चुका है। मसलन, वास्तविक पारिश्रमिक पिछले करीब 20 वर्षों से जस का तस बना हुआ है, जबकि इसके विपरीत चीन में वास्तविक पारिश्रमिक में भारी वृद्धि हुई है (अध्याय 2); मानक सामाजिक संकेतकों के पायदान पर दक्षिण एशिया में भारत लगातार नीचे गिर रहा है (अध्याय 3); भारतीय स्कूलों में छात्रों का स्तर बहुत नीचा है (अध्याय 5); बच्चों के टीकाकरण में भारत का रेकॉर्ड दयनीय है (अध्याय 6); सार्वजनिक खर्चों में भारी असन्तुलन है—ताकतवर समूहों के लिए खूब उदारता से रियायतें दी जाती हैं और बेहद महत्त्वपूर्ण निवेशों की उपेक्षा की जाती है, जो वंचितों की क्षमताओं और जीवन-स्तर में सुधार ला सकते हैं (अध्याय 9)। इनमें से किसी भी मसले पर हाल के वर्षों में सार्वजनिक बहस नहीं की गई है।

भारत की दुविधा के बारे में देश के नव कुलीन वर्ग में यह जो अधूरी और विकृत समझ है उसके साथ आर्थिक विकास को लेकर असामान्य रूप से संकीर्ण दृष्टिकोण भी जुड़ा हुआ है। विशिष्ट पत्रिका 'इकोनॉमिक एंड पॉलिटिकल वीकली' के सम्पादक राममनोहर रेड्डी ने एजेंडा तय करने की समस्या को सारगर्भित रूप से इस तरह रेखांकित किया है—

'आज का कुलीन वर्ग अपने में ही मस्त है। उसकी आर्थिक ताकत को जो भी चीज कमजोर करेगी, उसे वह कतई बर्दाश्त नहीं करेगा। इसलिए आज 'नीतिगत गतिरोध', खुदरा कारोबार में प्रत्यक्ष विदेशी निवेश जैसे निरर्थक मामले में राजनीतिक निवेश आदि की बातें की जा रही हैं। भारत के 'आत्मविश्वास' की जो बात की जा

रही है वह उसी शोर का एक हिस्सा है, जो इन दिनों हावी है और यह भीतर या बाहर, किसी भी तरफ से उठाए जानेवाले किसी भी सवाल के प्रति एकदम असहिष्णु है।'[4]

रेड्डी जिस 'आत्मविश्वास' की पहचान करते हैं वह अगर झूठा न होता तो एक व्यापक एजेंडा के प्रति असहिष्णुता इतनी महँगी न पड़ती। यह आर्थिक वृद्धि को (जिसे ज्यादा स्वस्थ व शिक्षित और कम अभावग्रस्त आबादी सहारा देती है) जन्म देने और टिकाए रखने के न केवल महत्त्वपूर्ण कार्य-कारण सम्बन्ध की बल्कि मानवीय लोकतांत्रिक समाज की बुनियादी माँगों की भी अनदेखी करती है।

फिर भी, भारतीय लोकतंत्र काले धब्बों को मिटाने और उन्हें जीवन्त सामाजिक मुद्दों में बदलने की काफी गुंजाइश बनाता है, जो कि उन्हें दूर करने का पहला कदम है। वास्तव में, जहाँ इन अवसरों का लाभ उठाया गया है, वहाँ सार्वजनिक विमर्श का दायरा तेजी से काफी बड़ा हो गया है। इस तरह की घटनाओं का उल्लेख हम इस पुस्तक में पहले कर चुके हैं। इसका एक उदाहरण दिसम्बर 2012 में एक मेडिकल छात्रा के सामूहिक बलात्कार (अध्याय 8) के विरोध में उभरे जनआक्रोश के बाद महिलाओं के खिलाफ हिंसा के मुद्दे पर मीडिया में शुरू हुआ अभियान है। भ्रष्टाचार, कुपोषण, जबरन विस्थापन, शिक्षा के अधिकार, सार्वजनिक क्षेत्र की जवाबदेही जैसे मुद्दों पर सार्वजनिक विमर्श का स्वरूप भी भारत में काफी बदला है, जिसकी कल्पना कुछ साल पहले नहीं की जा सकती थी। परिवर्तन के कुछ संकेत हैं मगर एजेंडा में बदलाव की बड़ी जरूरत पर उतना ध्यान नहीं दिया जा रहा है, जितना दिया जाना चाहिए।

भारत किस तरह आगे बढ़ रहा है, इसकी पूरी और स्पष्ट समझ की जरूरत लोगों के जीवन को सुधारने के रचनात्मक अभिक्रमों की सकारात्मक उपलब्धियों के लिए भी है। इन उपलब्धियों को प्राय: कम करके आँका जाता है या उनकी कम चर्चा होती है। उदाहरण के लिए, हिमाचल प्रदेश में प्रारम्भिक शिक्षा के क्षेत्र में 1970 के बाद जो भारी प्रगति हुई है वह उस राजनीतिक प्रक्रिया की देन है, जिसने राज्य सरकार के दृष्टिकोण को व्यापकता प्रदान की। लेकिन अपने आप में इस उल्लेखनीय प्रगति को देश में लम्बे समय तक लगभग अनदेखा ही किया गया। इसी तरह तमिलनाडु ने स्वास्थ्य सेवा और शिशु देखभाल के क्षेत्रों में जो प्रभावशाली प्रगति की, उसे हाल तक व्यापक मान्यता नहीं मिली। जैसा कि अध्याय 3 और 6 में विचार किया गया है, ये उपलब्धियाँ हिमाचल तथा तमिलनाडु (और बेशक इनसे पहले केरल) समेत कुछ राज्यों में अपेक्षाकृत सक्रिय एवं प्रभावी सामाजिक नीतियों के व्यापक ढाँचे में समाती हैं। जैसा कि हम अध्याय 3 में विचार कर चुके हैं, इन सफल प्रयोगों से बहुत कुछ सीखना है—सार्वजनिक विमर्श के दायरे को बढ़ाने के मामले में भी, और ज्यादा कुशल सार्वजनिक सेवाओं के जरिए हासिल उपलब्धियों के मामले में भी।

दूसरे राज्यों और कुल मिलाकर भारत में भी ऐसे रचनात्मक अभिक्रमों के महत्त्वपूर्ण उदाहरण मौजूद हैं जिन्होंने लोगों के जीवन को बेहतर बनाने में बहुत योगदान दिया है, जबकि उन्हें उनका पूरा श्रेय नहीं दिया गया। अगर मीडिया रिपोर्टों पर जाएँ, तो ऐसा लगेगा कि नरेगा, पीडीएस, आईसीडीएस जैसे कार्यक्रम भ्रष्टाचार के अड्डे और बरबादी के सिवा कुछ नहीं थे। बेशक यह अच्छी बात है कि मीडिया सरकार की विफलताओं को उजागर करने में सक्रिय है, क्योंकि इससे उनमें सुधार ही होगा। लेकिन इस बात के भी पर्याप्त प्रमाण हैं कि इन कार्यक्रमों ने कई राज्यों में लोगों के जीवन में अन्तर लाने में योगदान दिया है और इन उपलब्धियों को दूसरे राज्यों में भी दोहराया जा सकता है।

आत्मतुष्ट होकर बैठ जाने की निश्चित ही कोई वजह नहीं है मगर हाल के दिनों में जो कुछ हो रहा है वह रचनात्मक कार्यों के जरिए परिवर्तन की वास्तविक सम्भावना के पुराने प्रमाणों की पुष्टि करता है। हाल के इन अनुभवों से महत्त्वपूर्ण सबक मिलता है। ये अनुभव भारत ही नहीं, विदेश से भी मिल रहे हैं; मसलन, मेक्सिको में सबके लिए स्वास्थ्य सेवा लागू किए जाने या ब्राजील में सार्वजनिक सेवाओं के व्यापक विस्तार से। वास्तव में, रचनात्मक सम्भावनाओं की पहचान भी उतना ही महत्त्वपूर्ण है, जितना इस बात का अहसास कि भारत में अभावग्रस्तता कितनी गम्भीर और भीषण है।

बेचैनी और लोकतंत्र

'द डेविल्स डिक्शनरी' में एम्ब्रोज बीएर्स ने लिखा है, 'बेचैनी हताशा का ही छोटा रूप है, जो एक गुण के छद्मावरण में लिपटा होता है।' सदियों से भारत इस कथित गुण को खूब देखता आया है। असमानताओं, वर्ग और जातिगत विभाजनों को, जिन्हें सामाजिक व्यवस्था का कथित जरूरी हिस्सा मान कर स्वीकार किया जाता है, असाधारण रूप से सहन किया जाता रहा है। औपनिवेशिक शासन के दौर की विषमताओं को भी सहन किया जाता रहा। वैसे, यह भी माना जाता रहा है कि पिछड़े भारत को व्यवस्थित करने के लिए औपनिवेशिक शासन जरूरी भी था। आर्थिक ठहराव को कमजोर बना देनेवाले धैर्य के बर्दाश्त किया जाता रहा है, उसे सुस्त भारत के लिए एकमात्र उपलब्ध विकल्प के तौर पर स्वीकार किया जाता रहा है। शारीरिक या सामाजिक जरूरत के कथित बहाने से भारतीय महिलाओं की स्वाधीनताओं पर प्रतिबन्धों को चुपचाप स्वीकार किया जाता रहा है। भ्रष्टाचार के बोलबाले और जवाबदेही की कमी को धैर्य के साथ सहन किया जाता रहा है, उसे मनुष्य की स्वभावगत अर्थलिप्सा का अनिवार्य परिणाम माना जाता रहा है। और बेशक, समाज के पिछड़े लोग गरीबी, शोषण, अपमान को बर्दाश्त करते रहे हैं और इसे एक मजबूत आर्थिक व्यवस्था का अनिवार्य अंग माना जाता रहा है।

धैर्य ने इनमें से किसी असमानता और अन्याय को दूर करने में मदद नहीं की है, न ही यह आसानी से समझ आनेवाले अन्य किसी मामले में लाभकारी रहा है। इसके विपरीत, जब समस्याओं को सक्रियता और जोश के साथ हल करने की कोशिश की गई है तब प्रायः सकारात्मक परिवर्तन हुए हैं और कुछ मुक्ति मिली है। यहाँ तक कि ब्रिटिश उपनिवेशवादी दमन से तब मुक्ति मिली जब राजनीतिक बेचैनी ने जनान्दोलनों को जन्म दिया और राज चलाना असम्भव हो गया।

समकालीन भारत में शिकायतों और विरोधों की कमी नहीं है। वैसे, महत्त्वपूर्ण है इस बात का आंकलन करना कि क्या मुखर और राजनीतिक रूप से ताकतवर प्रतिरोध उन अभावों और अन्यायों को पर्याप्त रूप से प्रतिध्वनित करते हैं जिनसे भारत के वंचित लोग निरन्तर पीड़ित हैं। जो लोग अपेक्षाकृत विशेषाधिकार प्राप्त तबके के हैं या जो लोग वास्तव में अमीर नहीं हैं मगर जिनकी आय और जिनका जीवन–स्तर औसत भारतीयों से बेहतर है, उन लोगों का राजनीतिक महत्त्व तथा उनकी ताकत सचमुच गरीब लोगों की आवाज को वास्तव में जो तवज्जो मिलनी चाहिए, उसमें बाधा बनती है। इसका नतीजा प्रायः यह होता है कि महत्त्वपूर्ण राजनीतिक मामलों में भारत के बेहद वंचित तबकों के बहुमत को बहिष्कृत कर दिया जाता है।

इस बहिष्कार का नतीजा यह होता है कि सार्वजनिक नीति में वंचित तबकों के हितों की व्यापक उपेक्षा की जाती है। भारतीय नियोजन में स्कूली शिक्षा, स्वास्थ्य सेवा, सामाजिक सुरक्षा और अन्य सम्बन्धित मामलों की उपेक्षा इस आम चलन का एक पहलू है। लेकिन सार्वजनिक नीति में विशेषाधिकार प्राप्त तबकों के हितों के साथ पक्षपात भी कई रूपों में किया जाता है, जिनमें कृषि तथा ग्रामीण विकास की उपेक्षा, निजी लाभ के लिए पर्यावरण का नाश, और विशेषाधिकार प्राप्त तबकों के लिए (प्रत्यक्ष तथा अप्रत्यक्ष) सार्वजनिक सब्सिडियों की बरसात करना शामिल है।

जैसी कि हम चर्चा कर चुके हैं, बहुआयामी असमानता खुद को मजबूत करने के साधन पैदा करती है, खासकर सार्वजनिक विमर्शों और मीडिया कवरेज को तोड़मरोड़ कर। गहरे सामाजिक विभाजन के साथ विभिन्न समूहों की आवाज और ताकत को मान्यता देने के मामले में बड़ी असमानता जुड़ी होती है। इसके साथ ही यह मीडिया कवरेज और सार्वजनिक विमर्शों में पूर्वाग्रहों के जरिए समाज के वंचितों के अभावों की गहराई के बारे में लीपापोती करने में मदद करता है। इससे उस बड़े तथा मुखर तबके के हितों तथा कार्यकलापों को ही मदद मिलती है, जिसे वंचित तबके में शुमार नहीं माना जा सकता। अपेक्षाकृत विशेषाधिकार प्राप्त तबकों और बाकी सबके बीच सामाजिक विभाजन की गहराई इस तथा अन्य प्रकारों से लोकतंत्र के सामान्य औजारों के, जिनमें असमानता को दूर करने के लिए प्रयुक्त होनेवाला मुखर असन्तोष शामिल है, उपयोग को ज्यादा कठिन बना देती है।

घोर अभावग्रस्तता के बारे में अस्पष्टता इतनी ज्यादा है कि आम आदमी की—जिसके प्रति समर्थन घोषित करने के लिए राजनीतिक नेतागण तुरन्त मुखर हो जाते हैं—परिभाषा में भारी बदलाव आ चुका है। असल में जो अमीर हैं उनके मुकाबले कम मगर अपेक्षाकृत समृद्ध लोग प्रायः खुद को 'आम आदमी' ही मानते हैं। अपने बारे में उनकी जो दृष्टि है वह उन्हें समाज के पिछड़े लोगों में गिनती है मगर इस धारणा को तभी उपयुक्त माना जाएगा जब उनकी तुलना वास्तव में समृद्ध तबके के भी सबसे ऊपरी जमात से की जाएगी।

भारत में ईस्ट इंडिया कम्पनी के शुरुआती अधिकारियों में से एक, जॉर्ज लिंड्से जॉनस्टोन ने 1801 में ब्रिटिश संसद में दी गई अपनी एक सारगर्भित टिप्पणी में कहा था कि ब्रिटेन का भारतीय साम्राज्य 'विचार का साम्राज्य' है, जिसकी नींव 'अपनी ताकत को पहचानने में देसी लोगों की अनिच्छा'[5] पर पड़ी थी। अपनी ताकत को पहचानने की भारतीय लोगों की अनिच्छा जॉनस्टोन के समय के ब्रिटेन के आगे भारत के समर्पण में एक बड़ा कारक था। लेकिन यह खास कमजोरी तो भारत से बहुत पहले ही दूर हो चुकी है। अब, कुछ हद तक भारतीय राजनीति की परिस्थितियों के कारण, सच यह है कि वंचित भारतीय लोग अपनी अभावग्रस्तता को तेजी से स्थायी तौर पर खत्म करने की माँग करने के लिए उठ खड़े होने को तैयार नहीं दिखते हैं। तुलनात्मक रूप से विशेषाधिकार प्राप्त मगर सबसे ज्यादा विशेषाधिकार सम्पन्न लोगों की, जो खुद को आम आदमी मानते हैं, शिकायतों को जोरदार तरीके से उछाला जाता है और बड़ी राजनीतिक पार्टियाँ भी जिन मुद्दों की पैरोकारी करती हैं उनमें इसी समूह के नजरिए को प्राथमिकता मिलती है क्योंकि इस समूह को आसानी से सक्रिय किया जा सकता है। इसके विपरीत, भारतीय समाज के लम्बे समय से भारी अभावग्रस्तता झेल रहे पिछड़ों पर कम ध्यान दिया जाता है।

फिर भी, भारत की लोकतांत्रिक राजनीति सबसे अभावग्रस्त भारतीयों के लिए यह अवसर उपलब्ध कराती है कि वह 'अपनी ताकत को पहचाने' और देश के इतने सारे लोगों के जीवन को बरबाद करनेवाली बेहद अहम असमानताओं को तेजी से खत्म करने की माँग उठा सके। बेशक यह कुछ हद तक राजनीतिक संगठन का काम है लेकिन इस बात की स्पष्ट समझ की भी एक महत्त्वपूर्ण भूमिका है कि भारत में अभावग्रस्तता तथा असमानता कितनी व्यापक है और उनका स्वरूप कितना खास किस्म का है। भारत आज जिन मुख्य चुनौतियों का सामना कर रहा है, उनमें निश्चित ही यह चुनौती भी शामिल है।

सांख्यिकीय परिशिष्ट

इस पुस्तक में जो आंकड़े प्रस्तुत किए गए हैं, वे अन्तरराष्ट्रीय तुलनाओं के ख्याल से 'विश्व विकास संकेतकों' से लिये गए हैं। इनके अलावा भारत-केन्द्रित सूचनाएँ आधिकारिक स्त्रोतों से ली गई हैं—खासकर दशक-दर-दशक जनगणनाओं, केन्द्रीय सांख्यिकीय संगठन, वित्त मंत्रालय के वार्षिक आर्थिक सर्वेक्षणों, भारतीय रिजव बैंक, राष्ट्रीय नमूना सर्वेक्षण, राष्ट्रीय पारिवारिक स्वास्थ्य सर्वेक्षणों, नमूना पंजीकरण व्यवस्था, और भारतीय मानव विकास सर्वेक्षणों से। हमने गैरभरोसेमन्द तथा सम्भावित गैरभरोसेमन्द स्त्रोतों से परहेज करने की कोशिश की है।

'विश्व विकास संकेतकों' (डब्लूडीआई) के मामले में हमने ऑनलाइन आंकड़े 'data.worldbank.org' से लिये हैं, जिन्हें 1 जनवरी, 2013 को हासिल किया गया। इनमें से अधिकांश आंकड़े इन संकेतकों (विश्व बैंक, 2012) के मुद्रित संस्करण में भी उपलब्ध हैं। अन्तरराष्ट्रीय तुलनाओं के लिए हमने 20 लाख से कम आबादी वाले देशों को नहीं शामिल किया है।

कभी-कभी भारत को लेकर डब्लूडीआई के आंकड़ों और राष्ट्रीय स्त्रोतों (इसलिए कि इनके आंकड़े ताजा होते हैं) के आंकड़ों में अन्तर होता है। उदाहरण के लिए, डब्लूडीआई के मुताबिक 2011 में भारत में शिशु मृत्युदर प्रति 1000 जीवित जन्मे शिशुओं में 47 प्रतिशत थी। लेकिन नमूना पंजीकरण व्यवस्था के आंकड़े, जो कि इसके बाद के हैं, बताते हैं कि दरअसल यह 44 प्रतिशत प्रति 1000 थी।* अन्तरराष्ट्रीय तुलना करते समय हमने भारत के लिए डब्लूडीआई के आंकड़ों का इस्तेमाल किया है। उन्हें राष्ट्रीय स्त्रोतों के आधार पर संशोधित करने की कोशिश नहीं की गई है क्योंकि दूसरे देश भी इन मामलों में पिछड़ सकते हैं। जो भी हो, विसंगतियाँ काफी छोटी हैं।

---

* डब्लूडीआई के आंकड़ों को नई सूचनाओं के आधार पर नियमित तौर पर संशोधित किया जाता है; यह और दूसरी कमियाँ समय के साथ घटेंगी या खत्म हो जाएँगी।

पुस्तक लिखने के समय भारतीय सांख्यिकी, खासकर सामाजिक सांख्यिकी के कुछ पहलू पिछड़े हुए थे। 2011 की जनगणना के पूरे नतीजों को जारी नहीं किया गया है, लेकिन कई महत्त्वपूर्ण संकेतकों (मसलन उम्र से जुड़ी साक्षरता दरों, महिला श्रमिकों की भागीदारी आदि) को सार्वजनिक करना बाकी है। ज्यादा महत्त्वपूर्ण बात यह है कि 2005–06 में जो राष्ट्रीय सर्वे किया गया, जिसमें स्वास्थ्य तथा पोषण के बारे में विस्तृत आंकड़े थे, तीसरा राष्ट्रीय सर्वे था। हाल के वर्षों के लिए खासतौर से बाल पोषण के विश्वसनीय आंकड़े उपलब्ध नहीं हैं। हमें उम्मीद है कि भारतीय मानव विकास सर्वे की दूसरी रिपोर्ट तथा राष्ट्रीय स्वास्थ्य सर्वे की चौथी रिपोर्ट के साथ यह कमी जल्द ही पूरी की जाएगी। इस बीच, हमने ताजा आंकड़े प्रामाणिक स्त्रोतों से लिये हैं।

यह परिशिष्ट भारत में आर्थिक तथा सामाजिक विकास के विभिन्न पहलुओं पर और भी सांख्यिकीय सूचनाएँ प्रस्तुत करता है। तालिका ए–1 विकास सम्बन्धी संकेतकों के मामले में चुनींदा एशियाई देशों के साथ अन्तरराष्ट्रीय तुलना के चित्र प्रस्तुत करती है। तालिका ए–2 में इनमें से कुछ तुलनाओं में भारत के भीतर आन्तरिक विरोधाभासों के वैसे ही उदाहरणों को शामिल करने की कोशिश की गई है। इस तालिका में भारत के छह राज्यों को शामिल किया गया है—तीन राज्य (हिमाचल प्रदेश, केरल, तथा तमिलनाडु) ऐसे जिनके सामाजिक संकेतक अपेक्षाकृत अनुकूल हैं; तीन राज्य (बिहार, मध्य प्रदेश, तथा उत्तर प्रदेश) ऐसे जिन्हें 'उत्तर का अभावग्रस्त हृदयक्षेत्र' कहा जाता है। तालिका ए–3 में भारत के बड़े राज्यों (जिनकी आबादी 2011 में 50 लाख से ज्यादा थी) के व्यापक संकेतकों को प्रस्तुत किया गया है। तालिका ए–4 में उत्तर–पूर्व के छोटे राज्यों पर जोर दिया गया है। अन्त में, तालिका ए–5 अखिल भारतीय स्तर समय बीतने के साथ उभरते रुझानों पर कुछ जानकारी प्रस्तुत करती है। जिन स्त्रोतों का उपयोग तालिका ए–3 में किया गया है और कई दूसरी तालिकाएँ भी जिन पर आधारित हैं उन स्त्रोतों को इस परिशिष्ट के अन्त में सूचीबद्ध किया गया है और उनके साथ व्याख्यात्मक टिप्पणियाँ भी हैं।

पूरी तालिका ए–3 में भारतीय मानव विकास सर्वे (आईएचडीएस) पर आधारित 2004–05 के आंकड़ों को छोड़कर 'उत्तर–पूर्व' के आंकड़े अलग–अलग राज्य के आबादी–केन्द्रित औसत हैं, जो अरुणाचल प्रदेश, मणिपुर, मेघालय, मिजोरम, नगालैंड, सिक्किम, और त्रिपुरा के हैं। उत्तर–पूर्व के विशेष राज्यों के अनुपलब्ध आंकड़ों (मसलन नगालैंड के लिए 2007–08 का जिला स्तरीय परिवार सर्वेक्षण) के मामले में औसत उत्तर–पूर्व के उन राज्यों का लिया गया, जिनके आंकड़े उपलब्ध थे। तालिका ए–3 में 'महाराष्ट्र' के लिए 2004–05 के आईएचडीएस आधारित आंकड़े महाराष्ट्र तथा गोवा के लिए संयुक्त रूप से लागू हैं (देखें—देसाई तथा अन्य, 2010)।

अन्त में, तालिका ए-5 वास्तविक कृषि मजदूरी के अनुमान के दो सीरीज प्रस्तुत करती है—एक सीरीज, जो 'एग्रीकल्चरल वेजेज इन इंडिया' (देखें—द्रेज़ एवं सेन, 2002) पर आधारित है और 1999-2000 में खत्म हो गई है; नई सीरीज 1998-99 से शुरू हुई, जो श्रम ब्यूरो की 'वेज रेट्स इन रूरल इंडिया' डाटाबेस पर आधारित है जिसका कुशल विश्लेषण योशीफुमी उसामी (2011, 2012) ने किया है। दोनों सीरीज मुद्रारूपी वेतन को वास्तविक वेतन में परिवर्तित करने के लिए कृषि मजदूरों के उपभोक्ता कीमत सूचकांक का उपयोग करती हैं। तालिका ए-5 के आंकड़े दोनों सीरीज के लिए 'अकुशल मजदूर' (वयस्क पुरुष) श्रेणी पर आधारित है। तालिकाओं 2.2 और 7.1 (क्रमशः अध्याय 2 तथा 7) में 2000 के बाद वेतन सम्बन्धी आंकड़े भी उसामी की सीरीज पर आधारित हैं। यहां 'कृषि मजदूर', 'गैर-कृषि मजदूर', और 'ग्रामीण मजदूर' के लिए वेतन दरें प्रासंगिक गतिविधियों (पुरुष मजदूर द्वारा हल चलाने, बुवाई करने, फसल कटाई करने आदि) के लिए गतिविधि-केन्द्रित की वेतन दरों के अनिर्धारित औसतों को बताती हैं। चूँकि वास्तविक वेतन के रुझान विविध गतिविधियों के लिए समान हैं, इसलिए विभिन्न गतिविधियों का आंकलन करने का सही तरीका बहुत महत्त्व नहीं रखता। हमने श्रम ब्यूरो के डाटाबेस की मदद से अलग-अलग गतिविधि के लिए अलग-अलग वेतन दरों की अपनी सीरीज तैयार की और वैसे ही परिणाम हासिल किए जैसे योशीफुमी उसामी ने हासिल किए।

टेबल A-1 भारत और चुनिन्दा एशियाई देशों के आर्थिक और सामाजिक संकेतक, 2011

	भारत	बांग्लादेश	नेपाल	पाकिस्तान	श्रीलंका	चीन	साउथ कोरिया	इंडोनेशिया	थाईलैंड
जनसंख्या (लाखों में)	1,241	150	30	177	21	1,344	50	242	70
प्रति व्यक्ति आय और सम्बन्धित संकेतक									
प्रति व्यक्ति जीडीपी (नियत 2000 यूएस डॉलर)	838	588	275	672	1,402	2,640	16,684	1,207	2,699
प्रति व्यक्ति जीडीपी का पीपीपी आंकलन (2005 अन्तर्राष्ट्रीय डॉलर)	3,203	1,569	1,106	2,424	4,929	7,418	27,541	4,094	7,635
प्रति व्यक्ति जीडीपी की औसतन वार्षिक वृद्धि दर, 1961–2011 (%)	3.1	1.7	1.4	2.6	3.3	6.8	5.4	3.7	4.3
प्रति व्यक्ति जीडीपी की औसतन वार्षिक वृद्धि दर, (%) 1961 – 70	1.8	1.1	0.5	4.5	2.2	2.4	5.7	1.6	5.0
1970 – 80	0.9	–0.5	–0.2	2.2	2.6	5.4	5.5	5.3	4.6
1980 – 90	3.3	0.7	1.7	3.2	2.8	7.6	6.5	4.5	5.7
1990 – 2000	3.6	2.7	2.4	1.3	4.1	8.6	5.5	3.3	4.1
2000 – 11	5.5	4.4	2.0	2.5	4.7	9.6	3.9	4.1	3.1

शेष भाग अगले पृष्ठ पर

टेबल A-1 क्रमशः

पीपीपी की अन्तर्राष्ट्रीय गरीबी रेखा से नीचे जनसंख्या का अनुमानित अनुपात डॉलर 2/दिन, 2010 (%)	68.7	76.5	57.3	60.2[b]	29.1[c]	29.8[b]	n/a	46.1	4.6[a]
दीर्घायु, मृत्यु-दर और प्रजनन									
जन्म के समय जीवन प्रत्याशा (वर्ष) स्त्री	67	70	70	66[f]	78[f]	75[f]	84[f]	71	77
पुरुष	64	68	68	64[f]	72[f]	72[f]	77[f]	67	71
व्यक्ति	65	69	68	65[f]	75[f]	73[f]	81[f]	69	74
शिशु मृत्यु दर (प्रति 1000 जन्म पर)	47	37	39	59[f]	11[f]	13[f]	4[f]	25	11
कमजोर शिशुओं का अनुपात 2010 (%)	28[d]	22[d]	21[d]	32[c]	17[c]	3[b]	–	11	7[a]
जच्चा मृत्यु अनुपात, 2010 (प्रति 1000 जन्म पर)	200	240	170	260	35	37	16	220	48
कुल प्रजनन दर	2.6	2.2	2.7	3.4[f]	2.3[f]	1.6[f]	1.2[f]	2.1	1.6
साक्षरता और शिक्षा									
वयस्क साक्षरता दर (आयु 15 +) 2010 (%) स्त्री	51[d]	52	48	40	90	91	–	90[a]	92[e]
पुरुष	75[d]	61	73	69	93	97	–	96[a]	96[e]

शेष भाग अगले पृष्ठ पर

टेबल A-1 क्रमशः

युवा साक्षरता दर (आयु 15-24), 2010 (%) स्त्री	74[d]	78	78	61	99	99	–	99[a]	98[e]
पुरुष	88[d]	75	88	79	98	99	–	100[a]	98[e]
कक्षा 5 तक पहुँचने वाले बच्चों का अनुपात, 2009 (%)	69[d]	66	62[c]	62	99[d]	–	99	92	–
स्कूल के औसत वर्षों तक आंकलन (आयु 25 +)	4.4	4.8	3.2	4.9	9.3	7.5	11.6	5.8	6.6
प्राथमिक स्तर पर शिष्य-शिक्षक अनुपात (शिष्य प्रति शिक्षक), 2010	40[g]	43	32	41	24	17	21	16	16[b]
अन्य लिंग-सम्बन्धित संकेतक									
जनसंख्या में स्त्री-पुरुष अनुपात (महिलाएँ प्रति 1000 पुरुषों पर)	937	976	1,016	968	1,027	926	1,006	1,006	1,035
महिला श्रम भागीदारी दर, आयु 15 + (%)	29	57	80	22	35	68	49	51	64
बचत, निवेश और व्यापार									
जीडीपी के अनुपात में सकल घरेलु बचत (%)	31	16	9	8	15	53	31	34	31

शेष भाग अगले पृष्ठ पर

टेबल A–1 क्रमशः

जीडीपी के अनुपात में कुल अचल पूँजी निर्माण (%)	30	25	21	11	27	46	27	32	26
जीडीपी के अनुपात में प्रत्यक्ष विदेशी निवेश, शुद्ध अन्तर्वाह (%)	1.7	0.7	0.5	0.6	1.6	3.0	0.4	2.1	2.3
जीडीपी के अनुपात में वस्तुओं और सेवाओं का निर्यात (%)	25	23	9	14	23	31	56	26	77
निर्यात मूल्य की औसत वार्षिक विकास दर (%) 1961–1990	6.1	6.3	n/a	6.8	3.2	n/a	20.6	5.1	11.5
1990–2011	13.6	12.0	n/a	6.0	5.7	16.5	12.0	7.4	8.4

[a] 2009

[b] 2008

[c] 2007

[d] 2006

[e] 2005

[f] 2010

[g] 2004

[h] वार्षिक विकास दर की अभारित औसत

स्रोत : स्कूल के औसत वर्षों के लिए *ह्यूमन डवलपमेंट रिपोर्ट 2013;* अन्य संकेतक *वर्ल्ड डवलपमेंट इंडिकेटर्स* (1 जनवरी, 2013 तक ऑनलाइन)

टेबल A–2 तुलनात्मक परिप्रेक्ष्य में भारत, 2011

देश या राज्य	जनसंख्या लाखों में	जीडीपी या एसडीपी[a] की प्रति व्यक्ति विकास दर			युवा साक्षरता दर आयु 15–24 2010[b] (%)		जन्म के समय अनुमानित जीवन प्रत्याशा[c] (वर्ष)		5 से कम आयु पर मृत्यु दर (प्रति 1000 जन्म पर)	कुल उर्वरक दर[d]	5 वर्ष से कम उम्र के कुपोषित बच्चों की व्यापकता[e] (%)	
		1980-1 से 1990-1	1990-1 से 2000-1	2000-1 से 2010-11	महिला	पुरुष	महिला	पुरुष			आयु के लिए कद	आयु के लिए वजन
बांग्लादेश	150	0.9	2.6	4.4	78	75	70	68	46	2.2	43	41
नेपाल	30	2.1	2.3	1.7	78	88	70	68	48	2.7	49	39
श्रीलंका	21	2.4	3.9	4.5	99	98	78	72	12	2.3	17	21
केरल	33	1.7	4.6	7.0	99	99	77	72	13	1.8	25	23
हिमाचल प्रदेश	7	2.9	4.5	5.4	95	99	72	68	46	1.8	39	37
तमिलनाडु	72	3.7	5.1	7.5	93	97	71	67	25	1.7	31	30
बिहार	104	2.5	0.4	5.0	52	81	66	66	59	3.6	56	56
मध्य प्रदेश	73	1.7	2.9	4.5	68	88	64	61	77	3.1	50	60
उत्तर प्रदेश	200	2.5	1.3	3.9	65	85	64	62	73	3.4	57	42
भारत	1,241	3.1	3.9	5.9	74	88	67	64	61	2.6	48	43

शेष भाग अगले पृष्ठ पर

टेबल A-2 क्रमशः

चीन	1,344	8.3	9.0	9.7	99	99	75	72	15	1.6	10	4
साउथ कोरिया	50	7.5	4.7	3.5	–	–	84	77	5	1.2	–	–
थाईलैंड	70	5.4	3.1	3.5	98	98	78	71	12	1.6	16	7

[a] सकल घरेलु उत्पाद (जीडीपी) देशों के लिए; राज्य घरेलु उत्पाद (एसडीपी) भारतीय राज्यों के लिए

[b] 2005 थाईलैंड के लिए; 2005–06 भारत और भारतीय राज्यों के लिए

[c] 2010 चीन, दक्षिण कोरिया और श्रीलंका; 2006–10 भारतीय राज्यों के लिए

[d] 2010 चीन और दक्षिण कोरिया

[e] 2006–10 (तत्कालीन समय में डाटा उपलब्ध होने का नवीनतम वर्ष) देशों के लिए; 2005–06 भारत और भारतीय राज्यों के लिए

नोट : आंकड़े 2011 या नजदीकी वर्ष से सम्बन्धित हैं, जब डाटा लिया गया। सूची में 6 भारतीय राज्य लिए गए हैं; जिनमें तीन अच्छी स्थिति में हैं (केरल, हिमाचल प्रदेश, तमिलनाडु) और तीन खराब स्थिति में (बिहार, मध्य प्रदेश, उत्तर प्रदेश)

स्रोत : (देश-विशेष के आंकड़े (भारत समेत) *वर्ल्ड डवलपमेंट इंडीकेटर्स* (1 जनवरी, 2013, ऑनलाइन) और यूनिसेफ (2012) से, टेबल-2 भारतीय राज्यों के राज्य-विशेष आंकड़ों के लिए देखें—टेबल-A-3 युवा साक्षरता दर नेशनल फेमिली हेल्थ सर्वे 2005-06 पर आधारित हैं)। वर्ल्ड डवलपमेंट इंडीकेटर से लिए गए भारतीय आंकड़े और राष्ट्रीय स्रोतों के समरूपी आंकड़ों में हल्का सा अन्तर है (तत्कालीन समय में कुछ फर्क की वजह से); भारतीय राज्यों के आंकड़ों में आगे के विवरण के लिए देखें—A-3।

टेबल A-3 प्रमुख भारतीय राज्यों के लिए चुनिन्दा संकेतक

पार्ट-1 : आय-सम्बन्धित संकेतक

	जनसंख्या 2011 (लाखों में)	प्रति व्यक्ति औसतन गृहस्थी व्यय, 2009-10 (रु/महीना)		राज्य घरेलु उत्पाद पर प्रति व्यक्ति विकास दर, 2000-1 से 2010-11 (% प्रति वर्ष)	गरीबी आंकलन, 2009-10 (प्रति व्यक्ति अनुपात)			भारत की सबसे कम सम्पत्ति क्विंटल में आबादी का अनुपात (%), 2005-6	बहु-आयामी निर्धनता में आबादी का अनुपात (%), 2005-6
		ग्रामीण	शहरी		ग्रामीण	शहरी	कुल		
आन्ध्र प्रदेश	84.7	1,234	2,238	6.9	22.8	17.7	21.1	10.8	44.5
असम	31.2	1,003	1,755	3.4	39.9	26.1	37.9	19.8	60.1
बिहार	103.8	780	1,238	5.0	55.3	39.4	53.5	28.2	79.3
छत्तीसगढ़	25.5	784	1,647	6.3	56.1	23.8	48.7	39.6	69.7
गुजरात	60.4	1,110	1,909	8.2	26.7	17.9	23.0	7.2	41.0
हरियाणा	25.4	1,510	2,321	6.8	18.6	23.0	20.1	4.1	39.3
हिमाचल प्रदेश	6.9	1,536	2,654	5.4	9.1	12.6	9.5	1.2	29.9
जम्मू कश्मीर	12.5	1,344	1,759	3.7	8.1	12.8	9.4	2.8	41.0
झारखंड	33.0	825	1,584	4.6	41.6	31.1	39.1	49.6	74.8

शेष भाग अगले पृष्ठ पर

टेबल A-3 क्रमशः

कर्नाटक	61.1	1,020	2,053	5.8	26.1	19.6	23.6	10.8	43.2
केरल	33.4	1,835	2,413	7.0	12.0	12.1	12.0	1.0	12.7
मध्य प्रदेश	72.6	903	1,666	4.5	42.0	22.9	36.7	36.9	68.1
महाराष्ट्र	112.4	1,153	2,437	7.5	29.5	18.3	24.5	10.9	37.9
नॉर्थ ईस्ट[a]	14.4	1,224	1,700	5.5	25.3	23.2	24.3	8.9	48.4
ओडिशा	41.9	818	1,548	6.9	39.2	25.9	37.0	39.5	63.2
पंजाब	27.7	1,649	2,109	4.2	14.6	18.1	15.9	1.4	24.6
राजस्थान	68.6	1,179	1,663	5.0	26.4	19.9	24.8	24.2	62.8
तमिलनाडु	72.1	1,160	1,948	7.5	21.2	12.8	17.1	10.6	30.5
उत्तर प्रदेश	199.6	899	1,574	3.9	39.4	31.7	37.7	25.3	68.1
उत्तराखंड	10.1	1,747	1,745	10.0	14.9	25.2	18.0	6.0	39.5
वेस्ट बंगाल	91.3	952	1,965	5.1	28.8	22.0	26.7	25.2	57.4
भारत	**1,210.2**	**1,054**	**1,984**	**6.0[b]**	**33.8**	**20.9**	**29.8**	**20.0**	**53.7**

[a]'नॉर्थ ईस्ट' के आंकड़े राज्य–विशेष आंकड़ों के जनसंख्या–भारित औसत के संकेतक हैं।

[b]'प्रति व्यक्ति कुल राष्ट्रीय उत्पाद' की विकास दर।

पार्ट-2 : मृत्यु और जन्म दर

	जन्म के समय जीवन-प्रत्याशा, 2006-10[a] (वर्ष)		शिशु मृत्यु दर, 2011 (प्रति 1000 जन्म पर)	पाँच वर्ष से कम उम्र की मृत्यु दर, 2011 (प्रति 1000 जन्म पर)	जच्चा मृत्यु अनुपात, 2007-9[a] (प्रति 100,00 जन्म पर)	मृत्यु दर, 2011 (प्रति 1000 पर)	जन्म दर, 2011 (प्रति 1000 पर)	कुल प्रजनन दर, 2011 (प्रति महिला जन्म)
	महिला	पुरुष						
आन्ध्र प्रदेश	68.2	63.5	43	45	134	7.5	17.5	1.8
असम	63.2	61.0	55	78	390	8.0	22.8	2.4
बिहार	66.2	65.5	44	59	261	6.7	27.7	3.6
छत्तीसगढ़	n/a	n/a	48	57	n/a	7.9	24.9	2.7
गुजरात	69.0	64.9	41	52	148	6.7	21.3	2.4
हरियाणा	69.5	67.0	44	51	153	6.5	21.8	2.3
हिमाचल प्रदेश	72.4	67.7	38	46	n/a	6.7	16.5	1.8
जम्मू और कश्मीर	71.1	69.2	41	45	n/a	5.5	17.8	1.9
झारखंड	n/a	n/a	39	54	n/a	6.9	25.0	2.9
कर्नाटक	69.7	64.9	35	40	178	7.1	18.8	1.9

शेष भाग अगले पृष्ठ पर

केरल	76.9	71.5	12	13	81	7.0	15.2	1.8
मध्य प्रदेश	63.8	61.1	59	77	269	8.2	26.9	3.1
महाराष्ट्र	71.9	67.9	25	28	104	6.3	16.7	1.8
नॉर्थ ईस्ट	n/a	n/a	30	n/a	n/a	5.2	17.4	2.1[b]
ओडिशा	63.9	62.2	57	72	258	8.5	20.1	2.2
पंजाब	71.6	67.4	30	38	172	6.8	16.2	1.8
राजस्थान	68.3	64.7	52	64	318	6.7	26.2	3.0
तमिलनाडु	70.9	67.1	22	25	97	7.4	15.9	1.7
उत्तर प्रदेश	63.7	61.8	57	73	359	7.9	27.8	3.4
उत्तराखंड	n/a	n/a	36	n/a	n/a	6.2	18.9	2.6[b]
वेस्ट बंगाल	71.0	67.4	32	38	145	6.2	16.3	1.7
भारत	**67.7**	**64.6**	**44**	**55**	**212**	**7.1**	**21.8**	**2.4**

[a] बिहार, मध्य प्रदेश और उत्तर प्रदेश में जीवन प्रत्याशा और जच्चा मृत्यु आंकड़े 'अविभाजित' राज्यों पर भी लागू होते हैं (झारखंड, छत्तीसगढ़ और उत्तराखंड)

[b] 2010

पार्ट-3 : साक्षरता और शिक्षा

	7 साल और उससे ऊपर की आयु में साक्षरता दर, 2011 (%)		15-19 साल के लोगों में साक्षरता का अनुपात (%) 2007-8		2007-8 में 15-19 साल के लोगों में साक्षरता (%) जिन्होंने पूरे किए : स्कूली शिक्षा के 5 साल		2007-8 में 15-19 साल के लोगों में साक्षरता (%) जिन्होंने पूरे किए : स्कूली शिक्षा के 8 साल	
	महिला	पुरुष	महिला	पुरुष	महिला	पुरुष	महिला	पुरुष
आन्ध्र प्रदेश	59.7	75.6	19.0	8.7	87.8	90.9	69.6	72.8
असम	67.3	78.8	10.8	6.9	85.3	83.4	56.5	52.6
बिहार	53.3	73.4	37.3	15.0	69.7	75.5	39.6	45.2
छत्तीसगढ़	60.6	81.5	16.7	6.7	72.3	80.3	34.0	41.2
गुजरात	70.7	87.2	16.3	7.4	85.9	88.5	52.6	61.2
हरियाणा	66.8	85.4	11.9	5.1	87.8	90.7	61.4	64.8
हिमाचल प्रदेश	76.6	90.8	1.6	1.2	94.3	96.0	76.9	76.7
जम्मू और कश्मीर	58.0	78.3	12.4	2.9	92.2	94.4	68.1	68.2
झारखंड	56.2	78.5	29.6	12.7	76.0	78.7	46.2	46.8
कर्नाटक	68.1	82.9	10.5	7.2	85.2	90.3	64.9	70.1

शेष भाग अगले पृष्ठ पर

केरल	92.0	96.0	0.9	0.8	99.2	98.8	93.6	87.1
मध्य प्रदेश	60.0	80.5	22.9	11.1	78.9	83.9	37.4	43.0
महाराष्ट्र	75.5	89.8	8.8	4.7	92.2	92.9	71.2	72.2
नॉर्थ ईस्ट	76.4	84.9	6.6	5.2	77.9	76.1	40.5	39.7
ओडिशा	64.4	82.4	20.9	8.9	79.8	83.7	56.4	58.3
पंजाब	71.3	81.5	6.8	5.7	89.3	89.8	63.5	59.0
राजस्थान	52.7	80.5	27.2	8.4	72.5	86.0	36.6	49.2
तमिलनाडु	73.9	86.8	2.5	1.3	93.8	94.4	74.4	73.6
उत्तर प्रदेश	59.3	79.2	25.1	10.5	77.7	82.9	47.7	52.4
उत्तराखंड	70.7	83.3	4.9	2.3	90.6	93.9	65.4	71.6
वेस्ट बंगाल	71.2	82.7	15.5	9.0	71.0	71.7	31.6	36.8
भारत	**65.5**	**82.1**	**15.8**	**7.4**	**83.7**	**86.2**	**55.9**	**57.5**

	6-14 साल के बच्चों का अनुपात (%) जो अभी स्कूल में हैं, 2005-6		6-14 साल के बच्चों का अनुपात (%) जिन्होंने कभी स्कूल में दाखिला नहीं लिया, 2004-5		6-14 साल के बच्चों का अनुपात (%) जिन्होंने प्राइवेट स्कूल में दाखिला लिया, 2004-5[a]	6-14 साल के बच्चों की प्राइवेट स्कूलों की वार्षिक फीस, 2004-5 (रु. प्रति बच्चा)	
	महिला	पुरुष	महिला	पुरुष		सरकारी स्कूल	प्राइवेट स्कूल
आन्ध्र प्रदेश	78.1	84.6	6	4	31	574	3,260
असम	83.6	85.1	12	13	6	371	1,636
बिहार	56.2	71.5	31	19	18	704	2,466
छत्तीसगढ़	77.6	84.6	10	8	15	317	2,039
गुजरात	78.5	87.0	8	4	22	766	4,221
हरियाणा	81.2	86.5	9	8	47	1,043	4,372
हिमाचल प्रदेश	95.2	97.1	2	1	19	1,709	6,273
जम्मू और कश्मीर	85.7	89.7	7	4	47	1,045	3,719
झारखंड	66.1	77.2	22	19	32	502	2,932
कर्नाटक	82.0	85.9	7	6	28	638	3,848

शेष भाग अगले पृष्ठ पर

केरल	97.7	97.6	2	4	31	1,537	3,259
मध्य प्रदेश	76.9	80.1	15	11	27	333	1,935
महाराष्ट्र	85.5	88.7	5	3	20	599	2,370
नॉर्थ ईस्ट	80.1	79.4	4	4	34	1,441	4,237
ओडिशा	74.7	80.3	8	5	8	612	2,851
पंजाब	84.7	85.8	5	6	52	1,444	5,160
राजस्थान	65.9	84.2	23	11	32	676	2,612
तमिलनाडू	92.7	95.1	2	1	23	606	3,811
उत्तर प्रदेश	73.8	80.2	13	9	43	427	1,733
उत्तराखंड	88.1	92.4	6	7	27	972	3,422
वेस्ट बंगाल	80.1	79.4	10	10	10	1,136	5,045
भारत	**76.4**	**82.6**	**12**	**8**	**28**	**688**	**2,920**

[a] किसी भी स्कूल में दाखिला लेने वाले बच्चों में से

पार्ट-5 : स्कूल में सुविधाएँ

	निम्न सुविधाओं के साथ सरकारी स्कूलों का अनुपात (%), 2009-10					2009-10 में निम्न उपलब्ध कराने वाले सरकारी स्कूलों का अनुपात (%)		सरकारी स्कूलों में औसतन शिक्षक छात्र अनुपात, 2009-10	कक्षा में छात्रों का औसत अनुपात (सभी स्कूलों में) 2009-10
	पीने का पानी	शौचालय		बिजली	कम्प्यूटर				
		साझा	लड़कियों के लिए अलग			दोपहर का भोजन	स्वास्थ्य जाँच		
आन्ध्र प्रदेश	89.8	71.3	60.7	32.4	13.2	92.0	46.9	20	24
असम	83.9	42.2	39.4	11.5	4.8	80.5	8.6	25	30
बिहार	92.6	48.3	37.7	3.9	0.9	72.3	19.4	57	89
छत्तीसगढ़	94.2	36.9	33.9	19.1	5.2	88.6	85.0	27	28
गुजरात	96.2	38.9	54.6	94.0	36.4	92.5	91.2	31	34
हरियाणा	99.4	53.9	85.1	93.5	16.4	92.3	79.5	29	32
हिमाचल प्रदेश	97.3	36.7	54.2	54.5	6.3	99.0	73.0	16	15
जम्मू और कश्मीर	83.7	29.3	16.0	7.9	4.4	97.7	16.5	16	17
झारखंड	85.2	31.3	50.0	5.7	5.0	95.0	17.7	43	47
कर्नाटक	65.5	87.9	64.9	87.6	12.1	98.9[a]	93.5	25	25

शेष भाग अगले पृष्ठ पर

केरल	99.0	54.1	83.3	88.5	87.4	96.4	68.3	23	27
मध्य प्रदेश	93.1	56.1	32.8	8.7	5.1	93.7	75.1	37	30
महाराष्ट्र	91.6	34.7	62.3	65.6	25.1	94.7	93.1	26	31
नॉर्थ ईस्ट	79.9	54.1	40.2	14.8	9.4	90.6	19.2	18	21
ओडिशा	89.3	83.5	37.3	14.2	6.4	87.7	18.7	34	30
पंजाब	98.6	92.9	98.5	87.5	32.3	93.5	62.7	26	23
राजस्थान	95.5	50.9	88.8	21.7	9.5	96.6	85.2	27	24
तमिलनाडु	100.0	48.4	61.4	91.7	29.9	97.7	94.2	30	27
उत्तर प्रदेश	97.7	44.5	70.5	16.7	2.4	82.2	35.4	42	36
उत्तराखंड	88.2	59.6	55.7	26.8	16.9	95.1	53.1	22	19
वेस्ट बंगाल	96.3	80.8	48.0	22.4	5.6	85.7	45.2	43	42
भारत	**91.9**	**54.5**	**55.0**	**31.4**	**10.6**	**87.5**	**55.3**	**33**	**32**

[a] 2010–11 आंकड़े, सरकारी और सरकार–समर्थित स्कूलों के साथ में।

नोट : 'स्कूल' प्राथमिक और उच्च–प्राथमिक स्कूलों को दर्शाते हैं। प्राइवेट स्कूल इनमें शामिल नहीं हैं, सिवाय दोपहर के भोजन के (जहाँ 'सरकार–समर्थित' निजी स्कूल शामिल हैं) और छात्र–कक्षा अनुपात (जहाँ प्राइवेट स्कूल–सहायता प्राप्त या गैर–सहायता—शामिल हैं)।

	लिंग अनुपात, 2011 (महिलाएँ प्रति 1000 पुरुषों पर)		2007-9[a] में 1-4 वर्ष के लड़का-लड़की की मृत्यु की अनुमानित दर	2005-6 में 20-24 साल की महिलाओं का अनुपात (%) जिनकी शादी 18 साल की उम्र में हो गई थी	15-59 वर्ष की महिलाओं की श्रम में भागीदारी, 2009-10 (%)	संगठित क्षेत्रों में महिला कर्मचारियों का अनुपात (%) 2009
	सभी आयु वर्ग	आयु 0-6 वर्ष				
आन्ध्र प्रदेश	992	943	1.42	54.8	48.9	21.8
असम	954	957	1.39	38.6	21.1	33.3
बिहार	916	933	1.51	69.0	9.0	5.2
छत्तीसगढ़	991	964	(1.59)	55.0	45.4	13.9
गुजरात	918	886	1.44	38.7	35.3	14.7
हरियाणा	877	830	(1.83)	41.2	28.9	17.1
हिमाचल प्रदेश	974	906	(1.80)	12.3	58.3	15.6
जम्मू और कश्मीर	883	859	(0.58)	14.4	31.1	10.7
झारखंड	947	943	1.49	63.2	21.1	7.5
कर्नाटक	968	943	0.94	41.8	40.2	32.7

शेष भाग अगले पृष्ठ पर

केरल	1,084	959	1.04	15.4	33.6	40.1
मध्य प्रदेश	930	912	1.23	57.3	35.2	13.8
महाराष्ट्र	925	883	1.24	39.4	38.6	16.8
नॉर्थ ईस्ट	961	953	n/a	27.9	35.8	25.2
ओडिशा	978	934	1.08	37.2	27.2	15.3
पंजाब	893	846	1.72	19.7	28.6	21.3
राजस्थान	926	883	2.13	65.2	36.4	17.4
तमिलनाडु	995	946	0.84	22.3	42.3	33.7
उत्तर प्रदेश	908	899	1.83	58.6	18.2	11.6
उत्तराखंड	963	886	n/a	23.0	43.7	14.3
वेस्ट बंगाल	947	950	0.83	54.0	20.5	12.5
भारत	**940**	**914**	**1.47**	**47.4**	**30.7**	**19.9**

1. NSS = नेशनल सैम्पल सर्वे

2. [a] कुछ छोटे राज्यों के आंकड़े (कोष्ठक में) छोटे सैम्पल साइज के कारण उतने भरोसेमन्द नहीं हैं। जन्म के समय अनुमानित लिंग दर से जुड़ी अधिक जानकारी के लिए देखें टेबल 8.3, अध्याय 8 में।

	गर्भनिरोधक प्रचार, 2005-6 (%)			स्वास्थ्य विशेषज्ञों की निगरानी में	महिलाओं का अनुपात (%) जिन्होंने खास देखभाल में बच्चों को जन्म दिया, 2005-6			
	कोई भी पद्धति	आधुनिक स्थायी पद्धति	आधुनिक अस्थायी पद्धति	होने वाला जन्म अनुपात (%) 2005-6	कम से कम एक ANC दौरा/जन्म पूर्व देखभाल	टिटनेस का टीका (कम से कम) दो बार	90 दिनों के लिए IAF	जन्म-पश्चात निरीक्षण
आन्ध्र प्रदेश	67.6	65.8	1.4	74.9	94.3	85.3	41.2	73.3
असम	56.5	13.2	13.9	31.0	70.7	65.4	16.2	15.9
बिहार	34.1	24.4	4.5	29.3	34.1	73.2	9.7	17.8
छत्तीसगढ़	53.2	44.0	5.1	41.6	88.5	74.6	20.7	36.5
गुजरात	66.6	43.5	13.0	63.0	86.7	80.4	37.0	61.4
हरियाणा	63.4	38.9	19.4	48.9	88.3	83.4	26.7	57.6
हिमाचल प्रदेश	72.6	55.3	15.7	47.8	86.4	72.1	37.9	50.6
जम्मू और कश्मीर	52.6	28.9	15.9	56.5	84.6	81.0	27.6	51.6
झारखंड	35.7	23.8	7.3	27.8	58.9	67.6	14.2	19.6

शेष भाग अगले पृष्ठ पर

कर्नाटक	63.6	57.6	5.0	69.7	89.3	78.6	39.3	66.9
केरल	68.6	49.7	8.2	99.4	94.4	88.7	75.1	87.4
मध्य प्रदेश	55.9	45.6	7.2	32.7	79.5	70.6	12.4	33.8
महाराष्ट्र	66.9	53.2	11.7	68.7	90.8	85.1	31.4	64.0
नॉर्थ ईस्ट	46.1	32.9	16.1	43.5	72.5	62.8	15.5	35.0
ओडिशा	50.7	34.1	10.6	44.0	86.9	83.3	33.8	40.9
पंजाब	63.3	32.0	24.1	68.2	88.9	83.8	27.9	63.7
राजस्थान	47.2	35.0	9.4	41.0	74.9	65.2	13.1	31.8
तमिलनाडु	61.4	55.4	4.6	90.6	98.6	95.9	41.6	91.3
उत्तर प्रदेश	43.6	17.5	11.9	27.2	66.0	64.5	8.8	14.9
उत्तराखंड	59.3	33.9	21.6	38.5	69.4	68.5	26.4	35.8
वेस्ट बंगाल	71.2	32.9	17.0	47.6	91.9	90.9	25.7	44.3
भारत	**56.3**	**38.3**	**10.1**	**46.6**	**76.4**	**76.3**	**23.1**	**41.2**

ANC = Ante-natal care.

IFA = Iron and folic acid.

	2005-6 में 15-49 साल की महिलाओं का अनुपात (%)		औसत और गम्भीर एनीमिया वाले व्यक्तियों का अनुपात (%) 2005-6		पाँच वर्ष से कम उम्र के कुपोषित बच्चों का अनुपात (%) 2005-6			उचित मात्रा में आयोडिन युक्त नमक इस्तेमाल करने वाले घरों का अनुपात (%) 2005-6
	कम BMI	अनीमिया	15-49 वर्ष की महिलाएँ	6-59 माह के बच्चे	आयु के लिए भार	आयु के लिए कद	कद के लिए भार	
आन्ध्र प्रदेश	33.5	62.9	23.9	47.1	32.5	42.7	12.2	31.0
असम	36.5	69.5	24.6	40.9	36.4	46.5	13.7	71.8
बिहार	45.1	67.4	16.9	48.4	55.9	55.6	27.1	66.1
छत्तीसगढ़	43.4	57.5	17.6	47.2	47.1	52.9	19.5	54.9
गुजरात	36.3	55.3	19.1	44.7	44.6	51.7	18.7	55.7
हरियाणा	31.3	56.1	18.4	46.5	39.6	45.7	19.1	55.3
हिमाचल प्रदेश	29.9	43.3	11.7	29.0	36.5	38.6	19.3	82.5
जम्मू और कश्मीर	24.6	52.1	14.7	32.8	25.6	35.0	14.8	75.8
झारखंड	43.0	69.5	19.9	41.0	56.5	49.8	32.3	53.6

शेष भाग अगले पृष्ठ पर

कर्नाटक	35.5	51.5	17.1	41.8	37.6	43.7	17.6	43.3
केरल	18.0	32.8	7.0	21.0	22.9	24.5	15.9	73.9
मध्य प्रदेश	41.7	56.0	15.1	47.0	60.0	50.0	35.0	36.3
महाराष्ट्र	36.2	48.4	15.6	41.4	37.0	46.3	16.5	61.0
नॉर्थ ईस्ट	20.7	50.2	12.7	28.2	33.2	41.2	18.7	83.0
ओडिशा	41.4	61.2	16.4	36.1	40.7	45.0	19.5	39.6
पंजाब	18.9	38.0	11.8	44.7	24.9	36.7	9.2	74.6
राजस्थान	36.7	53.1	17.9	46.9	39.9	43.7	20.4	40.8
तमिलनाडु	28.4	53.2	15.8	37.2	29.8	30.9	22.2	41.3
उत्तर प्रदेश	36.0	49.9	14.8	48.6	42.4	56.8	14.8	36.4
उत्तराखंड	30.0	55.2	18.8	32.9	38.0	44.4	18.8	45.9
वेस्ट बंगाल	39.1	63.2	17.4	30.9	38.7	44.6	16.9	69.1
भारत	**35.6**	**55.3**	**16.8**	**43.1**	**42.5**	**48.0**	**19.8**	**51.1**

BMI = शरीर भार सूचकांक

	2005-6 में 12-23 माह वाले बच्चों का अनुपात (%)		12-35 माह के बच्चों का अनुपात (%) जिन्हें पिछले छह महीनों में कम से कम एक बार विटामिन A दिया गया	2007-8 में 3 साल से कम उम्र के बच्चों का अनुपात (%) जिन्होंने स्तनपान शुरू किया		0-3 वर्ष के बच्चों का अनुपात, जो अतिसार से ग्रस्त रहे, 2007-8	अतिसार से ग्रस्त उन बच्चों का अनुपात (%) जिन्हें ओरल रिहाइड्रेशन थैरेपी दी गई 2005-6
	पूर्ण टीकाकरण	कोई टीकाकरण नहीं		जन्म के एक घंटे में	जन्म के 24 घंटे में		
आन्ध्र प्रदेश	46.0	3.8	29.0	47.5	24.4	6.7	43.1
असम	31.4	15.2	18.7	64.9	7.1	4.1	24.6
बिहार	32.8	7.0	32.6	16.0	43.4	12.1	39.7
छत्तीसगढ़	48.7	2.5	14.4	49.6	19.4	6.3	46.4
गुजरात	45.2	4.5	20.6	48.0	22.2	11.8	38.8
हरियाणा	65.3	7.8	15.9	16.5	44.6	16.5	32.3
हिमाचल प्रदेश	74.2	1.9	33.1	56.5	10.2	9.0	69.9
जम्मू और कश्मीर	66.7	4.5	17.2	54.1	10.5	12.3	44.0
झारखंड	34.2	4.4	27.5	34.5	18.9	8.2	31.3

शेष भाग अगले पृष्ठ पर

कर्नाटक	55.0	6.9	22.8	46.5	26.8	9.0	46.5
केरल	75.3	1.8	46.5	64.6	3.2	5.9	80.9
मध्य प्रदेश	40.3	5.0	20.1	42.7	27.7	15.0	44.2
महाराष्ट्र	58.8	2.8	37.6	52.5	19.7	19.9	52.1
नॉर्थ ईस्ट	40.3	13.9	25.2	56.2	10.2	8.2	56.5
ओडिशा	51.8	11.6	29.5	63.2	11.0	13.4	48.6
पंजाब	60.1	6.6	20.8	44.1	19.4	13.5	39.3
राजस्थान	26.5	5.5	16.4	41.4	20.0	8.4	21.4
तमिलनाडु	80.9	0.0	44.8	76.1	6.6	5.6	54.5
उत्तर प्रदेश	23.0	2.7	8.7	15.1	66.4	16.2	22.3
उत्तराखंड	60.0	9.1	20.4	63.5	13.9	12.7	49.1
वेस्ट बंगाल	64.3	5.9	46.8	38.5	19.5	6.0	52.3
भारत	**43.5**	**5.1**	**24.8**	**40.5**	**29.1**	**11.7**	**38.5**

	प्रति PHC	निम्न सुविधाओं के साथ PHC अनुपात (%), 2007-8						
	औसत जनसंख्या 2007-8 (000)	स्वास्थ्य अधिकारी	औषध विक्रेता	नियमित ऊर्जा आपूर्ति	नवजात देख-रेख उपकरण	कार्यकारी OT	कोल्ड चेन उपकरण	आवश्यक दवाइयाँ
आन्ध्र प्रदेश	48.1	79.3	74.1	45.5	48.9	89.0	92.0	94.7
असम	111.4	91.3	97.4	57.4	43.1	72.3	78.0	71.3
बिहार	158.3	87.6	32.6	9.5	9.9	43.9	59.2	57.3
छत्तीसगढ़	25.7	53.0	48.2	67.7	31.1	46.6	25.9	62.6
गुजरात	38.2	62.2	62.7	72.3	30.4	74.2	90.6	87.5
हरियाणा	41.5	76.8	93.5	41.8	24.7	60.5	66.2	84.8
हिमाचल प्रदेश	13.2	75.7	72.9	61.8	14.6	34.7	67.4	75.0
जम्मू और कश्मीर	25.8	51.8	95.1	6.3	14.0	25.2	39.2	29.3
झारखंड	127.3	93.5	72.8	44.0	31.5	65.8	89.1	79.4
कर्नाटक	25.7	61.2	69.1	13.4	37.0	75.5	82.0	96.1

शेष भाग अगले पृष्ठ पर

केरल	29.7	85.0	98.3	96.9	1.1	1.4	97.2	74.0
मध्य प्रदेश	43.4	66.0	32.1	20.4	30.0	78.4	49.4	52.7
महाराष्ट्र	45.3	90.8	88.9	13.6	42.2	81.5	88.8	85.7
नॉर्थ ईस्ट	21.7	88.6	82.5	38.6	23.0	64.5	68.0	38.1
ओडिशा	38.0	80.4	95.1	41.5	14.5	29.2	34.9	30.6
पंजाब	29.2	59.0	96.3	7.5	20.9	50.0	53.0	40.3
राजस्थान	28.3	62.0	0.7	12.1	20.7	75.1	81.1	65.2
तमिलनाडु	32.1	85.3	93.9	86.5	63.8	90.1	94.8	97.9
उत्तर प्रदेश	69.0	79.6	79.0	11.6	15.0	44.6	21.4	54.6
उत्तराखंड	24.4	67.9	95.2	52.4	17.9	50.0	46.4	73.8
वेस्ट बंगाल	37.9	80.3	76.9	37.2	7.6	25.2	32.4	43.1
भारत	**49.2**	**75.8**	**69.2**	**35.7**	**27.9**	**61.3**	**67.2**	**69.6**

PHC = Primary Health Centre.
OT = Operating theatre.

पार्ट-11 : अन्य जन सेवाएँ

	गाँवों का अनुपात (%) 2007-8			परिवारों का अनुपात (%) 2005-6			छह साल से कम उन बच्चों का	2009-10 उन ग्रामीण
	प्राथमिक या माध्यमिक विद्यालय	सरकारी स्वास्थ्य सुविधा	आँगनवाड़ी कर्मचारी	विद्युत	संशोधित जल स्रोत	शौचालय सुविधा	अनुपात (%) जिन्होंने पिछले साल आँगनवाड़ी की सेवा प्राप्त की, 2005-6	परिवारों का अनुपात (%) जिन्हें नरेगा के तहत रोजगार मिला
आन्ध्र प्रदेश	98.7	46.7	80.9	88.4	94.0	68.3	27.5	35.4
असम	94.3	57.1	92.3	38.1	72.4	69.9	26.8	18.2
बिहार	91.7	36.0	91.7	27.7	96.1	17.0	8.8	9.9
छत्तीसगढ़	99.1	32.1	95.2	71.4	77.9	17.9	55.2	47.9
गुजरात	98.3	46.9	96.5	89.3	89.8	43.5	40.5	21.5
हरियाणा	99.2	49.1	98.2	91.5	95.6	56.3	21.2	5.1
हिमाचल प्रदेश	99.1	49.1	97.1	98.4	88.4	55.9	34.7	33.4
जम्मू और कश्मीर	97.7	62.2	93.7	93.2	80.8	60.2	16.6	9.7
झारखंड	89.1	30.0	94.2	40.2	57.0	14.5	38.6	19.2

शेष भाग अगले पृष्ठ पर

कर्नाटक	96.3	42.1	95.7	89.3	86.2	37.2	33.5	8.0
केरल	100.0	99.8	100.0	91.0	69.1	96.7	28.7	11.2
मध्य प्रदेश	97.7	28.9	92.3	71.4	74.2	22.9	43.8	40.6
महाराष्ट्र	98.0	42.6	96.5	83.5	92.7	47.4	38.0	4.4
नॉर्थ-ईस्ट	92.8	57.5	92.1	78.0	68.7	89.0	28.2	n/a
ओडिशा	94.6	66.3	70.6	45.4	78.4	16.9	60.5	22.0
पंजाब	95.8	43.8	97.6	96.3	99.5	75.9	10.5	5.2
राजस्थान	98.6	48.9	94.9	66.1	81.8	25.1	15.9	61.8
तमिलनाडु	95.0	61.8	96.9	88.6	93.5	39.3	41.6	33.5
उत्तर प्रदेश	92.4	39.7	91.5	42.8	93.7	26.4	18.6	16.2
उत्तराखंड	97.9	29.5	83.6	80.0	87.4	53.2	24.5	29.2
वेस्ट बंगाल	90.2	40.0	95.4	52.5	93.7	56.3	38.0	43.2
भारत	**95.1**	**46.2**	**91.8**	**67.9**	**87.9**	**49.3**	**28.4**	**24.9**

NREGA = National Rural Employment Guarantee Act (देखें अध्याय 7)

पार्ट–12 : पारिवारिक सुख-सुविधा

	विभिन्न सुविधाओं से युक्त परिवारों का अनुपात (%) 2011								
	पीने के पानी का स्रोत		विद्युत	स्वच्छता सुविधाएँ			स्थायी वस्तुओं का अधिकार		
	परिसर में	दूर	प्रकाश का स्रोत	परिसर में शौचालय	सार्वजनिक शौचालय	खुले में मल त्याग	फोन (लैंडलाइन या मोबाइल)	टू व्हीलर	टेलीविजन
आन्ध्र प्रदेश	43.2	19.5	92.2	49.5	2.5	48.0	63.1	18.6	58.8
असम	54.8	18.5	37.1	64.9	1.9	33.2	47.9	10.2	27.5
बिहार	50.1	12.0	16.4	23.1	1.1	75.8	55.5	8.1	14.5
छत्तीसगढ़	19.0	26.5	75.3	24.6	1.4	74.0	30.7	15.6	31.3
गुजरात	64.0	12.4	90.4	57.4	2.3	40.4	69.0	34.1	53.8
हरियाणा	66.5	12.1	90.5	68.6	1.5	29.8	79.3	33.3	67.9
हिमाचल प्रदेश	55.5	9.5	96.8	69.1	1.2	29.7	82.3	15.5	74.4
जम्मू और कश्मीर	48.2	23.1	85.1	51.2	2.7	46.1	69.5	12.9	51.0
झारखंड	23.2	31.9	45.8	22.0	1.0	77.0	48.0	16.1	26.8

शेष भाग अगले पृष्ठ पर

कर्नाटक	44.5	18.2	90.6	51.2	3.8	45.0	71.6	25.6	60.0
केरल	77.7	8.2	94.4	95.1	1.1	3.8	89.7	24.1	76.8
मध्य प्रदेश	23.9	30.5	67.1	28.8	1.2	70.0	46.0	18.8	32.1
महाराष्ट्र	59.4	13.1	83.9	53.1	12.9	34.0	69.1	24.9	56.8
नॉर्थ-ईस्ट	30.0	30.5	70.6	78.8	3.0	18.2	52.4	10.3	42.9
ओडिशा	22.4	35.4	43.0	22.0	1.4	76.6	39.8	14.5	26.7
पंजाब	85.9	4.1	96.6	79.3	1.2	19.5	82.1	47.5	82.6
राजस्थान	35.0	25.9	67.0	35.0	0.7	64.3	70.6	24.1	37.6
तमिलनाडु	34.9	7.0	93.4	48.3	6.0	45.7	74.9	32.3	87.0
उत्तर प्रदेश	51.9	12.1	36.8	35.7	1.3	63.0	66.9	19.6	33.2
उत्तराखंड	58.3	15.2	87.0	65.8	1.1	33.1	74.6	22.9	62.0
वेस्ट बंगाल	38.6	26.6	54.5	58.9	2.5	38.6	49.2	8.5	35.3
भारत	**46.6**	**17.6**	**67.3**	**46.9**	**3.2**	**49.8**	**63.2**	**21.0**	**47.2**

	प्रति 100 व्यक्तियों में पत्रिका विवरण 2010	2005-6 में 15-49 वर्ष के उन वयस्कों का अनुपात जो									
		सप्ताह में एक बार अखबार या पत्रिका पढ़ते हैं		सप्ताह में एक बार टीवी देखते हैं		सप्ताह में एक बार रेडियो सुनते हैं		महीने में एक बार सिनेमा जाते हैं		किसी भी मीडिया से परिचित नहीं	
		महिला	पुरुष	महिला	पुरुष	महिला	पुरुष	महिला	पुरुष	महिला	पुरुष
आन्ध्र प्रदेश	6.3	21.6	51.6	74.3	78.4	19.8	21.3	17.7	54.2	18.1	8.4
असम	3.2	19.8	39.1	44.4	56.6	35.4	44.8	2.2	10.2	38.6	22.1
बिहार	1.2	10.8	40.4	23.1	33.4	27.7	50.7	2.5	19.4	58.2	27.3
छत्तीसगढ़	3.2	11.7	44.2	44.8	55.6	18.4	30.7	2.2	8.0	47.4	30.2
गुजरात	2.7	31.2	59.0	62.0	69.5	23.4	45.6	6.4	17.6	28.4	15.3
हरियाणा	5.4	25.0	50.6	62.1	63.1	19.0	30.6	3.0	5.9	32.3	21.8
हिमाचल प्रदेश	5.4	32.5	64.6	72.4	79.9	34.5	48.9	2.4	7.2	21.3	7.0
जम्मू और कश्मीर	1.1	24.4	45.2	64.5	62.6	58.5	64.3	2.2	3.9	17.6	12.8
झारखंड	2.5	9.9	33.3	31.8	36.8	12.6	25.7	3.5	16.9	60.0	40.2

शेष भाग अगले पृष्ठ पर

कर्नाटक	7.2	27.2	59.1	69.5	80.4	32.4	57.4	10.4	38.3	22.1	7.8
केरल	18.5	59.6	87.6	73.0	80.7	41.5	49.1	8.1	35.6	9.5	1.7
मध्य प्रदेश	2.8	17.7	40.9	43.0	49.8	24.5	38.2	2.8	10.0	46.9	30.8
महाराष्ट्र	14.2	39.2	68.0	69.4	76.3	33.7	48.8	7.0	23.3	23.6	10.5
नॉर्थ-ईस्ट	n/a	29.8	46.7	62.1	67.1	33.7	43.3	5.5	8.7	27.1	19.7
ओडिशा	7.3	11.5	43.6	52.1	60.8	22.3	38.8	2.8	14.1	38.8	24.8
पंजाब	5.8	31.9	55.7	80.4	84.8	19.0	30.5	4.8	7.4	15.7	9.5
राजस्थान	3.9	18.2	57.3	40.4	55.0	13.9	32.6	2.2	10.7	53.1	26.4
तमिलनाडु	6.9	27.5	67.8	81.4	83.9	46.8	63.1	7.9	31.1	11.2	5.1
उत्तर प्रदेश	2.1	14.3	49.7	40.1	50.1	29.7	52.0	1.6	8.3	47.5	23.1
उत्तराखंड	4.9	26.1	56.6	66.3	70.4	20.8	29.1	3.7	7.1	26.8	16.6
वेस्ट बंगाल	5.0	18.5	43.9	51.6	56.9	33.7	43.2	5.7	15.4	36.0	22.3
भारत	**5.6**	**22.9**	**53.0**	**55.0**	**63.2**	**28.8**	**44.3**	**5.6**	**19.5**	**34.6**	**18.3**

	मतदाता परिणाम, लोक सभा चुनाव, 2009 (%)		महिलाओं की साझेदारी (%)				लोक सभा में आपराधिक मुकदमों वाले उम्मीदवार/ संसद सदस्य का अनुपात (%) 2009		लोक सभा के संसद 'सदस्यों में आनुवांशिक MP' का अनुपात (%) 2010	वर्ष विधान सभा/संसद बैठक के औसत दिन 2000–2010
			लोक सभा सीट	राज्य सभा सीट	विधान सभा सीट 2011					
	महीला	पुरुष	2009	2012	सभी महिलाएँ	एससी/एसटी महिलाएँ	उम्मीदवार	संसद सदस्य		
आन्ध्र प्रदेश	71.4	73.4	11.9	16.7	n/a	n/a	11	26	38	n/a
असम	66.7	72.1	14.3	14.3	11.9	2.4	8	14	14	26
बिहार	42.6	46.1	10.0	0	14.8	2.1	28	45	23	32
छत्तीसगढ़	52.2	58.2	18.2	20.0	13.2	5.5	5	18	17	n/a
गुजरात	43.4	52.1	15.4	18.2	8.8	3.3	19	42	19	31
हरियाणा	65.8	68.8	20.0	0	11.1	2.2	10	20	70	14
हिमाचल प्रदेश	59.1	57.6	0	33.3	4.4	0.0	3	0	25	31
जम्मू और कश्मीर	33.8	45.0	0	0	3.4	n/a	5	17	33	26
झारखंड	47.7	53.9	0	0	n/a	n/a	31	57	0	n/a

शेष भाग अगले पृष्ठ पर

कर्नाटक	56.6	60.9	3.6	0	1.5	0.0	11	32	25	42
केरल	72.6	73.8	0	11.1	5.0	1.4	22	35	19	n/a
मध्य प्रदेश	43.9	57.6	20.7	27.3	10.9	6.1	10	14	24	n/a
महाराष्ट्र	47.4	53.7	6.3	10.5	n/a	n/a	18	54	29	42
नॉर्थ-ईस्ट	74.9	76.6	n/a	n/a	n/a	n/a	n/a	n/a	15	n/a
ओडिशा	64.4	66.1	0	10.0	4.7	3.4	21	24	38	n/a
पंजाब	69.4	70.1	30.8	14.3	6.0	1.7	9	15	77	n/a
राजस्थान	44.8	51.5	12.0	10.0	14.5	7.0	10	8	20	n/a
तमिलनाडु	71.9	74.0	5.1	16.7	3.8	n/a	8	26	23	n/a
उत्तर प्रदेश	44.2	50.7	15.0	9.7	5.7	2.0	16	39	39	n/a
उत्तराखंड	50.6	55.5	0	0	7.1	1.4	14	20	20	n/a
वेस्ट बंगाल	80.3	82.3	16.7	0	11.2	4.7	13	17	19	48
भारत	**55.8**	**60.2**	**10.9**	**11.0**	**–**	**–**	**15**	**30**	**29**	**72**

MP = संसद सदस्य

[a] 'आनुवांशिक MP' उन संसद सदस्यों को कहा गया है जो भूतपूर्व MP के बच्चे हैं, या उनका परिवार राजनीति से जुड़ा है।

	15–59 साल के अनौपचारिक श्रमिकों का औसतन दैनिक भत्ता/कमाई, 2009–10[a] (रु/प्रतिदिन)				60 से ज्यादा उम्र के लोगों का अनुपात (%) जो वृद्ध पेंशन या विधवा पेंशन ले रहे हों, 2004–5	हत्या दर 2010 (प्रति 100,000) पर	आत्महत्या दर 2010 (प्रति 100,000) पर
	ग्रामीण		शहरी				
	पुरुष	महिला	पुरुष	महिला			
आन्ध्र प्रदेश	115	76	155	93	16.3	3.0	18.9
असम	94	75	116	82	1.7	3.9	9.7
बिहार	81	66	94	60	10.2	3.2	1.3
छत्तीसगढ़	71	65	127	72	10.0	4.2	26.6
गुजरात	87	71	119	66	1.9	1.7	10.7
हरियाणा	146	99	154	71	60.6	4.0	11.8
हिमाचल प्रदेश	141	110	149	158	19.0	1.9	8.1
जम्मू और कश्मीर	157	207	152	137	2.2	1.7	1.9
झारखंड	104	82	109	74	4.7	5.1	4.0

शेष भाग अगले पृष्ठ पर

कर्नाटक	97	63	123	68	8.6	3.0	21.5
केरल	227	119	237	121	6.9	1.1	24.6
मध्य प्रदेश	74	58	89	75	7.9	3.3	12.5
महाराष्ट्र	86	58	122	58	4.2	2.4	14.5
नॉर्थ-ईस्ट	127	98	140	100	15.3	3.9	9.8
ओडिशा	81	59	100	73	24.8	3.1	10.4
पंजाब	133	92	143	86	11.8	3.3	3.4
राजस्थान	132	94	146	100	8.5	2.1	7.3
तमिलनाडु	132	73	155	76	3.4	2.6	24.5
उत्तर प्रदेश	97	69	109	72	5.9	2.2	1.8
उत्तराखंड	122	96	141	99	5.6	1.7	2.9
वेस्ट बंगाल	88	66	99	78	3.1	2.6	17.8
भारत	**102**	**69**	**132**	**77**	**9.0**	**2.8**	**11.4**

[a] सार्वजनिक कार्यों सहित

Sources : **Population, 2011** : Government of India (2011b), Statement 3, p. 47, based on Census data. **Average household expenditure per capita, 2009-10 :** National Sample Survey Office (2011b), Tables T5C-R and T5C-U, pp. 26-7. **Growth rate of per capita state domestic product :** Calculated (by semi-log regression) from SDP data presented in Reserve Bank of India (2012). The all-India figure applies to per capita net national product at 2004-5 prices. **Poverty estimates, 2009-10 :** Planning Commission estimates based on National Sample Survey data, presented in Government of India (2012c), p. 29 . **Proportion of population falling in India's lowest wealth quintile, 2005-6 :** International Institute for Population Sciences (2007a), Table 2.7, p. 44, based on the third National Family Health Survey (NFHS-3). **Multi-dimensional poverty, 2005-6 :** Alkire, Roche and Seth (2011). **Life expectancy at birth, 2006-10 :** Government of India (2012j), based on Sample Registration System (SRS) data. **Infant mortality rate, 2011 :** Government of India (2012g), Table 1, based on SRS data. **Under-5 mortality rate, 2011 :** Government of India (2012i), based on SRS data. **Maternal mortality ratio, 2007-9 :** Government of India (2011i), based on SRS data. **Death rate, 2011 :** Government of India (2012g), Table 1, based on SRS data. **Birth rate, 2011 :** Government of India (2012g), Table 1, based on SRS data. **Total fertility rate, 2010 :** Government of India (2012i), based on SRS data. **Literacy rate, age 7 +, 2011 + :** Government of India (2011b), Statement 22 (d) 2, p. 106, based on Census data. **Literacy and schooling achievements, in the 15-1 9 age group, 2007-8 :** Compiled from Table 2.4 of the state reports of the District Level Household and Facility Survey 2007-8 (International Institute for Population Sciences, 2010b). **Proportion of children aged 6-14 who are currently in school, 2005-6 :** Compiled from Table 6 of the NFHS-3 state reports (International Institute for Population Sciences, 2008). **Proportion of never-enrolled children in the 6-14 age group, 2004-5 :** Calculated from India Human Development Survey (IHDS) data available at icpsr.umich.edu/icpsrweb/DSDR/studies/22626; see also Desai et al. (2010). **Proportion of children aged 6-1 4 enrolled in a private school, 2004-5 :** Desai et al. (2010), p. 92, based on IHDS data. **Schooling costs:** Desai et al. (2010), p. 84, based on IHDS data. **Drinking water and other facilities in government schools, 2009-10 :** National University of Educational Planning and Administration (2011b), Table 2.1, p. 10. **Proportion of government and government-aided schools providing midday meals :** National University of Educational Planning and Administration (2011a), Table 2.12, p. 69 . **Proportion of government schools providing health check-ups, 2009-10 :** National University of Educational Planning and Administration (2011b), Table 2.1, p. 10. **Pupil-teacher and pupil-classroom ratios, 2009-10 :** National University of Educational Planning and Administration (2011c), pp. 5 and 14. **Female-male ratios, 2011 :** Government of India (2011b), Statement 13, p. 88, based on Census data. **Estimated ratio of female to male death rate in the age group of 1-4, 2007-9 :** Three-year average calculated from SRS data (Government of India, various years). **P roportion of women**

aged 25-49 married by age 18, 2005-6 : Compiled from Table 29 of the NFHS-3 state reports (International Institute for Population Sciences, 2008). **Female labour force participation rate, 2009-10 :** National Sample Survey Office (2011a), Table S5, p. 33, based on 'current weekly status'. **Proportion of women among organized sector employees, 2009 :** Government of India (2011f), Table 2.8, p. 57. **Contraceptive prevalence, 2005-6 :** International Institute for Population Sciences (2007a), Table 5.7, p. 127, based on NFHS-3 data. **Proportion of births attended by skilled health personnel, 2005-6 :** International Institute for Population Sciences (2007a), Table 8.22, p. 210, based on NFHS-3 data. 'Skilled provider' includes doctor, A NM/nurse/midwife/Lady Health Visitor, and other health personnel. **Coverage of a nte-natal care, 2005-6 :** International Institute for Population Sciences (2007a), Table 8.10, p. 204, based on NFHS-3 data. **Coverage of post-natal care, 2005-6 :** International Institute for Population Sciences (2007a), Table 8.22, p. 220, based on NFHS-3 data. Figures are based on the last live birth in the five years preceding the survey; post-natal check-ups are checks on the woman's health within 42 days of the birth. **Proportion of women aged 15-49 with low BMI, 2005-6 :** International Institute for Population Sciences (2007a), Table 10.23.1, p. 308, based on NFHS-3 data; low BMI means a Body Mass Index below 18.5 kg/m 2. **Proportion of women aged 15-49 with any anaemia, 2005-6 :** International Institute for Population Sciences (2007a), Table 10.25, p. 313, based on NFHS-3 data. Women are classified as anaemic if their haemoglobin count is below 12.0 g/dl (11.0 g/dl for pregnant women), with adjustments for altitude and smoking status, if known. **Proportion of adult women with moderate or severe anaemia, 2005-6 :** International Institute for Population Sciences (2007a), Table 10.25, p. 313, based on NFHS-3 data. Women are classified as moderately or severely anaemic if their haemoglobin count is below 9.9 g/dl, with adjustments for altitude and smoking status, if known. **Proportion of children aged 6-59 months with moderate or severe anaemia, 2005-6 :** Calculated from N FHS-3 data presented in the International Institute for Population Sciences (2007a), Table 10.13, p. 290 . **Proportion of children below 5 who are undernourished, 2005-6 :** International Institute for Population Sciences (2007a), Table 10.2, p. 273, based on NFHS-3 data (using the WHO Child Growth Standards released in 2006). **Proportion of households using adequately iodized salt, 2005-6 :** International Institute for Population Sciences (2007a), Table 10.18, p. 298, based on NFHS-3 data. Adequately iodized salt means salt containing more than 15 ppm of iodine. **Immunization of children aged 12-23 months, 2005-6 :** International Institute for Population Sciences (2007a), Table 9.5, p. 2 31, based on NFHS-3 data. Full immunization means all BCG, measles, and three doses each of DPT and polio vaccines (excluding polio vaccine given at birth). **Coverage of Vitamin A supplementation among children aged 1 2-3 5 months, 2005-6 :** International Institute for Population Sciences (2007a), Table 10.16, p. 295, based on NFHS-3 data. **Breastfeeding practices, 2007-8 :** International Institute for Population Sciences (2010a), Table 5.5, p. 88, based on the District Level Household and Facility Survey 2007-8 (DLHS-3). **P roportion of children aged 0-3 years who suffer from diarrhoea, 2007-8 :** International Institute for Population Sciences (2010a), Table 5.13, p. 102, based on DLHS-3 data. **Proportion of children with diarrhoea who were treated with ORS therapy, 2005-6 :** International Institute for Population Sciences (2007a), Table 9.13, p. 245, based on NFHS-3 data. ORS therapy means giving oral rehydration solution or 'gruel' to children with diarrhoea. **Average population per** PHC, **2007-8 :** International Institute for Population Sciences (2010a), Table 9.1, p. 213, based on DLHS-3 data. **Other indicators (Part 10), 2007-8 :** International Institute for Population Sciences (2010a), Tables 9.6, 9.7 and 9.8, pp. 219-21, based on DLHS-3 data. **Proportion of villages with school, health or anganwadi facilities, 2007-8 :** International Institute for Population Sciences (2010a), Table 2.13, p. 29, based on DLHS-3 data. **Proportion of households with various amenities, 2007-8 :** International Institute for Population Sciences (2007a), Table 2.9, p. 22, based on DLHS-3 data. **Effective coverage of anganwadi services, 2005-6 :** International Institute for Population Sciences (2007a), Table 9. 1 9, p. 2 54, based on N FHS-3 data. **Proportion of rural households employed under NREGA, 2009-10 :** Dutta et al. (2012), Table 1, p. 57, based on National Sample Survey data. **Proportion of households having various amenities, 2011 :** Government of India (2012h), based on Census data. **Periodicals circulated per 100 persons, 2010 :** Calculated from Audit Bureau of Circulation (2010). **Proportion of adults exposed to various media, 2005-6 :** International Institute for Population Sciences (2007 a), Table 3.6.1 and 3.6.2, pp. 68-9, based on NFHS-3 data. **Voter turnout, Lok Sabha elections, 2009 :** Election Commission of India (2009), Chapter 3, Figure 3.1. **Share of women in Lok Sabha seats, 2009 :** Election Commission of India (2009), Chapter 3, Figure 3.1. **Share of women in Rajya Sabha seats, 2012 :** Secretariat of the Rajya Sabha (2012). **Share of women in Legislative Assembly seats, 2013 :** Compiled from websites of state governments and legislative assemblies. **Proportion of Lok Sabha candidates/MPs with pending criminal cases, 2009 :** Association for Democratic Reforms (2010), p. 11. **Proportion of 'hereditary MPs' among Lok Sabha MPs, 2010 :** The India Site (2011). **Average number of days of Assembly sittings in a year, 2000-10 :** PRS Legislative Research (2011). **Average daily wages/earnings of casual labourers, 2009-10 :** National Sample Survey Office (2011a), Table S-39, pp. 95-6 . **Proportion of persons aged 60 or above getting old-age or widow pension, 2004-5 :** Desai et al. (2010), p. 206, based on IHDS data. **Murder rate, 2010 :** Calculated from National Crime Records Bureau (2011b), Table 3.1, and population figures from Census of India 2011. **Suicide rate, 2010 :** National Crime Records Bureau (2011 a), p. viii.

टेबल A-4 नॉर्थ-ईस्ट राज्यों के लिए चुनिन्दा संकेतक (पार्ट-1)

	जनसंख्या 2011 (लाखों में)	महिला-पुरुष अनुपात, 2011 (1000 पुरुषों पर महिलाएँ)		प्रति व्यक्ति औसत परिवार खर्च, 2009-10 (रु/महीना)		भारत की सबसे कम सम्पत्ति क्विंटल में आबादी का अनुपात (%)	15-19 वर्ष के निरक्षर व्यक्ति का अनुपात (%) 2007-8		7+ आयु में साक्षरता का अनुपात (%) 2007-8		15-19 वर्ष की महिला श्रम भागीदारी दर 2009-10
		0-6	सभी आयु	ग्रामीण	शहरी	2005-6	महिला	पुरुष	महिला	पुरुष	(%)
अरुणाचल प्रदेश	1.4	960	920	1,546	1,947	21.1	2.5	2.9	59.6	73.7	39.3
मणिपुर	2.7	934	987	1,027	1,106	2.4	2.4	3.1	73.2	86.5	27.4
मेघालय	3.0	970	986	1,110	1,629	11.3	9.6	10.5	73.8	77.2	48.7
मिजोरम	1.1	971	975	1,262	1,947	2.5	2.7	2.2	89.4	93.7	49.0
नागालैंड	2.0	944	931	1,476	1,862	7.8	n/a	n/a	76.7	83.3	37.0
सिक्किम	0.6	944	889	1,321	2,150	1.9	4.8	3.8	76.4	87.3	42.4
त्रिपुरा	3.7	953	961	1,176	1,871	11.0	10.3	4.3	83.2	92.2	24.7
नॉर्थ-ईस्ट[a]	14.4	953	961	1,224	1,700	8.9	6.6	5.2	76.4	84.9	35.8
भारत	**1,210.2**	**914**	**940**	**1,054**	**1,984**	**20.0**	**15.8**	**7.4**	**65.5**	**82.1**	**30.7**

[a] राज्य-विशेष आँकड़ों का जनसंख्या-भारित औसत (पहले कॉलम में, जनसंख्या आँकड़ों के अलावा)

टेबल A-4 नॉर्थ-ईस्ट राज्यों के लिए चुनिन्दा संकेतक (पार्ट-2)

	20-24 वर्ष की महिलाओं का अनुपात (%) जिनकी शादी 18 वर्ष की उम्र तक हो गई थी, 2005-6	शिशु मृत्यु दर 2011 (प्रति 1000 जन्म पर)	5 साल से कम उम्र के कम वजनी बच्चों का अनुपात (%)	6-14 वर्ष के बच्चों का अनुपात जो अभी स्कूल में हैं, 2005-6		2005-6 में 12-23 माह के बच्चों का अनुपात, जिनका		स्वास्थ्य विशेषज्ञ की देख-रेख में जन्म लेने वाले का अनुपात (%) 2005-6
				महिला	पुरुष	पूर्ण टीकाकरण	टीकाकरण रहित	
अरुणाचल प्रदेश	42.0	32	32.5	69.0	75.8	28.4	24.1	30.2
मणिपुर	12.9	11	22.1	84.2	85.9	46.8	6.5	59.0
मेघालय	24.6	52	48.8	68.5	64.3	32.9	16.5	31.1
मिजोरम	20.6	34	19.9	88.2	91.5	46.5	7.0	65.4
नागालैंड	21.4	21	25.2	78.1	74.9	21.0	18.4	24.7
सिक्किम	30.1	26	19.7	82.7	81.8	69.6	3.2	53.7
त्रिपुरा	41.6	29	39.6	88.7	86.5	49.7	14.7	48.8
नॉर्थ-ईस्ट[a]	27.9	30	33.2	80.1	79.4	40.3	13.9	43.5
भारत	**47.4**	**44**	**42.5**	**76.4**	**82.6**	**43.5**	**5.1**	**46.6**

[a] राज्य-विशेष आँकड़ों का जनसंख्या-भारित औसत।

स्रोत : देखें टेबल A-3

टेबल A-5 समय सारणी

	1950-51	1960-61	1970-71	1980-81	1990-91	1993-94	2000-01	2004-05	2010-11
जनसंख्या (लाखों में)	361	439	548	683	846	–	1,029	–	1,210
सकल घरेलु उत्पाद, नियत मूल्य पर									
(1950–51 = 100)	100	147	211	286	482	544	838	1,063	1,766
जीडीपी, नियत मूल्यों पर									
(1950–51 = 100)									
प्राथमिक क्षेत्र	100	136	172	204	296	319	394	433	545
द्वितीय क्षेत्र	100	183	315	458	811	890	1,421	1,855	3,113
तृतीय क्षेत्र	100	150	238	364	694	825	1,429	1,909	3,426
प्रति व्यक्ति कुल राष्ट्रीय उत्पाद,									
नियत मूल्यों पर (1950–51 = 100)	100	125	141	151	201	213	286	339	511
कृषि उत्पाद का सूचकांक									
(1981–82 = 100)	46.2	68.8	85.9	102.1	148.4	–	165.7	–	215.3
औद्योगिक उत्पाद का सूचकांक									
(1993–94 = 100)	7.9	15.6	28.1	43.1	91.6	100	162.6	204.8	–

शेष भाग अगले पृष्ठ पर

प्रति व्यक्ति अनाज और दालों की सकल उपलब्धता[b] (ग्राम/दिन, तीन साल औसत)	397	460	463	440	485	477	455	443	447
सकल घरेलु पूँजी विन्यास (जीडीपी का %)	9.3	14.3	15.1	19.2	26.0	22.2	24.4	32.8	36.8
विदेशी व्यापार का आयतन सूचकांक (1978–79 = 100)									
ग्रामीण	–	–	59	108	194	258	576	825	1,401
शहरी	–	–	67	138	238	329	698	1,058	2,193
संगठित निजी क्षेत्र में रोजगार (लाखों व्यक्ति)	–	5.0	6.7	7.4	7.7	7.9	8.6	8.5	11.4
सार्वजनिक क्षेत्र में रोजगार (लाखों व्यक्ति)	–	7.1	10.7	15.5	19.1	19.4	19.3	18.0	17.5
केन्द्रीय सार्वजनिक क्षेत्र में उद्योगों के कर्मचारियों का प्रति व्यक्ति पारिश्रमिक (रु/माह 2010–11 कीमत)	–	–	10,542	12,141	17,681	19,365	34,296	38,190	61,000

शेष भाग अगले पृष्ठ पर

पुरुष कृषि मजदूरों की वास्तविक मजदूरी									
(रु/दिन कीमत 1960)	–	–	1.52	1.65	2.48	2.59	2.95[a]	–	–
(रु/दिन कीमत 1986–87)	–	–	–	–	–	–	17.8	17.6	20.3
गरीबी रेखा से नीचे जनसंख्या अनुपात (%)									
आधिकारिक गरीबी रेखा पर आधारित दत्त और रेवलियन आंकलन[d]									
ग्रामीण	46.5	48.1	56.6	50.7	35.9	37.0	–	28.9	–
शहरी	36.8	46.7	46.2	37.8	32.1	30.2	–	25.1	–
तेन्दुलकर कमिटी कार्य-पद्धति									
ग्रामीण	–	–	–	–	–	50.1	–	41.8	33.8[b]
शहरी	–	–	–	–	–	31.8	–	25.7	20.9[b]
उपभोक्ता व्यय का प्रति व्यक्ति गिनी गुणांक									
ग्रामीण	33.7	32.5	28.8	–	27.7	28.6	26.3[a]	30.5	29.9[b]
शहरी	40.0	35.6	34.7	–	34.0	34.3	34.7[a]	37.6	39.3[b]

शेष भाग अगले पृष्ठ पर

साक्षरता दर, उम्र सात वर्ष और ऊपर[e] (%)									
महिला	9	15	22	30	39	–	54	–	65
पुरुष	27	40	46	56	64	–	76	–	82
कुल प्रजनन दर	5.9	5.8	5.2	4.5	3.6	3.5	3.1	2.9	2.4
शिशु मृत्यु दर (प्रति 1000 जन्म पर)	≈ 180	n/a	129	110	80	74	66	58	44
जन्म के समय जीवन प्रत्याशा (साल)	32.1	41.3	45.6	53.9	59.0	60.5	–	63.5	66.1

[a] 1999-2000
[b] 2009-10
[c] 2010
[d] Unweighted average of the two nearest years for which estimates are available, except in years of NSS 'thick round' (1993 – 4 and 2004 – 5)
[e] Age 5 years and above for 1951 , 1961 and 1971 .

Sources : **Population :** Government of India (2011b), p. 41, based on decennial censuses. **GDP at constant prices:** Calculated from Government of India (2013). **Per capita net national product at constant prices:** Government of India (2012a), p. A-3.**Index of agricultural production:** Government of India (2012a), p. A-1.**Index of industrial production:** Government of India (2012 a), p. A-1. **Per capita availability of cereals and pulses:** Government of India (2012a, 2013), p. A-22 (three-year average centred on the reference year, except for 1950-51 and 2010-11 where the three-year averages pertain to 1951-3 and 2009-11 respectively). **Gross domestic capital formation:** Government of India (2013), p. A-11.**Volume index of foreign trade:** Reserve Bank of India (2012), using 1999-2000 as the 'link year' between two different series. **Employment in organized private sector and in the public**

sector: Government of India (2013), p. A-56, and Drèze and Sen (2002), Table A. 6 ('2000-2001' figure applies to 2000). **Per capita emoluments of employees of central public-sector enterprises:** Calculated from Government of India (2013), p. A-57 (using the Consumer Price Index for Industrial Workers as defl ator). **Real wages of male agricultural labourers:** Drèze and Sen (2002), Table A. 6; the second series was calculated from Usami (2012), based on the Labour Bureau's 'Wage Rates in Rural India' database, partly published in *Wage Rates in Rural India* (the figures in this series pertain to 'unskilled labour' and are three-year averages centred on the reference year, except for the last figure which is a two-year average). **Head-count index of poverty:** Datt and Ravallion (2010), Government of India (2009c), and Government of India (2012c), based on National Sample Survey data. **Gini coefficients:** Jayaraj and Subramanian (2012), Table 1, for 1999-2000, 2004-5 and 2009-10; Drèze and Sen (2002), Table A. 6, for earlier years. **Literacy rates:** Decennial censuses (see Government of India 2011b). The 1981 literacy rates exclude Assam, and the 1991 literacy rates exclude Jammu and Kashmir. **Total fertility rate:** United Nations Population Division (2011), for 1951 and 1961; Sample Registration System data (Government of India, 2011f, 2012i) from 1971 onwards. **Infant mortality rate:** Government of India (1999, 2011f, 2012g), Table 1, and Government of India (2011f), p. 3.The 1951 estimate is from Dyson (1997), pp. 111-17. **Life expectancy at birth:** Up to 1970-71 : Census-based estimates presented in Government of India (2001b), p. S-1; 1980-81, 1990-91 and 1993-4 : SRS-based estimates presented in Government of India (1999); 2004-5 : Government of India (2008), estimate for 2002-6; 2010-11 : Government of India (2012j), estimate for 2006-10.See also Drèze and Sen (2002), Statistical Appendix, Table A. 6 .

Note : In cases where the original source gives figures for calendar years, we have placed the figure for a particular year in the column corresponding to the pair of years *ending* in that year (e.g. the 1991 literacy rate appears in the 1990-91 column).

टिप्पणियाँ

1. एक नया भारत?

1. इन खामियों में महत्त्वपूर्ण है लोकतांत्रिक मानकों का उल्लंघन, जो कि देश के विशेष भागों (खासकर कश्मीर तथा उत्तर-पूर्व) में सेना की भूमिका से सम्बन्ध रखता है, जहाँ उसे दमनकारी कानूनों के तहत निरंकुश अधिकार प्रदान किए गए हैं। ये अधिकार लोकतांत्रिक रूप से निर्वाचित केन्द्र की असैनिक सरकार ने भले प्रदान किए हों। इससे यह कलंक मिट नहीं जाता कि मानवाधिकारों का, तथा जिन क्षेत्रों में ऐसे निरंकुश अधिकार प्रदान किए गए हैं वहाँ के स्थानीय लोकतांत्रिक मानकों का उल्लंघन किया गया है। इस मसले पर हम अध्याय 9 में फिर विचार करेंगे।
2. 'इंडियाज नोवार्तिस डिसीजन', 'न्यूयॉर्क टाइम्स', 5 अप्रैल 2013। इस लेख में भारतीय उच्चतम न्यायालय के उस फैसले पर टिप्पणी की गई जिसके तहत पुरानी दवाओं में थोड़ा फेरबदल करके उन्हे 'जारी' रखने पर रोक लगाई गई थी। अखबार ने इस तथ्य की ओर ध्यान दिलाया कि भारत में उत्पादित दवा ग्लीवेक (ल्युकेमिया के लिए बेहद कारगर) की एक साल की खुराक की कीमत अमेरिका में 70 हजार डॉलर है जबकि भारत में इससे 20 गुना कम कीमत पर उपलब्ध होती है।
3. भारत की आजादी के बाद दीर्घकालिक प्रवृत्तियों पर विस्तृत जानकारी के लिए देखें आँकड़ों के परिशिष्ट में तालिका ए-5
4. यह 1942 में नागपुर में आयोजित अखिल भारतीय दलित वर्ग सम्मेलन में डॉ. अम्बेडकर की 'सलाह के अन्तिम शब्द' का हिस्सा हैं। कीर (1971), पृष्ठ 351 में उद्धृत।
5. *विश्व विकास संकेतक* (ऑनलाइन, 1 जनवरी, 2013)। आँकड़ों के परिशिष्ट में तालिका ए-3, भी देखें।
6. सीएसडीएस, नई दिल्ली द्वारा समय-समय पर किए जानेवाले सर्वेक्षण से प्राप्त एक महत्त्वपूर्ण जानकारी। देखें अध्याय 9
7. हाल के दिनों में इंटरनेट पर कुछ हल्के प्रतिबन्ध लगाए गए हैं या लगाने की कोशिश हुई है। उदाहरण के लिए, ऐसा सरकार की आलोचनाओं को निष्प्रभावी करने के लिए कथित भड़काऊ सामग्री पर भौंडे तरह से (या नाकाम तरीके से) रोक लगाने की कोशिश की गई है। उल्लेखनीय है कि कश्मीर तथा उत्तर-पूर्व के कुछ हिस्सों में रोक है।
8. सीएसडीएस के सर्वेक्षणों (देखें अध्याय 9) से एक और विचार उभरता है; देखें संजय कुमार (2009) और आहूजा एवं छिब्बर (2012) को भी।

9. फाँसी देने के आँकड़े चीन में सरकार गोपनीय रखती है लेकिन स्थानीय अखबारों आदि की खबरों पर आधारित प्रयोगमूलक अनुसंधान से लगाए गए अनुमान उपलब्ध हैं। एम्नेस्टी इन्टरनेशनल (2012) के अनुसार, 'माना जाता है कि 2011 में चीन में हजारों लोगों को फाँसी दी गई' (पेज 7), जबकि भारत में एक भी फाँसी नहीं दी गई। लेकिन भारत में फाँसी की सजा देने का चलन दुखद रूप से जारी है, भले ही वास्तव में फाँसी शायद ही दी जाती है या नहीं ही दी जाती है (अकेले 2011 में भारत में 110 लोगों को फाँसी की सजा सुनाई गई)। फाँसी न दिए जाने के कारण भारत में इसका इन्तजार कर रहे कैदियों की संख्या बढ़ रही है (हालाँकि वास्तव में उन्हें फाँसी नहीं दी जा सकती है)। भारत में फाँसी की सजा के कानून में परिवर्तन करके उसे समाप्त करने और फाँसी की सजा सुनाए जाने के बाद फाँसी न देकर मानसिक प्रताड़ना बन्द करने के लिए मजबूत आन्दोलन चल रहा है। वैसे, कई देशों में इस सजा को समाप्त कर दिया गया है और हम भी इसी के पक्ष में हैं।
10. इन भेदभावों पर हम 'हंगर एंड पब्लिक ऐक्शन' (द्रेज़ एवं सेन, 1989) और 'इंडिया : डेवलपमेंट एंड पार्टिशिपेशन' (द्रेज़ एवं सेन, 2002) में विचार कर चुके है; देखें एन. राम (1990) भी।
11. दोनों प्रकारणों (1970 के दशक में सहकारी मेडिकल व्यवस्था को खत्म करने, और 2004 में सोशल हेल्थ इंश्योरेंस को बहाल करने) के लिए देखें शाओग्वांग वांग (2008) और अध्याय 3 को।

2. वृद्धि और विकास का एकीकरण

1. ये आँकड़े अन्तर्राष्ट्रीय मुद्राकोश और विश्व बैंक से प्राप्त आँकड़ों पर आधारित हैं; देखें, एलन व्हीटले (2012)
2. भारत ने जो रुख अपनाया उसकी व्याख्या मोंटेक सिंह आहलुवालिया ने अच्छी तरह की है (2010)
3. देखें एडम स्मिथ (1776), बुक 1, अध्याय 9; प्लीनी द एल्डर, 'नैचुरल हिस्टरी', बुक 6; मैक्रींडल (1885), भारत में औपनिवेशिक शासन से पहले के इतिहास में गरीबी और अकाल सामान्य बात थी लेकिन ऐसा यूरोप सहित दुनिया के दूसरे हिस्सों में भी था।
4. एडम स्मिथ (1776), बुक 4, अध्याय 9, पेज 683
5. प्रसन्नन पार्थसारथि (2011), अध्याय 2, खासकर पेज 38-39
6. एडम स्मिथ (1776), बुक 4, अध्याय 5, पेज 527
7. देखें शिवसुब्रमण्यन (2000), तालिका 7.4; साथ ही अमिय बागची (2010)
8. देखें दत्त एवं रावालियन (2010) में प्रस्तुत गरीबी के अनुमान।
9. पुलाप्रे बालकृष्णन की कृति (बालकृष्णन, 2007, 2010) आजादी के ठीक बाद के दौर में आर्थिक नीतियों के स्वरूप को समझने के लिए काफी मूल्यवान है। देखें अशोक रुद्र (1975), पी.बी. देसाई (1979), आई.जी. पटेल (1987), सुखमय चक्रवर्ती (1987), लिट्ल एवं जोशी (1994), भगवती एवं पानागढ़िया (2013) और अन्य।
10. योजना आयोग (1951), अध्याय 33
11. राज कृष्ण सरीखे अर्थशास्त्री भी, जो लाइसेंस राज के बड़े आलोचक थे और उदारीकरण के पहले पैरोकारों में थे, मानते थे कि शुरुआत में नियोजन के जो अभिक्रम (मसलन,

पूँजीगत माल का मजबूत तथा विविध आधार बनाना) थे वे 'ऐतिहासिक जरूरतें' थीं। (राज कृष्ण, 1982, जिनका उल्लेख बालकृष्णन, 2007, पेज 56 में किया गया है)

12. भारत सरकार (2012a) से गणना की गई, आँकड़ों का परिशिष्ट, तालिका, 1.4, पेज ए-7
13. जून 1964 से करीब डेढ़ साल तक प्रधानमंत्री रहे श्री लाल बहादुर शास्त्री ने अर्थव्यवस्था का उदारीकरण करने की कोशिश की, जिसे इन्दिरा गांधी ने शुरू में तो जारी रखा (लेकिन 1966 में युद्ध, फसलों की बरबादी के कारण पैदा हुए भुगतान असन्तुलन के चलते आईएमएफ तथा विश्व बैंक समेत अन्य अन्तर्राष्ट्रीय दानदाताओं के दबाव में आ गईं)। अमेरिका के साथ इन्दिरा गांधी की मैत्री और 1966 में मुद्रा के अवमूल्यन को जनता ने पसन्द नहीं किया तो उन्होंने कदम उलट लिए। इन्दिरा गांधी की आर्थिक नीतियों के इन तथा अन्य पहलुओं के लिए देखें हाँकला (2006) और यहाँ उद्धृत अन्य कृतियाँ।
14. हाँकला (2006), पेज 11; बैंकों के राष्ट्रीयकरण पर देखें आई.जी. पटेल (2002) को भी।
15. देखें द्रेज़ एवं सेन (1995), तालिका 9.3; हिमांशु (2005) और पुस्तक के आँकड़ों के परिशिष्ट में तालिका ए-5। इस बात के भी प्रमाण हैं कि 1980 के दशक में कम-से-कम ग्रामीण क्षेत्रों में गरीबों के लिए प्रति व्यक्ति खर्च अमीरों के लिए खर्च से ज्यादा तेजी से बढ़ा (देखें, डीटन एवं द्रेज़, 2009, तालिका 4)
16. देखें, दत्त एवं रावालियन (2010)। आँकड़ों के परिशिष्ट में तालिका ए-5 भी देखें।
17. अरुणाभ घोष (2006 : 419)। आर्थिक सुधारों के प्रारम्भिक दौर को भारत में आमतौर पर आईएमएफ द्वारा थोपे गए कार्यक्रम का हिस्सा नहीं कहा जाता लेकिन यह कुल मिलाकर यही था, हालाँकि वित्तमंत्री ने 'संसद में जोर देकर कहा कि भारत केवल उसके द्वारा प्रस्तावित शर्तों से बँधा है।' (घोष, 2006 : 418)
18. राष्ट्रीय नमूना सर्वेक्षण (2011b) की नियत कीमतों पर आधारित प्रति व्यक्ति खर्च के आँकड़ों से हिसाब लगाया गया। शालिनी गुप्ता (2012), तालिका 1 भी देखें। इन आँकड़ों को प्रति व्यक्ति खर्च के बारे में एनएसएसओ के आँकड़े और औसत उपभोक्ता खर्च के बारे में 'राष्ट्रीय लेखा' के अप्रत्यक्ष अनुमानों (जो कि ऊँचा होता है) के बीच समय के साथ बढ़ते अन्तर के सन्दर्भ में देखा जाए।
19. देखें, डीटन एवं द्रेज़ (2009), तालिका 4
20. इस घटना से खासकर व्यवसाय तथा नीति सम्बन्धी हलकों में चिन्ता व्याप्त हो गई और इस तथाकथित 'वेतन वृद्धि' पर लगाम लगाने के लिए नरेगा को न्यूनतम मजदूरी कानूनों से अलग करने की कोशिश की गई (अय्यर, 2011a, 2011b)। अधिक विचार-विमर्श की जानकारी के लिए देखें अध्याय 7
21. देखे, 'यूएनसीटीएडी', (2011) तालिका 1.4
22. देखें, ताओ यांग एवं अन्य (2010), जिन्होंने 'चीन में 1978 से 2007 के बीच वेतनों में नाटकीय वृद्धि का ब्यौरा कुल आँकड़ों के कई स्रोतों से तैयार किया' (पेज 482)। लेखकों का अनुमान है कि इस अवधि में वेतनों में सात गुना वृद्धि हुई।
23. इस पर राजाकुमार (2011) और एशियाई विकास बैंक (2012) को भी देखें। इस अवधि में कई देशों में औद्योगिक मूल्य में श्रम आय का योगदान हालाँकि घटा है लेकिन यह सबसे तेज गिरावट है, और भारत में यह अनुपात दुनिया में सबसे कम है।

24. देखें, भारत सरकार (2009c), पेज 14; और भारत सरकार (2012c), तालिका 2 दोनों आँकड़े उसी विधि के उपयोग और 'तेंडुलकर गरीबी रेखा' पर आधारित हैं।
25. खासतौर से देखें चित्र 13, पेज 1, 186, और इस पर लेखकों के विचार-विमर्श। भारत में पिछले 20 वर्षों में गरीबी में कमी की सुस्त गति के बारे में अतिरिक्त प्रमाण के लिए, अलग-अलग परिप्रेक्ष्य के लिए देखें जयराज एवं सुब्रमण्यन (2010), लेनागाला एवं राम (2010), अल्काइर एवं सेठ (2013), कोतवाल एवं रायचौधरी (2013) और अन्य।
26. तेंडुलकर कमेटी की रिपोर्ट (भारत सरकार, 2009c) की सिफारिशों के तहत गरीबी रेखा को बाद में संशोधित करके ऊपर उठाया गया।
27. इस तथा अन्य सम्बन्धित मुद्दों (खासकर संगठित उत्पादन में रोजगारविहीन वृद्धि, जो कि काफी स्पष्ट है) के लिए पर्याप्त दस्तावेज उपलब्ध हैं। देखें, एलेसांद्रिनी (2009), नागराज (2004, 2011), कण्णन एवं रवीन्द्रन (2009), कोतवाल एवं अन्य (2011), राजाकुमार (2011) और थॉमस (2012), तथा अन्य।
28. कोतवाल एवं अन्य (2011) को फिर से उद्धृत करते हुए, '...दो भारत हैं—एक शिक्षित मैनेजरों और इंजीनियरों का भारत है, जो भूमंडलीकरण के कारण पैदा हुए अवसरों का लाभ उठाने में सक्षम रहे; और दूसरा भारत अर्द्धशिक्षितों की विशाल आबादी का है, जो अनौपचारिक क्षेत्र में कम उत्पादक रोजगारों—जिनमें कृषि अभी भी सबसे बड़ा रोजगार है—के जरिए जीवन काट रहे हैं।' (पेज 1, 196)
29. और ज्यादा विचार-विमर्श के लिए देखें, डीटन एवं ड्रेज़ (2009)। लेखकों के मुताबिक, पोषक आहार में कमी की कुछ वजह शायद यह है कि पोषण के लिए जरूरी कैलरी तथा अन्य जरूरी चीजों में कमी आई है जिसकी वजह सक्रियता के स्तर में कमी है या महामारी विज्ञान सम्बन्धी माहौल में सुधार हुआ है। लेकिन वे इस बात पर भी जोर देते हैं कि अगर गरीबों में प्रति व्यक्ति आय तेजी से बढ़ती, तो जरूरतों में कमी की पूरी भरपाई पोषक आहार पर ऊँची आय के सकारात्मक प्रभाव से हो जाती। इस तरह, बदलती जरूरतों की (अपुष्ट) धारणा पोषक आहार में कमी को लेकर चिन्ता की जरूरत को खत्म नहीं करती।
30. इस पर सामग्री विशाल मात्रा में है लेकिन अन्य सामग्री के अलावा देखें डगलस नॉर्थ (1990), हा-जून चांग (2002, 2010), एल्हानन हेल्पमैन (2004), प्रणव बर्धन (2005), एरिक बीनहॉकर (2006), और ट्रेबिलॉक एवं डैनियल्स (2008) को भी।
31. एसमोगुलु एवं रॉबिन्सन (2012), पेज 118
32. एसमोगुलु एवं रॉबिन्सन (2012), पेज 119
33. मोकाइर (2002); हेल्पमैन (2004)
34. ग्लेजर एवं अन्य (2004)
35. ट्रेबिलॉक एवं प्राडो (2011), पेज 36
36. देखें ड्रेज़ एवं सेन (2002), और वहाँ उद्धृत सामग्री।
37. देखें येल सेन्टर फॉर एनवायरोनमेंटल लॉ एंड पॉलिसी, और कोलंबिया सेन्टर फॉर इन्टरनेशनल अर्थ साइंस इन्फॉर्मेशन नेटवर्क (2012)। पर्यावरण के लिए कुल कामकाज के मामले में भारत इन 132 देशों में 125वें नम्बर पर है और एशिया तथा प्रशान्त क्षेत्र (बांग्लादेश, चीन, पाकिस्तान, नेपाल समेत 21 देशों) में अन्तिम नम्बर पर है।
38. यूएनयू-आईएचडीपी और यूएनईपी (2012, पेज 310-11; वैसे, ये अपुष्ट अनुमान हैं, जो कुछ खोजबीन की विधि पर आधारित हैं।

39. बृजेश पांडे (2012), सूचना के अधिकार के तहत सरकार से प्राप्त जानकारी पर आधारित। यह बताता है कि इस नदी पर 660 से ज्यादा बाँध (155 मंझोले तथा बड़े बाँधों समेत) बनाए जाने की योजना है।
40. रामचन्द्र गुहा (2012)। पर्यावरण के मामले में भारत की लापरवाही के लिए देखें प्रफुल्ल बिदवई (2012), श्रीवास्तव एवं कोठारी (2012), भारत में पर्यावरण की स्थिति पर विज्ञान तथा पर्यावरण केन्द्र की रिपोर्टें (मसलन विज्ञान तथा पर्यावरण केन्द्र, 2012)
41. इसके लिए देखें द्रेज़ एवं सेन (2002), अध्याय 6. साथ में सेन (2009) भी देखें।
42. निकोलस स्टर्न (2009, 2012)

3. भारत : तुलनात्मक परिप्रेक्ष्य में

1. आनन्द गिरिधर दास (2011), पेज 1
2. देखें द्रेज़ एवं सेन (2002), अध्याय 3
3. विश्व विकास संकेतक, ऑनलाइन। जनगणना 2011 से आयु केन्द्रित साक्षरता दरों के आँकड़े पुस्तक लिखते समय उपलब्ध नहीं थे। सम्भव है कि ये आँकड़े आ गए तो भारत (और दक्षिण एशिया) की साक्षरता दरों में थोड़ी वृद्धि हो जाए।
4. देखें अध्याय 6, तालिका 6.3
5. बहुआयामी गरीबी सूचकांकों पर हाल के अध्ययन मानव विकास रिपोर्ट 2013 में दर्ज हैं। ये नेपाल में 2006-11 के बीच आश्चर्यजनक प्रगति दर्शाते हैं (सबीना अल्काइर, निजी संवाद)। इस नई चीज की अभी पूरी जाँच होनी है।
6. ऑक्सफैम इन्टरनेशनल (2006), पेज 9
7. देखें चौधरी एवं हैमर (2004), साथ में स्वास्थ्य सम्बन्धी सुविधाओं के सन्दर्भ।
8. इन उपलब्धियों की बेहतर समझ के लिए उपयोगी योगदान के वास्ते देखें एस.आर. उस्मानी (1991, 2010), सिमीन महमूद (2003), बी. सेन एवं अन्य (2007), विश्व बैंक (2007), वहीद्दुदीन महमूद (2008), बेगम एवं सेन (2009), नैला कबीर (2011), कोएल्मूस एवं अन्य (2011), डेविड लेविस (2011), रहमान सोभन (2011), चौधरी एवं अन्य (2012), तथा अन्य।
9. इस मामले में देखें द्रेज़ एवं सेन (1989, 2002), और सेन (1999)। विश्व बैंक के आँकड़ों के मुताबिक, 'आर्थिक गतिविधि (बांग्लादेश) में महिलाओं की भागीदारी 1983 में 9 प्रतिशत से 2011 में बढ़कर 57 प्रतिशत हो गई' (चौधरी एवं अन्य, 2012)। पुराने अनुमानों में सुधार की गुंजाइश के बाद भी यह अर्थव्यवस्था में महिलाओं की भागीदारी में हैरतअंगेज वृद्धि को दर्शाता है, जिसकी तुलना में भारत में कोई उदाहरण नहीं मिलता।
10. अन्तिम मुद्दे को इस तथ्य के आलोक में देखा जाए कि बांग्लादेश में संसद में महिलाओं के लिए कुछ सीटें आरक्षित की गई हैं; देखें पी.के. पांडेय (2008)। भारत में इस मकसद के लिए महिला आरक्षण विधेयक संसद में कई वर्षों से अटका पड़ा है।
11. देखें द्रेज़ एवं सेन (2002), और उसमें उद्धृत सामग्री; इस पुस्तक का अध्याय 8 भी देखें।
12. देखें चौधरी एवं अन्य (2012)
13. अतिरिक्त विचार-विमर्श के लिए देखें अध्याय 8
14. सम्भावना यह भी है कि स्वच्छता की कमी भारत में भारी बाल कुपोषण की वजह बनी हुई है; इसके बारे में देखें डीन स्पियर्स (2012a, 2012b, 2013)। चाड और इरिट्रिया

जैसे कुछ देशों में खुले में शौच करनेवालों का अनुपात भारतीय अनुपात जितना या उससे कुछ ज्यादा ही है। लेकिन प्रति वर्गमील पर खुले में शौच करनेवालों का अनुपात भारत में जितना है उतना किसी देश में नहीं है। यह अनुपात स्वास्थ्य के लिए और बाल कुपोषण के लिए ज्यादा महत्त्व रखता है (डीन स्पियर्स, निजी संवाद)

15. भारत के कुछ राज्यों में शौचालयों के प्रयोग को प्रचारित करना मुश्किल है क्योंकि वहाँ जल आपूर्ति की सुविधाएँ पर्याप्त नहीं हैं। बांग्लादेश में भूजल का अच्छा भंडार है इसलिए वह इस मामले में बेहतर स्थिति में है। लेकिन प. बंगाल, उत्तर प्रदेश, बिहार जैसे भारतीय राज्यों में पानी की कमी न होने के बावजूद खुले में शौच जाने के मामले बांग्लादेश से ज्यादा हैं। प. बंगाल में 39 प्रतिशत, तो उत्तर प्रदेश में 63 प्रतिशत लोग खुले में शौच जाते हैं देखें आँकड़ों का परिशिष्ट, तालिका ए-3
16. देखें जफरुल्लाह चौधरी (1995)
17. देखें महमूद (2008), चौधरी एवं अन्य (2012), अल अरिफीन एवं अन्य (2012), साथ में अन्य।
18. सहकारी स्वास्थ्य सेवा व्यवस्था का लाभ पाने वाली ग्रामीण आबादी का अनुपात 1976-83 के बीच बाजार केन्द्रित सुधारों की शुरुआत के बाद 90 प्रतिशत से घटकर 10 प्रतिशत पर पहुँच गया। और 20 वर्षों तक इसी अंक पर स्थिर रहा। 2004 में जब नई सहकारी मेडिकल स्कीम शुरू की गई तब कुछ ही वर्षों में यह 90 प्रतिशत से ऊपर पहुँच गया। देखें शाओग्वांग वांग (2008), चित्र 6। चीन की नई सहकारी मेडिकल स्कीम के बारे में देखें यिप् एवं महल (2008), लिन चेन एवं अन्य (2012), कुन मेंग एवं अन्य (2012), यिप् एवं अन्य (2012), और अन्य।
19. इसके बारे में देखें जोसफ स्टिग्लिज (2002), अध्याय 5
20. देखें अलफायो सेरामी (2009)। पूर्व सोवियत संघ और पूर्वी यूरोप में 'उत्तर-साम्यवादी कल्याणकारी राज्य' के बारे में देखें मिशेल ओरेंस्टीन (2008) और उसमें उद्धृत सामग्री।
21. देखें बार एवं हार्बिसन (1994)। 1991 के आँकड़े के आधार पर लेखकों की टिप्पणी है—'मध्य तथा पूर्वी यूरोप में सामाजिक कार्यक्रमों पर खर्च के बारे में उल्लेखनीय बात यह है कि जीडीपी के मुकाबले इसका अनुपात उन औद्योगिक अर्थव्यवस्थाओं में, जहाँ प्रति व्यक्ति आय काफी ऊँची है, उससे बहुत अलग नहीं है।'
22. देखें द्रेज़ एवं सेन (1989), खासकर अध्याय 10, और द्रेज़ एवं सेन (1995) भी।
23. द्रेज़ एवं सेन (1995), पेज 183
24. देखें काटेफ एवं कोर्तेमाँशे (2011), डॉ. सिल्वा एवं टेर्राजाज (2011), कोमिम (2012), कोमिम एवं अमराल (2012), एवं अन्य टीकाकार।
25. जुबर्ग एवं हंफ्रीज (2010), पेज 646; एक अन्य ताजा अध्ययन काटेफ एवं कोर्तेमाँशे (2011) का मानना है कि ब्राजील में स्वास्थ्य सेवा तक पहुँच स्थानीय आय से अब कुल मिलाकर स्वतंत्र है, चाहे क्षेत्रीय विषमताएँ क्यों न हों। ब्राजील की स्वास्थ्य व्यवस्था के बारे में देखें 21 मई 2011 को 'लांसेट' में प्रकाशित लेखों का संकलन, खासकर पैम एवं अन्य (2011) और उसमें उद्धृत सामग्री।
26. सोनिया फ्लुरी (2011), पेज 1724
27. देखें मार्टिन रावालियन (2011), तालिका 1 तथा 2; भारत में आर्थिक असमानता पर विस्तृत चर्चा के लिए देखें अध्याय 8

28. देखें फरेरा डि सूजा (2012), और वहाँ उद्धृत सामग्री।
29. 'बोल्सा फ़ेमिलिया' के बारे में जानकारी के लिए देखें फेबियो सोअर्स (2011), साथ ही देखें फ्रान्सेस्का बास्ताल्गी (2008, 2011), सोअर्स एवं अन्य (2010), फरेरा डिसूजा (2012) और वहाँ उद्धृत सामग्री। वैसे, बोल्सा फेमिलिया केवल एक कार्यक्रम है (हालाँकि इस पर विदेश में काफी ध्यान दिया गया है), और ब्राजील की सामाजिक सुरक्षा व्यवस्था इस कार्यक्रम से आगे भी जाती है।
30. ब्राजील में गरीबों की आय इस अवधि में कुछ हद तक सामाजिक सहायता कार्यक्रमों के कारण तेजी से बढ़ी, हालाँकि प्रति व्यक्ति जीडीपी लगभग स्थिर रही (फरेरा एवं अन्य, 2010)। यह भारत की स्थिति से एकदम उलट है जहाँ, जैसा कि हमने अध्याय 2 में बताया है, गरीबों के प्रति व्यक्ति खर्च में पिछले करीब 20 वर्षों में वृद्धि प्रति व्यक्ति जीडीपी में वृद्धि का महज एक अंश भर थी।
31. इसके बारे में देखें ब्रन्स एवं अन्य (2012), और वहाँ उद्धृत पुरानी सामग्री।
32. ब्रन्स एवं अन्य (2012), चित्र 1, पेज 5, जो यह दिखाता है कि 1991 से 2009 के बीच ब्राजील में निजी स्कूलों में प्राथमिक कक्षाओं में बच्चों के दाखिले का अनुपात करीब 10 प्रतिशत था। भारत में निजी स्कूलों में प्रारम्भिक कक्षाओं (ब्राजील की प्राथमिक कक्षाओं के बराबर) में पढ़ रहे बच्चों का अनुपात 2004-05 में 28 प्रतिशत था (देखें आँकड़ों के परिशिष्ट की तालिका ए-3) और यह तेजी से बढ़ रहा है। भारत की स्कूली व्यवस्था के बारे में ज्यादा जानकारी के लिए देखें अध्याय 5
33. ब्रन्स एवं अन्य (2012)
34. देखें फरेरा डि सूजा (2012), तालिका 3, पेज 9
35. देखें फरेरा डि सूजा (2012), चित्र 5, पेज 10
36. ब्रन्स एवं अन्य (2012)। 'पीसा' अध्ययन के बारे में अध्याय 5 भी देखें।
37. ब्रन्स एवं अन्य (2012), पेज 22 में दर्ज आँकड़ों के आधार पर। यह बयान केवल इस पर लागू नहीं होता कि बच्चों ने स्कूल में कितने साल पढ़ाई की (2009 में निर्धनतम आय समूह के 20 साल के व्यक्ति के लिए औसत आठ साल), बल्कि बहुत हद तक 'पीसा' टेस्ट (खासकर गणित में) में आए अंक के आधार पर छात्र की उपलब्धियों पर भी लागू होता है।
38. देखें गैस्टन पिएरी (2012), ग्राफिक 2, पेज 11 (सन्दर्भ वर्ष 2008); साथ ही देखें फरेरा एवं रोबालिनो (2010), तालिका 2, पेज 37; ब्राजील और क्यूबा में स्वास्थ्य तथा सामाजिक सुरक्षा पर जीडीपी के अनुपात में लगभग समान सार्वजनिक खर्च (दोनों जगह करीब 20 प्रतिशत) किया जाता है। वैसे, क्यूबा में शिक्षा पर ज्यादा खर्च किया जाता है इसलिए सामाजिक क्षेत्र (स्वास्थ्य, शिक्षा और सामाजिक सुरक्षा) पर कुल मिलाकर ज्यादा खर्च होता है।
39. इस मामले के लिए देखें लायड-शरलॉक (2009)
40. यह खंड हमारी पिछली कृति (द्रेज़ एवं सेन, 2002) में केरल, हिमाचल प्रदेश, तमिलनाडु में विकास के अनुभवों के बारे में विस्तृत विश्लेषण और इन अनुभवों पर हाल के अध्ययनों से मदद लेता है। तमिलनाडु के बारे में अध्याय 6 भी देखें।
41. बहुआयामी गरीबी का विचार यह है कि गरीबी कई तरह के अभावों—मसलन, खराब सेहत, शिक्षा की कमी, स्वच्छता का अभाव और तमाम तरह के भौतिक अभावों—के रूप में प्रकट होती है। जो भी व्यक्ति इन अभावों के कम से कम एक निश्चित अनुपात (मान लें एक तिहाई) से ग्रस्त है तो उसे 'बहुआयामी' रूप से गरीब माना जाता है। यह नजरिया

विभिन्न देशों, क्षेत्रों, या समुदायों में जीवन-स्तर की विस्तृत तुलना करने में मदद कर सकता है। ऐसा करने में आय पर आधारित कसौटी से आगे जाया जा सकता है मसलन, विश्व बैंक द्वारा निर्धारित 'दो डॉलर प्रतिदिन' (क्रयशक्ति की बराबरी के लिए समायोजित) की सार्वभौमिक कसौटी से आगे। इस नजरिए की ज्यादा जाँच और उपयोग के बारे में देखें अल्काटेर और फोस्टर (2011)

42. ओडीशा को छोड़कर इन राज्यों को 'बीमारू' राज्य कहा जाता था जिनमें अविभाजित बिहार, अविभाजित मध्य प्रदेश, राजस्थान और उत्तर प्रदेश शामिल हैं। इनमें कभी-कभी ओडीशा को शामिल करके 'बीमारूओ' भी कहा जाता है।

43. देखें अल्काइर एवं सैंटोस (2012) और अल्काइर एवं सेठ (2012)। 'बहुआयामी गरीबी सूचकांक' (एमपीआई) कुल आबादी में बहुआयामी गरीबी से ग्रस्त लोगों के प्रतिशत को अभावों की संख्या से गुना करके निकाला जाता है।

44. ये 27 देश (एमपीआई के घटते क्रम के अनुसार) हैं—नाइगर, इथियोपिया, माली, बुर्किना फासो, बुरुंडी, सोमालिया, सेंट्रल अफ्रीकन रिपब्लिक, मोजाम्बिक, गिनी, लाइबेरिया, अंगोला, सिएरा लिओन, रवांडा, बेनिन, कोमोरोस, डीआर कोंगो, सेनेगल मलावी, तंजानिया, उगांडा, मेडागास्कर, कोट डीवोइर, मॉरिटानिया, चाड, जांबिया, गांबिया, और नाइजीरिया। इन सबकी कुल आबादी करीब 60 करोड़ है जिनमें 71 प्रतिशत अनुमानित रूप से बहुआयामी गरीबी से ग्रस्त है। पाठ में वर्णित सात राज्यों की कुल आबादी का 70 प्रतिशत बहुआयामी गरीबी से ग्रस्त है। इन अनुमानों का आधार क्या है, यह जानने के लिए देखें अल्काइर और सांटोस (2012)

45. गौरव दत्त एवं मार्टिन रावालियन की राज्य केन्द्रित गरीबी के अनुमानों (दत्त एवं अन्य, 2003) की टाइम सीरीज के मुताबिक, केरल 1950, 1960 के दशकों में गरीबी रेखा के नीचे की आबादी के लिहाज से सबसे गरीब भारतीय राज्य था। तमिलनाडु भी गरीब राज्यों में शुमार था और बिहार के बराबर था, पंजाब तथा हरियाणा में उस समय दूसरे बड़े राज्यों के मुकाबले गरीबी का स्तर काफी नीचा था। गरीबी के इन अप्रकाशित अनुमानों को साझा करने के लिए हम गौरव दत्त के आभारी हैं।

46. देखें द्रेज़ एवं सेन (1989, 1995, 2002), वी.के. रामचन्द्रन (1996), और उनमें उद्धृत सामग्री; इन्हें भी देखें—पैट्रिक हेलर (1999, 2000, 2009), एम.ए. ऊमन (1999, 2009), अचिन चक्रवर्ती (2005), प्रेरणा सिंह (2010a, 2010b) और अन्य। इस सामग्री में 'केरल मॉडल' जुमले का अक्सर उपयोग किया गया है, और ज्यादा दुख की बात यह है कि इसे हमारे विश्लेषण के रूप में प्रस्तुत किया गया है, जो बिलकुल गलत है। हमने इस जुमले का कभी प्रयोग नहीं किया है। अच्छा काम करनेवाले केरल और दूसरे राज्यों के अनुभवों से काफी कुछ सीखा जा सकता है लेकिन केरल को मॉडल के रूप में देखने वाली ऐसी कोई बात नहीं है कि उसकी नकल की जाए।

47. देखें आईजाक एवं तारकन (1995), और तारामंगलम (1998)। हालाँकि इनमें से कुछ चेतावनियाँ निराशा पैदा करनेवाली भविष्यवाणियों जैसी थीं, तो कुछ इतनी उपयोगी साबित हुईं कि उन्होंने केरल के रुख में खामियों की ओर ध्यान खींचा। इन्होंने इस बात की ओर भी ध्यान खींचा कि ऐसी रचनात्मक आर्थिक नीति अपनाने की जरूरत है जिसमें बाजार की भूमिका पर ज्यादा जोर दिया जाता हो। इस रुख ने बाद में हुए नीतिगत परिवर्तन में योगदान दिया जिसके कारण तेज आर्थिक वृद्धि हुई और इसने सरकार की गतिशील सामाजिक नीतियों को आगे बढ़ाने और मजबूती देने में योगदान दिया।

48. हिमाचल प्रदेश में 'स्कूल क्रान्ति' के बारे में देखें 'प्रोब' टीम (1999) और डे एवं अन्य (2011)। हिमाचल के विकास सम्बन्धी अनुभव के बारे में देखें किरण भट्टी (2011) और वहाँ उद्धृत सामग्री।
49. देखें भारत सरकार (1993) और विश्व बैंक (2011a)
50. इसके बारे में खासकर देखें विवेक श्रीनिवासन (2010)
51. देखें एम.ए. ऊमन (2009), हैरिस एवं अन्य (2010), प्रेरणा सिंह (2010a), (2010b), विवेक श्रीनिवासन (2010), और अन्य।
52. देखें एम.ए. ऊमन (2009), केरल के सन्दर्भ में। लेखक ने इसे समाज का शानदार आन्दोलन बताया है, न केवल राजनीतिक बल्कि सामाजिक, सांस्कृतिक और पर्यावरण आन्दोलन भी।

4. जवाबदेही और भ्रष्टाचार

1. देखें प्रणब बर्धन (2010), खासकर अध्याय 4; चीन में बिजली क्षेत्र के विकास का विस्तृत ब्यौरा जानने के लिए देखें पर्यावरण विज्ञान एवं नीति केन्द्र (2006)
2. बर्धन (2010), पेज 56-57. अनुमान है कि बिजली कम्पनियों के घाटे के कारण भारत के जीडीपी में 2 प्रतिशत की कमी हो जाती है (चिटणीस एवं अन्य, 2012)
3. गुरुचरण दास (2012) ने 1966 की संथानम कमेटी के एक महत्त्वपूर्ण विश्लेषण का उल्लेख किया है, जो सार्वजनिक नीति निर्णय की उस प्रक्रिया का एक आन्तरिक परिचय कराता है जिसे अफसोसजनक ढंग से अभी भी जारी रखा गया है (पेज 224)। 'किसी बड़े नीतिगत निर्णय की सीधी जिम्मेदारी से बचने के लिए उसके साथ यथासम्भव इतने विभागों और अधिकारियों को जोड़ा जाता है जितने को जोड़ना जरूरी माना जाता है। इस पर विचार-विमर्श लिखित में होना चाहिए वरना रेकॉर्ड के लिए कुछ नहीं रहेगा। इसलिए इसके लिए एक फाइल जरूर आगे बढ़नी चाहिए, जिसमें भी समय लगेगा—एक टेबल से दूसरी टेबल और एक मंत्रालय से दूसरे मंत्रालय तक उस फाइल पर टिप्पणियाँ लिखी जाएँगी और सम्बन्धित पक्ष को निर्णय सुनाने में महीने गुजर जाते हैं।'
4. बिजली क्षेत्र में इस 'ढाँचाजनित हतोत्साहन' के बारे में खासकर देखें प्रयास एनर्जी ग्रुप (2012)
5. देखें 'विकास के लिए समेकित अनुसंधान एवं कार्रवाई' (2012)। इस रिपोर्ट के अनुसार अकेले टेलीकॉम टावर हर साल 2.75 अरब लीटर रियायती डीजल पी जाते हैं जिसके चलते सरकारी खजाने पर 2500 करोड़ रु. का बोझ पड़ता है। अगर वे सौर ऊर्जा पर चलते तो हर साल 52 लाख टन कार्बन डाइऑक्साइड के उत्सर्जन को रोका जा सकता है।
6. एक विचार यह कहता है कि ईंधन पर सब्सिडी घटाने से गरीब परिवारों को परेशानी होती है क्योंकि ईंधन की ऊँची कीमत दूसरी चीजों की क़ीमत बढ़ा देती है। वैसे, ईंधन पर सब्सिडी देना (मुख्यतः अमीरों के फायदे के लिए) गरीबों की क्रय-शक्ति की सुरक्षा का एक बहाना है और इसका फिजूलखर्ची भरा उपाय है। उन्हें खाद्य सब्सिडी, रोजगार की गारंटी, नकदी भुगतान, सार्वजनिक स्वास्थ्य सेवा आदि उपलब्ध करा कर उनकी सीधी मदद करना ज्यादा प्रभावी होता है। यह भी पूरी तरह स्पष्ट है कि ईंधन पर सब्सिडी को घटाने से महँगाई पर रोक लगाने में मदद मिलती है क्योंकि वित्तीय घाटा महँगाई को

बढ़ाता है (आईआरएडी-ई, 2012)। ईंधन पर बेलगाम सब्सिडी से वायु प्रदूषण, कार्बन उत्सर्जन में वृद्धि, और भूजल में कमी के चलते पर्यावरण को जो नुकसान पहुँचता है, वह अलग रास्ता अपनाने की जरूरत की ओर इशारा करता है।

7. देखें गुलाटी एवं नारायणन (2003) और शेंगेन्न फान एवं अन्य (2008)
8. कुछ अध्ययन और लेखन इन मामलों पर उपयोगी जानकारी देते हैं; देखें श्रीवास्तव एवं अन्य (2003), होवेस एवं मुरगई (2006), किरीट पारेख (2010), सूर्य सेठी (2010), मुकेश आनन्द (2012), आईआरएडी-ई (2012), लाहोटी एवं अन्य (2012)
9. भारत सरकार (2012e, पेज 36) से गणना। केलकर कमेटी रिपोर्ट (भारत सरकार, 2004a) समेत विशेषज्ञों की कई रिपोर्टों ने कई छूटों को बन्द करने और कर आधार को बढ़ाने के अलावा कर कानूनों के ज्यादा पालन की मजबूत वकालत की है। वैसे, इस मोर्चे पर अपेक्षाकृत कम प्रगति हुई है, और यह भारत में कर/जीडीपी अनुपात में ठहराव या गिरावट की एक वजह है। यहाँ भी भारत और चीन में दिलचस्प विरोधाभास हैं। चीन में व्यक्तिगत आयकर का आधार (2008 में आबादी का करीब 20 प्रतिशत) भारत के आधार (करीब 2 प्रतिशत) से काफी चौड़ा है। इसके बारे में देखें पिकेट्टी एवं क्वियान (2009)
10. निजी कम्पनियों को बेहद रियायती कीमतों पर प्राकृतिक संसाधन (जमीन, कोयला, गैस, खनिज, स्पेक्ट्रम आदि) देना खैरात बाँटने की एक और बुरी मिसाल है, जिस पर इन संसाधनों से सम्बन्धित कई घोटालों ने हाल में प्रकाश डाला है। इनमें 'कोलगेट' और 2जी स्पेक्ट्रम घोटालों की व्यापक निन्दा हुई है।
11. देखें अरुन्धति राय (1999), पेडेल एवं दास (2010) और श्रीवास्तव एवं कोठारी (2012)। अनुमान है कि आजादी के बाद से विकास योजनाओं के कारण विस्थापित लोगों (हिंसक टकरावों के कारण विस्थापितों को न गिनते हुए) की संख्या करीब 6 करोड़ होगी। इनमें दलितों, आदिवासियों, और अन्य कमजोर वर्गों की संख्या ज्यादा है। भारत की राष्ट्रीय मानवाधिकार परिषद ने संयुक्त राष्ट्र मानवाधिकार परिषद को हाल में जो रिपोर्ट दी है उसके अनुसार 'विस्थापितों को आमतौर पर न तो पर्याप्त राहत दी जाती है और न उनका उचित पुनर्वास किया जाता है'। देखें योजना आयोग (2011b), पेज 50, और मानवाधिकार पर भारत तथा संयुक्त राष्ट्र में कार्यदल (2012), पेज 4 और परिशिष्ट E
12. जेम्स मार्टिन ने जिसे अपनी हैरतअंगेज रूप से पठनीय पुस्तक 'वार एंड पीस ऑफ द न्यूक्लियर ऐज' में 'सभ्यता के साथ रूसी राउलेट' कहा है, वह न केवल दुनिया में परमाणु हथियारों की मौजूदगी पर लागू होता है बल्कि कई प्रकार से परमाणु ऊर्जा के असैनिक उपयोग (हादसों, तोड़फोड़ और चोरी के खिलाफ अपर्याप्त सुरक्षा के साथ) पर भी लागू होता है।
13. उदाहरण के लिए, आईएईए के द्वारा 1994 में किए गए एक आंकलन के अनुसार भारत के सभी परमाणु रिएक्टर (उस समय उनकी संख्या नौ थी) को दुनिया के सबसे कम विश्वसनीय 50 (उस समय दुनिया में कुल 399 रिएक्टर थे) रिएक्टरों में शामिल थे, और चार भारतीय रिएक्टर तो सबसे खराब छह रिएक्टरों में शामिल थे; देखें पीटर आर्नेट (1998)। इन आंकलनों को चुनौती दी जा सकती है, दी जा चुकी है लेकिन इस बात का खंडन मुश्किल होगा कि भारतीय परमाणु बिजली संयंत्र अधूरे हैं और चिन्ता की जायज वजह हैं। इन तथा इनसे सम्बन्धित मसलों के लिए देखें एम.वी. रामना (2012)

14. विभिन्न मामलों में पारदर्शिता और जवाबदेही बहाल करने के लिए सामाजिक परीक्षण के उपयोग के उदाहरणों के लिए देखें आकेल्ला एवं किडम्बी (2007), दीपा सिन्हा (2008), और किडम्बी (2011)
15. सूचना के अधिकार कानून की अपेक्षाकृत सफलता का यह एक सबक है: हठी अधिकारियों पर काफी कम मामलों में जुर्माना ठोका जाता है लेकिन जुर्माने का डर उनमें से अधिकतर को सावधान रखता है।
16. देखें बसु (2011), आलोचनात्मक टिप्पणी के लिए देखें द्रेज़ (2011)
17 धारा 12 कहती है कि कानून के तहत दंडनीय अपराध (मसलन, घूसखोरी) करने के लिए 'लुभाना' अपने आप में दंडनीय अपराध है। धारा 24 धारा 12 के तहत उस व्यक्ति पर मुकदमा चलाने से रोकती है, जो कबूल करता हो कि उसने किसी सरकारी कर्मचारी को घूस देने की पेशकश की या उसके लिए सहमति दी।
18. जहिर है, चीन में 1997 में संशोधित आपराधिक कानून कहता है कि घूस देना तभी अपराध माना जाएगा 'जब वह नाजायज लाभ के लिए दी गई हो'; देखें जिंगजिंग ली (2012), जो यह भी कहते हैं कि इस पहल का चीन में भ्रष्टाचार पर सीमित प्रभाव पड़ा।
19. नूरानी (2012)। लेखक का कहना है कि 'किसी और लोकतंत्र में' बचाव के ऐसे प्रावधान नहीं हैं जैसे भारत के सरकारी कर्मचारियों और निर्वाचित जनप्रतिनिधियों के लिए उपलब्ध हैं।
20. देखें केन्द्रीय सूचना आयोग (2012), तालिका 2.1, पेज 10. भारत में सूचना के अधिकार के कानून के गहन आंकलन में ये भी शामिल हैं—सोसाइटी फॉर पार्टिशिपेटरी रिसर्च इन एशिया (2008, 2009), प्राइ वाटर हाउस कूपर्स (2009), पब्लिक कॉज रिसर्च फाउंडेशन (2009), आरटीआई एसेसमेंट एंड एनालिसिस ग्रुप (2009); उपयोगी समीक्षा के लिए देखें एलास्डैर रॉबर्ट्स (2010)
21. सार्वजनिक वितरण प्रणाली पर और चर्चा के लिए देखें अध्याय 7
22. ये और सम्बन्धित मसले (तकनीकी विश्वसनीयता, सम्भावित दुरुपयोग, निजता को लेकर चिन्ता, आदि) भारत की आधार योजना पर हाल में हुए विमर्शों में तेजी से उभरे हैं; देखें उषा रामनाथन (2010), आर.एस. शर्मा (2010), रीतिका खेड़ा (2011a), भरत भट्टी (2012)
23. चट्टोपाध्याय एवं डुफ्लो (2004)। नरेगा कानून के सन्दर्भ में यह तथ्य भी उल्लेखनीय है कि नरेगा के काम केन्द्रीय सरकारी विभागों (मसलन वन या सिंचाई विभाग की बजाय ग्राम पंचायतों के माध्यम से हों तो उनमें भ्रष्टाचार पर लगाम लगाना आसान दिखता है। देखें राधिका खेड़ा (2011d)
24. गैब्रिएल क्रुक्स-विज्नर (2011), साथ में देखें क्रुक्स-विज्नर (2011), जिसमें लेखक ने कहा है कि तमिलनाडु में दलितों, महिलाओं के साथ-साथ वंचित तबकों की आवाज पारम्परिक संस्थाओं से ज्यादा पंचायतों में सुनी जाती है।
25. एसोसिएशन फॉर डेमोक्रेटिक राइट्स, नेशनल कैंपेन फॉर पीपुल्स राइट टु इन्फॉर्मेशन, इंडिया अगेंस्ट करप्शन, आम आदमी पार्टी सरीखे संगठनों तथा समूहों के अलावा स्थानीय तथा राज्यस्तरीय अभिक्रमों ने जवाबदेही, पारदर्शिता और सहभागी लोकतंत्र में लोगों की दिलचस्पी (और जुड़ाव) बढ़ाई है।
26. सेन्टर फॉर मीडिया स्टडीज (2011), पेज 3-5
27. एडम स्मिथ, 'द थिअरी ऑफ मॉरल सेंटिमेंट्स' (1759, 1790), खंड 3, अध्याय 2

5. शिक्षा का केन्द्रीय महत्त्व

1. इज्वेस्तिया के साथ बातचीत, 1930, दत्ता एवं रॉबिन्सन (1995) में उद्धृत, पेज 297
2. इसके लिए देखें सेन (2009), अध्याय 17, और कैथरीन यंग (2012) को भी देखें।
3. सलमा शोभन (1978)
4. देखें अध्याय 8 और उसमें उद्धृत सामग्री।
5. देखें 'प्रोब' टीम (1999) और प्रतीचि ट्रस्ट (2002, 2009a)
6. कभी-कभी ही, शायद कोई दुर्लभ मामला होगा जब बच्चों ने स्कूल जाने से मना किया, वह भी पढ़ाई की उबाऊ शैली अथवा शारीरिक दंड वगैरह के कारण (देखें प्रतीचि ट्रस्ट, 2012a, 2012b)। लेकिन इसे बच्चों में स्कूल के प्रति आम उदासीनता नहीं मानना चाहिए। यह ऐसे दूसरे अध्ययनों से पता चलता है।
7. एडम स्मिथ (1776), लाई (पेज 27), और वी.आई.एफ (पेज 785)
8. 19वीं सदी के जापान में शिक्षा के क्षेत्र में परिवर्तन के बारे में जानने के लिए देखें डोनाल्ड डोर (1965), कैरोल ग्लक (1985), मारियस जेन्सेन (1989, 2002) एवं अन्य को।
9. देखें ग्लक (1985), पेज 166; साथ ही देखें उसमें उद्धृत सामग्री।
10. इन विरोधाभासों के बारे में हमने अपने पिछले लेखन में चर्चा की है, खासकर द्रेज़ एवं सेन (1989, 2002) में।
11. राज्य आधारित आँकड़ों समेत ज्यादा विस्तृत जानकारी के लिए देखें सांख्यिकीय परिशिष्ट, तालिका ए-3
12. गैर-पश्चिमी विश्वविद्यालयों में शिक्षा के क्षेत्र में बुनियादी परिवर्तन की जरूरत के बारे में जानने के लिए देखें यूनेस्को और विश्व बैंक द्वारा उच्च शिक्षा तथा समाज विषय पर गठित कार्यदल की रिपोर्ट 'पेरिल एंड प्रॉमिस' (2000)। इस कार्यदल के अध्यक्ष थे माम्फेला रामफल और हेनरी रोवोस्की।
13. देखें डे एवं अन्य (2011) और प्रोब टीम (1999)। इन सर्वेक्षणों में हिमाचल प्रदेश को भी शामिल किया गया लेकिन इस राज्य के निष्कर्षों को अलग से प्रस्तुत किया गया क्योंकि प्रारम्भिक शिक्षा के मामले में यह राज्य कुछ अलग श्रेणी में है (देखें अध्याय 3)। भारत की स्कूली शिक्षा की हालत की गहरी जानकारी के लिए भट्टाचार्य एवं अन्य (2011) को भी देखें।
14. 6-12 आयुवर्ग में 'दाखिला दरें' उसी साल (2006) 6-14 आयुवर्ग में 'स्कूलों में हाजिरी की दरों' से, जिसकी चर्चा इस अध्याय में पहले की जा चुकी है, ज्यादा है। यह जानकारी तीसरे राष्ट्रीय पारिवारिक स्वास्थ्य सर्वे (एनएफएचएस) पर आधारित है। विरोधाभास आयुवर्गों में अन्तर के अलावा इस तथ्य के कारण भी हो सकता है कि एनएफएचएस ने स्कूलों में हाजिरी की जो परिभाषा तय की उसमें दाखिले के अलावा भी कुछ जरूरतें पूरी करना शामिल है। जैसी कि आगे चर्चा की गई है, भारत में स्कूलों से छात्रों की गैरहाजिरी का अनुपात बहुत ऊँचा है। (एनएफएचएस-3 में स्कूलों में हाजिरी के जो आँकड़े दिए गए हैं उनमें कुछ कमबयानी की गई है। वास्तव में यह स्पष्ट नहीं है कि कुछ आँकड़े 1998-99 के एनएफएचएस-2 के सम्बन्धित आँकड़ों से कम क्यों हैं।
15. देखें डे एवं अन्य (2011), पेज 2; जिन स्कूलों में दोपहर का भोजन नहीं दिया जाता था, वे मुख्यत: बिहार में थे, जहाँ 2006 में इस कार्यक्रम को लागू करने की प्रक्रिया चल

रही थी हालाँकि उच्चतम न्यायालय ने 2002 में ही आदेश जारी कर दिया था कि सभी सरकारी प्राथमिक स्कूलों में छात्रों को दोपहर का भोजन देने की व्यवस्था की जाए।

16. आर. वेंकटरमणन (2011) की रिपोर्ट। साथ में देखें 'एजुकेशनल इनीशिएटिव्स' (2011)
17. देखें मॉरिस वाकर (2011)। सर्वे में शामिल करीब आधे देश या अर्थव्यस्थाएँ ओईसीडी देशों की थीं लेकिन कई विकासशील देशों को भी शामिल किया गया—अल्बानिया, ब्राजील, कोलंबिया, कजाखस्तान, किर्गिस्तान, मेक्सिको, थाइलैंड, ट्यूनिसिया, उरुग्वे आदि।
18. देखें प्रिटशेट एवं पांडे (2006), भट्टाचार्य एवं अन्य (2011), कार्तिक मुरलीधरन (2012b), मुखर्जी एवं वाल्टन (2012), और इन सबमें उद्धत सामग्री को। साथ ही देखें 'प्रथम एजुकेशन फाउंडेशन' (2012, 2013)
19. प्रिटशेट एवं बीट्टी (2012), तालिका 1
20. इसके लिए देखें गोयल एवं पांडे (2012), और मुखर्जी एवं वाधवा (2012)
21. देखें सबसे ताजा 'एनुअल स्टेटस ऑफ एजुकेशन रिपोर्ट' ('प्रथम एजुकेशन फाउंडेशन', 2013), जो कि छात्रों की उपलब्धियों के देशव्यापी सर्वेक्षण पर आधारित है।
22. यह खंड सेन (2005) से लिया गया है।
23. यह आन्ध्र प्रदेश में एम.वी. फाउंडेशन के काम से प्राप्त अन्तदृष्टि है। फाउंडेशन ने सैकड़ों बाल मजदूरों को मुक्त करवा कर उन्हें फिर से स्कूलों में दाखिल करवाया है और सातवीं की बोर्ड परीक्षा देने में उनकी मदद की है। उनमें से अधिकतर छात्र केवल एक साल की पढ़ाई के बाद ही परीक्षा में सफल हो गए।
24. शिक्षकों के वेतन पर दूसरे पहलुओं से समान निष्कर्षों के बारे में जानने के लिए देखें गीता किंगडन (2010)
25. देखें ओईसीडी (2011), चार्ट डी 3.3 और तालिका डी 3.4; इस प्रकाशन में चीन या भारत के बारे में अनुमान शामिल नहीं हैं।
26. देखें कार्तिक मुरलीधरन (2012b)। उस व्यवस्था में चीजें अलग तरह की हो सकती हैं जिसमें वेतन किसी-न-किसी तरह शिक्षण के स्तर या शिक्षक की योग्यता से जुड़े हों। भारत में ऐसा नहीं है।
27. इस प्रक्रिया पर और विचार-विमर्श के लिए देखें द्रेज़ एवं सेन (2002), अध्याय 5, और डे एवं अन्य (2011), साथ ही किंग्डन एवं सिपाहीमालानी-राव (2010) और उनमें उद्धृत सामग्री भी।
28. सबूत की समीक्षाओं के लिए देखें उदाहरण के लिए मुरलीधरन (2012b), और मुखर्जी एवं वाल्टन (2012)
29. देखें उदाहरण के लिए, प्रिंशेट एवं मुरगै (2007), और मुरलीधरन (2012b)
30. इस मुद्दे के लिए देखें जैन एवं ढोलकिया (2010)
31. स्कूली व्यवस्था की खामियों को दूर करने और जवाबदेही को बहाल करने के लिए भारत में अक्सर स्कूली वाउचरों की व्यवस्था को उपयुक्त माना जाता है। वास्तव में यह विचार आकर्षक लगता है कि वाउचरों की व्यवस्था स्कूली व्यवस्था को फलते-फूलते बाजार में बदल देगी, जिसमें स्कूल सरकारी सब्सिडी पाने के लिए होड़ करेंगे और अभिभावक स्कूलों के स्थापित रेकॉर्डों को देखकर स्कूल का चयन करेंगे। लेकिन यह सलाह देते वक्त यह ध्यान में नहीं रखा गया है कि इस उपाय से दूसरे देशों में क्या अनुभव मिले हैं। ये अनुभव वाउचरों की व्यवस्था की कई जटिलताओं और सीमाओं को उजागर करते हैं।

विफलताओं के कई उदाहरण हैं और केवल चिली ही ऐसा देश नजर आता है जहाँ स्कूली वाउचरों की व्यवस्था की देशव्यापी सफलता के ठोस उदाहरण मिलते हैं। वैसे, चिली में इस व्यवस्था को प्रशासनिक क्षमताओं की जोरदार सहायता मिली है, जिनकी भारत में भारी कमी है। चिली में स्कूली वाउचरों की व्यवस्था को पहले से अच्छी तरह चल रहे पालिका स्कूलों का भी पूरा समर्थन मिला, जिन्होंने निजी स्कूलों के लिए न्यूनतम मानदंड तय कर दिए थे। ये निजी स्कूल अभी भी देश के करीब 50 फीसदी बच्चों को शिक्षा प्रदान कर रहे हैं। भारत और दूसरे देशों में स्कूली वाउचरों की व्यवस्था के लिए सैद्धान्तिक उत्साह अपेक्षाकृत अपरीक्षित इस मान्यता पर भी आधारित है कि जो निजी उपक्रम अन्य क्षेत्रों में अच्छी तरह काम कर रहा है वह भारतीय स्कूली व्यवस्था को भी बदलने में मदद देगा, अगर दाखिलों में गरीब बच्चों को भी शामिल किया गया तो। यह मान्यता कुछ ताकत राजनीतिक विचारधारा से भी लेती है, बावजूद इसके कि प्रयोगमूलक निष्कर्ष इसके विपरीत हैं (देखें बेलफील्ड एवं लेविन, 2005)। इन मुद्दों के लिए देखें हेलेन लाड (2002), गौरी एवं वावडा (2004), हाइ उर्क्विओला (2006), और अन्य को भी।

32. 'बहिर्गमन' की इस समस्या पर प्रारम्भिक तथा ज्ञानवर्धक विचार-विमर्श के लिए देखें अल्बर्ट हर्शमैन (1970)। हर्शमैन का कहना है कि शुरू में जिन सूचनापरक समस्याओं पर विचार किया गया है, इस समस्या को गहरा करती हैं (खासकर यह तथ्य भी ऐसा करता है कि शिक्षा कुछ हद तक 'गुणग्राहकों की वस्तु' है)
33. 'इकोनॉमिक टाइम्स', 7 जून 2012, कई राज्यों के शिक्षामंत्रियों को मिलाकर शिक्षा के मामले के लिए बनी केन्द्रीय सलाहकार परिषद की हाल की बैठक पर आधारित। कुछ मंत्रियों को शिकायत थी कि ''सरकारी स्कूलों के बच्चों का कोई मूल्यांकन नहीं किया जाता'' जिसके कारण ''अभिभावक अपने बच्चों की पढ़ाई को लेकर सख्ती नहीं बरतते।'' वैसे, कुछ राज्यों ने सकारात्मक कदम उठाते हुए बच्चों के विस्तृत एवं निरन्तर मूल्यांकन के प्रभावी उपाय किए हैं (मसलन, कल्पनाशील 'बाल रिपोर्ट कार्ड' तैयार करना)। इन उपायों को लागू करने की प्रक्रिया अभी एकदम शुरुआती चरण में है और 'अनुभव से सीख' लेने का दौर लम्बा चल सकता है।
34. सार संक्षेप के लिए देखें प्रोब टीम (1999), अध्याय 6
35. सीबीएसई ने उच्च प्राथमिक स्तर के बच्चों के विस्तृत एवं निरन्तर मूल्यांकन के लिए जो मैनुअल तैयार किया है उसके मुताबिक बच्चों को इन संकेतकों के आधार पर दर्जा दिया जा सकता है—'राष्ट्रीय स्वतंत्रता आन्दोलन में रुचि लेता है', 'प्रतिकूल स्थितियों में शान्त रहता है', 'दूसरों के साथ अपनी भावनाओं को बाँटने और उन पर चर्चा करने में सहज महसूस करता है', 'अपने विचार रखने के लिए हावभाव और आवाज का उपयोग करता है', 'स्कूल या स्कूल के कार्यक्रमों की आलोचना करनेवालों को उपयुक्त जवाब देता है', 'कम्प्यूटर में एनिमेशन तैयार करता है' और 'साहित्यिक आलोचना लिखता है'। शिक्षकों से अपेक्षा की जाती है कि वे बच्चों का रोज इस तरह मूल्यांकन करके उन्हें दर्जा दें—'शर्बरी मेरे विचार से सहमत नहीं थी, उसने अपना तर्क रखा मगर संयत रूप से लेकिन शान्ति उससे नाराज हुई कि वह मुझसे बहस कर रही है'। इस तरह तुलनात्मक दर्जा देने के अपने लाभ हो सकते हैं लेकिन ये वैसी भूमिका शायद ही निभा सकते हैं जैसी भूमिका शैक्षिक उपलब्धियों (पठन, लेखन, गणित और ज्ञान अर्जन में बेहतर करने की योग्यता समेत) के लिए ज्यादा मानक दर्जा देने के तरीके दुनिया-भर में निभा रहे हैं। सीबीएसई मैनुअल पर ज्यादा चर्चा के लिए देखें दिशा नवानी (2013)

36. मजूमदार एवं राणा (2012) ने इस मसले पर अच्छा विचार-विमर्श किया है।
37. सूचना के अधिकार कानून की शर्त है कि सभी शिक्षक हर महीने निश्चित घंटों तक पढ़ाएँ (जिनमें तैयारी के घंटे भी शामिल हैं)। लेकिन यह शर्त नाममात्र की ही है क्योंकि तैयारी के घंटों की निगरानी की कोई व्यवस्था नहीं है। इसी तरह यह कानून कहता है कि शिक्षक स्कूल की प्रबन्धन कमेटी (और अभिभावकों) के प्रति भी जवाबदेह बनें लेकिन कानून के मॉडल नियमों के मुताबिक स्कूल का प्रधानाध्यापक ही इस कमेटी का संयोजक होता है। वैसे भी कमेटी को कानून के तहत कोई अनुशासनात्मक कार्रवाई करने का अधिकार नहीं है।
38. देखें, उदाहरण के लिए प्रोब टीम (1999) और कार्तिक मुरलीधरन (2012b)
39. देखें भारत सरकार (1992)

6. भारत में स्वास्थ्य सेवाओं का संकट

1. देखें छह साल से कम के बच्चों के अधिकारों के लिए नागरिकों का अभिक्रम (2006), अध्याय 1; साथ ही एचएक्यू: सेन्टर फॉर चाइल्ड राइट्स (2005)
2. यहाँ तक कि इन देशों में भी बाल टीकाकरण की दरें इन चारों देशों की कुल आबादी से दोगुने आकार के उत्तर प्रदेश की इन दरों से ज्यादा हैं, देखें यूनिसेफ और भारत सरकार (2010), तालिका 4.8, पेज 33, और यूनिसेफ (2012), तालिका 3, पेज 96-99; वास्तव में, उप सहारा अफ्रीका में भी केवल सबसे अभावग्रस्त चाड या सोमालिया जैसे देशों में ही बाल टीकाकरण की दरें उत्तर प्रदेश से कम हैं।
3. 1990 के दशक और 2000 के दशक के शुरू में भारत में टीकाकरण में बहुत धीमी प्रगति का खुलासा काफी पहले 2005-06 में तीसरे राष्ट्रीय पारिवारिक स्वास्थ्य सर्वे से हो गया था (देखें उदाहरण के लिए इन्टरनेशनल इंस्टीट्यूट फॉर पॉपुलेशन साइंसेज, 2007a, पेज 232), लेकिन इस पर ध्यान नहीं दिया गया। जैसी कि इस अध्याय में चर्चा की गई है, हाल के वर्षों में कुछ तेज प्रगति के संकेत मिले हैं लेकिन काफी लम्बी उपेक्षा का असर इतना ज्यादा है कि अन्तर्राष्ट्रीय सन्दर्भ में भारत में टीकाकरण की दरें अभी भी काफी कम हैं।
4. भारत में पोलियो का उन्मूलन एक महत्त्वपूर्ण उपलब्धि है, मगर इसकी एक बड़ी कीमत इस रूप में चुकानी पड़ी है कि पिछले करीब 20 वर्षों से पोलियो उन्मूलन के 'वर्टिकल' कार्यक्रम ने बाल टीकाकरण समेत कई दूसरे आवश्यक स्वास्थ्य कार्यक्रमों को गौण कर दिया। 'पोलियो के कारण पंगुता' के मुद्दे के लिए देखें पॉल एवं अन्य (2011)। भारत में टीकाकरण के पूरे कार्यक्रम के लिए ज्यादा संसाधन और बेहतर आपूर्ति व्यवस्था की जरूरत है।
5. चौधरी एवं अन्य (2006)। साथ ही देखें कावेरी गिल (2009), जिन्होंने 2008-09 में चार राज्यों में सार्वजनिक स्वास्थ्य सेवाओं की जाँच के बाद निष्कर्ष दिया कि 'कर्मचारियों के हर वर्ग और स्तर में काम से गैरहाजिरी व्यापक है' (पेज 32)
6. देखें बनर्जी, डीटन एवं डुफ्लो (2004)
7. श्रीविद्या एवं सत्यशेखरन (2003)। भारत में निजी स्वास्थ्य सेवा क्षेत्र की सम्बन्धित खामियों के लिए देखें सुनील नन्दराज (1997, 2012) और नन्दराज एवं अन्य (2001) को भी।

8. देखें दास एवं अन्य (2012), साथ ही दास एवं हैमर (2004) और हैमर, अय्यर एवं सामजी (2007) को भी।
9. आरएसबीवाइ के कुछ प्रारम्भिक आंकलनों के लिए देखें डी. नारायण (2010), राजशेखर एवं अन्य (2011), गीता सेन (2012), सेल्वाराज एवं करण (2012), वार्ष्णेय एवं अन्य (2012)
10. निजी स्वास्थ्य बीमा का प्राय: समर्थन करनेवाली यूएसअेड की नई रिपोर्ट ने स्पष्ट रूप से माना है कि यह समस्या है।..'अस्पताल से मिलने वाली सेवा ही लगभग सभी स्वास्थ्य बीमा का आधार हो सकती है।..भारत में रोगों के जो प्राथमिक स्रोत हैं उन्हें स्वास्थ्य बीमा आमतौर पर अच्छी तरह कवर नहीं करती।' (यूएसअेड, 2008, पेज 1)
11. आरएसबीवाइ के कई समस्यामूलक पहलू (नैतिकता से जुड़ीं समस्याएँ, अस्पताल की सेवा के प्रति पूर्वाग्रह, नियमन की कमी समेत) हाल में बिहार, छत्तीसगढ़ तथा कुछ दूसरे राज्यों में अनावश्यक हिस्टेरेक्टॉमी किए जाने के विवाद से उजागर होते हैं। इन राज्यों में महिलाओं को निजी स्वास्थ्य सेवादाताओं ने अपनी बच्चेदानी निकलवाने का ऑपरेशन करवाने को मजबूर किया, जबकि इसकी जरूरत नहीं थी। लेकिन यह स्वास्थ्य बीमा से पैसे कमाने के लालच में किया गया—देखें मजूमदार (2013)। यह मनमानी तो उजागर हो गई मगर ऐसी कई चीजें दबी भी रह जाती हैं।
12. देखें भारत सरकार (1946), और भारत सरकार (2011a) क्रमश:. दूसरी रिपोर्ट की सिफारिशों पर सरकार ने अभी तक कोई फैसला नहीं किया था।
13. स्वास्थ्य सेवाओं में निष्पक्षता और न्याय की माँगों की व्यापक जाँच और इन माँगों को पूरा करने में सार्वजनिक जिम्मेदारियों की भूमिका के बारे में देखें रूजेर (2009)
14. पीटर स्वेडबर्ग की पुस्तक 'पॉवर्टी एंड अंडरन्यूट्रीशन' (स्वेडबर्ग, 2000) जोरदार ढंग से बताती है कि अन्तर्राष्ट्रीय तुलना में भारत में कुपोषण, खासकर बच्चों में कितना चरम पर है।
15. देखें यूनिसेफ (2012), तालिका 2; यह बयान मात्र 10 लाख की आबादी वाले तिमोर-लेस्टे की अनदेखी करता है, जहाँ कुपोषण का स्तर भारत से भी खराब है।
16. इसके बारे में देखें माइक्रोन्यूट्रिएंट इनीशिएटिव और यूनिसेफ (2004, 2009)। इस पैराग्राफ में एनएनएमबी के जो आँकड़ें उद्धृत किए गए हैं वे गोपालदास (2006), तालिका 1 से लिये गए हैं।
17. बचपन में कद छोटा रहना और वजन कम होना वास्तविक कमजोरी को दर्शाते हैं और बचपन या बाद में स्वास्थ्य सम्बन्धी गम्भीर समस्याएँ पैदा करते हैं। आँकड़ों से पता चलता है कि इन कमजोरियों का जीवन में कई क्षेत्रों में कमतर प्रदर्शन से सम्बन्ध होता है। उदाहरण के लिए, छोटे कद का सम्बन्ध कम वेतन, कम आय और शिक्षा में कमतर उपलब्धि से होता है। भारतीय आँकड़ों पर हाल में किए गए एक अध्ययन में भी पाया गया है कि बच्चे के कद और पढ़ाई में उसे मिलने वाले अंकों में गहरा सम्बन्ध होता है (यह निष्कर्ष दूसरे परिवर्तियों का हिसाब करके निकाला गया है)। दरअसल कद के हिसाब से पढ़ाई में मिले अंकों का भारतीय अनुपात अमेरिकी आँकड़ों पर आधारित पूर्ववर्ती अध्ययनों से मिले अनुपात से काफी विषम है। (डीन स्पीयर्स, 2011)
18. अतिरिक्त चर्चा के लिए देखें डीटन एवं द्रेज़ (2009), जयचन्द्रन एवं पांडे (2013), और डीटन।

19. रामलिंगस्वामी एवं अन्य (1996)। मूल शीर्षक 'एशियन एनिग्मा' था, जो कि थोड़ा भ्रामक है, लेकिन पाठ में 'साउथ एशियन एनिग्मा' शीर्षक इस्तेमल किया गया, जिसे व्यापक तौर पर अपनाया गया।
20. देखें उस्मानी एवं सेन (2003), सन्तोष मेहरोत्रा (2006), नीरा रामचन्द्रन (2007)
21. डीएचएस आँकड़ों से गणना की गई, जो कि www.measuredhs.com पर उपलब्ध हैं; साथ ही देखें डीटन एवं द्रेज़ (2009), तालिका 13। जनसांख्यिकीय एवं स्वास्थ्य सर्वे (डीएचएस) कई देशों में (भारत में इसे राष्ट्रीय पारिवारिक स्वास्थ्य सर्वे कहा जाता है) किए जानेवाले तुलनात्मक पारिवारिक सर्वे हैं। उप सहारा अफ्रीका के लिए जो अनुमान यहाँ दर्ज किया गया है वह 32 देशों का आबादी केन्द्रित औसत है जिसके लिए डीएचएस आँकड़े उपलब्ध हैं।
22. इस खंड का कुछ अंश 'फोकस ऑन चिल्ड्रन अंडर सिक्स' रिपोर्ट में, जिसे 'फोकस रिपार्ट' भी कहा जाता है (छह साल से कम के बच्चों के अधिकारों के लिए नागरिकों की पहल, 2006), द्रेज़ के योगदान से तैयार किया गया है; साथ ही देखें द्रेज़ (2006a) और छह साल से कम के बच्चों के लिए गठित कार्यदल (2007, 2012)
23. बाल सेवा के मामले में ज्यादा विस्तृत तथा राज्य केन्द्रित संकेतक सांख्यिकीय परिशिष्ट की तालिका ए-3 में दर्ज हैं।
24. उच्चतम न्यायालय के 13 दिसम्बर 2006 के आदेश की मुख्य बात यही है (देखें छह साल से कम के बच्चों के अधिकारों के लिए नागरिकों की पहल, 2006, पेज 143-144)
25. सभी स्कूली बच्चों को दोपहर का भोजन देने जैसे अभिक्रमों को बच्चों की सहायता के उन कुछ क्षेत्रों में गिना जा सकता है जिनमें भारत ने चीन से पहले पहल की। लु माइ के नेतृत्व में चाइना डेवलपमेंट रिसर्च फाउंडेशन (सीडीआरएफ) ने ऐसे विषयों पर गहन शोध किया है। हाल में चीन ने इन दोनों क्षेत्रों में तेजी से प्रगति की है।
26. इसी तरह के निष्कर्ष ईशानी कांडपाल (2011) ने दिए हैं, जिनका कहना है कि 'अपने वर्तमान स्वरूप में भी आईसीडीएस पर्याप्त आर्थिक लाभ देता है' पेज (1,420), और बच्चों का कद बढ़ाने में तो योगदान देता ही है। साथ ही देखें हजारिका एवं वीरेन (2013)
27. इसके लिए देखें सुधा नारायणन (2006), और उसमें उद्धृत सामग्री। साथ ही देखें हैरोल्ड आल्डरमैन (2010), आल्डरमैन एवं बेहमैंन (2006), आल्डरमैन एवं हॉर्टन (2007), नोरेस एवं बार्नेट (2010)
28. उदाहरण के लिए, महाराष्ट्र ने हाल के वर्षों में दो साल से कम के बच्चों के लिए आईसीडीएस सेवाओं को सुधारने के महत्त्वपूर्ण उपाय किए हैं। महाराष्ट्र में दो साल से कम के बच्चों के बीच किया गया एक ताजा सर्वे बताता है कि 2005-06 (जब पिछला तुलनात्मक एनएफएचएस-3 सर्वे किया गया था) के बाद से बच्चों के स्वास्थ्य तथा पोषण सम्बन्धी संकेतकों में बड़ा सुधार हुआ है। और उनके कद में वृद्धि की समस्या में भी कमी आई है; देखें इन्टरनेशनल इंस्टीट्यूट फॉर पॉपुलेशन साइंसेज (2012)
29. योजना आयोग (2012a), तालिका 5.2
30. हाल के वर्षों में दूसरे राज्यों में भी आईसीडीएस सेवाओं में उल्लेखनीय सुधार दिखा है। उदाहरण के लिए देखें महाराष्ट्र के लिए इन्टरनेशनल इंस्टीट्यूट फॉर पॉपुलेशन साइंसेज (2012), ओडीशा के लिए वायस फॉर चाइल्ड राइट्स ओडीशा, मध्य प्रदेश के लिए

विकास संवाद एवं अन्य (2013), छत्तीसगढ़ के लिए समीर गर्ग (2006) और शीला वीर (2012)

31. द्रेज़ एवं सेन (2002), अध्याय 6; साथ ही देखें मुरलीधरन एवं अन्य (2011)। तमिलनाडु में निजी स्वास्थ्य सेवाएँ भी फल-फूल रही हैं लेकिन स्वास्थ्य सम्बन्धी कई आकस्मिक जरूरतों के लिए सार्वजनिक सेवाओं में मुफ्त इलाज की भी पर्याप्त गारंटी है।
32. द्रेज़ एवं सेन (2002), पेज 213-18
33. उदाहरण के लिए, देखें लीला विसारिया (2000), ज्यां द्रेज़ (2006b), विवेक श्रीनिवासन (2010), रीतिका खेड़ा (2012), दीपा सिन्हा (2013)
34. देखें दीपा सिन्हा (2013), तालिका 3.11, और नेशनल सैंपल सर्वे ऑर्गेनाइजेशन (2006)
35. साथ ही देखें सांख्यिकीय परिशिष्ट, तालिका ए-3
36. तमिलनाडु में सार्वजनिक स्वास्थ्य के बारे में देखें दासगुप्ता एवं अन्य (2010)। यहाँ सार्वजनिक स्वास्थ्य सेवा के क्षेत्र में अन्य उपलब्धियों में एक यह भी है कि आपातस्थिति के लिए अच्छी तैयारी की गई है। 2004 में यहाँ सूनामी के हमले के बाद 'कोई महामारी नहीं फैली', जिसे विश्व स्वास्थ्य संगठन ने 'सचमुच एक उल्लेखनीय उपलब्ध कहा, और 1994 में गुजरात में हैजा फैला और 1999 में ओडीशा में प्लेग फैली तब दोनों राज्यों में महामारियों से निबटने में मदद के लिए तमिलनाडु से टीमें भेजी गईं।
37. साथ ही देखें सांख्यिकीय परिशिष्ट, तालिका ए-3
38. तमिलनाडु में आदर्श आँगनबाड़ी के जानकारीपरक अध्ययन के लिए देखें विवेक (2006)
39. उत्तर भारत में आईसीडीएस के प्रमुख कार्यकर्ताओं (आँगनबाड़ी कार्यकर्ताओं तथा सहायकों) में महिलाएँ भी हैं लेकिन प्रशिक्षकों, प्रशासकों और योजनाकारों में ज्यादातर पुरुष ही हैं, जो कभी-कभी पशु चिकित्सा जैसे दूसरे विभागों से प्रतिनियुक्ति पर आते हैं, देखें फोकस रिपोर्ट, अध्याय 6
40. तमिलनाडु ने (केरल के साथ) सामाजिक नीति के जिस दूसरे क्षेत्र में बढ़त ली है वह असंगठित क्षेत्र और विधवाओं, विकलांगों तथा वृद्धों को सामाजिक सुरक्षा प्रदान करने का क्षेत्र है, देखें द्रेज़ एवं सेन (2002) और वहाँ उद्धृत पुराने अध्ययनों को।
41. देखें खेड़ा (2011c) और द्रेज़ एवं खेड़ा (2012b); भारत तथा तमिलनाडु में सार्वजनिक वितरण प्रणाली पर अतिरिक्त चर्चा के लिए देखें अध्याय 7 को भी।
42. देखें खेड़ा एवं मुथैया (2010) और खेड़ा (2011d), साथ ही श्रीनिवासन (2010)
43. देखें पॉल एवं अन्य (2006)। यह अध्ययन पाँच बुनियादी सेवाओं—पेयजल आपूर्ति, सार्वजनिक स्वास्थ्य सेवा, प्राथमिक शिक्षा, पडिएस, सार्वजनिक परिवहन—के विस्तृत आंकलन पर आधारित है।
44. देखें श्रीनिवासन (2010), पेज 6, पीडीएस का लाभ किसे देना है इस पर विचार-विमर्श की चर्चा अध्याय 6 में की गई है।
45. भारत के विपरीत चीन में सरकार ही स्वास्थ्य कार्यकर्ताओं की मुख्य नियोक्ता है जबकि भारत में ज्यादातर स्वास्थ्य कार्यकर्ता निजी उद्यमी हैं (जो प्राय: कम शिक्षित होते हैं या उनके पास मेडिकल योग्यता सीमित होती है)। आबादी के अनुपात में स्वास्थ्य कार्यकर्ताओं की संख्या चीन में भारत से ज्यादा है। यह सरकारी स्वास्थ्य कार्यकर्ताओं के मामले में ज्यादा लागू होता है। स्वास्थ्य कार्यकर्ताओं का वितरण भी चीन में भारत के मुकाबले ज्यादा समतामूलक है (उदाहरण के लिए ग्रामीण-शहरी असमता कम है)। चीन तथा

भारत में स्वास्थ्य कार्यकर्ताओं से सम्बन्धित इन तथा अन्य पहलुओं के लिए देखें सुधीर आनन्द (2010), आनन्द एवं फान (2010)

46. भारत सरकार (1946), खंड 1, पेज 11
47. यह भी एक ऐसा मुद्दा है जिसमें 'निष्क्रियता की कीमत' का विचार काफी महत्त्वपूर्ण हो जाता है (आनन्द एवं अन्य, 2012)
48. स्वास्थ्य नीति में एक और जिस चीज की बड़ी उपेक्षा हो रही है वह है तम्बाकू से सम्बन्धित नीति। धूम्रपान को लेकर उपयुक्त सार्वजनिक नीति बनाने में अक्षमता भारत में सार्वजनिक कार्रवाई के मामले में बड़ी विफलता है और इस मामले में चीन का भी यही हाल है। 'न्यू इंग्लैंड जर्नल ऑफ मेडिसिन' में प्रकाशित एक लेख में डॉ. प्रभात झा और उनके सहयोगियों ने लिखा है, 'धूम्रपान करनेवालों का जीवन धूम्रपान न करनेवालों के मुकाबले दस साल तक छोटा हो जाता है।' और फिर भी '40 साल की उम्र से पहले धूम्रपान छोड़ दिया जाए तो निरन्तर धूम्रपान से होनेवाले खतरे 90 प्रतिशत तक कम हो सकते हैं' (झा एवं अन्य, 2013, पेज 231)। चेतावनी के सन्देशों और तम्बाकू पर टैक्स बढ़ाकर लोगों को हतोत्साहित करने के सरकारी प्रयास देसी-विदेशी तम्बाकू कम्पनियों के जोरदार विज्ञापनों और गुप्त पैरोकारी को बेअसर करने में नाकाफी साबित हुए हैं। भारत में तम्बाकू चबाने के भयावह खतरों और सम्बन्धित मसलों के लिए देखें सावलकर एवं अन्य (2013)
49. उदाहरण के लिए देखें यूनिसेफ एवं भारत सरकार (2010), साथ ही देखें रजिस्ट्रार जनरल कार्यालय द्वारा नौ राज्यों में करवाए गए वार्षिक स्वास्थ्य सर्वेक्षणों के निष्कर्ष।
50. 2005-06 और 2009 के बीच कुल प्रसवों में संस्थानों में हुए प्रसवों का अनुपात 41 से बढ़कर 74 प्रतिशत हो गया, और प्रशिक्षित दाई या नर्स द्वारा करवाए गए प्रसवों का अनुपात 49 से बढ़कर 76 प्रतिशत हो गया, देखें यूनिसेफ एवं भारत सरकार (2010) और इन्टरनेशनल इंस्टीट्यूट फॉर पॉपुलेशन साइंसेज (2007a)
51. देखें अमरजीत सिन्हा (2012), जिनका कहना है कि एनआरएचएम ने कई राज्यों में अपना प्रभाव डाला है और 'देश के कई हिस्सों में सार्वजनिक सेवा व्यवस्था को फिर से सक्रिय किया है' (पेज 17) इन राज्यों में न केवल तमिलनाडु जैसे प्रगतिशील राज्य बल्कि बिहार जैसे राज्य भी शामिल हैं, जहाँ लेखक के मुताबिक प्राथमिक स्वास्थ्य केन्द्रों में इलाज कराने वाले मरीजों की संख्या 2005 में नगण्य से चार साल में बढ़कर प्रति माह 3500 तक हो गई। सम्बन्धित मामलों के लिए देखें अमरजीत सिन्हा (2013)
52. देखें बालाबानोवा एवं अन्य (2011) और उनके द्वारा उद्धृत सामग्री, साथ ही हालस्टीड एवं अन्य (1985), जिन्होंने चीन से लेकर कोस्टा रिका, केरल और श्रीलंका तक के विशेष अन्तर्राष्ट्रीय अनुभवों के आधार पर 'कम लागत पर अच्छे स्वास्थ्य' की सम्भावना को रेखांकित किया। बालाबानोवा एवं अन्य (2011) ने हाल के उल्लेखनीय अनुभवों की भी चर्चा की है, जिनमें बांग्लादेश, तमिलनाडु, थाइलैंड आदि के अनुभव शामिल हैं।
53. जीडीपी के मुकाबले स्वास्थ्य पर सार्वजनिक खर्च का अनुपात भारत में महज 1.2 प्रतिशत है, चीन में 2.7 प्रतिशत, थाइलैंड में 2.9 प्रतिशत, मेक्सिको में 3.1 प्रतिशत, और ब्राजील में 4.2 प्रतिशत था (विश्व विकास संकेतक, ऑनलाइन)। ये देश प्रति व्यक्ति जीडीपी के मामले में भारत से बेशक ज्यादा अमीर हैं लेकिन यह वियतनाम पर लागू नहीं होता (देखें अध्याय 3), जो अपनी जीडीपी का 2.6 प्रतिशत भाग सार्वजनिक स्वास्थ्य सेवा पर खर्च करता है और सबको स्वास्थ्य देने के मामले में भारत के मुकाबले में ज्यादा करीब है।

7. गरीबी और समाज का सहारा

1. देखें द्रेज़ एवं सेन (1989, 1995, 2002) और उनके द्वारा उद्धृत सामग्री।
2. देखें द्रेज़ एवं सेन (1989), अध्याय 7
3. देखें केनेथ ऐरो (1963), जॉर्ज एकेर्लोफ (1970), माइकल स्पेंस (1973), जोसफ स्टिग्लिज (1975), रॉथ्सचाइल्ड एवं स्टिग्लिज (1976), स्टिग्लिज एवं वीस (1981), के साथ ही इस साहित्य में अन्य अग्रणी योगदान।
4. रॉबर्ट ऑमन (1987), पेज 35-36. इस मसले पर देखें थालेर एवं सनस्टीन (2008), बनजम एवं डुफ्लो (2011), चक्रवर्ती एवं अन्य (2011) के साथ अन्य कई और उनके द्वारा उद्धृत सामग्री।
5. भारत में दोपहर के भोजन का कार्यक्रम और उसके व्यापक सामाजिक लाभों के बारे में देखे द्रेज़ एवं गोयल (2003), खेड़ा (2006), द्रेज़ एवं खेड़ा (2009a), आफरीदी (2010, 2011), आफरीदी, बरुआ एवं सोमनाथन (2013), जयरामन एवं सिमरॉथ (2011), सिंह एवं अन्य (2013)। सभी जातियों के लोगों के सहभोज पर रोक जाति व्यवस्था को मजबूत करने में अहम भूमिका निभाती है। स्कूलों में इस तरह के सहभोज इन सामाजिक कुरीतियों को खत्म करने में मदद कर सकते हैं लेकिन दोपहर के भोजन में भी इस तरह के जातिवादी दुराग्रहों के उदाहरण मिलते हैं, जब उच्च जातियों के अभिभावकों ने नीची जाति की महिलाओं द्वारा पकाया गया भोजन अपने बच्चों को खाने नहीं दिया। उदाहरण के लिए देखें द्रेज़ एवं गोयल (2003), थोराट एवं ली (2005) और गाताड़े (2013)
6. 2007 के लिए निर्धारित बीपीएल जनगणना कई बार टली, मुख्यत: इसलिए कि बीपीएल की पहचान की विधि अस्पष्ट थी। बीपीएल परिवारों की पहचान की नई विधि 2011 में शुरू किए गए सामाजिक-आर्थिक एवं जातिगत जनगणना (एसईसीसी) के साथ लागू की गई लेकिन इस विधि की कड़ी आलोचना जनगणना पूरी होने से पहले ही शुरू हो गई। 3 अक्टूबर, 2011 को योजना आयोग और ग्रामीण विकास मंत्रालय के संयुक्त बयान में इस विधि के कुछ पहलुओं (मसलन, बीपीएल सूची को राज्यवार गरीबी के अनुमान का उपयोग करके पूरा करना) को वापस लेने की घोषणा की गई। इस पुस्तक को लिखते समय यह स्पष्ट नहीं है कि एसईसीसी के आँकड़ों का उपयोग करके बीपीएल परिवारों की किस तरह पहचान की जाएगी।
7. इसी तरह की टिप्पणियाँ समेकित बाल विकास सेवाओं (आईसीडीएस) पर भी लागू होंगी, जिन्हे पिछले अध्याय में प्रस्तुत किया गया है। करीब दस साल पहले योजना बना ली गई थी कि आईसीडीएस को केवल बीपीएल परिवारों के बच्चों के लिए सीमित किया जाए। यह भी गलत लोगों पर ध्यान देने का मामला होता, क्योंकि केवल बीपीएल परिवारों के बच्चे ही कुपोषण और दूसरे अभावों से ग्रस्त नहीं हैं। जैसी कि पिछले अध्याय में चर्चा की गई है, दूसरी बातें (मसलन, बालसेवा में सामाजिक मानदंडों की भूमिका, और 'बाहरी तत्त्वों' का प्रभाव तथा साथ में संक्रामक रोगों से सम्बन्धित बातें) भी इस सन्दर्भ में विशेष लोगों पर ध्यान देने का विरोध करती हैं। दोपहर के भोजन के कार्यक्रम की तरह, हाल में आईसीडीएस को सर्वव्यापी बनाने (विशेष लोगों पर ध्यान देने के शुरुआती कदम को वापस लेने) की प्रक्रिया ने कार्यक्रम को नया जीवन प्रदान करने में मदद की है।

8. यह दिसम्बर 2004 में संसद में नरेगा विधेयक पेश किए जाने के ठीक पहले (वित्त मंत्रालय के दबाव में) किया गया। विस्तृत जानकारी के लिए देखें इयान मैकऑस्लां (2008) और दीप्ता चोपड़ा (2010, 2011)
9. अतिरिक्त चर्चा के लिए देखें खेड़ा (2011b, 2011c), ड्रेज़ (2012), ड्रेज़ एवं खेड़ा (2010b, 2012b)। ऐसे कुछ संकेत हैं कि यह ज्यादा समावेशी उपाय न केवल पीडीएस के कामकाज के मामले में बेहतर नतीजे देता है बल्कि गरीबी घटाने में भी प्रभावी होता है (ड्रेज़ एवं खेड़ा, 201 2b)। इस प्रवृत्ति की अगर जाँच की गई तो यह विशेष तबके पर ध्यान देनेवाले स्कूलों के सिद्धान्तों के विपरीत होगा, जिनका मानना है कि सार्वजनिक नीतियों को गरीबी घटाने की दिशा में ज्यादा प्रभावी बनाने के लिए सार्वजनिक संसाधनों को गरीबों पर ज्यादा खर्च किया जाए।
10. देखें उदाहरण के लिए, दत्ता एवं अन्य (2010), आशीष गुप्ता (2013), सन्देश लोखंडे (2013), और मुरलीसिडप्पा एवं अन्य (2013)
11. टी.वी. शेखर (2012), पेज 58; शर्तबद्ध नकदी हस्तान्तरण और आवश्यक सेवाओं के लिए सार्वजनिक प्रावधान के बीच पारस्परिक पूरकता के मसले के लिए देखें फ्रान्सेस्का बास्ताग्ली (2011) और सुधा नारायणन (2011)
12. मुफ्त भोजन का जबरदस्त आकर्षण कई परिस्थितियों में देखा गया है। अन्य उदाहरण के लिए देखें बनर्जी एवं डुफ्लो (2011), जिन्होंने बताया है कि टीकाकरण शिविरों में थोड़ी-थोड़ी मुफ्त दाल का वितरण किस तरह माताओं और बच्चों को इन शिविरों की ओर खींचता है।
13. इस कार्यक्रम को लागू करनेवाला पहला राज्य तमिलनाडु था, जिसका अनुसरण कई दूसरे राज्यों ने भी किया। स्कूलों में दाखिले पर इसके सकारात्मक असर, बिहार के सन्दर्भ में, देखने के लिए देखें मुरलीधरन एवं प्रकाश (2012)
14. देखें जे-पाल (2011) और बेट्स, ग्लेनर्स्टर, गुमेडे और डुफ्लो (2012), और उनके द्वारा उद्धृत अध्ययन।
15. यह आचरण तथा प्रयोगमूलक अर्थव्यवस्था, खासकर (तथाकथित) 'समाज की प्राथमिकताओं' पर ताजा सामग्री के लिए देखें, उदाहरण के लिए, फेहर एवं फिशबाखर (2000), बोवेल्स एवं ह्वांग (2008), बोवेल्स एवं रेयेस (2009)
16. देखें टिटमस (1970), साथ ही मेल्स्ट्रॉम एवं जॉन्नेसन (2008), और सैंडेल (2012)
17. बोवेल्स (2007)। एक सम्बन्धित बात यह है कि जब सरकारी कर्मचारियों और पदाधिकारियों के विशेष कर्तव्यों के साथ 'प्रोत्साहन' जोड़ दिया जाता है तब दूसरे कर्तव्यों की अनदेखी नहीं, तो उपेक्षा की जाने लगती है। उदाहरण के लिए, यह प्रवृत्ति भारत में राष्ट्रीय ग्रामीण स्वास्थ्य मिशन के अन्तर्गत 'आशा' स्वास्थ्य कार्यकर्ताओं में पाई गई है।
18. जानकारीपूर्ण समीक्षा के लिए देखें शेखेर (2012)। भारत में भ्रूण लिंग परीक्षण के बाद गर्भपात के मसले पर अध्याय 8 में विचार किया गया है।
19. नरेगा कानून बनाए जाने की प्रक्रिया पर विस्तृत जानकारी के लिए देखें ड्रेज़ (2010), साथ ही मैकऑस्लां (2008), चोपड़ा (2010), नरेगा पर आर्थिक लेखन के उपयोगी परिचय के लिए देखें खेड़ा (2011d) और भारत सरकार (2012b) अक्टूबर 2009 में इस कानून का नाम 'महात्मा गांधी राष्ट्रीय ग्रामीण रोजगार गारंटी कानून' हो गया।
20. इस कानून के तहत गाँवों में रहनेवाले वयस्क को रोजगार की माँग करने पर 15 दिन के अन्दर स्थानीय लोक निर्माण के काम में लगाया जाता है। यह काम प्रति परिवार हर हाल

में अधिकतम 100 दिनों के लिए दिया जाता है। अगर रोजगार नहीं दिया जाता तो बेरोजगारी भत्ता देने की व्यवस्था है लेकिन व्यवहार में ऐसा शायद ही होता है। इस कानून के तहत कामगारों को दिए जानेवाले पारिश्रमिक तथा कानून के अन्य पहलुओं की विस्तृत जानकारी के लिए डे, द्रेज़ एवं खेड़ा (2006)

21. महाराष्ट्र की रोजगार गारंटी स्कीम (ईजीएस) के बारे में देखें उदाहरण के लिए, महेन्द्र देव एवं राणाडे (2001), अरुणा बागची (2005) और उनके द्वारा उद्धृत पुरानी सामग्री। 1970 और 1980 के दशकों में महाराष्ट्र के ईजीएस के तहत रोजाना औसतन 5 लाख कामगारों को रोजगार मिल रहा था, भले ही मजदूरी बहुत कम थी। 1990 के दशक में यह योजना लगभग बिखर गई, जिसकी वजहों का खुलासा नहीं हो पाया। इसके बारे में देखें मूर एवं जाधव (2006)। नरेगा कानून का पहला मसौदा महाराष्ट्र के ईजीएस से ही अपनाया गया था।
22. महाराष्ट्र के ईजीएस के इस पहलू के लिए देखें शाजी जोसेफ (2006), अनुराधा जोशी (2010)
23. नरेगा कानून (और बाद में नरेगा निर्देशिका) में 'पारदर्शिता की सुरक्षा' के लिए बनाई गई मूलभूत व्यवस्थाओं में यह भी एक थी। दूसरी व्यवस्थाएँ थीं—कामगारों के रोजगार कार्ड को निरन्तर सुधारना, आवश्यक सामाजिक परीक्षण, मजदूरी भुगतान की सख्त प्रक्रियाएँ, पूर्ण कम्प्यूटरीकरण, आदि। अतिरिक्त जानकारी के लिए देखें खेड़ा (2011d)
24. नरेगा फरवरी 2006 में सबसे अभावग्रस्त 200 जिलों में लागू किया गया। अभावग्रस्तता का निर्धारण योजना आयोग द्वारा तैयार 'पिछड़ापन' सूचकांक से किया गया। 1 अप्रैल 2007 को 130 और जिलों में और 1 अप्रैल, 2008 को इसे पूरे देश में लागू किया गया।
25. देखें भारत सरकार (2012b), पेज 4; 2009–10 के राष्ट्रीय नमूना सर्वे के आँकड़ों से नरेगा में रोजगार दिए जाने की संख्या कम दिखती है। मसलन, इसके अनुसार करीब 4.2 करोड़ परिवारों को नरेगा में रोजगार मिला जबकि ग्रामीण विकास मंत्रालय ने इसी साल के लिए यह संख्या 5.2 करोड़ बताई है। एनएसएस द्वारा दी गई संख्या कम हो सकती है (याद न कर पाने की समस्या के कारण) और सही संख्या इन दोनों के बीच हो सकती है।
26. कृषि मजदूरी पर नरेगा के सकारात्मक प्रभाव के बारे में देखें आजम (2011), इम्बर्ट एवं पैप (2011), बर्ग एवं अन्य (2012)। इनमें से पहले परिवर्तन (लोक निर्माण के कामों के लिए वैधानिक न्यूनतम मजदूरी का वास्तविक भुगतान) जनवरी 2009 में आंशिक तौर पर रद्द कर दिया गया, जब केन्द्र सरकार ने नरेगा को न्यूनतम मजदूरी कानून से अलग कर दिया। इस कदम को अदालत में चुनौती दी गई, और केन्द्र सरकार इस पर पुनर्विचार कर रही है।
27. इस मुद्दे पर खासकर देखें इम्बर्ट एवं पैप (2011), इस अध्ययन का कहना है कि ग्रामीण परिवारों को निजी रोजगार से होनेवाली उच्च आय के रूप में नरेगा से जो परोक्ष लाभ हुए हैं वे नरेगा से प्रत्यक्ष लाभ के लगभग बराबर हैं। नरेगा के अन्य लाभों के लिए देखें लिउ एवं डेनिंगर (2010), आफरीदी एवं अन्य (2012), पैप (2012), क्लोनर एवं ओल्डाइजेज (2013), और अन्य।
28. देखें द्रेज़ एवं खेड़ा (2009b), लिउ एवं डेनिंगर (2010), इम्बर्ट एवं पैप (2011), सिल्विया मैनगैटर (2011), दत्त एवं अन्य (2012), भारत सरकार (2012b), लिउ एवं बैरेट (2013)

29. भारत सरकार (2012b), पेज 4
30. भारत सरकार (2012b), पेज 19 इसमें मुख्य अपवाद उत्तर प्रदेश है, जहाँ नरेगा में महिलाओं की भागीदारी को सतत 20 प्रतिशत के आँकड़े से पार करना है।
31. देखें द्रेज़ एवं खेड़ा (2009b)। यह कार्यक्रम महिलाओं के न केवल नरेगा कामगार बनने बल्कि कार्यस्थल पर मेठ, डाटा इंट्री ऑपरेटर, प्रोजेक्ट अफसर, आदि बनने के भी अवसर देता है। सभी स्तरों पर महिलाओं और पुरुषों को समान मजदूरी ग्रामीण क्षेत्रों में स्त्री–पुरुष समानता स्थापित करने में महत्त्वपूर्ण योगदान देती है।
32. देखें सुधा नारायणन (2008), भारतीय महिलाओं का राष्ट्रीय परिसंघ (2008), खेड़ा एवं नायक (2009), पंकज एवं तनखा (2010), हीरवे एवं बाटाब्याल (2011), आफरीदी एवं अन्य (2012), धीरजा एवं राव।
33. देश–भर में नरेगा के काम के सामाजिक परीक्षण से यह भी एक सन्देश उभरता है; देखें द्रेज़, खेड़ा एवं सिद्धार्थ (2008)। दूसरा प्रासंगिक संकेत यह उभरा कि रोजगार के अवसर बनाने के ग्रामीण मंत्रालय द्वारा प्रकाशित सरकारी आँकड़े और नरेगा में रोजगार को लेकर स्वतंत्र राष्ट्रीय नमूना सर्वे के अनुमानों में समय के साथ निरन्तरता बढ़ी है। बिहार में भी, हाल के एक सर्वे ने नरेगा के अन्तर्गत रोजगार के अवसर बनाने को लेकर सरकारी रेकॉर्डों और सर्वे आधारित अनुमानों में उपयुक्त निरन्तरता पाई गई है, देखें दत्त एवं अन्य।
34. देखें उदाहरण के लिए, सेन्टर फॉर साइंस एवं एनवायरोनमेंट (2008), द्रेज़ एवं खेड़ा (2009b), समर्थन (2010), शाह एवं अन्य (2010), शाह एवं मकवाना (2011), वर्मा (2011)। द्रेज़ एवं खेड़ा ने जिस सर्वे का उल्लेख किया है उसमें नरेगा के कामों के बारे में सकारात्मक धारणा सिर्फ नरेगा कामगारों (जिनमें 92 प्रतिशत मानते थे कि वे जो काम कर रहे हैं वे उपयोगी या बहुत उपयोगी हैं।) बल्कि 81 प्रतिशत फील्ड इन्वेस्टिगेटरों की भी यही राय थी।
35. देखें भारत सरकार (2012b), अध्याय 3, और उसमें उद्धृत सामग्री; साथ ही अग्रवाल एवं अन्य (2012)
36. नरेगा की संचालन सम्बन्धी अनेक समस्याओं और दूसरी बाधाओं (साथ ही कई राज्यों में नरेगा के प्रति नौकरशाही का विरोधी नहीं तो निरुत्साही रवैया), देखें खेड़ा (2011d) में किए गए विभिन्न योगदान। साथ ही देखें अम्बष्ट एवं अन्य (2008) और सिविल सोसाइटी ऑर्गेनाइजेशन कर राष्ट्रीय कन्सोर्टियम (2009, 2011)
37. अदालत का दरवाजा खटखटाना नरेगा कामगारों के लिए कोई प्रभावी समाधान नहीं है क्योंकि वे गरीब हैं और सामाजिक ताकत नहीं रखते हैं। नरेगा एक कानून है और इसका खूब उल्लंघन होता है लेकिन कोई नरेगा कामगार अपने अधिकारों को हासिल करने लिए अदालत नहीं गया है, और इसके लिए लोकहित याचिका भी शायद ही दायर की गई है (हमें अब तक केवल तीन याचिकाओं की जानकारी है)। इसकी एक वजह यह है कि मुकदमे में भारी परेशानी और खर्च का सामना करना पड़ता है। फैसले में देर भी लगती है और न्याय पाने की उम्मीद कम ही रहती है। कानूनी व्यवस्था का यह पहलू नरेगा और आमतौर पर सामाजिक क्षेत्र के लिए बने कानूनों के लिए बड़ी समस्या है।
38. कुछ प्रमुख राज्यों में इस पर दिलचस्प पहल की गई है। मसलन, आन्ध्र प्रदेश ने नरेगा कामगारों को भुगतान में देरी के लिए स्वतः मुआवजे की व्यवस्था की है। भुगतान की हर प्रक्रिया का और भुगतान में 15 दिन की वैधानिक सीमा से अधिक की देरी पर मुआवजे

की प्रक्रिया का भी कम्प्यूटरीकरण किया गया है। यह देरी के लिए जिम्मेदारियाँ भी तय करता है और सम्बन्धित पदाधिकारियों पर जुर्माना भी ठोका जा सकता है। यह जवाबदेही की समस्या को टेक्नोलॉजी की मदद से दूर करने की सम्भावना का अच्छा उदाहरण है, बशर्ते जवाबदेही बहाल करने की राजनीतिक इच्छाशक्ति हो। इस पर अध्याय 4 में चर्चा की गई है। विस्तृत जानकारी के लिए देखें चोपड़ा एवं खेड़ा (2012)

39. इस खंड का ज्यादा अंश द्रेज़ एवं राधिका खेड़ा के संयुक्त कार्य से लिया गया है। देखें द्रेज़ एवं खेड़ा (2010a, 2010b, 2011, 2012b, 2013), खेड़ा (2011c), द्रेज़ (2012)
40. भारत की पीडीएस व्यवस्था के बारे में जानकारी आधी-अधूरी है। विस्तृत जानकारी के लिए देखें झा एवं रामस्वामी (2010) और खेड़ा (2011c)
41. सच्ची बात यह है कि राज्यों को आवंटन के लिए गरीबी के अनुमानों का उपयोग केवल बीपीएल कोटा पर लागू होता है। एपीएल कोटा केन्द्र सरकार ही तय करती है। यह कोटा दरअसल अतिरिक्त खाद्य सामग्री को खपाने का ही माध्यम है। 2000 के दशक के शुरू में इसे लगभग बन्द कर दिया गया था लेकिन जब खाद्यान्न उगाही बढ़ती गई तो इसे फिर शुरू किया गया।
42. देश-भर में अंत्योदय परिवार डीएस के जरिए रियायती दर पर हर महीने 35 किलो अनाज पाने के हकदार हैं। सरलता के लिए हमने इस खंड में इस समूह को बीपीएल की श्रेणी में रखा है। वास्तव में, शुरू में अंत्योदय बीपीएल समूह की ही उप श्रेणी थी।
43. देखें झा एवं रामस्वामी (2010), कोतवाल एवं अन्य (2012)
44. विशेष राज्यों के मामलों के अध्ययन के लिए देखें खासतौर से खेड़ा (2011c), साथ ही अंकिता अग्रवाल (2011), जिजो जोस (2011), स्वाति मीनाक्षी (2011), रिया साहनी (2011), राघव पुरी (2012)
45. छत्तीसगढ़ के कुछ जिलों में पीडीएस के माध्यम से दालें 5 रु. किलों की दर से दी जाती हैं, जो कि रियायती दर है क्योंकि बाजार में इनकी दरें कई गुना ज्यादा हैं।
46. देखें खेड़ा (2011c), द्रेज़ एवं खेड़ा (2010b), पुरी (2012), पारकर (2012), वीर (2012)। वैसे, यह बयान छत्तीसगढ़ के पुराने बस्तर क्षेत्र के लिए लागू नहीं होता, जहाँ सशस्त्र संघर्ष ने प्रशासनिक तंत्र और पंचायती राज संस्थाओं के कामकाज को कुप्रभावित किया है।
47. देखें द्रेज़ (2001), जिस पर इस अध्याय के शुरू में दर्ज प्रसंग आधारित है।
48. देखें द्रेज़ एवं खेड़ा (2010b, 2013); 2009-10 में ग्रामीण गरीबी के मामले में 'गरीबी में अन्तर का सूचकांक' अखिल भारतीय स्तर पर पीडीएस से आपूर्ति न किए जाने पर जो होता उससे 18 प्रतिशत नीचा था। छत्तीसगढ़ और तमिलनाडु में यह 40 से 50 प्रतिशत तक कम था। ऐसे निष्कर्षों के लिए देखें हिमांशु (2012)
49. देखें खेड़ा (2011)
50. देखें द्रेज़ एवं खेड़ा (2011c)
51. सार्वजनिक क्षेत्रों में निजी व्यवहार को 'बढ़ावा' देने के विचार के लिए देखें थलेर एवं सनस्टीन (2008)। जब यह चावल और गेहूँ के लिए सीमित किया जाता है तब कैलरी का उपभोग नकदी हस्तान्तरण के मुकाबले पीडीडीएस से ज्यादा बढ़ जाता है, देखें हिमांशु एवं सेन (2013)
52. देखें खेड़ा (2011c) तालिका 8

8. असमानता की जकड़

1. देखें ड्रेज़ एवं सेन (2002), तालिका 5.1, पेज 147-8
2. देखें वेल एवं अन्य (2011), क्रेस्पो-कुआरेस्मा एवं अन्य (2012), इमरान एवं शिल्पी (2012)
3. युवा वर्गों में भी भारत में स्कूलिंग के वर्षों का गिनी गुणांक अभी भी काफी ऊँचा है : वर्ष 2000 में 25-29 आयुवर्ग में यह 0.5 था, जो शिक्षा के मामले में ज्यादा समतामूलक दक्षिण कोरिया जैसे देशों से 0.1 कम था। इन देशों में सभी युवाओं को 'पूरी तरह शिक्षा प्राप्त होती है'; देखें क्रेस्पो-कुआरेस्मा एवं अन्य (2012), पेज 10 लेखकों ने भारत और द. कोरिया में शैक्षिक असमानता के उल्लेखनीय मामले प्रस्तुत किए हैं और यह भी बताया है कि समय के साथ यह असमानता किस तरह द. कोरिया में घटी है जबकि भारत में ऐसा नहीं हुआ है। गौर करने की बात है कि स्कूलिंग के वर्षों का गिनी गुणांक भारत में शैक्षिक असमानता का काफी कमतर आंकलन प्रस्तुत कर सकता है। इसकी वजह—जिसकी चर्चा अध्याय 5 में की गई है—यह है कि स्कूलिंग के स्तर में भी काफी असमानता है, जो स्कूलिंग की 'मात्रा' में असमानताओं को दूसरे देशों की तुलना में बढ़ाकर प्रस्तुत करता है।
4. लायन अग्रवाल (2008) द्वारा उद्धृत, पेज 214 लोहिया के जीवन तथा विचार के बारे में देखें योगेंद्र यादव (2010a, 2010b)
5. दूसरा मजबूत सामाजिक विभाजन आदिवासियों (अनुसूचित जनजातियों और बाकी लोगों के बीच है। भारत की आबादी में आदिवासियों का अनुपात 8 प्रतिशत है और इनमें से कई को दलितों या अनुसूचित जातियों की तरह ही अभावों और भेदभाव को भुगतना पड़ता है और अक्सर विस्थापन भी झेलना पड़ता है। दलित हालाँकि एक महत्त्वपूर्ण राजनीतिक ताकत बन गए हैं लेकिन आदिवासियों के हितों के लिए संगठित राजनीतिक दबाव नहीं बना है, जिसके कारण भारतीय समाज में उनकी स्थिति कमजोर बनी हुई है।
6. देखें ड्रेज़ एवं गजदर (1996), उत्तर प्रदेश के सन्दर्भ में।
7. विश्व बैंक (2011a), पेज 23 भारत में आय में असामनता के लिए देखें, वान्नमैन एवं दुबे।
8. देखें डीटन एवं ड्रेज़ (2002), बनर्जी एवं पिकेट्टी (2005), जयदेव एवं अन्य (2007), सरकार एवं मेहता (2010), विश्व बैंक (2011a), वीस्कॉफ (2011), एशियाई विकास बैंक (2012) और अन्य।
9. देखें डीटन एवं ड्रेज़ (2002), हिमांशु (2007), विश्व बैंक (2011a), दत्त एवं रावालियन (2010), कपूर (2013), कोतवाल एवं रायचौधरी (2013)
10. देखें विल्किंसन एवं मार्मोट (2003), और विल्किंसन एवं पिकेट्ट (2009)
11. आर्थिक असमानता के इन और अन्य परिणामों पर अतिरिक्त चर्चा के लिए देखें थॉमस विस्कॉफ (2011) और उनके द्वारा उद्धृत सामग्री।
12. इस पर काफी समाजवैज्ञानिक तथा मानववैज्ञानिक सामग्री उपलब्ध है; समीक्षा के लिए देखें आन्द्रे बेते (2012)। समकालीन भारत में जाति व्यवस्था (और यह कैसे बदल रही है) इसके बारे में देखें एम.एन. श्रीनिवास (1995), कांचा इलैया (1996), सी.जे. फुलर (1997), घनश्याम शाह एवं अन्य (2006), गेल ओमवेट (2008, 2010), थोराट एवं न्यूमैन (2010), के. बालगोपाल (2011), और अन्य।

13. इस दमन का पहला दमदार विवरण लक्ष्मण गायकवाड़ (1998), ओमप्रकाश वाल्मीकि (2003), बी.आर. अम्बेडकर (2011) और दूसरों ने भी लिखा है। साथ ही देखें शर्मिला रेगे (2006), और शाह एवं अन्य (2006)
14. वर्ण व्यवस्था (ब्राह्मण, क्षत्रिय, वैश्य, शूद्र) में कायस्थों की स्थिति पूरी तरह स्पष्ट नहीं है, भारत के अलग-अलग क्षेत्रों में उनकी स्थिति अलग-अलग है। उन्हें क्षत्रिय भी माना जाता है लेकिन इसमें सन्देह नहीं है कि वे उच्च वर्ग में हैं।
15. भारत के 14 में से 7 प्रधानमंत्री (जवाहरलाल नेहरू, लाल बहादुर शास्त्री, इन्दिरा गांधी, राजीव गांधी, गुलजारी लाल नन्दा, वी.पी. सिंह और चन्द्रशेखर) इलाहाबाद में जन्मे, पले, पढ़े और निर्वाचित हुए।
16. मीडिया समूहों के बारे में देखें बी.एन. उनियाल (1996), जे. बालसुब्रह्मण्यम (2011), रॉबिन जेफ्रे (2012); कॉरपोरेट बोर्डों और उद्योग जगत के अग्रणी के बारे में देखें हरीश दामोदरन (2008), अजित एवं अन्य (2012); पोलो टीमों के लिए देखें करन तेजपाल (2012), क्रिकेट टीमों के लिए देखें रिचर्ड कैशमैन (1980), एस. आनन्द (2003), एंड्रू स्टीवेंशन (2008)। 2008 में स्टीवेंशन की गिनती तक भारतीय क्रिकेट टीम में 11 में से 7 (यानी 4 प्रतिशत) खिलाड़ी ब्राह्मण थे; राष्ट्रीय क्रिकेट अकादमी के ब्राह्मण अध्यक्ष ने इसे महज संयोग कहकर टाल दिया।
17. देखें चमड़िया, कुमार और यादव (2006)
18. देखें अजित, दोनकर एवं सक्सेना (2012), तालिका 1, पेज 41, भारत की सबसे बड़ी 1000 कम्पनियों (कुल सम्पत्ति के आधार पर) के बोर्डों की सदस्यता के विश्लेषण पर आधारित। साथ ही भारत के अरबपतियों की जातियों के लिए देखें गांधी एवं वाल्टन (2012)
19. सच्चर कमेटी रिपोर्ट ने इन अभावों के उपयोगी प्रमाण दिए हैं, (भारत सरकार, 2006)
20. भारत में अलग-अलग राज्यों में बाल मृत्यु में स्त्री-पुरुष के अनुपात के लिए देखें सांख्यिकीय परिशिष्ट, तालिका ए-3
21. देखें संयुक्त राष्ट्र (2001), तालिका 3.1, जिसमें 122 देशों में बाल मृत्यु में स्त्री-पुरुष के अनुपात के अनुमान प्रस्तुत किए गए हैं। इनके मुताबिक 1-4 आयुवर्ग में मरने वाले बच्चों में लड़कों की तुलना में लड़कियों के मरने की सम्भावना किसी देश से ज्यादा भारत में ज्यादा है।
22. देखें चन्द्रशेखर एवं घोष (2011), मजूमदार एवं एन (2011), और थॉमस (2012)। जनगणना और राष्ट्रीय नमूना सर्वेक्षण के आँकड़े बताते हैं कि पिछले कुछ दशकों में भारत में महिला कामगारों की भागीदारी लगभग स्थिर रही है (बढ़ी तो नहीं ही है)
23. 33 प्रतिशत का मानक संविधान (73वाँ संशोधन) कानून 1992 के तहत निर्धारित राष्ट्रीय न्यूनतम गारंटी है। इस न्यूनतम को 33 से बढ़ाकर 50 प्रतिशत करने की मंजूरी केन्द्रीय मंत्रिमंडल ने दे दी है लेकिन अभी यह कानून नहीं बना है। इस बीच बिहार, हिमाचल प्रदेश, मध्य प्रदेश समेत कई राज्यों ने पंचायती राज संस्थाओं में महिलाओं को 50 प्रतिशत आरक्षण लागू कर दिया है।
24. देखें चट्टोपाध्याय एवं डुफ्लो (2004); साथ ही बीमैन एवं अन्य (2006), डुफ्लो (2011), साठे एवं अन्य (2013), और उनके द्वारा उद्धृत सामग्री। इस बात के प्रमाण तो हैं कि स्थानीय निकायों में महिलाओं के राजनीतिक प्रतिनिधित्व से फर्क पड़ता है (कम-से-कम भारत में) लेकिन इससे जुड़ा असली समीकरण काफी सरल है—जाँच का क्षेत्र खुला है।

25. देखें सांख्यिकीय परिशिष्ट, तालिका ए-3
26. यह विभिन्न असमानताओं (इस मामले में जाति और लिंग को लेकर) का एक-दूसरे को मजबूती देने का एक और उदाहरण है। ज्यादा पहले से नहीं, तो 18वीं सदी के बाद से भारत के कई मौलिक चिन्तकों और सुधारकों ने जाति और लिंग को लेकर असमानताओं की परस्पर पूरकता को स्पष्ट तौर पर रेखांकित किया है और कहा है कि एक को खत्म किए बिना दूसरी खत्म नहीं होगी। जाति व्यवस्था के घोर विरोधी ही महिलाओं के अधिकारों का समर्थन करने में अपने समय के हिसाब से बहुत आगे थे। औरों के अलावा ताराबाई शिंदे, ज्योतिराव फुळे, बी.आर. अम्बेडकर और पेरियार इसकी कुछ मिसालें हैं (देखें अम्बेडकर 1917, वीरमणि 1992, ओ'हैनलॉन 1994, गीता 1998, सिन्हा 2012, रेगे 2013)
27. नशीली दवाओं तथा अपराध के मामलों के लिए गठित संयुक्त राष्ट्र कार्यालय (2013)
28. देखें सेन (1990), ड्रेज़ एवं सेन (2002)
29. देखें ड्रेज़ एवं सेन (2002) और उनके द्वारा उद्धृत सामग्री।
30. इसके लिए देखें सेन (1984), अध्याय 5 और 16; सेन (1990), फोल्ब्रे (1986), ब्रैनेन एवं विल्सन (1987), फर्बर एवं नेल्सन (1993), और दूसरों के योगदान।
31. अग्रवाल (1984)
32. इस विषय पर हमारी पिछली पुस्तकों में विस्तृत चर्चा की गई है, ड्रेज़ एवं सेन (1995, 2002), जिनमें प्रयोगमूलक अध्ययनों को उद्धृत किया गया है, जिन पर यह आंकलन आधारित है।
33. मृत्यु-दर और प्रजनन में कमी के लिए महिला संसाधनों की भूमिका के विभिन्न पहलुओं के बारे में देखें मूर्ति, गुइयो एवं ड्रेज़ (1995), ड्रेज़ एवं मूर्ति (2001), और उनके द्वारा उद्धृत सामग्री; साथ ही जॉन क्लेलैंड (2002), किशोर एवं गुप्ता (2004), ओइस्टीन क्रावडाल (2004), बेकर एवं अन्य (2011), लीवाइन एवं अन्य (2012), संयुक्त राज्य जनसंख्या कोश (2012a), और अन्य।
34. वास्तव में भ्रूण लिंग परीक्षण करवाने के बाद गर्भपात कराने में शिक्षित महिलाएँ ही आगे हैं (झा एवं अन्य, 2011)। वैसे, इन दोनों में पारस्परिक संबध है और यह स्पष्ट नहीं है कि आर्थिक स्थिति (प्रति व्यक्ति आय का तो महिला शिक्षा और उक्त तरह के गर्भपात से सकारात्मक रूप से सम्बन्ध है ही) को नियंत्रित करने के बाद यह लागू होता है या नहीं।
35. देखें लीला सेठ (2012) पितृसत्तात्मक मानसिकता और परिवार नियोजन पर इसके प्रभाव के मूल्यवान प्रमाण के लिए देखें जॉन एवं अन्य (2009), और आरोकियासामी एवं गोली (2012)
36. इसके बारे में देखें सेन (1985, 2002a और 2002b)
37. देखें झा एवं अन्य (2011)। भालोत्रा एवं कोचरेन (2010) द्वारा किए गए स्वतंत्र अनुमान समान सीमा के अन्दर हैं—1995-2005 की अवधि में उक्त तरह के 5 लाख गर्भपात हुए।
38. कुमार एवं सत्यनारायण (2012), पेज 71, और परिशिष्ट तालिका ए-1; उपलब्ध आँकड़ों के आधार पर देखें तो दुनिया के किसी देश में बच्चों में लड़के-लड़कियों का अनुपात उतना नीचा न होगा जितना भारत के इन जिलों में है (न ही पूरे हरियाणा में जितना नीचा है)। वैसे, चीन के कुछ प्रान्तों में ऐसा है; संयुक्त राष्ट्र जनसंख्या कोश (2012b)
39. यह विकृति काफी कम है, इसके प्रमाण के लिए देखें कुमार एवं सत्यनारायण (2012)

40. अगर हम छोटे राज्यों को देखें तो देश की पूर्वोत्तर सीमा से प्राप्त आँकड़ों के अन्तर में स्पष्ट तौर पर अपवाद दिखता है।
41. अतिरिक्त चर्चा के लिए देखें द्रेज़ एवं सेन (2002), अध्याय 7; उन्होंने बच्चों में लड़के-लड़कियों के 2001 के अनुपातों की जो चर्चा की है वे यहाँ (तालिका 8.3 में) प्रस्तुत अनुपातों से थोड़े भिन्न हैं क्योंकि पहले के आँकड़े 2001 की जनगणना में दर्ज 'कामचलाऊ जनसंख्या योगों' पर आधारित हैं।
42. साथ ही देखें झा एवं अन्य (2011)
43. देखें डेविड सोफर (1980), डायसन एवं मूर (1983), और बारबरा मिलर (1981, 1989), मिलर (1989), ने 'किशोरों में लड़का-लड़की के अनुपात' पर दृष्टि डालते हुए (जब भ्रूण परीक्षण के बाद गर्भपात दुर्लभ थे जिससे इन अनुपातों में असन्तुलन मुख्यत: लड़के-लड़कियों की मृत्युदर के अन्तर से संचालित होते थे), एक व्यापक 'उत्तर-पश्चिम बनाम दक्षिण-पूरब' प्रवृत्ति की पहचान की, एक अलग सीमा के साथ। यहाँ जिस प्रवृत्ति की पहचान की गई है उसी की तरह यह प्रवृत्ति भी बहुचर्चित 'उत्तर-दक्षिण भेद' से अलग है। इस भेद को भारत में स्त्री-पुरुष मामलों में क्षेत्रगत विभेदों के विश्लेषण में प्राय: इस्तेमाल किया जाता है। बेशक इस बात का दावा नहीं किया जाता कि बच्चों में लड़के-लड़कियों के अनुपात के लिए लागू क्षेत्रगत विभेद भारत में स्त्री-पुरुष मामलों के अन्य रूपों पर लागू होते हैं या नहीं। भारत में स्त्री-पुरुष मामलों में क्षेत्रगत विभेदों के ब्यौरे, गोत्र व्यवस्था तथा सम्बन्धित मामलों में काफी जटिल हैं, जैसा कि इरावती कर्वे (1968) ने कई साल पहले इंगित कर दिया था।
44. देखें द्रेज़ एवं खेड़ा (2008), जिनके ऊपर बाकी का यह खंड आधारित है। भारत में कॉरपोरेट क्षेत्र की असन्तुलित रूप से ज्यादा ताकत के दुष्परिणामों, 'सार्वजनिक पैसे पर निजी क्षेत्र के बढ़ते कब्जे' पर रघुराम राजन (2008) ने अच्छा विचार-विमर्श किया है; साथ ही देखें गांधी एवं वाल्टन (2012) और कोहली (2012) तथा अन्य।

9. लोकतंत्र, असमानता और जनता की आवाज

1. लोकतंत्र के इतिहास और उसके बदलते विचारों के बारे में देखें एलन रयान (2012), साथ ही इयान शापिरो (1999) तथा जॉन दयाल (2005)
2. रामचन्द्र गुहा (2007)
3. देखें बेला भाटिया (2011)
4. रवि (2012)। इस मुद्दे पर जीवन रेड्डी कमेटी (2005) और संजय हजारिका (2013a, 2013b) को भी देखें।
5. इस दमन के एक जाने-माने उदाहरण हैं डॉ. बिनायक सेन, लेकिन कई और भी हैं। केवल एक उदाहरण दिया जाए, तो हाल में कुडनकुलम परमाणु संयंत्र का विरोध करनेवाले (एक रिपोर्ट के अनुसार तकरीबन 8 हजार) लोगों पर देशद्रोह का मुकदमा ठोक दिया गया; देखें सौमिक मुखर्जी (2012)
6. पंकज मिश्रा (2012)
7. देखें सांख्यिकीय परिशिष्ट, तालिका ए-3
8. देखें सांख्यिकीय परिशिष्ट, तालिका ए-3
9. देखें संजय कुमार (2009)

10. बी.आर. अम्बेडकर (1950), 'बेसिक फीचर्स ऑफ इंडियन कंस्टीट्यूशन', रॉड्रिग्स द्वारा पुन:मुद्रित (2002), पेज 490
11. सैमुअल हटिंग्टन (1991), पेज 9
12. इस मसले के बारे में देखें अमर्त्य सेन (2009), खासकर अध्याय 15-17
13. जॉन रॉल्स, 'कलेक्टेड पेपर्स' (1999), पेज 579-80. साथ ही देखें 'अ थिअरी ऑफ जस्टिस' (1971), 'पॉलिटिकल लिबरलिज्म' (1993), और 'जस्टिस ऐज फेयरनेस : अ रीस्टेटमेंट' (2001)
14. जर्गेन हैबरमास (1996)
15. जैसी कि उपेंदर सिंह की टिप्पणी है, 'शिलालेखों में दर्ज विचारों की खोज करना अतीत की इन धरोहरों के विश्लेषण का महत्त्वपूर्ण हिस्सा है' (सिंह, 2012, पेज 131)। साथ ही देखें सिंह (2009), और रोमिला थापर (1963, 1984) के प्रारम्भिक उत्कृष्ट कार्यों को। अशोक के शिलालेखों की हाल की व्याख्याओं में देखे, राजीव भार्गव को भी।
16. समाचारपत्रों के रजिस्ट्रार के ताजा आँकड़े (2011-12 के लिए)
17. देखें अरुन्धति राय (2010)
18. भारतीय समाचारपत्र उद्योग की सफलताओं और सीमाओं के बारे में गहन विश्लेषण के लिए देखें एन. राम (1990, 2011, 2012), साथ ही देखें रोबिन जेफ्रे (2000), प्रभात पटनायक (2002), पी. साईनाथ (2009), केन ऑलेट्टा (2012)
19. शोभा डे (2008), पेज 41
20. भारत के एक प्रमुख अखबार 'टाइम्स ऑफ इंडिया' के एक प्रबन्ध सम्पादक ने एक साक्षात्कार में कहा, 'हम अखबार के नहीं, विज्ञापन के व्यवसाय में हैं।' (देखें ऑलेट्टा, 2012)
21. कुछ साल पहले विज्ञान एवं पर्यावरण केन्द्र ने खुलासा किया था कि पेप्सी और कोका कोला अपने पेयों में प्रदूषित पानी का उपयोग कर रही हैं। लेकिन उसी टिप्पणीकार ने कहा कि टीवी समाचार चैनल इन कम्पनियों के बचाव में उतर आईं, क्योंकि इनसे उन्हें खूब विज्ञापन मिलते हैं।
22. इस पर (और मीडिया समूहों तथा व्यात्रसायिक समूहों के बीच तथाकथित 'आपसी मिलीभगत' से सम्बन्धित मसलों के लिए देखें भारतीय प्रेस परिषद को प्रस्तुत रेड्डी एवं ठाकुरता (2010) की रिपोर्ट; साथ ही पी. साईनाथ (2009, 2010), गुहा ठाकुरता (2011)
23. विपुल मुद्गल (2011)। क्षेत्रीय अखबारों के बारे में ऐसे ही निष्कर्षों के लिए देखें 'द हूट' (2011)
24. सम्पादकों और भोजन के अधिकार अभियान, के बीच 29 नवंबर 2011 की परिचर्चा में परंजय गुहा ठाकुरता की टिप्पणी इंडियन सोशल इंस्टीट्यूट।
25. अशोक रुद्र (1989)। रुद्र का विश्लेषण 'बुद्धिजीवी वर्ग' की काफी व्यापक व्याख्या पर आधारित है, जो कुल मिलाकर इसे वह वर्ग मानती है जो 'मानसिक श्रम बेचकर जीवनयापन करता है।' (पेज 144)
26. देखें भारत सरकार (2011h), तालिका 2.18, पेज ए-1, ए-51
27. देखें भारत सरकार (2002a, 2002b, 2004a); साथ ही देखें अमरेश बागची एवं अन्य (2005) और उनके द्वारा उद्धृत पुरानी विशेषज्ञ रिपोर्टें।
28. देखें भारत सरकार (2012e)। परिशिष्ट 2, पेज 19

29. देखें भारत सरकार (2012e)। बयान के विश्लेषण के लिए देखें कविता राव (2013)
30. 'टाइम्स ऑफ इंडिया' (6 दिसम्बर, 2012), और 'इकोनॉमिक टाइम्स' (3 जनवरी, 2013) में उद्धृत। भारत दुनिया में सोने का सबसे बड़ा आयातक है, 2011-12 में उसने 1000 हजार टन सोने का आयात किया जो 6 अरब डॉलर मूल्य का और भारत की जीडीपी का करीब 3 प्रतिशत था (सी. रंगराजन, प्रधानमंत्री की आर्थिक सलाहकार परिषद के अध्यक्ष, जिन्हें 'फाइनेंशियल एक्सप्रेस', 2 दिसम्बर, 2012 में उद्धृत किया गया)। हाल में सोने के आयात में तेजी का हाल यह था कि वित्त मंत्रालय के राजस्व परित्याग ब्यौरे में (जिसे इस पुस्तक के प्रेस में जाते वक्त जारी किया गया है) कहा गया है कि 2011-12 में सोने तथ हीरों के आयात पर सीमा शुल्क में छूट देने के कारण परित्यक्त राजस्व 57,000 करोड़ रु. से बढ़कर 66,000 करोड़ रु. हो गया।
31. उसी तरह के विधेयक या विधेयक के मसौदे संसद में लटके पड़े हैं जिनमें उल्लेखनीय हैं—राष्ट्रीय खाद्य सुरक्षा विधेयक 2011, लोकपाल एवं लोकायुक्त विधेयक 2011, समय पर सामान तथा सेवा पाने के नागरिकों के अधिकार तथा उनकी शिकायतों के निबटारे का विधेयक 2011, भूमि अधिग्रहण, पुनर्वास एवं पुन:स्थापन विधेयक 2011, महिला आरक्षण विधेयक संवैधानिक संशोधन जिसके तहत संसद तथा विधानसभाओं की एक तिहाई सीटें महिलाओं के लिए आरक्षित होती हैं।

10. बेचैनी भी जरूरी है

1. देखें हैरिस (1958), अध्याय 10; साथ ही देखें फ्रेजर (1919), परिशिष्ट D
2. भारत सरकार (1946), 'रिपोर्ट ऑफ हेल्थ सर्वे एंड डेवलपमेंट कमेटी', खंड 2, पेज 1
3. देखें सेन (1973, 1997), एटकिंसन (1975, 1983), और फोस्टर एवं सेन (1997)
4. राममनोहर रेड्डी (2012)
5. एम्मा रॉथ्सचाइल्ड (2011), पेज 127 पर उद्धृत।

References*

Aakella, K. V. and Kidambi, S. (2007), 'Challenging Corruption with Social Audits', *Economic and Political Weekly,* 3 February.

Acemoglu, D. and Robinson, J. (2012.), *Why Nations Fail: The Origins of Power, Prosperity and Poverty* (London: Profile Books).

Adhikari, Anindita (2011), 'Strong Revival', *Frontline,* 31 December.

Afridi, Farzana (2010), 'Child Welfare Programs and Child Nutrition: Evidence from a Mandated School Meal Program in India', *Journal of Development Economics, 92..*

Afridi, Farzana (2011), 'The Impact of School Meals on Student Participation in Rural India', *Journal of Development Studies, 47.*

Afridi, E, Barooah, B. and Somanathan, R. (2013), 'School Meals and Classroom Effort: Evidence from India', Working Paper, International Growth Centre, London School of Economics.

Afridi, E, Mukhopadhyay, A. and Sahoo, S. (2012.), 'Female Labour Force Participation and Child Education in India: The Effect of the National Rural Employment Guarantee Scheme', Discussion Paper 6593, Institute for the Study of Labor, Bonn.

Agarwal, Bina (1994), *A Field of One's Own* (Cambridge: Cambridge University Press).

Agarwal, Manmohan (1991), 'Sukhamoy Chakravarty as a Development Economist', *Economic and Political Weekly,* 3 I August.

Aggarwal, Ankita (2011), 'The PDS in Rural Orissa: Against the Grain?', *Economic and Political Weekly,* 3 September.

Aggarwal, A., Dreze, }, P. and Gupta, A. (2013), 'Notes on the Caste Composition of Public Institutions in Allahabad', mimeo, Department of Economics, Allahabad University.

Aggarwal, A., Gupta, A. and Kumar, A. (2012), 'Evaluation of NREGA Wells in Jharkhand', *Economic and Political Weekly,* I September.

Agrawal, Lion (2008), *Freedom Fighters of India,* vol. 11 (Delhi: Isha).

Ahluwalia, Montek Singh (2010), 'Message from Delhi: Don't Cut Too Soon', *Financial Times,* 23 July.

* A substantial proportion of the publications listed here are available online. Hyperlinks are given in cases of publications that appear to be available only on the Internet.

Ahuja, A. and Chhibber, P. (2012), 'Why the Poor Vote in India', *Studies in Comparative International Development, 47.*

Aiyar, Swaminathan A. (201 la), 'Agricultural Wages have Skyrocketed: Poor have Benefited from GDP Growth', *Economic Times,* 7 June.

Aiyar, Swaminathan A. (2011b), 'Wage Boom Proves Inclusive Growth', *Economic Times,* 7 July.

Ajit, D., Donker, H. and Saxena, R. (2012), 'Corporate Boards in India:
Blocked by Caste?', *Economic and Political Weekly,* 11 August.

Akerlof, George A. (1970), 'The Market for "Lemons": Quality Uncertainty and the Market Mechanism', *Quarterly Journal of Economics, 84.*

Alderman, Harold (2010), 'The Economic Cost of a Poor Start in Life', *Journal of Developmental Origins of Health and Disease,* 1.

Alderman, H. and Behrman, J. (2006), 'Reducing the Incidence of Low Birth Weight in Low-Income Countries has Substantial Economic Benefits', *World Bank Research Observer,* 21.

Alderman, H. and Horton, S. (2007), 'The Economics of Addressing Nutritional Anemia', in K. Kraemer and M. B. Zimmermann (eds.) (2007), *Nutritional Anemia* (Basel: Sight and Life Press).

Alessandrini, Michelle (2009), 'Jobless Growth in Indian Manufacturing: A Kaldorian Approach', Discussion Paper 99, Centre for Financial and Management Studies, University of London.

Alkire, S. and Foster, J. (2011), 'Counting and Multidimensional Poverty Measurement', *Journal of Public Economics,* 95.

Alkire, S., Roche, J. M. and Seth, S. (December 2011), 'Table 3.3: Contribution of Deprivations to the MPI, by Sub-National Regions', Oxford Poverty and Human Development Initiative; available at http://www.ophi.org.uk (accessed November 2012).

Alkire, S. and Santos, M. E. (2012), 'Acute Multidimensional Poverty: A New Index for Developing Countries', mimeo, Oxford Poverty and Human Development Initiative, University of Oxford.

Alkire, S. and Seth, S. (2012), 'Multidimensional Poverty Index (MPI) Rates in Rural and Urban Indian States', mimeo, Oxford Poverty and Human Development Initiative, University of Oxford; available at http://ophLqeh.ox.ac.uk.

Alkire, S. and Seth, S. (2013), 'Multidimensional Poverty Reduction in India between 1999 and 2006: Where and How?', OPHI Working Paper 60, Oxford Poverty and Human Development Initiative, University of Oxford.

Ambasta, P., Vijay Shankar, P. S. and Shah, M. (2008), 'Two Years of NREGA:
The Road Ahead', *Economic and Political Weekly,* 23 February.

Ambedkar, B. R. (1917), 'Castes in India: Their Mechanism, Genesis and Development', *Indian Antiquary,* 41; reprinted in Government of Maharashtra (1979-98), vol. I; also reprinted in Manoranjan Mohanty (ed.) *(2004), Class, Caste and Gender* (New Delhi: Sage).

Ambedkar, B. R. (1936), *The Annihilation of Caste,* reprinted 1990 with an introduction by Mulk Raj Anand (New Delhi: Arnold).

Ambedkar, B. R. (1952), 'Conditions Precedent for the Successful Working of Democracy', speech delivered at the Poona District Law Library; reprinted in Bhagwan Das (2010).

Ambedkar, B. R. (2011), *Reminiscences of Untouchability,* reprinted from Government of Maharashtra (1979-98), vol. 12 (New Delhi: Critical Quest).

Amnesty International (2012), *Death Sentences and Executions 2011* (London: Amnesty International Publications).

Anand, Mukesh K. (2012), 'Diesel Pricing in India', Working Paper 2012-2108, National Institute of Public Finance and Policy, New Delhi.

Anand, S. (2003), 'The Retreat of the Brahmin', *Outlook,* 10 February. Anand, Sudhir (2010), 'Measuring Health Work force Inequalities: Methods and Application to China and India', *Human Resources for Health Observer,* 5, World Health Organization, Geneva.

Anand, S., Desmond, c., Fuje, H. and Marques, N. (2012), *Cost of Inaction: Case Studies from Rwanda and Angola* (Cambridge, MA: Harvard University Press).

Anand, S. and Fan, V. (2010), 'The Health Workforce in India, 2001', report submitted to the Planning Commission, New Delhi.

Arnett, Peter (1998), 'Big Science, Small Results', *Bulletin of the Atomic Scientists,* July/August.

Arokiasamy, P. and Goli, S. (2012), 'Explaining the Skewed Child Sex Ratio in Rural India', *Economic and Political Weekly,* 20 October.

Arrow, Kenneth (1963), 'Uncertainty and the Welfare Economics of Medical Care', *American Economic Review,* 53.

Asian Development Bank (2012), *Asian Development Outlook 2012: Confronting Rising Inequality in Asia* (Manila: ADB).

Association for Democratic Reforms (2010), *Lok Sabha National Election Watch 2009* (New Delhi: ADR).

Atkinson, A. B. (1975), *The Economics of Inequality* (Oxford: Oxford University Press).

Atkinson, A. B. (1983), *Social Justice and Public Policy* (Brighton: Wheatsheaf). Audit Bureau of Circulation (2010), 'National and Statewise Trends', available online, accessed December 201 I.

Auletta, Ken (2012), 'Citizens Jain: Why India's Newspaper Industry is Thriving', *The New Yorker,* 8 October.

Aumann, Robert J. (1987), 'What is Game Theory Trying to Accomplish?', in K. Arrow and S. Honkapohja (eds.) (1987), *Frontiers of Economics* (Oxford: Basil Blackwell).

Azam, Mehtabul (2011), 'The Impact of Indian Job Guarantee Scheme on Labor Market Outcomes: Evidence from a Natural Experiment', Discussion Paper *6548,* Institute for the Study of Labour, Bonn.

Bagchee, Aruna *(2005),* 'Political and Administrative Realities of Employment Guarantee Scheme', *Economic and Political Weekly, IS* October.

Bagchi, A., Rao, R. K. and Sen, B. *(2005),* 'Raising the Tax-Ratio by Reining in the "Tax Breaks": An Agenda for Action', Working Paper, Tax Research Unit, National Institute of Public Finance and Policy, New Delhi.

Bagchi, Amiya K. (2010), *Colonialism and Indian Economy* (New Delhi: Oxford University Press).

Baker, D. P., Leon, J., Smith Greenaway, E. G., Collins, J. and Movit, M. (2011), 'The Education Effect on Population Health: A Reassessment', *Population and Development Review, 37*.

Balabanova, D., McKee, M. and Mills, A. (eds.) (2011), *'Good Health at Low Cost' 25 Years On* (London: London School of Hygiene and Tropical Medicine).

Balagopal, K. (2011), *Ear to the Ground: Selected Writings on Class and Caste* (New Delhi: Navayana).

Balakrishnan, Pulapre (2007), 'The Recovery of India: Economic Growth in the Nehru Era', *Economic and Political Weekly,* 17 November.

Balakrishnan, Pulapre (2010), *Economic Growth in India: History and Prospect* (New Delhi: Oxford University Press).

Balasubramaniam, J. (2011), 'Dalits and a Lack of Diversity. in the Newsroom', *Economic and Political Weekly,* 12 March.

Banerjee, A., Deaton, A. and Duflo, E. (2004) 'Health Care Delivery in Rural Rajasthan', *Economic and Political Weekly,* 28 February.

Banerjee, A. and Duflo, E. (2011), *Poor Economics* (London: Random House).

Banerjee, A. and Piketty, T. *(2005),* 'Top Indian Incomes, 1922-2000, ' *World Bank Economic Review, 19*.

Bangladesh Bureau of Statistics (2011), *Population and Housing Census: Preliminary Results July 201* I (Dhaka: Ministry of Planning, Government of the People's Republic of Bangladesh).

Bardhan, Pranab *(2005), Security, Conflict, and Cooperation: Essays in the Political and Institutional Economics of Development* (Cambridge, MA: MIT Press).

Bardhan, Pranab (2010), *Awakening Giants, Feet of Clay: Assessing the Economic Rise of China and India* (Princeton, NJ: Princeton University Press).

Barr, N. and Harbison, R. W. (1994), 'Overview: Hopes, Tears, and Transformation', in Barr (1994).

Barr, Nicholas (ed.) (1994), *Labor Markets and Social Policy in Central and Eastern Europe* (Oxford: Oxford University Press).

Bastagli, Francesca (2008), 'The Design, Implementation and Impact of Conditional Cash Transfers Targeted on the Poor: An Evaluation of Brazil's *Bolsa Familia'*, PhD thesis, London School of Economics.

Bastagli, Francesca (2011), 'Conditional Cash Transfers as a Tool of Social Policy', *Economic and Political Weekly,* 21 May.

Basu, Kaushik (acr r), 'Why, for a Class of Bribes, the Act of *Giving* a Bribe Should be Treated as Legal', mimeo, Ministry of Finance, New Delhi; available at finmin.nic.in!workingpaper/act...giving_ bribe_legal.pdf

Basu, K. and Maertens, A. (eds.) (2012), *The New Oxford Companion to Economics in India* (New Delhi: Oxford University Press).

Bates, M. A., Glennerster, R., Gumede, K. and Duflo, E. (2012), 'The Price is Wrong', *FACTS Reports,* Special Issue 4.

Beaman, L., Duflo, E., Pan de, R. and Topalova, P. (2006), 'Women Politicians, Gender Bias, and Policy-Making in Rural India', background paper for *The State of the World's Children 2007,* UNICEF.

Begum, S. and Sen, B. (2009), 'Maternal Health, Child Well-Being and Chronic Poverty: Does Women's Agency Matter?', *Bangladesh Development Studies,* 32.

Behrman,]., Alderman, H. and Hoddinott, J. (2004), 'Hunger and Malnutrition', in B. Lomborg (ed.) (2004), *Gobal Crises, Global Solutions* (Cambridge: Cambridge University Press).

Beinhocker, E. D. (2006), *The Origin of Wealth: Evolution, Complexity and the Radical Remaking of Economics* (Cambridge, MA: Harvard Business School Press).

Belfield, C. and Levin, H. M. *(2005),* 'Vouchers and Public Policy: When Ideology Trumps Evidence', *American Journal of Education,* rr I.

Berg, E., Bhattacharya, S., Durgam, R. and Ramachandra, M. (2012), 'Can Rural Public Works Affect Agricultural Wages? Evidence from India', Working Paper 2012-<lS, Centre for the Study of African Economies, University of Oxford.

Beteille, Andre (2012), 'The Peculiar Tenacity of Caste', *Economic and Political Weekly,* 3 I March.

Bhagwati, J. and Panagariya, A. (:1.013), *Wiry Growth Matters: How Economic Growth in India Reduced Poverty and the Lessons for Other Developing Countries* (Public Affairs).

Bhalotra, S. and Cochrane, T. (:1.010), 'Where Have All the Young Girls Gone? Identifying Sex Selection in India', Working Paper Io!:z.54, Centre for Market and Public Organisation, University of Bristol.

Bhargava, Rajeev (forthcoming), 'Beyond Toleration: Civility and Principled Coexistence in Asokan Edicts', to be published in A. Stepan and C. Taylor (eds.) (forthcoming), *The Boundaries of Toleration* (New York: Columbia University Press).

Bhatia, Bela (:l.OII), 'Awaiting Nachiso: Naga Elders Remember 1957', *Himal,* August.

Bhattacharjea, S., Wadhwa, W. and Banerji, R. (:l.OII), *Inside Primary Schools* (Mumbai: ASER).

Bhatti, Bharat (aor a), 'Aadhaar-enabled Payments for NREGA Workers', *Economic and Political Weekly,* 8 December.

Bhatty, Kiran (:l.OII), 'Social Equality and Development: Himachal Pradesh and its Wider Significance', M.Phil. thesis, London School of Economics.

Bidwai, Praful (:l.ou), *The Politics of Climate Change and the Global Crisis: Mortgaging our Future* (New Delhi: Orient Blackswan).

Bowles, Samuel (:1.007), 'Social Preferences and Public Economics: Are Good Laws a Substitute for Good Citizens?', Working Paper, Santa Fe Institute, New Mexico.

Bowles, S. and Reyes, S. P. (:1.009), 'Economic Incentives and Social Preferences: A Preference-based Lucas Critique of Public Policy', Working Paper : 1.009-1 I, Department of Economics, University of Massachusetts.

Bowles, S. and Hwang, Sung-Ha (:1.008), 'Social Preferences and Public Economics', *Journal of Public Economics, 9:1.*·

Brannen, l. and Wilson, G. (eds.) (1987), *Give and Take in Families* (London: Alien & Unwin).

Bruns, B., Evans, D. and Luque, J. (10U), *Achieving World-Class Education in Brazil* (Washington, DC: World Bank).

Cashman, R. (1980), *Players, Patrons and the Crowd* (Delhi: Orient Longman).

Cataife, G. and Courtemanche, C. (1011), 'Is Universal Health Care in Brazil Really Universal?', Working Paper 17069, National Bureau of Economic Research, Cambridge, MA.

Center for Environmental Science and Policy (1006), 'Rural Electrification in China 1950-1004: Historical Processes and Key Driving Forces', Working Paper 60, Program on Energy and Sustainable Development, Stanford University, CA.

Central Information Commission (1011), *Annual Report 2011-I2* (New Delhi: CIC).

Centre for Media Studies (1011), *India Corruption Study: 2010* (New Delhi: Centre for Media Studies).

Centre for Science and Environment (1008), 'An Assessment of the Performance of the National Rural Employment Guarantee Programme in Terms of its Potential for Creation of Natural Wealth in India's Villages', available at knowledge.nrega.net.

Centre for Science and Environment (1011), *Excreta Matters* (New Delhi: Centre for Society and Environment).

Cerami, Alfio (1009), 'Welfare State Developments in the Russian Federation:
Oil-Led Social Policy and "The Russian Miracle"', *Social Policy and Administration,* 43.

Chakraborty, Achin (1005), 'Kerala's Changing Development Narratives', *Economic and Political Weekly,* 5 February.

Chakravarty, S., Friedman, D., Gupta, G., Hatekar, N., Mitra, S. and Sunder; S. (1011), 'Experimental Economics: A Survey', *Economic and Political Weekly, :l.7* August.

Chakravarty, Sukhamoy (1987), *Development Planning: The Indian Experience* (New Delhi: Oxford University Press).

Chamaria, A., Kumar, J. and Yadav, Y. (1006), 'Survey of the Social Profile of the Key Decision Makers in the National Media', unpublished report, Centre for the Study of Developing Societies, New Delhi.

Chandrasekhar, C. P. and Ghosh, j. (1011), 'Women's Work in India: Has Anything Changed', *Macroscan,* August; available at www.macroscan.org.

Chang, Ha-loon (1001), *Kicking Away the Ladder: Development Strategy in Historical Perspective* (London: Anthem).

Chang, Ha-joon (1010), 13 *Things They Didn't Tell You About Capitalism* (New York: Alien Lane).

Chattopadhyay, R. and Duflo, E. (:1.004), 'Impact of Reservation in Panchayati Raj', *Economic and Political Weekly,* :1.8 February.

Chaudhury, N. and Hammer, J. (1004), 'Ghost Doctors: Absenteeism in Rural Bangladeshi Health Facilities', *World Bank Economic Review, 18.*

Chaudhury, N., Hammer, J., Kremer, *M.,* Muralidharan, K. and Rogers, F. H. (1006), 'Missing in Action: Teacher and Health Worker Absence in Developing Countries', *Journal of Economic Perspectives, :1.0.*

Chavan, P. and Bedamatta, R. (:1.006), 'Trends in Agricultural Wages in India', *Economic and Political Weekly,* 13 September.

Chitnis, A., Dixit, S. and josey, A. (10U), 'Bailing out Unaccountability', *Economic and Political Weekly,* 11 December.

Chomsky, Noam (1999), *Powers and Prospects* (London: Pluro).

Chopra, Deepta (2010), 'National Rural Employment Guarantee Act (NREGA) in India: Towards an Understanding of Policy Spaces', PhD thesis, Department of Geography, University of Cambridge.

Chopra, Deepta (sor r), 'Policy Making in India: A Porous and Relational Process of "State Craft"', *Pacific Affairs, 84.*

Chopra, S. and Khera, R. (2011), 'Cutting Delays in NREGA Wages', available at WWW.ideasforindia.in.

Chowdhury, M., Bhuiya, A., Chowdhury, M. E., Rasheed, 5., Hussain, A. M.Z. and Chen, L. C. (2011), 'The Bangladesh Paradox: Exceptional Health Achievement despite Economic Poverty', mimeo, International Centre for Diarrhoeal Disease Research, Bangladesh; to be published in *The Lancet.*

Chowdhury, Zafrullah (1995), *The Politics of Essential Drugs: The Makings of a Successful Health Strategy: Lessons from Bangladesh* (London: Zed).

Ciniscalco, Maria Teresa (2004), 'Teachers' Salaries', Background paper for the *Education for All: Global Monitoring Report 2005,* UNESCO.

Citizens' Initiative for the Rights of Children Under Six (2006), *Focus on Children Under Six;* available at www.righttofoodindia.org/datalrtf06focusreportabridged. pdf.

Cl eland, John (2002.), 'Education and Future Fertility Trends, with Special Reference to Mid-Transitional Countries', *Population Bulletin of the United Nations,* Special Issue, *48149.*

Comim, Flavio (2011), 'Poverty and Inequality Reduction in Brazil through-out the Economic Crisis', ISPI Analysis, no. 106, Instituto per gli Studi di Politica Internazionale, Milan.

Comim, F. and Amaral, P. *(2011),* 'The Human Values Index: Conceptual Foundations and Evidence from Brazil', background paper for Brazil's Human Development Report; to be published in *Cambridge Journal of Economics.*

Conti, G and Heckman, J. J. (2011), 'The Developmental Approach to Child and Adult Health', NBER Working Paper 18664, National Bureau of Economic Research, Cambridge, MA.

Corbridge, 5., Harriss, J. and Jeffrey, c. *(2011), India Today: Etonomy, Politics and Society* (Cambridge: Polity Press).

Crespo-Cuaresma, *J.,* Samir, K. C. and Sauer, p. (2012.), 'Gini Coefficients of Educational Attainment, Age Group Specific Trends in Educational (In)

Equality', paper presented at the annual meeting of the Population Association of America, San Francisco, 3-5 May 2012.; available at paa2012.. princeton.edu.

da Silva, V. A. and Terrazas, F. V. (20ll), 'Claiming the Right to Health in Brazilian Courts: The Exclusion of the Already Excluded?', *Law and Social Enquiry,* 36.

Damodaran, Harish (2008), *India's New Capitalists: Caste, Business, and Industry in a Modern Nation* (Ranikhet: Permanent Black).

Das Gupta, Monica (2005), 'Public Health in India: Dangerous Neglect', *Economic and Political Weekly,* 3 December.

Das Gupta, M., Desikachari, B. R., Shukla, R., Somanathan, T. V., Padmanaban, P. and Datta, K. K. (2010), 'How Might India's Public Health Systems be Strengthtened? Lessons from Tamil Nadu', *Economic and Political Weekly,* 6 March.

Das, Bhagwan (ed.) (2010), *Thus Spoke Ambedkar* (New Delhi: Navayana). Das, Gurcharan (2011), *India Grows at Night: A Liberal Case for a Strong State* (New Delhi: Penguin).

Das,). and Hammer, J. (2004), 'Strained Mercy: Quality of Medical Care in Delhi', *Economic and Political Weekly,* 28 February.

Das, J., Holla, *A.,* Das, V., Mohanan, M., Tabak, D. and Chan, B. (20I2.), 'In Urban and Rural India, a Standardized Patient Study Showed Low Levels of Provider Training and Huge Quality Gaps', *Health Affairs,* 3 I.

Datt, Gaurav (1998), 'Poverty in India and Indian States: An Update', *Indian Journal of Labour Economics, 41.*

Dart, G., Kozel, V. and Ravallion, M. (2003), 'A Model-Based Assessment of India's Progress in Reducing Poverty in the I990S', *Economic and Political Weekly,* 25 January.

Datt, G. and Ravallion, M. (I998), 'Why Have Some States Done Better than Others at Reducing Rural Poverty?', *Economica, 65.*

Dart, G. and Ravallion, M. (2010), 'Shining for the Poor Too?', *Economic and Political Weekly,* I3 February.

De, A., Khera, R., Samson, M. and Shiva Kumar, A. K. (aor r), PROBE *Revisited: A Report on Elementary Education in India* (New Delhi: Oxford University Press).

De, A., Samson, M., Chakravarty, A. and Das, S. (2010), 'Schooling for Children in Interstate Border Areas', study commissioned by NEG-FIRE; available at www.cordindia.com.

De, Shobhaa (2008), *Superstar India* (New Delhi: Penguin).

Deaton, Angus (forthcoming), *The Great Escape: Health, Wealth and the Origins of Inequality* (Prince ton, NJ: Princeton University Press).

Deaton, A. and Dreze, J. P. (2002), 'Poverty and Inequality in India: A Re-examination', *Economic and Political Weekly,* 7 September.

Deaton, A. and Dreze, J. P. (2009), 'Food and Nutrition in India: Facts and Interpretations', *Economic and Political Weekly,* I4 February.

Desai, P. B. (I979), *Planning in India, 19JI-78* (New Delhi: Vikas).

Desai, S. B., Dubey, A., Joshi, B. L., Sen, M., Shariff, A. and Vanneman, R. (2010), *Human Development in India: Challenges for a Society in Transition* (New Delhi: Oxford University Press).

Dey, N., Dreze, J. and Khera, R. (2006), *Employment Guarantee Act: A Primer* (New Delhi: National Book Trust).

Dheeraja, C. and Rao, K. H. (forthcoming), *Changing Gender Relations: A Study of MGNREGS Across Different States* (Hyderabad: NIRD).

Dore, Ronald (I965), *Education in Tokugawa Japan* (London: Routledge and Kegan Paul).

Dreze, Jean (200I), 'Right to Food and Public Accountability', *The Hindu, 5* December.

Dreze, Jean (2004), 'Democracy and the Right to Food', *Economic and Political Weekly,* 2.4 April.

Dreze, Jean (2005), 'Dr. Ambedkar and the Future of Indian Democracy', *Indian Journal of Human Rights, 9.*

Dreze, Jean (2006a), 'Universalization with Quality: ICDS in a Rights Perspective', *Economic and Political Weekly,* 2.6 August.

Dreze.jean (2006b), 'Tarnil Nadu Viewed from the North', in Citizen's Initiative for the Rights of Children Under Six (2006).

Dreze, Jean (2010), 'Employment Guarantee and the Right to Work', in N. G]ayal and P. B. Mehta (eds.) (2010), *The Oxford Companion to Politics in India* (New Delhi: Oxford University Press); reprinted in Khera (2.oIId).

Dreze, Jean (2011), 'The Bribing Game', *Indian Express,* 2.3 April.

Dreze, Jean (20I2.), 'Poverty, Targeting and Food Security', *Seminar, 634.* Dreze, J. P. and Gazdar, H. (I996), 'Uttar Pradesh: The Burden of Inertia', in Dreze and Sen (I996).

Dreze, J. P. and Goyal, A. (2003), 'The Future of Midday Meals', *Economic and Political Weekly,* I November.

Dreze.]. P. and Khera, R. (2008), 'Glucose for Lok Sabhaz', *Hindustan Times,* I4 April.

Dreze, J. P. and Khera, R. (2009a), 'Mid-Day Meals in Primary Schools', in A. Kumar and A. P. Singh (eds.) (2009), *Elementary Education in India: Issues and Challenges* (New Delhi: Uppal).

Dreze, J. P. and Khera, R. (2009b), 'The Battle for Employment Guarantee', *Frontline,* 3 January; reprinted in Khera (2.oIId).

Dreze, J. P. and Khera, R. (20Ioa), 'The BPL Census and a Possible Alternative', *Economic and Political Weekly,* 2.7 February.

Dreze, }, P. and Khera, R. (zorob), 'Chhattisgarh Shows the Way', *The Hindu,* I3 November.

Dreze, J. P. and Khera, R. (2011), 'PDS Leakages: The Plot Thickens', *The Hindu,* I3 August.

Dreze, J. P. and Khera, R. (2.oI2.a), 'Regional Patterns of Human and Child Development', *Economic and Political Weekly,* 2.9 September.

Dreze, J. P. and Khera, R. (2.oI2.b), 'A Bill that Asks too Much of the Poor', *The Hindu,* 5 September.

Dreze.]. P. and Khera, R. (20I3), 'Poverty and the Public Distribution System', mimeo, Institute of Economic Growth, Delhi University.

Dreze.]. P., Khera, R. and Siddhartha (2008), 'Corruption in NREGA: Myths and Reality', *The Hindu,* 2.2. January.

Dreze, J. P. and Murthi, M. (200I), 'Fertility, Education and Development: Evidence from India', *Population and Development Review, 2.7.*

Dreze,], P. and Sen, A. K. (I989), *Hunger and Public Action* (Oxford: Oxford University Press).

Dreze,]. P. and Sen, A. K. (I995), *India: Economic Development and Social Opportunity* (Oxford: Oxford University Press).

Dreze,]. P. and Sen, A. K. (2002.), *India: Development and Participation* (Oxford: Oxford University Press).

Dreze.}, P. and Sen, A. K. (eds.) (I990), *The Political Economy of Hunger,* 3 vols. (Oxford: Oxford University Press).

Dreze,]. P. and Sen, A. K. (eds.) (I996), *Indian Development: Selected Regional Perspectives* (Oxford: Oxford University Press).

Dudos, P., Okwo-Bele,]. M., Gacic-Dobo, M. and Cherian, T. (2009), 'Global Immunization: Status, Progress, and Future', *BMC International Health and Human Rights, 9.*

Duflo, Esther (2011), 'Women's Empowerment and Economic Development', Working Paper I7702., National Bureau of Economic Research, Cambridge, MA.

Dunn, John (2005), *Democracy: A History* (New York: Atlantic Monthly Press). Dutta, K. and Robinson, A. (I995), *Rabindranath Tagore: The Myriad-Minded Man* (New York: St Martin's Press).

Dutta, P., Howes, S. and Murgai, R. (2010), 'Small but Effective: India's Targeted Unconditional Cash Transfers', *Economic and Political Weekly, 2.5* December.

Dutta, P., Murgai, R., Ravallion, M. and Van de Walle, D. (20I2.), 'Does India's Employment Guarantee Scheme Guarantee Employment?', *Economic and Political Weekly,* 2.I April.

Dutta, P., Murgai, R., Ravallion, M. and Van de Walle, D. (forthcoming), *Rozga» Guarantee? Assessing India's Biggest Anti-Poverty Program in India's Poorest State* (Washington, DC: World Bank).

Dyson, Tim (1997), 'Infant and Child Mortality in the Indian Subcontinent, 1881-1947', in A. Bideau, B. Desjardins and H. P. Brignoli (eds.) (1997), *Infant and Child Mortality in the Past* (Oxford: Clarendon Press).

Dyson, T. and Moore, M. (1983), 'On Kinship Structure, Female Autonomy, and Demographic Behavior in India', *Population and Development Review,* 9.

Educational Initiatives (2011), *Quality Education Study* (Bangalore: Educational Initiatives).

El Arifeen, S. et al. (2012), 'Community-based Approaches and Partnerships: Innovations in Health Service Delivery in Bangladesh', rnimeo, International Centre for Diarrhoeal Diseases Research, Dhaka.

Election Commission of India (2009), *Statistical Report of General Elections 2009* (New Delhi: Election Commission of India).

Emran, M. S. and Shilpi, E (2012), 'Gender, Geography and Generations: Inter-generational Educational Mobility in Post-Reform India', paper presented at IGC-ISI conference, Indian Statistical Institute, New Delhi, July 2012.

Fan, S., Gulati, A. and Thorat, S. (2008), 'Investment, Subsidies, and Pro-Poor Growth in Rural India', *Agricultural Economics, 39*·

Fehr, E. and Fischbacher, U. (2000), 'Why Social Preferences Matter: The Impact of Non-selfish Motives on Competition, Cooperation and Incentives', *Economic journal,* 112.

Ferber, M. A. and Nelson, J. A. (eds.) (1993), *Beyond Economic Man* (Chicago, IL: Chicago University Press).

Ferreira de Souza, Pedro H. G (2012), 'Poverty, Inequality and Social Policies in Brazil, 1995-2009', Working Paper 87, International Policy Centre for Inclusive Growth, Brasilia.

Ferreira, F. and Robalino, D. (2010), 'Social Protection in Latin America: Achievements and Limitations', Policy Research Working Paper 5305, World Bank, Washington, DC.

Ferreira, E, Leite, P. and Ravallion, M. (2010), 'Poverty Reduction without Economic Growth? Explaining Brazil's' Poverty Dynamics 1985-2004', *journal of Development Economics,* 93·

Fleury, Sonia (2011), 'Brazil's Health-Care Reform: Social Movements and Civil Society', *The Lancet, 377*·

Folbre, Nancy (1986), 'Hearts and Spades: Paradigms of Household Economics', *World Development, 14*·

Foster, J. and Sen, A. K. (1997), 'On Economic Inequality after a Quarter Century', in Sen (1973, 1997)·

Fraser, Lovat (1919), *Iron and Steel in India:* A *Chapter from the Life of jamsetji* N. *Tata* (Bombay: The Times Press).

Friedman, Milton (1955), 'A Memorandum to the Government of India', *New Delhi,* 5 November; available at http://www.indiapolicy.org/debate/Notes/friedman.hrm.

Fuller, C. J. (ed.) (1997), *Caste Today* (New Delhi: Oxford University Press). Gaikwad, Laxman (1998), *The Branded: Uchalya* (New Delhi: Sahitya Akademi). Gaitonde, R. and Shukla, A. (2012), 'Setting Up Universal Health Care Pvt, Ltd.', *The Hindu,* 13 September.

Gandhi, A. and Walton, M. (2012), 'Where Do India's Billionaires Get Their Wealth?', *Economic and Political Weekly,* 6 October.

Gandhi, M. K. (1937a), editorial published in Harijan, II September; partly reprinted in Narayan (1968).

Gandhi, M. K. (1937b), editorial published in Harijan, 5 June; partly reprinted in Narayan (1968).

Garg, Samir (2006), 'Grassroot Mobilisation for Children's Nutrition Rights', *Economic and Political Weekly,* 26 August.

Gatade, Subhash (2013), 'Schools of Discrimination', *Infochange,* January.

Gauri, V. and Vawda, A. (2004), 'Vouchers for Education in Developing Economies: An Accountability Perspective', *World Bank Research Observer, 19.*

Geetha, V. (1998), 'Periyar, Women and an Ethic of Citizenship', *Economic and Political Weekly,* 25 April.

Ghosh, Arunabha (2006), 'Pathways through Financial Crisis: India', *Global Governance,* 12.

Gill, Kaveri (2009), 'A Primary Evaluation of Delivery under the National Rural Health Mission', Working Paper 1/2009, Programme Evaluation Organisation, Planning Commission, New Delhi.

Giridharadas, Anand (2011), *India Calling: An Intimate Portrait of a Nation's Remaking* (New Delhi: Fourth Estate).

Glaeser, E., La Porta, R., Lopez-de-Silanes, E and Shleifer, A. (2004), 'Do Institutions Cause Growth?', *journal of Economic Growth, 9.*

Cluck, Carol (1985), *japan's Modern Myths: Ideology in the Late Meiji Period* (Princeton, NJ: Princeton University Press).

Gopaldas, Tara (2006), 'Hidden Hunger', *Economic and Political Weekly, 26* August.

Government of India (1946), *Report of the Health Survey and Development Committee,* 2 vols. (Calcutta: India Press).

Government of India (1992), *National Policy on Education 1986 (With Modifications Undertaken in 1992)* (New Delhi: Ministry of Human Resource Development).

Government of India (1993), *Report of the Expert Group on Estimation of Proportion and Number of Poor* (New Delhi: Planning Commission).

Government of India (1999), *Compendium of India's Fertility and Mortality Indicators* 1971-1997 (New Delhi: Office of the Registrar General).

Government of India (200Ia), *Handbook of Industrial Policy and Statistics* (New Delhi: Ministry of Commerce and Industry).

Government of India (200Ib), *Economic Survey 2000-2001* (New Delhi: Ministry of Finance).

Government of India (200za), *Report of the Task Force on Direct Taxes* (New Delhi: Ministry of Finance).

Government of India (2002b), *Report of the Task Force on Indirect Taxes* (New Delhi: Ministry of Finance).

Government of India (2004a), *Report of the Task Force on Implementation of the Fiscal Responsibility and Budget Management Act, 2003* (New Delhi: Ministry of Finance).

Government of India (2004b), *Central Government Subsidies in India:* A *Report* (New Delhi: Ministry of Finance).

Government of India (2006), *Social, Economic and Educational Status of the Muslim Minority of India:* A *Report* (New Delhi: Cabinet Secretariat).

Government of India (2008), *Sample Registration System Abridged Life Tables 2002-06* (New Delhi: Office of the Registrar General).

Government of India (2009a), *State of Environment Report: India 2009* (New Delhi: Ministry of Environment and Forests).

Government of India (2009b), *Sample Registration System: Statistical Report 2008* (New Delhi: Office of the Registrar General).

Government of India (2009C), *Report of the Expert Group to Review the Methodology for Estimation of Poverty* (New Delhi: Planning Commission).

Government of India (2009d), *Sample Registration System, Statistical Report 2008, Report No. I of 2008* (New Delhi: Office of the Registrar General, Ministry of Home Affairs).

Government of India (20Ioa), *Handbook of Labour Statistics* (Chandigarh: Labour Bureau).

Government of India (2010b), *Report on Employment and Unemployment Survey (2009-10)* (Chandigarh: Labour Bureau).

Government of India (2010C), *Wage Rates in Rural India* (Chandigarh: Labour Bureau).

Government of India (2011a), *High-Level Expert Group Report on Universal Health Coverage for India* (New Delhi: Planning Commission).

Government of India (2011b), 'Provisional Population, Tables', Census of India 20n, Series I (India), Paper I of 2011 (New Delhi: Office of the Registrar General).

Government of India (2011C), 'Sample Registration Bulletin' (New Delhi: Office of the Registrar General).

Government of India (201 Id), *Evaluation Report on Integrated Child Development Services* (New Delhi: Planning Commission).

Government of India (2011e), *Annual Report 2011-I2 on the Working of State Power Utilities and Electricity Departments* (New Delhi: Planning Commission).

Government of India (zo r rf), *Selected Socio-Economic Statistics: India, 2011* (New Delhi: Ministry of Statistics and Programme Implementation).

Government of India (2011g), *Elementary Education in India under Government Managements 2009-10, Selected Tables Based onDISE 2009-10* (New Delhi: National University of Educational Planning and Administration).

Government of India (2011h), *Economic Survey 2010-II* (New Delhi: Ministry of Finance).

Government of India (201 ri), *Special Bulletin on Maternal Mortality in India 2007-9* (New Delhi: Office of the Registrar General).

Government of India (2012a), *Economic Survey 2011-12* (New Delhi: Ministry of Finance).

Government of India (2012b), *MGNREGA Sameeksha: An Anthology of Research Studies on the Mahatma Gandhi National Rural Employment Guarantee Act, 2005* (New Delhi: Orient Blackswan).

Government of India (2012C), 'Press Note on Poverty Estimates, 2009-10' (New Delhi: Planning Commission).

Government of India (2012d), *Report of the Committee on Roadmap for Fiscal Consolidation* (New Delhi: Ministry of Finance).

Government of India (2012e), 'Revenue Forgone Under the Central Tax System: Financial Years 20Io-II and 2011-a' (New Delhi: Ministry of Finance).

Government of India (2012f), *Agricultural Statistics at a Glance* (New Delhi: Ministry of Agriculture).

Government of India (2012g), *Sample Registration Bulletin October 2012* (New Delhi: Office of the Registrar General).

Government of India (201 ah), 'Houses, Household Amenities and Assets, 2011', available at www.censusofindia.gov.inhollcensuslhlolhlo highlights.htm.

Government of India (2012i), *Sample Registration System Statistical Report 201 I* (New Delhi: Office of the Registrar General).

Government of india (2012j), *SRS-based Abridged Life Tables 2003-7 to 2006-10* (New Delhi: Office of the Registrar General); available at www.censusindia.gov.in.

Government of India (2013), *Economic Survey 2012-13* (New Delhi: Ministry of Finance).

Government of India (various years), *Sample Registration System Statistical Report* (New Delhi: Office of the Registrar General).

Government of Maharashtra (1979-98), *Dr Babasaheb Ambedkar: Writings and Speeches,* 16 vols., ed. V. Moon (Mumbai: Department of Education).

Govinda Rao, M. (2011), 'Curing the Cancer of Concessions', *Financial Express,* 5 December.

Goyal, S. and Pandey, P. (2012.), 'How Do Government and Private Schools Differ?', *Economic and Political Weekly,* 2. June.

Guha, Ramachandra (2007), *India After Gandhi: The History of the World's Largest Democracy* (London: Macmillan).

Guha, Ramachandra (2012.), 'Terminal Damage', *Hindustan Times,* 2.4 July. Guha Thakurta, P. (2011), 'Manufacturing "News"', *Economic and Political Weekly,* 2. April.

Gulati, A. and Narayanan, S. (2003), *The Subsidy Syndrome in Indian Agriculture* (New Delhi: Oxford University Press).

Gupta, Aashish (2013), 'The Old-age Pension Scheme in Jharkhand and Chhattisgarh', Working Paper, Department of Economics, Allahabad University; forthcoming in *Economic and Political Weekly.*

Gupta, Shalini (2012.), 'Food Expenditure and Intake in the NSS 66th Round', *Economic and Political Weekly,* 14 January.

Habermas, Jiirgen (1996), 'Three Normative Models of Democracy', in Seyla Benhabib (ed.) (1996), *Democracy and Difference: Contesting the Boundaries of the Political* (Princeton, NJ: Princeton University Press).

Halstead, S. B. et al. (eds.) (1985), *Good Health at Low Cost* (New York: Rockefeller Foundation).

Hammer, J., Aiyar, Y. 'and Samji, S. (2007), 'Understanding Government Failure in Public Health Services', *Economic and Political Week!y,* 6 October.

Hankla, C. R. (2006), 'Party Linkages and Economic Policy: An Examination of Indira Gandhi's India', *Business and Politics, 8.*

Hanushek, E. A. and Woessmann, L. (2008), 'The Role of Cognitive Skills in Economic Development', *journal of Economic Literature, 46.*

HAQ: Centre for Child Rights (2005), *Says a Child ... Who Speaks for my Rights? Parliament in Budget Session 2005* (New DelhirHa.Q).

Harris, F. R. *(1958), jamsetji Nusserwanji Tata: A Chronicle of His Life,* and edn. (Bombay: Blackie).

Harriss, J.,]eyarajan, J. and Nagaraj, K. (2010), 'Land, Labour and Caste Politics in Rural Tamil Nadu in the aoth Century', *Economic and Political Weekly,* 3 I July.

Hart, Caroline Sarojini (2012.), *Aspirations, Education and Social justice: Applying Sen and Bourdieu* (London: Bloomsbury).

Hazarika, G. and Viren, V. (2013), 'The Effect of Early Child Developmental Program Attendance on Future School Enrollment in Rural North India', *Economics of Education Review, 34.*

Hazarika, Sanjoy (2013a), 'An Abomination Called AFSPA', *The Hindu, 12.* February.

Hazarika, Sanjoy (2013b), 'It is Just not Just', *Hindustan Times,* 11 March. Heckman, James J. (2008), 'Capability Formation, Early Intervention, and Long-Term Health', presentation at Outcomes Research Workshop, University of Chicago, I October.

Helier, Patrick (1999), *The Labor of Development: Workers and the Transformation of Capitalism* in *Kerala, India* (Ithaca, NY: Cornell University Press).

Heller, Patrick (2000), 'Degrees of Democracy: Some Comparative Lessons from India', *World Politics, 52.*

Heller, Patrick (2009), 'Democratic Deepening in India and South' Africa', *journal of Asian and African Studies, 44.*

Helpman, Elhanan (2004), *The Mystery of Economic Growth* (Cambridge, MA: Harvard University Press).

Himanshu (2005), 'Wages in Rural India: Sources, Trends and Comparability', *Indian journal of Labour Economics, 48.*

Himanshu (2007), 'Recent Trends in Poverty and Inequality: Some Preliminary Results', *Economic and Political Weekly,* 10 February.

Himanshu (2012.), 'Poverty and Food Security in India', paper presented at a symposium on 'Food Security in Asia and the Pacific', University of British Columbia, 17-18 September.

Himanshu (2013), 'The Dubious Promise of Cash Transfers', *Livemint, 14* March.

Himanshu, Lanjouw, P., Mukhopadhyay, A. and Murgai, R. (2011), 'Non-Farm Diversification and Rural Poverty Decline: A Perspective from Indian Sample Survey and Village Study Data', Working Paper 44, Asia Research Centre, London School of Economics.

Himanshu and Sen, A. (2013), 'In-kind Food Transfers: Impact on Poverty Reduction and Nutrition', mimeo, Jawaharlal Nehru University, New Delhi.

Hirschman, Albert O. (1970), *Exit, Voice, and Loyalty: Responses to Decline in Firms, Organizations, and States* (Cambridge, MA: Harvard University Press).

Hirway, I. and Batabyal, S. (2011), *MGNREGA and Women's Empowerment* (New Delhi: UN Women South Asia).

Horton, Richard (2012.), 'Offiine: Universal Coverage, Universally', *The Lancet,* 20 October.

Howeś, S. and Murgai, R. (2006), 'Subsidies and Salaries: Issues in the Restructuring of Government Expenditure in India', in P. Helier and Govinda M. Rao (eds.) (2006), *A Sustainable Fiscal Policy for India: An International Perspective* (New Delhi: Oxford University Press).

Hsieh, C. T. and Urquiola, M. (2006), 'The Effects of Generalized School Choice on Achievements and Stratification: Evidence from Chile's Voucher Program', *Journal of Public Economics, 90•*

Huntington, Samuel (1991), *The Third Wave: Democratization in the Late Twentieth Century* (Norman, OK, and London: University of Oklahoma Press).

Ilaiah, K. (1996), *Why I am not a Hindu* (Kolkata: Samya).

Imbert, C. and Papp, J. (2011), 'Equilibrium Distributional Impacts of Government Employment Programs: Evidence from India's Employment Guarantee', mimeo, Princeton University, NJ.

Integrated Research and Action for Development (2012), *Taming Diesel Subsidy to Curtail Inflation and Foster Economic Growth* (New Delhi: IRADe).

International Institute for Population Sciences (2000), *National Family Health Survey (NFHS-2): India* (Mumbai: lIPS).

International Institute for Population Sciences (aooza), *National Family Health Survey (NFHS-3),* 2005-06: *India* (Mumbai: lIPS).

International Institute for Population Sciences (2007b), *2005-06 National Family Health Survey (NFHS-3): National Fact Sheet* (Mumbai: lIPS).

International Institute for Population Sciences (2008), *National Family Health Survey (NFHS-3), 2005-06: State Reports* (Mumbai: lIPS).

International Institute for Population Sciences (2010a), *District Level House-hold and Facility Survey (DLHS-3), 2007-08: India* (Mumbai: lIPS).

International Institute for Population Sciences (2010b), *District Level House-hold and Facility Survey (DLHS-3), 2007-08: State Reports* (Mumbai: lIPS).

International Institute for Population Sciences (2012), *Comprehensive Nutrition Survey in Maharashtra* 2012: *Fact Sheet (Provisional Data)* (Mumbai: lIPS).

International Labour Organization (2012), *Global Wage Report 2012-13* (Geneva: ILO).

Isaac, T. and Tharakan, M. (1995), 'Kerala: Towards a New Agenda', *Economic and Political Weekly,* 5 August.

Jain, Monica (2012), 'India's Struggle against Malnutrition: Is the -ICDS Program the Answer?', mimeo, Department of Economics, University of California, Riverside; available at http://monica-jain.comlwp-contentl uploads/ 20 *111* I o/] ob- Market- Paper Monica -J ain I. pdf jain, P. S. and Dholakia, R. H. (2010), 'Feasibility of Implementation of Right to Education Act', *Economic and Political Weekly,* 20 June.

Jalan, Bimal (2012), *'Indira Gandhi',* in Basu and Maertens (2012).

Jansen, Marius B. (2002), *The Making of Modern Japan* (Cambridge, MA: Harvard University Press).

Jansen, Marius B. (ed.) (1989), *The Cambridge History of Japan. Vol 5: The Nineteenth Century* (Cambridge: Cambridge University Press).

Jansen, M. B. and Rozman, G. (eds.) *(1986), Japan in Transition: From Tokugawa to Meiji* (Princeton, NJ: Princeton University Press).

Jayachandran, S. and Pande, R. (2013), 'Parental Preferences as a Cause of India's High Rate of Child Stunting', mimeo, Harvard University.

Jayadev, A., Motiram, S. and Vakulabharanam, V. (2007), 'Patterns of Wealth Disparities in India during the Liberalisation Era', *Economic and Political Weekly,* 22 September.

Jayaraj, D. and Subramanian, S. (2010), 'A Chakravarty-D'Ambrosio View of Multidimensional Deprivation: Some Estimates for India', *Economic and Political Weekly,* 6 February.

Jayaraj, D. and Subramanian, S. (2012), 'On the Interpersonal Inclusiveness of India's Consumption Expenditure Growth', *Economic and Political Weekly,* 10 November.

Jayaraman, R. and Simroth, D. (2011), 'The Impact of School Lunches on Primary School Enrolment: Evidence from India's Midday Meal Scheme', Working Paper 11-11, European School of Management and Technology, Berlin.

Jeevan Reddy Committee (2005), 'Report of the Committee to Review the Armed Forces (Special Powers) Act, 1958', report submitted to the Government of India; available at www.hindu.comlnidafa/.

Jeffrey, Robin (2000), *India's Newspaper Revolution* (New Delhi: Oxford University Press).

Jeffrey, Robin (2012), 'Missing from the Indian Newsroom', *The Hindu, 9* April.

Jha, P., Kesler, M. A., Kumar, R., Ram, E, Ram, U., Aleksandrowicz, L., Bassani, D. G., Chandra, S. and Banthia, J. K. (2011), 'Trends in Selective Abortions of Girls in India: Analysis of Nationally Representative Birth Histories from 1990 to 2005 and Census Data from 1991 to 2011', *The Lancet,* 377.

Jha, Prabhat et al. (2013), "z rst-Century Hazards of Smoking and Benefits of Cessation in the United States', *The New England Journal of Medicine,* 368.

Jha, S. and Ramaswami, B. (2010), 'How Can Food Subsidies Work Better? Answers from India and the Philippines', ADB Economics Working Paper 221, Asian Development Bank, Manila.

John, M., Kaur, R., Palriwala, R. and Raju, S. (2009), 'Dispensing with Daughters: Technology, Society, Economy in North India', *Economic and Political Weekly,* I I April.

John, T. J. and Choudhury, P. (2009), 'Accelerating Measles Control in India', *Indian Pediatrics, 46.*

Jose, jijo (2011), 'The PDS Learning Curve', *Down to Earth,* 18 August.
Joseph, Shaji (2006), 'Power of the People: Political Mobilisation and Guaranteed Employment', *Economic and Political Weekly,* 16 December.

Joshi, Anuradha (2010), 'Do Rights Work? Law, Activism, and the Employment Guarantee Scheme', *World Development, 38.*

joshi, V. and Little, I. M. D. (1994), *India: Macroeconomics and Political Economy 1964-1991* (Washington, DC: World Bank).

J-PAL (2011), 'The Price is Wrong: Charging Small Fees Dramatically Reduces Access to Important Products for the Poor', J-PAL Bulletin, Abdul Latif Jameel Poverty Action Lab, Massachusetts Institute of Technology, April 20 I I; available at www.povertyactionlab.org/publication/the-price is wrong

judt, Tony (2010), *Ill Fares the Land* (New York: Penguin).

jurberg, C. and Humphreys, G. (2010), 'Brazil's March Towards Universal Coverage', WH 0 *Bulletin,* 88.

Kabeer, Naila (2011), 'Between Affiliation and Autonomy: Navigating Path-ways of Women's Empowerment and Gender Justice in Rural Bangladesh', *Development and Change, 42•*

Kandpal, Eeshani (2011), 'Beyond Average Treatment Effects: Distribution of Child Nutrition Outcomes and Program Placement in India's ICDS', *World Development, 39.*

Kannan, K. P. and Raveendran, G. (2009), 'Growth Sans Employment: A Quarter Century of Jobless Growth in Indian Manufacturing', *Economic and Political Weekly,* 7 March.

Kapoor, Radhicka (2013), 'Inequality Matters', *Economic and Political Weekly,* 12 January.

Kapur, D. and Mehta, P. B. (eds.) (2005), *Public Institutions in India: Performance and Design* (New Delhi: Oxford University Press).

Karve, Irawati (1968), *Kinship Organization in India* (Bombay: Asia Publishing House).

Kaushik, A. and Pal, R. (2012), 'How Representative Has the Lok Sabha Been?', *Economic and Political Weekly,* 12 May.

Kavita Rao, R. (2013), 'Revenue Foregone Estimates: Some Analytical Issues', *Economic and Political Weekly,* 30 March.

Keer, Dhananjay (1971), *Dr Ambedkar: Life and Mission,* 3rd edn. (Mumbai: Popular Prakashan).

Khera, Reetika (2006), 'Mid-day Meals in Primary Schools: Achievements and Challenges', *Economic and Political Weekly,* 18 November.

Khera, Reetika (2011a), 'The UID Project and Welfare Schemes', *Economic and Political Weekly,* 26 February.

Khera, Reetika (2011b), 'Trends in Diversion of Grain from the Public Distribution System', *Economic and Political Weekly,* 21 May.

Khera, Reetika (2011C), 'Revival of the Public Distribution System: Evidence and Explanations', *Economic and Political Weekly,* 5 November.

Khera, Reetika (ed.) (2011d), *The Battle for Employment Guarantee* (New Delhi: Oxford University Press).

Khera, Reetika (2012), 'Tarnil Nadu's Striking Progress in Welfare', available at www.indiatogether.org/2012/sep/gov-tnwelfare.htm

Khera, R. and Muthiah, K. (2010), 'Slow but Steady Success', *The Hindu, 25* April.

Khera, R. and Nayak, N. (2009), 'Women Workers and Perceptions *of* the National Rural Employment Guarantee Act', *Economic and Political Weekly,* 24 October; reprinted in Khera (2011d).

Kidambi, Sowmya (2011), 'Termites, Earthworms, and Other Organic Gardeners', *Seminar, 625.*

Kingdon, Geeta (2010) 'The Implications of the Sixth Pay Commission on Teacher Salaries in India', RECOUP Working Paper 29, Faculty of Education, University of Cambridge.

Kingdon, G. and Sipahimalani-Rao, V. (2010), 'Para Teachers in India: Status and Impact', *Economic and Political Weekly,* 20 March.

Kishor, K. and Gupta, K. (2009), *Gender Equality and Women's Empowerment in India* (Mumbai: International Institute for Population Sciences).

Kishor, S. and Gupta, K. (2004), 'Women's Empowerment in India and its States: Evidence from the NFHS', *Economic and Political Weekly,* 14 February.

Klonner, S. and Oldiges, C. (2013), 'Can an Employment Guarantee Alleviate Poverty? Evidence from India's National Rural Employment Guarantee Act', draft paper, University of Heidelberg.

Knaul, F. M. et al. (2012), 'The Quest for Universal Health Coverage: Achieving Social Protection for All in Mexico', *The Lancet, 380.*

Koehlmoos T. P., Islam, Z., Anwar, S., Hossain, S. A. S., Gazi, R., Streatfield, P. K. and Bhuiya, A. U. (2011), 'Health Transcends Poverty: The Bangladesh Experience', in Balabanova et al. (2011).

Kohli, Atul (2012), *Poverty amid Plenty in the New India* (Cambridge: Cambridge University Press).

Kohli, Vanita (2006), *The Indian Media Business* (New Delhi: Sage). Kotwal, A., Murugkar, M. and Ramaswami, B. (2012), 'PDS Forever?', *Economic and Political Weekly,* 21 May.

Kotwal, A. and Roy Chaudhuri, A. (2013), 'Why is Poverty Declining so Slowly in India?', paper presented at the Silver Jubilee Conference of the Indira Gandhi Institute of Development Research, Mumbai.

Korwal, A., Ramaswami, B. and Wadhwa, W. (2011), 'Economic Liberalization and Indian Economic Growth: What's the Evidence?', *journal of Economic Literature,* 49.

Kravdal, 0ystein (2004), 'Child Mortality in India: The Community-level Effect of Education', *Population Studies,* 58.

Kremer, M., Muralidharan, K. Chaudhury, N., Hammer, J. and Rogers, F. H. (2005), 'Teacher Absence in India: A Snapshot', *journal of the European Economic Association,* 3·

Krishna, Raj (I982.), 'Assessing India's Economic Development', *Mainstream,* 2.5 October.

Kruks-Wisner, Gabrielle (2011), 'Seeking the Local State: Gender, Caste and the Pursuit of Public Services in post-Tsunami India', *World Development,* 39.

Kruks-Wisner, Gabrielle (2012.), 'How Rural India Negotiates with the State', *Business Line,* 3 July.

Kruks-Wisner, Gabrielle (20I3), 'Claiming the State: Citizen-State Relations and Public Service Delivery in Rural India', PhD thesis, Department of Political Science, Massachusetts Institute of Technology.

Kumar, S. and Sathyanarayana, K. M. (2012.), 'District-level Estimates of Fertility and Implied Sex Ratio at Birth in India', *Economic and Political Weekly,* I8 August.

Kumar, Sanjay (2009), 'Patterns of Political Participation: Trends and Perspective', *Economic and Political Weekly,* 2.6 September.

Ladd, Helen F. (2002.), 'School Vouchers: A Critical Review', *journal of Economic Perspectives,* I6.

Lahoti, R., Suchitra, J. Y. and Goutam, P. (2012.), 'Subsidies for Whom? The Case of LPG in India', *Economic and Political Weekly,* 3 November.

Lenagala, C. and Ram, R. (2010), 'Growth Elasticity of Poverty: Estimate~ from New Data', *International journal of Social Economics,* :; 7': '

LeVine, R. A., LeVine, S., Schnell-Anzola, B., Rowe, M. E. and Dexter, E. *(2012.), Literacy and Mothering: How Women's Schooling Changes the Lives of the World's Children* (Oxford: Oxford University Press).

Lewis, David (2011), *Bangladesh: Politics, Economics and Civil Society* (Cambridge: Cambridge University Press).

Li, Xingxing (2012.), 'Bribery and the Limits of Game Theory the Lessons from China', Guest post, Financial Times blog (http:/blogs.£t.com).

Lin Chen, de Haan, A., Zhang, X. and Warmerdam, W. (2012.), 'Addressing Vulnerability in an Emerging Economy: China's New Cooperative Medical Scheme (NCMS)', *Canadian journal of Development Studies,* 32.·

Liu, Y. and Barrett, C. (20I3), 'Heterogeneous Pro-Poor Targeting in the National Rural Employment Guarantee Scheme', *Economic and Political Weekly,* 9 March.

Liu, Y. and Deininger, K. (2010), 'Poverty Impacts of India's National Rural Employment Guarantee Scheme: Evidence from Andhra Pradesh', paper prepared for presentation at a meeting of the Agricultural and Applied Economics Association, Denver, Colorado, 2.5-2.7 July 2010.

Lloyd-Sherlock, P. (2009), 'Social Policy and Inequality in Latin America', *Social Policy and Administration, 43.*

Lokhande, Sandesh (20I3), 'Social Security Pensions in Maharashtra: A Case Study', mimeo, Indian Institute of Technology, Delhi.

MacAuslan, Ian (2008), 'India's National Rural Employment Guarantee Act: A Case Study of How Change Happens', in D. Green (ed.) (2008), *From Poverty to Power: How Active Citizens and Effective States Can Change the World* (Oxford: OXFAM International).

Mahendra Dev, S. and Ranade, A. (200I), 'Employment Guarantee Scheme and Employment Security', in Mahendra Dev et al. (200I).

Mahendra Dev, S., Antony, P., Gayathri, V. and Mamgain, R. P. (eds.) (200I), *Social and Economic Security in India* (New Delhi: Institute of Human Development).

Mahmud, Simeen (2003), 'Is Bangladesh Experiencing a Feminization of the Labor Force?', *Bangladesh Development Studies, 2.9.*

Mahmud, Wahiduddin (2008), 'Social Development in Bangladesh: Pathways, Surprises and Challenges', *Indian journal of Human Development, «,*

Majumdar, M. and Rana, K. (2012.), 'In Defence of Public Education: Voices from West Bengal', *Economic and Political Weekly,* 6 October.

Majumdar, Swapna (20I3), 'Forced Hysterectomies, Unscrupulous Doctors', available at southasia.oneworld.net.

Mangatter, Silvia (2011), 'Does the Mahatma Gandhi National Rural Employment Guarantee Act (MGNREGA) Strengthen Rural Self-Employment in Bolpur Subdivision (West Bengal, India)?', Master's thesis, Faculty of Economics, Philipps-Universitat Marburg.

Marulasiddappa, M., Raonka, P. and Sabhikhi, I. (20I3), 'Social Security Pensions for the Elderly: A Case Study', mimeo, Planning and Development Unit, Allahabad University.

Mazumdar, I. and N, Neetha (2011), 'Gender Dimensions: Employment Trends in India, I993-94 to 2009-10', *Economic and Political Weekly, 2.2.* October.

McCrindle, J. W. (I885), *Ancient India as Described by Ptolemy* (London: Triibner & Co.).

Meenakshi, Swathi (20n), 'Universalism for Real: The PDS in Tamil Nadu and Himachal Pradesh', partly published in *The Tribune,* 7 September.

Mehrotra, Santosh *(2006),* 'Child Malnutrition and Gender Discrimination in South Asia', *Economic and Political Weekly,* II March.

Mehta, Pratap Bhanu (2012), 'Breaking the Silence: Why We Don't Talk about Inequality And How to Start Again', *Caravan,* 1 October.

Mellstrorn, C. and Johannesson, M. (2008), 'Crowding Out in Blood Donation: Was Titmuss Right?', *Journal of the European Economic Association,* 6.

Micronutrient Initiative and UNICEF (2004), *Vitamin and Mineral Deficiency:* A *Global Progress Report* (Ottawa: Micronutrient Initiative).

Micronutrient Initiative and UNICEF *(2009), Investing in the Future:* A *United Call to Action on Vitamin and Mineral Deficiencies* (Ottawa: Micronutrient Initiative).

Mill, J. s. (1859), *On Liberty,* republished 1974 (Harmondsworth: Penguin). Miller, Barbara D. (1981), *The Endangered Sex: Neglect of Female Children in Rural North India* (Ithaca, NY: Cornell University Press).

Miller, Barbara D. (1989), 'Changing Patterns of Juvenile Sex Ratios in Rural India, 1961 to 1971', *Economic and Political Weekly,* 3 June.

Mishra, Pankaj (2012), 'How India is Turning into China: And Not in a Good Way', *New Republic,* 31 December.

Mokyr, J. (2002), *The Gifts of Athena* (Princeton, NJ: Princeton University Press).

Moore, M. and Jadhav, V. *(2006),* 'The Politics and Bureaucratics of Rural Public Works: Maharashtra's Employment Guaranteed Scheme', *Journal of Development Studies, 42.*

Mudgal, Vipul (20n), 'Rural Coverage in the Hindi and English Dailies', *Economic and Political Weekly,* 27 August.

Mukerji, S. and Wadhwa, W. (2012), 'Do Private Schools Perform Better than Public Schools? Evidence from Rural India', paper presented at the 55th Annual Conference of the Comparative and International Education Society, Montreal, Quebec.

Mukerji, S. and Walton, M. (2012), 'Learning the Right Lessons: Measurement, Experimentation and the Need to Turn India's Right to Education Act Upside-Down', in IDFC Foundation (2012), *India Infrastructure Report* 2012: *Private Sector in Education* (New Delhi: Routledge India).

Mukherjee, Soumik (2012), 'I Democratic Protest. 8, 000 Sedition Cases. Is this a Free Country?', *Tehelka,* 8 September.

Muraleedharan, V. R., Dash, U. and Gilson, L. (20n); 'Tamil Nadu 1980s-2005: A Success Story in India', in Balabanova et al. (eds.) (2011).

Muralidharan, Karthik (2012a), 'Teacher and Medical Worker Incentives', in Basu and Maertens (2012).

Muralidharan, Karthik (2012b), 'Priorities for Primary Education Policy in India's rath Five Year Plan', mimeo, Department of Economics, University of California San Diego; to be published in NCAER-Brookings (forthcoming), *India Policy Forum* 2013 (New Delhi: NCAER).

Muralidharan, K. and Prakash, N. (2012), 'Cycling to School: Increasing Secondary School Enrollment for Girls in India', paper presented at the annual Growth and Development Conference, Indian Statistical Institute, New Delhi, December 2012.

Murthi, M., Guio, A. M. and Dreze.], P. (1995), 'Mortality, Fertility and Gender Bias in India: A District Level Analysis', *Population and Development Review,* 21.

Nagaraj, R. (2004), 'Fall in Manufacturing Employment: A Brief Note', *Economic and Political Weekly,* 24 July.

Nagaraj, R. *(2006),* 'Public Sector Performance since 1950: A Fresh Look', *Economic and Political Weekly,* 24 June.

Nagaraj, R. (2011), 'Growth in Organised Manufacturing Employment: A Comment', *Economic and Political Weekly,* 19 March.

Nandraj, Sunil (1997), 'Unhealthy Prescriptions: The Need for Health Sector Reform in India', in *Informing and Reforming,* Newsletter of the International Clearinghouse of Health System Reform Initiatives, no. 2.

Nandraj, Sunil (2012), 'Unregulated and Unaccountable: Private Health Providers', *Economic and Political Weekly,* 4 January.

Nandraj, S., Muraleedharan, V. R., Baru, R. V., Qadeer, 1. and Priya, R. *(2001), The Private Health Sector in India* (Bombay: CEHAT).

Narayan, Shriman (ed.) (1968), *Selected Works of Mahatma Gandhi. Volume 6: The Voice of Truth* (Ahmedabad: Navajivan Publishing House).

Narayana, D. (2010), 'Review of the Rashtriya Swasthya Bhima Yojana', *Economic and Political Weekly,* 17 July.

Narayanan, Sudha (2006), 'Child Development as an "Investment"', in Citizens' Initiative for the Rights of Children Under Six (2006).

Narayanan, Sudha *(2008),* 'Employment Guarantee, Women's Work and Child Care', *Economic and Political Weekly,* 1 March.

Narayanan, Sudha (2011), 'A Case for Reframing the Cash Transfer Debate in India', *Economic and Political Weekly,* 21 May.

National Consortium of Civil Society Organisations *(2009), NREGA Reforms: Building Rural India,* first NCCSO report on NREGA; available at www.nregaconsortium.in.

National Consortium of Civil Society Organisations (2011), *MGNREGA: Opportunities, Challenges and the Road Ahead,* second NCCSO report on MGNREGA; available at www.nregaconsortium.in.

National Crime Records Bureau (2011a), *Accidental Deaths and Suicides in India 2010* (New Delhi: NCRB).

National Crime Records Bureau (2011b), *Crime in India 2010* (New Delhi: NCRB).

National Federation of Indian Women (soofi), 'Socio-economic Empowerment of Women under NREGA', report to the Ministry of Rural Development.

National Institute of Population Research and Training *(2009), Bangladesh Demographic and Health Survey 2007* (Dhaka, Bangladesh, and Calverton, MD, USA: National Institute of Population Research and Training, Mitra and Associates, and Macro International).

National Sample Survey Office (2011a), *Key Indicators of Employment and Unemployment in India: NSS 66th Round (July 2009-june 2010)* (New Delhi: NSSO).

National Sample Survey Office (2011b), *Key Indicators of Household Consumer Expenditure in India 2009-2010* (New Delhi: NSSO).

National Sample Survey Organisation (2006), 'Morbidity, Health Care and the Condition of the Aged: NSS soth Round (January-June 2004)', Report 507, NSSO, New Delhi.

National University of Educational Planning and Administration (201 raj, *Elementary Education in India: Progress towards UEE, Analytical Tables 2009-10* (New Delhi: NUEPA).

National University of Educational Planning and Administration (2011b), *Elementary Education in India under Government Managements 2009-10, Selected Tables Based on DISE 2009-10* (New Delhi: NUEPA).

National University of Educational Planning and Administration (2011C), *Elementary Education in India: Progress towards UEE, Flash Statistics 2009-10, Selected Tables Based on DISE 2009-10* (New Delhi: NUEPA).

Nawani, Disha (20I3), 'Continuously and Comprehensively Evaluating Children', *Economic and Political Weekly,* 12 January.

Noorani, A. G. (20I2), 'How the Political Class has Looted India', *The Hindu,* 30 July.

Nores, M. and Barnett, W. S. (2010), 'Benefits of Early Childhood Interventions Across the World: (Under) Investing in the Very Young', *Economics of Education Review, 29.*

North, Douglass (1990), *Institutions, Institutional Change and Economic Perfomance* (Cambridge: Cambridge University Press).

OECD (2011), *Education at a Glance* zo r r: *OECD Indicators* (Paris: OECD Publishing).

O'Hanlon, Rosalind (I994), *A Comparison between Women and Men: Tarabai Shinde and the Critique of Gender Relations in Colonial India* (Madras: Oxford University Press).

Ohkawa, K. and Rosovsky, H. (1973 }, *japanese Economic Growth: Trend Acceleration in the Twentieth Century* (Stanford, CA: Stanford University Press).

Omvedt, Gail (2004), *Ambedkar: Towards an Enlightened India* (New Delhi: Penguin).

Omvedt, Gail (aoox), *Seeking Begumpura: The Social Vision of Anticaste Intellectuals* (New Delhi: Navayana).

Omvedt, Gail (2010), *Understanding Caste: From Buddha to Ambedkar and Beyond* (New Delhi: Orient Blackswan).

Oommen, M. A. (2009), 'Development Policy and the Nature of Society: Understanding the Kerala Model', *Economic and Political Weekly, 2B* March.

Oommen, M. A. (ed.) (I999), *Rethinking Development: Kerala's Development Experience* (New Delhi: Concept).

Orenstein, Mitchell A. *(20oB),* 'Postcommunist Welfare States', *journal of Democracy, 19.*

Osmani, Siddiq R. (I99I), 'Social Security in South Asia', in S. E. Ahmad, J. P. Dreze, J. Hills and A. K. Sen (eds.) (I99I), *Social Security in Developing Countries* (Oxford: Oxford University Press).

Osmani, Siddiq R. (2010), 'Towards Achieving the Right to Health', *Bangladesh Development Studies,* 33.

Osmani, Siddiq R. (ed.) (I992), *Nutrition and Poverty* (Oxford: Oxford University Press).

Osmani, S. R. and Sen, A. K. (2003), 'The Hidden Penalties of Gender Inequality: Fetal Origins of Ill-Health', *Economics and Human Biology, !.*

OXFAM International (2006), *Serve the Essentials: What Governments and Donors Must* Do *to Improve South Asia's Essential Services* (New Delhi: OXFAM India Trust).

PadeJ, F. and Das, S. (2010), *Out of this Earth: East India Adivasis and the Aluminium Cartel* (New Delhi: Orient Blackswan).

Paim, J., Travassos, *C.,* Almeida, c., Bahia, L. and Macinko, J. (2011), 'The Brazilian Health System: History, Advances, and Challenges', *The Lancet, 377.*

Panday, Pranab Kumar *(200B),* 'Representation without Participation: Quotas for Women in Bangladesh', *International Political Science Review, 29.*

Pandey, Brijesh (2012), 'Ganga Dammed', *Tehelka,* 2 June.

Pankaj, A. and Tankha, R. (2010), 'Empowerment Effects of the NREGS on Women Workers: A Study in Four States', *Economic and Political Weekly,* 24 July.

Papp, John (2012), 'Essays on India's Employment Guarantee', PhD thesis, Prince ton University, NJ.

Parikh, Kirit (2010), 'The Logic of the Expert Group Report on Petroleum Prices', *Economic and Political Weekly,* 15 May.

Parker, John (2012), 'Development in India: A Tale of Two Villages', *The 'Economist,* 17 November.

Parthasarathi, Prasannan (2011), *Why Europe Grew Rich and Asia Did Not: Global Economic Divergence 1600-1850* (Cambridge: Cambridge University Press).

Patel, I. G. (1987), 'Free Enterprise in the Nehru Era', in D. Tripathi (ed.) *(1987), State and Business in India: A Historical Perspective* (Delhi: Manohar).

Patel, I. G. (2002), *Glimpses of Economic Policy: An Insider's View* (New Delhi: Oxford University Press).

Patnaik, Prabhat (2002), 'Markets, Morals and the Media', Convocation Address, Asian College of Journalism, Chennai.

Paul, S., Balakrishnan, S., Thampi, G. K., Sekhar, S. and Vivekananda, M. *(2006), Who Benefits from India's Public Services?* (New Delhi: Academic Foundation).

Paul, V. K., Sachdev, H. S., Mavalankar, D., Ramachandran, P., Sankar, M. J., Bhandari, N., Sreenivas, V., Sundararaman, T., Govin, D., Orsin, D. and Kirkwood, B. (2011), 'Reproductive Health, and Child Health and Nutrition in India: Meeting the Challenge', *The Lancet, 377·*

Periyar, E. V. R. (1965), *Social Reform or Social Revolution?,* English translation by A. M. Dharmalingam (Chennai: Dravidar Kazhagam Publications).

Pierri, Gaston (2012), 'Development Strategies and Law in Latin America: Argentine, Brazilian and Chilean Conditional Cash Transfer Programs in Comparative Perspective', Documentos de Trabajo OS/2012, Instituto Universitario de Analysis Econornico y Social, Universidad de Alcala.

Piketty, T. and Qian, N. (2009), 'Income Inequality and Progressive Income Taxation in China and India, 1986-2015', *American Economic Journal: Applied Economics,* 1.

Planning Commission (1951), *The First Five-Year Plan* (New Delhi: Planning Commission).

Planning Commission (1956), *The Second Five-Year Plan* (New Delhi: Planning Commission).

Planning Commission (2011a), 'Evaluation Study on Integrated Child Development Scheme', PEO Report no. 218 (New Delhi: Programme Evaluation Organisation, Planning Commission).

Planning Commission (2011b), *Faster, Sustainable and More Inclusive Growth: An Approach to the Twelfth Five-Year Plan* (New Delhi: Planning Commission).

Pliny the Elder, *Natural History*, English translation by John Bostock and H. T. Riley; available online at http://www.perseus.tufts.edu.

Prasad, Chandra Bhan (WIl), 'Shades of Mobility', *Outlook*, 3I October.

Pratham Education Foundation (2012), *Annual Status of Education Report (Rural) 2011, Provisional Report* (Mumbai: Pratham Education Foundation).

Pratham Education Foundation (2013), *Annual Status of Education Report (Rural) 2012, Provisional Report* (Mumbai: Pratham Education Foundation).

Pratichi Trust (2002), *The Pratichi Education Report I* (Delhi: Pratichi Trust in association with TLM Books).

Pratichi Trust (2005), *The Pratichi Health Report* (Delhi: Pratichi Trust in association with TLM Books).

Pratichi Trust (2009a), *The Pratichi Education Report II - Primary Education in West Bengal: Changes and Challenges* (Delhi and Kolkata: Pratichi Trust).

Pratichi Trust (2009b), *The Pratichi Child Report* (Delhi and Kolkata: Pratichi Trust).

Pratichi Trust (2010), *The Pratichi Report on Mid-Day Meal: The Mid-Day Programme in Urban Primary and Rural Upper Primary Schools in West Bengal* (Delhi and Kolkata: Pratichi Trust).

Pratichi Trust (2012a), *A Child's View of the World* (Kolkata: Pratichi Trust in collaboration with Child Rights and You).

Pratichi Trust (2012b), *The Joy of Reading*, Report of a series of children's reading festivals (Kolkata: Pratichi Trust in collaboration with Child Rights and You).

Prayas Energy Group (2012), 'Ensuring Electricity for All: Overcoming Structural Disincentive', paper presented at a Round Table on 'Electricity for All: Approaches and Challenges' at the Giri Institute of Development Studies, Lucknow, 28 September.

PricewaterhouseCoopers (2009), *Understanding the 'Key Issues and Constraints' in Implementing the RT! Act* (New Delhi: PwC).

Pritchett, L. and Beatty, A. (2012), 'The Negative Consequences of Overambitious Curricula in Developing Countries', Working Paper RWP12-035, Kennedy School of Government, Harvard University, MA.

Pritchett, L. and Murgai, R. (2007), 'Teacher Compensation', in National Council of Applied Economic Research (2007), *India Policy Forum 2006/07* (New Delhi: Sage).

Pritchett, L. and Pande, V. (2006), 'Making Primary Education Work for India's Rural Poor', Social Development Papers, South Asia Series, no. 95, World Bank, Washington, DC.

PRO BE Team (1999), *Pvblic Report on Basic Education* (New Delhi: Oxford University Press).

PRS Legislative Research (20n), 'Data from State Assemblies: Some Trends', available at www.prsindia.org (accessed I January 2013).

Public Cause Research Foundation (2009), 'State of Information Commissions in India: A Performance Evaluation', Public Cause Research Foundation, New Delhi; available at www.rtiawards.org.

Puri, Raghav (2012), 'Reforming the Public Distribution System: Lessons from Chhattisgarh', *Economic and Political Weekly,* 4 February.

Qun Meng et al. (2012), 'Trends in Access to Health Services and Financial Protection in China between 2003 and 20n: A Cross-Sectional Study', *The Lancet, 379.*

Rajakumar, J. Dennis (20n), 'Size and Growth of Private Corporate Sector in Indian Manufacturing', *Economic and Political Weekly,* 20 April.

Rajan, Raghuram (2008), 'Is There a Threat of Oligarchy in India?', Speech to the Bombay Chamber of Commerce on its Founders Day celebration, 10 September; available at http://faculty.chicagobooth.edulraghuram. rajan.

Rajasekhar, D., Berg, E., Ghatak, M., Manjula, R. and Roy, S. (20n), 'Implementing Health Insurance: The Rollout of Rashtriya Swasthya Bhima Yojana in Karnataka', *Economic and Political Weekly,* 14 May.

Ram, N. (1990), 'An Independent Press and Anti-Hunger Strategies', in Dreze and Sen (1990).

Ram, N. (20n), 'The Changing Role of the News Media in Contemporary India', address as president of the Contemporary India section of the Indian History Congress, 72nd Session, Patiala, 10 December.

Ram, N. (2012), 'Sharing the Best and the Worst: The Indian News Media in a Global Context', James Carneron Memorial Lecture delivered at City University London, 3 October 2012.

Ramachandran, Nira (2007), 'Women and Food Security in South Asia', in B. Guha-Khasnobis et al. (eds.) (2007), *Food Insecurity, Vulnerability and Human Rights Failure* (New York: Palgrave).

Ramachandran, V. K. (1996), 'Kerala's Development Achievements', in Dreze and Sen (1996).

Ramalingaswami, V., Jonsson, U. and Rohde, J. (1996), 'The Asian Enigma', in *UNICEF: The Progress of Nations* 1996, available at www.unicef.org! pon96/ nuenigma.htm

Ramana, M. V. (2012), *The Power of Promise: Examining Nuclear Energy in India* (New Delhi: Penguin).

Ramanathan, Usha (2010), 'A Unique-Identity Bill', *Economic and Political Weekly,* 24 July.

Rana, Kumar (ed.) (2012), *Kalamchari* (Kolkata: Pratichi Institute and UNICEF).

Rao, Jaithirth (2012), 'No Law for Worker Rights', *Tehelka,* 8 September.

Ravallion, Martin (20n), 'A Comparative Perspective on Poverty Reduction in Brazil, China and India', *World Bank Research Observer, 26.*

Ravi, R. N. (2012), 'The Biggest Impediment to Peace', *The Statesman,* 8 July.

Rawls, John (1971), *A Theory of Justice* (Cambridge, MA: Harvard University Press).

Rawls, John (1993), *Political Liberalism* (New York: Columbia University Press).
Rawls, John (1999), *Collected Papers* (Cambridge, MA: Harvard University Press).
Rawls, John (2001), *Justice as Fairness: A Restatement* (Cambridge, MA: Harvard University Press).
Reddy, K. S. and Guha Thakurta, P. (2010), '"Paid News": How Corruption in the Indian Media Undermines Democracy', Draft report prepared for the Press Council of India; available at ocw.iimb.ernet.in.
Reddy, Rammanohar (2012), 'How is India Doing (2012)?', S. Guhan Memorial Lecture, Chennai, 5 December; partly published in *The Hindu*, 29 December.
Rege, Sharmila (ed.) (2006), *Writing Caste/Writing Gender: Narrating Dalit Women's Testimonies* (New Delhi: Zubaan).
Rege, Sharmila (ed.) (2013), *Against the Madness of Manu: B. R. Ambedkar's Writings on Brahmanical Patriarchy* (New Delhi: Navayana).
Reserve Bank of India (2012), 'Database on the Indian Economy 20Io-n', available at http://dbie.rbi.org.in.
Risley, H. H. and Gait, E. A. (1903), *Report on the Census of India, 1901* (Calcutta: Superintendent of Government Printing); also available at http://www.chaf.1ib.1atrobe.edu.auldcdlcensusI901.httn.
Roberts, Alasdair (2010), 'A Great and Revolutionary Law? The First Four Years of India's Right to Information Act', *Public Administration Review, 70•*
Rodrigues, Valerian (ed.) (2002), *The Essential Writings of B. R. Ambedkar* (Oxford: Oxford University Press).
Rothschild, Emma (2011), *The Inner Life of Empires: An Eighteenth-Century History* (Princeton, NJ: Princeton University Press).
Rothschild, M. and Stiglitz, J. E. (1976), 'Equilibrium in Competitive Insurance Markets: An Essay on the Economics of Imperfect Information', *Quarterly Journal of Economics, 90•*
Rouse, C. E. and Barrow, L. (~009), 'School Vouchers and Student Achievement', *Annual Review of Economics, I.*
Roy, Arundhati (1999), *The Cost of Living* (London: Flamingo).
Roy, Arundhati (~010), 'Walking with the Comrades', *Outlook,* ~9 March.
RTI Assessment and Analysis Group (~OO9), 'Safeguarding the Right to Information", available at www.rti-assessment.org.
Rudra, Ashok (1975), *Indian Plan Models* (New Delhi: Allied Publishers).
Rudra, Ashok (1988), 'Emerging Class Structure in Rural India', in Srinivasan and Bardhan (1988).
Rudra, Ashok (1989), 'Emergence of the Intelligentsia as a Ruling Class in India', *Economic and Political Weekly,* ~I January.
Ruger, Jennifer Prah (~009), *Health and Social Justice* (Oxford: Oxford University Press).
Ryan, Alan (~0I1), *On Politics: A History of Political Thought from Herodotus to the Present* (London: Allen Lane).

Sachdev, H. P. S. (~0I1), 'Overcoming Challenges to Accelerating Linear Growth in Indian Children', *Indian Pediatrics, 49*·

Sainath, P. (~009), 'The Medium, Message and the Money', *The Hindu,* ~6 October.

Sainath, P. (~010), 'Paid News Undermining Democracy: Press Council Report', *The Hindu,* a r April.

SAMARTHAN (~010), 'Impact Assessment of MGNREGA in Madhya Pradesh', Report to the Poverty Monitoring and Policy Support Unit, State Planning Commission, Madhya Pradesh.

Samson, M. and Gupta, N. (~0I1), 'Schooling for Children on the Bihar Jharkhand Border', study commissioned by NEG-FIRE; available at www.cordindia.com.

Samuelson, Paul (1954), 'The Pure Theory of Public Expenditure', *Review of Economics and Statistics,* 36.

Sandel, Michael J. (~0I1), *What Money Can't Buy: The Moral Limits of Markets* (London: Alien Lane).

Sarkar, M. and Rana, K. (~010), 'Roles and Responsibilities of the Teachers' Unions in the Delivery of Primary Education: A Case of West Bengal', Pratichi Occasional Paper no. 3, Pratichi Trust, Kolkata.

Sarkar, S. and Mehta, B. S. (~010), 'Income Inequality in India: Pre- and Post-Reform Periods', *Economic and Political Weekly,* I I September.

Sathe, D., Klasen, S., Prieve, J. and Biniwale, M. (~oI3), 'Can the Female Sarpanch Deliver? Evidence from Maharashtra', *Economic and Political Weekly,* 16 March.

Sawalkar, S., Deshmukh, M., Kalkonde, Y., Shah, D. and Bang, A. (~013), 'Tobacco vs Development: Private Spending on Tobacco in Gadchiroli District', *Economic and Political Weekly,* ~ February.

Sawhney, Ria Singh (zor r), 'The PDS in Rajasthan: A New Start', partly published in *The Tribune,* 7 September.

Secretariat of the Rajya Sabha (~0I1), 'List of Women Members', available online on Rajya Sabha website (http://164.10O.47.5I New members l women.aspx), accessed 14 November ~0I1.

Sekher, T. V. (~0I1), 'Ladlis and Lakshmis: Financial Incentive Schemes for the Girl Child', *Economic and Political Weekly,* ~8 April.

Selvaraj, S. and Karan, A. K. (aor a), 'Why Publicly Financed Health Insurance Schemes are Ineffective in Providing Financial Risk Protection', *Economic and Political Weekly,* 17 March.

Sen, Amartya (1973), *On Economic Inequality,* expanded edn. 1997 with a substantial annexe by James E. Foster and Amartya Sen (Oxford: Oxford University Press).

Sen, Amartya (1983), 'Development: Which Way Now?', *Economic Journal,* 93.

Sen, Amartya (1984), *Resources, Values and Development* (Cambridge, MA: Harvard University Press).

Sen, Amartya (1985), 'Well-being, Agency and Freedom: The Dewey Lectures 1984', *Journal of Philosophy,* 8~.

Sen, Amartya (1990), 'Gender and Cooperative Conflict', in I. Tinker (ed.) *(1990), Persistent Inequalities* (New York: Oxford University Press).

Sen, Amartya (1999), *Development as Freedom* (New York: Knopf, and Oxford: Oxford University Press).

Sen, Amartya (aooaa), *Rationality and Freedom* (Cambridge, MA: Harvard University Press).

Sen, Amartya (zooab), 'Open and Closed Impartiality', *Journal of Philosophy, 99·*

Sen, Amartya (~OO3), '" Missing Women" Revisited', *British Medical Journal,* 3 ~ 7- Sen, Amartya (~005), 'The Country of First Boys', *The Little Magazine,* 6 (I and a).

Sen, Amartya (~009), *The Idea of Justice* (Harmondsworth and Delhi: Penguin, and Cambridge, MA: Harvard University Press).

Sen, Amartya (aor r), 'Rights, Laws and Language', *Oxford Journal of Legal Studies,* 3 I.

Sen, B., Mujeri, M. K. and Shahabuddin, Q. (~007), 'Explaining Pro-Poor Growth in Bangladesh: Puzzles, Evidence, and Implications', in T. Besley and L. J. Cord (eds.) (2007), *Delivering on the Promise of Pro-Poor Growth* (New York: Palgrave Macmillan).

Sen, Gita (2012), 'Universal Health Coverage in India: A long and Winding Road', *Economic and Political Weekly,* 25 February.

Seth, Leila (2012), 'The Girl Child and Governance', lecture delivered at the India International Centre, New Delhi, 19 July.

Sethi, Surya P. (2010), 'Analysing the Parikh Committee Report on Pricing of Petroleum Products', *Economic and Political Weekly,* 27 March.

Shah, G., Mander, H., Thorat, S., Deshpande, S. and Baviskar, A. (2006), *Untouchability in Rural India* (New Delhi: Sage).

Shah, T. et al. (2010), 'Asset Creation through Employment Guarantee?: Synthesis of Student Case Studies in Nine States of India', International Water Management Institute.

Shah, V. C. and Makwana, M. (2011), 'Impact of NREGA on Wage Rates, Food Security and Rural Urban Migration in Gujarat', Agro-economic Research Centre, Sardar Patel University, Vallabh Vidyanagar.

Shapiro, Ian (1999), *Democratic Justice* (New Haven, CT: Yale University Press).

Sharma, R. S. (2010), 'Identity and the UIDAI: A Response', *Economic and Political Weekly,* 28 August.

Shrivastava, A. and Kothari, A. (2012), *Churning the Earth: The Making of Global India* (New Delhi: Penguin).

Simons, E., Ferrari, M., Fricks, J., Wannemuehler, K., Anand, A., Burton, A. and Strebel, P. (2012), 'Assessment of the 2010 Global Measles Mortality Reduction Goal: Results from a Model of Surveillance Data', *The Lancet, 379·*

Singh, A., Park, A. and Dercon, S. (2012), 'School Meals as a Safety Net: An Evaluation of thc Midday Meal Scheme in India', Discussion Paper 903 I,

Centre for Economic Policy Research, London; forthcoming in *Economic Development and Cultural Change.*

Singh, Prerna (2010a), 'We-ness and Welfare: A Longitudinal Analysis of Social Development in Kerala, India', *World Development, 39·*

Singh, Prerna (2010b), 'Subnationalism and Social Development: A CO!D-parative Analysis of Indian States', PhD thesis, Princeton University; to be published as a monograph.

Singh, Upinder (2009), A *History of Ancient and Early Medieval India* (New Delhi: Pearson Longman).

Singh, Upinder (2012), 'Governing the State and the Self: Political Philosophy and Practice in the Edicts of Asoka', *South Asian Studies, 28.*

Sinha, Amarjeet (2012), 'Health Evidence from the States', *Economic and Political Weekly,* I I February.

Sinha, Amarjeet (2013), *An India for Everyone:* A *Path to Inclusive Development* (New Delhi: Harper Collins).

Sinha, Chitra (2012), *Debating Patriarchy: The Hindu Code Bill Controversy in India (1941-1956)* (New Delhi: Oxford University Press).

Sinha, Dipa (2008), 'Social Audit of Midday Meal Scheme in AP', *Economic and Political Weekly,* I November.

Sinha, Dipa (2013), 'Health and Human Development: Comparative Experiences of Tamil Nadu and Uttar Pradesh', PhD thesis, Jawaharlal Nehru University.

Sivasubramonian, S. (2000), *The National Income of India in the Twentieth Century* (New Delhi: Oxford University Press).

Skidelsky, R. and Skidelsky, E. (2012), *How Much* is *Enough? The Love of Money, and the Case for the Good Life* (London: Alien Lane).

Smith, Adam (1759, 1790), *The Theory of Moral Sentiments,* anniversary edn. (New York and London: Penguin, 2009).

Smith, Adam (1776), *An Inquiry into the Natures and Causes of the Wealth of Nations,* republished in R. H. Campbell and A. S. Skinner (eds.) (1976), *Adam Smith: An Inquiry into the Natures and Causes of the Wealth of Nations* (Oxford: Clarendon Press).

Soares, Fabio V. (2011), 'Brazil's Bolsa Familia: A Review', *Economic and Political Weekly,* 21 May.

Soares, F. V., Ribas, R. P. and Osorio, R. G. (2010), 'Evaluating the Impact of Brazil's Bolsa Familia: Conditional Cash Transfers in Perspective', *Latin American Research Review, 45.*

Sobhan, Rehman (2011), 'Bangladesh at 40: Looking Back and Moving Forward', mimeo, Centre for Policy Dialogue, Dhaka.

Sobhan, Salma (1978), *Legal Status of Women In Bangladesh* (Dhaka: Bangladesh Institute of Legal and International Affairs).

Society for Participatory Research in Asia (2008), *Demanding Accountability from the State: An Assessment of Right to Information* (New Delhi: PRIA).

Society for Participatory Research in Asia (2009), *Accessing Information under* RTI: *Citizens' Experiences in Ten States* (New Delhi: PRIA).

Sopher, David (ed.) (1980), *An Exploration of India: Geographical Perspectives on Society and Culture* (lthaca, NY: Cornel! University Press).
Spears, Dean (201 I), 'Height and Cognitive Achievement among Indian Children', *Economics and Human Biology, 10.*
Spears, Dean (2012a), 'Effects of Rural Sanitation on Child Mortality and Human Capital: Evidence from India's Total Sanitation Campaign', Working Paper, Research Institute for Compassionate Economics.
Spears, Dean (2012b), 'How Much International Variation in Child Height Can Sanitation Explain?', Working Paper, Research Institute for Compassionate Economics.
Spears, Dean (2013), 'The Long and Short of Open Defecation', *The Hindu,* 14 March.
Spence, Michael A. (1973), 'Job Market Signalling', *Quarterly Journal of Economics,* 83.
Sreevidya, S. and Sathyasekaran, B. W. c. (2003), 'High Caesarean Rates in Madras (India): A Population-based Cross-sectional Study', *BJOG: An International Journal of Obstretics and Gynaecology,* 110.
Srinivas, M. N. (1995), *Social Change in Modern India* (Delhi: Orient Longman).
Srinivasan, T. N. and Bardhan, P. K. (eds.) (1988), *Rural Poverty in South Asia* (New York: Columbia University Press).
Srinivasan, Vivek (2010), 'Understanding Public Services in Tamil Nadu: An Institutional Perspective', PhD dissertation, University of Syracuse, NY; to be published as a monograph.
Srivastava, D. K., Rao, C. B., Chakraborty, P. and Rangamannar, T. S. (2003), *Budgetary Subsidies in India: Subsidising Social and Economic Services* (New Delhi: National Institute of Public Finance and Policy).
Stern, Nicholas (2009), A *Blueprint for a Safer Planet* (London: Bodley Head).
Stern, Nicholas (2012), 'Ethics, Equity and the Economics of Climate Change', Working Paper 97, Centre for Climate Change Economics and Policy, London School of Economics.
Stevenson, Andrew (2008), 'A Class Act? Opinions Differ', *Sydney Morning Herald,* 5 January.
Stiglitz, Joseph E. (1975), 'The Theory of "Screening", Education, and the Distribution of Income', *American Economic Review,* 65·
Stiglitz, Joseph E. (2002), *Globalization and its Discontents* (New York: Norton & Co.).
Stiglitz, J. E. and Weiss, A. (1981), 'Credit Rationing in Markets.with Imperfect Information', *American Economic Review, 71.*
Svedberg, Peter (2000), *Poverty and Undernutrition: Theory, Measurement, and Policy* (Oxford: Oxford University Press).
Tagore, Rabindranath (193 I), *Russiar Chitthi,* trans. Sasadhar Sinha (1960), *Letters from Russia* (Calcutta: Visva-Bharati).
Tao Yang, D., Weijia Chen, V. and Monarch, R. (2010), 'Rising Wages: Has China Lost its Global Labor Advantage?', *Pacific Economic Review,* 15· Tarozzi,

Alessandro (2008), 'Growth Reference Charts and the Status of Indian Children', *Economic and Human Biology, 6.*

Tejpal, Karan (aor a), 'My Rajput Friends Believed that Polo was Reserved for Them', *Tehelka,* 14 April.

Thaler, R. and Sunstein, C. (2008) *Nudge: Improving Decisions about Health, Wealth and Happiness* (New Haven, CT: Yale University Press).

Thapar, Romila (1963), *Asoka and the Decline of the Mauryas* (Delhi: Oxford University Press).

Thapar, Romila (1984), *The Mauryas Revisited* (Calcutta: K. P. Bagchi).

Tharamangalam, Joseph (1998), 'The Perils of Social Development without Economic Growth: The Development Debacle of Kerala, India', *Bulletin of Concerned Asian Scholars, 30•*

The Commonwealth Fund (2010), *International Profiles of Health Care Systems* (Washington, DC: The Commonwealth Fund).

The Hoot (2011), 'What Makes News: A Content Study of Regional Media', available at www.thehoot.org.

The India Site (2011), 'More Family Politics', available at http://www.theindiasite.comldynastic-politics-by_state/ (accessed January ao ra).

Thomas, Jayan Jose (aor a), 'India's Labour Market during the 2000S', *Economic and Political Weekly,* 2.2. December.

Thorat, S. and Lee, J. (2005), 'Caste Discrimination and Food Security Programmes', *Economic and Political Weekly,* 2.4 September.

Thorat, S. and Newman, K. S. (eds.) (2010), *Blocked by Caste: Economic Discrimination and Social Exclusion in Modern India* (New Delhi: Oxford University Press).

Titmuss, Richard M. (1970), *The Gift Relationship* (London: Alien & Unwin).

Trebilcock, M. J. and Daniels, R. J. (2008), *Rule of Law and Development: Charting the Fragile Path of Progress* (Cheltenham: Edward Elgar).

Trebilcock, M. J. and Prado, M. M. (2011), *What Makes Poor Countries Poor? Institutional Determinants of Development* (Cheltenham: Edward Elgar).

UNCTAD (2011), *Trade and Development Report 2011* (New York: United Nations).

UNICEF (20a), *The State of the World's Children 2012* (New York: UNICEF).

UNICEF and Government of India (2010), *Coverage Evaluation Survey 2009* (New Delhi: UNICEF).

United Nations (2011), *Sex Differentials in Childhood Mortality* (New York: Population Division, United Nations).

United Nations Development Programme (2011), *Human Development Report 2010* (New York: UNDP).

United Nations Office on Drugs and Crime (2013), 'Rape at the National Level: Number of Police-Reported Offences', Spreadsheet, available at www.unodc.org, accessed 2.I January 2013.

United Nations Population Division (2011), *World Population Prospects: The 2010 Revision,* CD-ROM edn. (New York: United Nations).

United Nations Population Fund (sorr), *Trends in Sex Ratio at Birth and Estimates of Girls Missing at Birth in India* (2001-2008) (New Delhi: UNFPA).

United Nations Population Fund (aor aa), *State of World Population 2012.: By Choice, not Chance: Family Pianning, Human Rights and Development* (New York: UNFPA).

United Nations Population Fund (2.oub), *Sex Imbalances at Birth: Current Trends, Consequences and Policy Implications* (Bangkok: UNFPA).

Uniyal, B. N. (1996), 'In Search of a Dalit Journalist', *The Pioneer, 16* November.

UNU-IHDP and UNEP (acr a), *Inclusive Wealth Report 2012: Measuring Progress Toward Sustainability* (Cambridge: Cambridge University Press).

USAID (2008), *Private Health Insurance in India: Promise and Reality* (New Delhi: USAIDlIndia).

Usami, Yoshifumi (2011), 'A Note on Recent Trends in Wage Rates in Rural India', *Review of Agrarian Studies,* 1.

Usami, Yoshifumi (zora), 'Recent Trends in Wage Rates in Rural India: An Update', *Review of Agrarian Studies, 2..*

Vaidyanathan, A. (1983), 'The Indian Economy since Independence (1947-70)', in D. Kumar and M. Desai (eds.) (1983), *The Cambridge Economic History of India. Vol.* 2.: *c.* 1757-C. *1970* (Cambridge: Cambridge University Press).

Valmiki, Omprakash (2003), *Joothan: A Dalit's Life* (New York: Columbia University Press).

Vanneman, R. and Dubey, A. (forthcoming), 'Horizontal and Vertical Inequalities in India', in J. Gornick and M. Jantti (eds.) (forthcoming), *Income Inequality: Economic Disparities and the Middle Classes in Affluent Countries* (Stanford: Stanford University Press).

Varshney, Vibha (2.ou), 'Planning Commission Push to Health Care Privatization', *Down to Earth,* 9 August.

Varshney, V., Gupta, A. and Pallavi, A. (2012.), 'Universal Health Scare', *Down to Earth,* 30 September.

Vashishtha, Vipin M. (2009), 'Routine Immunization in India', *Indian Pediatrics, 46.*

Veeramani, K. (1996), *Is There a God? Selections from Periyar's Speeches and Writings* (Madras: Emerald Publishers).

Veeramani, K. (ed.) (1992.), *Periyar on Women's Rights, Selected Speeches and Writings of Periyar* E. V. *Ramasami* (Madras: Emerald Publishers).

Venkataramanam, R. (2011), 'Learning by Rote Prevalent in Top Schools too', *The Hindu,* 16 December.

Verma, Shilp (2011), 'MG-NREGA Assets and Rural Water Security: Synthesis of Field Studies in Bihar, Gujarat, Kerala and Rajasthan', Draft report, International Water Management Institute, Anand.

Vickers, J. and Yarrow, G. (1988), *Privatization: An Economic Analysis* (Cambridge, MA: MIT Press).

Vikas Samvad, Spandan and CDC (2013), 'Towards Building a Comprehensive Community-based Model on Malnutrition', Report of Baseline Survey, Vikas Samvad, Bhopal.

Vir, Sheila C. (2012.), 'Mitanin Initiative and Nutrition Security Innovation Chhattisgarh State, India: An Evaluation', project report, State Health Resource Centre, Chhattisgarh.

Visaria, Leela (2000), 'Innovations in Tamil Nadu', *Seminar, 489.*

Vivek, S. (2006), 'A Thriving Anganwadi in Tamil Nadu', in Citizens' Initiative for the Rights of Children Under Six (2006).

Voice for Child Rights Odisha (2012.), *A Study on Status of Service Delivery of SNP & Pre Schooling Education under Integrated Child Development Services (ICDS)* (Bhubaneshwar: VCRO).

Wail, B., Said, H. and Abdelhak, K. (2011), 'A New Data Set on Educational Inequality in the World, 1950-2010: Gini Index of Education by Age Group', available at http://www.education-inequality.comlArticle/BHK.% 2020ILpdf

Walker, Maurice (2011), *PISA 2009 Plus Results* (Camberwell, Victoria: Australian Council for Educational Research).

Wang, Shaoguang (2008), 'Double Movement in China', *Economic and Political Weekly,* 2.7 December.

Weisskopf, Thomas E. (2011), 'Why Worry about Inequality in the Booming Indian Economy?', *Economic and Political Weekly,* 19 November.

Wheatley, Alan (2012.), 'Fed Likely to Stay on Sideline on Economy: Economic Outlook', *International Herald Tribune,* 16 July.

WHO Multicentre Growth Reference Study Group (2006), 'Assessment of Differences in Linear Growth Among Populations in the Multicentre Growth Reference Study', *Act Paediatrica,* Suppl. 450.

Wilkinson, R. and Marmot, M. (eds.) (2003), *Social Determinants of Health: The Solid Facts,* znd edn, (Geneva: World Health Organization).

Wilkinson, R. and Pickett, K. (2009), *The Spirit Level: Why More Equal Societies Almost Always* Do *Better* (London: Alien Lane).

Working Group for Children Under Six (2007), 'Strategies for Children Under Six', *Economic and Political Weekly,* 2.9 December.

Working Group for Children Under Six (2012.), *Strategies for Children Under Six: Update and Recommendations for the t zth Plan* (New Delhi: Public Health Resource Network).

Working Group on Human Rights in India and the UN (2012.), *Human Rights in India: Status Report 2012,* Report prepared for the second Universal Periodic Review conducted by the United Nations Human Rights Council (New Delhi: WGHR).

World Bank (1980), *World Development Report 1980* (Washington, DC: World Bank).

World Bank (2007), *Whispers to Voices: Gender and Social Transformation in Bangladesh* (Washington, DC: World Bank).

World Bank (20Ila), *Perspectives on Poverty in India: Stylised Facts from Survey Data* (Washington, DC: World Bank).

World Bank (aor rb), *Social Protection for a Changing India,* 2. vols. (Washington, DC: World Bank).

World Bank (2012.), *World Development Indicators 2012* (Washington, DC: World Bank).

World Bank and UNESCO (2000), *Higher Education in Developing Countries: Peril and Promise, Report of the Task Force on Higher Education and Society* (Washington, DC: World Bank).

Yadav, Yogendra (2010a), 'On Remembering Lohia', *Economic and Political Weekly,* 2. October.

Yadav, Yogendra (2010b), 'What is Living and What is Dead in Rammanohar Lohia?', *Economic and Political Weekly,* 2. October.

Yale Center for Environmental Law and Policy and Columbia Center for International Earth Science Information Network (2012.), *Environmental Performance Index and Pilot Trend Environmental Performance Index* (New Haven, CT: Yale Center for Environmental Law and Policy).

Yip, W. and Mahal, A. (2008), 'The Health Care Systems of China and India', *Health Affairs,* 27·

Yip, W. C. M., Hsiao, W. C., Wen Chen, Shanlian Hu, Jin Ma and Maynard, A. (2012.), 'Early Appraisal of China's Huge and Complex Health-Care Reforms', *The Lancet, 379·*

Young, Katharine G. (2012.), *Constituting Economic and Social Rights* " (Oxford: Oxford University Press).